CW01572374

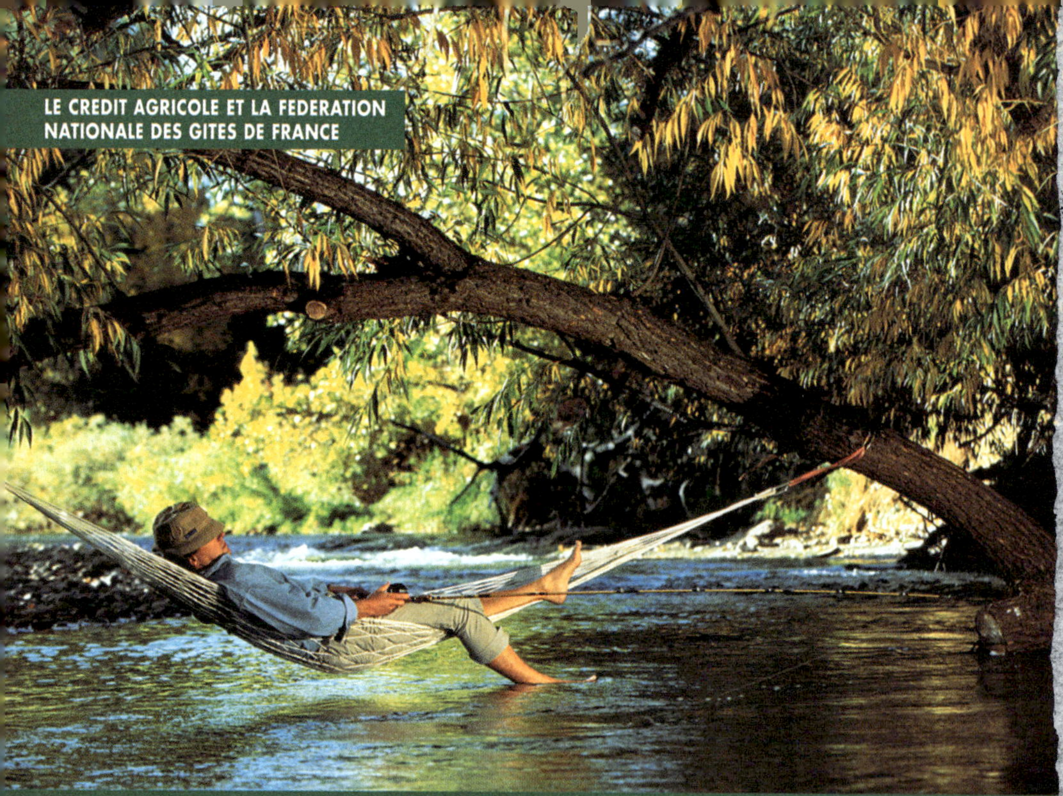
LE CREDIT AGRICOLE ET LA FEDERATION
NATIONALE DES GITES DE FRANCE

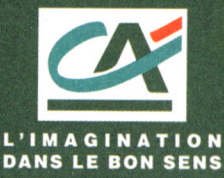

Chambres d'Hôtes
et Gîtes de Charme
2000

France's finest B&B and Gites

Gästezimmer und Ferienwohnungen
für gehobene Ansprüche

Chambres d'Hôtes
et Gîtes de Charme
2000

Dans ce guide, les Gîtes de France sont heureux de vous proposer une sélection de chambres d'hôtes (ou bed and breakfast à la française) présentant le plus de charme, ainsi que quelques gîtes ruraux de grand confort. A travers ces étapes de qualité, découvrez une nouvelle façon de voyager en goûtant la tradition de l'hospitalité française.

MAISON DES GÎTES DE FRANCE ET DU TOURISME VERT

59, rue Saint-Lazare. 75439 Paris Cédex 09
Tél. 01 49 70 75 75. Fax. 01 42 81 28 53

Métro : Trinité

Ouvert du lundi au samedi de 10h à 18h30

3615 Gîtes de France (1,29 F/mn)
http://www.gites-de-france.fr

In this guide, Gîtes de France is pleased to offer you a selection of the most charming bed and breakfast accommodation *à la française* and the most comfortable self-catering gîtes. This high-quality accommodation will enable you to discover a whole new way of travelling and give you a taste of traditional French hospitality.

Gîtes de France freut sich, Ihnen eine Auswahl der mit sehr viel Charme eingerichteten Gästezimmer "Chambres d'Hôtes" überreichen zu können, sowie Sie über die, mit allem Komfort ausgestatteten ländlichen Unterkünfte "Gîtes Ruraux" zu informieren. Dadurch können Sie auf eine neue Art entdecken wie man reisen und die französische Gastfreundschaft genießen kann.

Edité par : Gîtes de France Services. 59, rue Saint-Lazare. 75009 Paris. Tél. 01 49 70 75 75. **Directrice Edition :** Clotilde Mallard. **Rédaction et fabrication :** Marie-France Michon. **Avec la collaboration de :** Dominique Boileau. **Traduction :** Jonathan Tuszinsky et Barbara Strauss-Gaton. **Publicité :** Mathieu Heude. **Conception de la couverture :** Avis de Tempête. **Composition et photogravure :** Compos Juliot. **Imprimerie :** Hérissey, Evreux. **Illustrations © :** Ire de couverture : J.P. Rainaut - Gîtes de France. **4e de couverture :** Gîtes de France Hérault, Nièvre, Loire, Cantal, Loir et Cher. **Pages intérieures :** Gîtes de France Aude, Côte d'Or (photo G. Bligny - Beaune), Gard, Indre et Loire, Lot et Garonne, Nièvre, Saône et Loire, Vaucluse, Alpes Maritimes, Allier, Ille et Vilaine, J.-P. Rainaut, Dordogne, Calvados, Deux Sèvres.

N°ISBN : 2-913140-09-2

Sommaire

La chambre d'hôtes

Des particuliers ont aménagé leur maison (mas, manoir, château...) afin de vous y accueillir en amis et de vous faire découvrir leur région. Chacune est à l'image de ses propriétaires, avec un mobilier rustique, d'époque ou contemporain, la décoration est personnalisée, les loisirs et les services proposés variés. Votre séjour sera l'occcasion d'aller à la rencontre d'histoires ancestrales, d'aventures humaines et de styles de vie différents. Dans un environnement calme, une atmosphère feutrée, raffinée ou conviviale selon le cas, vous pourrez y être reçus pour une ou plusieurs nuits.

Le petit déjeuner

Toujours inclus dans le prix de la nuitée, un petit déjeuner de qualité sera pour vous l'occasion d'apprécier les différentes spécialités locales. Selon les cas et l'inspiration de la maîtresse de maison, vous dégusterez les confitures maison, le pain de campagne frais, mais aussi les viennoiseries ou les pâtisseries maison, les fromages et les laitages ou la charcuterie régionale.

La table d'hôtes

Certaines maîtresses de maison vous offriront la possibilité de prendre votre repas à leur table d'hôtes. Cette formule très souple (simple repas, 1/2 pension ou pension) vous permettra de partager, selon les cas, un repas familial ou gastronomique. En l'absence de table d'hôtes, les propriétaires sauront aussi vous conseiller les meilleures adresses à proximité pour découvrir la cuisine traditionnelle et régionale.

Le mensuel de référence des propriétés de caractère.

Chez votre marchand de journaux

Le gîte rural...

Pour ceux qui souhaitent louer une maison indépendante et se retrouver en famille ou entre amis, pour un week-end, une ou plusieurs semaines, plusieurs gîtes leur sont proposés.

Entourés d'un jardin, les gîtes se composent d'une ou plusieurs chambres, avec salon, salle à manger, cuisine et sanitaires.
Pour le confort de votre séjour, vous trouverez téléviseur couleur, téléphone en service restreint, lave-linge, lave-vaisselle, draps et linge de maison...

3615
GITES DE FRANCE

Avec les GITES DE FRANCE, ce sont des milliers d'adresses pour vos vacances, à la mer, à la montagne ou à la campagne, partout en France et dans les départements d'Outre-Mer disponibles sur le 3615 GITES DE FRANCE. Rapide et pratique, le 3615 Gîtes de France est à votre disposition 24h sur 24, pour :

- **Obtenir** *les adresses utiles et des informations pratiques,*

- **Consulter** *les descriptifs des hébergements Gîtes de France,*

- **Commander** *tous les guides,*

- **Réserver** *dans de nombreux départements.*

http://www.gites-de-france.fr

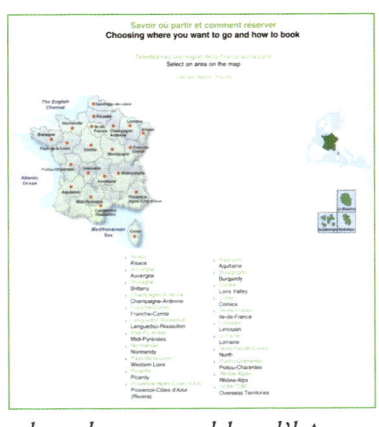

Préparez vos vacances en vous connectant sur internet ! Le site des Gîtes de France vous permettra de

- **Vous informer** *sur nos différents produits et nos différents guides,*

- **Voyager** *au travers de tous les départements de France et d'outre-mer,*

- **Consulter** *la totalité des descriptifs des chambres et tables d'hôtes, des Gîtes panda et des Gîtes accessibles aux personnes handicapées,*

- **Commander** *le guide de votre choix parmi 10 guides nationaux et 95 guides départementaux,*

- **Pré-réserver** *votre séjour dans certains départements.*

Mode d'emploi

Les chambres d'hôtes et les gîtes ruraux sont classés en deux parties
différentes et par ordre alphabétique de départements
(voir index p. 425).
Chaque adresse comporte un numéro en haut à droite,
que vous retrouverez sur les cartes.
Ecusson jaune pour les chambres d'hôtes, écusson vert pour les gîtes ruraux.

Utile...

Les langues étrangères parlées par les propriétaires
sont signalées par des drapeaux.

Le numéro de carte Gîtes de France placé en haut de
chaque descriptif vous permettra de vous reporter
aux cartes situées en début de guide.

Un pictogramme vous indique si les animaux sont
acceptés ou non.

SR : Service Réservation

CM... pli ... : Carte Michelin... pli ...

Les prix

En chambre d'hôtes, les tarifs sont généralement
indiqués pour 2 personnes (nuit et petit déjeuner),
renseignez-vous pour les personnes supplémentaires
ou les prix enfants.
En gîtes ruraux, il s'agit du prix-semaine (du samedi
après-midi 16 heures au samedi matin 10 heures) ou
week-end, les charges en supplément seront men-
tionnées dans le contrat.

La réservation

Dans chaque descriptif de ce guide, vous trouverez les coordonnées des propriétaires ou du
service réservation. Vous pouvez les contacter
par téléphone, par fax ou par courrier, et dans
certains cas par e-mail. Une chambre d'hôtes
peut être louée pour une ou plusieurs nuits. Il
est toujours préférable de réserver à l'avance car
certains propriétaires proposent un nombre restreint de chambres. Pour les longs séjours,
demandez à ce qu'un contrat soit établi avec
mention de l'acompte à verser et des conditions
d'annulation. Un gîte rural peut être loué le
week-end (en hors saison uniquement) ou à la
semaine, il est indispensable de réserver long-
temps à l'avance. Un contrat de location vous
sera envoyé, précisant les modalités de paie-
ment.

VIEILLES
MAISONS

PATRIMOINE
HISTORIQUE

FRANÇAISES

Association reconnue d'utilité publique, regroupant 20 000 adhérents, Vieilles Maisons Françaises a pour vocation de promouvoir la sauvegarde du patrimoine architectural français. Quatre-vingt-quinze délégations interviennent auprès des pouvoirs publics pour conserver l'intégrité des sites, des monuments, des demeures anciennes et de leurs abords.

La revue des Vieilles Maisons Françaises propose une visite approfondie du patrimoine d'un département avec un guide détachable qui indique les lieux ouverts au public, ainsi que des articles sur la sauvegarde d'une demeure, les jardins, la fiscalité…

Vendue en kiosque. 128 pages. 55 F.
Cinq numéros par an.
Abonnement : France 235 F, étranger 315 F (port compris)

VMF, 93 rue de l'Université - 75007 Paris
Tél. 01 40 62 61 71 - Fax 01 45 51 12 26

Château d'Olhain (Pas-de-Calais) © B. Galeron/VMF

Quelques conseils...

N'oubliez jamais que vous allez séjourner chez des particuliers qui vous ouvrent leur maison. Si vous prévoyez un retard par rapport à l'heure d'arrivée annoncée, prévenez les maîtres de maison.

Pensez à toujours leur signaler la présence d'animaux familiers.

Demandez au propriétaire de vous indiquer le meilleur itinéraire selon l'endroit d'où vous venez.

La table d'hôtes n'est pas un restaurant. De nombreuses maîtresses de maison proposent ce service sur réservation préalable. Indiquez donc si vous souhaitez prendre des repas à cette occasion.

De nombreuses activités (piscine, tennis, billard, équitation...) sont disponibles sur place; certains propriétaires proposent en outre des activités supplémentaires, accompagnées ou non, renseignez-vous auprès d'eux.

Un trésor sorti de terre.

Ginie à la poursuite du diamant gris

Front plissé, truffe au ras du sol, Ginie est de sortie en truffière naturelle. Encouragée par son maître, elle fait « mouche » à chaque fois...

Champagne a été découverte en 1868, parmi des lots de truffes venus de Carpentras, de Soulllac et surtout de la Haute Marne et de Dijon. Cette espèce non distinguée encore par les botanistes représentait la production truffière de la Champagne, de la Bourgogne et de la Lorraine. D'un arôme et d'une saveur prononcés, qui la font différer très vite de la truffe noire, même avec peu d'habitude, c'est la première qui paraisse à Paris, Dijon, Strasbourg... il est même dit que fut une époque où l'on ramassait plus de truffes que de pommes de terre dans la région !

La *Tuber uncinatum* aime la voûte feuillue des charmes, elle...

Attention les truffes

À vrai dire, Ginie se moque des débats sur les truffes, sa vie c'est son maître, le pays Chaumontais et ses paysages chan...

Comtois, prends garde à ta Comté !

La Franche-Comté possède un riche patrimoine naturel...

Passions Grand Est

Alsace
Lorraine
Bourgogne
Franche-Comté
Champagne-Ardenne

Franche-Comté Premier trophée Aventuriers.com Des centaines de lots à gagner !

Quelle nature pour l'an 2000 ? Bilan et perspectives

La vraie saga des ardoises ardennaises

L'Eden écologique de Saône-et-Loire

Hercule dans les Vosges

Peugeot la mémoire du Lion

N° 5 • Janvier-Février 2000 • 30.00 FF • 200 FB • 8 VS • 4.3 €

Bulletin d'abonnement

A renvoyer avec votre règlement à **Passions Grand Est** • Service abonnements • **B.P. 40** • **54140 Jarville**
Téléphone : 03 83 57 31 62

❏ **Oui**, je m'abonne

Passions Grand Est pour un an, soit 6 numéros, au tarif de **150 F** au lieu de **180 F** (prix de vente au numéro)
(Offre valable pour la France métropolitaine. Tarif pour l'étranger : 170 F)

Vous pouvez commander séparément chacun des numéros à 30 F

❏ Mme, ❏ Mlle, ❏ M.   Nom ....   Prénom ....

Adresse ....

Code Postal ....   Ville ....   Tél. ....

CARTE GÉNÉRALE

LÉGENDE   KEY - ZEICHENERKLÄRUNG

1 Chambres d'Hôtes de Charme
Bed and Breakfast
Gästezimmer

715 Gîtes ruraux de Charme
Self-catering Gîtes
Unterkunft auf dem land

AMIENS ○ Préfecture
Prefecture
Präfektur

Abbeville ● Sous-Préfecture
Sub-Prefecture
Unterpräfektur

Autoroute
Motorway
Autobahn

Échangeur complet
Interchange
Autobahneinfahrt und -ausfahrt

Demi-échangeur
Half interchange
Autobahneinfahrt oder -ausfahrt

Voie rapide à chaussée séparée
Dual carriageway
Schnellstraße mit getrennten Fahrbahnen

Axe important à grande circulation
Main trunk road
Hauptvekehrsstraße

Axe important
Major trunk road
Wichtige Verkehrsstraße

Route
Road
Straße

Limite de département
Department boundary
Departementsgrenze

Frontière
Border
Staatsgrenze

Étranger
Foreign country
Ausland

Fleuve ou rivière
River
Fluß

Lac
Lake
See

Forêt ou bois
Forest or wood
Wald oder Forst

Aéroport ou aérodrome
Airport or aerodrome
Flughafen oder Flugfeld

GRANDE-BRETAGN

PLYMOUTH

CHERBOURG

SAINT-LÔ

ROSCOFF   **50** Carte 2

BREST   **29** SAINT-BRIEUC   SAINT-MALO
Carte 2   **22**   **35**
        Carte 2   Carte 2   **5**
QUIMPER   BRETAGNE   Cart
        56   RENNES   LA
LORIENT   Carte 2   VANNES   PAYS
                LA LO
            44
SAINT-NAZAIRE   Cartes 2 et 3   ANG

            NANTES

            LA ROCHE-
            SUR-YON
OCÉAN   **85** Car
ATLANTIQUE   Carte 3

        LA ROCHELLE   NIC

            17
            Carte 3

            BORDEAUX   **3**
            Carte 3 et 5

            AQUITAIN
            40
            Carte 5
            MONT-
            DE-MARSAN

BAYONNE
BILBAO   **64** PAU
            Carte 5
                TAR

ESPAGNE

INFOGRAPH   Espace Cartographie - 9, avenue Dutartre - 78150 LE CHESNAY - Tél. 01.39.55.70.44 - © Modèle déposé. Reproduction même partielle interdite.

LA MANCHE

BELGIQUE

ALLEMAGNE

LUXEMBOURG

DUNKERQUE
ANTWERPEN
DÜSSELDORF
CALAIS
KÖLN
BOULOGNE
62 Carte 1
BRUXELLES
AACHEN
LIÈGE
BONN
LILLE
NORD-
PAS-DE-CALAIS
ARRAS
59 Carte 1
DIEPPE
80 Carte 1
AMIENS
02 Carte 1
CHARLEVILLE-
MÉZIÈRES
LUXEMBOURG
FRANKFURT
HAUTE-
NORMANDIE
76 Carte 2
ROUEN
PICARDIE
LAON
08 Carte 1
LE HAVRE
BEAUVAIS
60 Carte 1
CAEN **14** Carte 2
27 Carte 2
ÉVREUX
78 Carte 1
95
PARIS
CHÂLONS-
EN-CHAMPAGNE
LORRAINE
55 Carte 1
METZ
STUTTGART
BASSE-
NORMANDIE
VERSAILLES
ÎLE-DE-
FRANCE
51 Carte 1
54 Carte 1
NANCY
57 Carte 1
67 Carte 1
STRASBOURG
ALENÇON
61 Carte 2
CHARTRES
ÉVRY
91 Carte 1
MELUN
77 Carte 1
CHAMPAGNE-
ARDENNE
BAR-LE-DUC
28 Carte 2
TROYES
52 Carte 1
88 Carte 1
ÉPINAL
ALSACE
COLMAR
68 Carte 1
72 Carte 2
LE MANS
45 Carte 4
ORLÉANS
89 Carte 4
10 Carte 1
CHAUMONT
70 Carte 4
90
BELFORT
41 Carte 2
BLOIS
AUXERRE
VESOUL
9 Carte 3
TOURS
CENTRE
18 Carte 4
BOURGOGNE
21 Carte 4
DIJON
25 Carte 4
BESANÇON
FRANCHE-
COMTÉ
ZÜRICH
37 Carte 3
36 Carte 4
58 Carte 4
NEVERS
BERN
POITIERS
CHÂTEAUROUX
BOURGES
MOULINS
71 Carte 4
LONS-LE-
SAUNIER
39 Carte 4
SUISSE
86 Carte 3
POITOU-
CHARENTES
GUÉRET
03 Carte 4
MÂCON
GENÈVE
16 Carte 3
87 Carte 3
23 Carte 4
CLERMONT-
FERRAND
69 Carte 4
BOURG-EN-
BRESSE
01 Carte 4
74 Carte 4
ANNECY
ANGOULÊME
LIMOGES
LIMOUSIN
63 Carte 4
42 Carte 4
LYON
38
Cartes 4 et 6
CHAMBÉRY
73 Carte 4
MILANO
PÉRIGUEUX
19 Carte 5
TULLE
AUVERGNE
SAINT-ÉTIENNE
RHÔNE-ALPES
GRENOBLE
TORINO
24 Carte 5
15 Carte 5
AURILLAC
43 Carte 5
LE PUY-EN-VELAY
07 Carte 6
VALENCE
ITALIE
GENOVA
AGEN
46 Carte 5
CAHORS
48 Carte 5
MENDE
PRIVAS
26 Carte 6
GAP
05 Carte 6
32 Carte 5
MONTAUBAN
RODEZ
12 Carte 5
LANGUEDOC-
ROUSSILLON
84 Carte 6
AVIGNON
DIGNE-
LES-BAINS
04 Carte 6
06 Carte 6
NICE
CALVI
BASTIA
2B Carte 6
47 Carte 5
82 Carte 5
TOULOUSE
81 Carte 5
ALBI
30 Carte 6
NÎMES
83 Carte 6
MIDI-
PYRÉNÉES
31 Carte 5
CARCASSONNE
MONTPELLIER
34 Carte 5
13 Carte 6
PROVENCE-ALPES-
CÔTE D'AZUR
MARSEILLE
TOULON
CORSE
AJACCIO
2A Carte 6
09 Carte 5
FOIX
11 Carte 5
PERPIGNAN
66 Carte 6
BONIFACIO
MER MÉDITERRANÉE

BELGIQUE

LUXEMBOURG

ALLEMAGNE

Sedan

Thionville

Briey

Boulay-
Moselle

Forbach

Wissembourg

Verdun

METZ

Sarregemines

Sainte-
Menehould

444

442

**57
MOSELLE**

443

Haguenau

**55
MEUSE**

433

434

LORRAINE

Château-
Salins

BAR-LE-DUC

Commercy

Toul

NANCY

Sarrebourg

Saverne

543

Molsheim

STRASBOURG

Saint-Dizier

Lunéville

**54
MEURTHE-ET-
MOSELLE**

**67
BAS-RHIN**

ALSACE

544

Neufchâteau

Saint-Dié

Sélestat

**52
HAUTE-MARNE**

ÉPINAL

Ribeauvillé

CHAUMONT

697

**88
VOSGES**

COLMAR

**68
HAUT-RHIN**

CARTE 2

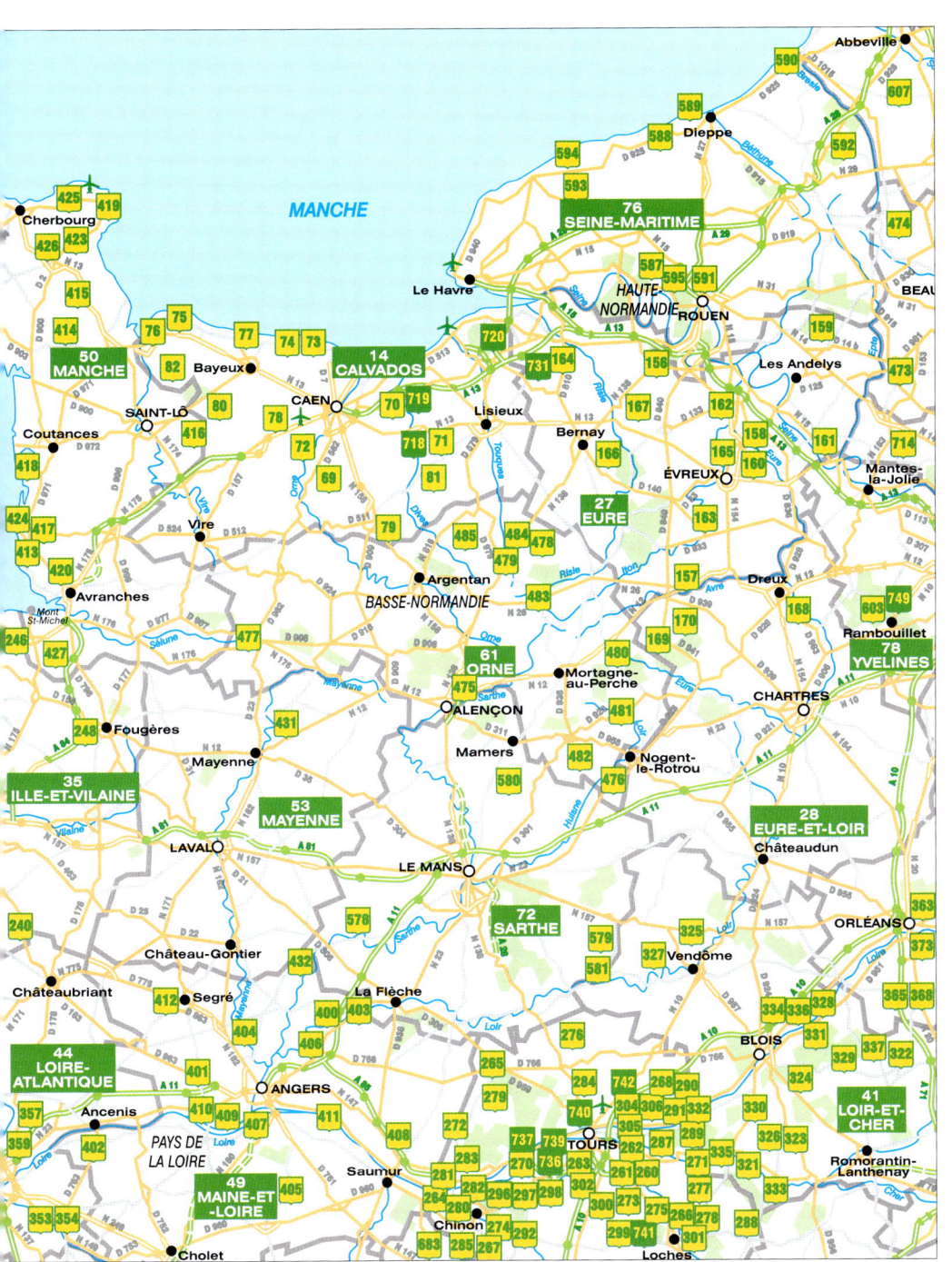

MANCHE

76 SEINE-MARITIME

HAUTE NORMANDIE
ROUEN

50 MANCHE

14 CALVADOS

27 EURE

ÉVREUX

BASSE-NORMANDIE

61 ORNE
ALENÇON

Cherbourg
Bayeux
SAINT-LÔ
Coutances
Vire
Avranches
Argentan
Mortagne-au-Perche
Mamers
Nogent-le-Rotrou
CHARTRES
Dreux
Rambouillet

78 YVELINES

28 EURE-ET-LOIR
Châteaudun

Le Havre
Dieppe
Abbeville
Les Andelys
Mantes-la-Jolie
BEAU

35 ILLE-ET-VILAINE
Fougères
Mayenne
LAVAL
LE MANS

53 MAYENNE

72 SARTHE
Vendôme
ORLÉANS

Château-Gontier
Châteaubriant
Segré
La Flèche
ANGERS
Ancenis
Saumur
Chinon
Cholet

44 LOIRE-ATLANTIQUE

49 MAINE-ET-LOIRE

PAYS DE LA LOIRE

41 LOIR-ET-CHER
Romorantin-Lanthenay
BLOIS
TOURS
Loches

Bernay
Lisieux
CAEN
Mont St-Michel

CARTE 3

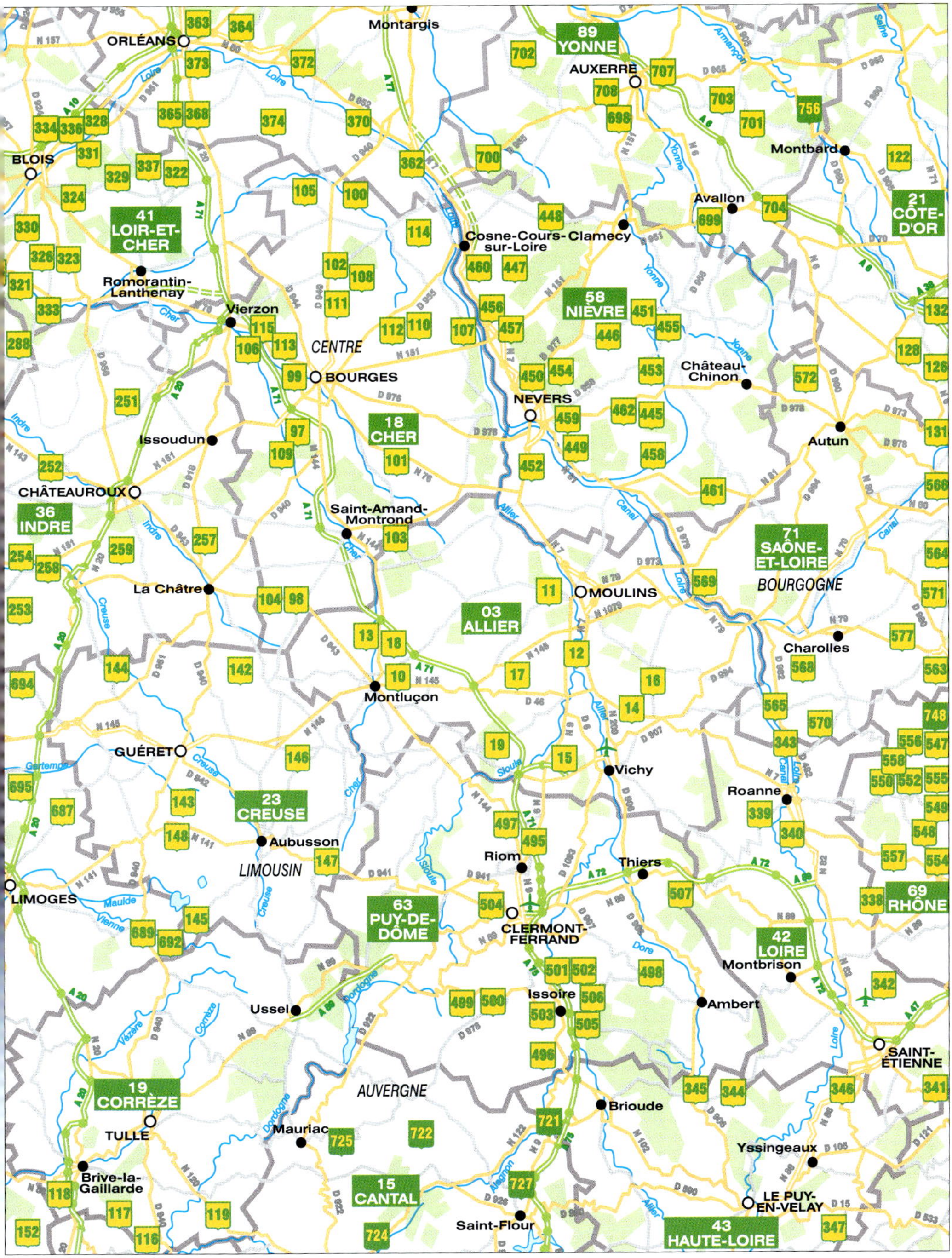

ORLÉANS

363 364

373 372

MONTARGIS

702

89 YONNE

AUXERRE 707

708 703 756

365 368 698 701

334 336 828

331 374

329 337 322 370 700 Montbard

324 362 **21 CÔTE-D'OR**

330 105 100 448 Avallon 704

41 LOIR-ET-CHER 114 Cosne-Cours- 699

326 323 102 108 Clamecy-sur-Loire 132

321 111 460 447 128

333 Romorantin-Lanthenay 112 110 456 **58 NIÈVRE** 451 455 126

288 Vierzon 107 457 446 572

115 97 450 454 Château-Chinon 131

251 99 **18 CHER** 462 445 458 Autun 566

Issoudun 101 449 564

36 INDRE 97 109 452 461 **71 SAÔNE-ET-LOIRE** 571

254 257 103 Saint-Amand-Montrond **BOURGOGNE** 569 577

258 259 11 MOULINS 568

253 104 98 **03 ALLIER** 12 Charolles 563

144 142 13 18 17 16 565 570 748

694 146 10 Montluçon 14 343 556 547

695 **23 CREUSE** 19 15 Vichy 339 550 552 555

687 143 497 Roanne 340 549

148 147 495 Thiers 338 548 557 554

LIMOGES 689 692 145 **63 PUY-DE-DÔME** 504 507 **42 LOIRE** **69 RHÔNE**

Aubusson Riom 501 502 498 Montbrison 342

Ussel CLERMONT-FERRAND 499 500 Issoire 506 Ambert **SAINT-ÉTIENNE**

19 CORRÈZE 503 505 345 344 346 341

TULLE 496 Brioude

Mauriac 725 721 Yssingeaux

Brive-la-Gaillarde 722 727 **43 HAUTE-LOIRE** LE PUY-EN-VELAY 347

118 117 119 **15 CANTAL** 724 Saint-Flour

152 116

CARTE 4

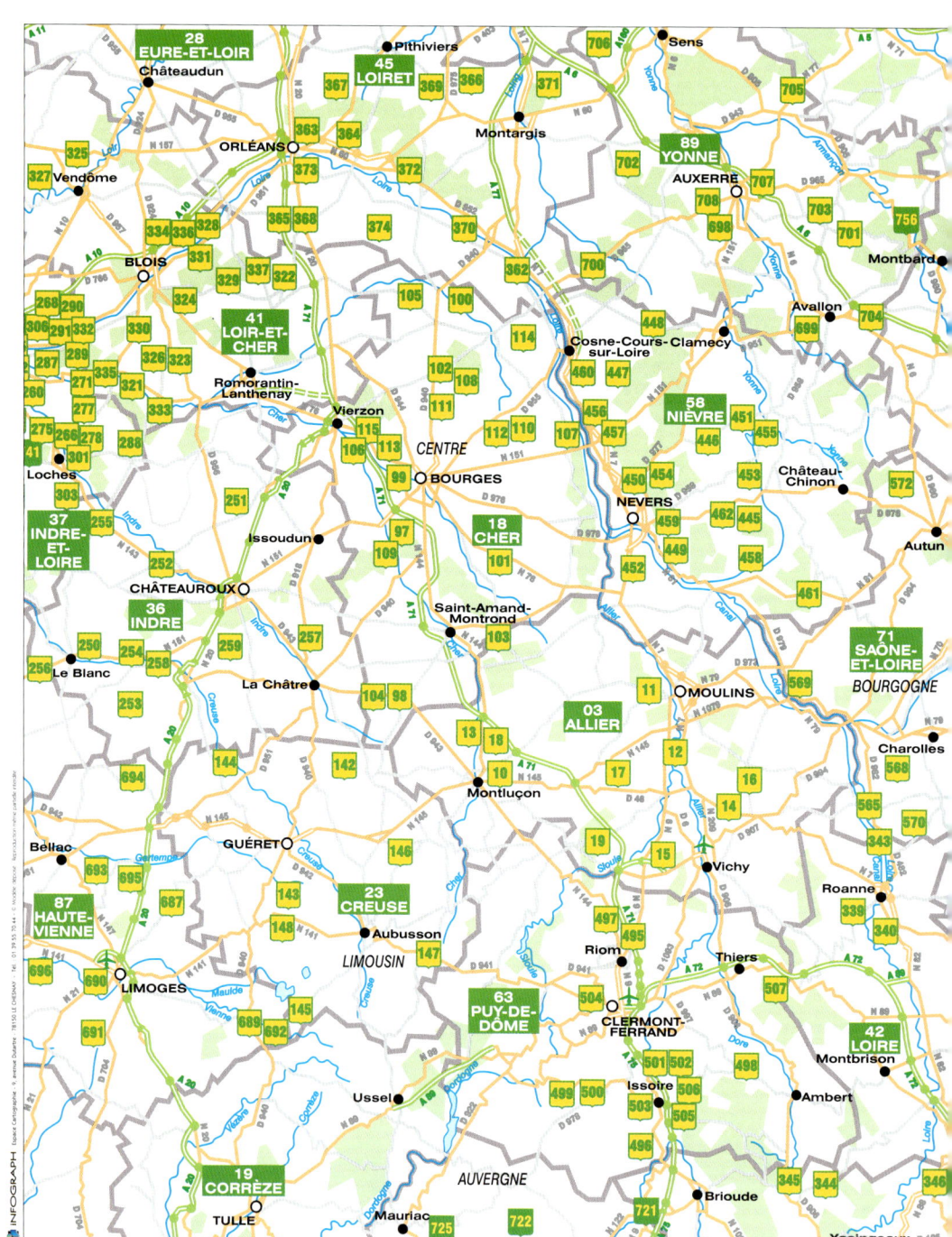

CHAUMONT

697

88 VOSGES

D 417 COLMAR

68 HAUT-RHIN

Guebwiller

561

Langres

Thann

Mulhouse

70 HAUTE-SAÔNE

90

560

Lure

BELFORT

Altkirch

VESOUL

122

Montbéliard

21 CÔTE-D'OR

559

315

BESANÇON

25 DOUBS

DIJON

123 129

132

127

128 126

130 133

121 124

Dole

FRANCHE-COMTÉ

Beaune

125

131

Pontarlier

Chalon-sur-Saône

Lac de Neuchâtel

566

567

39 JURA

564

562

314 317

LONS-LE-SAUNIER

316

571

574 575

Louhans

SUISSE

577

3

573

Saint-Claude

Lac Léman

576

313

Thonon-les-Bains

563

MÂCON

01 AIN

Gex

748

BOURG-EN-BRESSE

1

74 HAUTE-SAVOIE

556 547 551

715

Saint-Julien-en-Genevois

558 552 555

2

Nantua

584 583

Bonneville

586

550 553

4

549

Saint-Jean-

557 554 747

llefranche-sur-Saône

01 AIN

ANNECY

Tunnel du Mont-Blanc

Tunnel du Grand-Saint-Bernard

338 **69 RHÔNE**

5

Belley

585

ITALIE

546

LYON

342

308

Albertville

582

Vienne

307

La Tour-du-Pin

A 43

CHAMBÉRY

RHÔNE-ALPES

310

38 ISÈRE

311

73 SAVOIE

SAINT-ÉTIENNE

341

Saint-Jean-de-Maurienne

35

312

33

GRENOBLE

Tunnel de Fréjus

CARTE 5

OCÉAN ATLANTIQUE
GOLFE DE GASCOGNE

232

33
GIRONDE

Lesparre-Médoc

Blaye

96
91
90
87

728

PÉRIGUEUX

24
DORDOGNE

231

Étang
d'Hourtin

Étang
de Carcans

Libourne

BORDEAUX

Bergerac

Sarlat-
la-Canéda

150

151
149

397
393

743

377

385

Bassin
d'Arcachon

230
228
233

Langon

Marmande

47
LOT-ET-GARONNE

390
381

394

744

381
382

375

Étang
de Cazaux

396

392

389
388

Villeneuve-
sur-Lot

229

AQUITAINE

Nérac

AGEN

395

623

624
625

318

MONT-
DE-MARSAN

Condom

213

210
218

211
220

209

226
225
221

82
TARN-ET-
GARONNE

Castelsarrasin

212

219

622

Dax

217

227

214

32
GERS

AUCH

216

319

40
LANDES

519

509

528
538

215

223

Mirande

222
224

Bayonne

525

514
522
510
511
512

523
524
515

520

521

518

PAU

529
530
531

526

31
HAUTE-
GARONNE

MIDI-
PYRÉNÉES

Oloron-
Sainte-Marie

517
516
513

TARBES

201

534

Saint-
Gaudens

508

64
PYRÉNÉES-
ATLANTIQUES

535
536
533

Bagnères-
de-Bigorre

532

537

Argelès-
Gazost

527

ESPAGNE

65
HAUTES-
PYRÉNÉES

Saint-Girons

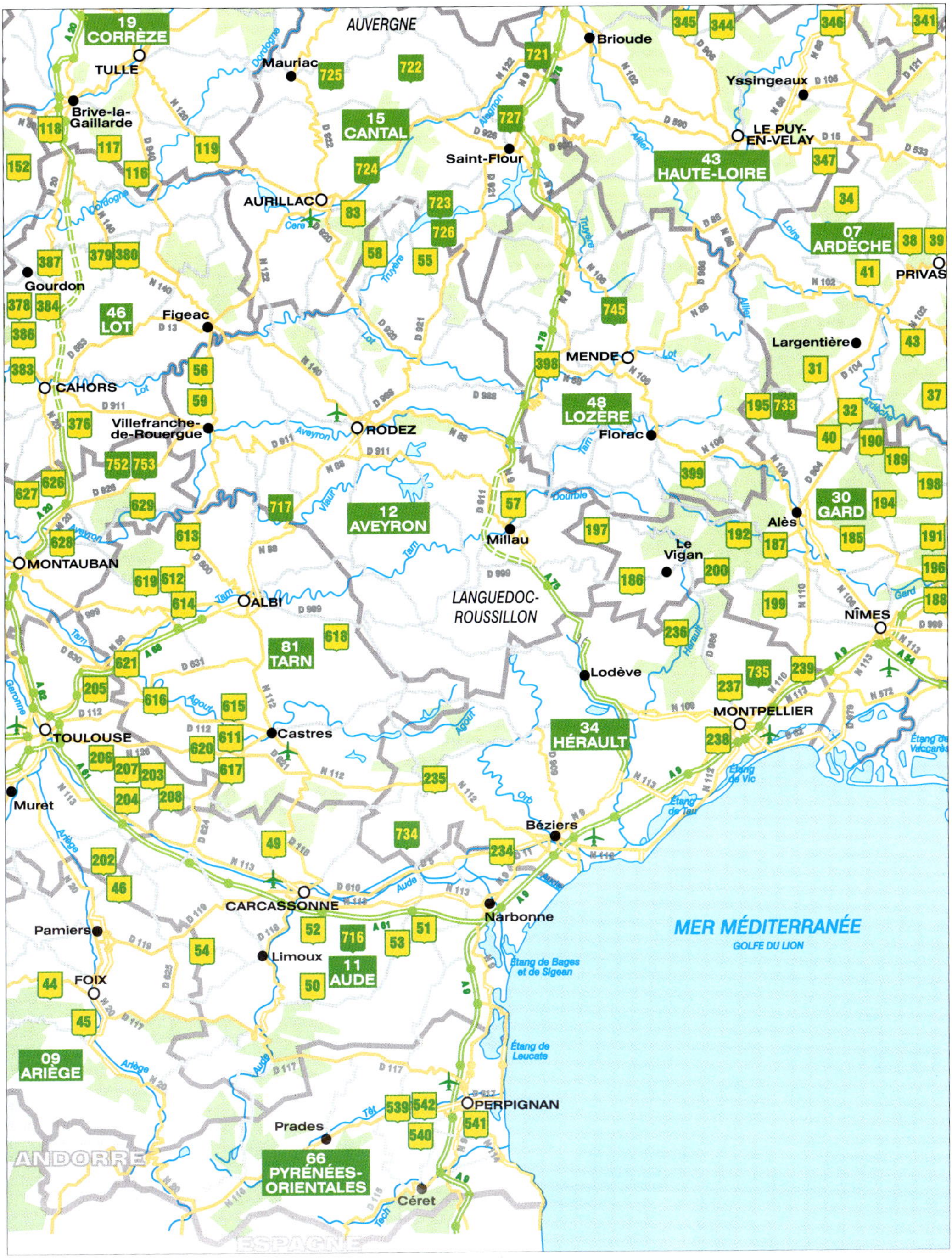

AUVERGNE

19 CORRÈZE
TULLE
Mauriac
725
722
721
345 344
346
341
Brioude
Yssingeaux
Brive-la-Gaillarde
118
727
LE PUY-EN-VELAY
117
119
15 CANTAL
152
116
724
Saint-Flour
347
43 HAUTE-LOIRE
34
AURILLAC
83
723
726
07 ARDÈCHE
387
379 380
58
55
38 39
41
PRIVAS
Gourdon
378 384
745
Largentière
43
386
46 LOT
Figeac
398
MENDE
31
383
56
48 LOZÈRE
195 733
32
37
CAHORS
59
195
Florac
40
190
376
Villefranche-de-Rouergue
RODEZ
189
198
627 626
752 753
399
30 GARD
194
185
191
629
717
57
197
192
Alès
186
187
199
196
628
613
12 AVEYRON
Millau
Le Vigan
200
188
MONTAUBAN
619 612
236
NÎMES
614
618
81 TARN
Lodève
199
735
239
621
ALBI
237
MONTPELLIER
205
616
615
34 HÉRAULT
238
TOULOUSE
206
611
Castres
620
235
207 203
617
234
204 208
49
734
Béziers
Muret
202
MER MÉDITERRANÉE
GOLFE DU LION
46
CARCASSONNE
Narbonne
Pamiers
54
52
716
51
Limoux
53
50
11 AUDE
44 FOIX
45
09 ARIÈGE
539 542
PERPIGNAN
Prades
541
540
66 PYRÉNÉES-ORIENTALES
Céret

ANDORRE
ESPAGNE

LANGUEDOC-ROUSSILLON

CARTE 6

Saint-Jean-de-Maurienne

35
33

312

GRENOBLE

Tunnel de Fréjus

Tournon-sur-Rhône

309

Briançon

VALENCE

42

30

Die

**05
HAUTES-ALPES**

36

25   24

**26
DRÔME**   **GAP**

153   155

Lac de Serre-Ponçon

Barcelonnette

ITALIE

154   84

Nyons

675   663

**04
ALPES-DE-HAUTE-PROVENCE**

671   648

669   658   642

DIGNE-LES-BAINS

**06
ALPES-MARITIMES**

193   659   646   647

645

Carpentras

22

26

660   661   662

**84
VAUCLUSE**

Forcalquier

29

732   673   665   674   666   667   641   668

28

Castellane   *Lac de Ste Croix*   **NICE**

68   649   650   652

Apt

27

653

654   651   643   672

23

20

630

Grasse

65   664   655   657   656

644   635   21

PROVENCE-ALPES-CÔTE D'AZUR

61   64

Îles de Lérins

Arles   66

Draguignan

120

63   62   67   60

636   533   **83
VAR**   640

BASTIA

13
BOUCHES-DU-RHÔNE

631   634   632

Brignoles

Aix-en-Provence

Étang de Berre

Istres

Calvi

MARSEILLE

637   638

2B
HAUTE-CORSE

TOULON

639

Corte

Îles d'Hyères

CORSE

AJACCIO

2A
CORSE-DU-SUD

Sartène

- 27 -

NOS FORMULES

Gîte Rural

Aménagé dans le respect du style local, le gîte rural est une maison ou un logement indépendant situé à la campagne, à la mer, à la montagne. On peut le louer pour un week-end, une ou plusieurs semaines, en toutes saisons. A l'arrivée, les propriétaires vous réserveront le meilleur accueil.

Chambre d'Hôtes

La chambre d'hôtes ou le "bed and breakfast" à la française : une autre façon de découvrir les mille visages de la France. Vous êtes reçus "en amis" chez des particuliers qui ouvrent leur maison pour une ou plusieurs nuits, à l'occasion d'un déplacement ou d'un séjour. C'est redécouvrir convivialité, bien-vivre et aussi la cuisine régionale avec la table d'hôtes.

Gîte d'Enfants

Pendant les vacances scolaires, vos enfants sont accueillis au sein d'une famille agréée "Gîtes de France" et contrôlée par l'administration compétente. Ils partageront avec d'autres enfants (11 maximum) la vie à la campagne et profiteront de loisirs au grand air.

Camping à la Ferme

Situé généralement près d'une ferme, le terrain où vous installez votre tente ou votre caravane est aménagé pour l'accueil d'une vingtaine de personnes ; vous pourrez y séjourner en profitant de la tranquillité, de l'espace et de la nature.

Gîte d'Etape

Le gîte d'étape est destiné à accueillir des randonneurs (pédestres, équestres, cyclistes…) qui souhaitent faire une courte halte avant de continuer leur itinéraire ; il est souvent situé à proximité d'un sentier de randonnée.

Gîte de Séjour

Les gîtes de séjour sont prévus pour accueillir des familles ou des groupes à toute occasion : week-end, vacances, réception, classe de découvertes, séminaire…

Chalets-Loisirs

Dans un environnement de pleine nature, 3 à 25 chalets loisirs sont aménagés pour 6 personnes maximum. Des activités de loisirs (pêche, VTT, pédalo, tir à l'arc…) sont proposées sur place.

Ain

Roads of Bresse and Dombes to discover this many faceted region. Numerous Romanesque churches. Bresse golf course 10 km.

★ **How to get there:** *On A40 for 10 km, Bourg-Nord exit. Between Bourg-en-Bresse and Mâcon, between Moncet and Vandeins. Michelin map 74, fold 2.*

This restored Bresse farmhouse, set in landscaped parkland, boasts 4 harmoniously-decorated bedrooms. Romanesque art enthusiast Jean-Louis will be pleased to help you discover the region's many churches.

Moncet

Carte 4 **1**

Les Vignes
01310 Montcet
Tél. 04 74 24 23 13 – Fax 04 74 24 23 13
Jean-Louis et Eliane Gayet

1 pers 250 F - 2 pers 320 F - 3 pers 370 F
repas 100 F

4 chambres avec sanitaires privés. Ouvert toute l'année. Table d'hôtes : tartes aux légumes, tartes aux fruits, repas végétarien... Billard, bibliothèque. Piscine, plan d'eau avec barque, terrain de jeux, vélos sur place. Esperanto parlé. ★ Route de la Bresse et de la Dombes pour découvrir une région aux multiples facettes. Nombreuses églises romanes. Golf de la Bresse à 10 km. **Accès :** A40 10 km sortie Bourg-nord. Entre Bourg-en-Bresse et Macon, entre Moncet et Vandeins. CM 74, pli 2.

Dans cette ferme bressane restaurée située dans un parc paysager, 4 chambres harmonieusement décorées vous attendent. Jean-Louis, passionné d'art roman se fera un plaisir de vous accompagner à la découverte des nombreuses églises de la région.

Ain

Brou historical site at Bourg-en-Bresse 12 km (church, monastery and museum). Dombes ponds and lakes to discover the region's flora and fauna. La Bresse 18-hole golf course in the vicinity.

★ **How to get there:** *On A40, 1 hr from Geneva, Bourg-Sud exit. On A6, 4 hr from Paris, Mâcon-Nord exit. 45 km from Lyon on RN83. Bourg-en-Bresse TGV high-speed train station. Michelin map 74, fold 2.*

Château de Marmont is a charming 19th-century romantic manor house set in 10 acres of grounds. The bedrooms are on the 1st floor in one of the wings. Winter garden. A grand piano and billiard table are available for guests' use. Peace and quiet guaranteed.

St-André-sur-Vieux-Jonc

Carte 4 **2**

Château de Marmont
01960 Saint-André-sur-Vieux-Jonc
Tél. 04 74 52 79 74
Geneviève Guido-Alhéritière

1 pers 400 F - 2 pers 500 F

2 chambres : l'une avec salle d'eau privée, l'autre avec salle de bains privée. Ouvert toute l'année, l'hiver sur réservation. Copieux petit-déjeuner : jus de fruits frais, confitures maison, cake, fromages fermiers... Restaurant à Condeissiat (3 km) ou à Vonnas (12 km). ★ Site de Brou à Bourg-en-Bresse 12 km (église, monastère et musée). Etangs de la Dombes pour découvrir la faune et la flore de la région. Golf de la Bresse sur place (18 trous). **Accès :** A40, 1 h de Genève sortie Bourg-sud. A6, 4 h de Paris sortie Macon-nord. 45 km de Lyon par la RN83. Gare TGV Bourg-en-Bresse. CM 74, pli 2.

Manoir de charme romantique du XIXᵉ siècle entouré d'un parc de 4 ha. Les chambres sont aménagées au 1er étage d'une aile du château. Jardin d'hiver. Un piano à queue et un billard sont à votre disposition. Calme et repos assurés.

Ain

Tournus Abbey, Romanesque churches, Brou Monastery. Tours of wine cellars. Variety of festivals and flea markets during the season. Horse-riding, 18-hole golf course, nature reserve, fishing, hiking, bathing.

★ **How to get there:** From Tournus, N6 for Mâcon. As you leave the town, head for Cuisery on D975. Michelin map 74, fold 12.

Just 10 km from Tournus, this handsome Empire residence, in shaded parkland, overlooks the Saône Valley. Recently restored, it has retained all the charm and gentleness of a bygone age. The extremely spacious bedrooms feature a refined décor, attractive fabrics with warm hues, harmonious colours and painted furniture. A must.

Ain

Numerous places of interest, including Brou Monastery and Church, Cluny and Ambronay Abbeys, medieval city of Pérouges. Fine restaurants. Horse-riding 3 km. Water-skiing 2 km. Large choice of golf courses.

★ **How to get there:** Between Bourg-en-Bresse and Lent (D22) and follow signs for "Le Nid à Bibi".

This welcoming residence, originally a Bresse farmhouse, has been fully and tastefully renovated with all the modern comforts. 5 individually-decorated bedrooms, each with its own adjoining bathroom. Guests are made to feel at home as they enjoy complete access to the living quarters, the heated pool, sauna, fitness room, 2 tennis courts, table tennis and bikes.

Sermoyer

Carte 4 **3**

Le Clos du Chatelet
01190 Sermoyer
Tél. 03 85 51 84 37 - Fax 03 85 51 84 37
Email : clos.chatelet@infonie.fr
Chantal Breton Le Grelle

1 pers 360 F - 2 pers 430 F - repas 125 F

2 chambres avec sanitaires privés. Ouvert toute l'année. Table d'hôtes : poulet de Bresse à la crème, magret aux airelles et échalottes confites, tarte tatin... Télévision, magnétoscope. Stage d'initiation à la peinture sur bois et sur métaux. Parc 1 ha. Vélo, jeux divers. Restaurants à proximité. ★ Abbaye de Tournus, circuit des églises romanes, monastère de Bou... Visite de caves. En saison, nombreux festivals et foires à la brocante. Equitation, golf (18 trous), réserve naturelle, pêche, randonnée, baignade. **Accès :** de Tournus, N6 en direction de Mâcon. A la sortie de la ville, prendre la direction de Cuisery par la D975. CM 74 pli 12.

A 10 km de Tournus, cette belle demeure Empire, dans son parc ombragé, domine la vallée de la Saône. Récemment restaurée, elle a conservé le charme et la douceur du temps passé et propose des chambres très vastes au décor raffiné : jolis tissus aux teintes chaleureuses, harmonie des couleurs, mobilier peint.. Une étape de charme à ne pas manquer.

Servas

Carte 4 **4**

Le Nid à Bibi
Lalleyriat - 01960 Servas
Tél. 04 74 21 11 47 - Fax 04 74 21 02 83
Elsie Bibus

1 pers 500/600 F - 2 pers 570/780 F - 3 pers 900 F
repas 180 F

5 ch. avec sanitaires privés dont 1 avec bains à remous. Ouvert toute l'année sur résa. Petit-déjeuner/brunch : oranges pressées, fruits du jardin, confitures maison, pains variés et viennoiseries, œufs, charcuterie, fromages... Salle de réunion. Cour avec chaises longues et jardin. ★ Nombreux sites dont l'église et le monastère de Brou, abbayes de Cluny et Ambronay, cité médiévale de Pérouges. Découverte de la gastronomie. Equitation 3 km. Nombreux parcours de golf. Ski nautique 2 km. **Accès :** entre Bourg-en-Bresse et Lent (D22) puis fléchage "Le Nid à Bibi".

"Le Nid à Bibi", cadre idyllique et accueil chaleureux. Toute la maison est mise à la disposition des hôtes, ainsi que la piscine chauffée (nage à contre-courant), l'espace musculation, le sauna, le ping-pong, les vélos et les 2 courts de tennis. Endroit idéal pour combiner sport et détente dans le luxe, le calme et la volupté...

Ain

Bugey vineyards. Grand Colombier Mountain and GR9 hiking path. Le Bourget Lake 15 km. Annecy and Chambéry 50 km. Geneva 60 km.

★ *How to get there: A40, Eloise exit, then D992 to Culoz and D904 to Talissieu. Alternatively, A43, Chimilin exit, N516 and N504, Belley D992, Culoz D904. Michelin map 74, fold 14.*

Magnificent 17th-century château set in 26-acre grounds. You will enjoy the outstanding views, space and great comfort. Large, beautiful rooms with pastel hues, period furniture, bath and shower. Circular jacuzzi in the bridal suite. 2 circular rooms in the towers. Lounges with handsome French-style ceilings. Tennis court and heated swimming pool.

Talissieu

Domaine de Château Froid

01510 Talissieu
Tél. 04 79 87 39 99 – Fax 04 79 87 45 69
Email : château.froid@wanadoo.fr
Gilbert Pesenti

1 pers 620 F – 2 pers 720/1050 F – p. sup 150 F
repas 150 F

4 ch. et 2 suites, toutes avec tél. direct, bains et wc privés. Ouvert de mars à décembre. Copieux petit-déjeuner : jus de fruit, confitures maison, pâtisseries, laitage, œufs, céréales... Table d'hôtes et plusieurs restaurants à proximité. Billard, piscine chauffée et tennis sur place. ★ Route et vignoble du Bugey. Montagne du Grand Colombier et GR9. Lac du Bourget à 15 km. Annecy et Chambéry à 50 km. Genève à 60 km. **Accès :** de la A40, sortie Eloise, puis D992 jusqu'à Culoz et D904 jusqu'à Talissieu ou A43, sortie Chimilin, N516 et 504, Belley D992, Culoz D904. CM 74, pli 14.

Superbe château du XVIIe ouvrant sur un parc de 12 ha., doté d'arbres rares. Outre les suites, situées dans les tours du château, qui disposent de chambres rondes, les jeunes mariés apprécieront la chambre "nuptiale" la plus vaste, avec son bain bouillonant. Dans les salons, beaux plafonds à la française.

Aisne

17 acres of parkland, pond, biking. Tours of Champagne estates and tasting. Provins, Vaux-le-Vicomte Château and Disneyland Paris 40 min. Roissy-Charles de Gaulle Airport 1 hr.

★ *How to get there: From Paris 1 hr, between La Ferté-sous-Jouarre and Montmirail. Take D933 to La Haute Epine and D863 (500 m). Michelin map 56, fold 14.*

Marc and Mary-Ann are always pleased to see you at Les Patrus, a 17th and 18th-century former farmhouse, set right in the heart of the peace. Lounge-cum-library with TV and piano. Jean de la Fontaine gallery with paintings by Willy Aractingi, open April to October (closed Tuesdays), in the grounds.

L'Epine-aux-Bois

Les Patrus

02540 L'Epine-aux-Bois
Tél. 03 23 69 85 85 – Fax 03 23 69 98 49
Email : cdt@aisne.com
Marc et Mary-Ann Royol

2 pers 350/480 F – p. sup 130 F – repas 140/160 F

5 chambres toutes avec bains ou douche et wc privés. Ouvert toute l'année. Table d'hôtes le soir sur résa. (boissons comprises) : sauté d'agneau, pot au feu, coq au vin. Repas servis à l'extérieur l'été. Salons. Carte bleue acceptée. ★ Parc de 7 ha., étang, vélos. Route de Champagne, Provins, Vaux le Vicomte. Eurodisney 40 mn. Aéroport de Roissy à 1 h. **Accès :** à 1 h de Paris, entre la Ferté-sous-Jouarre et Montmirail D.933 La Haute Epine, prendre D.863 (500 m). CM 56, pli 14.

Les Patrus, ancienne ferme des XVIIe et XVIIIe, est située en Brie Champenoise. Marc et Mary-Ann Royol vous accueilleront au calme, en pleine nature et vous guideront pour profiter des joies de la campagne. Salons/bibliothèque (TV et piano). Sur place : galerie Jean de la Fontaine (toiles de Willy Aractingi), ouverte d'avril à octobre (sauf le mardi).

Aisne

Château de Fère. Visits to Champagne cellars. Disneyland Paris 90 km on A4. Lake 1 km. Golf, bathing and horse-riding.

★ *How to get there: In Fère-en-Tardenois, heading for Fismes. 1.5 km on, turn left for Clairbois. Villa no. 7 with Gîtes de France sign. Michelin map 56, fold 15.*

This handsome contemporary residence, set in a 17.5-acre park with tennis court and 6-acre lake, is the very spot for a peaceful, relaxing break. The atmosphere is cosy and comfortable. Two delightful bedrooms, including one for families, await your arrival. An ideal stopping place, where you can play tennis, go canoeing or fishing far from the madding crowd.

Fère en Tardenois

Carte 1 **7**

Clairbois

02130 Fère en Tardenois
Tél. 02 23 82 21 72 - Fax 03 23 82 62 84
Email : cdt@aisne.com
Marie-Claire Chauvin

1 pers 150 F - 2 pers 300 F

2 chambres dont 1 familiale composée d'1 ch. 2 pers. et 1 ch. 1 pers. avec TV et sanitaires privés. Ouvert toute l'année. Petit déjeuner : viennoiseries, pâtisseries, laitages, fruits... Jardin, parc (7ha.), étang, canotage, pêche sur place. Restaurants à proximité. ★ Château de Fère. Caves de champagne. Disneyland. Paris à 90 km par l'A4. Plan d'eau 1 km. Golf, baignade, équitation. **Accès :** dans Fère en Tardenois, dir. Fismes sur 1,5 km, puis à gauche dir. Clairbois. Villa n°7 avec panonceau Gîtes de France. CM 56, pli 15.

Belle demeure contemporaine dans un parc de 7 ha. avec tennis et étang de 4 ha., propice au repos et à la détente. Atmosphère chaleureuse dans un cadre confortable. 2 chambres dont 1 familiale vous sont réservées. Une étape idéale où vous pourrez pratiquer en toute tranquillité tennis, canotage, pêche...

Aisne

The châteaux of Vic-sur-Aisne, Compiègne, Pierrefonds, Blérancourt, Coucy-le-Château. Longpont and Soissons Abbeys. L'Ailette outdoor sports centre and 18-hole golf course 38 km. Roissy-Charles de Gaulle Airport 1 hr.

★ *How to get there: 16 km from Soissons and 22 km from Compiègne on RN31. Michelin map 56, fold 3.*

Domaine des Jeanne, built in the 17th century, was the property of the Duc de Gaëte, Finance Minister under Napoleon I. Guests will enjoy the warmth of the fire or a stroll through the 5-acre grounds, which run down to the banks of the Aisne.

Vic-sur-Aisne

Carte 1 **8**

Domaine des Jeanne

rue Dubarle - 02290 Vic-sur-Aisne
Tél. 03 23 55 57 33 - Fax 03 23 55 57 33
Email : cdt@aisne.com
Jean et Anne Martner

1 pers 295/340 F - 2 pers 320/380 F
3 pers 420/480 F - p. sup 90 F - repas 100 F

5 ch. toutes avec salle d'eau et wc. Ouv. toute l'année. Table d'hôtes le soir et sur réservation. Possibilité 1/2 pens. pour plus de 3 jours. Carte bancaire acceptée. Pêche, piscine, et ping-pong dans la propriété. Animaux admis sur demande. Garderie enfants possible. Atelier d'artiste à disposition. ★ Châteaux de Vic-sur-Aisne, Compiègne, Pierrefonds, Coucy-le-Château, Abbaye de Longpont, de Soissons. Base de loisirs de l'Ailette et golf 18 trous 38 km. Aéroport de Roissy 1 h. **Accès :** à 16 km de Soissons et 22 km de Compiègne sur RN 31. CM 56, pli 3.

Construit au XVIIe siècle, le domaine des Jeanne fût propriété du Duc de Gaëte, ministre des finances de Napoléon Ier. Aujourd'hui, vous découvrirez le manoir autour d'un feu de cheminée ou en descendant les allées du parc (2 ha.) vers les rives de l'Aisne.

Aisne

Champagne country: Epernay and Reims. 18-hole golf course near the village (tel. 03 23 71 62 08). Chemin des Dames to visit cemeteries and museums. Disneyland Paris 40 min on motorway. Roissy-Charles de Gaulle Airport 100 km.

★ *How to get there: A4, Dormans exit 21-D980, then turn 1st right 3 times. D2, 15 km from Fère-en-Tardenois for Reims. 25 km west of Reims on D980, 25 km N.E. of Epernay on D1 & D23. Michelin map 56, fold 15.*

This 13th-century manor house is set on the Champagne-Picardy border. Enjoy the charm and quiet of the verdant park overlooking the golf course. Farmer Xavier Ferry and his wife Christine will be delighted to help you discover their region. Warm welcome guaranteed.

Villers-Agron

Carte 1   9

Ferme du Château

02130 Villers-Agron
Tél. 03 23 71 60 67 - Fax 03 23 69 36 54
Email : xavferry@club-internet.fr ou cdt@aisne.com
Xavier et Christine Ferry

1 pers 330/430 F - 2 pers 360/430 F - p. sup 150 F
repas 180 F

4 chambres avec salle d'eau et wc privés. Ouvert toute l'année. Table d'hôtes sur réservation (hors week-end) : flûte de champagne, entrée, plat, fromage, dessert, vin, café, tisane. Restaurants le long de la vallée de la Marne. Tennis, golf et vélos sur place. ★ Route du champagne jusqu'à Epernay ou Reims. Golf 18 trous autour du village (03 23 71 62 08). Chemin des Dames. Eurodisney à 40 mn par l'autoroute. Aéroport de Roissy à 100 km. **Accès :** A4 sortie Dormans n° 21 - D980, puis 3 fois 1ère route à droite. Sur D2 à 15 km de Fère-en-Tardenois dir. Reims. 25 km ouest de Reims sur D980. 25 km n.e d'Epernay sur D1 et D23. CM 56, pli 15.

En limite de 2 régions, la Champagne et la Picardie, vous trouverez dans ce manoir du XIIIᵉ siècle le calme et le charme d'un parc verdoyant donnant sur le parcours de golf. Xavier, agriculteur, et Christine vous accueilleront chaleureusement pour vous présenter leur région. 2 ch. 3 épis NN et 2 ch. 4 épis NN.

Allier

L'Espinasse, Dreuille and Tronçais Forests. Numerous Romanesque churches. Noirlac Abbey. Golf course, swimming pool 8 km, tennis court 2 km.

★ *How to get there: N145 from Montluçon for Moulins. Turn right after 8 km and follow signs before Chamblet. A71, Montluçon exit 10, for Commentry/Chamblet. At Chamblet, head for Montluçon and follow signs 1 km.*

Hosts Mr and Mme de Montaignac extend a warm welcome at Château du Plaix, which has been in the family for 300 years. A quiet, restful break is guaranteed in the refined comfort of the bedrooms, all with fourposter beds and period furniture. Enjoy the family atmosphere and share your hosts' love of the Bourbonnais region.

Chamblet

Carte 4   10

Château du Plaix

03170 Chamblet
Tél. 04 70 07 80 56
Yves et Jacqueline de Montaignac de Chauvance

1 pers 495 F - 2 pers 550 F - 3 pers 860 F
p. sup 140 F

1 suite de 2 ch. (4 pers.), bains, douche et wc privés et 1 ch. 2 pers., salle d'eau et wc privés. Ouvert toute l'année sur réservation. Copieux petit déjeuner : jus d'orange, gâteaux et confitures maison. Non fumeurs. Restaurants à 8 km. Parc boisé de 4 ha. ★ Forêts de l'Espinasse, Dreuille, Tronçais. Nombreuses églises romanes. Abbaye de Noirlac. Golf, piscine 8 km, tennis à 2 km. **Accès :** N145 de Montluçon dir.Moulins à 8 km à dr. et fléchage avant Chamblet. De l'A71 sortie 10 Montluçon dir.-Commentry-Chamblet. A Chamblet dir.Montluçon et fléchage à 1 km.

M. et Mme de Montaignac vous accueilleront en amis au château du Plaix, propriété familiale depuis 300 ans. Séjour calme et reposant, chambres raffinées et confortables, toutes avec ciels de lits et meubles anciens. Ambiance familiale où vos hôtes vous feront découvrir leur passion pour leur riche région du Bourbonnais.

Allier

Souvigny (historic birthplace of the Bourbons), Moulins, Bourbon-l'Archambault (spa town). Numerous châteaux in the Bourbonnais copse. Hiking, horse-riding and fishing.

★ *How to get there: 8 km from Moulins and 3 km from Souvigny.*

Set in the historic heart of the Bourbons' birthplace, Coulandon still exudes all the charm of a small country village. This leafy setting offers very comfortable, attractively-decorated bedrooms in a converted barn, separate from the owners' residence. A restful spot near the Moladier Forest.

Coulandon

Carte 4   **11**

La Grande Poterie
03000 Coulandon
Tél. 04 70 44 30 39 ou 06 68 22 20 73
Jean-Claude Pompon

1 pers 200 F - 2 pers 290 F - 3 pers 320 F
p. sup 50 F - repas 85 F

3 chambres dont 1 avec mezzanine (3 pers.), toutes avec douche et wc privés. Ouvert toute l'année. Table d'hôtes : terrine de saumon, pâté aux pommes de terre, viande en croûte... Parc de 5000 m2 avec piscine et vélos. Auberge dans le village. ★ Souvigny (berceau historique des Bourbons), Moulins, Bourbon-l'Archambault (ville thermale). Nombreux châteaux en bocage bourbonnais. Randonnées pédestres, équitation, pêche. **Accès** : à 8 km de Moulins et 3 km de Souvigny.

Au cœur du berceau historique des Bourbons, Coulandon a su préserver le charme d'un petit village rural. Dans un cadre verdoyant, vous serez reçus dans des chambres très confortables et joliment décorées, aménagées dans une ancienne grange, indépendante de la demeure des propriétaires. Une halte reposante à proximité de la forêt de Moladier.

Allier

Close to the Allier River. Bird sanctuary. Tennis, golf and canoeing.

★ *How to get there: RN7 2 km. RN9 2 km. RCEA 10 km. North of Saint-Pourçain 12 km. South of Moulins 20 km.*

This handsome Sologne Bourbonnaise-style family mansion, built in 1850, stands in extensive walled grounds with pavilions and ponds. The soft-coloured bedrooms are very comfortable and inviting. Handsome period furniture and elegant lounge. The year-round painting exhibitions will charm art lovers. Delightful.

Le Ferté-Hauterive

Carte 4   **12**

Demeure d'Hauterive
03340 Le Ferté-Hauterive
Tél. 04 70 43 04 85 - Fax 04 70 43 00 62
Jérôme et Annick Lefèbre

1 pers 300/350 F - 2 pers 400/480 F
3 pers 480/550 F - repas 100/120 F

5 chambres : 2 ch. 2 pers., 2 ch. 3 pers. et 1 suite 4 pers., toutes avec douche ou bains et wc. Ouvert toute l'année. Petit déjeuner : confitures maison, sablés, viennoiseries... Table d'hôtes : terrines de gibier. Billard français. Parc 3 ha. (sécurité absolue pour les enfants). Vélos, p-pong, badminton. ★ Proximité de l'Allier. Réserve ornithologique. Tennis, golf et canoë-kayak. **Accès** : RN7 2 km. RN9 2 km. RCEA 10 km. Nord de Saint-Pourçain 12 km. Sud de Moulins 20 km.

Dans un vaste parc clos de murs, avec kiosques et bassins, belle demeure de maître 1850, de style sologne bourbonnaise. Les chambres aux couleurs douces sont très confortables et chaleureuses. Beaux meubles anciens et très beau salon de style. Pour les amateurs, des peintures sont exposées en permanence. Une très belle adresse.

Allier

Hérisson medieval city and Le Grand Meaulnes School at Epineuil-le-Fleuriel 10 km. Ainay-le-Vieil Château. Châteloy Music Festival. Bird sanctuary 2 km. Golf course 3 km: Green-Fee competition weekend (3rd day free). Fishing, tennis 5 km. Hunting and shooting in Tronçais Forest 12 km.

★ *How to get there:* RN144 between Montluçon (18 km) and Vellon-en-Sully (5 km). A71 motorway, exit 9. Michelin map 69, fold 12.

Built in the 19th century, this handsome residence and its small chapel overlook the Bourbonnais countryside. On the ground floor you will find a vast dining room with fireplaces, games table and billiards. The four delightful upstairs bedrooms are tastefully decorated with pretty fabrics, and are full of charm. In the summer months, relax by the pool. Walks in the copse.

Maillet

Carte 4

Château Champigny
03190 Maillet
Tél. 04 70 06 52 57 ou 06 81 74 42 40
Fax 04 73 52 33 38
Chantal Bouille-Ribier

1 pers 300 F - 2 pers 350/400 F - 3 pers 450 F
repas 120 F

3 ch. (2 avec bains, 1 avec douche et wc privés) et 1 suite/2 ch. avec douche et wc privés. Ouvert du 1er/04 au 30/10, autre période sur réservation. Petit déjeuner : confitures maison, fruit, laitage. Table d'hôtes : paté aux p. de terre, fondant chocolat. TV, billard, jeux, piano. Parc, piscine, p-pong. ★ Cité médiévale de Hérisson et école du Gd Meaulnes à Epineuil-le-Fleuriel 10 km. Château d'Ainay-le-Vieil. Festival de musique à Châteloy. Rés. ornithologique 2 km. Golf 3 km, week-end golf 3e green-fee gratuit. Pêche, tennis 5 km. Chasse à courre et tir en forêt de Tronçais 12 km. **Accès :** RN144 entre Montluçon (18 km) et Vellon-en-Sully (5 km). Autoroute A71, sortie n° 9. CM 69, pli 12.

Elevée au XIXe siècle, cette belle demeure et sa petite chapelle dominent la campagne bourbonnaise. Au rez-de-chaussée, vaste salon et salle à manger avec cheminées, billard et table de jeux. A l'étage, 4 chambres ravissantes avec de jolis tissus ont été aménagées avec beaucoup de goût. En été, détente autour de la piscine... Promenade dans le taillis.

Allier

Tennis, fishing and lake 1 km. Swimming pool 8 km. Horse-riding 12 km. Golf course 20 km. Vichy 20 km. Bourbonnais Mountains (skiing) 30 km. Tours of Besbre Valley and châteaux.

★ *How to get there:* Head for Lapalisse, following signs from N7 until 1 km outside Saint-Gérand-le-Puy.

This attractive late-18th-century family mansion has been fully restored and decorated in the style of the period (Louis XVI, Directoire and Empire furniture). What better way to relax after a delicious breakfast, served with refinement, than a stroll in the grounds.

Saint-Gérand-le-Puy

Carte 4

Les Payratons
03150 Saint-Gérand-le-Puy
Tél. 04 70 99 82 44
Christiane Poulet

1 pers 250/350 F - 2 pers 280/500 F - 3 pers 480 F
repas 100 F

4 chambres et 1 suite, toutes avec sanitaires privés. Ouvert toute l'année. Petit déjeuner à base de jus d'orange, pain, croissants, pâtisserie et confitures maison. Table d'hôtes : soupe aux choux, paté aux pommes de terre, potée. Cartes bancaires acceptées. ★ Tennis, pêche et étang à 1 km. Piscine à 8 km. Equitation à 12 km. Golf à 20 km. Vichy à 20 km. Montagne bourbonnaise (ski) à 30 km. Visite des châteaux de la vallée de la Besbre. **Accès :** en direction de la Palisse, suivre le fléchage à partir de la N.7 à 1 km avant la commune de Saint-Gérand-le-Puy.

Belle maison bourgeoise de la fin XVIIIe, entièrement restaurée et décorée en ancien (meubles Louis XVI, Directoire, Empire). Vous apprécierez les petits déjeuners savoureux et servis avec raffinement ainsi que les moments de détente dans le parc.

Allier

La Sioule Gorges. Châteaux of interest in the vicinity. Golf course, racecourse, opera house and thermal spa at Vichy 17 km. Tennis court and swimming pool in Gannat 3.5 km.

★ *How to get there: A71 motorway, exit 12 (Gannat), then RN9 for Moulins and Saulzet (1.5 km).*

Château de Beauverger is a privately-owned listed building, dating back to the 13th century. The bedrooms are beautifully decorated with shimmering colours and appointed with extremely fine period furniture (Empire, early Napoleon III and Directoire). An ideal spot for a relaxing break in an authentic, refined setting with all the creature comforts.

Saulzet
Carte 4 · 15

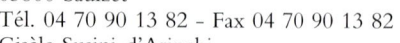

Château de Beauverger
03800 Saulzet
Tél. 04 70 90 13 82 - Fax 04 70 90 13 82
Gisèle Susini-d'Arinchi

2 pers 650/750 F - 3 pers 850 F

3 chambres avec bains ou douche et wc, et 1 suite de 2 ch. avec bains et wc. Ouvert du 1/5 au 11/11. Petit déjeuner : viennoiseries, pain de campagne, confitures maison, fruits... TV et tél. sur demande. Parc de 3,5 ha. Restaurants à Gannat 3,5 km, Charroux 8,5 km et Vichy 17 km. ★ Gorges de la Sioule. Visites de châteaux à proximité. Golf, hippodrome, opéra et station thermale à Vichy (17 km). Tennis et piscine à Gannat (3,5 km). **Accès :** autoroute A71 sortie n° 12 (Gannat), puis RN9 direction Moulins puis Saulzet (1,5 km).

Le château de Beauverger, est un château privé, classé monument historique (ISMH) dont les origines remontent au XIIIe siècle. Les chambres aux couleurs chatoyantes sont fabuleusement décorées avec un très beau mobilier d'époque (Empire, Haute époque, Napoléon III et Directoire). Pour un séjour calme et authentique dans un confort raffiné.

Allier

Besbre Valley, Lapalisse Château. Vichy 25 km. Golf course.

★ *How to get there: 4.5 km from N7, by Saint-Gérand-le-Puy.*

Access to this imposing house full of character is along a tree and flower-lined driveway and a French formal garden. The spacious bedrooms are appointed with a blend of period and contemporary furniture. You will appreciate the peace and quiet. Relax in the sauna (extra charge) and shaded grounds. Tourist tax.

Servilly
Carte 4 · 16

Les Vieux Chênes
Laprugne – 03120 Servilly
Tél. 04 70 99 07 53 - Fax 04 70 99 34 71
Elisabeth Cotton

1 pers 200/280 F - 2 pers 300/350 F - p. sup 50 F
repas 90/110 F

5 ch. et 1 suite, toutes avec bains et wc privés. Ouvert du 1er avril au 4 novembre, sur réservation pour le reste de l'année. Petit déjeuner : pâtisserie maison, viennoiseries, yaourt, jus de fruits. Table d'hôtes sur réservation : coq au vin, tarte au citron, gâteau au chocolat. Sauna (avec supplément), salle d'activités. ★ Vallée de la Besbre, château de Lapalisse. Vichy 25 km. Golf. **Accès :** à 4,5 km de la N7, au niveau de Saint-Gérand-le-Puy.

Grande maison à laquelle on accède par une allée bordée d'arbres et un jardin à la française. Les chambres sont spacieuses et confortables, avec un mélange de meubles anciens et contemporains. Pour votre détente, un sauna (avec supplément) et un parc ombragé. Taxe de séjour.

Allier

Fishing on the premises. Tennis 3 km. Horse-riding, canoeing and golf 15 km.

★ **How to get there:** *RN9 5 km. D46 1 km. A71 14 km. Michelin map 69, fold 13.*

This magnificent 13th and 15th-century castle, surrounded by a moat, is set on a vast estate with parkland and gardens. The two bedrooms, located in the outbuildings, offer superb decoration and appointments, with canopied or fourposter beds and matching fabrics, period furniture and paintings. An enchanting spot.

Le Theil

Carte 4 — 17

Château du Max
03240 Le Theil
Tél. 04 70 42 35 23 - Fax 04 70 42 34 90
Dominique Mazet

1 pers 300/350 F - 2 pers 400/450 F - 3 pers 500 F
repas 200 F

2 chambres dont 1 de 2 pièces avec salle d'eau, wc et TV (poss. lits suppl.) et 1 avec bains et wc. Ouvert toute l'année. Copieux petit déjeuner : jus d'orange frais, brioche, toast, miel... Table d'hôtes à base de produits frais selon les saisons. TV. Parc, bois. Pêche dans les douves du château. ★ Pêche sur place. Tennis 3 km. Equitation, canoë-kayak et golf 15 km. **Accès :** RN9 à 5 km. D46 1 km. A71 14 km. CM 69, pli 13.

Ce magnifique château des XIIIe et XVe siècles, entouré de douves, est situé sur une vaste propriété avec parc et jardin. Aménagées dans les dépendances, les 2 chambres qui vous sont réservées sont superbement décorées (lit à baldaquin ou ciel de lit avec de jolis tissus assortis, meubles anciens, tableaux...) et vous séduiront par leur charme.

Allier

Bourbonnais Music Festival at Hérisson, George Sand's house. Espinasse Forest 5 km. Golf course 15 km.

★ **How to get there:** *A71 2 km, Montluçon exit for Verneix. Michelin map 69, fold 12.*

Eighteenth-century Château de Fragne is set in superb grounds on a farming estate. Guest rooms are comfortable and enhanced with period furniture and fine wall hangings. The atmosphere is warm and peaceful. Dinner is served in the dining room or on the terrace, weather permitting.

Verneix

Carte 4 — 18

Château de Fragne
03190 Verneix
Tél. 04 70 07 88 10 - Fax 04 70 07 83 73
Martine de Montaignac

1 pers 450 F - 2 pers 700 F - 3 pers 700 F
repas 300 F

4 chambres et 1 suite, toutes avec bains et wc privés. Téléphone. Ouvert du 1er mai au 1er octobre. Table d'hôtes : canard, pâté de pommes de terre. Restaurants à 1 et 10 km. Vaste terrasse et parc de 20 ha. ★ Festival de musique en Bourbonnais à Hérisson, maison de George Sand. Forêt de l'Espinasse à 5 km. Golf à 15 km. **Accès :** A71 à 2 km, sortie Montluçon direction Verneix. CM 69, pli 12.

Le château de Fragne du XVIIIe siècle est situé dans un très beau parc, sur une exploitation agricole. Les chambres sont confortables, agrémentées de meubles anciens et tendues de tissu. L'atmosphère est calme et chaleureuse. Les dîners peuvent être servis soit sur la terrasse, soit dans la salle à manger, au gré des saisons.

Allier

Tennis, horse-riding and canoeing on the Sioule River 3 km.

★ ***How to get there:*** *7 km from Vichy exit on A71, via Ebreuil.*

This 15th-century manor house is surrounded by a moat, and set in 13 acres of grounds beside a church. Your Belgian hosts, Mr and Mme Van Merris, both history and architecture enthusiasts, provide a warm welcome. The bedrooms are decorated with attractive fabrics. Reduced rates for children.

Vicq

Carte 4 **19**

Manoir de la Mothe
03450 Vicq
Tél. 04 70 58 51 90 – Fax 04 70 58 52 02
Michel et Lu Van Merris

---

1 pers 440/515 F – 2 pers 525/600 F
3 pers 625/700 F – p. sup 100 F – repas 200 F

5 ch., toutes avec sanitaires privés. Ouvert du 1er avril au 4 novembre, autres sur résa. Table d'hôtes : produits du potager et verger. Restaurants 100 m et 3 km. Billard, sauna avec suppl. Piscine privée. Etang, barques sur place. Animaux admis sous réserve. Prix enfants. ★ Tennis, équitation et kayak sur la Sioule 3 km. **Accès :** à 7 km de la sortie Vichy sur l'A71, en passant par Ebreuil.

Vieux manoir du XVe siècle tout entouré de douves, situé dans un parc de 5,5 ha., à côté de l'église. M. et Mme Van Merris (belges), passionnés d'histoire et d'architecture, vous recevront chaleureusement. Les chambres sont décorées avec de jolis tissus.

Alpes de Haute Provence

Verdon Gorges and Lakes. Valensole Plateau. Gréoux-les-Bains spa, water sports, fishing.

★ ***How to get there:*** *At Manosque, N96 for Gréoux-les-Bains/Allemagne-en-Provence. On the village square.*

This magnificent listed 12th-century château was originally a fort. It has five towers, a crenellated keep, battlements and griffins, and looks out onto 10 acres of shaded parkland, with a miniature golf course, where you can relax or take a quiet stroll. Refined décor and handsome period furniture.

Allemagne-en-Provence

Carte 6 **20**

Le Château
04500 Allemagne-en-Provence
Tél. 04 92 77 46 78 – Fax 04 92 77 73 84
Doris Himmel

---

2 pers 500/900 F

3 chambres 2 pers. avec bains et wc privés. Ouvert toute l'année sauf du 20/12 au 10/01. Parc de 4 ha. avec mini-golf et parking privés.(Tarif 2 pers. 500 F, 700 F, 900 F). ★ Gorges et lacs du Verdon. Plateau de Valensole. Thermes de Gréoux-les-Bains. Baignade, sports nautiques, pêche... **Accès :** N96 a Manosque dir. Gréoux-les-Bains – Allemagne-en-Provence. Sur la place du village.

Proche des sites du Verdon, ce superbe château, qui est à l'origine un fort du XIIe est classé Monument Historique. Avec ses 5 tours, son donjon crenelé, ses créneaux et griffons, il domine un parc ombragé de 4 ha. avec mini-golf, où vous pourrez vous détendre ou flaner en toute quiétude. Décoration raffinée et beau mobilier d'époque.

Alpes de Haute Provence

Esparron-de-Verdon

Carte 6 **21**

Château d'Esparron
04800 Esparron-de-Verdon
Tél. 04 92 77 12 05
Cte et Ctesse Bernard de Castellane

2 pers 700/1300 F - p. sup 150 F

Esparron Lake. Verdon Gorges. Water sports, bathing, fishing, hiking and horse-riding nearby.

★ *How to get there: At Manosque, N96 for Gréoux-les-Bains. Halfway between Gréoux and St-Martin-de-Bromes, take D82: Esparron-de-Verdon 13 km on. You will see the castle as soon as you reach Esparron.*

Majestic Château d'Esparron was founded by the Castellane family in the 12th century. The residence, which spans three major periods of architecture (medieval, Renaissance and 18th-century) has preserved its original character and charm. In the shade of plane trees, it overlooks a superb turquoise lake in the heart of the Verdon Nature Park.

5 élégantes suites spacieuses avec hauts plafonds moulurés, mobilier et cheminée d'époque, antichambre et s.d.b. Ouvert de Pâques à la Toussaint. Petit déjeuner français et anglo-saxon. Téléphone commun à disposition. Cour, jardin. Cartes bancaires acceptées. ★ Lac d'Esparron. Gorges du Verdon. Sports nautiques, baignade, pêche, randonnées, VTT, tennis et équitation à proximité. **Accès :** N96 à Manosque dir. Gréoux-les-Bains. A mi-chemin entre Gréoux et St-Martin-de-Bromes prendre D82 : Esparron-de-Verdon à 13 km. Le château est visible dès l'entrée d'Esparron.

Le majestueux château d'Esparron fut fondé par la famille Castellane au XIIᵉ siècle. Il a su conserver, grâce à l'heureuse juxtaposition de 3 grandes époques architecturales, Moyen Age, Renaissance et XVIIIᵉ siècle, un charme authentique. A l'ombre de ses platanes, il domine un joli lac turquoise au cœur du Parc Naturel du Verdon.

Alpes de Haute Provence

Montlaux

Carte 6 **22**

Le Moulin d'Anaïs
04230 Montlaux
Tél. 04 92 77 07 28 - Fax 04 92 77 07 28
Pierre et Danièle Descube

1 pers 245 F - 2 pers 310 F - 3 pers 405 F
1/2 p. 345 F

Lavender country. Lure Mountain. The setting for many of Jean Giono's novels. Swimming pool and tennis court 5 km. Lake and windsurfing 25 km. Fishing 6 km. Hiking locally. Golf course 10 km.

★ *How to get there: N96 at Peyruis for St.-Etienne-les-Orgues. Turn left for Montlaux. On the Sigonce road, 900 m up on the right.*

Attractive, renovated mill nestled in lavender fields across from the old village of Montlaux, at the foot of the Lure Mountain. Enjoy the peace and quiet of the Lauzon riverside setting and the charm of the grounds, in the shade of century-old plane trees. Five cosy bedrooms await your arrival. An essential stopping place in Provence for discovering Giono country.

5 chambres avec sanitaires privés. Ouvert toute l'année. Copieux petit déjeuner à base de miel, confiture, pâtisseries maison... (petit déjeuner anglo-saxon sur demande). Table d'hôtes : spécialités provençales. Salle de détente avec TV et bibliothèque. Possibilité stages de cuisine. Parc. (1/2 pens. 455 F/2 pers.). ★ Route de la lavande. Montagne de Lure. Pays de Giono. Piscine et tennis 5 km. Plan d'eau et vol à voile 25 km. Pêche à 6 km. Randonnées sur place. Golf 10 km. **Accès :** N96 à Peyruis dir. St.Etienne-les-Orgues. Tourner à gauche dir. Montlaux. Sur la route de Sigonce à 900 m à droite.

Au pied de la montagne de Lure, agréable moulin rénové blotti parmi les champs de lavande face au vieux village de Montlaux. Vous apprécierez le calme des lieux au bord du Lauzon et le charme du parc à l'ombre des platanes centenaires. 5 chambres au confort chaleureux vous sont réservées. Une étape indispensable en Provence pour découvrir le pays de Giono.

Alpes de Haute Provence

Medieval villages, archaeological sites, Romanesque abbeys, châteaux, Verdon Gorges. Activities: golf, horse-riding, sailing and tennis. Manosque & railway station 10 km. Avignon 75 km. Marseille Airport 70 km.

*★ **How to get there:** Halfway between Manosque and Forcalquier, 3 km from Dauphin. 800 m after Notre-Dame-d'Ubages Chapel. Michelin map 81, fold 15.*

This superb 17th-century country house offers three prestigious bedrooms in the heart of the Luberon. Hosts Jacques and Viviane extend a hospitable welcome at their traditional, handsomely-decorated residence. You will enjoy the delicious Provençal specialities served at the table d'hôtes and the gourmet buffet breakfasts. A haven of peace in the heart of the countryside.

Saint-Martin-les-Eaux

Carte 6 **23**

Domaine d'Aurouze
04300 Saint-Martin-les-Eaux
Tél. 04 92 87 66 51 – Fax 04 92 87 56 35
Jacques et Viviane Noel-Schreiber

1 pers 420 F – 2 pers 525 F – p. sup 285 F
repas 120 F – 1/2 p. 680F 2 pers F

3 chambres avec bains, wc et TV coul. Ouvert de Pâques à mi-octobre sur rés. Salle à manger de caractère. Piscine, pétanque, volley, ping-pong, VTT en option. Terrasse avec vue panoramique sur Forcalquier, chaîne des Alpes.(Néerlandais parlé). ★ Villages médiévaux, sites archéologiques, abbayes romanes, châteaux, gorges du Verdon. Activités : golf, équitation, voile, tennis. Manosque 10 km (SNCF). Avignon 75 km. Aéroport de Marseille 70 km. **Accès :** à mi-chemin entre Manosque et Forcalquier, à 3 km de Dauphin. A 800 m après la chapelle de N.D d'Ubages. CM 81, pli 15.

Au cœur du Luberon, 3 chambres de grand standing dans une bastide du XVIIᵉ siècle. Vous vous serez accueillis par Jacques et Viviane dans une belle demeure typique, joliment décorée. Vous apprécierez à la table d'hôtes les savoureuses spécialités provençales et le petit déjeuner gourmand servi en buffet. Un havre de paix en pleine campagne.

Hautes Alpes

Charance Château and Lake. Riding 1.5 km. Fishing 3 km. Tennis court and indoor pool in Gap 5 km. Cross-country skiing, bathing 14 km. Alpine skiing 17 km. 18-hole golf course 15 km.

*★ **How to get there:** RN85 (Gap-Sud), D291 for Veynes-Valence (Gap-Ouest). At the roundabout, head for Château de Charance to the left of the chapel. Turn left 700 m past the chapel.*

This attractive 18th-century residence is set in terraced grounds with a swimming pool, close to Château de Charance and the lake. Five comfortable bedrooms await your arrival. Your host Bruno is a mountain guide and will be pleased to accompany enthusiasts on mountain bike, climbing, canyoning and cross-country skiing excursions. Swimming pool.

Gap

Carte 6 **24**

Le Parlement
Quart. de Charance – Route du Lac
05000 Gap
Tél. 04 92 53 94 20
Bruno et Anne Drouillard

1 pers 360/500 F – 2 pers 360/500 F – p. sup 100 F
repas 90/110 F

5 chambres de 2 à 4 pers. avec entrée indépendante et sanitaires privés (4 avec s. d'eau et 1 avec balcon et s.d.b.). Salle à manger, cheminée. Ouvert toute l'année. Salon, billard, sauna. Parc en terrasse, salon de jardin, espace enfants. Piscine. Possibilité garage. ★ Lac et château de Charance. Equitation 1,5 km. Pêche 3 km. Piscine couverte, tennis à Gap 5 km. Ski de fond, baignade 14 km. Ski de piste 17 km. Golf 18 trous 15 km. **Accès :** RN85 (Gap sud) D291 dir. Veynes-Valence (Gap ouest). Au rond point dir. Château de Charance à gauche de la chapelle. 700 m après la chapelle, tourner à gauche.

A proximité du château et du lac de Charance, dans une jolie demeure du XVIIIᵉ entourée d'un parc en terrasses avec piscine, 5 chambres confortables vous attendent. Pour les amateurs, Bruno guide de haute montagne se fera un plaisir de vous accompagner pour des sorties VTT, escalade, canyonning, ski de randonnée.

Hautes Alpes

Mountain hikes. Swimming pool 5 km. Cross-country skiing 10 km. Riding and hang-gliding nearby. Locally: cultural events and tennis. Golf course 25 km.

★ ***How to get there:*** *At Veynes, take D994 for Gap. After 3 km, turn left for Montmaur (2 km). Michelin map 77, fold 15.*

Raymond and Elise Laurens, your hosts at Château de Montmaur, will be delighted to share with you their passion for this medieval fortress which features Renaissance décors. The suites, situated in the oldest wing of the building, are very comfortable indeed.

Montmaur

Carte 6 **25**

Château de Montmaur
05400 Montmaur
Tél. 04 92 58 11 42
Raymond et Elise Laurens

1 pers 350 F – 2 pers 450 F – 3 pers 550 F
p. sup 100 F

3 suites, toutes avec douches et wc particuliers. Ouvert toute l'année. Restaurants à 5 km. Salon de repos, piano, télévision, bibliothèque. Parc et parking. (Séjour d'une semaine au moins : – 15%). ★ Randonnées en montagne. Piscine à 5 km, ski de fond à 10 km. Equitation et deltaplane à proximité. Sur place : animation culturelle et tennis. Golf à 25 km. **Accès :** à Veynes, prendre la D994 vers Gap ; à 3 km, tourner à gauche pour gagner Montmaur (2 km). CM 77, pli 15.

Lors de votre séjour au château de Montmaur, vous pourrez partager la passion de vos hôtes pour l'âme de cette forteresse médiévale aux décors Renaissance. Les suites sont aménagées confortablement dans l'aile la plus ancienne.

Alpes Maritimes

Nice, Cannes, Monaco, Mercantour Park.

★ ***How to get there:*** *A8, Nice-Est exit, take D2204 and drive 8 km. Then D15 for Contes. Motorway interchange 15 min.*

Just 20 km from Nice, you will come across the "doll's house with green shutters", in a peaceful, verdant setting. You will be enchanted by the pre-1940s English style and the view of the hills, at an altitude of 450 m. You will delight in the landscape garden's bouquet of fragrances and succumb to the charm of breakfasts served under the kiwi arbour.

Contes

Carte 6 **26**

Le Castellar
1, allée des Mimosas – 06390 Contes
Tél. 04 93 91 83 51
Francine Velut-Mogavero

1 pers 350 F – 2 pers 350 F

1 chambre double avec sanitaires privés. Ouvert du 15 février au 10 octobre. Jardin paysager de 2000 m². Pièce d'eau avec cascade. Solarium. Restaurants à Contes. Maison non fumeur. ★ Nice, Cannes, Monaco, Parc du Mercantour. **Accès :** A8 sortie Nice-est, prendre la D2204 sur 8 km, puis la D15 vers Contes. Echangeur autoroute 15 mn.

A 20 km de Nice, "la maison de poupées aux volets verts" vous assure le calme, dans un cadre de verdure, à 450 m d'alt. Le style anglais rétro et la vue sur les collines invitent à la rêverie. Vous apprécierez les senteurs du jardin paysager de 2000 m² et goûterez le charme des petits déjeuners servis sous la tonnelle de kiwis.

Alpes Maritimes

Full range of activities in and around Nice: sea, beach, swimming pool, sailing, tennis within a 1.6-km radius. Museum, attractive parks, carnival, hiking and horse-riding.

★ **How to get there:** Five minutes from the centre of Nice. From Place St-Philippe, take Avenue Estienne d'Orves, level crossing. Hairpin bend, then narrow rise. Second house with concrete driveway.

This pretty turn-of-the-century Italianate house is only a few minutes from the town centre and the sea. It boasts a sheltered terrace and extensive grounds (5000 m²) ablaze with flowers. Guest rooms are spacious, bright and comfortable. An ideal place to relax, within easy reach of the amenities of Nice. Peace and quiet just 5 minutes from the hubbub of the city.

Nice

Carte 6 **27**

Le Castel Enchanté
61 route de St.Pierre de Féric - 06000 Nice
Tél. 04 93 97 02 08 - Fax 04 93 97 13 70
Jacqueline Olivier

1 pers 600 F - 2 pers 600 F - p. sup 200 F

2 chambres doubles et 2 suites (1 double et 1 twin) communiquantes pour 2 ou 4 pers. avec salles de bains privées et TV (Canal +) dont une avec terrasse particulière. Ouvert toute l'année. Petit déjeuner buffet très copieux. Restaurants en ville. ★ Toutes les activités disponibles à Nice et à proximité : mer, plage, piscine, voile, tennis, le tout à 1,6 km. Musée, parcs attractifs, carnaval, randonnées pédestres et équestres. **Accès :** place St-Philippe, prendre av. Estiennes d'Orves, passage à niveau. Virage, petit chemin montant dans la colline. 2ᵉ maison avec rampe en ciment pour l'accès.

A quelques minutes du centre ville et du bord de mer, vous arriverez dans une jolie propriété de pur style italien du début du siècle, avec terrasse ombragée et parc (5000 m²) très fleuri. Les chambres sont spacieuses, gaies et confortables. Une adresse détente à proximité de tous les services (repos et détente à 5 mn du bruit de la ville).

Alpes Maritimes

Tennis court 300 m. Horse-riding 5 km. 2 golf courses 10 km.

★ **How to get there:** A8, Cagnes-sur-Mer exit. Head for Saint-Paul on D2, then Route des Serres.

A warm welcome is guaranteed at this mas or stone house set in the heart of the Provençal countryside. Each of the five comfortable bedrooms is decorated in its own individual style and furnished with taste. Enjoy the attractive garden (4,800 m²) with swimming pool or take a stroll in the surrounding area (Maeght Foundation, arts and crafts galleries).

Saint-Paul-de-Vence

Carte 6 **28**

Le Mas des Serres
2000 route des Serres
06570 Saint-Paul-de-Vence
Tél. 04 93 32 81 10 - Fax 04 93 32 85 43
Jacques Maubé

1 pers 500 F - 2 pers 600 F - p. sup 150 F

5 chambres, toutes avec bains, TV, téléphone et jardin particuliers. Ouvert du 1/04 au 31/10. Petit déjeuner à la française Salle de séjour et salon TV sur terrasse et pelouse. Piscine. Nombreux restaurants à proximité. (lit bébé : 60 F). ★ Tennis à 300 m, équitation à 5 km, 2 golfs à 10 km. **Accès :** A8 sortie Cagnes-sur-Mer, direction Saint-Paul par D2, puis route des Serres.

Au cœur de la campagne provençale, vous serez accueillis dans 5 chambres confortables et personnalisées, meublées avec goût. Agréable jardin (4800 m²) avec piscine, et nombreuses balades à proximité (fondation Maeght, galeries d'artisanat d'art, etc...).

Alpes Maritimes

Stunning medieval village of Tourrettes-sur-Loup, a meeting place for artists and famous for its violets. Hiking, sea, mountains, cycling and canyoning.

★ *How to get there: A8, Cagnes-sur-Mer exit, heading for Vence and Tourrettes-sur-Loup (D220). At Tourrettes, follow signs for "Mas des Cigales". Michelin map 195, fold 35.*

Mas des Cigales stands on a magnificent estate and offers 5 handsome rooms decorated in the Provençal style and featuring hand-painted furniture and paintings executed by the owner. Private entrance via the terrace overlooking the sea. Park with garden, swimming pool and sun lounge, tennis court, waterfall and ornamental lake. An unmissable spot for an unforgettable break.

Tourrettes-sur-Loup
Carte 6 — 29

Le Mas des Cigales
1673, route des Quenières
06140 Tourrettes-sur-Loup
Tél. 04 93 59 25 73 ou 06 60 69 25 73
Fax 04 93 59 25 78 - http://.hometown.aol.com/macigale
Jean-Jacques et Mareka Montegnies

1 pers 450 F - 2 pers 450 F - p. sup 150 F

5 chambres avec bains et TV. Ouvert du 27.12 au 31.10. Petit déjeuner : viennoiserie, laitage, fruits frais... Cour, jardin, parc, parking privé. Piscine, solarium, court de tennis, pétanque, aire de pique-nique, cascade, pièce d'eau, coin lecture. Restaurants à proximité. ★ Très beau village médiéval de Tourrettes-sur-Loup, lieu de rencontre d'artistes et célèbre pour sa culture de violettes. Randonnée, mer, montagne, vtt, canyoning... **Accès :** A8, sortie Cagnes-sur-Mer, dir. Vence puis Tourrettes-sur-Loup (D220). A Tourrettes suivre le fléchage "Mas des Cigales". CM 195, pli 35.

Dans un superbe domaine, le mas des Cigales propose 5 belles chambres au décor provençal : meubles peints à la main, tableaux réalisés par le propriétaire... Accès indépendant par la terrasse avec vue sur la mer. Parc avec jardin, piscine et solarium, court de tennis, cascade, pièce d'eau... Une étape à ne pas manquer, pour un séjour de charme et d'authenticité.

Ardèche

★Eyrieux, Drôme and Vercors Valleys. Ardèche Gorges. Tennis court 1 km. Bathing, river, horse-riding 2 km.

★ *How to get there: A7, Valence-Sud exit, for Montélimar. Drive 8 km, then turn right for La Voulte (D111A). Cross the Rhône (N86), and head south. 50 m past the 2nd roundabout.*

This magnificent 15th-century building is a harmonious blend of architecture and history. Three comfortable bedrooms with 17th and 18th-century furniture grace the rooms. Enjoy the charm of candlelight dinners served in the 15th-century dining room with French-style ceiling. The superb wooded estate and swimming pool amid oak trees are a true delight. Irresistible.

Beauchastel
Carte 6 — 30

Domaine de Rieu de Vel
07800 Beauchastel
Tél. 04 75 85 11 86 - Fax 04 75 85 11 86
Bruno et Fabienne Valette

1 pers 370 F - 2 pers 530 F - p. sup 190 F
repas 160 F

2 chambres et 1 suite avec sanitaires privés. Ouvert toute l'année. Petit déjeuner : patisseries et confitures maison... Table d'hôtes : lapin à l'anis, pains de courgettes... Salon TV, téléphone. Parc 32 ha., jardin, cour. Piscine, pétanque, palet. ★ Vallée de l'Eyrieux, de la Drôme, Vercors, gorges de l'Ardèche... Tennis 1 km. Baignade, rivière, équitation 2 km. **Accès :** A7 sortie Valence-sud, dir. Montélimar sur 8 km, puis à droite dir. La Voulte (D111A). Traverser le Rhône (N86), dir. du sud, puis 50 m après le 2ème rond-point.

Magnifique bâtisse du XVᵉ où se mêlent harmonieusement la pierre et l'histoire. 3 chambres confortables aux meubles d'époque XVIIᵉ et XVIIIᵉ vous sont réservées. Vous apprécierez le charme des dîners aux chandelles servis dans la salle à manger du XVᵉ avec plafond à la française, le superbe domaine boisé et la piscine au milieu des chênes. Une étape de charme.

Ardèche

Cévennes area of the Ardèche: rivers, valleys and villages. Nearby: Pont d'Arc Valley, Ardèche Gorges. Bathing, fishing, walking, horse-riding, canoeing and biking.

★ ***How to get there:*** *From north, Loriol exit. From south, Montélimar-Sud exit for Aubenas & Alès. At Joyeuse, head for Valgorge. Drive past Les 2 Aygues. After Le Gua, bridge on left. House 3 km on. Michelin map 80, fold 8.*

This magnificent 16th-century country house is nestled in the Beaume Valley, amid chestnut trees. An ideal natural setting for a quiet, leisurely break, far from the bustling crowd yet close to all destinations. Comfortable rooms and attractive arch-ceilinged lounge, with fireplace, which opens out onto a terrace and garden. Genuine hospitality in a charming setting.

Ardèche

Variety of regional museums, caves, natural wells. Prehistoric centre. 30 min from Uzès, Alès, Aubenas and 1 hr from Nîmes, Orange, Avignon. Gateway to Cévennes, choice of hikes.

★ ***How to get there:*** *A7 motorway, Bollène exit, then head for Pont Saint-Esprit, Barjac and Bessas. Michelin Map 80, fold 8.*

In the Lower Ardèche region, this renovated 10th-century castle is close to the Pont d'Arc Bridge and the Cèze Valley. The vast bedrooms feature handsome period furniture and are decorated in the colours of Provence. Relax on attractive sunny or shaded terraces. Swimming pool with massage jets. Special rate for 7 nights: 2,030 F/2persons.

Beaumont
Carte 6 **31**

La Roche
La Petite Cour Verte - 07110 Beaumont
Tél. 04 75 39 58 88 - Fax 04 75 39 43 00
Email : henri.rouviere@wanadoo.fr
Henri Rouvière

2 pers 290/390 F - p. sup 135 F - repas 110 F

6 ch. avec sanitaires privés. Ouvert de Pâques au jour de l'an. Petit déjeuner : yaourts, fromages, confitures maison (15 à 20!)... T.H. : gigot en croûte d'herbe, poulet à l'ail, fondant aux chataignes, sorbets. Bar, salon, biblio. Sauna, salle de gym. Piscine couv. chauffée. Jardin, loc. VTT. ★ Ardèche cévenole : rivières, vallées, villages... A proximité : vallon Pont d'Arc, gorges de l'Ardèche. Baignade, pêche, balades, équitation, canoë, VTT. **Accès :** du nord, sortie Loriol. Du sud, sortie Montélimar sud dir. Aubenas puis dir. Alès. A Joyeuse, dir. Valgorge. Passer les 2 Aygues. Après le Gua, pont à gauche. La maison est à 3 km. CM 80, pli 8.

Superbe bastide du XVIᵉ siècle, nichée dans la vallée de la Beaume, au milieu des chataîgniers. Tout un espace naturel s'offre à vous, loin des foules et près de tout où vous goûterez en toute tranquillité mille plaisirs. Confort des chambres et agréable salon voûté avec cheminée qui ouvre sur la terrasse et le jardin. Un accueil authentique dans une maison de charme.

Bessas
Carte 6 **32**

Le Château
07150 Bessas
Tél. 04 75 38 64 34 - Fax 04 75 38 60 90
Claude Thoulouze et Brigitte Bonnefin

1 pers 260 F - 2 pers 290 F - 3 pers 390 F
p. sup 100 F

4 ch. avec sanitaires privés. Ouvert toute l'année. Copieux petit déjeuner : fruits, céréales, fromage blanc, pains, viennoiseries, confitures maison... Salon, bibliothèque régionale, jeux, mini-bar... 2 terrasses, cour. VTT, p.-pong. Restaurants à proximité. CB acceptées. ★ Nombreux musées régionaux, grottes, avens. Centre préhistorique. A 1/2 h d'Uzès, Alès, Aubenas et à 1 h de Nîmes, Orange, Avignon. A la porte des Cévennes, nombreuses randonnées. **Accès :** A7, sortie Bolléne, puis dir. Pont Saint-Esprit, Barjac et Bessas. CM 80, pli 8.

En basse-Ardèche, ce château du Xᵉ siècle, rénové, est à proximité du pont d'Arc et de la vallée de la Cèze. Les chambres avec un beau mobilier ancien sont vastes avec une décoration aux couleurs de la Provence. Pour vous détendre, belles terrasses ensoleillées ou ombragées, piscine avec hydromassage. Forfait 7 nuits 2 pers. : 2030 F.

Ardèche

Banks of the Rhône and river cruises. St Joseph and l'Hermitage vintages. Small Vivarais railway. Tournon Château, Museum and theatre. River bathing, fishing, swimming, tennis, miniature golf and hiking.

★ *How to get there: Motorway, Tain-l'Hermitage exit. Tournon. 3 km Pont-sur-Ledoux (D532). Hameau Lubac. 500 m and right for Chavagnac. Michelin map 76, fold 10.*

In the heart of the countryside, on an extensive 60-acre farm, stands this Directoire château. A long driveway leads to the main entrance and courtyard, two round towers and wooded park. The bedrooms are decorated in the 19th-century style. Breakfast is served on the terrace. Enjoy a stroll in the park or in the surrounding countryside. An unmissable stop for those seeking a quiet break away from it all.

Lemps

Carte 6

Château Chavagnac
07610 Lemps
Tél. 04 75 08 33 08 - Fax 04 75 08 33 08
Christian Réale et Caroline Mocquet

1 pers 300/400 F - 2 pers 350/450 F - p. sup 100 F

1 chambre et 2 suites avec sanitaires privés. Ouvert toute l'année et sur réservation du 15.11 au 15.02. Petit déjeuner : viennoiseries, pâtisseries, fruits frais... Salon réservé aux hôtes avec TV, téléphone et jeux de société. Cour et parc (1,5 ha.). Restaurants à Tournon. ★ Bords du Rhône et croisières. Crus St.Joseph et l'Hermitage. Petit train du Vivarais. Château, musée et théâtre de Tournon. Rivière, baignade, pêche, piscine, tennis, golf miniature, randonnées. **Accès :** autoroute sortie Tain-l'Hermitage. Tournon. 3 km Pont-sur-Ledoux (D532). Hameau Lubac. 0,5 km droite Chavagnac. CM 76, pli 10.

En pleine campagne, sur un vaste domaine agricole (24 ha.), a été érigé ce château Directoire. Au détour d'une longue allée, vous découvrirez sa cour d'entrée, ses 2 tours rondes et son parc boisé. Chambres au décor XIXe. Petits déjeuners sur la terrasse. Flaneries dans le parc ou randonnées dans la campagne environnante. Une étape incontournable pour les amateurs de tranquillité.

Ardèche

Mont Gerbier de Jonc. Mont Mézenc. Ray-Pic Waterfall. Hiking. Lake with recreational facilities, fishing, cycling, horse-riding and tennis.

★ *How to get there: With St-Martial Lake in front of you, head for St-Andéol-de-Fourchades. After 1.2 km, turn off for Longeagne. Michelin map 76, fold 18.*

Laurence and Gérard are your hosts at La Calmeraie just 3 km from Saint-Martial Lake. This traditional 18th-century farmhouse set in 250 acres of countryside, facing the Gerbier de Jonc, has been fully restored to pristine splendour and offers five comfortable rooms with period furniture. Breakfast and dinner are served beneath the lime tree. Bridge, pastry and cake-making courses available.

St.-Andéol-de-Fourchades Carte 6

La Calmeraie
Longeagne
07310 Saint-Andéol-de-Fourchades
Tél. 04 75 29 19 38 - Fax 04 75 29 19 38
Laurence Gangloff

1 pers 260 F - 2 pers 260 F - p. sup 70 F - repas 85 F

5 chambres avec sanitaires privés dont 1 avec bains. Ouvert toute l'année. Petit déjeuner : confitures (10 variétés), miel, compotes de fruits frais... Table d'hôtes : estouffade de porcelet aux châtaignes, tourte aux cèpes... Salon avec cheminée et TV. Parc ombragé avec salon de jardin et balançoire. Départ du sentier VTT balisé (Tour du Gerbier et du Mézenc). ★ Mont Gerbier de Jonc. Mont Mézenc. Cascade du Ray-Pic. Randonnées pédestres. Lac aménagé, pêche, VTT, équitation, tennis. **Accès :** face au lac de St.Martial, prendre dir. St.Andéol-de-Fourchades, puis quitter la route à 1,2 km pour suivre Longeagne. CM 76, pli 18.

A 3 km de Saint-Martial, sur 100 ha. de pleine nature, face au Gerbier de Jonc, Laurence et Gérard vous accueillent à la Calmeraie. Dans cette ferme traditionnelle du XVIIIe entièrement restaurée à l'ancienne, 5 chambres confortables avec meubles d'époque ont été aménagées. Petits déjeuners et diners servis sous le tilleul. Poss. de stage de bridge et pâtisserie.

Ardèche

Annonay, birthplace of the Montgolfier brothers. Peaugre Safari Park. Wine-tasting cellar. Musée de l'Alambic (Distillery Museum). Archaeological sites. Le Pilat Regional Nature Park. Hiking, canoeing, lake, biking, paragliding, tennis.

★ *How to get there: 15 min from Chanas exit on A7, heading for Annonay-Aserrières and Marseille. Follow signs.*

La Désirade is a handsome 19th-century residence set in the St Joseph vineyards, in a small Ardèche village. This splendid setting is ideal for a restful break. The spacious bedrooms feature fine antique furniture and attractive décor. The warm welcome as well as the peace and quiet of the place will ensure that your stay here is a delight.

Saint-Désirat

Carte 6 — 35

La Désirade
07340 Saint-Désirat
Tél. 04 75 34 21 88
Philippe et Muriel Meunier

1 pers 200 F – 2 pers 250 F – 3 pers 340 F
p. sup 90 F – repas 95 F

5 ch. et 1 suite de 2 ch. avec sanitaires privés. Ouvert toute l'année. Petit déjeuner : confitures maison (cerise, abricot), viennoiseries, jus de fruits... T. d'hôtes : coq au vin, crique ardéchoise, canard... Salon, TV, jeux de société, lecture. Cour, parc (1 ha.), ping-pong. Parking fermé. ★ Annonay "cité montgolfière". Safari parc de Peaugre. Caveau de dégustation. Musée de l'alambic. Sites archéologiques. Parc Naturel Régional du Pilat. Randonnées, canoë-kayak, lac, VTT, parapente, tennis. **Accès :** à 15 mn de la sortie Chanas sur A7 en dir. d'Annonay-Aserrières puis Marseille et suivre le fléchage.

Au cœur du vignoble St-Joseph, dans un petit village ardéchois, "La Désirade" est une belle demeure bourgeoise du XIXe située dans un environnement exceptionnel propice à la détente. Les chambres avec de beaux meubles anciens, sont spacieuses et joliment décorées. L'accueil chaleureux des propriétaires et le calme des lieux feront de votre séjour une étape de charme.

Ardèche

Fontblachère is ideally situated for exploring the Ardèche and Drôme départements. An hour's drive from Avignon. Riding centres, hiking paths (GR42), golf course, water sports centre, flying club.

★ *How to get there: A7, Loriol exit for Privas on D22, and turn left for Saint-Lager-Bressac. Michelin map 76, fold 18.*

Château de Fontblachère is set in the hills bordering the Rhône, in a conservation area. Dating from the 17th century, the residence features handsome ground-floor rooms with arched ceilings. The furniture and paintings are 18th and 19th century. Vast park with swimming pool and tennis court.

Saint-Lager-Bressac

Carte 6 — 36

Château de Fontblachère
07210 Saint-Lager-Bressac
Tél. 04 75 65 15 02 – Fax 04 75 65 15 02
Email : bernard.liaudois@wanadoo.fr
Bernard Liaudois

2 pers 400 F – 3 pers 500 F – p. sup 100 F

4 chambres et 1 suite de 2 chambres avec sanitaires privés. Ouvert d'avril à octobre. Cour et parc d'1 ha. Piscine, tennis. Nombreux restaurants dans un rayon de 20 km. ★ Fontblachère est idéalement situé pour sillonner facilement l'Ardèche et la Drôme. Avignon à 1 heure de route. Centres équestres, sentiers de randonnée (GR42), golf, base nautique, aéroclub. **Accès :** A7 sortie Loriol dir. Privas par D22, puis touner à gauche dir. Saint-Lager-Bressac et suivre le fléchage. CM 76, pli 18.

Dans un environnement protégé, en bordure de forêt, le château de Fontblachère est situé sur les collines qui bordent le Rhône. D'époque XVIIe, il possède de belles pièces voutées en rez-de-chaussée. Le mobilier et les tableaux sont d'époque XVIIIe et XIXe. Vaste parc avec piscine et tennis.

Ardèche

Ardèche Gorges and Caves 20 km. Horse-riding 10 km. Hiking, mountain bikes, motorbikes, tennis 3 km. Guided tours of award-winning medieval village.

★ ***How to get there:*** *A7, Montélimar-Sud exit, head for Malataverne, Chateauneuf-sur-Rhône, Viviers (RN86) on the way to Nîmes, 5 km from Saint-Montan.*

This 18th-century traditional Ardèche-style farmhouse is situated near the village. Peace, quiet and rest are guaranteed at this residence which offers an attractive garden, 7.5-acre grounds and a swimming pool. The bedrooms are welcoming and boast matching painted furniture and décor. Superb views of the surrounding countryside.

Saint-Montan

Carte 6 **37**

La Pacha
Route de Viviers - 07220 Saint-Montan
Tél. 04 75 52 57 41 - Fax 04 75 52 57 41
Chantal Coornaert

1 pers 300 F - 2 pers 350 F - p. sup 85 F
repas 100 F

4 chambres avec sanitaires privés. Ouvert toute l'année. Salle commune avec cheminée, jeux de société. Le petit déjeuner est servi dans la salle à manger ou dans le jardin, suivant la saison. Cour, jardin, parc de 3 ha. Piscine privée, ping-pong. Restaurant ardéchois à 2 km. ★ Gorges de l'Ardèche et grottes à 20 km. Equitation 10 km. VTT, randonnée, moto, tennis 3 km. Visite guidée du village médiéval classé "village de caractère". **Accès :** A7 sortie Montélimar-sud, dir. Malataverne, Chateauneuf-sur-Rhône, Viviers (RN86) dir. Nîmes à 5 km de Saint-Montan.

Ferme typique ardéchoise du XVIIIᵉ siècle, située près du village. Un beau jardin, un parc de 3 ha. et une piscine vous assureront calme et repos. Les chambres qui vous reçoivent sont chaleureuses et leur mobilier peint, en harmonie avec la couleur de la chambre. Belle vue sur la campagne environnante.

Ardèche

Museums in the vicinity. Concerts, festivals & exhibitions. Sources of the Loire, waterfalls. Mont Gerbier de Jonc, Mount Mézenc, caves. Tennis, climbing, cross-country skiing, canoeing, horse-riding.

★ ***How to get there:*** *A7, Loriol exit. Head for La Voulte, St-Laurent-du-Pape. D120 to St-Sauveur. D102 (15 km) to Chabriol (4 km before Albon). Michelin map 76, fold 19.*

Eighteenth-century Le Moulinage, now fully restored, still exudes the sobriety of its silk-mill origins. The residence is a perfect balance of visible beams, arched ceilings, period furniture and contemporary design. You will love this haven of peace bordering a river in a shaded, verdant setting, which is a paradise for birds.

Saint-Pierreville

Carte 6 **38**

Le Moulinage Chabriol
Chabriol Bas - 07190 Saint-Pierreville
Tél. 04 75 66 62 08 - Fax 04 75 66 65 99
Edouard et Lize de Lang
http://www.chabriol.com

2 pers 295/350 F

6 chambres avec sanitaires privés. Ouvert toute l'année. Grand salon avec cheminée. Coin-cuisine à disposition. Exposition permanente de photos (1870-1930) sur l'industrie de la soie et l'architecture d'usines. Rivière, baignade, cyclisme, pêche et randonnée en boucle sur place. ★ Musées à proximité. Concerts, festivals, expositions. Sources de la Loire, cascades. Mt-Gerbier-de-Jonc, Mt-Mezenc, grottes. Tennis, escalade, ski de fond, canoë. équitation. **Accès :** A7 sortie Loriol. Dir. la Voulte, St-Laurent-du-Pape. D120 jusqu'à St-Sauveur. Prendre D102 (15 km) jusqu'à Chabriol (4 km avant Albon). CM 76, pli 19.

Le moulinage restauré respire toujours la sobriété propre à cette ancienne filature à soie du XVIIIᵉ siècle. Il y règne un équilibre superbe entre les belles pierres apparentes, les plafonds voûtés, les meubles anciens et l'aménagement contemporain. Situé au bord d'une rivière, vous apprécierez ce havre de paix, vert et ombragé, paradis des oiseaux.

47

Ardèche

Mont Gerbier de Jonc. Chestnut groves. Wool Museum. Maison du Châtaignier (permanent exhibition on chestnut trees). Huguenot heritage. Hiking, fishing, bathing and tennis.

★ How to get there: 1.3 km from the town hall square, heading for Tauzuc. Side street is on the left down to the river. Michelin map 76, fold 19.

The heart of a chestnut grove, by a river, is the setting for the Pont d'Aleyrac "factory", originally a silk mill. The bedrooms, decorated simply, are cosy and comfortable. An ideal spot for nature lovers in preserved surroundings.

Saint-Pierreville Carte 6 39

Pont d'Aleyrac
07190 Saint-Pierreville
Tél. 04 75 66 65 25 - Fax 04 75 66 65 25
Bernard et Annie Mirabel

1 pers 190 F - 2 pers 290 F - 3 pers 390 F
p. sup 100 F - repas 90 F - 1/2 p. 250 F

4 chambres et 1 suite de 2 chambres communiquantes, toutes avec bains et wc privés. Ouvert du 15.03 au 15.11. Petit déjeuner : confitures maison, cake à la farine de châtaigne... Table d'hôtes avec les produits du terroir et menus "curieux" aux herbes sauvages. Bibliothèque très documentée sur la région. Expositions artistiques. Cour et jardin. ★ Gerbier de joncs. Châtaigneraies. Musée de la laine. Maison du Châtaignier. Patrimoine huguenot. Randonnées pédestres, pêche, baignade, tennis. **Accès** : à 1,3 km de la place de la mairie, en direction de Tauzuc. Petite route à gauche jusqu'à la rivière. CM 76, pli 19.

Au cœur de la châtaigneraie, près de la rivière, la fabrique du Pont-d'Aleyrac est un ancien moulinage de soie. Les chambres décorées simplement sont chaleureuses et confortables. Pour les amateurs de pleine nature, une étape privilégiée dans un environnement préservé.

Ardèche

Vallon-Pont-d'Arc. Ardèche Gorges. Chauvet Cave. Orgnac Swallow Hole. Barjac: Antiques Fair (Easter weekend and 15th August), Anduze (potteries and bamboo plantation). Horse-riding, tennis, canoeing, hiking and fishing.

★ How to get there: A7, Bollène exit, for Pont-St-Esprit. Follow signs for Bagnols/Cèze (N86) and Barjac (980), and head for Les Vans (D901). Before St-Sauveur-de-Cruz, head for St-Ambroix and Champer rock-climbing site. Michelin Map 80, fold 8.

You will be enchanted by this superb residence at the gateway to Provence. The charming rooms are decorated with refinement and comfort. Relax on the terrace or enjoy a dip in the spa swimming pool, with superb views of the village and countryside. Savour the delicious dinners prepared by Rocco. An outstanding setting lulled by the chirping of cicadas...

St.-Sauveur-de-Cruzières Carte 6 40

Le Bourdet
07460 Saint-Sauveur-de-Cruzières
Tél. 04 75 36 00 21 - Fax 04 75 36 01 99
http://www.guideweb.com/ardeche/
ch-hote/bourdet/
Rocco et Martine d'Addetta-Gilson

1 pers 385 F - 2 pers 695F F - p. sup 200/250 F
repas 250 F

5 chambres avec sanitaires privés. Ouv. Toute l'année sur rés. Petit déjeuner gourmand. Table d'hôtes (sur rés.) : filet de rouget au parfum d'olive, caillette et crique ardéchoises, pâtisseries maison... Grand salon avec cheminée et TV. Sauna (en suppl.). Parc 2 ha., piscine-balnéo, piste et boules de pétanque. ★ Vallon-Pont-d'Arc, gorges de l'Ardèche, grotte Chauvet, aven d'Orgnac, Barjac : grande foire aux antiquités (week-ends de Pâques et du 15 août), Anduze (poteries et Bambouseraie)... Equitation, tennis, canoë-kayak, randonnées, pêche. **Accès** : A7, sortie Bollène, dir.Pont-St.Esprit, mais suivre Bagnols/Cèze (N86) et Barjac (D980) puis dir. Les Vans (D901). Avant St.Sauveur-de-Cruz, dir. St.Ambroix puis fléchage vers site d'escalade de Champer. CM 80, pli 8.

Aux portes de la Provence, cette superbe demeure vous séduira par le charme de sa décoration et le confort raffiné de ses chambres. Pour vous détendre, terrasses et piscine-balnéo avec une vue magnifique sur le petit village et la campagne. Savoureux dîners préparés par Rocco. Une étape d'exception bercée par le chant des cigales...

Ardèche

At Vals-les-Bains: casino, cinema, theatre, exhibitions, discotheques, Olympic-size swimming pool, tennis courts, miniature golf.

★ *How to get there: As you leave Val-les-Bains, head for Antraigues (D578). After 1.5 km, take the private bridge on your left. Michelin map 76, fold 19.*

Combelle is a family mansion built in the 19th century by silk merchants close to the silk mills. It is surrounded by 5 acres of grounds, with fountains, ornamental ponds and century-old trees. The spacious bedrooms are tastefully decorated and very comfortable. Rest and relaxation are assured at this charming and hospitable residence.

Vals-les-Bains

Carte 6   **41**

Domaine de Combelle
Asperjoc – 07600 Vals-les-Bains
Tél. 04 75 37 62 77
Isabelle Meynadier

1 pers 330/430 F - 2 pers 370/470 F - p. sup 85 F
repas 120 F

4 chambres et 1 suite, toutes avec sanitaires privés. Fermé du 15/11 au 28/02 sauf réservation. Table d'hôtes sur réservation. Restaurants à 1,5 et 6 km. Billard sur place. Piscine. Petite salle de remise en forme. Parc de 2 ha. Réduction pour séjours et hors-saison. Animal admis avec suppl. de 35 F. ★ A Vals les Bains : casino, cinéma, théâtre, expositions, discothèques, piscine olympique, tennis, golf miniature. **Accès :** A la sortie de Vals les Bains, prendre dir. Antraigues (D 578). A 1,5 km sur la gauche, prendre le pont privé. CM 76, pli 19.

Combelle est une de ces maisons de maître que les "Soyeux" érigèrent au voisinage des filatures au XIXᵉ siècle, ceinte d'un parc de 2 ha, avec jet d'eau, bains, fontaine et arbres centenaires. Les chambres sont spacieuses de grand confort aménagées avec goût. L'accueil et le charme de ces lieux vous assureront détente et repos.

Ardèche

Sports trail, nature trails. Vernoux 8 km: tennis courts, swimming pool, lake, miniature golf, open-air theatre, programme of events. Small steam train at Lamastre 8 km.

★ *How to get there: From Lyon, Valence-Nord exit, then head for St-Peray (D533). From the south, Loriol exit, then La Voulte, St-Laurent du Pape-Vernoux. At Vernoux, head for Lamastre (D2) 8 km on.*

Set right in the heart of the countryside, this handsome fully restored residence made of local stone was originally a farmhouse, built in 1820. The owners extend a warm welcome and offer the chance to discover regional specialities at the table d'hôtes. Relax on the pleasant sun-drenched, flower-filled terrace. An ideal stop for nature lovers.

Vernoux-en-Vivarais

Carte 6   **42**

Ferme de Prémaure
Route de Lamastre
07240 Vernoux-en-Vivarais
Tél. 04 75 58 16 61 - Fax 04 75 58 16 61
Jean-Claude Gonzalez

1 pers 285 F - 2 pers 320 F - 3 pers 425 F
p. sup 105 F - repas 100 F

6 ch. dont 1 suite, toutes avec sanitaires espace complets et privés. Ouvert du 1er mars au 15 nov., du 15 nov. au 1er mars, week-end sur demande. Table d'hôtes : braisé d'agneau aux 2 olives, vacherin ardéchois... Week-ends à thème au printemps et automne. Jardin-terrasse, terrain de boules, prés (11 ha.). Animaux admis sur demande. Piscine sur la propriété. ★ Circuit sportif, circuits botaniques. A Vernoux 8 km : courts de tennis, piscine, lac, mini-golf, théâtre de verdure, programme d'animations. Petit train à vapeur à Lamastre 8 km. **Accès :** de Lyon, sortie Valence-nord, puis dir. St-Peray (D533). Du sud, sortie Loriol, puis La Voulte, St-Laurent du Pape-Vernoux. A Vernoux dir. Lamastre (D2) à 8 km.

En pleine nature, cette belle demeure en pierre de la région est une ancienne ferme construite en 1820, entièrement restaurée. Vous apprécierez l'accueil chaleureux des propriétaires et découvrirez à la table d'hôtes les spécialités de la région. Agréable terrasse ensoleillée et fleurie. Une étape pour les amoureux de la nature.

Ardèche

Hiking, mountain bike rental. Ardèche Gorges 15 km (canoeing, rock-climbing, bathing). Magnificent caves and potholes. Ancient Roman amphitheatre at Alba-la-Romaine. Chauvet Cave exhibition at Vallon-Pont-d'Arc.

★ *How to get there: At Villeneuve-de-Berg, head for Saint-Andéol-de-Berg. 2 km on, turn right and drive for 1 km. Michelin map 80, fold 9.*

If you're looking for a relaxing break, then Mas de Fournery is the place for you. Enjoy the peace and quiet of this remote setting with a panoramic view of breathtaking rolling hills. Sophie and Benoît will be pleased to welcome you to their cosy 16th-century home, which boasts a flower-decked inner courtyard, shaded terraces, and a sun-drenched swimming pool.

Villeneuve-de-Berg — Carte 6 — 43

Le Mas de Fournery
Route de St.Andéol-de-Berg
07170 Villeneuve-de-Berg
Tél. 04 75 94 83 73 – Fax 04 75 94 89 70
Benoit Hennico et Sophie Raty

1 pers 255/290 F - 2 pers 300/390 F
3 pers 410/525 F - repas 130 F

5 chambres spacieuses avec bains/douches et wc privés, TV, tél., mini-bar. Ouvert du 1er avril au 15 octobre. Jardin, terrasses couvertes, solarium, piscine privée, pétanque. Animal : 15 F/jour. ★ Randonnées pédestres et location VTT. Gorges de l'Ardèche 15 km (canoë, escalade, baignade...). Superbes grottes et avens. Théâtre antique d'Alba-la-Romaine. Exposition grotte Chauvet à Vallon-Pont-d'Arc. **Accès :** à Villeneuve-de-Berg, prendre dir. Saint-Andéol-de-Berg sur 2 km, puis tourner à droite sur 1 km. CM 80, pli 9.

Venez vous détendre au Mas de Fournery qui vous offre le calme d'un site isolé et jouit d'une vue panoramique sur un extraordinaire moutonnement de collines. Sophie et Benoit seront heureux de vous faire profiter de la cour intérieure fleurie, des terrasses ombragées, de la piscine ensoleillée et de la chaleur des vieilles pierres du XVIe siècle.

Ariège

Swimming pool, tennis court 1 km. Golf course at Unjat, and "Centre National du Merens" 3 km. Caves 10 km.

★ *How to get there: On D117, La Bastide-de-Serou exit (for Saint-Girons). Take 1st lane on left, then 2nd on right. Michelin map 86, fold 4.*

This very attractive 17th-century château is set in a vast park, ideal for quiet strolls in the shade of hundred-year-old trees, and looks out onto a small country village. There is an 18-hole golf course nearby. A peaceful stay is guaranteed.

La Bastide-de-Sérou — Carte 5 — 44

Fîttes
09240 La Bastide-de-Sérou
Tél. 05 61 64 51 71 ou 06 80 65 92 01
Claude Benoit

1 pers 250 F - 2 pers 320 F - p. sup 50 F
repas 150 F

3 chambres avec antichambre et sanitaires privés dont 1 suite. Ouvert toute l'année. Table d'hôtes sur réservation. Bibliothèque et pièce TV. Parc. Jeux pour enfants. Restaurants à La Bastide de Serou 1 km. 390 F/suite et + 50 F (au delà de 2 pers.). ★ Piscine, tennis 1 km. Golf d'Unjat et Centre National du Merens 3 km. Grottes 10 km. **Accès :** sur la D.117 à la sortie de la Bastide de Serou (dir. St-Girons) prendre 1er chemin à gauche, puis 2e chemin à droite. CM 86, pli 4.

Ce très beau château du XVIIe siècle est situé dans un vaste parc où vous pourrez flaner en toute quiétude, à l'ombre des arbres centenaires. Il domine un petit village campagnard, à proximité d'un golf 18 trous. Calme assuré. CM 86, pli 4.

Ariège

Foix Château. Prehistoric caves. Cathar castles. Fortifications: Romanesque art. Underground river. Ariège golf course. Cross-country skiing. Tennis, horse-riding, fishing and hiking.

★ ***How to get there:*** *Foix, Saint-Pierre-de-Rivière, Bénac. Michelin map 86, fold 4.*

Enjoy the peace and quiet of a natural setting at the bottom of the leafy Barguillière Valley near Foix. Sylvie and Serge extend simple but warm hospitality at their 17th-century château, set in 28 acres of parkland. Ideal for discovering the treasures of the Ariège region. The table d'hôtes meals offer a selection of local and family dishes and homemade pastries.

Foix

Carte 5 45

Château de Bénac
09000 Bénac
Tél. 05 61 02 65 20
Serge et Sylvie Doumenc

1 pers 250 F - 2 pers 300 F - 3 pers 350 F
p. sup 70 F - repas 100 F - 1/2 p. 230/250 F

6 chambres avec sanitaires privés. Ouvert du 1er février au 15 novembre. Petit déjeuner : jus de fruits, viennoiseries, confitures maison... Table d'hôtes : cuisine familiale et ariégoise et pâtisseries maison. Bibliothèque avec TV. Parc de 11 ha. Vélos, p-pong, pétanque. Restaurants 3 km. ★ Château de Foix. Grottes préhistoriques. Châteaux cathares. Bastides : art roman. Rivière souterraine. Golf de l'Ariège. Ski de fond. Tennis, équitation, pêche, randonnées. **Accès :** Foix, Saint-Pierre-de-Rivière, Benac. CM 86, pli 4.

Nature, calme et détente au creux de la verte vallée de la Barguillière près de Foix. Sylvie et Serge vous accueillent avec simplicité dans leur château du XVIIe entouré d'un parc de 11 ha. et vous invitent à découvrir les beautés de l'Ariège. A la table d'hôtes, cuisine familiale et ariégoise et pâtisseries maison.

Ariège

At the foot of the Pyrenees. Cathar castles: Monségur and Mirepoix. River nearby. Horse-riding. Bastide-de-Sérou golf course.

★ ***How to get there:*** *On N20, Toulouse-Foix heading for Le Vernet-d'Ariège and take D624 for Mazères. Michelin map 86, fold 18.*

This somptuous family residence is a private mansion built in 1740, with private courtyard and garden. The spacious bedrooms are attractively decorated in soft tones. Handsome, time-honoured furniture. You will enjoy the comfort and quiet charm of the place. Not to be missed.

Mazères

Carte 5 46

10, rue Martimor - 09270 Mazères
Tél. 05 61 69 42 81 ou 06 82 42 10 63
Emmanuel Guybert-Martimor

1 pers 250 F - 2 pers 280/350 F - 3 pers 450 F
p. sup 100 F - repas 100 F

3 chambres et 2 suites avec sanitaires privés. Ouvert toute l'année. Petit déjeuner : jus de fruit, confitures maison, fromages, œufs... Salon TV. Cour, jardin, ping-pong. Table d'hôtes sur rés. Restaurants à proximité. ★ Au pied des Pyrénées. Châteaux cathares de Monségur, Mirepoix... Rivière sur place. Equitation. Golf (Bastide-de-Sérou). **Accès :** sur la N20 Toulouse-Foix dir. Le Vernet-d'Ariège et prendre la D624 dir. Malères. CM 86, pli 18.

Cette belle demeure familiale est un hôtel particulier construit en 1740, avec cour et jardin privés. Les chambres vastes, aux couleurs douces sont joliment décorées. Beaux meubles patinés par le temps. Vous apprécierez le confort et le charme tranquille de cette demeure. Une adresse à ne pas manquer.

Aube

*Château de la Motte Tilly, Provins. Hiking. Towpath.
Fishing. Nogent Museum and Mill.*

★ **How to get there:** *N19. Nogent-sur-Seine centre.
Opposite the windmills. Michelin map 61, fold 17.*

*This superbly-appointed barge offers 5 bedrooms with
maritime-style wood panelling and Louis-Philippe furniture.
Handsome interior decoration with contemporary figurative
paintings. A highly original place to stay.*

Nogent–sur–Seine

Carte 1 **47**

Péniche La Quiétude
Rue de l'Ile Olive
10400 Nogent-sur-Seine
Tél. 03 25 39 80 14 ou 06 81 40 79 39
Fax 03 25 39 80 14
Anita Fargues

1 pers 250/350 F - 2 pers 300/400 F - 3 pers 400 F
repas 100/150 F

5 chambres avec douche et wc privés. Table d'hôtes sur
rés. : cakes aux olives, quiche lorraine, amandine aux
poires, fondant au chocolat... Piano, bibliothèque,
cheminée, chaîne hi-fi, salle de séjour avec verrière.
VTT, canoë à disposition. ★ Château de la Motte Tilly,
Provins. Randonnées pédestres. Chemin de halage.
Pêche. Musée et Moulins de Nogent. **Accès :** N19.
Nogent-sur-Seine centre. Face aux grands moulins. CM
61, pli 17.

Sur une péniche superbement aménagée, 5 chambres avec boiserie-marine et mobilier Louis Philippe vous sont réservées. Belle décoration
intérieure avec peinture contemporaine figurative.
Etape originale au fil de l'eau...

Aube

Troyes 40 km. Reims 80 km.

★ **How to get there:** *Paris-Méry-sur-Seine. D7 for Fere-
Champenoise.*

*Handsome 18th-century residence on a vast estate set out
along the banks of the Aube. Anglers will enjoy fishing on
the property, while others may prefer to relax in the French
formal garden. The meticulously-decorated bedrooms are
appointed with elegant furniture. Your hostess provides a
warm, discreet welcome.*

Plancy–l'Abbaye

Carte 1 **48**

1, place du Maréchal Foch
10380 Plancy-l'Abbaye
Tél. 03 25 37 44 71
Patricia Miswald

1 pers 250 F - 2 pers 300 F - 3 pers 400 F

3 chambres 2 pers. avec sanitaires privés dont 2 avec TV.
Ouvert toute l'année. Petit déjeuner : viennoiseries,
pains, confitures... Jardin. Rivière et pêche sur la
propriété. Vélos à disposition. ★ Troyes 40 km. Reims
80 km. CM 61, pli 6. **Accès :** de Paris à Méry-sur-Seine.
D7 en direction de Fere-Champenoise.

Belle demeure du XVIIIe siècle sur une vaste
propriété au bord de l'Aube. Pour votre détente,
un agréable jardin à la française et pour les
amateurs, possibilité de pêche sur la propriété.
Chambres avec mobilier de style et décoration
soignée. Vous apprécierez la gentillesse discrète de
la maîtresse de maison et l'accueil chaleureux
qu'elle vous réserva.

Aude

Medieval city of Carcassonne 12 km. Cathar castles at Lastours 15 km. Lakes 15 km. Numerous abbeys. Beaches 45 km. Tennis court and mountain bike club locally. Botanic discovery trails.

★ ***How to get there:*** *From Carcassonne RN113 for Toulouse, then D203 for Pennautier. At Pennautier, head for Aragon and drive up to the top of the village, next to the church past the "Cave Coopérative".*

This magnificent, listed 12th-century medieval castle stands atop a tiny, peaceful village, between vines and scrubland. The residence, now superbly restored, offers splendid interiors and refined decoration. Admire the breathtaking view of the valley from the indoor garden while enjoying Laëtitia's delicious specialities.

Aude

Cathar castles, visits to local places of interest, walks, climbing.

★ ***How to get there:*** *Carcassonne-Couiza on D118, then Arques on D613. At Arques, turn left for D54, then D70 for Bouisse. The property is signposted on right (6 km from Arques).*

This handsome fully restored 18th-century farmhouse with visible stonework is set in superb grounds in the heart of Cathar country, facing the Pyrenees. The bedrooms exude warmth and comfort and are appointed with country-style and contemporary furniture. Relax in the terraced gardens or take a dip in the pool.

Aragon

Carte 5 — 49

Le Château d'Aragon

11600 Aragon
Tél. 04 68 77 19 62 – Fax 04 68 77 19 62
Tél. SR 04 68 11 40 70
Aimé et Laëtitia Ourliac

---

2 pers 290/340 F - p. sup 80 F - repas 100 F

---

5 chambres avec sanitaires privés. (290/340 F 2 pers.). Ouvert du 1/4 au 15/10. T.d'hôtes sur réservation uniquement : spécialités régionales. Salle commune avec salon et cheminée. Bibliothèque, TV. Jardin d'intérieur en pelouse et terrasse. Accueil stages d'entreprises en hors-saison. ★ Cité médiévale de Carcassonne (12 km). Châteaux cathares de Lastours (15 km). Lacs (15 km). Nombreuses abbayes. Plages (45 km). Tennis et club de VTT sur place. Sentiers botaniques. **Accès** : de Carcassonne RN113 dir. Toulouse, puis D203 dir. Pennautier. A Pennautier prendre Aragon et monter au sommet du village à côté de l'église en passant par la cave coopérative.

Au sommet d'un petit village paisible, haut perché entre vigne et garrigue, magnifique château médiéval du XIIe siècle (classé Monument Historique) parfaitement restauré. Superbe aménagement intérieur et décoration raffinée. Du jardin intérieur, vous pourrez goûter les délicieuses spécialités de Laëtitia et admirer la vue splendide qui s'offre à vous sur la vallée.

Bouisse

Carte 5 — 50

Domaine des Goudis

11190 Bouisse
Tél. 04 68 70 02 76 – Fax 04 68 70 00 74
Email : delattre-goudis@mnet.fr
Michel et Michèle Delattre

---

1 pers 400 F - 2 pers 450 F – 3 pers 570 F
repas 99/ 129 F

---

6 chambres avec sanitaires privés + téléphone direct (5 avec douche et 1 avec bains). Ouvert 01/4 au 02/1. Table d'hôtes : daubes, cassoulet, confits, tartes maison... Bibliothèque. Sauna. Baby-foot, ping-pong, jeu d'échec géant. Parcs d'élevage boisés. CB acceptées. ★ Châteaux cathares, visites de sites touristiques, promenades, escalade. **Accès** : Carcassonne-Couiza par D118 puis Arques par D613. A Arques, tourner à gauche par D54 puis D70 vers Bouisse. Le domaine est signalé sur la droite (6 km d'Arques)

Au cœur du pays cathare, face aux Pyrénées, belle ferme du XVIIIe siècle toute en pierres apparentes et complètement restaurée. Elle est située sur un beau domaine. Les chambres au mobilier rustique ou contemporain sont chaleureuses et confortables. Jardins en terrasses et piscine.

Aude

Fontfroide and Lagrasse Abbeys. Carcassonne 35 km. Canal du Midi 25 km. Beaches 30 km. Cathar castles. Caves and grottoes. Tennis court, swimming pool (spring water). Hiking.

★ *How to get there:* Motorway, Narbonne-Croix Sud exit for Carcassonne. N113 and Abbaye de Fontfroide on D611. Boutenac is 20 km from Narbonne.

In a tiny village in the heart of Carbières, stands this handsome sandstone residence, a 19th-century family mansion. The bedrooms, located on the 1st and 2nd floors, are tastefully decorated (18th and 19th-century furniture) with their own special touch (embroidered linen). The park adorned with roses and tall trees is ideal for strolls or the farniente life. Gourmet table d'hôtes meals.

Boutenac

Carte 5 51

La Bastide des Corbières

17, rue de la Révolution – 11200 Boutenac
Tél. 04 68 27 20 61 – Fax 04 68 27 62 71
Jacques et Françoise Camel

1 pers 350 F – 2 pers 380 F – p. sup 80 F
repas 120 F

5 chambres avec sanitaires privés. Ouv. du 1.03 au 31.01. Petit déj.: jus de fruits frais, confitures et patisseries maison, laitage...T.d'hôtes: foie gras de canard, confits et magrets, cassoulet, desserts "La Bastide"... TV, tél. bibliothèque. Parc, vtt, tennis de table. Cartes bancaires acceptées. ★ Abbayes de Fontfroide et de Lagrasse. Carcassonne (35 km). Canal du Midi (25 km). Plages (30 km). Châteaux cathares. Grottes et caves. Tennis, piscine (eau de source). Randonnées. **Accès :** sortie autoroute Narbonne-Croix-Sud, dir. Carcassonne N113 puis abbaye de Fontfroide D611. Boutenac est à 20 km de Narbonne.

Dans un petit village au cœur des Corbières, cette belle demeure en grès est une maison de maître du XIXe. Situées au 1er et 2ème étage, les chambres sont décorées avec goût (mobilier XVIIIe et XIXe) et personnalisées (linge de maison en lin brodé). Le parc avec ses grands arbres, et ses roses invite à la flanerie ou au farniente. Table d'hôtes gourmande.

Aude

Superb bike rides or hikes in the surrounding countryside. Carcassonne 5 km. Cathar castles. La Cavayère Lake. Fontfroide, Lagrasse and Saint-Hilaire Abbeys. Medieval villages. 18-hole golf course 5 km.

★ *How to get there:* From Carcassonne via Cazilhac, heading for Villefloure. La Sauzette is 2 km from the village.

La Sauzette is a time-honoured stone farmhouse with its original framework and tiling, set on a 7.5-acre property in the heart of the countryside. The décor is warm and welcoming, and features fine local furniture. Enjoy regional specialities and delicious cheeses at the table d'hôtes. Attractive flower garden with terrace and patio.

Cazilhac–Palaja

Carte 5 52

Ferme de la Sauzette

Cazilhac – 11570 Palaja
Tél. 04 68 79 81 32 – Fax 04 68 79 65 99
Christopher et Diana Gibson

1 pers 300/350 F – 2 pers 345/395 F – 3 pers 465 F
p. sup 100 F – repas 150 F – 1/2 p. 645/695 F

5 ch. (4 avec douche et 1 avec bains). Fermé en février et en novembre. Table d'hôtes (à partir de 150 F) : gigot d'agneau au genièvre, lapin de garrigue au romarin, clafoutis... Salle à manger, salon (cheminée, piano) à dispo. P-pong, VTT, boules. Prix 1/2 pens. pour 2 pers. ★ Superbes randonnées alentour, à pied ou en vélo. Carcassonne 5 km. Châteaux cathares. Lac de la Cavayère. Abbaye de Fontfroide, Lagrasse, Saint-Hilaire. Villages médiévaux. Golf (18 trous) 5 km. **Accès :** de Carcassonne en passant par Cazilhac, direction Villefloure. La Sauzette se situe à 2 km du village.

En pleine nature, sur un domaine de 3 ha., la Sauzette est une vieille maison de ferme en pierre avec charpente et tuiles d'origine. Décor chaleureux avec de beaux meubles anciens du pays. A la table d'hôtes vous goûterez les spécialités de la région et les délicieux fromages. Joli jardin fleuri avec terrasse et patio.

Aude

Fontfroide and Lagrasse Abbeys. Cathar castles. Canal du Midi Numerous winegrowing estates. Fishing, swimming, horse-riding and hiking.

★ *How to get there: In the village of Fabrezan, follow yellow "Chambre d'Hôtes" signs. Michelin map 86, fold 9.*

The Corbières is the setting for this handsome family mansion with panoramic tower. The spacious bedrooms, each in a different and highly original style, are decorated with fine period furniture. Breakfast and dinner are served on the terrace or in the superb 19th-century dining room. A magnificent property set amid vineyards offering discreet charm.

Fabrezan

Carte 5 **53**

Lou Castelet
Place de la République - 11200 Fabrezan
Tél. 04 68 43 56 98 - Fax 04 68 43 56 98
Email : lou.castelet@bigfoot.com
Jan et Mieke Wouters-Machiels

1 pers 355 F - 2 pers 390 F - 3 pers 475 F
p. sup 35 F - repas 110 F

4 chambres et 1 suite (chambre et salon) avec sanitaires privés. Ouv. toute l'année (- 10% h.sais. et séj. + de 5 jours). Petit déj. buffet : œufs, charcuterie, fromages, fruits, laitages... T.d'hôtes : coq au vin, agneau à la provençale... TV, bibliothèque, jeux. Jardin, parc, piscine, source naturelle. Visa et Mastercard acceptées. ★ Abbaye de Fontfroide et de Lagrasse. Châteaux cathares. Canal du Midi. Nombreux domaines viticoles. Pêche, baignade, équitation, randonnées. **Accès :** dans le village de Fabrezan, suivre le fléchage jaune "Chambres d'Hôtes". CM 86, pli 9.

Dans les Corbières, belle demeure de maître de style manoir avec tour panoramique. Les vastes chambres, de style différent et original ont été décorées avec de beaux meubles d'époque. Petits déjeuners et diners se prennent sur la terrasse ou dans la superbe salle à manger XIXᵉ. Magnifique propriété entourée de vignobles dont vous appré- cierez le charme discret.

Aude

Cathar castles, medieval towns of Foix and Mirepoix. Carcassonne. Prehistoric sites and caves. Within a 50-km radius: swimming pool, tennis, horse-riding, windsurfing, canoeing, golf, skiing, etc.

★ *How to get there: From Carcassonne, drive to Limoux, then head for Mirepoix (D620 and D626). At Peyrefitte- du-Razes (19 km), follow signs. Michelin map 86, fold 6.*

Jean-Pierre and Marie-Claire Ropers are your hosts at this fully renovated 18th-century residence, set in the heart of the countryside. You will savour the hearty breakfasts and delicious table d'hôtes meals served by your hostess (vegetarian meals available on request). In fine weather, enjoy the 13 acres of grounds, which are a delight to behold. Children's games.

Peyrefitte–du–Razès

Carte 5 **54**

Domaine de Couchet
11230 Peyrefitte-du-Razès
Tél. 04 68 69 55 06
Jean-Pierre et Marie-Claire Ropers

1 pers 300 F - 2 pers 350 F - 3 pers 390 F
p. sup 100 F - repas 130 F

3 ch. avec douche et wc, radio et TV et 1 ch. enfant (2 lits superposés). Ouvert de Pâques au 1/11 (sur résa. pour 3 nuits minimum hors-sais.). Table d'hôtes : lapin à la moutarde, escalope de saumon au citron, tarte Tatin, mousse au chocolat, etc... Menu végétarien sur demande. Piscine privée. ★ Châteaux cathares, villes médiévales de Foix et Mirepoix. Carcassonne. Grottes et sites préhisto- riques. A moins de 50 km : piscine, tennis, équitation, kayak, golf, ski... **Accès :** de Carcassonne, gagner Limoux, puis direction Mirepoix (D620 et D626) et à Peyrefitte-du-Razes (19 km) suivre le fléchage. CM 86, pli 6.

M. et Mme Ropers vous accueilleront dans leur vieille demeure du XVIIIᵉ siècle entièrement rénovée, située en pleine campagne. Vous appré- cierez le copieux petit déjeuner ainsi que les savoureuses recettes de la maîtresse de maison à la table d'hôtes. Beau parc de 5 ha. aux beaux jours. Jeux pour enfants.

Aveyron

Lot Valley and Gorges. D'Estaing and Sainte-Eulalie-d'Olt villages. Laguiole handcrafted cutlery. Transhumance Festival in May. Hiking. River fishing 500 m. Swimming pool, tennis court, horse-riding in Laguiole 8 km. Skiing 15 km.

★ *How to get there: From the south (Laguiole-St-Flour), D921, approx. 8 km after Laguiole. From the north (St-Flour-Laguiole), approx. 3 km after Lacalm. In the hamlet of "La Violette", large stone building (signs).*

This handsome, traditional Aubrac farmhouse bursting with character stands in an outstanding setting. The vast, comfortable bedrooms are rustic in style and feature fine antique furniture. Enjoy the congenial atmosphere of the table d'hôtes where local specialities are served. Ideal for lovers of wide open spaces, which the more adventurous can discover aboard a balloon.

Aveyron

Saut de la Mounine Falls 5 km. Cajarc 12 km. Foissac prehistoric caves 14 km. Villeneuve 15 km and Ville-franche-de-Rouergue fortifications 25 km. Tennis, para-gliding 4 km. Lake, water-skiing 12 km. Canoeing 18 km. Horse-riding 15 km.

★ *How to get there: D86 (along the Lot) between Cajarc (Lot) and Capdenac (Aveyron). At Ambeyrac (east of Cajarc), take D127 for Saujac. Drive 1 km, Camboulan is on the right. Michelin map 79, fold 10.*

Camboulan is a small village with old stone houses, nestled in the Lot Valley. The 13th-century château and its extensive terrace overlook the valley. The monumental rooms include a lounge with an imposing fireplace and a bedroom with a canopied fourposter bed. The residence is appointed with handsome furniture and ornaments, including a superb rocking horse.

Alpuech

Carte 5 **55**

La Violette
Bdg Air Aubrac - 12210 Alpuech
Tél. 05 65 44 33 64 ou 05 65 68 52 36
Fax 05 65 44 33 64
Gilbert et Danielle Izard

1 pers 260/300 F - 2 pers 310/350 F
3 pers 430/450 F - p. sup 80 F - repas 90 F

5 ch. avec sanitaires privés (2 avec tél.téléséjour). Ouv. du 21.04 au 24.09, 28.10 au 4.11 et du 28.12 au 4.01. Petit déj. : pâtisseries maison, charcuteries, fromages à la demande. T. d'hôtes sur rés. : poulet farci, aligot, gâteau à la broche... Jardin, p-pong, VTT. Montgolfière 800 F le vol/pers. ★ Vallées et gorges du Lot. Villages d'Estaing et Ste-Eulalie-d'Olt. Coutellerie de Laguiole. Fête de la transhumance en mai. Randonnées pédestres. Pêche en rivière à 500 m. Piscine, tennis, équitation à Laguiole 8 km. Ski 15 km. CM 76, pli 13. **Accès :** du sud (Laguiole-St-Flour) sur la D921, à 8 km env. après Laguiole. Du nord (St-Flour-Laguiole), à env. 3 km après Lacalm. Dans le hameau "La Violette", grand bâtiment en pierres (panonceau).

Dans un environnement exceptionnel, belle ferme de caractère, typique de l'Aubrac. Les chambres au décor rustique avec de beaux meubles anciens sont vastes et confortables. Atmosphère conviviale avec table d'hôtes gourmande avec ses spécialités de l'Aubrac. Une étape pour les amoureux de grands espaces, à découvrir, pourquoi pas, depuis la nacelle d'une montgolfière.

Ambeyrac

Carte 5 **56**

Château de Camboulan
12260 Ambeyrac
Tél. 05 65 81 54 61 ou 05 65 81 54 15
Fax 05 65 81 54 61
Michel et Nadine Prayssac

1 pers 300/ 350 F - 2 pers 350/ 600 F
3 pers 480/ 680 F

3 chambres avec TV dont 2 avec bains et 1 avec salle d'eau et wc privés. Ouvert du 01.05 au 31.10 (autres périodes sur rés.). Par période de 7 nuits : 1 nuit gratuite. Tél.téléséjour. Terrasse aménagée. Piscine. Jardin, ping-pong, VTT, pétanque, randonnées, pêche. Restaurants à 7 et 10 km. ★ Saut de la Mounine 5 km. Cajarc 12 km. Grottes préhistoriques de Foissac 14 km. Bastides de Villeneuve (15 km) et Villefranche-de-Rouergue (25 km). Tennis, parapente 4 km. Plan d'eau, ski nautique 12 km. Canoë-kayak 18 km. Equitation 15 km. **Accès :** D86 (longe le Lot) entre Cajarc (Lot) et Capdenac (Aveyron). A Ambeyrac (est de Cajarc) prendre D127 dir. Saujac. Faire 1 km, Camboulan est à droite. CM 79, pli 10.

Camboulan est un petit village de la vallée du Lot aux maisons de vieilles pierres. Le château (XIIIe siècle) et la grande terrasse dominent la vallée. Les pièces sont monumentales : le séjour avec son immense cheminée, la belle chambre avec lit à baldaquin... De beaux meubles et objets, notamment un superbe cheval à bascule décorent chaleureusement cette demeure.

Aveyron

Tarn and Jonte Gorges. Montpellier-le-Vieux (rockies), Roquefort (wine cellars). Aven-Armand Caves. Sports activities: rafting, canoeing, potholing, hang-gliding, paragliding, mountain biking, horse-riding.

★ **How to get there:** *On N9 (Millau-Clermont Ferrand), drive 500 m past Aguessac and turn right for Compeyre (D547). Head for village. Quiers is signposted from Compeyre. Michelin map 80, fold 14.*

This pretty stone farmhouse is set on a mountain side, overlooked by the Causses cliffs. The site offers a panoramic view of the Levezou heights and the Château des Cabrières, once the home of 19th-century opera singer Emma Calvé. Discover the atmosphere and feel of the place in the beautiful Tarn Gorges region.

Compeyre

Carte 5 **57**

Quiers
12520 Compeyre
Tél. 05 65 59 85 10 – Fax 05 65 59 80 99
Jean et Véronique Lombard-Pratmarty

---

2 pers 270 F – 3 pers 330 F – p. sup 60 F
repas 80/ 105 F – 1/2 p. 215 F

---

6 ch. avec sanitaires privés et tél. dont 1 ch. familiale 5 pers. avec mezzanine. Ouv. du 1.04 au 15.11. T.d'hôtes (sauf lundi soir en juil./août et dimanche et lundi soir hors juil./août) sur rés. : salade rustique, gatis, cotelettes de brebis au genièvre... Restaurants 3 et 6 km. Tarif dégressif en 1/2 pens. Taxe de séjour. (Ch.d'hôtes Panda). ★ Gorges du Tarn et de la Jonte. Montpellier-le-Vieux (chaos rocheux). Roquefort (caves). Grottes de l'Aven-Armand. Rafting, canoë, spéléo., parapente, delta-plane, VTT, équitation. **Accès :** N9 (Millau/Clermont-Ferrand), faire 500 m après Aguessac et prendre à droite Compeyre (D547). Monter vers le village, Quiers est fléché à partir de Compeyre. CM 80, pli 14.

Cette jolie ferme en pierres est aggripée à une montagne et dominée par les falaises des Causses. Vaste panorama des monts du Levezou avec le château des Cabrières ayant appartenu à Emma Calvé, cantatrice du siècle dernier. Un lieu et une ambiance à découvrir dans cette belle région.

Aveyron

Weirs, barriers and Truyère Valley. Mur de Barrez, once the fiefdom of the Princes of Monaco. Lot Valley. Plateau de l'Aubrac. Brommat fitness centre 5 km.

★ **How to get there:** *From Mur de Barrez, take D904 for Entraygues and drive 4.5 km, then turn left for Vilherols. The hamlet is 700 m on. Michelin map 76, fold 12.*

Attractive traditional basalt stone house dating back to the 17th and 19th centuries. The old buildings have been restored, preserving their original character. Period furniture. The beautifully-appointed bedrooms are very comfortable indeed, and each has its own separate entrance. One bedroom has access for the disabled.

Lacroix-Barrez

Carte 5 **58**

Vilherols
12600 Lacroix-Barrez
Tél. 05 65 66 08 24 – Fax 05 65 66 19 98
Jean Laurens

---

1 pers 230/320 F – 2 pers 280/400 F
3 pers 370/460 F – p. sup 100 F

---

4 ch. dont 1 familiale, avec coin-cuisine et sanitaires privés (1 dans la maison d'habitation, 3 dans bât. annexe avec TV). Ouvert du 1/7 au 31/8 + vac. scol. Petit déjeuner : lait fermier, confitures maison, jus de fruits. Restaurants Mur-de-Barrez 6 km, Lacroix-Barrez 3 km. Vélos sur place. Visite de l'exploitation. ★ Grands barrages et vallée de la Truyère. Mur de Barrez, ancien fief des princes de Monaco. Vallée du Lot, plateau de l'Aubrac. Centre de remise en forme de Brommat à 5 km. **Accès :** de Mur de Barrez prendre la D904 vers Entraygues, faire environ 4,5 km puis à gauche dir. Vilherols, le hameau est à 700 m. CM 76, pli 12.

Belle maison traditionnelle en pierre basaltique, des XVIIe et XIXe siècles. Les bâtiments anciens ont été restaurés en respectant leur caractère. Mobilier ancien. Les chambres chacune avec accès indépendant, sont chaleureuses et très confortables. (1 ch. avec terrasse et coin-cuisine est accessible aux personnes handicapées.)

Aveyron

Aveyron Gorges, Célé Valley (Lot), Villefranche-de-Rouergue (old fortified town, collegiate church, charterhouse). Conques, Cordes and Albi 40 km. Free tennis court 1 km. Horse-riding 7 km. Canoeing 20 km. Hiking locally.

★ ***How to get there:*** *On D922: at Villefranche-de-Rouergue, head for Villeneuve-Figeac. Drive 7 km, then right (after Saint-Rémy) for Mas de Jouas. Michelin map 79, fold 10.*

Close to Villefranche-de-Rouergue, the old Royal Bastide (fortified town), we come across Mas de Jouas. This typical Provençal farmhouse exudes the peace and quiet of the countryside. The bedrooms, situated in a converted limestone barn, overlook the swimming pool and a waterfall with woods and fields in the background.

Saint-Rémy

Carte 5 — **59**

Mas de Jouas
12200 Saint-Rémy
Tél. 05 65 81 64 72 - Fax 05 65 81 50 70
Guy et Christel Taillet

1 pers 280 F - 2 pers 380/400 F - 3 pers 470 F
repas 120 F - 1/2 p. 300 F

6 ch. dans bât. annexe, toutes avec bains ou douche, wc et TV. Ouvert du 1/04 au 15/10. Petit déj. : viennoiserie, jus de fruits, céréales, œufs/bacon. Restaurant 5 km. Tél. Téléséjour 05.65.81.50.73. Piscine, p-pong, jeux enfants. Taxe de séjour. Pas de T.H le samedi soir en juil./août. 1/2 pens. dès 3 nuits. ★ Les Gorges de l'Aveyron, la Vallée du Célé (Lot), Villefranche de Rouergue (vieille bastide, collégiale, chartreuse). Conques, Cordes et Albi 40 km. Tennis gratuit 1 km. Equitation 7 km. Canoë 20 km. Randonnées sur place. **Accès :** sur la D 922, à Villefranche de Rouergue, direction Villeneuve-Figeac. Faire 7 km et à droite (après Saint-Rémy) Jouas. CM 79, pli 10.

Tout près de Villefranche-de-Rouergue, vieille **Bastide Royale, on déniche le Mas de Jouas : une impression de bout du monde... et la sereine quiétude de la campagne. Au dessous des chambres aménagées dans une ancienne bergerie en pierres des causses, la piscine et la cascade dominent un large panorama de bois et de champs.**

Bouches du Rhône

Picasso's Château at Vauvenargues. Sainte-Victoire Mountain. Aix-en-Provence 4 km.

★ ***How to get there:*** *From Aix-en-Provence, take D10 for Vauvenargues. 4 km on, turn left into Chemin de l'Ermitage. The farm is 100 m further on. Michelin map 84, folds 3/4.*

This extremely attractive farmhouse, surrounded by a pretty garden in 2.5 acres of pinewood, has been tastefully restored in the Provençal style. The luxurious suite with handsome furniture and antiques exudes exquisite charm. The setting affords a breathtaking view of the Sainte-Victoire Mountain. Enjoy rest and relaxation by the pool.

Aix-en-Provence

Carte 6 — **60**

La Ferme
Chemin de l'Ermitage
St.Marc-Jaumegarde
13100 Aix-en-Provence
Tél. 04 42 24 92 97 - Fax 04 42 24 92 79
Geneviève Melin

2 pers 400/500 F - 3 pers 600 F - p. sup 100 F

1 suite de 2 ch. avec sanitaires privés et 1 ch. Indépendante en rez-de-jardin. Ouvert toute l'année. Copieux petit déjeuner : pains et toasts, fruits de saison, fromages, œufs frais... TV, vidéo, bibliothèque et documentation touristique à disposition. Parc d'1 ha. Piscine, ping-pong, vélos, jeux de boules. ★ Château de Picasso à Vauvenargues. Montagne Sainte-Victoire. Aix-en-Provence 4 km. **Accès :** d'Aix-en-Provence prendre la D10 vers Vauvenargues. A 4 km prendre à gauche le chemin de l'Ermitage. La ferme est à 100 m plus loin. CM 84, plis 3/4.

Sur une pinède d'1 ha. très belle ferme ancienne **restaurée avec goût dans le style provençal entourée d'un beau jardin. La suite d'un grand confort avec de beaux meubles et objets anciens a un charme délicieux. Superbe vue sur la montagne Sainte-Victoire. Repos et détente auprès de la piscine.**

Bouches du Rhône

At the foot of the Alpilles. 30 km from the Luberon. Tennis court 1 km. Golf, horse-riding 10 km. Sea 30 km.

★ *How to get there: In the village, turn into the street opposite the town hall (Mairie). The house is on your immediate left. Michelin map 83, fold 10.*

At the gateway to the Alpilles, close to the Luberon, stands this handsome 18th-century residence with a shaded courtyard, a time-honoured walled garden and a swimming pool. Ideal for a refreshing holiday in a leafy haven of peace. The warm welcome and exquisite refinement of the place will make your stay here a memorable one. A must for seeing Provence.

Eyguières

Carte 6 — **61**

La Demeure

2, rue du Fossé Meyrol - 13430 Eyguières
Tél. 04 90 57 85 05 - Fax 04 90 57 85 05
Christophe et Michelle Angers

---

1 pers 350/450 F - 2 pers 450 F - 3 pers 550 F
p. sup 100 F

1 chambre et 1 suite en duplex avec TV et sanitaires privés. Ouvert toute l'année. Petit déjeuner gourmand : jus de fruits frais, salade de fruits frais de saison, viennoiseries, pâtisseries maison... Tél. et fax à disposition. Cour, jardin, piscine, portique enfants, boules. ★ Au pied des Alpilles. A 30 mn du Luberon. Tennis 1 km. Golf, équitation 10 km. Mer 30 km. **Accès :** dans le centre du village, prendre la rue en face de la mairie. La maison est tout de suite à gauche. CM 83, pli 10.

A la porte des Alpilles et à proximité du Luberon, cette belle demeure du XVIIIᵉ avec sa cour ombragée, son jardin clos de vieux murs et sa piscine est un véritable havre de verdure et de fraîcheur. L'accueil chaleureux et le raffinement des lieux feront de votre séjour un moment privilégié. Une étape incontournable en Provence.

Bouches du Rhône

Salon-de-Provence 7 km. Aix-en-Provence, Arles, Les Baux-de-Provence 20 km. Nîmes, Avignon, Marseille 50 km. Golf course, horse-riding centre and lake 1 km.

★ *How to get there: A54 motorway, exit 13, and then take D19 for Grans. 2 km on, drive under the 2 bridges and take the first road on the right-hand side. Michelin map 84, folds 1/2.*

This 18th-century château was built for Aix nobility, on a quiet 100-acre estate with pinewoods, olive groves and truffle fields at the foot of the Alpilles. The bedrooms all have their own individual style and combine the charm of period furniture with outstanding comfort and refinement. Relax with a game of tennis, a dip in one of the two pools or try the fitness trail.

Grans

Carte 6 — **62**

Château de Couloubriers

13450 Grans
Tél. 04 90 42 27 29 - Fax 04 90 42 27 29
Jean-Pierre et Evelyne Gonin

---

1 pers 550 F - 2 pers 700 F - 3 pers 850/1150 F

2 ch. et 1 suite de 2 ch. (1150 F 4 pers.) avec sanitaires privés et mini-bar. Ouvert du 1/5 au 30/9. Petit déjeuner : pains variés, céréales, confitures, jus de fruits. Billard français, biblio. Parc 40 ha. 2 piscines, tennis, VTT, croquet, boules, p-pong. Restaurants à Grans 3 km, Salon 7 km. ★ Salon-de-Provence 7 km. Aix-en-Provence, Arles, les Baux 20 km. Nîmes, Avignon, Marseille 50 km. Golf, centre équestre et plan d'eau 1 km. **Accès :** autoroute A54 sortie nᵒ 13, puis D19 vers Grans. A 2 km, passer sous les 2 ponts et prendre la 1ère route à droite. CM 84, plis 1/2.

Au pied des Alpilles, dans le calme absolu d'un domaine de 40 ha. agrémenté de pinèdes, d'olive-raies et de truffières, se dresse cet ancien château de la noblesse aixoise, édifié au XVIIIᵉ siècle. Toutes les chambres sont personnalisées et allient le charme d'un mobilier ancien à un grand confort raffiné. Pour votre détente : tennis, parcours de santé et 2 piscines.

Bouches du Rhône

Arles, Les Baux de Provence, Luberon (Gordes), Aix-en-Provence. Golf, tennis, horse-riding and hiking.

★ *How to get there: A7 motorway, Salon-Sud exit, for Marseille. At Lançon de Provence, turn right onto D19 for Grans. After 5 km, turn right and follow signs. Michelin map 84, folds 1/2.*

Handsome Provençal country house or mas between Crau and the Alpilles, with swimming pool, set in luxuriant leafy grounds. The ground-floor bedrooms exude the flavours and colours of Provence. Each has its own private entrance. A haven of peace, ideal for getting to know Provence and its long-standing traditions.

Grans
Carte 6 **63**

Domaine du Bois Vert

Quartier Montauban - 13450 Grans
Tél. 04 90 55 82 98 - Fax 04 90 55 82 98
Jean-Pierre et Véronique Richard

1 pers 280 F - 2 pers 310/360 F - 3 pers 460 F

3 chambres avec sanitaires privés (réfrigérateur commun aux 3 chambres). Ouvert du 1/3 au 5/1. Copieux petit déjeuner : jus de fruits, fruits, viennoiseries, œufs... Ping-pong. Parc de 1 ha., piscine, abri voitures. Restaurants à 1 km. ★ Arles, les Baux de Provence, le Luberon (Gordes), Aix en Provence. Golf, tennis, équitation et randonnées. **Accès :** A7 sortie Salon-sud, dir. Marseille. A Lançon de Provence, tourner à droite par la D19 dir. Grans, 5 km, prendre à droite et suivre le fléchage. CM 84, plis 1/2.

Entre Crau et Alpilles, très beau mas provençal avec piscine situé dans un parc exceptionnel de verdure. Ambiance provençale pour les chambres toutes différentes et en rez-de-chaussée avec entrée indépendante. Un havre de paix pour découvrir la Provence de Frédéric Mistral et ses traditions.

Bouches du Rhône

The Luberon 16 km. Aix-en-Provence 20 km. Tennis court 2 km. Horse-riding 3 km. Golf course 9 km.

★ *How to get there: Head for Lambesc Centre. At the post office, head for Caire-Val. Drive 1.5 km and turn left at Le Gallatras. Michelin map 84, fold 2.*

This handsome stone house with character nestles on a hillside overlooking the Lambesc countryside, amid organically grown vines, on the edge of a pine and oak forest. The interior features original beams and doors and is decorated with great charm and originality. Fine artefacts and antique furniture. Handsome, spacious floral park.

Lambesc
Carte 6 **64**

Le Gallatras

Route de Caire-Val - 13410 Lambesc
Tél. 04 42 92 75 70 - Fax 04 42 92 75 92
Giordano et Roselyne Foglia

1 pers 350/380 F - 2 pers 380/400 F

2 chambres avec sanitaires privés. Ouvert toute l'année. Petit déjeuner : confitures, jus de fruits, œufs coque, pâtisseries... Vaste séjour (118 m2) avec cheminées. Parc boisé. ★ Le Luberon 16 km. Aix-en-Provence 20 km. Tennis 2 km. Equitation 3 km. Golf 9 km. **Accès :** direction Lambesc centre. A la poste, direction Caire-Val. Faire 1,5 km et tourner à gauche au Gallatras. CM 84, pli 2.

Perchée sur une colline dominant la campagne de Lambesc, au milieu des vignes de culture biologique et en bordure d'une forêt de pins et de chênes, belle demeure de caractère en pierre. Intérieur avec poutres et portes anciennes, décoré avec charme et originalité. Beaux objets et mobilier ancien. Beau parc aéré et fleuri.

Bouches du Rhône

Saint-Rémy-de-Provence, Les Baux-de-Provence. GR6 posted hiking trail. Golf course and horse-riding 5 km.

★ How to get there: At St-Rémy, take D99 for Tarascon, then D27 for Les Baux-de-Provence. "Vieux Chemin d'Arles" for St-Etienne-du-Grès. Turn left 3 km on. Michelin map 83, fold 10.

Superb 25-acre estate, nestled in the heart of the Alpilles, along the GR6 hiking trail. The property is a set of 18th-century buildings, which include a Florentine-style private mansion. The bedrooms are decorated and furbished with great refinement and taste. Enjoy the farniente life by strolling through the grounds or unwind by the pool and on the private terraces.

Saint-Etienne-du-Grès
Carte 6 — 65

Aux Deux Sœurs
Vieux Chemin d'Arles
13103 Saint-Etienne-du-Grès
Tél. 04 90 49 10 18 - Fax 04 90 49 10 30
Email : ads.wood.gites@infonie.fr
Carolyn Wood

1 pers 450 F - 2 pers 500/700 F - 3 pers 600/850 F

2 ch. avec salle de bains privée et 1 suite de 2 ch. avec salle de bains, salon et coin-cuisine, toutes les chambres avec TV, magnétoscope et tél. Ouvert toute l'année. Bibliothèque, chaîne hi-fi. Piscine, badminton, vélos, p-pong, boules, randonnées. 2 gîtes sur place. Visa et Mastercard. ★ Saint-Rémy-de-Provence, les Baux-de-Provence... Randonnées GR6. Golf et équitation à 5 km. **Accès :** à St-Rémy, prendre la D99 vers Tarascon, puis D27 vers les Baux. Vieux chemin d'Arles vers St-Etienne-du-Grès. 3 km à gauche. CM 83, pli 10.

Niché au cœur des Alpilles, superbe domaine de 11 ha. situé sur le parcours du GR6. La propriété comporte plusieurs bâtisses du XVIIIe siècle dont la maison de maître dans un style florentin. Chambres aménagées et décorées avec beaucoup de goût. Moments de détente et de farniente entre le parc qui invite à la promenade, la piscine et les terrasses privées.

Bouches du Rhône

The 865-acre Domaine de Vergières Estate (WWF Panda label) borders Réserve de la Crau, bird sanctuary and Europe's last desert steppe. Arles, Nîmes, Avignon, St-Rémy. 18-hole golf course 10 km.

★ How to get there: From Arles or Salon-de-Provence, Saint-Martin-de-Crau ZI exit (11) for Fos-sur-Mer. Bypass La Dynamite village and turn left into the narrow Vergières road. The château is 4 km on. Michelin map 83, fold 10.

This sober and elegant 18th-century residence is completely secluded in the heart of the vast Plaine de la Crau. It is surrounded by meadows and century-old trees. The residence boasts handsome furniture filled with memories, and comfortable bedrooms. A pleasant stay is guaranteed.

Saint-Martin-de-Crau
Carte 6 — 66

Château de Vergières
13310 Saint-Martin-de-Crau
Tél. 04 90 47 05 25 ou 04 90 47 17 16
Fax 04 90 47 38 30
http://www.vergières.com
Jean et Marie-Andrée Pincède

1 pers 800 F - 2 pers 850 F - repas 310 F

5 ch. avec sanitaires privés. Ouvert toute l'année (hiver sur résa.). Table d'hôtes sur résa. : apéritif, plats provençaux, vin, café et liqueurs. Cartes Visa, Master Card, Amex, Eurocard acceptées. Billard, piano. Vélos sur place. Parc de 10 ha. Parcours ornithologique. Point-phone. ★ Domaine de 350 ha. (label Panda du WWF) limitrophe de la réserve de la Crau steppe désertique d'Europe et site ornithologique. Arles, Nîmes, Avignon, St-Rémy. Golf 18 trous 10 km. **Accès :** d'Arles ou de Salon de Provence : sortir à St. Martin de Crau ZI n° 11 dir. Fos/Mer. Contourner La Dynamite, puis à gauche petite route de Vergières. Faire 4 km. CM 83, pli 10.

Sobre et élégante demeure du XVIIIe siècle isolée au cœur de l'immense plaine de la Crau. Elle est entourée d'arbres centenaires et de prairies. Son très beau mobilier chargé de souvenirs, ses chambres confortables feront de votre séjour une étape très agréable. Vous pourrez profiter de la piscine sur la propriété.

Bouches du Rhône

Aix-en-Provence 10 km. Set Club: outdoor leisure centre with tennis court, horse-riding, golf course.

★ *How to get there: 12 km north of Aix-en-Provence, on the way to Salon-de-Provence. Michelin map 84, fold 2.*

This superb 18th-century family mansion is set in magnificent shaded grounds with ornamental lake, fountain and pine forest. The two vast bedrooms are tastefully decorated. Attractive blend of colours and matching fabrics.

Ventabren

Carte 6 **67**

Domaine Val Lourdes
13122 Ventabren
Tél. 04 42 28 75 15 - Fax 04 42 28 92 91
Alain et Murielle Lesage

1 pers 350 F - 2 pers 400 F - 3 pers 500 F

2 chambres avec TV, salle d'eau et wc privés. Ouvert du 1/04 au 30/09. Copieux petit déjeuner : viennoiseries, confiture et yaourts maison, jus d'orange frais, pains divers... Parc d'1,3 ha., bassins d'agrément et vélos. Restaurants à Ventabren et Aix-en-Provence. ★ Aix-en-Provence 15 km. Set club : complexe de loisirs avec tennis, équitation, golf. **Accès :** à 12 km au nord d'Aix-en-Provence, en direction de Salon-de-Provence. CM 84, pli 2.

Superbe maison de maître du XVIIIe située dans un magnifique parc ombragé avec bassin, fontaine et pinède. Les deux chambres qui vous sont réservées sont vastes et décorées avec goût. Belle harmonie des couleurs et jolis tissus coordonnés.

Bouches du Rhône

Golf course, horse-riding and hiking nearby. Saint-Rémy-de-Provence 8 km.

★ *How to get there: On motorway (A6), Avignon-Sud exit. N7 for Verquières. Michelin map 84, fold 1.*

This mas full of character stands at the end of a plane tree-lined driveway and boasts a delightful garden, swimming pool and winter garden. The four bedrooms have their own individual style and are appointed with period Provençal furniture. A pleasant spot between the Alpilles and the Luberon.

Verquières

Carte 6 **68**

Mas de Castellan
Ancien chemin de Saint-Rémy
13670 Verquières
Tél. 04 90 95 08 22 - Fax 04 90 95 44 23
René Pinet

2 pers 450 F

4 chambres avec sanitaires privés. Ouvert toute l'année sauf janvier. Restaurants à 8 km. Piscine privée. Parc. 370 F/2 pers. à partir de 4 nuits. ★ Golf, équitation et randonnées à proximité. Saint-Rémy-de-Provence à 8 km. **Accès :** autoroute A6, sortie Avignon-sud. Verquières par la N7. CM 84, pli 1.

Au fond d'une allée de platanes, mas de caractère avec un jardin plein de fraîcheur, une piscine et un jardin d'hiver. Les chambres sont personnalisées et meublées en provençal ancien. Un lieu agréable entre Alpilles et Luberon.

Calvados

15 km from Caen. Forest and tennis courts at Bretteville-sur-Laize. Two 9-hole golf courses 7 km. Sea 30 km.

★ *How to get there: From Caen, take N158 for Falaise. Drive 12 km, take D23 to Bretteville-sur-Laize. As you enter Bretteville, follow signs.*

This recently-restored château steeped in history dates back to the time of William the Conqueror. Today the residence, set in 37 acres of listed woodland, is the ideal place for a peaceful break. The rooms are very comfortable and luxuriously appointed. The table d'hôtes will delight even the most demanding of gourmets.

Bretteville-sur-Laize

Carte 2 — **69**

Château des Riffets

14680 Bretteville-sur-Laize
Tél. 02 31 23 53 21 - Fax 02 31 23 75 14
Alain et Anne-Marie Cantel

2 pers 550 F - 3 pers 720 F - repas 240 F

2 chambres et 2 suites, toutes avec bains et wc. Ouvert toute l'année. Restaurants à 1 km et 3 km. Piscine sur place. Ecuries dans les communs. ★ A 15 km de Caen. Forêt et tennis à Bretteville sur Laize. Golf (2 x 9 trous) à 7 km. Mer à 30 km. **Accès :** de Caen, N 158 vers Falaise. Faire 12 km, puis D 23 à droite (dir. Bretteville/Laize). A l'entrée de Bretteville, suivre le fléchage.

Restauré récemment, ce château à l'histoire mouvementée trouve ses origines à l'époque de Guillaume le Conquérant. Situé au cœur d'un parc boisé et classé de 15 ha, il offre un séjour en toute quiétude. Les chambres, de grand confort, sont meublées avec goût et la table d'hôtes ravira les gourmets.

Calvados

Marais de la Dives Marshes. Sea 10 km. Right in the heart of the Pays d'Auge, famous for its stud farms, manor houses with timber framing and cottages. Cabourg and romantic beach 15 km.

★ *How to get there: From Paris, A13, exit 29b "Troarn-Dozulé". At Troarn, head for Bures-sur-Dives and follow signs in Bures.*

This 17th and 18th-century manor stands on the site of many stormy events which occurred in William the Conqueror's time. Marie-Catherine and Michael will serve you a real English tea in the private lounge or in the shade of their pretty garden through which a river flows.

Bures-sur-Dives

Carte 2 — **70**

Manoir des Tourpes

14670 Bures-sur-Dives
Tél. 02 31 23 63 47 - Fax 02 31 23 86 10
Email : mcassady@mail.cpod.fr
http://www.com/monoweb/mantourpes
Michael Landon-Cassady

1 pers 270 F - 2 pers 300/400 F - 3 pers 450 F

3 chambres avec douche et wc chacune. Salon avec bibliothèque et cheminée à la disposition des hôtes. Ouvert toute l'année. Copieux petit déjeuner. Restaurant à 2 km. Rivière et pêche sur place. Parking. ★ Marais de la Dives. Mer à 10 km. En plein cœur du pays d'Auge, célèbre pour ses haras, ses manoirs à pans de bois et ses chaumières. Cabourg et sa plage romantique à 15 km. **Accès :** de Paris sur A13, sortie n° 29b "Troarn-Dozulé". A Troarn, dir. Bures-sur-Dives et suivre le fléchage à Bures.

Ce manoir construit aux XVIIe et XVIIIe siècles fut le site d'épisodes mouvementés au temps de Guillaume le Conquérant. Marie-Catherine et Michael vous serviront un thé très "british" dans le salon particulier ou à l'ombre de leur joli jardin traversé par la rivière.

Calvados

Lisieux 10 km: skating rink, swimming pool. Hiking paths locally. Château de Crèvecœur 3 km. Sea, sailing 25 km. Horse-riding 6 km. Tennis court 1 km. Architectural heritage.

★ ***How to get there:*** *From Lisieux, RN13 for Caen, turn off at La Boissière. Take D50. Drive 4 km until you come to the sundial (cadran). The property is on the left.*

Handsome 17th-century Auge manor house in an exceptional setting, surrounded by century-old trees. The bedrooms are spacious, bright and decorated with refinement. Beautiful period furniture with wood panelling, frescoes and coffered ceilings. Enjoy a quiet, restful break in this charming, special place.

Cambremer
Carte 2 **71**

Manoir de Cantepie
14340 Cambremer
Tél. 02 31 62 87 27
Arnaud et Christine Gherrak

1 pers 220 F - 2 pers 300 F - 3 pers 370 F

2 chambres avec sanitaires privés. Ouvert toute l'année. Parc fleuri avec arbres centenaires, salon de jardin. Restaurants à Cambremer (1 km) et la Bruyère (500 m). ★ Lisieux (10 km) : patinoire, piscine. Sentiers de randonnées sur place. Château de Crèvecœur 3 km. Mer, voile 25 km. Equitation 6 km. Tennis 1 km. Patrimoine architectural. **Accès :** de Lisieux, RN13 dir. Caen que l'on quitte à la Boissière. Prendre D50. Faire 4 km pour arriver au "cadran", propriété sur la gauche, face au cadran.

Beau manoir augeron du XVIIe siècle situé dans un cadre exceptionnel et entouré d'arbres centenaires. Les chambres sont vastes, claires et décorées avec raffinement. Très beau mobilier d'époque avec boiseries, fresques et plafonds à caissons. Vous ferez en ce lieu privilégié une étape pleine de charme en toute quiétude.

Calvados

Caen (15 km) and "Normandy's Switzerland" nearby. Hiking paths and tennis court.

★ ***How to get there:*** *At Caen, ring road exit 11. At Clinchamps-sur-Orne, in the village, Rue Léonard Gille. Past village hall, turn left into Chemin du Courtillage. Michelin map 231, fold 30.*

You can choose the theme for your stay at this handsome, refined residence full of charm. Discover the 18th century in the Beaumarchais Room, the joys of literature in the Writer's Room, or the colours of the South of France in the Provençal Room. All three are superbly and tastefully decorated. Relax in the wooded park surrounding the residence. An unmissable place to stay in Normandy.

Clinchamps-sur-Orne
Carte 2 **72**

Le Courtillage
Chemin du Courtillage
14320 Clinchamps-sur-Orne
Tél. 02 31 23 87 63
Annick Hervieu

1 pers 300 F - 2 pers 400 F - 3 pers 500 F

3 chambres avec sanitaires privés. Ouvert toute l'année. Petit déjeuner très copieux : brunch, jus de fruit, pâtisseries maison, fruits... Salon et grande bibliothèque (ouvrages anciens) avec cheminées à disposition des hôtes. Parc (1,2 ha). Restaurants à 1,5 km. ★ Proximité de Caen (15 km) et Suisse normande. Sentiers de randonnée et tennis. **Accès :** à Caen, sortie périphérique n° 11. A Clinchamps-sur-Orne, dans le bourg, rue Léonard Gille. Après salle polyvalente, prendre à gauche, chemin du Courtillage. CM 231, pli 30.

Dans cette belle demeure au charme raffiné, vous pourrez choisir le thème de votre séjour : le XVIIe siècle dans la chambre Beaumarchais, la littérature dans celle de l'écrivain et les couleurs du sud dans la provençale. Elles sont toutes magnifiquement aménagées et leur décoration témoigne d'un goût très sur. Un beau parc boisé entoure la demeure. Une étape normande incontournable.

Calvados

Normandy landing beaches 5 km. Sea, sailing, swimming pool, horse-riding and tennis 5 min. Golf course 15 km.

★ *How to get there:* Caen-Cherbourg motorway (RN13), exit for D158B. At the stop sign, head for Creully then St-Gabriel-Brécy and Arromanches. At Villiers, drive past the church and carry on for 2 km.

This 16th-century family manor house is situated close to the Second World War landing beaches. Your hostess Pascale Landeau will be delighted to share her love of horses with you. The bedrooms are quiet and offer outstanding comfort. They are tastefully decorated and are named after Paris-Vincennes horse-racing winners bred on the estate.

Crépon

Carte 2 73

Le Haras de Crépon

14480 Crépon
Tél. 02 31 21 37 37 - Fax 02 31 21 12 12
Pascale Landeau

1 pers 350/450 F - 2 pers 390/550 F
3 pers 525/695 F - repas 150 F

4 ch. dont 2 communicantes, avec sanitaires privés. Ouvert toute l'année. Table d'hôtes : produits du terroir et spécialités. Salle de détente/piano. Cuisine à disposition. Parc, cour, salons de jardin. Prêt vélo, accueil cavaliers (boxes, herbages chevaux). Restaurants Crépon 100 m. CB acceptées. ★ Plages du Débarquement 5 km. Mer, voile, piscine, équitation et tennis 5 mn. Golf 15 km. **Accès :** sur l'axe Caen-Cherbourg, sortie D158B. Au stop, dir. Creully puis St-Gabriel-Brécy et Arromanches. À Villiers, passer devant l'église et faire 2 km.

Près des plages du débarquement, Mme Landeau vous accueille au manoir familial du XVIᵉ siècle, et saura vous faire partager sa passion de l'élevage du cheval. Les chambres, très calmes, confortables et décorées avec goût portent d'ailleurs le nom de chevaux de l'élevage, gagnants à Paris-Vincennes.

Calvados

Sea, tennis 4 km. Horse-riding, sailing school 5 km. Swimming pool 7 km. 27-hole golf course 12 km. Second World War landing beaches. Bayeux 12 km.

★ *How to get there:* At Creully, head for Asnelles-Crépon (D22 then D65). In Crépon, the manor house is on the edge of the village, on left heading for the sea ("Chambres d'Hôtes/Antiquités" signs).

This 18th-century manor surrounded by wooded grounds, close to the Second World War landing beaches, is a haven for those seeking a quiet and restful break. The owner is an antique dealer who will take great pleasure in helping you discover her region's treasures. Television available on request.

Crépon

Carte 2 74

Manoir de Crépon

route d'Arromanches - 14480 Crépon
Tél. 02 31 22 21 27 - Fax 02 31 22 88 80
Anne-Marie Poisson

1 pers 330 F - 2 pers 400 F - 3 pers 500 F

2 chambres avec douche et wc privés, 2 suites pour 3 et 4 pers. (2 chambres) avec salle de bains. Ouvert toute l'année. Copieux petit déjeuner : viennoiseries, laitages, céréales... Restaurants à 500 m. CB acceptées (sauf Amex). TV sur demande. Salon de musique. ★ Mer, tennis à 4 km. Équitation et école de voile à 5 km. Piscine à 7 km. Golf à 27 trous à 12 km. Plages du Débarquement. Bayeux à 12 km. **Accès :** à Creully, dir. Asnelles-Crépon D22 puis D65. À Crépon, manoir à la sortie du village, à gauche en dir. de la mer (fléchage chambres d'hôtes/antiquités).

Entouré d'un parc arboré, ce manoir du XVIIIᵉ siècle, à proximité des Plages du Débarquement, ravira les amateurs de calme. La propriétaire, antiquaire, aura à cœur de vous faire découvrir les richesses de sa région.

Calvados

5 km from Grandcamp-Maisy: seaside walks along the GR 261 path, sea fishing. Sailing school. Miniature golf, tennis, horse-riding. Golf course 18 km. Second World War landing beaches. Marais Park.

★ *How to get there: At Osmanville (N13), turn right onto D514 for Grandcamp-Maisy, then left onto D199. Follow signs to L'Hermerel.*

Manoir de l'Hermerel stands proudly among the Normandy pastures. This 15th and 17th-century residence is a haven of peace, and your hostess Agnès Lemarié will be delighted to share the treasures of "her" Normandy with you. Start the day with a hearty breakfast served by the monumental fireplace in the dining room.

Géfosse-Fontenay

Carte 2   **75**

l'Hermerel

14230 Géfosse-Fontenay
Tél. 02 31 22 64 12 – Fax 02 31 22 64 12
François et Agnès Lemarié

1 pers 250 F – 2 pers 300 F – 3 pers 400 F

4 chambres dont 2 familiales, toutes avec douche et wc privés. Salon aménagé dans la petite chapelle du XVe pour la détente. Ouvert toute l'année. Possibilité de pique-nique au manoir. Restaurant à 5 km. Parking. ★ A 5 km de Grandcamp-Maisy : promenades et pêche en mer, école de voile, sentier du littoral GR 261, mini-golf, tennis, équitation. Golf 18 km. Plages du Débarquement. Parc des Marais. **Accès :** à Osmanville (sur N13), prendre à droite la D514 vers Grandcamp-Maisy, puis à gauche D199. Fléchage l'Hermerel.

Le manoir de l'Hermerel, demeure des XVe et XVIIe siècles se dresse fièrement au milieu des pâturages. Dans ce havre de paix, Agnès Lemarié prendra un grand plaisir à vous raconter "sa Normandie" et toutes ses richesses. Un copieux petit déjeuner vous sera servi devant la cheminée monumentale de la salle à manger.

Calvados

Second World War landing beaches 8 km. Footpaths.

★ *How to get there: RN13. Longueville is before La Cambe, on the way to Isigny.*

This delightful 18th-century residence is typical of the Bessin area. The two bedrooms are tastefully decorated in warm, harmonious colours and feature Norman-style wardrobes. You will enjoy the charm and comfort that this fine house affords in the heart of the Marais Regional Park, close to the Second World War landing beaches. Relax in the attractive garden.

Longueville

Carte 2   **76**

Le Roulage

14230 Longueville
Tél. 02 31 22 03 49 – Fax 02 31 22 03 49
Daniel et Janine Leroyer

1 pers 250 F – 2 pers 280 F

2 chambres avec sanitaires privés. Ouvert toute l'année. Petit déjeuner gourmand : confitures maison, fruits du jardin, laitages, viennoiseries... Jardin. Restaurants à Grandcamp-Maisy 8 km. ★ Plages du Débarquement à 8 km. Sentiers pédestres. **Accès :** RN13. Longueville est située avant la Cambe. Direction Isigny.

Dans cette belle demeure du XVIIIe siècle, typique du Bessin, les chambres avec leurs couleurs chaudes et harmonieuses et leurs armoires normandes ont été décorées avec beaucoup de goût. Vous apprécierez le charme et le confort de cette belle maison, au cœur du Parc régional des Marais, au centre des plages du Débarquement et à proximité d'un port de pêche. Agréable jardin.

Calvados

Arromanches 3 km. Coastal path (GR 261) at Manvieux. Sea and sailing school 3 km. Indoor/outdoor pool, horse-riding, 27-hole golf course 8 km. Normandy landing beaches.

★ *How to get there: On D514 between Port-Bessin and Arromanches, follow signs for "Les Jardins" in the vicinity of Manvieux.*

Gilberte Martragny is your hostess at this 18th-century residence, originally a farmhouse, which has been handed down from her great grandmother. The setting is both refined and cosy. The bedrooms are spacious, with beams, and full of charm. Generous breakfasts are served in the library.

Manvieux

Carte 2 · **77**

Les Jardins
14117 Manvieux
Tél. 02 31 21 95 17 - Fax 02 31 21 95 17
Gilberte Martragny

1 pers 300/350 F - 2 pers 350/400 F

2 chambres avec salle de bains et wc chacune. Ouvert toute l'année. Petit déjeuner copieux. Restaurants à 2 km. Possibilité de lingerie. Ping-pong et tennis gratuits sur place. Parking. Gîte rural 4 épis NN à la même adresse. ★ Arromanches 3 km. Sentier du littoral (GR261) dans Manvieux. Mer et école de voile 3 km. Piscine couverte/plein-air, équitation, golf 27 trous 8 km. Plages du Débarquement. **Accès** : sur D514 entre Port-Bessin et Arromanches, suivre le fléchage "Les Jardins" aux alentours de Manvieux.

Gilberte vous accueillera dans cette ancienne ferme du XVIIIe qui a appartenu à son arrière grand-mère. Le cadre est raffiné et douillet, les chambres spacieuses avec poutres, sont pleines de charme. Un copieux petit déjeuner vous sera servi dans la bibliothèque.

Calvados

Horse-riding 4 km. Tennis court, indoor swimming pool 6 km. Swing golf, lake 15 km. Sea 30 km.

★ *How to get there: From Caen, A84 for Rennes/Mont-Saint-Michel. Turn off at exit 45 and right for Monts-en-Bessin on D92. Straight ahead and at crossroads, turn right before château. Follow signs. Second house on left.*

Philippa and David are your hosts at their stately late-19th-century residence. You will appreciate the quiet and comfort of the bedrooms, with their harmonious decoration of fabrics and wallpaper.

Monts-en-Bessin

Carte 2 · **78**

La Varinière - La Vallée
14310 Monts-en-Bessin
Tél. 02 31 77 44 73 - Fax 02 31 77 11 72
David et Philippa Edney

1 pers 200 F - 2 pers 330 F - 3 pers 390 F

4 ch. et 1 suite avec salles d'eau et wc privés. Ouvert toute l'année. Salon avec cheminée. Possibilité de pique-nique. Réfrigérateur et congélateur à la disposition des hôtes. Salon de jardin. Restaurant 4 km. ★ Équitation à 4 km. Tennis, piscine couverte à 6 km. Swing-golf, plan d'eau à 15 km. Mer à 30 km. **Accès** : de Caen A84 vers Rennes/Mont-Saint-Michel, sortie n° 45 prendre à droite Monts-en-Bessin D92, tout droit, au carrefour prendre à droite avant Château, suivre fléchage. 2e maison à gauche.

Philippa et David vous accueillent dans leur grande demeure bourgeoise de la fin du XIXe siècle. Vous apprécierez le calme et le confort des chambres dont la décoration harmonise tissus et papier.

Calvados

Footpaths at Pertheville-Ners and in the surrounding forest. Fishing in small lake 3 km away. Tennis, swimming pool, horse-riding and rock-climbing 7 km.

★ *How to get there: From Falaise, take D63 for Trun. Past Fresne-la-Mère, turn right for Pertheville-Ners. Follow signs on the right as you enter the village.*

Michel Plassais's 15th-century farm lies near Falaise, William the Conqueror's birthplace. This time-honoured family mansion offers extremely spacious rooms and a very pretty pleasure garden. A warm welcome is guaranteed.

Pertheville-Ners

Carte 2 — 79

Le Chêne Sec
14700 Pertheville-Ners
Tél. 02 31 90 17 55
Michel Plassais

1 pers 200 F - 2 pers 250 F - 3 pers 300 F

3 chambres, toutes avec douche et wc privés. Ouvert toute l'année. Restaurant à 8 km. Parking. ★ Sentiers pédestres à Pertheville-Ners et aux alentours en forêt. Pêche en étang à 3 km. Tennis, piscine, équitation, varappe à 7 km. **Accès :** à Falaise, D63 dir. Trun. Après Fresne-la-Mère, à droite dir. Pertheville-Ners. Suivre le fléchage à droite à l'entrée du village.

Non loin de Falaise, berceau de Guillaume le Conquérant, Michel vous accueille dans sa ferme du XVe siècle. Les chambres sont très spacieuses et cette ancienne maison de maître dispose d'un joli jardin d'agrément.

Calvados

Balleroy Château and National Forest 2 km. Tennis, footpaths, fishing in the lake.

★ *How to get there: D28 Caumont-l'Eventé/Balleroy, past Planquery, road on the left for "Les Etangs".*

This attractive residence overlooking Planquery Lakes stands in a quiet, leafy country setting. The luxurious bedrooms and bathrooms are beautifully decorated and furnished with wall hangings. Soak up the charm of the place in the heart of a region steeped in history and culture, with myriad places of interest.

Planquery

Carte 2 — 80

Le Moulin Bacon
Etangs de Planquery - 14490 Planquery
Tél. 02 31 22 47 76
Marie-Françoise Dupuy

1 pers 300 F - 2 pers 350 F - 3 pers 450 F

1 chambre et 1 suite avec sanitaires privés. Ouvert toute l'année. Petit déjeuner : orange pressée, viennoiseries, miel, confitures maison. Salon de détente avec TV à disposition. Jardin. Restaurants à 2 km. ★ Château et forêt domaniale de Balleroy 2 km. Tennis, sentiers pédestres, pêche en étang. **Accès :** D28 Caumont-l'Eventé/Balleroy; après Planquery, route à gauche "Les Etangs".

Surplombant les étangs de Planquery, cette belle demeure vous offre calme et verdure dans un cadre champêtre et boisé. Les chambres et salles de bains, d'un grand confort, sont joliment décorées et tendues de tissus. Vous ferez en ces lieux un séjour de charme au cœur d'une région historique, culturelle et touristique.

Calvados

Pays d'Auge: countryside, manors and stud farms. Floral Coast 40 km. Swimming pool and tennis court 6 km.

★ ***How to get there:*** *D511 between Lisieux and St-Pierre-sur-Dives. Near Vieux-Pont-en-Auge Church. Michelin map 231, fold 31.*

This magnificent 17th and 18th-century manor house, set on a hillside in a listed area, affords panoramic views of the Pays d'Auge countryside. You will enjoy the peace and quiet of the place and relax in the comfortable bedrooms which await your arrival and feature antique furniture.

Vieux-Pont-en-Auge   Carte 2 81

Manoir Le Lieu Rocher
14140 Vieux-Pont-en-Auge
Tél. 02 31 20 53 03 ou 06 03 80 24 21
Fax 02 31 20 53 03
http://www.gites-de-france-calvados.fr
Jean-Claude et Tania Grigaut

1 pers 300 F - 2 pers 400 F - 3 pers 500 F

2 chambres 2 pers. et 1 chambre 3 pers. toutes avec TV et sanitaires privés. Ouvert toute l'année. Salon réservé aux hôtes. Salle de jeux avec baby-foot et ping-pong. Cour, jardin. Restaurants à 3 et 5 km. ★ Pays d'Auge : sites, manoirs, haras... Côte Fleurie à 40 km. Piscine et tennis à 6 km. **Accès :** D511 entre Lisieux et St.Pierre-sur-Dives. Près de l'église de Vieux-Pont-en-Auge. CM 231, pli 31.

Dans un site classé, à flanc de colline, ce magnifique manoir des XVIIᵉ et XVIIIᵉ siècles, offre un remarquable panorama sur la campagne du Pays d'Auge. Vous apprécierez le charme et la sérénité des lieux ainsi que les confortables chambres avec mobilier ancien qui vous sont réservées.

Calvados

Sea, tennis courts 8 km. Boat trips, sailing school, GR 261 coastal path. Miniature golf 12 km. Forest 15 km. Second World War landing beaches. Fishing at Vouilly (lake). Les Marais Regional Park.

★ ***How to get there:*** *Take D5 from Molay-Littry. As you enter Vouilly, turn right (D113). The château is at the end of a long driveway on the right.*

James and Marie-José Hamel are your hosts at this 18th-century château surrounded by a moat. The bedrooms are spacious and comfortable and command superb views of the grounds. Guests can fish in the private lake.

Vouilly   Carte 2 82

Le Château
14230 Vouilly
Tél. 02 31 22 08 59 - Fax 02 31 22 90 58
James et Marie-José Hamel

1 pers 280/340 F - 2 pers 320/380 F - 3 pers 480 F

4 chambres et 1 suite, toutes avec bains et wc. Ouvert de mars à novembre. Ferme-auberge à 4 km et restaurants à 8 et 10 km. Possibilité de pique-nique. Parking. Etang privé. Cartes bancaires acceptées. ★ Mer, tennis 8 km. Promenades en mer, école de voile, sentier littoral GR261. Mini-golf 12 km. Forêt 15 km. Plages débarquement. Pêche en étang à Vouilly. Parc régional des Marais. **Accès :** D5 en venant de Molay-Littry. A l'entrée de Vouilly, prendre à droite (D113). Le château se trouve au bout d'une grande allée à droite.

James et Marie-José Hamel vous accueilleront dans leur château du XVIIIᵉ siècle entouré de douves. Les chambres spacieuses et confortables, offrent une belle vue sur le parc qui invite à la détente. Un étang privé permet la pratique de la pêche.

Cantal

Altitude 800 m. Châteaux, churches and mountains of the Cantal. Horse-riding, golf course 6 km. Swimming pool, tennis court 12 km. Hiking, cross-country skiing 15 km. Super-Lioran skiing resort 30 km.

★ *How to get there: 15 km southeast of Aurillac on D920 for Rodez. At Arpajon/Cère D990 for Mur-de-Barez, drive 10 km. Turn left off the St-Etienne-de-Carlat road, then drive 500 m on the Caizac road.*

In the countryside, right in the heart of the Cantal Mountains, is where you will find this handsome and charming 19th-century Auvergne residence. Stone walls, visible beams and a warm atmosphere with attractive rustic furniture. An ideal place for a peaceful, friendly break in an authentic setting.

Saint-Etienne-de-Carlat Carte 5 83

Caizac
15130 Saint-Etienne-de-Carlat
Tél. 04 71 62 42 37
Jacky Balleux

2 pers 250/280 F – repas 75 F – 1/2 p. 195/215 F

1 ch. 4 pers., 2 ch. 2 pers. et 2 ch. en duplex avec terrasse et salon, toutes avec sanitaires privés. Ouvert toute l'année. Table d'hôtes : pounti, patranque, farinade, flognarde... Ping-pong. Cour, jardin. ★ Altitude 800 m. Châteaux, églises et monts du Cantal. Equitation, golf 6 km. Piscine, tennis 12 km. Randonnées pédestres, ski de fond 15 km. Super-Lioran 30 km. **Accès :** 15 km au s.e d'Aurillac D920 dir. Rodez. A Arpajon/Cère D990 dir. Mur-de-Barez sur 10 km. Laissez à gauche rte de St-Etienne de Carlat, puis 500 m rte de Caizac

En pleine nature, au cœur des monts du Cantal, tout le charme des vieilles pierres dans cette belle demeure auvergnate datant du XIXe siècle. Murs en pierre, poutres apparentes et atmosphère chaleureuse avec un beau mobilier rustique. Pour un séjour authentique en toute convivialité.

Charente

Lavaud Lake (fishing, sailing) 5 km. La Guerlie Lake (beach, canoeing centre) and golf course 10 km. Gallo-Roman site at Chassenon 15 km.

★ *How to get there: RN141 Angoulême-Limoges. 50 km east of Angoulême. At La Péruse, turn right for CD52, then Lésignac heading for Massignac. The château is 2 km up, on the right. Michelin map 72, fold 15.*

In the heart of 40-acre grounds, cut by paths, stands this handsome 19th-century château which overlooks the Moulde Valley. The bedrooms are bright and attractively decorated. In clement weather, take long walks in the park, which will whet your appetite for the table d'hôtes meals prepared with fresh farm produce.

Lésignac-Durand Carte 3 84

Château de la Redortière
16310 Lésignac-Durand
Tél. 05 45 65 07 62 – Fax 05 45 65 31 79
Marie-Paule Michaud

1 pers 250 F – 2 pers 300/370 F – 3 pers 370 F
repas 100 F – 1/2 p. 250 F – pens. 300 F

3 chambres 2 pers. et 2 suites de 3 et 4 pers., toutes avec sanitaires privés. Ouvert toute l'année. Table d'hôtes : volaille de la ferme, crème glacée, clafoutis... Parc de 17 ha. Ferme à 800 m. Pension et 1/2 pension à partir du 3e jour. ★ Plan d'eau de Lavaud (pêche, voile) 5 km. Plan d'eau de la Guerlie (plage, base de canoë) et golf 10 km. Site gallo-romain de Chassenon 15 km. **Accès :** RN141 Angoulême-Limoges. A 50 km à l'est d'Angoulême. A la Péruse, à droite, CD52 puis Lésignac, dir. Massignac. Le château est à 2 km sur la dr. CM 72, pli 15.

Au cœur d'un parc de 17 ha. traversé par de nombreuses allées, ce beau château XIXe domine la vallée de la Moulde. Les chambres qui vous sont réservées sont lumineuses et joliment décorées. Aux beaux jours, vous pourrez faire de grandes promenades dans le parc et vous restaurer à la table d'hôtes avec les produits de la ferme.

Charente

Cognac 18 km: visits to storehouses and distilleries, cooperage and glassworks. Cruises on the Charente. Tennis court 3 km. Horse-riding 13 km. Golf course 22 km.

★ *How to get there: From Cognac, take D731 for Archiac until you reach Saint-Fort-sur-le-Né. At the Saint-Fort exit, cross the Né, take D38 on the left to Saint-Palais.*

This 17th and 19th-century Charente dwelling is set in the heart of the Cognac vineyards. The rooms feature rustic Saintongeois and Charentais furnishings. The vast garden boasts a swimming pool with spa. Ideal for a relaxing break.

Saint-Palais-du-Né   Carte 3   85

Le Bourg - 16300 Saint-Palais-du-Né
Tél. 05 45 78 71 64 - Fax 05 45 78 71 64
Geneviève Feito

1 pers 340 F - 2 pers 370 F - repas 165 F

2 ch. 2 pers. (lits jumeaux) avec sanitaires privés, 1 ensemble familial de 2 ch. 2 pers. avec bains et wc privés. Ouvert toute l'année. T. d'hôtes sur résa. : poulet et lapin au pineau, canard aux pêches, émietté aux pommes, gâteau chocolat... Billard. Piscine avec spa. Lits enfants à dispo. 650 F/4 pers. ★ Cognac à 18 km : visites de chais, de distilleries, de tonnellerie, de verrerie, croisière sur la Charente. Tennis à 3 km, équitation à 13 km, golf à 22 km. **Accès :** à Cognac D731, dir. Archiac jusqu'à Saint-Fort sur le Né. A la sortie de St-Fort, après avoir traversé le Né, prendre la D38 à gauche jusqu'à Saint-Palais.

Ce logis charentais des XVIIe et XIXe siècles est situé au cœur du vignoble de Cognac. Le mobilier rustique est saintongeois et charentais. Dans le vaste jardin, la piscine équipée d'un spa vous accueillera pour un moment de détente.

Charente Maritime

Tours of Romanesque churches. Cognac vineyards. Close to the Marais Poitevin (protected park and marshland). Saint-Jean-d'Angély (historical town) 7 km. Romanesque church in Aulnay 9 km.

★ *How to get there: At Saint-Jean-d'Angély, D127 for Antézant/Dampierre. Drive approx. 6 km and, as you enter village, 1st road on right. The house is on the right, at the end of the street. Michelin map 71, fold 3.*

A warm welcome is guaranteed at this superb Charente residence. The mouthwatering regional specialities served at the table d'hôtes are a sheer delight. The house is set in a pleasant stretch of parkland, which leads down to a river.

Antezant-la-Chapelle   Carte 3   86

Les Moulins
10, rue de Maurençon
17400 Antezant-la-Chapelle
Tél. 05 46 59 94 52 ou 06 11 11 03 35
Fax 05 46 59 94 52
Pierre et Marie-Claude Fallelour

1 pers 230 F - 2 pers 270 F - 3 pers 370 F
p. sup 70/ 90 F - repas 95 F

1 chambre double et 1 chambre familiale 4 pers. (440 F), toutes avec sanitaires privés. Ouvert toute l'année sauf Noël. Table d'hôtes sur résa. : spécialités charentaises. Bibliothèque, TV. Lit bébé à dispo. Séjour, salon, cheminée. Parc, jardin, rivière. Restaurants à Cognac, Saintes... ★ Route des églises romanes. Vignoble de Cognac. Proximité du Marais Poitevin. Saint-Jean-d'Angély 7 km (ville historique). Eglise romane d'Aulnay 9 km. **Accès :** à St-Jean d'Angély, prendre D127 dir. Antezant/Dampierre. Faire 6 km environ, puis à l'entrée du village, 1ère route à droite. La maison est à droite, en bas de la rue. CM 71, pli 3.

Accueil très chaleureux dans cette superbe demeure charentaise où vous pourrez découvrir à la table d'hôtes, les délicieuses spécialités régionales. Elle est entourée d'un vaste parc très agréable qui mène à une rivière.

Charente Maritime

Enjoy walks in wooded countryside, fine cuisine, and Bordeaux wines (St-Emilion and Pommerol: 20-min drive).

★ ***How to get there:*** *From Paris: A10, exit 37 for Montendre/Montguyon. From Montguyon, head for Libourne. Drive approx. 8 km and turn left for La Clotte. Michelin map 75, fold 2.*

This 17th-century water mill lies in an outstanding setting at the crossroads of three départements and was featured in "Art et Décoration" magazine. Nestled in beautiful wooded countryside, it is surrounded by Bordeaux and Cognac vineyards. Your host, a former wine merchant, will be pleased to introduce you to the world of œnology.

La Clotte

Carte 3 **87**

Le Grand Moulin
17360 La Clotte
Tél. 05 46 04 02 40 – Fax 05 57 25 99 40
Henriette Gabart

---

2 pers 320 F – 3 pers 390 F – repas 130 F

2 ch. avec sanitaires privés (wc privés non attenants pour 1 ch.). Séjour, salon, TV, cheminée. Ouvert toute l'année. Petit déjeuner : jus de fruits, œufs, fromage... Table d'hôtes sur réservation. Vaste parc de 6 ha. arboré et rivière sur la propriété, promenades en barque, vélos à disposition. ★ Plaisirs de découvertes variées : balades dans la campagne boisée, gastronomie, vins bordelais à déguster (St-Emilion et Pomerol 20 mn en voiture). **Accès :** de Paris : A10 sortie n° 37 dir. Montendre/ Montguyon. De Montguyon, prendre dir. Libourne. Faire 8 km environ et à gauche dir. La Clotte. CM 75, pli 2.

Au carrefour des 3 départements, cet ancien moulin à eau du XVIIe siècle a été superbement restauré (parution dans la revue "Art et Décoration"). Situé dans une belle campagne boisée, il est entouré par les vignobles du bordelais et du cognac. Le maître des lieux, ancien négociant en vins vous proposera si vous le souhaitez, une initiation à l'œnologie.

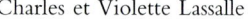

Charente Maritime

Romanesque churches. Cognac and distilleries in the vicinity. Spa town of Jonzac 15 km. Wine-growing estate (tours of distillery and storehouses).

★ ***How to get there:*** *At Pons, head for Archiac (D700). 12 km on, turn right for Jarnac-Champagne. In the village, follow signs for "Pineau Cognac Lassalle" and "Chambre d'Hôtes" to the estate. Michelin map 71, fold 5.*

Set on a wine-producing estate (Pineau, Cognac), this Charente-style family mansion is surrounded by a large park. A charming staging post for visiting the Romanesque churches of Saintonge, the famous Cognac vineyards and a chance to relish the delicious specialities served at the table d'hôtes.

Jarnac-Champagne

Carte 3 **88**

Domaine des Tonneaux
14, rue des Tonneaux
17520 Jarnac-Champagne
Tél. 05 46 49 50 99 ou 05 46 49 57 19
Fax 05 46 49 57 33 – http://wwwT3A.com/lassalle
Charles et Violette Lassalle

---

1 pers 300 F – 2 pers 400 F – p. sup 60 F
repas 140 F

3 chambres doubles avec sanitaires privés et réfrigérateur. Ouv. de mars à oct. (autres périodes sur réserv.). Table d'hôtes sur réservation : spécialités truffées en saison et charentaises. Salon avec TV, bibliothèque. Parc. Jardin. Billard français. VTT. Point-phone. ★ Eglises romanes. A proximité de Cognac et ses distilleries. Jonzac 15 km (ville thermale). Propriété viticole (visite de la distillerie et des chais). **Accès :** à Pons, dir. Archiac (D700). Après 12 km, tourner à droite jusqu'à Jarnac-Champagne. Du village, fléchage "Pineau Cognac Lassalle" et "Chambres d'Hôtes" pour trouver la propriété. CM 71, pli 5.

Située sur une exploitation viticole (Pineau, Cognac), cette maison de maître de style charentais est entourée d'un grand parc. Etape de charme qui vous permettra de découvrir les églises romanes de Saintonge, les célèbres vignobles de Cognac... et les délicieuses spécialités truffées en saison de la table d'hôtes.

Charente Maritime

Haute-Saintonge Romanesque churches. Cognac and Bordelais vineyards. Gironde Estuary. Jonzac thermal spa 14 km. Swimming pool and tennis court locally. Bathing 16 km.

★ **How to get there:** A10 motorway, exit 37 (Mirambeau). 3 km further on, in the village, on the right-hand side. Michelin map 71, fold 6.

Delightful, recently-renovated 19th-century château. The spacious bedrooms are luxurious and furnished with taste and refinement. All look out onto the extensive wooded grounds surrounding the château, which are ideal for taking a stroll. Rest and relaxation are assured in this hospitable setting full of charm.

Mirambeau

Carte 3 **89**

Le Parc Casamène
95, avenue de la République
17150 Mirambeau
Tél. 05 46 49 74 38 - Fax 05 46 49 74 38
René Ventola

---

1 pers 340/410 F - 2 pers 380/450 F - 3 pers 520 F
repas 180 F

3 ch. avec sanitaires privés. Ouvert de mars à novembre, autres périodes sur résa. Table d'hôtes : chartreuse aux 2 saumons, mouclade, volaille à la saintongeaise... A votre disposition : séjour, salon, salon TV, bibliothèque. Parc boisé de 4 ha. ★ Eglises romanes de Haute-Saintonge. Vignobles de Cognac et du Bordelais. Estuaire de la Gironde. Station thermale de Jonzac à 14 km. Piscine et tennis sur place. Baignade 16 km. **Accès :** autoroute A10 sortie n° 37 (Mirambeau). A 3 km, au centre du bourg, sur la droite. CM 71, pli 6.

Ravissant château du XIXᵉ siècle récemment rénové. Les chambres sont spacieuses, de grand confort, aménagées avec goût et raffinement. Elles donnent toutes sur le vaste parc boisé qui entoure le château et qui invite à la promenade. L'accueil et le charme des lieux vous assureront détente et repos.

Charente Maritime

Aubeterre and monolithic church (largest in Europe). Blaye Citadel. St-Emilion village. Cognac storehouses. Tennis 1 km. Horse-riding 3 km. Lakes with recreational facilities 3 km and 10 km.

★ **How to get there:** On N10, drive through Montlieu-la-Garde and Orignolles. 1 km after leaving Orignolles, turn right. Second house on the right. Michelin map 71, fold 7.

Laure and Gordon are your hosts at this handsome 19th-century traditional Charente family mansion, set in the heart of the countryside. There are two suites in the restored outbuildings, and two upstairs bedrooms in the main house which are ideal for families. Extensive flower garden with swimming pool, pond and waterfall.

Orignolles

Carte 3 **90**

La Font Betou
17210 Orignolles
Tél. 05 46 04 02 52 - Fax 05 46 04 02 52
Email : tarrou@la-font-betou.com
http://www.la-font-betou.com
Laure Tarrou et Gordon Flude

---

1 pers 230 F - 2 pers 300/320 F - 3 pers 370/420 F
p. sup 70/90 F - repas 120 F

3 suites dont 1 familiale de 2 chambres avec bains et wc privés. Ouv. de fév. à déc. Petit déjeuner : jus de fruits frais, viennoiseries, pâtisseries et confitures maison. T.d'hôtes : crêpes aux courgettes, terrine de ratatouille, charlotte au chocolat et aux noix du jardin. Jardin avec piscine, bassin et cascade. Vélos, badminton. ★ Aubeterre et son église monolithique (la plus grande d'Europe). Citadelle de Blaye. Village de St.Emilion. Chais de Cognac... Tennis 1 km. Equitation 3 km. Lacs aménagés 3 et 10 km. **Accès :** depuis la N10, traverser Montlieu-la-Garde puis Orignolles. A 1 km de la sortie d'Orignolles, tourner à droite. C'est la 2ème maison à droite. CM 71, pli 7.

En pleine campagne, Laure et Gordon vous accueillent dans une belle maison de maître du XIXᵉ, typiquement charentaise. Dans la dépendance restaurée, 2 suites ont été aménagées sur 2 étages. Les 2 autres chambres à l'étage de la maison permettent de recevoir une famille. Vaste jardin fleuri avec piscine, bassin et cascade.

Charente Maritime

Romanesque art relics. Cognac vineyards and distilleries. Hiking. Pretty country landscape with boating lakes. Montendre 16 km: lake, water sports, fishing. Near Bordeaux: wine estate tours.

★ ***How to get there:*** *At Montlieu-la-Garde, take alternative route for Angoulême. Drive through Pouillac. As you leave village, 1st side street on left after 2nd disused service station. Michelin map 71, fold 7.*

La Galèze is ideally situated at the meeting point of four départements for excursions to Saintes, Cognac and Saint-Emilion. The residence is full of character and boasts a flower garden. Owners Denise and Pierre Billat extend a very warm welcome to their guests.

Pouillac

Carte 3 91

La Galèze

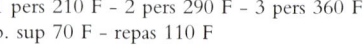

La Thébaïde - 17210 Pouillac
Tél. 05 46 04 65 17 ou 06 87 53 24 32
Fax 05 46 04 85 38
Pierre et Denise Billat

1 pers 210 F - 2 pers 290 F - 3 pers 360 F
p. sup 70 F - repas 110 F

4 ch., toutes avec douche et wc. Ouvert toute l'année sauf en octobre. Petit déjeuner complet. Séjour, salle de détente, TV, cheminée, biblio., tél. Table d'hôtes (sur résa.) à base de produits fermiers et du jardin. Parc clos ombragé, jardin fleuri, terrasse, portique. Restaurants à proximité. ★ Vestiges d'art roman. Vignoble de Cognac, distilleries. Randonnées pédestres. Jolie campagne avec lacs de plaisance. Montendre 16 km : lac, activités nautiques, pêche. A proximité de Bordeaux : route des vins à découvrir. **Accès :** à Montlieu-la-Garde, prendre la déviation en dir. d'Angoulême. Traverser entièrement Pouillac. A la sortie du bourg, 1ère petite route à gauche après la 2ᵉ station essence désaffectée. CM 71, pli 7.

La Galèze, située au carrefour de 4 départements, vous permettra de nombreuses escapades vers Saintes, Cognac et Saint-Emilion. Vous serez accueillis chaleureusement par Denise et Pierre Billat dans leur demeure de caractère avec jardin fleuri.

Charente Maritime

Surgères 5 km. La Rochelle, Rochefort, Marais Poitevin protected marshland 20 min. Golf course 2 km. Swimming pool 5 km. Horse-riding 10 km. Sea 25 km.

★ ***How to get there:*** *From Surgères, head for Marans on D115. 5 km on, turn left for Puyravault and follow signs. Michelin map 71, fold 2.*

Set in a 10-acre park graced by birds, this handsome 17th-century residence extends a warm welcome to children and adults alike. The rooms are bright, spacious and very comfortable. Ideal for discovering La Rochelle, Rochefort and the Marais Poitevin. The scrumptious Charente specialities served at the table d'hôtes will delight gourmets.

Puyravault

Carte 3 92

Le Clos de la Garenne

9, rue de la Garenne - 17700 Puyravault
Tél. 05 46 35 47 71 - Fax 05 46 35 47 71
Email : bpaml.francois@wanadoo.fr
http://perso.wanadoo.fr/la-garenne
Patrick et Brigitte François

1 pers 320 F - 2 pers 350 F - 3 pers 450 F
p. sup 50/100 F - repas 120 F

1 chambre et 2 suites familiales (1 accessible aux pers. handicapées) avec literie 160 et sanitaires privés. Ouvert toute l'année. Petit déjeuner : confitures et galette charentaise maison, œufs... Table d'hôtes : poissons, volailles, lapin... Billard, bibliothèque, p-pong, jeux, tennis municipal. Parc clos et boisé avec animaux et grandes terrasses. ★ Surgères 5 km. La Rochelle, Rochefort, le marais Poitevin 20 mn. Golf 2 km. Piscine 5 km. Equitation 10 km. Mer 25 km. **Accès :** de Surgères dir. Marans par la D115. Faire 5 km puis tourner à gauche dir. Puyravault et suivre le fléchage. CM 71, pli 2.

Dans un parc de 4 ha. peuplé d'oiseaux, beau logis du XVIIᵉ où petits et grands seront accueillis très chaleureusement. Les chambres sont lumineuses, vastes et confortables. Etape idéale pour découvrir La Rochelle, Rochefort et le marais Poitevin... et les délicieuses spécialités charentaises à la table d'hôtes.

Charente Maritime

La Rochelle 17 km. Ile de Ré. Marais Poitevin Nature Reserve and marshland.

★ *How to get there:* From La Rochelle, D939 for Surgères and turn off at Aigrefeuille. Then D112 for approx. 2.5 km. First road on right as you enter St-Christophe. The château is 200 m on left. Michelin map 71, fold 12.

Handsome 18th-century residence enhanced by an extensive leafy, flower-filled park, with a small river running through it. The spacious suite is appointed with period furniture and boasts a private lounge with TV. A delightful spot near La Rochelle, famous for its art and history, the radiant Ile de Ré, Ile d'Oléron, Ile d'Aix and the prestigious Marais Poitevin.

Saint-Christophe

Carte 3 **93**

Le Château
6, route de la Mazurie
17220 Saint-Christophe
Tél. 05 46 35 51 76 ou 06 70 54 53 93
Jean-Pierre Massignac

1 pers 500 F – 2 pers 550 F

1 suite avec bains et sanitaires privés, salon, terrasse, TV et téléphone. Ouvert toute l'année. Forêt privée, parc et jardin. Grand vestibule ouvrant sur une terrasse. Salon de jardin. Nombreux restaurants à la Rochelle. 500 F à partir de la 2ᵉ nuit. ★ La Rochelle 17 km. Ile de Ré. Marais Poitevin. **Accès :** de la Rochelle, D939 dir. Surgères jusqu'à Aigrefeuille. Puis D112, faire environ 2,5 km. A l'entrée de St-Christophe, 1ère rue à droite. Le château est à 200 m sur la gauche. CM 71, pli 12.

Belle demeure du XVIIIᵉ siècle agrémentée d'un grand parc arboré et fleuri traversé par une petite rivière. Vous disposerez d'une vaste suite avec mobilier d'époque, salon privé et TV. Halte agréable à proximité de la Rochelle (ville d'art et d'histoire), des îles lumineuses de Ré, Oléron et Aix ainsi que du prestigieux Marais Poitevin.

Charente Maritime

Oyster-farming at Marennes. Ile d'Oléron. Château de la Gataudière. Brouage fortifications, La Coubre Forest.

★ *How to get there:* From Saintes, head for Ile d'Oléron/ Marennes. Turn right at the 2nd "St-Just-Luzac" sign. Drive 300 m and turn left after the small square. The château is 2 km further on. Michelin map 71, fold 14.

This superb listed 17th-century château stands on a Gallo-Roman site. A warm welcome awaits you from the owners, who will be delighted to tell you all about their château's fascinating history. You will also enjoy a refreshing dip in the swimming pool on property. A gîte can also be rented.

Saint-Just-Luzac

Carte 3 **94**

Château de Feusse
17320 Saint-Just-Luzac
Tél. 05 46 85 16 55 ou 01 43 50 52 22
Nicole Meunier

1 pers 300 F – 2 pers 350 F – 3 pers 450 F

2 chambres à l'étage avec salle de bains et wc privés. Ouvert du 1er mai à fin septembre. Séjour, TV, bibliothèque. Salon de jardin, parc arboré. Restaurants à Marennes, Soubise, Bourcefranc. Vélos à disposition. Piscine sur la propriété. Poss. location d'un gîte au même endroit. ★ Bassin ostréicole de Marennes. Ile d'Oléron. Château de la Gataudière. Fortifications de Brouage, forêt de la Coubre. **Accès :** de Saintes, dir. Ile d'Oléron/ Marennes. Tourner à droite au 2ᵉ panneau "St-Just-Luzac". Faire 300 m et tourner à gauche après une petite place. Le château est à 2 km, tout droit. CM 71, pli 14.

Superbe château du XVIIᵉ siècle classé monument historique et situé sur un ancien site gallo-romain. Vous serez accueillis chaleureusement par les propriétaires qui auront à cœur de faire découvrir l'histoire de leur lieu de vie.

Charente Maritime

Saint-Sornin is a quiet village typical of the area, near the Ile d'Oléron, Royan, Rochefort, Saintes and Marennes. Ideal for exploring La Rochelle and the Ile de Ré. Municipal tennis court 200 m.

★ *How to get there: At the Cadeuil crossroads, head for Ile d'Oléron on D728. Drive through St-Nadeau. Approx. 1 km on, turn right for St-Sornin. Rue du Petit Moulin is opposite the church. Michelin map 71, fold 14.*

This magnificently-restored 19th-century house full of character offers 4 luxurious bedrooms, each with its own individual touch - "Rose Trémière", "Tournesol", "Le Marais" and "Broué" rooms. Vast pleasure garden with swimming pool. At La Caussolière, relax in the lounge-cum-library, watch TV or play table tennis. Bikes are available for exploring the local marshland.

Saint-Sornin

Carte 3   95

La Caussolière
10, rue du Petit Moulin
17600 Saint-Sornin
Tél. 05 46 85 44 62 - Fax 05 46 85 44 62
http://perso.wanadoo.fr/la-caussoliere
Anne-Marie Pinel-Peschardière

1 pers 300 F - 2 pers 380 F - repas 150 F

4 ch. dont 3 avec bains, wc privés et accès indépendant. A votre disposition : salon avec TV, biblio. Ouvert toute l'année. Table d'hôtes sur réservation : spécialités de la mer. Vaste jardin paysager avec piscine et parking privé. Restaurants à Royan et Marennes. ★ St-Sornin est un village typique et calme, proche de l'Ile d'Oléron, Royan, Rochefort, Saintes et Marennes. Etape idéale pour découvrir La Rochelle et l'Ile de Ré. Tennis municipal à 200 m. **Accès :** au carrefour de Cadeuil, prendre dir. Ile d'Oléron (D728). Traverser St-Nadeau. 1 km après environ, tourner à droite dir. St-Sornin. La rue est face à la porte de l'église. CM 71, pli 14.

Belle maison de caractère du XIXᵉ superbement restaurée où sont aménagées 4 chambres de grand confort chaleureusement personnalisées : "Le Marais", "Rose Trémière", "Tournesol" et "Broue". Vaste jardin avec piscine. A la Caussolière, pour votre détente, salon avec bibliothèque, TV et ping-pong. A disposition, des vélos pour la découverte du marais voisin.

Charente Maritime

Cognac storehouses, Blaye Citadel. Golf, horse-riding and lake at Montendre 8 km.

★ *How to get there: A10, Mirambeau exit (no. 37) and head for Jonzac. Alternatively, Montendre exit (no. 38) and head for Jonzac. Michelin map 71, fold 7.*

In the heart of colourful Saintonge, rediscover the charms of country living in this mid-19th-century family residence, set on a former winegrowing estate. The first-floor rooms are decorated and furnished in keeping with tradition.

Tugéras – Saint-Maurice

Carte 3   96

Beaudricourt
Tugéras – Saint-Maurice
17130 Montendre
Tél. 05 46 49 30 11 ou 06 82 38 14 32
Bruno Soler

1 pers 300 F - 2 pers 380 F - p. sup 80 F

2 chambres avec sanitaires privés. Ouvert de Pâques à la Toussaint (hors sais. sur réservation). Petit déjeuner : pain de campagne à l'ancienne, brioche, confitures et pâtisseries maison. Salon (XVIIIᵉ) de lecture (avec bibliothèque) et de musique. Cour et jardin avec salons de jardin. Restaurant à 800 m. ★ Chais de Cognac, vignobles du bordelais, citadelle de Blaye... Golf, équitation et lac à Montendre (8km). **Accès :** A10, sortie Mirambeau (n° 37) puis direction Jonzac. A Jonzac, dir. Montendre (D19). Après Villexavier faire 3 km environ. Le logis est sur la gauche. CM 71, pli 7.

Au cœur de la Saintonge haute en couleurs, redécouvrez le charme de la vie à la campagne dans cette demeure familiale du milieu du XIXᵉ siècle, située sur une ancienne propriété viticole. Les chambres aménagées à l'étage ont toutes été décorées et meublées dans le respect des traditions.

Cher

Bourges 15 km: cathedral, museums, old town. Châteaux on the Jacques Cœur route. Posted footpaths. Outdoor karting circuit.

★ **How to get there:** From Bourges, take D73 for Trouy-Châteauneuf. In "Grand Chemin", Château de Belair is the first property on the right. Michelin map 238, fold 30.

This handsome 19th-century château stands in a peaceful setting in extensive shaded parkland. The six sumptuously-furnished bedrooms offer prestigious decoration, outstanding charm and fine period furniture. Ideally located close to Bourges, you will enjoy exploring the myriad châteaux along the Jacques Cœur route.

Arçay

Carte 4 97

Château de Belair
18340 Arçay

Tél. 02 48 25 36 72
Tél. SR 02 48 48 00 18
Roger et Claudette Maginiau

2 pers 250/350 F - p. sup 75 F

6 chambres avec TV, bains et wc privés. Ouvert toute l'année. Parc, location de VTT (possibilité moniteur). Restaurants 3 km. ★ Bourges (15 km): cathédrale, musées, vieille ville... Châteaux de la route Jacques Cœur. Circuits pédestres balisés. Piste de karting extérieur. **Accès :** de Bourges: D73 direction Trouy-Chateauneuf. Au lieu-dit "Grand Chemin", 1ère propriété à droite. CM 238, pli 30.

Dans un cadre reposant, ce beau château du XIXe entouré d'un vaste parc ombragé propose 6 chambres de grand confort. Très agréablement aménagées, vous apprécierez la décoration pleine de charme et le beau mobilier ancien dont elles sont dotées. Une étape à proximité de Bourges pour découvrir les châteaux de la route Jacques Cœur.

Cher

Noirlac Cistercian Abbey. George Sand's Château. Châteaux on the Jacques Cœur route (Charles VII's Superintendant of Finance). Tennis 6 km. Windsurfing 18 km. Golf course 30 km.

★ **How to get there:** Turn right as you leave Châtelet for Saint-Amand, then straight on for 6 km. Michelin map 238, fold 30.

A warm welcome is guaranteed at this 19th-century family mansion. The interior is decorated soberly with First Empire furniture, and the rooms are very comfortable. In fair weather, you can take a walk in the grounds and the rose garden or simply relax in this haven of peace and quiet.

Ardenais

Carte 4 98

Vilotte
18170 Ardenais

Tél. 02 48 96 04 96 - Fax 02 48 96 04 96

Tél. SR 02 48 48 00 18
Jacques Champenier et
Annonciade de Berasaluce

2 pers 360/430 F - p. sup 100 F - repas 140/180 F

5 chambres, toutes avec bains et wc. Ouvert toute l'année. Table d'hôtes sur réservation. Restaurants à 6, 10 et 20 km. Etang et roseraie sur place. ★ Abbaye cistercienne de Noirlac, château de George Sand, châteaux de la route Jacques Cœur. Tennis à 6 km. Planche à voile à 18 km. Golf à 30 km. **Accès :** prendre à droite à la sortie du Châtelet en direction de Saint-Amand, puis faire 6 km tout droit. CM 238, pli 30.

Vous serez accueillis dans une maison de maître du XIXe siècle. La décoration est sobre, le mobilier d'époque 1er Empire et les chambres confortables. Aux beaux jours, le parc et la roseraie vous permettront de vous reposer et de profiter du silence.

Cher

Bourges 6 km: full range of sports and cultural activities, lake (sailing and fishing), museums and cathedral. Châteaux on the Jacques Cœur route.

★ **How to get there:** *From Bourges, take D60 for Mehun-sur-Yèvre, or N76, D160 and D60 for Bourges. Michelin map 238, fold 18.*

This family mansion, full of character, is situated on a large farm (mixed farming and rearing) and surrounded by pleasantly-shaded grounds. The elegantly-decorated guest rooms are in a separate wing of the residence and on the 1st floor of a converted adjoining mill.

Berry-Bouy

Carte 4 **99**

L'Hermitage
18500 Berry-Bouy
Tél. 02 48 26 87 46 - Fax 02 48 26 03 28
Tél. SR 02 48 48 00 18
Géraud et Laurence de la Farge

1 pers 190/200 F - 2 pers 250/270 F - p. sup 100 F

5 chambres avec TV, 3 avec douche et wc privés, 2 avec bains et wc. Ouvert toute l'année. Restaurants à 3 km. Parc. ★ Bourges (6 km) : tous loisirs, plan d'eau (voile, pêche), musées, cathédrale. Châteaux de la route Jacques Cœur. **Accès :** à Bourges, D60 dir. Mehun sur Yèvre, ou N76, D160 et D60 dir. Bourges. CM 238, pli 18.

Vous serez accueillis dans une maison de maître située sur une exploitation (polyculture et élevage). Vous apprécierez la décoration raffinée des chambres, aménagées dans une aile indépendante de cette demeure de caractère et au 1er étage d'un ancien moulin attenant. Parc ombragé.

Cher

Blancafort and Gien Châteaux. Witchcraft Museum. Stuart d'Aubigny city. Sauldre Canal. Swimming pool, horse-riding, rail-cycling 7 km. Water sports 15 km.

★ **How to get there:** *In the village, opposite the entrance to the château (follow signs). Michelin map 238, fold 19.*

Between Sologne and Sancerrois, "Marie du Berry", the owner of a handsome 18th-century residence opposite Château de Blancafort, offers a variety of theme weekends and breaks. An ideal way to discover local literary figures (George Sand, Alain Fournier and Colette), Centre-Loire-Valley wines, "witchcraft" trails and medieval Bourges.

Blancafort

Carte 4 **100**

La Renardière
21, rue Pierre Juglar - 18410 Blancafort
Tél. 02 48 58 40 16 - Fax 02 48 58 40 16
Tél. SR 02 48 48 00 18
Jacques et Marie-Claude Hardy-Callot

2 pers 340 F - p. sup 100 F - repas 150/180 F

1 ch. 2 pers. et 1 suite (2 ch.) 4 pers. 580 F, avec TV et sanitaires privés. Ouvert du 1/4 au 11/11. T. d'hôtes uniquement lors des week-ends à thème. Salle "Claudine à l'Ecole" réservée aux hôtes. Pergola, salons de jardin dans parc fleuri et arboré. Parking fermé. Vélos à disposition. Restaurants 7 km. ★ Châteaux de Blancafort et Gien. Musée de la Sorcellerie. Cité des Stuart d'Aubigny. Canal de Sauldre. Piscine, équitation, cyclo-draisine 7 km. Loisirs nautiques 15 km. **Accès :** dans le bourg, face à l'entrée du château (fléchage). CM 238, pli 19.

Entre Sologne et Sancerrois, "Marie du Berry" propriétaire d'une belle demeure du XVIIIᵉ face au château de Blancafort, vous convie à des week-ends ou séjours à thème littéraire (Grand Meaulnes, G. Sand, Raboliot, Colette), de découverte des vins, des circuits "sorcellerie" et Bourges la médiévale. (prix "Coup de Cœur" du Salon des Vacances en France 1999).

Cher

Swimming pool and tennis court 15 km. Close to Bourges (cathedral, museums), Noirlac Abbey, Sancerre and Nevers.

★ **How to get there:** *In the village centre, on N76. Michelin map 238, fold 32.*

Superb 15th and 16th-century château, with large terrace and shaded grounds. Choose from the rose, blue and medallion bedrooms, which offer a high standard of comfort and feature spacious period bathrooms.

Blet

Carte 4 **101**

Château de Blet
18350 Blet
Tél. 02 48 74 76 66
Tél. SR 02 48 48 00 18
Michel Bibanow

2 pers 400 F – p. sup 150 F

1 chambre avec bains et wc, 2 suites de 2 chambres avec bains et wc, téléphone dans chaque chambre. Ouvert toute l'année. Restaurants sur place et à 15 km. Parc de 21 hectares. ★ Piscine et tennis à 15 km. Proximité de Bourges (cathédrale, musées), Noirlac (abbaye), Sancerre, Nevers. **Accès :** au centre du bourg, sur la N76. CM 238, pli 32.

Superbe château des XVᵉ et XVIᵉ siècles, avec grande terrasse et parc ombragé. Que vous choisissiez la chambre aux roses, la bleue ou celle aux médaillons, vous apprécierez leur confort et leur vaste salle de bains d'époque.

Cher

Châteaux along the Jacques Cœur route. Tennis, bathing and golf nearby.

★ **How to get there:** *At La Chapelle, head for Presly (D12), then 1st road (tarmacked) on the right after village exit. Michelin map 238, fold 19.*

This imposing 18th and 19th-century residence set in superb grounds offers a lake and a river teeming with trout, carp and black bass. You will receive a warm welcome from the owners and enjoy the comfort of the interior. An ideal place for angling enthusiasts to take to their rods.

La Chapelle-d'Angillon

Carte 4 **102**

Les Aulnains
Route de Presly
18380 La Chapelle-d'Angillon
Tél. 02 48 73 40 09 - Fax 02 48 73 44 56
Tél. SR 02 48 48 00 18
Véra Kirchhoff

2 pers 325 F – p. sup 100 F

2 chambres avec TV et sanitaires privés. Fermé en mars. Salon avec cheminée et TV. Parc, salons de jardin. Etang et rivière. Pêche toute l'année et fumage traditionnel du poisson. Loc. VTT. Accueil de chevaux (prés et boxes). ★ Châteaux de la route Jacques Cœur. Tennis, baignade et golf à proximité. **Accès :** à la Chapelle, prendre dir. Presly (D12) puis 1ère route (goudronnée) à droite après la sortie du village. CM 238, pli 19.

Grande demeure bourgeoise des XVIIIᵉ et XIXᵉ entourée d'un superbe parc avec étang et rivière. Vous apprécierez l'accueil chaleureux des propriétaires et l'atmosphère confortable de leur intérieur. Etape idéale pour les amateurs de pêche qui pourront satisfaire leur passion pour les truites, carpes et surtout les black-bass.

Cher

Tennis 3 km. Riding club 4 km. Full range of water sports 6 km. Forest. Châteaux on the Jacques Cœur route. Fishing locally.

★ *How to get there: At Charenton-Laugère, take D953 for Dun-sur-Auron. Michelin map 238, fold 31.*

A warm welcome awaits you at this large turn-of-the-century house, which boasts a harmonious blend of Art Deco and contemporary furniture and objects. Discover the residence's novel decoration in the company of the owners, especially Mr Moreau, an artist and antique dealer, who will be delighted to share his love of topiaries and French formal gardens with you.

Charenton-Laugère

Carte 4 **103**

La Serre
Route de Dun - 18210 Charenton-Laugère
Tél. 02 48 60 75 82
Claude et Claude Moreau

2 pers 380/450 F - p. sup 100 F

3 chambres, toutes avec bains et wc privés. Ouvert du 1er avril au 30 septembre ou sur réservation. Restaurants à 3 km. ★ Tennis (3 km). Cercle hippique (4 km). Tous loisirs nautiques (6 km). Forêt. Châteaux de la Route Jacques Cœur. Pêche sur place. **Accès :** à Charenton-Laugère, prendre la D953 direction Dun sur Auron. CM 238, pli 31.

Grande maison du début du siècle où vous trouverez un ensemble homogène de l'époque art-déco et contemporain. Vous pourrez découvrir cette décoration originale en compagnie des propriétaires et plus particulièrement de M. Moreau, peintre et antiquaire, qui vous fera également partager sa passion de l'art topiaire et la création de jardin à la française.

Cher

Village of Nohant. Tennis courts 2 km. Golf course at Les Driades.

★ *How to get there: A71 to Saint-Amand, then D951 to Châtelet and drive 2 km, left at Châtelet exit heading for La Châtre. Michelin map 238, fold 30.*

This pretty manor house, where peace and quiet prevail, exudes comfort and exemplifies the French "art de vivre". The bedrooms are spacious and tastefully decorated (harmonious use of colours and fabrics). Attractive grounds.

Le Chatelet

Carte 4 **104**

Les Estiveaux
18170 Le Chatelet
Tél. 02 48 56 22 64
Odette de Faverges

2 pers 550 F - p. sup 100 F - repas 150 F

3 chambres avec bains et wc, toutes avec TV. Ouvert toute l'année. Table d'hôtes (à partir de 150 F). Salle de jeux et de remise en forme (rameur, vélo d'appartement). Restaurant à 2 km. Etang et pêche sur place. ★ Village de Nohant. Tennis à 2 km. Golf aux Driades. **Accès :** A71 jusqu'à Saint-Amand puis D951 jusqu'au Châtelet et 2 km à gauche à la sortie du Châtelet en direction de la Châtre. CM 238, pli 30.

Dans ce joli manoir, vous apprécierez le calme, le confort ainsi qu'un certain art de vivre. Les chambres sont spacieuses et décorées avec goût (harmonie des couleurs et des tissus). Agréable parc.

Cher

Sologne (on the Loir-et-Cher and Loiret borders). Aubigny-sur-Nère, city of the Stuarts 14 km. Horse-riding 5 km. Bathing and windsurfing 10 km. Golf 24 km.

★ ***How to get there:*** *At Clémont, take D79 for Ste-Montaine. After 4 km, turn into narrow road on left. Michelin map 238, fold 18.*

In the heart of a forest nestles a time-honoured Sologne farmhouse on a vast estate with ponds, a river and a competition fly fishing circuit (black bass, trout and carp). An ideal spot for anglers and nature lovers.

Clémont

Carte 4 **105**

Ferme des Givrys
18410 Clémont
Tél. 02 48 58 80 74 – Fax 02 48 58 80 74
Roland et Marie-José Daudé

1 pers 290 F - 2 pers 320 F - p. sup 120 F(enft) F
repas 150 F

5 chambres avec douche et wc privés. Ouvert toute l'année. Propriété de plusieurs ha. avec étangs, rivière et parcours de pêche sportive à la mouche. Possibilité de chasse. Restaurants à proximité. (Animaux admis au chenil). ★ La Sologne (en limite du Loir-et-Cher et du Loiret). Aubigny-sur-Nère, cité des Stuart 14 km. Equitation 5 km. Baignade et planche à voile 10 km. Golf 24 km. **Accès :** à Clémont, prendre la D79 direction Ste-Montaine, puis faire environ 4 km et prendre le chemin à gauche. CM 238, pli 18.

Au cœur d'une forêt, ancienne ferme solognote située sur une vaste propriété avec étangs, rivière et parcours de pêche sportive à la mouche (black-bass, truites et carpes). Une étape idéale pour les amateurs de pêche et pour découvrir une nature préservée.

Cher

Forests, lakes, river, canal nearby. Horse-riding, swimming pool, canoeing and golf 10 km. Tennis court 200 m. Living Porcelain Museum and restaurant 1 km.

★ ***How to get there:*** *From Bourges, N76 to Mehun-sur-Yèvre, then D60 to Foecy or N76 for Vierzon. Then at Vignoux-sur-Barangeon, D30 to Foecy. Michelin map 238, fold 18.*

At the gates of Sologne, this small priory in walled grounds, owned by a sculptor, is ideal for a relaxing stay. The blissful surroundings, combined with the refined décor, delicious breakfasts and outstanding hospitality, are the perfect ingredients for a memorable break. Chantal and Claude will welcome you as friends of the family.

Foecy

Carte 4 **106**

Le Petit Prieuré
7, rue de l'Eglise – 18500 Foecy
Tél. 02 48 51 01 76
Claude et Chantal Alard

2 pers 290/340 F - p. sup 85/105 F

2 chambres avec bains et wc privés et 1 suite (chambre + salon) avec bains, wc et terrasse. Poss. de séjour prolongé avec salle à manger et kitchenette. Entrée indép. Parking clos. Ouvert toute l'année. Claude et Chantal se feront un plaisir de vous indiquer toutes les richesses de ce département. ★ Forêts, étangs, rivière, canal à proximité. Equitation, piscine, canoë-kayak et golf 10 km. Tennis à 200 m. Musée vivant de la porcelaine et restaurant à 1 km. **Accès :** de Bourges, N76 jusqu'à Mehun/Yèvre puis D60 jusqu'à Foecy ou N76 dir. Vierzon puis à Vignoux/Barangeon D30 jusqu'à Foecy. CM 238, pli 18.

Aux portes de la Sologne, dans ce petit prieuré clos de murs, propriété d'un sculpteur, le raffinement de la décoration, la chaleur de l'accueil, la douceur des lieux sans oublier le somptueux petit déjeuner vous apporteront détente et repos. Une étape de choix à recommander où il fera bon rester et revenir. "Inconnu tu arriveras, ami tu repartiras".

Cher

The Loire, fishing in the canal, tennis, canoeing, biking and hiking locally. Full range of activities at La Charité 7 km. Horse-riding 10 km. Golf 18 km. Sancerre 15 km.

★ *How to get there: On the main village square. Michelin map 238, fold 20.*

Enjoy a cosy and colourful stay in this handsome 19th-century residence, set in a garden. Your hostess Marie-Christine Genoud's stencil paintings and "home made" fruit cocktail are a feast for both the eyes and the tastebuds. Discount for stays longer than 3 nights. Painting courses and caterer available on request.

Herry

Carte 4 **107**

10, place du Champ de Foire
18140 Herry
Tél. 02 48 79 59 02
Tél. SR 02 48 48 00 18
Marie-Christine Genoud

2 pers 260/290 F - p. sup 75 F

3 chambres avec sanitaires privés dont 2 avec coin-salon et TV. Ouvert toute l'année. Copieux petit déjeuner avec cocktail de fruits maison. Séjour-salon réservé aux hôtes. Jardin, terrasse, salon de jardin. Restaurant à 200 m. Réduct. + 3 nuits. Poss. stage peinture et traiteur sur demande. ★ La Loire, pêche dans le canal, tennis, canoë, VTT, randonnées sur place. Tous loisirs à la Charité 7 km. Equitation 10 km. Golf 18 km. Sancerre 15 km. **Accès :** sur la place centrale du village. CM 238, pli 20.

Confort douillet et ambiance colorée dans cette belle demeure du XIXe entourée d'un jardin. Les peintures au pochoir de Marie-Christine Genoud et son coktail de fruits "maison" raviront les yeux et les papilles.

Cher

Châteaux on the Jacques Cœur route. Bourges city and cathedral. Earthenware and Hunting Museums at Gien. Sancerre, Menetou and Quincy vineyards. Golf courses 14 km and 30 km. Horse-riding, tennis and hunting.

★ *How to get there: D940 to La Chapelle-d'Angillon, then D12 to Ivoy-le-Pré. Entry to the château is through the village park. Michelin map 238, fold 19.*

Enjoy a weekend break or a holiday at this 17th-century château on the Berry and Sologne borders, at the gateway to Sancerre. A warm, yet discreet welcome is assured at this residence with a fascinating past. Enjoy the family atmosphere. The bedrooms all offer prestigious furnishings and overlook the park.

Ivoy-le-Pré

Carte 4 **108**

Château d'Ivoy
18380 Ivoy-le-Pré
Tél. 02 48 58 85 01 - Fax 02 48 58 85 02
Jean-Gérard et Marie-France Gouëffon

2 pers 820/1120 F - repas 150/250 F

5 chambres et 1 suite de 2 ch. avec sanitaires privés. Ouvert toute l'année. Table d'hôtes uniquement sur réservation et pour groupes constitués. Parc de 10 ha. avec piscine, rivière, tir à l'arc et chasse à courre. Cartes Visa, Eurocard et Mastercard acceptées. ★ Châteaux de la route Jacques Cœur. Bourges et sa cathédrale. Musées de la faïencerie et de la chasse à Gien. Vignobles du Sancerre, Menetou et Quincy. Golfs à 14 et 30 km. Equitation, tennis et chasse à courre. **Accès :** par la D940 jusqu'à La Chapelle-d'Angillon, puis la D12 jusqu'à Ivoy-le-Pré. Entrée du château par le parc communal. CM 238, pli 19.

Aux confins du Berry et de la Sologne, aux portes du Sancerrois, ce château du XVIIe vous ouvre ses portes pour un week-end ou un séjour. Il vous fera apprécier le charme d'un accueil convivial et discret dans le cadre confortable d'une demeure au passé riche d'Histoire, et au caractère familial retrouvé. Toutes les chambres au décor prestigieux donnent sur le parc.

Cher

Tennis court 2 km, full range of water sports and horse-riding activities 10 km.

★ *How to get there: From Bourges, N151 to St-Florent-sur-Cher then D27 for Châteauneuf-sur-Cher for 6 km. Michelin map 238, fold 30.*

This pretty 17th-century property overlooks the Cher Valley. The comfortable bedrooms boast rustic country-style furniture and have been decorated with great attention to detail.

Lunery

Carte 4 **109**

La Vergne
18400 Lunery
Tél. 02 48 68 01 07
Tél. SR 02 48 48 00 18
Francis et Marie-Hélène Jacquier

1 pers 170 F - 2 pers 230/250 F - p. sup 90 F

6 chambres avec douche, wc et TV chacune. Ouvert toute l'année. Restaurants à proximité. Location de vélos. ★ Tennis à 2 km, tous loisirs nautiques et équitation à 10 km. **Accès :** de Bourges, N151 jusqu'à Saint-Florent sur Cher puis D27 direction Châteauneuf sur Cher pendant 6 km. CM 238, pli 30.

Cette jolie propriété du XVIIᵉ siècle domine la vallée du Cher. Vous apprécierez le confort des chambres dotées d'un mobilier rustique de style campagnard et décorées avec soin.

Cher

Between Bourges and Sancerre. Hiking. Tennis, swimming pool, golf, fishing 15 km. Bikes available for hire.

★ *How to get there: D955 for Sancerre, then D44. Michelin map 238, folds 19/20.*

Elisabeth Gressin is your hostess at her handsome Berry farmhouse, at the foot of the Sancerre hills. Enjoy the charm and quiet atmosphere of the colourful comfortable bedrooms with their inviting décor. (10% discount for stays of more than 3 nights).

Montigny

Carte 4 **110**

Domaine de la Reculée
18250 Montigny
Tél. 02 48 69 59 18 - Fax 02 48 69 52 51
Tél. SR 02 48 48 00 18
Email : scarroir@terre.net.fr
Elisabeth Gressin

2 pers 280 F - p. sup 80 F - repas 110 F

5 ch. : 3 avec bains et wc et 2 avec douche et wc. TV. Copieux petit déjeuner : fromage, gâteau maison. Table d'hôtes sauf le dimanche soir. Cour, grand terrain arboré. - 10% pour séjour de plus de 3 nuits. Fermé du 15/11 au 15/03. ★ Entre Bourges et Sancerre. Randonnées pédestres. Tennis, piscine, golf, pêche à 15 km. Prêt de VTT. **Accès :** D955 direction Sancerre, puis D44. CM 238, plis 19/20.

Au pied des collines du Sancerrois, Elisabeth Gressin vous accueille dans sa belle ferme berrichonne. Vous goûterez au charme et à la paix de chambres colorées et confortables, au décor chaleureux.

Cher

Bourges: cathedral, museums. Châteaux on the Jacques Cœur route. Tennis court, golf course. In the heart of the Menetou and Salon vineyards. Sancerre nearby.

★ **How to get there:** From Bourges, D940, heading for Paris, then D59 or D116 for Quantilly. In the village, take D59 for Menetou. Michelin map 238, fold 19.

Just 20 minutes from Bourges, home to the famous historical figure Jacques Cœur, you will be enchanted by this elegant 19th-century château, which stands in a magnificent, partly-wooded, 45-acre park. The owner, Mr Gazeau, extends a hospitable welcome in this place where time stands still.

Quantilly

Carte 4 **111**

Château de Champgrand

18110 Quantilly

Tél. 02 48 64 11 71 – Fax 02 48 64 12 12

Tél. SR 02 48 48 00 18

Alain Gazeau

2 pers 300/400 F – p. sup 100 F

4 chambres avec TV, bains et wc privés. Ouvert toute l'année. Kitchenette à disposition. Ping-pong. VTT pour balades. Aires de jeux sur place. Restaurant 800 m. Chemins de randonnées. Equitation sur demande. Possibilité de séjour organisé sur réservation. ★ Bourges (cathédrale, musées). Châteaux de la route Jacques Cœur. Tennis, golf. Au cœur du vignoble et des vergers de Menetou-Salon. A proximité de Sancerre. **Accès :** de Bourges D940 dir. Paris puis D59 ou D116 dir. Quantilly et dans le bourg D59 dir. Menetou. CM 238, pli 19.

A 20 mn de Bourges, patrie du célèbre Jacques Cœur, vous serez séduits par cet élégant château du XIXe qui se dresse dans un magnifique parc, en partie boisé, de 18 ha. Ici, le temps marque une pause et son propriétaire vous réserve un accueil chaleureux.

Cher

Fishing, tennis and swimming pool in the vicinity. Footpaths, golf courses (20 km and 30 km). Bourges, Sancerre, châteaux on the Jacques Cœur route.

★ **How to get there:** From Bourges, N151 for La Charité, then D46 for Les-Aix-d'Angillon and turn right before Rians fork. Michelin map 238, fold 19.

Yves and Odile Proffit are your hosts at this family mansion located on a farm, at the gateway to Sancerre. Set in verdant, peaceful surroundings, the atmosphere is both restful and comfortable. A living room-cum-dining room with kitchen area is available for guests' use.

Rians

Carte 4 **112**

La Chaume

18220 Rians

Tél. 02 48 64 41 58 – Fax 02 48 64 29 71

Yves et Odile Proffit

2 pers 220/240 F – p. sup 90 F – repas 80/90 F

2 chambres, chacune avec douche et wc. Ouvert toute l'année. Restaurants à 4 km. Table d'hôtes sur réservation. Prêt de vélos. Réduction à partir de la 3e nuit. ★ Pêche, tennis et piscine à proximité. Sentiers pédestres, golfs (20 et 30 km). Bourges, Sancerre, châteaux de la route Jacques Cœur. **Accès :** de Bourges, N151 vers la Charité puis D46 direction les Aix d'Angillon et à droite avant l'embranchement vers Rians. CM 238, pli 19.

Aux portes du Sancerrois, dans un cadre de verdure et de calme, M. et Mme Proffit vous recevront dans leur maison de maître située sur une exploitation agricole. L'atmosphère est reposante et confortable. A votre disposition, un séjour/salon ainsi qu'un coin-cuisine.

Cher

Bourges 8 km: full range of leisure activities, cathedral, museums, etc.

★ *How to get there: From Bourges, take N76, then D104. Michelin map 238, fold 18.*

A warm welcome is guaranteed at this large family residence, the central part of which was once a hunting lodge. Century-old trees and a pleasant atmosphere make this an ideal place to relax.

Saint-Eloy-de-Gy

Carte 4 113

La Rongère
18110 Saint-Eloy-de-Gy
Tél. 02 48 25 41 53 – Fax 02 48 25 47 31
Philippe et Florence Atger-Rochefort

2 pers 280/320 F – p. sup 90 F

3 chambres et 1 suite de 2 chambres, toutes avec sanitaires privés. Ouvert toute l'année sur réservation. Parc de 20 hectares. 480 F/4 pers. ★ Bourges à 8 km (tous loisirs, cathédrale, musées,...). **Accès :** de Bourges, prendre la N76 puis la D104. CM 238, pli 18.

Vous serez accueillis dans une grande maison bourgeoise dont la partie centrale est un ancien pavillon de chasse. Des arbres centenaires et une atmosphère sympathique contribueront à votre détente.

Cher

Sancerre. The Loire River and Canal. Boucard and Blancafort Châteaux. Witchcraft Museum. Tennis, horse-riding 3 km. Lake 8 km. Golf course 15 km.

★ *How to get there: In the village, on the main road. First house on the left after the road leading up to the church. Michelin map 238, fold 20.*

A tiny, typical Sancerrois village is the setting for this handsome 15th and 18th-century manor, with a tower and a gate. Discover hostess Agnès Singer's decorative talents in the 15th-century wing of the house.

Subligny

Carte 4 114

La Chenevière
18260 Subligny
Tél. 02 48 73 89 93
Tél. SR 02 48 48 00 18
Agnès Singer

2 pers 320 F – p. sup 100 F

1 suite de 2 chambres avec salle d'eau et wc privés. Ouvert du 1er avril au 30 septembre ou sur réservation. Grand jardin arboré, salons de jardin. Parking fermé. Restaurants à 5 km. ★ Sancerre. La Loire et son canal latéral. Châteaux de Boucard et Blancafort. Musée de la Sorcellerie. Tennis, équitation 3 km. Plan d'eau 8 km. Golf 15 km. **Accès :** dans le bourg, sur la route principale, 1ère maison à gauche après avoir passé la rue menant à l'église. CM 238, pli 20.

Dans un petit village typique du pays fort Sancerrois, cette belle demeure bourgeoise des XVe et XVIIIe siècles avec sa tour et sa porte ancienne vous charmera. Vous découvrirez dans la partie XVe, tout l'art de la décoration assurée par la maîtresse des lieux.

Cher

Hunting and Nature Museum. Charles VII's Castle. Porcelainware. Tennis, horse-riding, golf.

★ *How to get there: At Mehun-sur-Yèvre, on N76, take D79 for Vouzeron and drive 6 km. Michelin map 238, fold 18.*

This handsome, imposing 19th-century residence was rebuilt on a time-honoured site with wooded parkland, a river and lakes, at the gateway to Sologne. The impressive dining hall boasts magnificent wood panelling and earthenware paintings. You will delight in the charm that this peaceful, comfortable property exudes. A relaxing and enjoyable stay is assured.

Vignoux–sur–Barangeon Carte 4 | 115

Villemenard
18500 Vignoux-sur-Barangeon
Tél. 02 48 51 53 40 - Fax 02 48 51 58 77
Tél. SR 02 48 48 00 18
Jacques et Marie-Dominique Gréau

2 pers 260/280 F - p. sup 90 F

6 chambres avec bains et wc privés. Ouvert toute l'année. Salon à disposition. Parc, rivière, étangs, pêche et promenades en barque sur place. Restaurants à 4 et 6 km. ★ Musée de la Chasse et de la Nature. Château de Charles VII. Porcelaines. Tennis, équitation, golf... **Accès :** à Mehun-sur-Yèvre, sur la N76 prendre D79 direction Vouzeron, puis tout droit sur 6 km. CM 238, pli 18.

Aux portes de la Sologne, grande demeure bourgeoise du XIX**ᵉ**, reconstruite sur un site très ancien avec parc arboré, rivière et étangs. Belle salle à manger aux superbes boiseries et tableaux de faïence. Vous apprécierez le charme de cette propriété confortable et tranquille où vous ferez une étape très agréable.

Corrèze

Châteaux, abbeys, caves, village of Collonges-la-Rouge. Canoeing, tennis court, fishing and golf course in the vicinity.

★ *How to get there: N20 to Noailles, then head for Meyssac, Collonges-la-Rouge, Beaulieu.*

Around 1860, a soldier returning from the Napoleonic Wars had a Mexican-style house built here. Its flower-filled patio and terrace garden with swimming pool lead to comfortable bedrooms with a personal touch: "Les Oiseaux" (1930s' style), the bridal suite, and the "Chambre Indienne".

Beaulieu–sur–Dordogne Carte 5 | 116

11, rue de la Gendarmerie
19120 Beaulieu-sur-Dordogne
Tél. 05 55 91 24 97 - Fax 05 55 91 51 27
Christine Henriet

1 pers 250/290 F - 2 pers 300/370 F
3 pers 400/500 F - p. sup 80 F

5 chambres doubles et 1 chambre en duplex, toutes avec bains et wc privés. Ouvert de début avril à fin septembre. Patio fleuri, jardin, piscine privée. Petit déjeuner copieux. Nombreux restaurants sur place. Ping-pong. ★ Châteaux, abbayes, grottes, village de Collonges-la-Rouge. Canoë, tennis, pêche et golf à proximité. **Accès :** N20 jusqu'à Noailles puis dir. Meyssac, Collonges-la-Rouge, Beaulieu.

Vers 1860, un militaire rentrant des guerres napoléoniennes s'est fait construire ici une maison mexicaine. C'est donc au détour du patio fleuri et d'un jardin en terrasse avec sa piscine privée que vous découvrirez des chambres confortables et personnalisées : "Les Oiseaux", chambre 1930, la chambre nuptiale ou encore la chambre Indienne.

Corrèze

Numerous places of interest. Bathing, horse-riding, swimming pool, tennis court.

★ *How to get there:* On CD38 (Collonges-la-Rouge and Meyssac). Entrance to property 20 m from "Meyssac" sign, up a 300 m-long driveway. Michelin map 75, fold 9.

Bellerade Manor, the former residence of a Colonel under the Empire, stands on a vast 20-acre estate. The very comfortable bedrooms have been decorated with great care and boast period furniture. The rooms afford attractive views of the flower garden. A warm welcome is guaranteed. Panoramic views of the property and surroundings.

Meyssac
Carte 5 117

Bellerade
19500 Meyssac
Tél. 05 55 25 41 42 - Fax 05 55 84 07 51
Mme Foussac-Lassalle

1 pers 320 F - 2 pers 420 F - 3 pers 520 F
p. sup 80 F

3 chambres avec sanitaires privés, poss. TV et téléphone. Ouvert toute l'année sauf décembre à février (octobre, novembre et mars, uniquement sur réservation). Salon et terrasse. Nombreux restaurants dans les environs. ★ Nombreux sites à visiter. Baignade, équitation, piscine, tennis. **Accès :** sur CD38 (Collonges-la-Rouge/Meyssac). Entrée de la propriété à 20 m du panneau "Meyssac" par une allée privée de 300 m. CM 75, pli 9.

Le manoir de Bellerade, ancienne demeure d'un **colonel d'Empire est situé sur un vaste domaine de 8 ha. Vous serez accueillis chaleureusement dans des chambres très confortables. La décoration intérieure avec son mobilier d'époque est extrêmement soignée. Très belle vue sur le jardin fleuri et très beau panorama.**

Corrèze

Sarlat, Rocamadour, Brive, Collonges-la-Rouge. Les Eyzies, Lascaux, La Chapelle aux Saints. St-Céré and Sarlat Music Festivals. Gardens of Eyrignac and Imaginaire (Terrasson). Hiking paths. Bathing and water sports. Golf.

★ *How to get there:* From Brive, N89 for Périgueux until you get to Larche. At the lights, turn left for Lac du Causse (D19). At La Roche marble mason's, 2nd right for Chavagnac (D59): last house.

Your hosts Danielle and Michel offer a blissful break in the restored barn of a time-honoured mill. The four bedrooms with refined décor command picturesque views of the tiny village of Laroche or the park. The large fireplace and antique terra cotta pieces add to the charm of the vast dining room where breakfast is served.

Saint-Cernin-de-Larche
Carte 5 118

Le Moulin de Laroche
Laroche - 19600 Saint-Cernin-de-Larche
Tél. 05 55 85 40 92 - Fax 05 55 85 34 66
Michel et Danielle Andrieux

1 pers 250 F - 2 pers 280 F - 3 pers 350 F
p. sup 70 F - repas 100 F

4 chambres avec TV, bains et wc privés. Ouvert du 1er mars au 1er novembre. Petit déjeuner : jus de fruit, viennoiseries, confitures maison... Table d'hôtes : assiette magret, terrine maison, confit de canard, pommes sarladaises, tartes et desserts maison. Parc. ★ Sarlat, Rocamadour, Brive, Collonges-la-Rouge... Les Eyzies, Lascaux... Festivals de St.Céré, Le Saillant, Sarlat... Jardins d'Eyrignac, de l'Imaginaire à Terrasson. Sentiers de randonnée. Baignade et sports nautiques. Golf. **Accès :** de Brive N89 vers Périgueux jusqu'à Larche. Au feu, à gauche dir. Lac du Causse (D19) ; à la marbrerie de Laroche, 2ème à droite vers Chavagnac (D59) : dernière maison.

Danielle et Michel vous reçoivent dans la quiétude de la grange restaurée du vieux moulin. De l'une des 4 chambres au décor soigné, le regard s'échappe vers le pittoresque petit village de Laroche ou vers le parc. La grande cheminée et les terres cuites anciennes accentuent le charme de la vaste salle à manger où vous prendrez vos petits déjeuners.

Corrèze

Beaulieu nearby. Swimming pool, fishing and canoeing.

★ *How to get there: From Tulle, head for Beaulieu on D940.*

This handsome 18th-century château with courtyard, garden and extensive grounds, stands in a country setting, close to the Dordogne Valley. Three bedrooms and a suite await your arrival. Guests have full use of a lounge with TV, fridge and microwave oven. A relaxing and peaceful break in enchanting surroundings.

Tudeils

Carte 5 **119**

Château de la Salvanie
19120 Tudeils
Tél. 05 55 91 53 43
Edmond Poujade

1 pers 250 F – 2 pers 300 F – 3 pers 350 F
p. sup 50 F

3 chambres et 1 suite avec sanitaires privés. Ouvert du 1er avril au 1er octobre. Petit déjeuner : jus de fruits, croissants, confitures... Vaste pièce à la disposition des hôtes avec salon, TV, mini-bar, réfrigérateur et micro-ondes. Cour, jardin et grand terrain. Restaurants à Beaulieu. ★ Beaulieu à proximité. Piscine, pêche, canoë. **Accès :** de Tulle en direction de Beaulieu, sur la D940.

A proximité de la vallée de la Dordogne, dans un cadre champêtre, beau château du XVIIIe avec cour, jardin et grand terrain. 3 chambres et 1 suite, vastes et confortables vous sont réservées. A la disposition des hôtes, un salon avec TV, réfrigérateur et micro-ondes. Vous ferez dans cet environnement privilégié une halte reposante en toute quiétude.

Corse

Sea 8 km. Hiking locally. Shops 4 km. Railway station 11 km.

★ *How to get there: Leave Bastia by D80, "Nord" exit, then take D131 to the village of San-Martino. Michelin map 90, fold 3.*

Originally a 17th-century convent, this handsome, sober and elegant château renovated at the turn of the century is set in 5 acres of grounds. The spacious, sun-drenched bedrooms look out onto the park. Pretty monumental fireplace in the lounge. An ideal spot for discovering the hidden charms of Northern Corsica.

San-Martino-di-Lota

Carte 6 **120**

Château Cagninacci
20200 San-Martino-di-Lota
Tél. 04 95 31 69 30 – Fax 04 95 31 91 15
Bertrand et Florence Cagninacci

1 pers 415 F – 2 pers 440 F

4 chambres (3 lits 2 pers. et 2 lits 1 pers.) avec salle de bains et wc privés dont 1 avec terrasse. Salon réservé aux hôtes, salle à manger avec cheminée. Mobilier de caractère. Ouvert du 15 mai au 30 septembre. Ping-pong. Parc de 2 ha. avec salons de jardin. 3 restaurants dans le village. ★ Mer à 8 km. Randonnées sur place. Commerces 4 km. Gare 11 km. **Accès :** prendre la D80 à la sortie nord de Bastia, puis prendre la D131 jusqu'au village de San-Martino. CM 90, pli 3.

Ce beau château, sobre et élégant, rénové au début du siècle est un ancien couvent de capucins du XVIIe situé sur une propriété de 2 ha. Les chambres y sont vastes et ensoleillées avec vue sur le parc. Belle cheminée monumentale dans la salle de séjour. Une adresse à retenir pour découvrir le charme secret de la Corse du nord.

Côte d'Or

Beaune, Côtes des Nuits, Chalon and Hautes Côtes vineyards. Breathtaking walks in the forest or through the vineyards from the house. Horse-riding and fishing.

★ **How to get there:** Leave Beaune on D970 and drive 2 km, following signs for La Montagne. Turn right twice. Michelin map 243, fold 27.

This vast contemporary split-level residence with Burgundy-style maisonette stands in a terraced garden with century-old trees. The interior decoration is superb, relaxing and bright. The bedrooms are extremely comfortable and offer great charm. You will be enchanted by La Terre d'Or. Don't miss your hosts' theme breaks to help you discover Burgundy.

Beaune

La Terre d'Or
rue Izembart – La Montagne
21200 Beaune
Tél. 06 85 08 61 49 ou 03 80 25 90 90
Fax 03 80 25 90 99 – http://www.laterredor.com
Christine Martin

2 pers 850/950 F - 3 pers 1050 F

6 chambres dont 1 suite toutes avec téléphone, bains ou douche et wc privés. Ouvert toute l'année. Petit déjeuner : viennoiseries, laitages, fromages, charcuteries... TV, mini-bar, bibliothèque, baby-foot. Cour, jardin, piscine. Restaurant à 2 mn à pied. Cartes bancaires acceptées. Séjours à thème "Découverte de la Bourgogne". ★ Beaune. Vignobles des Côtes de Nuits, de Beaune, de Chalon et Hautes Côtes. Superbes balades dans la forêt ou dans les vignes au départ de la maison. Equitation et pêche. **Accès :** quitter Beaune par la D970, puis à 2 km environ, suivre le fléchage La Montagne. 2 fois à droite. CM 243, pli 27.

Dans un grand jardin en terrasses aux arbres centenaires, vaste demeure contemporaine sur plusieurs niveaux et sa maisonnette bourguignonne. Superbe décoration intérieure, douce et lumineuse, charme et confort des chambres... vous serez séduits par La Terre d'Or. Ne manquez pas les séjours à thème que proposent vos hôtes pour découvrir la Bourgogne.

Côte d'Or

Fontenay Abbey (world heritage). Bussy-Rabutin Château. Alésia site. Medieval villages: Semur-en-Auxois, Flavigny/Ozerain. Burgundy Canal (cruises). Swimming pool, tennis court, 18-hole golf course, horse-riding, ballooning.

★ **How to get there:** A6, Bierre-les-Semus exit, heading for Semur-en-Auxois, Venarey-les-Laumes, Château de Bussy-Rabutin down from the church. Michelin map 65, fold 8.

If you have yet to discover the Auxois and its outstanding heritage, this listed 17th-century residence awaits you. An entire wing is given over to guests and features a large lounge and three bedrooms furnished and decorated in keeping with the period. You will also enjoy the extensive terraced garden and the superb views of the Auxois valleys.

Bussy-le-Grand

"Entre Cour et Jardin"
21150 Bussy-le-Grand
Tél. 03 80 96 98 51 ou 06 83 29 68 77
Roger et Colette Lang

2 pers 450 F - 3 pers 600 F - p. sup 150 F

1 suite de 3 chambres avec chaine hi-fi, tél., mini-bar et sanitaires privés. Ouvert du 15 avril au 15 octobre. Petit déjeuner : viennoiseries, confitures maison, pain d'épice... Présentation des objets de la vigne dans pièce voûtée. Cour, jardin, jeux d'extérieur, vélos. Restaurants à quelques kms. ★ Abbaye de Fontenay (patrimoine mondial, château de Bussy-Rabutin, site d'Alésia, villages médiévaux (Semur-en-Auxois, Flavigny/Ozerain), canal de Bourgogne (croisières)... Piscine, tennis, golf 18 trous, équitation, montgolfière. **Accès :** A6 sortie Bierre-les-Semur, direction Semur-en-Auxois, Venarey-les-Laumes, château de Bussy-Rabutin en dessous l'église. CM 65, pli 8.

Connaissez-vous l'Auxois et son fabuleux patrimoine ?... une demeure classée, du XVIIe vous y attend. Toute une aile avec un grand salon et 3 chambres meublées et décorées dans l'esprit, sont à votre disposition. Vous profiterez également du vaste jardin en terrasses et d'une superbe vue sur les vallons de l'Auxois.

Côte d'Or

Beaune, Dijon and numerous Burgundian châteaux. Wine estate tours. Lake and fishing 8 km. Sailing and golf 18 km.

★ **How to get there:** *From Paris and the North, take the motorway to Pouilly-en-Auxois, then the fast road to Pont de Pany, D35 and D31. Entrance via the outbuildings. Michelin map 65, folds 19/20.*

This former hunting lodge is set in the heart of Burgundy's finest wine-growing region, just a few miles from Dijon and Beaune. Local furniture and pretty, sweet-smelling linen add to the charms of this traditional residence surrounded by grounds and century-old trees. In fair weather, breakfast is served outside on the terrace. No smoking.

Chambœuf

Carte 4 **123**

Le Relais de Chasse
21220 Chambœuf
Tél. 03 80 51 81 60 – Fax 03 80 34 15 96
Michelle Girard

2 pers 380/400 F – 3 pers 600 F

3 chambres avec salle de bains et wc. Ouvert toute l'année. Petit déjeuner avec fromages, fruits frais, confitures maison, pain d'épice, œufs et gâteau maison le dimanche. Restaurant aux alentours, ferme-auberge, nombreuses tables. Loc. de vélos. Calme absolu. ★ Beaune et Dijon. Nombreux châteaux Bourguignons. Route des vins. Lac et pêche à 8 km. Voile et golf à 18 km. **Accès :** depuis Paris et Nord, autoroute jusqu'à Pouilly en Auxois puis route express jusqu'à Pont de Pany D35 et D31. Entrée par les communs. CM 65, plis 19/20.

Proche de Dijon et de Beaune, découvrez cet ancien relais de chasse situé au cœur des grands crus Bourguignons. Dans cette demeure entourée d'un parc aux arbres séculaires, vous retrouverez le charme du mobilier régional et d'une chambre au linge parfumé. A la belle saison, petit déjeuner servi sur la terrasse. Maison non fumeurs.

Côte d'Or

Hôtel-Dieu and the old town of Beaune. Château du Clos de Vougeot and vineyards. Château de la Rochepot.

★ **How to get there:** *From Beaune, head for Dijon on N74. 2 km past Beaune, turn right for Chorey. Michelin map 243, fold 15.*

Hosts Mr and Mme Germain and their children extend a warm welcome at their 13th and 17th-century château, which is also home to a highly-regarded wine-growing estate near Beaune. The bedrooms are vast and tastefully furnished.

Chorey-les-Beaune

Carte 4 **124**

Au Château
21200 Chorey-les-Beaune
Tél. 03 80 22 06 05 – Fax 03 80 24 03 93
Famille Germain

1 pers 650/850 F – 2 pers 750/950 F
3 pers 1000/1100 F

5 chambres et 1 suite familiale pour 4 pers. (1200 F), toutes avec bains et wc privés. Ouvert de Pâques à fin novembre. Petit déjeuner : confitures maison... Restaurants à proximité. Cartes Visa, Eurocard, Mastercard acceptées. Téléphone. Achat de vin sur place. ★ Hôtel-Dieu à Beaune et vieille ville. Château du Clos de Vougeot et Côte viticole. Château de la Rochepot. **Accès :** à Beaune, prendre direction Dijon par N74. 2 km après Beaune, tourner à droite direction Chorey. CM 243, pli 15.

M. et Mme Germain et leurs enfants vous accueilleront dans leur château des XIIIe et XVIIe siècles, siège d'un domaine viticole réputé, à proximité immédiate de Beaune. Les chambres sont vastes et meublées avec goût.

Côte d'Or

Beaune: Hôtel-Dieu. Pommard. Meursault. Nuits-Saint-Georges. Nearby: golf course, ballooning, bikes, walks.

★ *How to get there: A6, Beaune exit. Head for Dole and Seurre. A36, Seurre exit. Head for Beaune. Corberon 10 km.*

Pleasant 18th-century residence full of character near Beaune, set in 5 acres of parkland. The bedrooms are spacious and attractively decorated. Superb views over the surrounding countryside. On fine days, a generous breakfast is served in the garden. A charming spot to enjoy the treasures of Burgundy.

Corberon

Carte 4 **125**

l'Ormeraie

rue des Ormes - 21250 Corberon
Tél. 03 80 26 53 19 - Fax 03 80 26 54 01
Alain et Chantal Balmelle

2 pers 380 F - 3 pers 500 F - p. sup 120 F

3 chambres avec sanitaires privés. Ouvert de mai à octobre. Petit-déjeuner : viennoiseries, pain, confitures maison, fruits du jardin selon les saisons... Cour, terrain arboré de 2 ha. Restaurants dans le village ou à Beaune. ★ Hôtel Dieu de Beaune. Pommard. Meursault. Nuits Saint-Georges. A proximité : golf, montgolfière, vélos, promenades. **Accès :** sortie A6 Beaune. Suivre Dole et Seurre. 10 km Corberon. Sortie A36 Seurre. Suivre Beaune. 10 km Corberon.

Près de Beaune, agréable demeure de caractère du XVIIIe siècle entourée d'un terrain arboré de 2 ha. Les chambres sont spacieuses et joliment décorées. Belle vue sur la campagne environnante. Aux beaux jours, vous prendrez le copieux petit-déjeuner dans le jardin. Etape bourguignonne pleine de charme.

Côte d'Or

Wine cellars. Ouche Valley. Châteauneuf-en-Auxois: medieval village. Beaune and hospices, son et lumière displays in the summer months. Château du Clos de Vougeot. Ballooning and bicycles on the premises.

★ *How to get there: At Arnay-le-Duc, head for Beaune. At Bligny-sur-Ouche, turn right for Ecutigny. The château lies just outside the village. Michelin map 243, fold 2.*

In the heart of the Auxois region, a few kilometres from wine country, this 12th and 17th-century château was once a fortress defending the border between France and Burgundy. Now fully restored, the residence boasts extremely comfortable bedrooms as well as a handsome lounge and library.

Ecutigny

Carte 4 **126**

21360 Ecutigny
Tél. 03 80 20 19 14 - Fax 03 80 20 19 15
Email : Château.Ecutigny@wanadoo.fr
http://perso.wanadoo.fr/chateau.ecutigny/
Patrick et Françoise Rochet

1 pers 500/700 F - 2 pers 500/800 F
3 pers 600/1000 F - p. sup 100 F - repas 250 F
1/2 p. 700 F
6 ch. 2/3 pers., dont 1 suite, toutes avec TV, tél. et sanitaires privés. 1 ch./salon de musique dans Tour du XIIe, 2 autres dans le donjon. Ouvert toute l'année. Petit déjeuner copieux. Restaurants 4 km. Salle de séminaire. Tennis sur place. Ecuries. Montgolfières. Vélos. Prome-nades en calèche. ★ Visite de caves. Vallée de l'Ouche. Châteauneuf en Auxois : village médiéval. Beaune et ses Hospices, son son et lumière en été. Château du Clos de Vougeot. **Accès :** à Arnay-le-Duc, direction Beaune. A Bligny-sur-Ouche, tourner à droite vers Ecutigny. Château à la sortie du village. CM 243, pli 2.

Au cœur de l'Auxois, région située à quelques kilomètres de la route des vins, ce château (XIIe)XVIIe siècles) était autrefois un château fort défendant la frontière entre la France et la Bourgogne. Entièrement restauré, vous êtes assu-rés d'y trouver des chambres de grand confort ainsi qu'un beau salon et une bibliothèque.

Côte d'Or

Clos de Vougeot, Cîteaux Abbey. Vineyards and wine-tasting on the estate. Museums at Nuits-Saint-Georges, Beaune and Dijon. Swimming pool, tennis court 1 km. Golf course 15 km.

★ *How to get there: N74. Vougeot roundabout, heading for Gilly and Gillly-Centre. Stop sign on left and turn right into Rue des Abreuvoirs and Pont-Chevalier.*

Your accommodation is set in the outbuildings of a 17th-century family mansion, by the Vouge in a park with century-old trees. The extremely comfortable rooms, each decorated in its own style, are located near the engraving and painting workshops. You may decide to try your hand at drawing, relax with a good book or stroll in the garden by the river and fish pond.

Flagey-Echezeaux

Carte 4   127

Le Petit Paris
6, rue du Petit Paris – Pontchevallier
21640 Flagey-Echezeaux
Tél. 03 80 62 84 09 – Fax 03 80 62 83 88
Nathalie Buffey

1 pers 450/500 F – 2 pers 450/500 F
p. sup 100 F(enf.)

4 chambres avec bains ou douche et wc privés. Ouvert toute l'année. Petit déjeuner : viennoiseries, brioche, confitures maison, œufs, fruits de saison... Atelier de gravure et peinture avec stages d'initiation. Salon bibliothèque orientée vin. Parc (1,3 ha.), aire de jeux enfants, vélos. Restaurants à 500 m et 1 km. ★ Le Clos de Vougeot, abbaye de Cîteaux... Vignobles et caves dégustation. Musées à Nuits-Saint-Georges, Beaune, Dijon... Piscine, tennis 1 km. Golf 15 km. **Accès :** N74. Rond-point Vougeot, dir. Gilly puis Gilly-centre. Stop à gauche, rue des Abreuvoirs à droite puis Pont-Chevalier.

Au bord de la Vouge, dans un parc aux arbres centenaires, les chambres d'hôtes sont aménagées dans les dépendances d'une maison de maître du XVIIᵉ.Très confortables et personnalisées, elles s'articulent autour de l'atelier de gravure et de peinture. Vous pourrez dessiner, lire ou flâner dans le jardin, au bord de la rivière et du vivier.

Côte d'Or

Wine estates, châteaux, churches, museums. Morvan Nature Park. Bathing, fishing, hiking trails, golf, tennis, horse-riding.

★ *How to get there: On D17 between Arnay-le-Duc 7 km and Beaune 25 km. Michelin map 243, fold 14.*

This 18th-century former presbytery has been tastefully and finely appointed. You will find three prettily-decorated bedrooms with handsome period furniture, all with attractive bathrooms. Relax in the priest's garden and terrace, which exude restfulness. A delightful base from which to explore wine country.

Foissy

Carte 4   128

La Cure
21230 Foissy
Tél. 03 80 84 22 92 – Fax 03 80 84 22 92
Claude Reny

1 pers 350 F – 2 pers 400 F – p. sup 120 F

3 chambres avec bains et wc privés. Ouvert de Pâques à la Toussaint. Copieux petit déjeuner : confitures maison, fruits, fromage... Salon avec TV. Vélos à disposition. Cour, jardin. Restaurants à Arnay-le-Duc et à Bligny-sur-Ouche. ★ Route des vins, châteaux, églises, musées. Parc Naturel du Morvan. Baignade, pêche, sentiers de grandes randonnées, golf, tennis, équitation. **Accès :** sur la D17 entre Arnay-le-Duc (7 km) et Beaune (25 km). CM 243, pli 14.

Cet ancien presbytère du XVIIIᵉ siècle est aménagé avec goût et raffinement. 3 chambres joliment décorées, avec de beaux meubles anciens, et dotées de belles salles de bains vous sont réservées. Pour votre détente, le jardin de curé et sa terrasse qui invitent au repos. Une étape de charme sur la route des vins.

Côte d'Or

Burgundy vintage wine-producing estates, wine cellar tours. Dijon 10 min. Beaune 25 min. Tennis, golf, rock-climbing, hiking.

★ *How to get there: Dijon-Sud exit. Chenove, Marsannay (centre). Michelin map 66, fold 11.*

A warm welcome awaits you at this handsome 18th-century wine grower's residence near Dijon, in world-famous vintage Burgundy country. The old winery is now home to four delightful rooms and a vast lounge with fine stonework and visible beams. In fine weather, you will enjoy a dip in the pool in the extensive gardens or bike trips through the vineyards.

Marsannay-la-Côte

Carte 4   **129**

31, rue de Mazy
21160 Marsannay-la-Côte
Tél. 03 80 51 37 23 - Fax 03 80 51 37 38
Email : LLavoue@aol.com
Frédéric et Terri-Lee Lavoue

1 pers 400 F - 2 pers 450 F - 3 pers 550 F
p. sup 100 F

4 chambres avec sanitaires privés. Ouvert toute l'année. Petit déjeuner gourmand : brioche chaude ou croissants, pain d'épices, fruits, laitages, fromages, confitures maison... Cour, jardin. Piscine chauffée, vélos, boules, badminton. Restaurant à 300 m. ★ Route des grands crus de Bourgogne, visite de caves. Dijon 10 mn. Beaune 25 mn. Tennis, golf, varappe, randonnées. **Accès :** sortie Dijon-sud. Chenôve, Marsannay (centre). CM 66, pli 11.

Près de Dijon, sur la célèbre route des grands crus, vous serez chaleureusement accueillis dans une belle demeure de vignerons du XVIIIᵉ. De belles chambres et un vaste séjour avec poutres et pierres apparentes ont été aménagés dans l'ancienne cuverie. Aux beaux jours vous apprécierez la piscine dans le grand jardin ou les excursions à vélo à travers les vignes.

Côte d'Or

Clos de Vougeot 10 km. Hospices de Beaune 17 km. Numerous wine-tasting cellars in the vicinity. Cîteaux Abbey 18 km. Dijon and museums.

★ *How to get there: At Nuits-Saint-Georges, make for Seurre. 3 km on, turn right. At Quincey, drive through village and head for Argilly (D35). The hamlet of Antilly is 4 km on. Michelin map 243, fold 16.*

This 18th-century former hunting lodge offers 3 charming bedrooms and a cottage. The period furniture blends harmoniously with the refined modern comfort. The countryside is peaceful and you will enjoy a stroll in the flower-filled park resplendent with century-old trees. Savour the delicious old-fashioned breakfasts.

Nuits-Saint-Georges

Carte 4   **130**

Les Hêtres Rouges

Antilly-Argilly - 21700 Nuits-Saint-Georges
Tél. 03 80 62 53 98 - Fax 03 80 62 54 85
Jean-François Bugnet

1 pers 410 F - 2 pers 450 F - 3 pers 570 F

3 chambres avec bains et wc privés et un cottage dans dépendances avec jardin privé dans le parc (600 F 2 pers.). Ouvert de mars à fin novembre. Parc de 7000 m². Ping-pong. Parking clos. Restaurants alentours. ★ Le Clos de Vougeot à 10 km. Hospices de Beaune à 17 km. Nombreux caveaux de dégustation à proximité. Abbaye de Cîteaux à 18 km. Dijon et ses musées. **Accès :** à Nuits-St-Georges dir. Seurre. A 3 km, prendre à droite. A Quincey, traverser le village, suivre Argilly (D35). Le hameau d'Antilly est à 4 km. CM 243, pli 16.

Dans ce relais de chasse du XVIIIᵉ, 3 chambres pleines de charme et 1 cottage vous attendent. Le mobilier ancien s'allie à une décoration raffinée dans un confort contemporain. La campagne y est paisible et vous aimerez flâner dans le parc fleuri aux arbres centenaires. Les copieux petits déjeuners ont la saveur d'antan.

Côte d'Or

Casino des Sources. Tours of wine cellars, wine-tasting. Swimming pool, horse-riding, hiking, hunting and fishing nearby. 18-hole golf course 18 km. Romanesque churches and châteaux. Beaune, Dijon, Cluny and Autun.

★ *How to get there: A6 (Beaune-Sud and Chalon-Nord exits), N74 for Chagny, then Santenay. Follow signposts for "Château de la Crée", 1 km up from village centre. Michelin map 243, folds 26/27.*

This attractive, fully-restored 18th-century manor house is set on a famous family-owned wine-growing estate (fine 13th and 15th-century cellars), which you will get to know in the company of the owners at a welcoming cocktail. The rooms are sumptuous, featuring fourposter beds and period furniture. Conferences, dinners, exhibitions and receptions can be arranged.

Santenay-en-Bourgogne Carte 4 131

Le Château de la Crée
21590 Santenay-en-Bourgogne
Tél. 03 80 20 62 66 - Fax 03 80 20 66 50
Yves-Eric et Rolande Remy-Thevenin

1 pers 650/900 F - 2 pers 700/950 F
p. sup 200/250 F - repas 350/650 F
1/2 pers 700/950 F
4 chambres dont 2 communicantes toutes avec TV, téléphone, bains et wc privés. Ouvert toute l'année (janvier et février sur réserv.). Table d'hôtes sur réservation. : escargots, jambon persillé, coq au vin. Billard, bibliothèque. Putting-golf et tennis privés. CB acceptées. ★ Casino des sources. Visites de caves et dégustation. Piscine, équitation, randonnées, chasse et pêche. Golf 18 trous 18 km. Châteaux et églises romanes. Beaune, Dijon, Cluny, Autun... **Accès :** A6 (sorties Beaune-sud et Chalon-nord) puis N74 dir. Chagny et Santenay. Fléchage "Château de la Crée" 1 km en amont du centre du village. CM 243, plis 26/27.

Très beau manoir du XVIIIᵉ entièrement rénové, siège d'un domaine vinicole familial de renom (belles caves des XIIIᵉ et XVᵉ siècles), que vous découvrirez en compagnie des propriétaires autour d'un cocktail de bienvenue. Les belles chambres disposent de lits à baldaquin et de mobilier d'époque. Poss. séminaires, conventions, expositions, dîners et réceptions.

Côte d'Or

Medieval village of Châteauneuf 2.5 km. Beaune, Dijon and vineyards 40 km. Lake 2 km. Horse-riding 5 km. Mountain bikes for hire 7 km.

★ *How to get there: A6 motorway, Pouilly-en-Auxois exit, then D18 via Créancey and Vandenesse. Michelin map 243, fold 14.*

A complete change of scenery awaits you on this luxuriously-appointed barge moored along the Burgundy Canal, by the medieval city of Châteauneuf-en-Auxois. Three attractively-furbished bedrooms await your arrival. Relax in a comfortable chair on the sundeck and enjoy a delicious dinner by starlight. An original way to explore Burgundy.

Vandenesse-en-Auxois Carte 4 132

Péniche "Lady A"
Port du Canal - Cidex 45
21320 Vandenesse-en-Auxois
Tél. 03 80 49 26 96 - Fax 03 80 49 27 00
Lisa Jansen-Bourne

1 pers 250 F - 2 pers 300 F - repas 130 F

3 chambres avec sanitaires privés. Ouvert de février à décembre. Table d'hôtes : spécialités de Bourgogne. Salon avec bar et TV. Pont de soleil. Restaurant à 50 m. ★ Village médiéval de Châteauneuf à 2,5 km. Beaune, Dijon et les vignobles à 40 km. Lac à 2 km. Equitation 5 km. Location VTT à 7 km. **Accès :** autoroute A6, sortie Pouilly-en-Auxois, puis D18 via Créancey et Vandenesse. CM 243, pli 14.

Dépaysement total sur cette péniche de grand confort amarrée sur la canal de Bourgogne, au pied de la cité médiévale de Châteauneuf-en-Auxois. 3 chambres agréablement aménagées sont à votre disposition. Vous apprécierez le pont de soleil avec ses confortables fauteuils et les dîners sous les étoiles. Une étape originale pour découvrir la Bourgogne.

Côte d'Or

Château du Clos de Vougeot 800 m. Tours of wine cellars and wine-tasting. Hospices of Beaune and Dijon 19 km. Fishing, bathing and windsurfing nearby. Golf course 19 km.

★ *How to get there: 2.5 km from Nuits-Saint-Georges exit (A37), on the way to Dijon. On D74, take the last road before Vosne-Romanée exit. The residence is 150 m up on the right. Michelin map 243, fold 16.*

A charming and elegant residence covered in ivy and Virginia creeper, right in the heart of the famous Vosne-Romanée vineyard. Dominique Pétin provides three bedrooms, each with its own individual touch, and furnished with taste and refinement. A delightful staging post for discovering the region's prestigious vintages.

Vosne-Romanée
Carte 4 **133**

La Closerie des Ormes
21, Grand'velle - 21700 Vosne-Romanée
Tél. 03 80 62 35 19 - Fax 03 80 62 17 59
Dominique Pétin

2 pers 450/550 F

3 chambres dont 2 en annexe, toutes avec bains ou douche et wc privés. Ouvert toute l'année. Copieux petit déjeuner. Restaurants à 800 m et 2,5 km. Vélos sur place.
★ Château du Clos de Vougeot 800 m. Visite de caves et dégustation de vins. Hospices de Beaune et Dijon 19 km. Pêche, baignade et planche à voile à proximité. Golf 19 km. **Accès :** à 2,5 km de la sortie Nuits-Saint-Georges (A37), en dir. de Dijon. Par la N74, dernière rue à gauche avant la sortie de Vosne-Romanée, la demeure se situe à 100 m à droite. CM 243, pli 16.

Charmante et élégante demeure couverte de vigne vierge située au cœur du célèbre vignoble de Vosne-Romanée. Dominique Pétin y propose des chambres personnalisées, meublées avec goût et raffinement. Une délicieuse étape pour aller à la découverte des crus prestigieux de la région.

Côtes d'Armor

Tennis 1.5 km. Swimming pool 12 km. Cap d'Erquy 3 km. Cap Fréhel 15 km. Dinan 45 km. Saint-Malo 50 km. Numerous footpaths and walks by the sea. Beaches, sailing and diving 1.5 km. 18-hole golf course and horse-riding 10 km.

★ *How to get there: From the centre of Erquy, head for Les Hôpitaux. 1.2 km from town centre, turn left. Follow signs for "Les Bruyères" Chambres d'Hôtes. Michelin map 59, fold 4.*

This recent country house, built in local pink sandstone, is right by the sea and surrounded by footpaths, making it ideal for walkers and hikers. Guests will enjoy the peace and quiet of their comfortable rooms located in a separate building. Enjoy a copious breakfast served by the fire, before setting off for the day. Car park.

Erquy
Carte 2 **134**

Les Bruyères
Les Ruaux - 22430 Erquy
Tél. 02 96 72 31 59 - Fax 02 96 72 04 68
Aline Dutemple

1 pers 210/250 F - 2 pers 280/330 F
3 pers 380/430 F - p. sup 100 F

3 ch. 2 pers. (dont 1 avec terrasse et balcon) et 2 ch. doubles indép. avec chacune 1 ch. parents et 1 ch. enfts. (460 F/4 pers.); toutes avec salle d'eau, wc privés. Tél. direct. Ouvert toute l'année. Petit déjeuner copieux. Restaurants 5 mn en voiture. P-pong et vélos sur place.
★ Cap d'Erquy 3 km. Cap Fréhel 15 km. Dinan 45 km. St-Malo 50 km. Sentiers bord de mer. Plages, voile, plongée, tennis 1,5 km. Golf 18 trous et équitation 10 km. **Accès :** dans le centre ville d'Erquy, direction les Hôpitaux, à 1,2 km du centre ville, prendre à gauche. Suivre le fléchage chambres d'hôtes "Les Bruyères". CM 59, pli 4.

Maison récente en grès rose d'Erquy, située à proximité des sentiers piétonniers. Vous apprécierez le calme et le confort des chambres (situées dans un bâtiment indépendant) après une belle randonnée en bord de mer. Le matin, un copieux petit-déjeuner vous sera servi au coin du feu avant d'entamer un nouveau périple. Parking.

Côtes d'Armor

Swimming pool, tennis court 2 km. Sea, fishing 2.5 km. Canoeing 5 km. Horse-riding 6 km. Perros-Guirec 3 km.

★ **How to get there:** *At Lannion, D788 for Perros-Guirec. At the entrance to Perros-Guirec, at the large roundabout, take D6 for Louannec, drive 20 m then turn right. Signposting for 2.5 km. Michelin map 59, fold 1.*

This pretty, renovated farmhouse is set on the Granite Coast, between the sea and the countryside. Four bright, attractively-furbished bedrooms with sloping ceilings await your arrival, in a separate wing of the property. The lounge is an artful blend of woodwork and stone, with small tables at which delicious breakfasts are served. A large aquarium will delight children and grown-ups alike.

Louannec

Carte 2 — **135**

Le Colombier de Coat Gourhant
22700 Louannec
M. et Mme Fajolles
Tél. 02 96 23 29 30

1 pers 250 F - 2 pers 280 F

4 chambres 2 pers. avec sanitaires privés. Ouvert de mars à oct.(sur demande hors sais.). Bibliothèque avec documentation sur la Bretagne. Parking, jardin, salons de jardin. Possibilité pique-nique. ★ Piscine, tennis 2 km. Mer, pêche 2,5 km. Canoë 5 km. Equitation 6 km. Perros-Guirec 3 km. **Accès :** à Lannion, D788 vers Perros-Guirec. A l'entrée de Perros-Guirec, au grand rd point, prendre la D6 vers Louannec sur 20 m et à droite. Fléchage sur 2,5 km. CM 59, pli 1.

Sur la côte de granit rose, entre mer et campagne, jolie ferme rénovée. 4 chambres mansardées vous sont réservées. Gaies et lumineuses, elles sont situées dans une aile indépendante. La pierre et le bois se mêlent harmonieusement dans la salle de séjour où des tables individuelles vous attendent pour savourer le petit déjeuner. Un grand aquarium marin ravira petits et grands.

Côtes d'Armor

Chatelaudren, a small town of considerable character with lake 1.5 km. Göelo Coast (beach, fishing) 13 km. Locally: "De Nos Aïeux" Farm Museum, pedal boat rides on the Leff and pony rides for children. Arts and crafts, flea market. Private power supply.

★ **How to get there:** *Situated between Saint-Brieuc and Guingamp, 4 km north of the dual carriageway (N12). Michelin map 59, folds 2/3.*

Attractively-restored 19th-century farmhouse built around a square courtyard, facing a small valley dotted with apple trees. Pleasant bedrooms with sloping ceilings and poetic names ("La Couturière", "Les Musiciens", "Les Oiseaux", "La Chapelière"). One has a bed with wooden folding panels, a fourposter bed and a claw-footed bath.

Plélo

Carte 2 — **136**

Au Char à Bancs
22170 Plélo
Tél. 02 96 74 13 63 - Fax 02 96 74 13 03
Jeanne Lamour

1 pers 300/450 F - 2 pers 380/500 F
3 pers 480/600 F - p. sup 100 F - repas 90/160 F

5 chambres avec sanitaires privés (680 F/4 pers.) Ouvert toute l'année sur réservation. Copieux petit déjeuner à base de crêpes, confitures maison, jus de fruit. Ferme-auberge à 500 m : potée bretonne, galettes, crêpes. Carte bleue, Eurocard, Mastercard acceptées. ★ Chatelaudren, cité de caractère avec étang 1,5 km. Côte du Goëlo (plage) 13 km. Sur place, ferme "de nos Aïeux" (musée), pédalos sur le Leff et poney pour enfants. Artisanat et brocante. Production électricité personnelle (micro centrale électrique). **Accès :** situé entre Saint-Brieuc et Guingamp, à 4 km au nord de la double voies (N12). CM 59, plis 2/3.

Jolie ferme du XIXe siècle en cour carrée restaurée, située face à une petite vallée garnie de pommiers. Les chambres mansardées sont agréables et ac-cueillantes ("La Couturière", "Les Musiciens", "Les Oiseaux", "La Chapelière"); l'une d'elle dispose d'un lit clos, d'un lit avec ciel de lit et d'une baignoire à pieds.

Côtes d'Armor

St-Malo 15 min: privateers' city. Dinan 10 min. Fishing 500 m. Tennis 2 km. Horse-riding 5 km. Swimming pool 10 km. Sea and golf course 14 km.

★ *How to get there: N137, St-Malo-Rennes road, Le Tronchet exit for Pleuhiden/Rance. At 1st crossroads, D29 for Chateauneuf-d'Ille-et-Vilaine. The manor is 1 km from the village, left of Pont-de-Cieux. Michelin map 59, fold 6.*

Manoir de la Pépinière is a fully restored 17th-century manor house set in a large park on a listed site. The residence affords superb views of the peaceful Rance marshland. The upstairs bedrooms feature stencil decorations in soft hues. Relaxed, friendly atmosphere. A charming spot for a refreshing break.

Pleudihen-sur-Rance

Carte 2 **137**

Le Manoir de la Pépinière

Pont-de-Cieux
22690 Pleudihen-sur-Rance
Tél. 02 96 83 36 61 - Fax 02 96 88 26 26
Sylvie Lefavrais

1 pers 250 F - 2 pers 295 F - 3 pers 395 F

5 chambres avec tél., douche et wc privés. Ouvert toute l'année sur réservation. Petit déjeuner : confitures, céréales, crêpes, quatre-quart, laitages... Salon avec billard et téléphone. Cour et parc (d'1 ha.) avec salon de jardin. Restaurants à proximité. ★ St.Malo (15 mn) : cité corsaire. Dinan (10 mn). Pêche 500 m. Tennis 2 km. Equitation 5 km. Piscine 10 km. Mer et golf 14 km. **Accès :** N137, axe St.Malo-Rennes sortie Le Tronchet puis Pleudihen/Rance. Au 1er carrefour, D29 dir. Chateauneuf-d'Ille-et-Vilaine. Manoir à 1 km du bourg, à gauche du Pont-de-Cieux. CM 59, pli 6.

Dans un site classé, avec vue sur un paisible marais de la Rance, vous serez accueillis dans un manoir du XVIIe totalement restauré, entouré d'un grand parc. A l'étage, les chambres aux couleurs douces sont décorées au pochoir. Atmosphère chaleureuse et très conviviale. Une étape de charme qui vous séduira.

Côtes d'Armor

Sea 15 km. Dinard, St. Malo, Cap Fréhel and Mont-Saint-Michel 45 min. Tennis, fishing, canoeing, horse-riding 1 km. Golf course 15 km.

★ *How to get there: At Plouer-sur-Rance on N176, take D12 for La Hisse. La Renardais is on the right 1.5 km from the centre of Plouer. Michelin map 59, fold 6.*

A warm welcome awaits you at this elegant, recently-restored stone house which stands near the banks of the Rance. The attractive fireplace, visible stonework and beams, and walls adorned with paintings, create a relaxing atmosphere. On fine days, breakfast is served on the terrace in the delightful landscape garden.

Plouer-sur-Rance

Carte 2 **138**

La Renardais - Le Repos

22490 Plouer-sur-Rance
Tél. 02 96 86 89 81 - Fax 02 96 86 99 22
Email : Suzanne.Robinson@wanadoo.fr
http://perso.wanadoo.fr/suzanne.robison.bnb/
Jean et Suzanne Robinson

1 pers 300/330 F - 2 pers 320/350 F
3 pers 420/450 F - p. sup 80 F - repas 99/119 F
1/2 p. 275/399 F
1er ét. : 2 ch. 3 pers. (dont 1 avec 1 lit 2 pers. et 1 lit 1 pers.) avec bains ou douche et wc privés. 2e ét. : 2 ch. 2 pers. (dont 1 avec 2 lits 1 pers.) toutes avec douche et wc privés. (500/530 F 4 pers.). Ouvert toute l'année sauf février. Table d'hôtes (le soir). Jardin, terrasse, parking privé. ★ Mer 15 km. Dinard, Saint-Malo. Cap Fréhel et Mont Saint-Michel à 45 mn. Tennis, pêche, canoë, équitation 1 km. Golf 15 km. **Accès :** de la D176, à Plouer-sur-Rance, prendre la D12 vers La Hisse. La Renardais se trouve à 1,5 km du centre de Plouer sur la droite. CM 59, pli 6.

Un chaleureux accueil vous attend dans cette élégante maison de charme en pierre, récemment rénovée, au bord de la Rance. Cheminée en granit, pierres et poutres apparentes, murs ornés de tableaux. Aux beaux jours, vous pourrez profiter du petit déjeuner sur la terrasse privée dans un beau jardin fleuri et calme.

Côtes d'Armor

Pink Granite Coast. Tréguier. Paimpol. Ile de Bréhat. Horse-riding, golf course 6 km. Fishing and tennis courts 2 km.

★ *How to get there: Head for Guingamp-Lannion. 5 km past Bégard, head for Prat. Michelin map 59, fold 1.*

An exceptional setting, close to the 16th-century manor house, offering six spacious and comfortable bedrooms in a fully restored building. The property stands in 25 acres of woodland. Quiet and relaxing.

Prat

Carte 2 **139**

Manoir de Coadelan
22140 Prat
Tél. 02 96 47 00 60
Jeanne Riou

1 pers 250 F – 2 pers 280 F – 3 pers 350 F
p. sup 70 F

6 chambres avec sanitaires privés : 2 avec bains et 4 avec salle d'eau. Ouvert du 1er avril au 15 octobre. Petit déjeuner : croissants, pain, jus d'orange, cakes, confitures maison... Parc, étangs, bois. Visite du manoir. Crêperie à 500 m. ★ Côte de granit rose. Tréguier. Paimpol. Ile de Bréhat. Equitation, golf à 6 km. Pêche et tennis à 2 km. **Accès :** dir. Guingamp-Lannion, à 5 km de Bégard, dir. Prat. CM 59 pli 1.

Dans un cadre exceptionnel, à proximité du manoir (XVIe siècle), 6 chambres spacieuses et confortables ont été aménagées dans un bâtiment entièrement restauré. Un grand parc de 10 ha. et des bois entourent la propriété. Calme et détente.

Côtes d'Armor

Architectural heritage. Château. Museum. Lake. Tennis court (free) 100 m. Horse-riding 8 km. Sea 15 km. Golf courses 25 km.

★ *How to get there: RN12 Rennes-Saint-Brieuc. At Saint-Brieuc, head for Quintin and Rostrenen (D790). Michelin map 59, fold 3.*

This delightful residence, built from local stone, stands in flowery parkland. You will appreciate the peacefulness of the setting by the fireplace in the lounge, and enjoy the delicious hearty breakfasts prepared by your hostess.

Quintin

Carte 2 **140**

Le Clos du Prince
10, rue des Croix Jarrots – 22800 Quintin
Tél. 02 96 74 93 03 – Fax 02 96 74 93 03
Marie-Madeleine Guilmoto

1 pers 270 F – 2 pers 350/ 380 F – p. sup 150 F
repas 100 F

1 chambre avec TV et 1 suite avec sanitaires privés. Ouvert toute l'année. Table d'hôtes en hors-saison : spécialités régionales. Parc. ★ Patrimoine architectural. Château. Musée. Plan d'eau. Tennis gratuit à 100 m. Equitation à 8 km. Mer à 15 km. Golfs à 25 km. **Accès :** RN12 Rennes - Saint-Brieuc. A Saint-Brieuc, prendre la dir. Quintin, Rostrenen (D790). CM 59, pli 3.

Ravissante demeure en pierre du pays, très fleurie et entourée d'un parc boisé. Vous apprécierez la quiétude des lieux, dans le salon auprès de la cheminée et savourerez les délicieux et copieux petits déjeuners que vous préparera la maîtresse de maison.

Côtes d'Armor

River, fishing 800 m. Sea, beach, sailing 20 km. Lannion airport 10 km.

★ ***How to get there:*** *Leave N12 at Guingamp for Lannion, and take D767. At Cavan, turn left for Tonquedec. In the village, head for the château (500 m). Michelin map 59, fold 1.*

Madame Sadoc is your hostess at this large comfortable turn-of-the-century local-granite house, less than a kilometre away from the ruins of the feudal Château de Tonquedec. Relax in the attractive landscape garden with furniture.

Tonquedec

Carte 2 **141**

Le Queffiou
22140 Tonquedec
Tél. 02 96 35 84 50 – Fax 02 96 35 84 50
Stéphanie Sadoc

1 pers 300 F – 2 pers 360 F – p. sup 140 F

4 chambres 2 pers. avec sanitaires privés. Fermé 2ᵉ quinzaine d'octobre et du 20/12 au 10/1. Salon. Jardin paysager avec pelouse. Parking. Crêperie sur place. Dîner sur réservation à l'auberge (120 F). ★ Rivière, pêche 800 m. Mer, plage, voile 20 km. Aéroport de Lannion 10 km. **Accès :** à Guingamp quitter la N12 dir. Lannion puis D767. A Cavan prendre à gauche dir. Tonquedec. Dans le village, en dir. du château, à 500 m. CM 59, pli 1.

Madame Sadoc vous recevra dans une grande maison bourgeoise du début du siècle en granit du pays, située à moins d'un kilomètre des ruines féodales du château de Tonquedec. Beau jardin paysager avec salons de jardin pour la détente.

Creuse

Prébenoit Abbey 500 m. Moulin de Freteix (mill) 5 km. Château de Boussac 15 km. Toulx-Ste-Croix, Pierres Jaumâtres, Lavaufranche commander's residence 20 km. Tennis 3.5 km. Bathing 5 km. Horse-riding 12 km. Golf course 15 km.

★ ***How to get there:*** *From La Châtre in the north or Guéret in the south, take D940 to Genouillac. Then take D15 for Bétête, which leads to the château 3.5 km on. Michelin map 68, fold 19.*

The bucolic Creuse countryside opens out in front of this handsome 19th-century château built on a hill. A spiral staircase leads to spacious bedrooms with a pleasant view over the valley. Retired architect Mr Deboutte and his wife provide a warm welcome in this quiet and peaceful setting.

Bétête

Carte 4 **142**

Château de Moisse
23270 Bétête
Tél. 05 55 80 84 25 – Fax 05 55 80 84 25
Ignace et Simone Deboutte

1 pers 370 F – 2 pers 400 F – 3 pers 500 F

4 chambres avec sanitaires privés. Ouvert du 1ᵉʳ juin au 30 septembre et sur réservation. Restaurants à 3,5 km. Promenades dans le parc arboré de 25 ha. 600 F/4 pers. ★ Abbaye de Prébenoit 500 m. Moulin Freteix 5km. Château de Boussac 15 km. Toulx-Ste-Croix, Pierres Jaumâtres, Commanderie de Lavaufranche 20 km. Tennis 3,5 km. Baignade 5 km. Equitation 12 km. Golf 15 km. **Accès :** de la Châtre au nord ou de Guéret au sud, D940 jusqu'à Genouillac. Puis D15 dir. Bétête, qui vous conduira au château situé à 3,5 km. CM 68, pli 19.

Devant ce beau château XIXᵉ, bâti sur une colline, se déroule le paysage bucolique de la Creuse. Un escalier à vis mène les hôtes à des chambres spacieuses, bénéficiant d'une agréable vue sur la vallée. C'est dans ce cadre calme et reposant que Monsieur Deboutte, architecte retraité, et son épouse vous recevront chaleureusement.

Creuse

Fishing 2 km. Tennis 4 km. Bathing, horse-riding 10 km. Sailing 25 km. Golf course 30 km. Vassivière-en-Limousin approx. 40 km. Aubusson, tapestry capital, 25 km.

★ **How to get there:** *From Guéret, D941 for Bourganeuf-Tulle. 22 km on, at entrance to Pontarion, 1st left for La Chapelle Saint-Martial. Michelin map 72, fold 10.*

This house of considerable character, on the tapestry and porcelain route, stands in leafy surroundings, and offers three bedrooms decorated with refinement. Two are in the main house, the third is self-contained and overlooks the garden and swimming pool. Breakfast is served in the dining room or on the terrace.

La Chapelle-St-Martial   Carte 4   143

Le Bourg
23250 La Chapelle-Saint-Martial
Tél. 05 55 64 54 12 - Fax 05 55 64 54 12
Alain Couturier

1 pers 220/350 F - 2 pers 260/380 F

3 chambres avec douche, wc et TV couleur pour chacune. Ouvert toute l'année. Restaurant à 6 km. Piscine sur place. ★ Pêche 2 km. Tennis 4 km. Baignade, équitation 10 km. Golf 30 km. Vassivière-en-Limousin 40 km environ. Aubusson, capitale de la tapisserie 25 km. Voile 25 km. **Accès :** de Guéret, D941 direction Bourganeuf-Tulle. A 22 km, à l'entrée de Pontarion, 1ère à gauche, direction La Chapelle Saint-Martial. CM 72, pli 10.

Sur la route de la Tapisserie et de la Porcelaine, dans un village plein de charme au milieu de la verdure, cette maison de caractère vous offrira 3 chambres au décor raffiné : 2 dans l'habitation principale, la 3e indépendante donnant sur le jardin et la piscine. Petit-déjeuner dans la salle à manger ou sur la terrasse.

Creuse

Bathing and fishing locally. Horse-riding and sailing 10 km. Tennis 500 m.

★ **How to get there:** *From the underpass ("souterraine"), take D951 for Dun-le-Palestel, then Maison Feyne and Fresselines. Confolent is 300 m from the village. Michelin map 68, fold 18.*

Journalist and artist Danièle Demachy-Dantin provides a warm, unassuming welcome at this farmhouse, which is part of a 17th and 18th-century estate. Discover your hostess's culinary talents with typical Creusois dishes at the table d'hôtes.

Fresselines   Carte 4   144

Confolent
23450 Fresselines
Tél. 05 55 89 70 83
Danièle Demachy-Dantin

1 pers 350 F - 2 pers 395/460 F - 3 pers 550 F
repas 95/135 F

3 chambres avec sanitaires privés. Ouvert toute l'année. Table d'hôtes : cuisine creusoise, spécialités de civets et confits de viande. Salon avec TV. Activités proposées : peinture (huile et aquarelle). Site et environnement privilégiés. ★ Baignade et pêche sur place. Equitation et voile 10 km. Tennis 500 m. **Accès :** de la Souterraine, rejoindre Dun le Palestel par la D951, puis Maison Feyne et Fresselines. Confolent se trouve à 300 m du bourg. CM 68, pli 18.

Dans l'ancienne ferme du domaine des XVIIe et XVIIIe siècles, Danièle Demachy-Dantin, journaliste et artiste peintre, accueille ses hôtes avec chaleur et simplicité. A la table d'hôtes, elle vous fera découvrir des plats typiquement creusois qu'elle confectionne avec beaucoup de talent.

Creuse

In Pallier: listed 12th-century chapel. Maison des Chevaliers, former knights' residence with medieval garden, pond (fishing and fishery for children). Vassivière Lake 13 km (fishing, bathing, sailing, golf). Tennis, riding, cycling 9 km. Hiking locally (8 circuits).

★ *How to get there:* At Gentioux, take D8 for Pigerolles-Feniers. Approx. 2 km on, turn left for Pallier. Michelin map 72, fold 20.

This attractive, listed building on the Millevaches Plain, built on the foundations of a commander's residence, was the home of royal notaries in the 18th century. The façade, staircase and fireplaces attest to the craftsmanship of the famous Gentioux stone cutters. The 5 bedrooms all have their own style and boast period furniture.

Gentioux
Carte 4 — 145

La Commanderie
Pallier – 23340 Gentioux
Tél. 05 55 67 91 73 – Fax 05 55 67 91 73
Yves et Yolande Gomichon

1 pers 245 F – 2 pers 290 F – 3 pers 345 F
p. sup 55 F – repas 95 F

5 ch. avec s.d.b. et wc privés. Ouvert du 1/03 au 31/12. Table d'hôtes (boissons non comprises) : pâté aux pommes de terre, magret au coulis de myrtilles, flognarde, omelette aux cèpes, dîner médiéval les jeudis. Cour, jardin, étang. TV. Four à pain et décoration sur porcelaine de Limoges. ★ A Pallier : chapelle du XII siècle, maison des chevaliers, jardin médiéval, étang (pêche) et pêcherie pour les enfants. Lac de Vassivière à 13 km (pêche, baignade, voile, golf...). Tennis, équitation, vélos à 9 km. Randonnées sur place (8 circuits). **Accès :** à Gentioux, prendre la D8 direction Pigerolles-Feniers. A 2 km, tourner à gauche direction Pallier. CM 72, pli 20.

Sur le plateau de Millevaches, cette belle demeure (monument historique) fondée sur les bases d'une commanderie est devenue au XVIIIe siècle la maison de notaires royaux. La façade, l'escalier, les cheminées restent un modèle de l'art des célèbres tailleurs de pierre de Gentioux. Chaque chambre est personnalisée et meublée d'époque.

Creuse

4 km from Landes Lake (natural site). Extends over 250 acres and is home to many species of migratory birds. Fishing, tennis 4 km. Horse-riding, golf 7 km. Bathing 15 km. Cinema 10 km.

★ *How to get there:* RN145. Turn off at Gouzon for Lussat (D915). Take 3rd road on left to Puy-Haut. The residence is the last house in the village. Michelin map 73, fold 1.

14th-century Château de Puy-Haut was originally part of the royal estates. Its high roof with dormer windows and flat tiles is characteristic of the Bourbonnais area. Nadine and Claude guarantee a warm welcome and offer four spacious bedrooms at the top of a magnificent polished wooden staircase as well as a ground-floor room.

Lussat
Carte 4 — 146

Puy-Haut
23170 Lussat
Tél. 05 55 82 13 07 – Fax 05 55 82 13 07
Claude et Nadine Ribbe

1 pers 280 F – 2 pers 320/350 F – 3 pers 410 F
repas 105 F

5 chambres avec sanitaires privés. (460 F 4 pers.). Ouvert du 1er avril à la Toussaint. Table d'hôtes : lapin au cidre, gigot à l'ail, volailles fermières, terrine maison... Salon Louis XV avec TV et bibliothèque régionale. Jardin, piscine, parking, jeux d'enfants, VTT. ★ A 4 km l'étang des Landes (site lacustre naturel) accueille sur plus de 100 ha., de nombreux oiseaux migrateurs. Pêche, tennis 4 km. Equitation, golf 7 km. Baignade 15 km. Cinéma 10 km. **Accès :** RN145. Sortir à Gouzon, dir. Lussat (D915). Prendre la 3e route à gauche qui mène à Puy-Haut. La demeure est la dernière maison du village. CM 73, pli 1.

Le château de Puy-Haut, ancien site seigneurial (XIVe siècle), appartenant au domaine royal. Sa haute toiture à lucarnes et tuiles plates est caractéristique du Bourbonnais. Nadine et Claude vous accueillent avec chaleur et vous proposent 4 vastes chambres à l'étage auxquelles on accède par un magnifique escalier en bois ciré et 1 chambre au rez-de-chaussée..

Creuse

Châteaux, Romanesque churches, Tapestry and Vintage Car Museums. Folk festivals, concerts and shows. Bathing, sailing 15 km. Swimming 19 km. Fishing 500 m. Tennis, horse-riding 8 km. Hiking and cycling locally.

★ *How to get there: N141 Clermont-Ferrand/Limoges. 19 km before Aubusson, at "Chazepaud". Michelin map 73, folds 11/12.*

This turn-of-the-century, neo-Renaissance "folly" stands in a vast park with century-old trees. The handsome and unusual residence, with Baroque lounges, Italian-style mosaics, Renaissance wainscoting and bedrooms boasting eclectic decoration, is a feast for the eyes. A must.

Saint-Bard   Carte 4   147

Château de Chazepaud
23260 Saint-Bard
Tél. 05 55 67 33 03
Patrick et Madeleine Albright

---

1 pers 300/400 F - 2 pers 350/450 F
3 pers 450/550 F - repas 100 F

4 chambres avec coin-salon et sanitaires privés et 1 suite avec bains et wc privés. Ouvert d'avril à octobre. Table d'hôtes : courgettes farcies, paté de pommes de terre, flognarde... TV, chaîne hi-fi et piano à disposition. Parc, vélos, tennis de table, badminton. 550/650 F/4 pers. ★ Châteaux, églises romanes, musées de la Tapisserie, des voitures de Prestige. Festivals folkloriques, concerts, spectacles... Baignade, voile 15 km. Piscine 19 km. Pêche 500 m. Tennis, équitation 8 km. Randonnées, vélos sur place. **Accès :** N141 Clermont-Ferrand-Limoges. 19 km avant Aubusson, au lieu-dit "Chazepaud". CM 73, plis 11/12.

"Folie" néo-renaissance (début du siècle) entourée d'un vaste parc aux arbres séculaires. Cette belle demeure insolite, avec ses salons baroques, sa mosaïque à l'italienne, ses lambris Renaissance et ses chambres au décor éclectique est à voir absolument. Une étape originale à ne pas manquer.

Creuse

Walks. Fishing locally. Horse-riding 3 km. Vassivière Lake (fishing, bathing, sailing) 27 km. Aubusson (tapestry capital) 24 km.

★ *How to get there: At St-Hilaire-le-Château, take N241 for Aubusson, and 1st right (D10) for Chavanat, then 1st right for "La Chassagne". Michelin map 72, fold 10.*

Magnificent 15th and 17th-century château overlooking the Thaurion Valley, set in 12 acres of wooded grounds, by a trout-filled river. A winding, stone staircase leads to 2 handsome bedrooms, a charming suite and breathtaking views. There is a third bedroom on the ground floor. The little guardhouse in the grounds has been converted into a suite for 2 to 4 guests.

Saint-Hilaire-le-Château   Carte 4   148

La Chassagne
23250 Saint-Hilaire-le-Château
Tél. 05 55 64 50 12 ou 05 55 64 55 75
Fax 05 55 64 90 92
Marie-Christine Fanton

---

1 pers 450/550 F - 2 pers 500/600 F
3 pers 600/700 F

3 chambres et 2 suites avec sanitaires privés, TV et tél. Ouvert toute l'année. Petit déjeuner : viennoiseries, confitures maison, miel de pays, fruits... Parc de 5 ha., rivière à truites (le Thaurion). Restaurant gastronomique à St-Hilaire-le-Château 3 km. ★ romenades. Pêche sur place. Equitation 3 km. Lac de Vassivière (pêche, baignade, voile...) 27 km. Aubusson (capitale de la Tapisserie) 24 km. **Accès :** à St-Hilaire-le-Château prendre la N241 dir. Aubusson, puis 1ère à droite (D10) dir. Chavanat, puis 1ère à droite dir. "La Chassagne". CM 72, pli 10.

Magnifique château (XVᵉ-XVIIᵉ) surplombant la vallée du Thaurion, entouré d'un parc boisé de 5 ha. et bordé d'une rivière à truites. Un escalier à vis en pierre mène à 2 belles chambres et 1 suite pleine de charme et à la vue imprenable; la 3ème chambre est au rez-de-chaussée. Dans le parc, la petite maison de garde a été aménagée en suite pour recevoir 2 à 4 pers.

Dordogne

Beaumont du Périgord: country houses. Dordogne Valley (châteaux and sites) and Vézère Valley (caves and traditional villages). Lascaux, Cadouin. Fishing 4 km. Tennis, horse-riding 6 km. Lake, canoeing 8 km. Golf 10 km.

★ *How to get there: On D660 from Bergerac. At Port de Couze, turn right for Beaumont. 4 km on, in Bayac, turn right for Monsac and Issigeac. On the plateau 2 km down. Michelin map 75, fold 15.*

The land of Bergeracois country houses is the setting for this delightful residence in Purple Périgord, a region steeped in history. Enjoy the charms of olden days at this address in the Dordogne Valley where the air is fragrant with strawberry jam and seringa.

Bayac
Carte 5 149

La Vergne

S.R. Loisirs Accueil - BP 2063
24002 Périgueux Cédex
Tél. 05 53 35 50 01 ou 05 53 35 50 24
Fax 05 53 35 50 41
http://www.resinfrance.com

1 pers 270 F - 2 pers 320 F - 3 pers 390 F
p. sup 110 F - repas 110 F

4 chambres et 1 suite (2 ch.) avec bains ou douches et wc privés. Ouvert toute l'année. Petit déjeuner : viennoiseries, pâtisseries maison... Table d'hôtes : cuisine périgourdine familiale, ou en saison avec les légumes du jardin. Salon avec TV. Parc (2 ha.) avec piscine, ping-pong. Carte Visa acceptée par le SR. ★ Beaumont du Périgord, Monpazier : circuit de bastides. Vallée de la Dordogne (châteaux et sites) et de la Vézère (grottes et villages typiques). Lascaux, Cadouin... Pêche 4 km. Tennis, équitation 6 km. Plan d'eau, canoë 8 km. Golf 10 km. **Accès :** sur la D660 en venant de Bergerac. A Port de Couze, tourner à droite vers Beaumont. A 4 km, dans Bayac, à droite dir. Monsac et Issigeac. A 2 km sur le plateau. CM 75, pli 15.

Au cur des bastides, dans le bergeracois, en Périgord Pourpre, sur la vallée de la Dordogne où vous attendent l'Histoire; vous serez reçus à la campagne, dans une demeure qui ressemble à celle de nos grands-mères... et qui fleure bon le seringa et la confiture de fraises.

Dordogne

Golden Triangle of History and Prehistory: Sarlat, Les Eyzies, Montignac, Domme, La Roque-Gageac. Tennis 1 km. Fishing 2 km. River, swimming, canoeing, horse-riding, golf 3 km. Lake 4 km.

★ *How to get there: From Sarlat, D57, then D703 to Siorac-en-Périgord and turn right for Le Coux. Drive through village and turn left past the town hall (Mairie). The manor is 800 m on. Michelin map 75, fold 16.*

Discover the many charms of this time-honoured residence and the hospitality of your hosts, in the heart of a superb region. The manor house features spacious, radiant, superbly-decorated bedrooms and capacious shared living rooms. The cosy, friendly atmosphere is perfect for a relaxing break.

Le Coux et Bigaroque
Carte 5 150

La Brunie

S.R. Loisirs Accueil - BP 2063
24002 Périgueux Cédex
Tél. 05 53 35 50 01 ou 05 53 35 50 24
Fax 05 53 35 50 41
http://www.resinfrance.com

1 pers 350 F - 2 pers 510 F - 3 pers 660 F
p. sup 100 F

5 chambres (4 ch. 2 pers. et 1 ch. 3 pers.) avec bains et wc privés. Ouvert toute l'année. Petit déjeuner : viennoiseries, charcuteries, fromages, fruits... Salon avec bibilothèque. Parc de 7000 m2. Restaurants à proximité. Carte Visa acceptée par le SR. ★ Triangle d'or de l'Histoire et de la Préhistoire : Sarlat, les Eyzies, Montignac, Domme, la Roque-Gageac... Tennis 1 km. Pêche 2 km. Rivière, piscine, canoë, équitation, golf 3 km. Plan d'eau 4 km. **Accès :** de Sarlat D57 puis D703 jusqu'à Siorac-en-Périgord, puis à droite vers le Coux. Traverser le village et après la mairie, tourner à gauche. Le manoir est à 800 m. CM 75, pli 16.

Au cur d'une magnifique région, découvrez le charme de cette vieille demeure et l'accueil chaleureux de ses hôtes. Des chambres spacieuses et lumineuses, superbement décorées, aux vastes pièces de vies commune, le manoir offre un lieu de séjour alliant intimité et convivialité pour le plaisir de chacun.

Dordogne

Dordogne Valley. Tours of fortifications. Vézère Valley and prehistoric places of interest. Bergerac and Bordeaux vineyards. Golf, horse-riding, tennis 5 km. Fishing, swimming 8 km. Canoeing 20 km.

★ **How to get there:** Bergerac railway station or airport 5 km. 7 km south of Bergerac on D13, 150 m from Monbazillac Church on D14ᵉ. 1st signposted road on right. La Rouquette is 200 m on. Michelin map 75, fold 14.

Françoise and Christian Gaubusseau extend a hospitable welcome at their handsome 18th and 19th-century charterhouse, in a vineyard opposite Château de Monbazillac. The harmoniously-decorated rooms are relaxing and comfortable, and command an outstanding view of the Dordogne Valley. A charming spot for getting to know the Périgord region.

Monbazillac

Carte 5 — **151**

La Rouquette
S.R. Loisirs Accueil – BP 2063
24002 Périgueux Cédex
Tél. 05 53 35 50 01 ou 05 53 35 50 24
Fax 05 53 35 50 41
http://www.resinfrance.com

1 pers 450 F - 2 pers 500 F - 3 pers 600 F
p. sup 60 F

3 chambres 3 pers. et 2 chambres 2 pers. avec bains et wc privés. Ouvert toute l'année. Petit déjeuner gourmand : patisseries et confitures maison, fromages, compote de fruits... Salon de lecture, billard, jeux de société, TV et tél. à disposition. Jardin dans parc boisé (1 ha.), terrasse. Carte Visa acceptée par le SR. ★ Vallée de la Dordogne. Circuit des bastides. Vallée de la Vézère et sites préhistoriques. Vignobles du Bergeracois et du Bordelais. Golf, équitation, tennis 5 km. Pêche, piscine 8 km. Canoë-kayak 20 km. **Accès :** gare SNCF ou aéroport de Bergerac à 5 km. 7 km sud Bergerac D13 à 150 m de l'église de Monbazillac par D14ᵉ. 1ère route à droite fléchée, La Rouquette à 200 m. CM 75, pli 14.

Dans leur belle chartreuse des XVIIIᵉ et XIXᵉ siècles, au milieu du vignoble et face au château de Monbazillac, Françoise et Christian Gaubusseau vous accueilleront chaleureusement. Harmonieusement décorées, les chambres douces et confortables offrent une vue exceptionnelle sur la vallée de la Dordogne. Une adresse de charme pour découvrir le Périgord.

Dordogne

Historical Périgord and natural sites: Sarlat, gardens of Eyrignac, Lascaux caves, Eyzies village, Dordogne Valley and châteaux (La Roque-Gageac, Castelnaud). Tennis 4 km. Horse-riding 6 km. Golf course 15 km. River, canoeing, fishing 17 km.

★ **How to get there:** 12 km from Sarlat, on the Brive road, 7 km before Salignac. Paris-Toulouse on A20, Souillac exit and head for Salignac and Sarlat. Michelin map 75, fold 17.

This handsome traditional Périgord house stands in a delightful park near Sarlat. The décor is both creative and refined. Each of the bedrooms is decorated in its own style. The scrumptious full breakfasts are served in the dining room or in the garden. A warm welcome is guaranteed in the perfect tranquillity of this charming place.

Saint-Crépin-Carlucet

Carte 5 — **152**

Les Granges Hautes
S.R. Loisirs Accueil – BP 2063
24002 Périgueux Cédex
Tél. 05 53 35 50 01 ou 05 53 35 50 24
Fax 05 53 35 50 41
http://www.resinfrance.com

1 pers 395 F - 2 pers 480 F - 3 pers 615 F
p. sup 137 F

5 chambres avec bains ou douches et wc privés. Ouvert du 1.04 au 30.09. Petit déjeuner : laitage, pains variés, viennoiseries, spécialités maison... Salon avec TV et vidéo pour les hôtes. Parc (1 ha.) avec piscine d'eau salée et jeux pour enfants. Carte Visa acceptée par le SR. ★ Périgord historique et sites naturels : Sarlat, jardins d'Eyrignac, grottes de Lascaux, village des Eyzies, vallée de la Dordogne et châteaux (La Roque-Gageac, Castelnaud...). Tennis 4 km. Equitation 6 km. Golf 15 km. Rivière, canoë, pêche 17 km. **Accès :** à 12 km de Sarlat, sur la route de Brive; 4 km avant Salignac. Paris-Toulouse par A20, sortie Souillac puis Salignac et Sarlat. CM 75, pli 17.

Près de Sarlat, cette belle maison ancienne est entourée d'un très beau parc. Authentiquement périgourdine, elle est décorée de manière inventive et raffinée. Les chambres sont toutes différentes et personnalisées. Les copieux et délicieux petits déjeuners sont servis dans l'élégante salle à manger ou dans le jardin. L'accueil est chaleureux, le calme parfait et l'endroit plein de charme.

Drôme

Vineyards. Lavender growing. Grignan (the Marquise de Sévigné's château). Local gastronomy: truffles, asparagus, etc.

★ *How to get there: A7 motorway, Montélimar-Sud exit. N7 for Grignan-Nyons. D133 for St-Paul-Trois-Châteaux, D549.*

In the heart of the Drôme Provençale, in Grignan country, Belgian-born Guido and Lucie Lamberts have tastefully and lovingly restored this handsome stone residence set amid trees. Your hosts provide a warm welcome and will be delighted to help you get to know this beautiful region of Provence. Private pool for guests' use.

Chantemerle-lès-Grignan Carte 6 153

Le Parfum Bleu
26230 Chantemerle-lès-Grignan
Tél. 04 75 98 54 21 - Fax 04 75 98 54 21
Guido et Lucie Lamberts-Ringuet

1 pers 440/500 F - 2 pers 490/550 F
3 pers 640/700 F - repas 150 F

5 chambres avec sanitaires privés. Ouvert toute l'année. Petit déjeuner servi en buffet. Table d'hôtes sur réservation : cuisine typique à base de produits régionaux. Cour, terrain, piscine. Téléphone du propriétaire à disposition. Jeux de boules. Restaurants à proximité. ★ Vignobles. Culture de la lavande. Grignan (château de la marquise de Sévigné). Gastronomie locale : truffes, asperges... **Accès** : autoroute A7, sortie Montélimar-sud. N7 dir. Grignan-Nyons. D133 dir. St-Paul-Trois-Châteaux, D549.

Au cœur de la Drôme provençale, dans le pays de Grignan, Guido et Lucie Lamberts (d'origine belge) ont restauré avec goût et passion cette belle demeure en pierres entourée d'arbres. Ils vous recevront avec convivialité et vous aideront à découvrir cette belle région de Provence. Piscine privée à disposition.

Drôme

Grignan and Suze-la-Rousse Châteaux. Vaison-la-Romaine. Ardèche Gorges. Mont Ventoux. Dieulefit. Truffle market from November to March. Crocodile park. Biking and hiking locally. Swimming and horse-riding 4 km. Golf course 10 km.

★ *How to get there: 2 km from Grignan, heading for Valréas, then turn right for Colonzelle and Moulin de l'Aulière.*

This handsome 19th-century edifice, set in a park along the Aulière, features 5 spacious and bright rooms. Depending on the season, dinner is served beneath the mimosa or by the fireplace. Enjoy the hospitality of your young hosts at this enchanting and comfortable spot. A relaxing place to stay that should not be missed.

Colonzelle Carte 6 154

Le Moulin de l'Aulière
26230 Colonzelle
Tél. 04 75 91 10 49 - Fax 04 75 91 10 49
Guy et Marie Béraud

1 pers 250 F - 2 pers 300 F - 3 pers 450 F
p. sup 100 F - repas 120/160 F

5 chambres avec TV, bibliothèque et sanitaires privés. Ouv. toute l'année sauf nov. Petit déjeuner : jus de fruits frais, confitures maison, viennoiseries, charcuteries, ufs biologiques... Table d'hôtes (sauf dim.soir) : spécialités truffées, soupe au pistou, lapin à la tapenade... Cour, jardin, parc, rivière. Carte visa acceptée. ★ Châteaux de Grignan, de Suze-la-Rousse. Vaison-la-Romaine. Gorges de l'Ardèche. Mont Ventoux. Dieulefit. Marchés au truffes de nov. à mars. Serre aux crocodiles. VTT et randonnées sur place. Piscine, équitation 4 km. Golf 10 km. **Accès** : à 2 km de Grignan, direction Valréas, puis à droite suivre Colonzelle et le Moulin de l'Aulière.

Dans un parc en bordure de l'Aulière, belle bâtisse du XIXe où sont aménagées 5 chambres spacieuses et lumineuses. Au gré des saisons, les dîners sont servis sous le mimosa ou près de la cheminée. Le cadre est enchanteur, la demeure chaleureuse et l'accueil jeune et sympathique. Une étape reposante à ne pas manquer.

Drôme

A region of foothills on the edge of Provence. Potteries at Dieulefit, aromatic plants and olive orchards at Nyons. Numerous places of interest and villages to visit.

★ *How to get there:* A7 Montélimar-Nord or Sud, then D540 for Dieulefit, Vallée de Jabron, D191 for the Château in Comps.

Marie-Lou has opened a wing of her château in the heart of the Dieulefit region of the Drôme Provençale. The four comfortable bedrooms and living room have been tastefully furnished.

Comps

Carte 6 **155**

Le Château
26220 Comps
Tél. 04 75 46 30 00 – Fax 04 75 46 30 00
Marie-Lou Terrot

1 pers 230/280 F – 2 pers 280/300 F – 3 pers 300 F

4 chambres, 1 avec bains et wc, 3 avec salle d'eau et wc. Ouvert toute l'année. Petit déjeuner copieux. Restaurants à 6 km. Salon de jardin, parking. Tarifs dégressifs en hors-saison et pour 3 nuits de location. ★ Région de demi-montagne aux confins de la Provence. Poterie à Dieulefit, olives et plantes aromatiques à Nyons. Nombreux sites et villages touristiques. **Accès :** à 7 Montélimar nord ou sud, puis D540, Dieulefit, vallée de Jabron, D191 vers château de Comps.

Au cœur de la région de Dieulefit, en Drôme provençale, Marie-Lou vous accueillera dans une aile du château duXII[e] siècle, aménagée avec goût en quatre chambres confortables et salon de détente.

Eure

Nearby, Brotonne Park, Le Bec Hellouin Abbey, Champ de Bataille Château, Canappeville and Harcourt arboretum. 18-hole golf course 18 km. Horse-riding club 3 km. Rouen 25 km. Honfleur 50 km.

★ *How to get there:* A13, Maison Brûlée exit, then N138 for Bourgtheroulde. 8 km on, Bourgtheroulde diversion. At roundabout, D80 for Amfreville-la-Campagne and follow signs.

This 18th-century brick and stone château is typical of the region. Attractive interior décor with period furniture. The spacious, sun-drenched bedrooms command pretty views of the vast grounds which are currently being renovated. Warm welcome assured.

Bourgtheroulde

Carte 2 **156**

Château de Boscherville
27520 Bourgtheroulde
Tél. 02 35 87 61 41 ou 02 35 87 62 12
Fax 02 35 87 62 12
Bernadette du Plouy

1 pers 220 F – 2 pers 270 F – 3 pers 330 F

5 ch. (2 ch. 3 pers. et 3 ch. 2 pers.) avec sanitaires privés. Ouvert toute l'année. Petit-déjeuner à la française. Télécopie et téléphone à disposition. Salon à la disposition des hôtes. Parc 7 ha. Vente de produits fermiers. ★ A prox.: parc de Brotonne, abbaye Bec Hellouin, château du Champ de Bataille, arboretum... Golf 18 trous à 18 km. Club hippique 3 km. Rouen 25 km. Honfleur 50 km. Parcours de santé. **Accès :** A13 sortie Maison Brulée puis N138 vers Bourgtheroulde. A 8 km déviation de Bourgtheroulde. Au rond-point, D80 dir. Amfreville-la-Campagne et suivre fléchage.

Château du XVIIIe en briques et pierres, de construction typiquement régionale. Belle décoration intérieure avec meubles d'époque... Les chambres sont vastes et ensoleillées avec une jolie vue sur la propriété. Agréables promenades dans le parc, actuellement en cours de rénovation. Accueil chaleureux.

Eure

Verneuil-sur-Avre 5 km: sightseeing. La Ferté-Vidame 20 km. Dreux 35 km: Royal Chapel. Horse-riding 3 km. Golf course, swimming pool 5 km.

★ *How to get there: RN12 Paris-Alençon, 19 km from Nonancourt, on D54. Full details will be supplied on request. Michelin map 60, fold 6.*

This 19th-century mill forge, now fully restored, is the ideal place for a peaceful, relaxing holiday. You will be enchanted by the magnificent setting where water and nature are in perfect harmony in extensive parkland with an abundance of essences. The stonework and half-timbering impart authentic charm to this residence.

Courteilles

Carte 2 **157**

Le Moulin Foulon

Aux Berges de l'Avre - 27130 Courteilles
Tél. 02 32 32 78 27 - Fax 02 32 32 78 27
M. et Mme Houtmans-Delissus

1 pers 230/300 F - 2 pers 300/400 F - repas 150 F

5 ch. avec sanitaires privés. Ouvert toute l'année sauf Noël et Nouvel an. Petit déj. : jus de fruits frais, patisseries, confitures maison, laitages. Table d'hôtes : veau aux girolles, lapin au cidre, tartes. Salon (TV). Court de tennis, vélos, pétanque, p-pong, jeux enfants, pêche à la mouche. ★ Verneuil-sur-Avre (5 km) : circuits touristiques, La Ferté-Vidame (20 km). Dreux (35 km) : chapelle royale. Equitation 3 km. Golf, piscine 5 km. **Accès** : RN12 Paris-Alençon, à 19 km de Nonancourt, accès par D54. Itinéraire sur demande. CM 60, pli 6.

Cette ancienne forge de moulin du XIXᵉ siècle entièrement rénovée vous accueille pour un séjour de repos et de détente, dans un cadre privilégié où l'eau et la verdure s'harmonisent au sein d'un vaste parc arboré aux essences variées. Pierres et colombages confèrent à cette demeure un charme authentique.

Eure

Château Gaillard. Gaillon (golf, swimming) 9 km. Château de Bizy at Vernon. American Museum, Monet Museum at Giverny 25 km. Rouen 40 km. Paris, Honfleur 100 km. Outdoor leisure centre at Léry-Poses. Private woods nearby.

★ *How to get there: A13, Chaufour exit. Pacy-sur-Eure and D836 for 20 km. Or A13, Gaillon exit, then D316 for Autheuil. Hameau La Boissaye is on D10, between Gaillon and La Croix-Saint-Leufroy.*

This outstanding 15th-century manor offers five comfortable rooms, each decorated in its own individual style. A welcoming address for discovering this delightful region. As you pass through the stone porchway, you will discover an ornamental lake, a fragrance garden and colourful birds.

La Croix Saint-Leufroy

Carte 2 **158**

La Boissière

Hameau La Boissaye
27490 La Croix Saint-Leufroy
Tél. 02 32 67 70 85 - Fax 02 32 67 03 18
Gérard et Clotilde Senecal

1 pers 200 F - 2 pers 250 F - repas 95 F

5 chambres, toutes avec sanitaires privés (lit suppl. 70 F). Grand salon avec cheminée. Ouvert toute l'année. Table d'hôtes cidre de la ferme compris : cuisine au cidre, tartes, crêpes normandes... Restaurants à 3 km. ★ Château Gaillard. Gaillon (golf, piscine) 9 km. Château de Bizy. Musée américain, musée Monet à Giverny 20 km. Rouen 40 km, Paris et Honfleur 100 km. Base de loisirs à Léry-Poses. Bois privatif à proximité. **Accès** : A13 sortie Chaufour. Pacy-sur-Eure, faire 20 km sur D836. A13 sortie Gaillon et D316 dir.Autheuil. Hameau la Boissaye sur D10 entre Gaillon et Croix-St-Leufroy.

Ce ravissant manoir du XVᵉ siècle qui abrite 5 chambres d'hôtes confortables et personnalisées est une étape chaleureuse pour découvrir cette belle région. Le vieux porche, le plan d'eau, les nombreux oiseaux et le jardin composé de végé-taux variés en font un lieu agréable.

Eure

Lyons Forest (beech grove) locally. Combined tour of the château and Mortemer Abbey on request. Riding centre in the village. Golf course 40 km.

★ *How to get there: On N31. At La Feuillie, follow "Château de Fleury-la-Forêt" signs: the château is 6 km on. Michelin map 55, fold 8.*

As you pass through the impressive wrought-iron gate and the driveway lined with century-old lime trees, you will discover this handsome listed 17th-century red brick and flint château. Breakfast served in the magnificent period kitchen will be a most memorable experience. Be sure not to miss the antique doll museum which features miniature furniture too.

Fleury-la-Forêt

Carte 2 **159**

Château de Fleury-la-Forêt
27480 Fleury-la-Forêt
Tél. 02 32 49 63 91 ou 06 16 41 64 94
Fax 02 32 49 63 91
Pierre et Christina Caffin

1 pers 400 F - 2 pers 500 F

1 chambre avec TV et sanitaires privés. Ouvert toute l'année. Petit déjeuner : viennoiseries, céréales, laitages, fruits, jus d'orange frais... Parc de 4 ha. Boxes pour chevaux. 2 VTT à disposition. Musée de poupées anciennes dans le château. Château ouvert au public. Restaurans à Lyons-la-Forêt 6 km. ★ Forêt de Lyons (hétraie) sur place. Visite jumelée du château et de l'abbaye de Mortemer sur demande. Centre équestre dans le village. Golf 40 km. **Accès** : par la N31. A La Feuillie, suivre les panneaux "Château de Fleury-la-Forêt", puis faire 6 km jusqu'au château. CM 55, pli 8.

Après avoir franchi la remarquable grille en fer forgé et l'allée bordée de tilleuls centenaires, vous découvrirez ce beau château du XVIIe (classé Monument Historique) édifié en silex et briques rouges. Mobilier XVIIe et XVIIIe. Le petit déjeuner servi dans la magnifique cuisine d'époque sera un moment privilégié. A ne pas manquer : le musée de poupées anciennes entourées de leur mobilier.

Eure

In the vicinity: Giverny, Bizy and Rouen Châteaux. Fishing on site. Riding centre 5 km. Tennis court 8 km. Golf course 15 km.

★ *How to get there: A13, exit 16 or 17, then N13 or D181 for Evreux. At Fontaine-sous-Jouy, head for St-Vigor and the small bridge near the wash house. Michelin map 55, fold 17.*

This spacious stone residence stands in tree-lined park with the Eure running through it. The 2 upstairs bedrooms are roomy and attractively appointed with handsome antique furniture and charming objects found in flea markets. Friendly atmosphere and magnificent setting in one of the prettiest villages in the Eure Valley.

Fontaine-sous-Jouy

Carte 2 **160**

L'Aulnaie
29, rue de L'Aulnaie
27120 Fontaine-sous-Jouy
Tél. 02 32 36 89 05 - Fax 02 32 36 89 05
Michel et Eliane Philippe

1 pers 220 F - 2 pers 270 F - 3 pers 320 F
p. sup 60 F

1 chambre et 1 suite (2 ch.) 3 pers. avec bains et wc privés. Ouvert toute l'année. Petit déjeuner : brioche et confitures maison, fruits frais, laitages, miel du pays, fruits secs... Salon avec TV réservé aux hôtes. Grand séjour avec cheminée. Parc (1 ha.) avec vélos et balançoire. Nombreux restaurants dans un rayon de 6 km. ★ A proximité : Giverny, Château Gaillard, château de Bizy et Rouen. Pêche sur place. Centre équestre 5 km. Tennis 8 km. Golf 15 km. **Accès :** A13 sortie 16 ou 17, puis N13 ou D181 direction Evreux. A Fontaine-sous-Jouy, prendre direction St.Vigor puis le petit pont près du lavoir. CM 55, pli 17.

Grande demeure en pierre ouverte sur un parc arboré traversé par l'Eure. Les 2 chambres situées à l'étage sont spacieuses et agréablement aménagées avec de beaux meubles anciens et de jolis objets chinés dans les brocantes. Atmosphère chaleureuse et cadre privilégié dans l'un des plus jolis village de la vallée de l'Eure.

Eure

Giverny, the cradle of Impressionism 2 km (Claude Monet and American Museums). Château de Bizy 5 km, Château-Gaillard at Les Andelys 20 km. Hiking trails locally. Water sports centre 5 km. Golf course 15 km.

★ ***How to get there:*** *From Paris: A13, exit 14 for Vernon-Giverny. At Giverny, turn into Rue Claude Monet. After church, left into rue B. Moshedé. 1.2 km on, turn left and follow white signposts. Michelin map 55, fold 18.*

This vast, handsome family residence, perched on the Giverny heights, overlooks the surrounding woods and orchards. The bedrooms, decorated with exquisite taste by Madame Brunet, are both delightful and luxurious. The owners offer a hospitable welcome in this peaceful, quiet spot where you can relax by the fire or in the superb garden.

Giverny — Carte 2 — 161

La Réserve
27620 Giverny
Tél. 02 32 21 99 09 ou 06 11 25 37 44
Fax 02 32 21 99 09
Didier et Marie-Lorraine Brunet
http://www.normandy-tourism.org

1 pers 450/650 F - 2 pers 480/680 F

5 chambres avec sanitaires privés (dont 1 au r.d.c. accessible aux personnes handicapées). Ouvert du 1/4 au 1/11 et l'hiver sur réservation. Petit déjeuner copieux et raffiné. Billard, matériel de dessin et de peinture à disposition. Jardin, vélos. Restaurants à Giverny 2 km. ★ Giverny, berceau de l'Impressionnisme à 2 km (musées Claude Monet et Américain). Château de Bizy (5 km) et Château-Gaillard aux Andelys (20 km). Sentiers de randonnée sur place. Base nautique 5 km. Golf 15 km. **Accès :** de Paris : A13 sortie 14 dir. Vernon-Giverny. A Giverny, prendre la rue C. Monet. Après l'église, à gauche (rue B. Moshedé). A 1,2 km prendre à gauche puis suivre le fléchage blanc. CM 55, pli 18.

Sur les hauteurs de Giverny, cette vaste et belle demeure familiale domine les bois et vergers environnants. Les chambres décorées avec beaucoup de goût par Mme Brunet sont ravissantes et très confortables. Une étape paisible et sereine où vous serez accueillis chaleureusement par les propriétaires qui vous recevront au coin du feu ou dans leur superbe jardin.

Eure

Claude Monet's house and garden at Giverny and American Museum. Nearby: Rouen, a city steeped in art and history. Renaissance château at Gaillon.

★ ***How to get there:*** *A13, Louviers exit, then motorway for Evreux and exit at Acquigny. D71 for Evreux.*

Madame Bourgeois has tastefully decorated this former farmhouse on the banks of the Eure. The rooms are bright and radiant, creating a warm, welcoming atmosphere. You will enjoy the peace and quiet of the countryside around this pretty Norman village.

Heurdreville-sur-Eure — Carte 2 — 162

4, rue de l'Ancienne Poste
27400 Heurdreville-sur-Eure
Tél. 02 32 50 20 69 - Fax 02 32 50 20 69
Janine Bourgeois

1 pers 230/240 F - 2 pers 250/285 F - 3 pers 340 F

1 chambre double et 1 chambre familiale, chacune avec bains et wc. (420 F 4 pers. - 490 F 5 pers.). Ouvert toute l'année. Copieux petit-déjeuner. Restaurants sur place et à 6 km. ★ Jardin Claude Monet à Giverny et musée américain. Rouen, ville d'art et d'histoire. Château Renaissance à Gaillon. **Accès :** A 13, sortie Louviers, puis voie rapide en direction d'Evreux et sortie Acquigny, puis D71 direction Evreux.

Madame Bourgeois a aménagé cette ancienne ferme située en bordure de l'Eure avec goût. Les chambres sont gaies et lumineuses et l'ambiance chaleureuse. Vous pourrez savourer le calme de la campagne dans ce joli village normand.

Eure

Medieval towns and cities (Conches, Verneuil and Rouen). Châteaux, horse-riding club and river 3 km. 18-hole golf course 20 km. Hiking paths in the village.

★ *How to get there: At the D55 (Evreux-Breteuil) and D140 (Conches-Damville) crossroads. Michelin map 55, fold 16.*

The Garnier family invites you to share the joys of country life in their Normandy mansion home, set amid greenery and flowers. Farming is their livelihood, but they are also keen on converting and decorating houses. The interior boasts local period furniture, sculptures crafted by Daniel and flowers dried by Annick.

Manthelon

Carte 2 **163**

Le Nuisement
27240 Manthelon
Tél. 02 32 30 96 90
Daniel et Annick Garnier
http://www.normandy-tourism.org

1 pers 230/250 F - 2 pers 260/280 F
3 pers 310/330 F

4 ch., 2 avec salle de bains et wc, bains balnéo, 2 avec salle d'eau et wc, douche massante. Ouvert toute l'année. 10 restaurants entre 6 et 8 km. Salle de jeux avec billard, cuisine à disposition. Vélos. Salle de gym. Animaux admis sous conditions. Vente de foie gras à la ferme. ★ Villes médiévales (Conches, Verneuil, Rouen), châteaux, club hippique et rivière à 3 km, golf 18 trous à 20 km. Circuits de ranodnnées pédestres sur la commune. **Accès :** au carrefour de la D55 (Evreux-Breteuil) et de la D140 (Conches-Damville). CM 55, pli 16.

Dans leur gentilhommière normande, entourée de fleurs, Annick, Daniel et leurs enfants vous invitent à partager leur vie à la campagne. Agriculteurs, leur passion est l'aménagement et la décoration de maisons. Leur intérieur comporte des meubles régionaux anciens. Sculptures créées par Daniel et fleurs séchées par Annick.

Eure

Honfleur 23 km. Fishing and swimming in the vicinity. Lake 5 km.

★ *How to get there: 5 km from Pont-Audemer, on D139. Michelin map 55, fold 4.*

This handsome set of buildings, nestled in a verdant valley and forests, in 5 acres of wooded grounds, has been fully restored by its owners. The residence features country furniture and refined decoration. A restful place to stay for nature lovers and those seeking a quiet break away from it all.

Les Préaux

Carte 2 **164**

Prieuré des Fontaines
route de Lisieux - 27500 Les Préaux
Tél. 02 32 56 07 78 - Fax 02 32 57 45 83
Jacques et Marie-Hélène Decarsin

1 pers 300 F - 2 pers 340 F - 3 pers 440/500 F
p. sup 90 F - repas 140 F

4 chambres et 1 suite familiale avec tél. et sanitaires privés. Ouvert toute l'année. Petit déjeuner : pains variés, viennoiseries, confitures et pâtisseries maison, fruits. Table d'hôtes : cuisine du terroir à base de cidre et de crème accompagnés des légumes du jardin. Restaurants à proximité. ★ Honfleur 23 km. Pêche et piscine à proximité. Plan d'eau 5 km. **Accès :** à 5 km de Pont-Audemer, par la D139. CM 55, pli 4.

Dans un parc de 2 ha. arboré et clos, ce bel ensemble architectural entièrement restauré par ses propriétaires est niché dans une vallée verdoyante et entouré de bois. Mobilier rustique et décoration raffinée. Une étape reposante pour les amateurs de calme et de verdure.

Eure

Tennis 300 m. Horse-riding 3 km. Canoeing 5 km. Claude Monet Museum (artist's house and garden) at Giverny. Château-Gaillard, Rouen, châteaux and abbeys.

★ **How to get there:** *On A13, exit 17 Gaillon, head for Evreux. Reuilly is 12 km on. Or from Evreux, through Gravigny for Rouen. Opposite Caer/Normanville shopping centre, D316 for Gaillon. Reuilly is 5 km on.*

This verdant setting, on a tree-filled property, offers three rustic-style bedrooms in a separate wing of the manor. Breakfast is served in a large dining room with fireplace. A warm welcome is guaranteed by the owners.

Reuilly

Clair Matin

19, rue de l'Eglise - 27930 Reuilly
Tél. 02 32 34 71 47 - Fax 02 32 34 97 64
Jean-Pierre et Amaia Trevisani
http://www.normandy-tourism.org

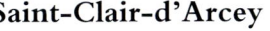

1 pers 200/270 F - 2 pers 250/320 F - 3 pers 300 F
p. sup 50 F

2 chambres dont 1 familiale avec mezzanine et 1 suite 2 pers. avec salon privé, bains et wc privés pour chacune. Ouvert toute l'année. Auberges à proximité. Téléphone sans fil disponible et fax. Parking privé. ★ Tennis 300 m. Equitation 3 km. Canoë-kayak 5 km. Jardin de Claude Monet à Giverny. Château-Gaillard, Rouen, châteaux et abbayes. **Accès :** A13 sortie 17 Gaillon dir. Evreux, Reuilly 12 km. D'Evreux sortir par Gravigny dir. Rouen. Face au centre commercial Caer/Normanville prendre la D316 vers Gaillon, Reuilly à 5 km.

Dans un cadre verdoyant, à l'intérieur d'une propriété arborée, 3 chambres d'hôtes rustiques situées dans une aile indépendante du manoir. Les petits déjeuners sont servis dans une grande salle avec cheminée. Accueil chaleureux des propriétaires.

Eure

Horse-riding 4 km. Swimming pool, tennis court 7 km. Sea at Deauville 60 km. Château de Beaumesnil 15 km. Bernay 7 km. Arboretum, Château de Harcourt 25 km. Le Bec Hellouin Abbey 30 km.

★ **How to get there:** *Close to D140 Bernay-Conches. 4 km past Bernay, turn left for St-Clair-d'Arcey, then St-Aubin-le-Guichard and follow signs for "Le Plessis".*

This 18th-century manor house with outbuildings is set in 12.5-acre grounds, lined with hundred-year old trees. Well appointed with period furniture, matching tapestries and fabrics. The upstairs bedrooms afford magnificent views of the property. A quiet, restful stay is guaranteed in this secluded residence. Learn the art of sculpture with Mr Rodriguez.

Saint-Clair-d'Arcey

Domaine du Plessis

27300 Saint-Clair-d'Arcey
Tél. 02 32 46 60 00
M. Gouffier et M. Rodriguez
http://www.normandy-tourism.org

1 pers 270/310 F - 2 pers 300/340 F
3 pers 360/400 F - repas 90 F

2 ch. 3 pers. et 1 ch. 2 pers. avec sanitaires privés. Ouvert toute l'année (sauf Noël et jour de l'an). Copieux petit-déjeuner : tartes, yaourts, fromages, fruits, viennoiseries... Salon à disposition. Etang, parc de 5 ha. Restaurants à 4 km et à Bernay (7 km). ★ Equitation 4 km. Piscine, tennis 7 km. Mer à Deauville 60 km. Château de Beaumesnil 15 km. Bernay 7 km. Arboretum, château de Harcourt 25 km. Abbaye du Bec Hellouin 30 km. **Accès :** à proximité de la D140 Bernay-Conches. Prendre 4 km après Bernay, à gauche dir. St-Clair-d'Arcey, puis St-Aubin-le-Guichard et suivre les panneaux "Le Plessis".

Cette gentilhommière avec dépendances du XVIIIe est située dans un parc de 5 ha. aux arbres centenaires. Bel aménagement intérieur avec mobilier d'époque, tapisserie et tissus coordonnés. Les chambres à l'étage, ont une belle vue sur la propriété. Vous ferez en ce lieu retiré, un séjour en toute quiétude et vous vous initierez à la sculpture avec M. Rodriguez.

Eure

Nearby: Le Bec Helloin Abbey, Champ de Bataille Château, Harcourt Château and arboretum, 18-hole golf course, horse-riding clubs, indoor swimming pools, outdoor sports centre (windsurfing, etc). Bikes for hire locally.

★ **How to get there:** *A13, Maison-Brûlée exit for Bourgtheroulde. Turn left onto D83 for Le Gros Theil. At the cemetery, turn right for D92. Follow signs for 2 km. Michelin map 55, fold 5.*

This stunning 16th-century manor house, set in vast grounds with a lake, was once Henri IV's hunting lodge. The property, set in the heart of an area steeped in history, exudes great character. Enjoy walks in the park where the air is filled with a wealth of essences, or along forest paths.

Saint-Eloi-de-Fourques Carte 2 167

Manoir d'Hermos
27800 Saint-Eloi-de-Fourques
Tél. 02 32 35 51 32 - Fax 02 32 35 51 32
Béatrice Noël-Windsor
http://www.normandy-tourism.org

1 pers 220/320 F - 2 pers 250/350 F
3 pers 330/430 F - p. sup 80 F

2 chambres 3 et 4 pers. avec bains et wc privés. Ouvert toute l'année. Salon avec cheminée à disposition. Billard. Jardin, parc, plan d'eau (pêche). Salon de jardin, jeux enfants. Accueil cavaliers l'été. Vente produits terroir. ★ A proximité : abbaye du Bec Hellouin, château du champ de Bataille, arboretum du château d'Harcourt, golf 18 trous, clubs hippiques, piscines couvertes, base de loisirs (planche à voile...). Loc. VTT sur place. **Accès :** A13 sortie Maison-Brulée, dir. Bourgtheroulde prendre à gauche la D83 dir. Le Gros Theil. Au cimetière, prendre la D92, à droite. Suivre les pancartes sur 2 km. CM 55, pli 5.

Ravissant manoir du XVIe (ancien pavillon de chasse d'Henri IV) entouré d'un vaste parc avec plan d'eau. Beaucoup de caractère pour cette propriété au cur d'une région chargée d'histoire. Belles promenades dans le parc aux essences variées et dans les allées forestières.

Eure et Loir

Eure Valley, near Dreux, 2 km (Royal Chapel). Anet Château and Forest 15 km. Chartres Cathedral 30 km. Maintenon 20 km.

★ **How to get there:** *RN12, 2 km from Dreux. Michelin map 60, fold 17.*

This delightful residence stands on a 7.5-acre property surrounded by a lake. The guest bedroom is enchanting. In fine weather, enjoy a stroll in the grounds or a boat trip on the lake (fishing allowed). A haven of peace and greenery with undeniable charm for a relaxing break.

Cherisy Carte 2 168

6, route de Paris
28500 Cherisy
Tél. 02 37 43 81 67 ou 06 08 34 44 20
Fax 02 37 62 03 03
Jacques Sarrut

1 pers 360 F - 2 pers 400 F - 3 pers 660 F

1 chambre avec sanitaires privés (possibilité d'associer une 2e chambre). Ouvert toute l'année. Copieux petit déjeuner. TV, téléphone, mini-bar et billard à la disposition des hôtes. Parc de 3 ha. avec étang, barque et pêche. Restaurants à 300 m. ★ Vallée de l'Eure à proximité de Dreux, 2 km (Chapelle Royale). Anet (château et forêt) 15 km. Chartres (cathédrale) 30 km. Maintenon 20 km. **Accès :** RN12, à 2 km de Dreux. CM 60, pli 17.

Ravissante demeure située au bord d'un étang sur une propriété de 3 ha. Une chambre décorée avec infiniment de charme vous est réservée. A la belle saison, vous pourrez flâner dans le parc ou faire des promenades en barque sur le lac (possibilité de pêche). Vous ferez dans ce havre de paix et de verdure une étape pleine de charme.

Eure et Loir

Historic city of La Ferté Vidame. Conservation area: forests and lakes. Horse-riding. Fishing and hunting. Tennis. 2 golf courses 10 km. Water sports centre. Hiking. Peaceful paths of Le Perche Nature Park.

★ *How to get there: From Chartres, head for Senonches, then for La Ferté Vidame. La Motte Manor is 1.5 km on, heading for Verneuil-sur-Avre. Michelin map 60, fold 16.*

Nineteenth-century La Motte Manor is set in 7.5 acres of parkland dotted with century-old trees, on the Normandy and Le Perche borders. Your hosts Anne and Jean-Pierre extend a warm welcome at their elegant residence. You will succumb to the charm of a bygone age in the bedrooms with canopied beds, period furniture and finely-embroidered linen. Enjoy scrumptious breakfasts.

La Ferté-Vidame

Carte 2 **169**

Manoir de la Motte
28340 La Ferté-Vidame
Tél. 02 37 37 51 69 – Fax 02 37 37 51 56
Jean-Pierre et Anne Jallot

---

1 pers 380/480 F – 2 pers 420/520 F – 3 pers 660 F

---

1 ch. 2 pers. + 1 ch. d'enfant et 1 suite avec sanitaires privés. Ouvert toute l'année. Petits déjeuners gourmands. Jardin d'hiver avec TV et biblio. Golf : 3 trous d'entraînement, parcours jogging. 800 F/4 pers. Tarif séjour dès la 2ᵉ nuit. ★ Cité historique de la Ferté Vidame. Environnement protégé : forêts et étangs. Equitation. Pêche et chasse. Tennis. 2 golfs à 10 km. Centre aquatique. Randonnées. Routes tranquilles de Perche (Parc Naturel). **Accès :** de Chartres prendre dir. Senonches, puis dir. La Ferté Vidame. Le manoir de la Motte est à 1,5 km en dir. de Verneuil-sur-Avre. CM 60, pli 16.

Entouré d'un parc de 3 ha. orné d'arbres centenaires, aux confins de la Normandie et du Perche, le manoir de la Motte est une belle demeure du XIXᵉ siècle où les propriétaires vous réservent un accueil chaleureux. Vous apprécierez le charme suranné des chambres avec ciel de lit et mobilier d'époque, la beauté du linge brodé et les petits déjeuners gourmands.

Eure et Loir

Places of historical interest. Forests. Lakes and ponds. Hiking. Golf. Horse-riding. Fishing and hunting. Heated indoor pool on the premises.

★ *How to get there: From Chartres, head for Verneuil-sur-Avre. In Brezolles, turn left at La Fontaine for La Ferté Vidame. Michelin map 60, fold 16.*

On the Normandy and Le Perche borders, you will find this pleasant residence set in a beautiful flower garden with a stream running through it. The bedrooms are each named after a flower and offer superb decoration: handsome period wardrobes, carpets and engravings. The delightful bathroom in the "Passerose" bedroom is especially worthy of note. Bursting with charm.

La Mancelière-Montmureau

Carte 2 **170**

La Musardière
28270 La Mancelière-Montmureau
Tél. 02 37 48 39 09 – Fax 02 37 48 42 63
Email : LAMUSE-CdH@wanadoo.fr
Renée Schaffner-Orvoen

---

1 pers 340 F – 2 pers 390 F – p. sup 90 F

---

3 ch. et 1 suite avec coin-cuisine (490 F), toutes avec sanitaires privés. Ouvert de Pâques à la Toussaint (hiver sur résa.). Copieux petit-déjeuner : yaourts, viennoiseries, crêpes... Salon avec cheminée, TV, et cuisine à disposition. Parc de 1 ha., ruisseau, balançoire, ping-pong. Piscine couverte et chauffée. 2 nuits minimum week-end en saison. ★ Sites historiques. Forêts. Etangs. Randonnées. Golf. Equitation. Pêche et chasse. **Accès :** de Chartres, prendre la dir. de Verneuil-sur-Avre. A Brezolles, tourner à gauche à La Fontaine dir. La Ferté Vidame. CM 60, pli 16.

Aux confins de la Normandie et du Perche, agréable demeure entourée d'un beau jardin fleuri où serpente un ruisseau. Les chambres qui portent chacune un nom de fleur sont superbement décorées : belles armoires anciennes, tapis, gravures. A noter la ravissante salle de bains de la chambre "Passerose". Atmosphère pleine de charme.

Finistère

Painters' Way. Morbihan Gulf. Concarneau. Pont-Aven.
Pointe du Raz. Carnac. Quiberon. Le Faou. Scorff Valley.
Nearby: golf course, beach and horse-riding.

★ **How to get there:** At Quimperlé, take D22 for Arzano.
Château de Kerlarec is on the left before Arzano.

Château de Kerlarec has a rich history, and beckons you to
discover the refined atmosphere in which the flavour of things
past still holds dominion. An elegant residence nestled in a
verdant park, just a stone's throw from the ocean. A
memorable stay is assured in the capacious bedrooms, each of
which has its own individual style. Gourmet breakfasts.

Arzano

Carte 2 **171**

Château de Kerlarec
29300 Arzano
Tél. 02 98 71 75 06 ou 06 08 98 76 31
Fax 02 98 71 74 55
Michel Bellin

2 pers 380/480 F - 3 pers 530/630 F - p. sup 150 F

6 chambres dont 5 suites avec sanitaires privés. Ouvert
toute l'année. Dégustation (sur réservation) de produits
bretons et de la mer. Salon, cheminée, salon de détente.
Expositions. Parc 2 ha. avec pièce d'eau et tennis.
Restaurants à proximité. Cartes bancaires acceptées.
★ Route des peintres. Golfe du Morbihan. Concarneau.
Pont-Aven. Pointe du Raz. Carnac. Quiberon. Le Faou.
Vallée du Scorff. A proximité : golf, plage, équitation.
Accès : à Quimperlé, prendre la D22, direction Arzano.
Le château de Kerlarec est à gauche avant Arzano.

**Le château de Kerlarec est un lieu chargé d'his-
toire. Il vous invite à découvrir son atmosphère
raffinée, celle où règne encore la saveur du temps
oublié. Un lieu élégant niché dans un parc de
verdure, à quelques pas de l'océan, où des
chambres vastes et personnalisées vous offriront
des moments privilégiés. Petits déjeuners gourmands.**

Finistère

Bardenez Tumulus 20 km. Armorique Regional Park
20 km. Parish enclosures 15 km. Tennis, sailing, horse-
riding, diving, fishing, golf. Ile Callot seaside resort at
Carantec (15 beaches) 1 km.

★ **How to get there:** At Morlaix, head for Saint-Pol-de-
Léon on D58, turn right for Carantec and turn left 300 m
before the Stoc supermarket. Michelin map 58, fold 6.

In this Breton manor overlooking the countryside and the
sea, close to the seaside resort of Carantec, the Bohic family
are your hosts. They will be only too pleased to advise you
on excursions: coastline, historic towns, parish enclosures,
Armorique Regional Nature Park. Southfacing terrace,
book-filled drawing room. Very comfortable rooms with
period furniture.

Carantec

Carte 2 **172**

Kervezec
29660 Carantec
Tél. 02 98 67 00 26
Famille Bohic

1 pers 230/330 F - 2 pers 280/380 F - 3 pers 390 F
p. sup 70 F

5 ch. avec sanitaires privés : 4 ch. 2 pers., 1 ch. familiale
avec salon ou lits enfants (460 F 4 pers.). Ouvert toute
l'année. Salon, bibliothèque, téléphone. Terrasse plein
sud. Restaurants et crêperies à Carantec (1 km). Animaux
admis sous conditions. Parking privé. ★ Tumulus de
Bardenez, parc régional d'Armorique 20 km. Enclos
paroissiaux 15 km. Tennis, voile, équitation, plongée,
pêche, golf. Ile Callot à Carantec 1 km (15 plages).
Accès : à Morlaix dir. Saint-Pol de Léon (D58), tourner
à droite dir. Carantec. Puis tourner à gauche, 300 m
avant le supermarché Stoc. CM 58, pli 6.

**En entrant dans ce manoir breton dominant la
campagne et la mer, près de Carantec, vous serez
accueillis par la famille Bohic. Ils sauront vous
servir de guide pour découvrir la région : bord de
mer, cités de caractère, enclos paroissiaux, parc
d'Armorique. Chambres très agréables meublées
dans le style régional.**

Finistère

Armorique Nature Park. Tennis, swimming pool, canal, fishing, canoeing and horse-riding centre in the vicinity.

★ *How to get there: Bypass south of Carhaix (N164). Southbound at crossroads (lights and "Cycles le Cam" shop). Drive past barracks, to T-junction at the end of the road. Turn right and left straight away, drive 300 m.*

This farmhouse manor, around a main courtyard with an old chapel, outbuildings and romantic ruins, is set in land under cultivation. The property has been restored to pristine splendour. Handsome period furniture in comfortable bedrooms for a peaceful and quiet stay.

Manoir de Prevasy
29270 Carhaix
Tél. 02 98 93 24 36 – Fax 02 98 93 24 36
Peter Novak

1 pers 230/270 F - 2 pers 260/330 F - 3 pers 400 F

4 chambres 2 pers. et 1 ch. familiale 4 pers. (450 F), toutes avec bains et wc privés. Salon avec TV. Ouvert de Pâques à la Toussaint. TV sur demande. Jardin, cour. Vélos. Restaurants à proximité (centre ville à 5 mn). ★ Parc d'Armorique. Tennis, piscine, canal, pêche, canoë-kayak et centre équestre à proximité. **Accès :** sur rocade sud de Carhaix (N164). Tourner vers le sud au carrefour (feux et magasin "Cycles le Cam"). Passer la caserne, vers le T au bout de la route. A droite et immédiatement à gauche, faire 300 m.

Dans une cour d'honneur avec dépendance, vieille chapelle et ruines romantiques, cette ferme-manoir, restaurée à l'ancienne est entourée de terres cultivées. Beaux meubles anciens dans des chambres confortables où vous trouverez calme et tranquillité.

Finistère

Hiking. Bikes for hire 2 km. Sailing, fishing, swimming pool, horse-riding 7 km. Sea and beach 12 km.

★ *How to get there: From Cast, drive 2 km for Quemeneven (railway station). Roadside cross on right, then turn left. Michelin map 58, fold 15.*

Madeleine and Jean-Louis are your hosts at their manor house, which stands in restful surroundings close to the Locronan Hills. The property enjoys a prime location in the heart of the Porzay Plain, close to the Crozon Peninsula. A spacious suite awaits your arrival. Cooking facilities available.

Manoir de Tréouret
29150 Cast
Tél. 02 98 73 54 38
Madeleine Gouérou

1 pers 220/230 F - 2 pers 260/270 F - 3 pers 340 F

1 suite 3 pers. avec sanitaires privés et 1 chambre 2 pers. avec coin-salon, salle d'eau et wc privés. (poss. de cuisiner).Ouvert toute l'année. Petit déjeuner : jus de fruits, pains, crêpes maison, gâteaux bretons, confitures... Salon. Tennis de table. Jardin. Restaurants à 2 et 7 km. ★ Randonnées pédestres. Location de vélos à 2 km. Voile, pêche, piscine, équitation à 7 km. Mer et plage à 12 km. **Accès :** à partir de Cast, prendre direction gare de Quemeneven sur 2 km. Calvaire à droite et tourner à gauche. CM 58, pli 15.

Dans un cadre reposant, Madeleine et Jean-Louis vous accueillent dans leur manoir, non loin des collines de Locronan, au cœur de la plaine du Porzay, proche de la presqu'île de Crozon. Une suite spacieuse vous sera réservée.

Finistère

Roscoff (privateers' town) 15 km. Ile de Batz (crossings from Roscoff). Parish enclosures 30 km. Château de Kerjean (exhibitions) 10 km. Beaches, tennis, water sports club, hiking paths 1 km.

★ How to get there: From Morlaix, head for Saint-Pol-de-Léon then Cléder/Plouescat. In Cléder village, head for the sea or Roquenic.

Annie is your hostess in this house full of character set in a pleasant flower garden, near the sea and the coastal paths. Three cosy and pretty upstairs bedrooms await your arrival. Gourmets will particularly enjoy the copious breakfasts and local specialities, such as "far" cake and crêpes, prepared by Annie.

Cléder

Carte 2 **175**

Coz–Milin
29233 Cléder
Tél. 02 98 69 42 16 – Fax 02 98 69 42 16
Annie Moysan

1 pers 200 F - 2 pers 260 F

3 chambres (non fumeur) avec sanitaires privés. Ouvert de Pâque à fin septembre. Petit déjeuner : pains variés, laitages, viennoiseries, gâteaux, far ou crêpes maison... Cour, jardin avec salon de jardin et chaises longues. Restaurants à 3 km. ★ Roscoff (ville corsaire) 15 km. Ile de Batz (au départ de Roscoff). Enclos paroissiaux 30 km. Château de Kerjean (expositions) 10 km. Plages, tennis, club nautique, sentiers de randonnée 1 km. **Accès :** de Morlaix direction Saint-Pol-de-Léon puis Cléder/Plouescat. Dans le village de Cléder, prendre la direction de la mer ou Roquenic.

A proximité de la mer et des sentiers côtiers, Annie vous reçoit dans sa maison de caractère entourée d'un agréable jardin fleuri. A l'étage, 3 chambres chaleureuses et joliment décorées sont réservées aux hôtes. Les gourmands apprécieront le copieux petit déjeuner et les spécialités (far, crêpes...) préparées par Annie.

Finistère

Sailing harbour and tennis courts 2 km. Beach, swimming pool, seawater therapy centre 3 km.

★ How to get there: From Douarnenez, head for Audierne (D765). 400 m past first set of traffic lights, take first road on right, then follow signs for 1 km. Michelin map 58, fold 14.

Right in the heart of the countryside, close to Douarnenez, is where you are guaranteed a warm welcome by Marie-Paule Lefloch and her children in their ivy-covered manor house. Hearty breakfasts are served in a vast, radiant dining room which affords a view of the flower-decked grounds.

Douarnenez

Carte 2 **176**

Manoir de Kervent
29100 Douarnenez
Tél. 02 98 92 04 90 – Fax 02 98 92 04 90
Marie-Paule Lefloch

1 pers 200 F - 2 pers 250/280 F - 3 pers 340/420 F

3 chambres : 1 ch. 2 pers., 1 ch. 3 pers. et 1 ch. familiale 4 pers. (440 F), toutes avec salle d'eau et wc privés. Ouvert toute l'année. Salon avec cheminée. Portique et promenades dans la propriété. Restaurants à 3 km. ★ Port de plaisance et tennis à 2 km. Plage, piscine et thalassothérapie à 3 km. **Accès :** de Douarnenez, prendre dir. Audierne (D765). 400 m après les 1ᵉʳ s feux, prendre la 1ère route à droite puis suivre le fléchage sur 1 km. CM 58, pli 14.

En pleine campagne, à proximité de Douarnenez, Marie-Paule Lefloch et ses enfants vous reçoivent dans un chaleureux manoir couvert de lierre. Le petit déjeuner, copieux, vous sera servi dans la vaste salle à manger, pleine de lumière d'où vous pourrez admirer le parc très fleuri.

Finistère

Brest Botanic Conservatory and Stang Alar Valley nearby. Océanopolis Marine Centre, Moulin Blanc beach, yachting harbour and water sports 2 km. Brest 5 km (arsenal, museum, etc).

★ *How to get there: From Guipavas, D712 for Brest. Turn left at Caoataudon traffic lights and head for Keraveloc. From Quimper, after l'Elorn bridge, N265 then D712 as above. Michelin map 58, fold 4.*

Nestled in wooded parkland, on the Stang Alar heights, 5 minutes from Brest, La Châtaignerie is an ideal setting for peace and quiet. You will enjoy the comfortable, spacious surroundings and superb views of the natural harbour and port. In the high season, relax in the heated pool with solarium.

Guipavas

Carte 2 — 177

La Châtaigneraie
Keraveloc - 29490 Guipavas
Tél. 02 98 41 52 68 - Fax 02 98 41 48 40
Michele Morvan

1 pers 220/240 F - 2 pers 260/280 F
3 pers 340/380 F - p. sup 60 F

2 ch. 2 pers. et 1 suite familiale 4 pers.(440 F), toutes avec TV, bains et wc privés. Ouvert toute l'année. Mezzanine (salon-biblio.). Cuisine équipée à dispo. Salle de jeux (billard, p-pong...). Vaste terrasse. Piscine chauffée (solarium hte saison). Parc boisé. Restaurants, crêperies à prox. ★ Conservatoire botanique de Brest et vallon du Stang Alar sur place. Océanopolis, plage du Moulin Blanc, port de plaisance et sports nautiques 2 km. Brest 5 km (arsenal, musée...). **Accès :** de Guipavas, D712 vers Brest. A gauche, au feu de Caoataudon, suivre Keraveloc. De Quimper, après pont de l'Elorn, N265 puis D712 comme ci-dessus. CM 58, pli 4.

Nichée dans un parc boisé, sur les hauteurs du Stang Alar et à 5 mn de Brest, la Châtaigneraie offre calme et repos. Vous y apprécierez le confort, l'espace et la superbe vue sur la rade et le port de plaisance. Pour vous détendre, une piscine chauffée avec solarium en haute-saison.

Finistère

Beaches around the isle, exotic garden. Sailing school. Horse farm.

★ *How to get there: At Roscoff, take the boat for Ile de Batz (15-min crossing, hourly departures). The house is next to the church, 5 min from the landing stage. Michelin map 58, fold 6.*

Marie-Pierre and Jean are your hosts at their vegetable farm on the Ile de Batz. The four bedrooms are warmly decorated and afford a superb view of the sea and the little port. Relax in the lounge which boasts beautiful period furniture and a fireplace.

Ile de Batz

Carte 2 — 178

29253 Ile de Batz
Tél. 02 98 61 76 91
Jean et Marie-Pierre Prigent

1 pers 230 F - 2 pers 300 F - 3 pers 390 F

4 chambres dont 1 familiale (450 F 4 pers.), toutes avec sanitaires privés. Petit déjeuner très copieux : jus de fruits, café, thé, viennoiseries, gâteau breton... Jardin. Restaurants et crêperies à proximité. ★ Plages autour de l'île, jardin exotique, école de voile. Ferme-équestre. **Accès :** à Roscoff prendre le bâteau pour l'Ile de Batz (15 mn de traversée, bâteau toutes les heures). La maison est située à côté de l'église, à 5 mn du débarcadère. CM 58, pli 6.

Sur l'Ile de Batz, Marie-Pierre et Jean vous accueillent dans leur ferme légumière. Toutes les chambres chaleureusement décorées ont une vue superbe sur la mer et le petit port. Pour vous détendre, un salon avec de beaux meubles anciens et une cheminée.

Finistère

Nearby: tennis, horse-riding, golf course. Pointe du Raz. Calvaries, megaliths. Within a 6-km radius: beaches, fishing ports, Audierne Bay (natural site).

★ ***How to get there:*** *Pont l'Abbé road for Saint-Jean-Trolimon and follow signs. Michelin map 58, fold 14.*

You will be made extremely welcome at this recently-restored, traditional Breton farmhouse, in the heart of Bigouden country. The cosy, comfortable bedrooms are located in a delightful self-contained thatched cottage. Irène and Luis will be happy to help you discover the charm of real Brittany.

Plomeur

Carte 2 **179**

Keraluic
29120 Plomeur
Tél. 02 98 82 10 22 – Fax 02 98 82 10 22
Luis et Irène Gomez-Centurion

2 pers 295/380 F – 3 pers 370/465 F – repas 110 F

5 ch. avec bains ou douche et wc privés. Ouvert toute l'année. Table d'hôtes occasionnelle. Jardin, vélos, jeux d'enfants. Séjours à thèmes (dépliant sur demande). Camping à proximité (25 emplacements). ★ A proximité : circuits de randonnée, golf.. Pointe du Raz, calvaires, mégalithes. A 6 km : plages, ports de pêche, baie d'Audierne (site naturel). **Accès :** route de Pont l'Abbé à Saint-Jean-Trolimon, puis fléchage. CM 58, pli 14.

Au cœur du pays Bigouden, vous êtes les bienvenus dans cette ancienne ferme typiquement bretonne récemment restaurée. Les chambres chaleureuses et confortables sont situées dans une ravissante chaumière indépendante. Luis et Irène vous feront découvrir tout le charme de la Bretagne authentique.

Finistère

Casino and beaches 2 km. Kerjean Château (16th century) 10 km. Tours of parish enclosures. Roscoff (port once renowned for its privateers), museum, aquarium. Seawater therapy centre.

★ ***How to get there:*** *From Morlaix, head for Saint-Pol-de-Léon then Plouescat. After signpost (town), turn right and drive for 1 km. Michelin map 58, fold 5.*

Penkear, Breton for "village end", is where you will receive a warm welcome from Marie-Thérèse and Raymond in their rustic lounge. Enjoy copious breakfasts in this farmhouse set in leafy and floral surroundings. The bedrooms are cosy, modern and decorated with refinement.

Plouescat

Carte 2 **180**

Penkear
29430 Plouescat
Tél. 02 98 69 62 87 – Fax 02 98 69 67 33
Marie-Thérèse Le Duff

1 pers 320 F – 2 pers 380 F – 3 pers 480 F

Au r.d.c. : 1 ch. (1 lit 160 x 200 T.P.R électrique), TV, s. d'eau et wc privés. A l'étage : 1 ch. (1 lit 160 T.P.R manuel), TV, s.d.b. et wc privés. Ouvert toute l'année. Petit déjeuner copieux. Restaurants, crêperies 1 km. Gîtes ruraux sur place. ★ Casino et plages à 2 km. Château de Kerjean (XVIᵉ siècle) à 10 km. Circuit des enclos paroissiaux. Roscoff (cité corsaire, musée, aquarium). Thalassothérapie. **Accès :** de Morlaix, dir. Saint-Pol de Léon puis Plouescat. Après le panneau (ville), tourner à droite et continuer sur 1 km. CM 58, pli 5.

"Au bout du village" en bon breton "Penkear", vous serez accueillis chaleureusement par Marie-Thérèse et Raymond dans leur séjour rustique. Vous apprécierez le copieux petit déjeuner dans cette ancienne ferme verdoyante et fleurie. Les chambres sont chaudement aménagées, modernes et raffinées.

Finistère

Morlaix Bay, Pink Granite Coast, Arrée Mountains (15 min), parish enclosures and rich architectural heritage. Beaches, sailing, diving, sand yachting, hiking and horse-riding.

★ **How to get there:** *RN12, Paris-Brest. Turn off at Plouigneau and head for Lammeur. Follow signs to "Manoir de Lanleya".*

Manoir de Lanleya is an enchanting manor between Morlaix Bay and the Pink Granite Coast. A 16th-century stone spiral staircase leads to the "malouinière" on the first floor. One of the bedrooms features a monumental pink granite fireplace and the tower is a fine example of 16th-century pegged carpentry. The legend associated with the manor is enthralling.

Plouigneau

Carte 2

Manoir de Lanleya

29610 Plouigneau
Tél. 02 98 79 94 15
André Marrec

1 pers 290 F - 2 pers 340 F - 3 pers 440 F
p. sup 100 F

5 chambres avec sanitaires privés. Ouvert toute l'année. Savoureux petit déjeuner : confitures maison, crêpes, cake, tartes... Salon avec TV et cheminée. Cour, jardin et parc. Gîtes ruraux dans les communs du manoir. Restaurants à proximité. ★ Baie de Morlaix, Côte de granit rose, monts d'Arrée (1/4 d'heure), enclos paroissiaux et patrimoine architectural important. Plages, voile, plongée, char à voile, randonnées, équitation. **Accès :** RN12, Paris-Brest. Sortir à la hauteur de Plouigneau puis direction Lammeur et suivre le fléchage "Manoir de Lanleya".

Entre la baie de Morlaix et la Côte de granit rose, le manoir de Lanleya vous surprendra et vous séduira. Au 1er étage vous découvrirez sa malouinière desservie par un escalier à vis en pierres du XVIe, dans l'une des chambres, une cheminée monumentale en granit rose et dans la tourelle, la charpente chevillée, du XVIe. La légende attachée au manoir vous ravira.

Finistère

Fishing 500 m. Hiking trails. Famous parish enclosures 10 km. Morlaix Bay 10 km. Sea and beach 20 km.

★ **How to get there:** *N12 Paris-Brest, Morlaix Nord-Sud exit, for hospital. At 4th roundabout, take D769 (Carhaix). Approx. 5 km up on left, head for Plourin and follow signs.*

Yvette and Patrick extend a warm welcome at their very comfortable Breton-stone house, on a dairy farm. The wide bay windows in the lounge look out onto the flower-filled garden, which you can admire whilst enjoying the delicious, copious breakfasts prepared by Yvette.

Plourin-les-Morlaix

Carte 2

Lestrezec

29600 Plourin-les-Morlaix
Tél. 02 98 72 53 55
Patrick et Yvette Helary

2 pers 300 F

1 ch. 2 pers. au r.d.c. et 2 ch. 2 pers. à l'étage, toutes avec sanitaires privés. Ouvert toute l'année. Copieux petit déj. (produits maison) : yaourts, crêpes, gateaux, far. Restaurants 6 et 12 km. Salon avec TV et cuisine à dispo. Jardin, jeux enfants. (Tarifs réduits d'oct. à avril sur rés.) ★Pêche à 500 m. Circuits de randonnées. Célèbres enclos paroissiaux à 10 km. Baie de Morlaix à 10 km. Mer et plage à 20 km. **Accès :** N12 Paris-Brest sortie Morlaix nord-sud dir. centre hospitalier. Au 4e rond point D769 (Carhaix). Environ 5 km à gauche dir. Plourin et suivre le fléchage.

Yvette et Patrick vous accueillent chaleureusement dans leur maison très confortable en pierre bretonne, située sur une exploitation laitière. Les larges baies du séjour s'ouvrent sur le jardin très fleuri que vous pourrez admirer en savourant les copieux petits déjeuners que prépare Yvette.

Finistère

Parish enclosures. Armorique Regional Nature Park 10 km. Tennis, hiking and fishing nearby. Brest, Océanopolis, Pink Granite Coast 45 km. Sea and beach (Morlaix Bay) 20 km. Pony club 1 km.

★ *How to get there:* *From Morlaix, head for Brest (N12 or D712). St-Thégonnec exit, then follow "Chambres d'Hôtes" signs. Michelin map 58, fold 6.*

Through majestic parish enclosures, behind a curtain of cypress trees, you will come to Ar Presbital Coz, which was the Saint-Thégonnec presbytery for two centuries. Christine and André offer comfortable and spacious accommodation.

Saint-Thegonnec

Carte 2 **183**

Ar Presbital Koz

18, rue Lividic – 29410 Saint-Thegonnec
Tél. 02 98 79 45 62 – Fax 02 98 79 48 47
Christine et André Prigent

1 pers 220 F – 2 pers 260 F – 3 pers 350 F
repas 90 F

6 ch. (poss. TV) dont 4 avec bains et wc et 2 avec douche et wc. Ouvert toute l'année. Copieux petit déjeuner. Table d'hôtes sur réservation. Minitel et fax. L.linge, sèche-linge et m.ondes à dispos. Parking clos. Loc. vélos. Auberge gastronomique à 500 m. Réduct. pour séjour hors-saison. ★ Enclos paroissiaux. Parc d'Armorique 10 km. Tennis, randonnées, pêche à prox. Brest, Océanopolis, Côtes de Granit rose 45 km. Mer, plage 20 km (baie de Morlaix). Poney-club 1 km. **Accès :** de Morlaix, dir. Brest (N12 ou D712). Sortie Saint-Thégonnec puis fléchage "Chambres d'hôtes". CM 58, pli 6.

Sur la route des majestueux enclos paroissiaux vous découvrirez derrière un rideau de cyprès, "Ar Presbital Koz" qui fut le presbytère de Saint-Thegonnec pendant deux siècles. Christine et André vous y recevront dans des chambres spacieuses et confortables.

Finistère

Swimming pool, tennis, horse-riding and bikes 5 min. Sea, beach, sailing and full range of water sports. Golf course 15 min. Concarneau, Pont-Aven, Quimper 15 min. Museums. Earthenware. Fishing.

★ *How to get there:* *At Quimper, head for Rosporden on D765. As you enter Saint-Yvi, turn left for Kerven and drive approximately 2.5 km.*

This delightful 19th-century Breton farmhouse has been fully restored. The residence is set on a hill in a landscaped park. The six bedrooms are comfortable and afford a superb view of the surrounding area. Hearty breakfasts of home-made produce prepared by your hostess are served in the dining room, which is appointed with Breton furniture.

Saint-Yvi

Carte 2 **184**

Kervren

29140 Saint-Yvi
Tél. 02 98 94 70 34 – Fax 02 98 94 81 19
Odile Le Gall

1 pers 200 F – 2 pers 250 F

6 chambres avec sanitaires privés (possibilité TV dans chaque chambre). Ouvert toute l'année. Parc paysager. Aire de pétanque, jeu de croquet. Restaurants à 8 km. ★ Concarneau, Pont Aven, Quimper à 15 mn. Musées. Faïences. Pêche. Piscine, tennis, équitation et vélos à 5 mn. Mer, plage, voile et tous loisirs nautiques. Golf à 15 mn. **Accès :** à Quimper dir. Rosporden D765. A l'entrée de Saint-Yvi prendre à gauche dir. Kervren et faire 2,5 km environ.

Ravissante longère bretonne du XIXe siècle entièrement restaurée, située sur une hauteur et entourée d'un parc paysager. 6 chambres confortables avec une superbe vue vous attendent. Dans la salle à manger aux meubles bretons, vous pourrez savourer les petits déjeuners à base de produits maison que prépare la maîtresse de maison.

Gard

Pont du Gard (bridge), Nîmes, Avignon, Les Baux de Provence, Uzès. Canoeing, hiking, horse-riding, mountain biking. Arts events, Dance and Theatre Festival.

★ *How to get there:* From Uzès, head for Alès on D981. After Serviers, turn right for Aigaliers, then follow signs for "La Buissonnière".

This superb white stone mas (house) with terraces blends in perfectly with its setting in the heart of the countryside. Refined Mediterranean-style interior décor and bright colours. The bedrooms with terraces are spacious and boast magnificent decoration. Outstanding views of the surrounding countryside. An ideal spot for a relaxing stay.

Aigaliers

La Buissonnière
SCI de Foussargues - 30700 Aigaliers
Tél. 04 66 03 01 71 - Fax 04 66 03 19 21
Email : la.buissonnière@wanadoo.fr
Esther Küchler et Léonardo Robberts

2 pers 500/900 F

4 ch. et 2 suites avec tél., mini-bar et sanitaires privés (TV sur demande). Ouvert toute l'année (l'hiver sur rés.). Cour jardin, parc (1,5 ha.), piscine privée. Auberge 1 km, restaurants à Uzès 7 km. Cartes Visa et Eurocard acceptées. Prix variable selon la saison. Tarif dégressif à la semaine. (lit suppl. 150 F). ★ Pont du Gard, Nîmes, Avignon, Les Baux, Uzès. Canoë, randonnées pédestres, à cheval, VTT. Manifestations culturelles, festival... **Accès :** à Uzès, dir. Alès (D981). Après Serviers, prendre à droite dir. d'Aigaliers puis suivre les panneaux "La Buissonnière".

En pleine nature, remarquablement intégré, superbe mas en pierres blondes avec restanques. Aménagement intérieur raffiné de style méditerranéen et couleurs patinées. Les chambres avec terrasses sont spacieuses et magnifiquement décorées. Vue exceptionnelle sur la campagne environnante. Etape idéale pour se ressourcer.

Gard

River and tennis in the village, hiking. Cévennes National Park. Cirque de Navacelles (corrie) 15 km. Couvertoirade, fortified village 25 km. Grottes des Demoiselles (caves) 35 km. Alzon is set in the heart of the Vis Valley.

★ *How to get there:* On D999, between Nîmes and Millau, 15 km from Le Vigan.

Château du Mazel is set in the Cévennes, at the gateway to the Aveyron. In former times, this haven of peace and greenery was the summer residence of the Bishops of Nîmes, built by Monsignor Arnal du Curel, the Bishop of Monaco. Each of the spacious bedrooms is decorated in its own individual style and features a harmonious blend of period and modern furniture.

Alzon

Château du Mazel
route du Villaret - 30770 Alzon
Tél. 04 67 82 06 33 - Fax 04 67 82 06 37
Gabriel Recolin

2 pers 555/850 F - 3 pers 795/1200 F
repas 115/165 F - 1/2 p. 735/1070 F
pens. 915/1250 F

5 chambres et 1 suite, avec bains et wc privés. Ouvert de Pâques à mi-novembre (fermé dimanche soir et lundi sauf saison et jours fériés). Table d'hôtes : cèpes, écrevisses, saumon, agneau des Causses... (1/2 pension sur demande). Parc de 4 ha. ★ Rivière et tennis au village, randonnées, Parc National des Cévennes. Cirque de Navacelles à 15 km; Couvertoirade, village fortifié à 25 km, Grottes des Demoiselles à 35 km. Alzon est situé au cœur de la vallée de la Vis. **Accès :** sur la D999, entre Nîmes et Millau, à 15 km du Vigan.

Dans les Cévennes, aux portes de l'Aveyron, le château du Mazel, havre de paix et de verdure, était l'ancienne résidence d'été des Evèques de Nîmes, construit par Monseigneur Arnal du Curel, évêque à Monaco. Les chambres sont spacieuses, personnalisées, et mèlent harmonieusement ancien et contemporain.

Gard

Steam train through the Cévennes. Bamboo plantation. Cévennes cornice. Grottes des Demoiselles (caves). Cirque de Navacelle (corrie). Tennis court 500 m. Horse-riding 2 km. Golf and canoeing 10 km

★ *How to get there: A9, Nîmes-Ouest exit for Alès (4 lanes), and make for Anduze. At Anduze, head for St-Jean-du-Gard and Lasalle. Prades is 8 km on.*

This handsome 17th-century residence stands in unspoilt surroundings. The superbly-appointed bedrooms look out onto a flowery patio. Their refined décor features attractive antique furniture and pretty brightly-coloured fabrics. The park, swimming pool and table d'hôtes specialities will make your stay here an unforgettable one.

Anduze-Thoiras

Carte 6

Mas de Prades

Thoiras – 30140 Anduze
Tél. 04 66 85 09 00 – Fax 04 66 85 09 00
Patrick et Sophie Auvray

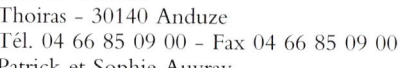

1 pers 300 F - 2 pers 350 F - 3 pers 400 F
p. sup 50 F - repas 100 F

4 chambres avec TV et sanitaires privés. Ouvert de Pâques à octobre. Table d'hôtes : carbonnade provençale, lapin au serpolet, tian d'aubergines, crème brûlée... Bibliothèque. Salle audio et vidéo. Cour, parc (1 ha.), piscine. ★ Train vapeur des Cévennes. Bambouseraie. Corniche des Cévennes. Grottes des Demoiselles. Cirque de Navacelle. Tennis 500 m. Equitation 2 km. Golf et canoë 10 km. **Accès :** A9 sortie Nîmes-ouest puis dir. Alès (4 voies) sortie Anduze. A Anduze, dir. St.Jean-du-Gard puis Lassalle. A 8 km Prades.

Dans cette belle demeure du XVIIe au cadre préservé, les chambres s'ouvrent sur un patio fleuri. Superbement aménagées, elles offrent un décor raffiné avec de beaux meubles anciens et de jolis tissus aux teintes chaudes. Le parc, la piscine et les spécialités de la tables d'hôtes contribueront à faire de votre séjour une étape inoubliable.

Gard

Trails of Provence, Avignon, Pont du Gard, Uzès, Tarascon, Arles, Orange, Les Baux de Provence, Nîmes and wine-growing estates. Nearby: horse-riding, 18-hole golf course, fishing, hunting and tennis.

★ *How to get there: 12 km west of Avignon, on D126, between D2 and N100, 3 km from the village of Aramon.*

In Provence, 12 km from Avignon, your hosts are Annie and André Malek in their pretty and warmly-decorated, converted sheepfold, nestled in the hills. This oasis of tranquillity situated in the heart of a popular and culturally rich region is an ideal spot for a relaxing break by the pool or in the summer kitchen with barbecue.

Aramon

Carte 6

Le Rocher Pointu

Plan de Dève - 30390 Aramon
Tél. 04 66 57 41 87 – Fax 04 66 57 01 77
André et Annie Malek

2 pers 360/ 445 F - 3 pers 545 F

4 chambres, chacune avec bains ou douche et wc privés. Ouvert du 1er avril au 31 octobre. Petit déjeuner : mini-brunch avec confitures maison, brioche, œufs, fromage... Restaurants au village et à 5/10 mn (Avignon). Ping-pong. Piscine privée (commune avec le gîte). ★ Sentiers de Provence, Avignon, Pont du Gard, Uzès, Tarascon, Arles, Orange, les Baux de Provence, Nîmes et route des vins. Equitation, golf 18 trous, pêche, chasse et tennis. **Accès :** à 12 km à l'ouest d'Avignon, sur la D126 entre la D2 et la N100. A 3 km du village d'Aramon.

En Provence, à 12 km d'Avignon, Annie et André Malek vous accueilleront dans leur jolie bergerie au décor chaleureux, nichée dans les collines. Vous vous détendrez agréablement dans cette oasis de calme, située en plein cœur d'une région touristique et culturelle, autour de la piscine ou de la cuisine d'été avec barbecue.

Gard

Streets of Barjac village. The Cévennes region. Ardèche Gorges. Numerous caves and museums. Uzès 20 min. Nîmes and Avignon 1 hr. Horse-riding, potholing, canoeing, rivers, 6-hole golf course, hiking.

★ *How to get there:* 40 km from Bollène. A7 motorway, Bollène exit, then Pont-Saint-Esprit and Barjac or Avignon-Sud, then Bagnols and Barjac.

Handsome 18th-century family mansion set right in the heart of the village, boasting a walled garden and a large terrace graced with flowers. The vast sun-drenched bedrooms exude charm and offer attractive furniture, antiques, engravings, paintings and harmonious colours. The light and shade garden, together with the terrace, adds to the joys of this superb residence.

Barjac

Carte 6 **189**

La Sérénité
place de la Mairie - 30430 Barjac
Tél. 04 66 24 54 63 - Fax 04 66 24 54 63
Catherine L'Helgoualeh

2 pers 340/500 F - 3 pers 600/690 F

1 ch. et 2 suites (1 avec salon, mini-bar et TV, et 1 avec 2 ch. attenantes) avec sanitaires privés (suite familiale 4 pers. 815 F). Ouvert toute l'année sur rés. Petit déj. gourmand : confitures maison, miel du pays, jus de fruits, fruits de saison, gâteaux maison. Terrasse, jardin. Restaurants à proximité. ★ Rues du village de Barjac. Les Cévennes. Gorges de l'Ardèche et de la Cèze. Nombreuses grottes et musées. Uzès (20 mn). Nîmes et Avignon (1 h). Equitation, spéléologie, canoë, rivières, golf 6 trous, randonnées. **Accès :** à 40 km de Bollène. Autoroute A7 sortie Bollène puis Pont-Saint-Esprit et Barjac ou Avignon sud puis Bagnols et Barjac.

Cette belle maison de maître du XVIIIe, au cœur du village, avec son jardin clos de murs et sa grande terrasse fleurie vous séduira. Vastes chambres ensoleillées pleine de charme, beaux meubles et objets anciens, gravures et tableaux, harmonie des couleurs... Le jardin de soleil et d'ombres et la terrasse contribuent au charme incontestable de cette superbe demeure.

Gard

Horse-riding 3 km. Canoeing and natural golf course at Rieussec 5 km. Ardèche Gorges 10 km. Uzès 40 km. Nîmes and Avignon 70 km.

★ *How to get there:* Motorway A7, Bollène exit, for Barjac.

This superb 18th-century village house, now completely restored, is set in a shaded garden surrounded by high walls. The swimming pool with covered relaxation area is at the bottom of the garden. You will appreciate the charm of the house with visible stonework and arch-ceilinged lounges. The bedrooms are vast and boast period furniture.

Barjac

Carte 6 **190**

rue Basse
30430 Barjac
Tél. 04 66 24 59 63 - Fax 04 66 24 59 63
Claudy Ciaramella

1 pers 310 F - 2 pers 340 F - 3 pers 470 F

4 ch. avec sanitaires privés dont 1 ch. familiale (2 adultes + 2 enfts) avec coin-nuit séparé (550 F). Ouvert toute l'année (hiver sur rés.). Piscine. VTT, p-pong. Randonnées pédestres. Restaurants à proximité. (7 nuits 2100 F 1 pers., 2300 F 2 pers., 3200 F 3 pers., ch. familiale 3800 F). Assiette froide le midi (60 F/pers. vin compris). ★ Equitation 3 km. Canoë et golf naturel du Rieussec 5 km. Gorges de l'Ardèche 10 km. Uzès 40 km. Nîmes et Avignon 70 km. **Accès :** autoroute A7 sortie Bollène puis dir. Barjac.

Superbe maison de village (XVIIIe siècle) entièrement restaurée. Elle est entourée d'un jardin très ombragé clos de hauts murs. La piscine avec son coin-repos couvert est au fond du jardin. Vous apprécierez tout le charme de cette maison aux pierres apparentes avec ses salons voûtés, ses vastes chambres et son mobilier ancien.

Gard

Pont du Gard 5 min. Uzès, the former duchy 10 min. Avignon, papal city 20 min. Canoeing and horse-riding.

★ *How to get there: A9, Remoulins exit and head for Uzès. 400 m from the village (signposted).*

This fully restored 18th-century country house or mas stands amid vines and scrubland. The bedrooms feature either arched ceilings or visible beams and boast splendid antique furniture. In fine weather, breakfast is served in the inner courtyard, with swimming pool, which affords views of the vineyards. (There is a private cellar with bottles of red and rosé Côtes du Rhone.)

Castillon-du-Gard

Carte 6 | 191

Mas du Raffin
30210 Castillon-du-Gard
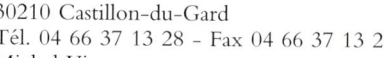
Tél. 04 66 37 13 28 – Fax 04 66 37 13 28
Michel Vic

2 pers 440 F – 3 pers 540 F

5 chambres (dont 2 appart. avec coin-cuis.) avec tél. (ligne dir.), TV, réfrig., bains, douche et wc séparés. Ouvert toute l'année. Petit déjeuner : jus de fruits, viennoiseries, confitures maison (selon les saisons). Salon de jardin, barbecue. Vignoble (7 ha).) et cave. Cour, jardin, piscine. Restaurants dans le village. ★ Pont du Gard (5 mn). Uzès, ancien duché (10 mn). Avignon, cité des papes à 20 mn. Canoë, équitation. **Accès :** A9 sortie Remoulins puis direction Uzès. A 400 m du village (fléchage).

Sur un vaste domaine, ce mas du XVIIIᵉ entièrement restauré, est entouré de vignes et de garrigue. Les chambres, voûtées ou avec poutres apparentes, aux couleurs chaudes de la provence, sont dotées d'un beau mobilier ancien. Aux beaux jours, petits déjeuners servis dans la cour intérieure et piscine avec vue sur les vignes. (cave particulière, Côtes du Rhône rouge et rosé).

Gard

"Little Switzerland of the Cévennes". Bamboo plantation. Grottes des Demoiselles (caves). Mont Aigoual and Mont Lozère. Festivals. Sea 50 km. Pony-riding, cycling 1 km. Tennis 1.5 km. Fishing 6 km.

★ *How to get there: A7, then D57, Anduze and Lasalle or A9 and D999 Saint-Hyppolyte-du-Fort and Lasalle.*

Whether you are looking for a break with friends or peace and quiet, this handsome residence is the ideal place to stay. The magnificent 95-acre estate underwent extensive alterations in the 19th century, with the addition of granite walls, terraces and weirs. The spacious, pleasant bedrooms feature period furniture and stylish artefacts, and afford views over the estate.

Lasalle

Carte 6 | 192

Saint-Louis-de-Soulages
30460 Lasalle
Tél. 04 66 85 41 83 ou 04 67 64 49 13
Fax 04 67 64 93 93
Guillaume Gourgas

1 pers 480 F – 2 pers 480 F – 3 pers 680 F
p. sup 100 F

3 chambres et 1 suite, toutes avec bains et wc. Ouvert toute l'année sur réservation. Petit déjeuner : pains artisanaux, miel, confitures... TV, téléphone, piano, salle de gym. Ping-pong. Cour, jardin, parc (38 ha.), rivière, piscine, terrasses. "Petite Suisse des Cévennes". Bambouseraie. Train à vapeur. Grottes des Demoiselles. Monts Aigoual et Lozère... Festivals. Mer 50 km. Poney, VTT 1 km. Tennis 1,5 km. Pêche 6 km. **Accès :** A7 puis D57, Anduze et Lasalle ou A9 puis D999 Saint-Hyppolyte-du-Fort et Lasalle.

Cette belle demeure est propice aussi bien aux réunions conviviales qu'à l'isolement intimiste. Ce magnifique domaine qui s'étend sur 38 ha. a été profondément remanié au XIXᵉ siècle, notamment par l'édification de murs en granit, de terrasses et de barrages. Les chambres avec mobilier d'époque et objets de style, sont spacieuses et agréables avec vue sur le domaine.

Gard

Uzès, Pont du Gard (bridge), La Roque-sur-Cèze.

★ *How to get there:* On N580 from Bagnols-sur-Cèze or Avignon, or on N86 from Nîmes or Pont-Saint-Esprit.

Château de Lascours is surrounded by a freshwater moat and clusters of trees. This rare 12th and 17th-century residence boasts fifty-two rooms, which include the "Salle des Etats Généraux" (Estates General), and a number of lounges. The superb bedrooms are extremely comfortable.

Laudun

Carte 6 **193**

Château de Lascours

30290 Laudun
Tél. 04 66 50 39 61 - Fax 04 66 50 30 08
Gisèle et Jean-Louis Bastouil

1 pers 450 F - 2 pers 500/580 F - p. sup 80 F

4 chambres et 1 suite, toutes avec bains privés. Ouvert toute l'année. Salle de gym, vélos et piscine sur place. Parc. Possibilité séminaires et réceptions. Restaurants à proximité. ★ Uzès, le Pont du Gard, la Roque-sur-Cèze. **Accès :** par la N580 en venant de Bagnols-sur-Cèze ou d'Avignon ou par la N86 en venant de Nîmes ou Pont-Saint-Esprit.

Cerné par l'eau vive de ses douves, dans un bouquet d'arbres, le château de Lascours (XIIᵉ et XVIIᵉ siècles) et ses cinquante deux pièces est un lieu rare. Vous y découvrirez la salle des états généraux, divers salons ainsi que de superbes et confortables chambres.

Gard

Uzès 22 km. Pont du Gard (bridge) 32 km. Ardèche Gorges 46 km. Nîmes 47 km. Anduze steam train 53 km. Walks in the area. Horse-riding 1 km. Canoeing, golf 22 km.

★ *How to get there:* 22 km north of Uzès. D979 to Lussan. At Lussan, turn left at Château de Fan and take D37/D147 to Vendras. Michelin map 80, fold 18.

This superb Cévennes Provençal house or mas has been fully restored. It has a handsome courtyard with fountain, brightly-coloured décor in the bedrooms, a large heated swimming pool in the garden. All of which make it a perfect place to join the English owners for a peaceful, relaxing holiday.

Lussan

Carte 6 **194**

Mas de James

Vendras - 30580 Lussan
Tél. 04 66 72 91 57 - Fax 04 66 72 91 57
John et Julie Milligan

1 pers 450 F - 2 pers 495 F

4 chambres avec sanitaires privés. Ouvert d'avril à octobre (hors sais. sur rés.). Petit déjeuner gourmand à base de produits régionaux. Cour, jardin, piscine. Le propriétaire peut organiser si vous le souhaitez des randonnées guidées. (Loc. possible de la maison d'amis week-ends hors-sais.). ★ Uzès (22 km). Pont du Gard (32 km). Gorges de l'Ardèche (46 km). Nîmes (47 km). Train à vapeur d'Anduze (53 km). Promenades sur place. Equitation 1 km. Canoë, golf 22 km. **Accès :** 22 km au nord d'Uzès. Suivre la D979 jusqu'à Lussan. A Lussan, tournez à gauche au château de Fan et suivre la D37/D147 jusqu'à Vendras. CM 80, pli 18.

Ce superbe mas cévenol a été entièrement restauré. Il y a une belle cour avec fontaine, une grande piscine chauffée dans le jardin et de belles chambres décorées aux couleurs vives; combinaison qui en fait un lieu parfait pour rejoindre ses propriétaires anglais pour des vacances paisibles et reposantes.

Gard

Cévennes National Park 1 km. Medieval churches and châteaux. Lake, horse-riding, tennis 10 km. Golf course 15 km.

★ *How to get there: A7, Privas exit, then head for Villefort. N106, Nîmes, Alès, Génolhac. Map and full information supplied on request. Michelin map 80, fold 17.*

Set in the heart of a Cévennes valley, you will find Château de Chambonnet, which Heini and Jean-Paul have lovingly restored. The upstairs bedroom is both spacious and peaceful, and looks out onto the forest. It is a harmonious, tasteful and bold blend of 18th-century ceilings and modern furniture. Self-catering gîte at the same address.

Ponteils et Bresis

Carte 6 **195**

Château du Chambonnet
30450 Genolhac
Tél. 04 66 61 17 98 – Fax 04 66 61 24 46
Jean-Paul et Heini Delafont

1 pers 350 F – 2 pers 400 F – 3 pers 470 F
repas 80 F

1 chambre avec sanitaires privés. Ouvert toute l'année. Table d'hôtes : agneau de la propriété, blanquette de veau... Galerie de peinture. Stages initiation au pinceau chinois et au Qi-cong. Jardin. ★ Parc National des Cévennes 1 km. Eglises et châteaux médiévaux. Lac, équitation, tennis 10 km. Golf 15 km. **Accès :** A7 sortie Privas, puis direction Villefort. N106, Nîmes, Alès, Génolhac. Plan et documentation sur demande. CM 80, pli 17.

Situé au cœur d'un vallon cévenol, le château du Chambonnet vous ouvre ses portes. Heini et Jean-Paul l'ont restauré avec passion et ils vous proposent une chambre. Située à l'étage, spacieuse et calme, elle ouvre sur la forêt et harmonise avec goût et audace, plafonds du XVIIIe et mobilier moderne. Gîte à la même adresse.

Gard

Pont du Gard bridge (world heritage) 900 m and historical towns and cities of Nîmes, Avignon, Uzès and Arles. Nearby: Les Baux de Provence and Camargue. Canoeing, horse-riding and fishing.

★ *How to get there: Remoulins, on the right bank of the Pont du Gard.*

Imposing 18th-century country house with sheepfold set in a 15-acre forest. Fine interior with antique furniture, paintings, rugs, books and collector's pieces. The bedrooms all have their own inimitable style. Nature lovers will enjoy the gentle calm of the place, and there is a large pool for a refreshing swim. A charming spot near Nîmes, Avignon, Uzès and Arles.

Remoulins

Carte 6 **196**

La Terre des Lauriers
Pont du Gard – Rive Droite
30210 Remoulins
Tél. 04 66 37 19 45 ou 06 12 10 61 92
Fax 04 66 37 19 45
Gérard et Catherine Cristini

1 pers 370 F – 2 pers 420 F – 3 pers 570 F
p. sup 150 F

3 ch. et 1 suite avec sanitaires privés (720 F/4 pers.). Ouvert d'avril à septembre. Petit déjeuner "brunch" : fruits, compotes, fromages, œufs, viennoiseries. Salon de musique avec TV. Parc de 6 ha., rivière, piscine. Parking fermé. (Enft - 2 ans gratuit. Lit enft de 2 à 12 ans 80 F). ★ Site du Pont du Gard (patrimoine mondial) à 900 m et villes historiques de Nîmes, Avignon, Uzès, Arles... A proximité, Les Baux de Provence et la Camargue. Canoë, équitation, pêche. **Accès :** Remoulins, rive droite du Pont du Gard.

Grande bastide avec bergerie du XVIIIe siècle, sur une forêt de 6 ha. Belle décoration intérieure avec meubles anciens, tableaux, tapis, livres et objets. Toutes les chambres ont un style différent. Les amoureux de nature apprécieront la douceur et le calme des lieux ainsi que la grande piscine. Une étape de charme à proximité de Nîmes, Avignon, Uzès et Arles.

Gard

Hiking and bathing locally (river and private swimming pool). Nearby: tennis, horse-riding, climbing, rock-climbing, canoeing, hang-gliding, paragliding, potholing, cycling, cross country and Alpine skiing.

★ *How to get there: On D991, milestone 21 from Nant to Millau.*

This restored 10th, 11th and 15th-century Romanesque priory is situated between Saint-Véran and Cantobre. The untamed beauty of the Dourbie Valley is a feast for the senses. The five bedrooms are decorated with period and rustic furniture and four have canopied fourposter beds.

Revens Treves

Carte 6 **197**

Ermitage Saint-Pierre
30750 Revens Treves
Tél. 05 65 62 27 99
Madeleine Macq

1 pers 300 F - 2 pers 350/450 F - 3 pers 375/400 F
p. sup 50 F - repas 110 F

5 chambres, toutes avec bains et wc (1 avec kitchenette). Ouvert toute l'année. Table d'hôtes, repas du soir possible en hors-saison, ancien four à pain à disposition pour grillades. Parc de 23 hectares. Pêche réservée sur 1,5 km. ★ Randonnées, baignade, rivière et piscine privée sur place. A proximité : tennis, équitation, escalade, canoë, deltaplane, parapente, spéléologie, VTT, ski de fond et alpin. **Accès :** par D991, borne 21 de Nant à Millau.

Entre Saint-Véran et Cantobre, dans un prieuré roman restauré (Xe, XIᵉ et XVᵉ siècles), vous apprécierez la beauté sauvage de la vallée de la Dourbie. Les chambres sont meublées en ancien et rustique et quatre disposent de lit à baldaquin.

Gard

Village (conservation area). La Roque. Bridge (listed building). Chutes du Sautadet (listed falls). Bathing in river 500 m.

★ *How to get there: From Pont-Saint-Esprit, head for Bagnols on N86, past Saint-Nazaire and turn right for Barjac. Turn left 11 km on. D166 2 km.*

Handsome Cévennes country house in the heart of a typical village, nestled on a rocky peak. The very peaceful bedrooms feature rustic décor and pretty bathrooms. Private swimming pool in a pleasant garden with barbecue and summer kitchen. The Cèze River, famous for its waterfalls known as the "marmites de géants" (potholes), runs through the bottom of the village.

La Roque-sur-Cèze

Carte 6 **198**

La Tonnelle
place des Marronniers
30200 La Roque-sur-Cèze
Tél. 04 66 82 79 37 - Fax 04 66 82 79 37
Pierre et Yolande Rigaud

1 pers 290 F - 2 pers 350 F

2 chambres avec sanitaires privés (4 chambres suppl. sont en cours de classement). Ouvert de Pâques à novembre. Jardin, piscine privée. Auberges sur place et à 2 km. ★ Village (site protégé). La Roque. Pont (classé monument historique). Chutes du Sautadet (site classé). Baignade en rivière à 500 m. **Accès :** à Pont-Saint-Esprit, direction Bagnols N86. Après Saint-Nazaire, tourner à droite direction Barjac. 11 km à gauche. D166 2 km.

Belle bastide cévenole au cœur d'un village typique perché sur un piton rocheux. Les chambres très calmes au décor rustique sont dotées de jolies salles de bains. Piscine privée dans un agréable jardin avec barbecue et cuisine d'été. Au pied du village coule la Cèze, célèbre pour ses cascades appelées "marmites de géants".

Gard

Medieval villages, Roman towns. Horse-riding near the property. Tennis court 500 m. 18-hole golf course 40 km. Hiking.

★ *How to get there: D999 from Nîmes. At Quissac, head for Alès on D35. Saint-Nazaire-des-Gardies 10 km. Mas de la Fauguière 1 km.*

With her love of old buildings, Edna Price has fully restored this former silk farm on the silk route. The comfortable, harmoniously-appointed bedrooms look out onto the Gardois wine-growing plain. You will be enchanted by the fragrances of the shrubland, and the comfort afforded by the property.

Sauve

Carte 6

Mas de la Fauguière

Saint-Nazaire-des-Gardies
30610 Sauve
Tél. 04 66 77 38 67 - Fax 04 66 77 11 64
Edna Price

1 pers 375 F - 2 pers 450 F - 3 pers 550 F

2 chambres avec sanitaires particuliers. Ouvert toute l'année. Cour, jardin, parc. Piscine, vélos, ping-pong. Restaurants à proximité. (maison non fumeur). ★ Villages médiévaux, villes romaines... Equitation à proximité de la propriété. Tennis à 500 m. Golf 18 trous à 40 km. Randonnées pédestres. **Accès :** D999 en venant de Nîmes. A Quissac dir. Alès sur la D35. Saint-Nazaire des Gardies à 10 km. Mas de la Fauguière à 1 km.

Passionnée de vieilles pierres, Edna Price a entièrement restauré cette ancienne magnanerie, située sur la route de la soie. Les chambres très confortables harmonieusement décorées dominent la plaine viticole gardoise. Les senteurs de la garrigue et le confort des lieux vous enchanteront.

Gard

Horse-riding, tennis, canoeing nearby. Mont Aigoual.

★ *How to get there: From the village of Sumène, drive 3 km and turn left onto the Saint-Roman road.*

This 18th-century farmhouse has been fully restored in the local style. Serge and Marie-Charlotte offer an attractive, stylish bedroom. Relax in the garden or take a refreshing dip in the swimming pool.

Sumène

Carte 6

Nissole

30440 Sumène
Tél. 04 67 81 32 62
Serge et Marie-Charlotte Bouttier

1 pers 450 F - 2 pers 550 F - 3 pers 650 F
repas 90 F

1 chambre avec bains et wc. Ouvert toute l'année. Petit déjeuner copieux. Table d'hôtes : cuisine cévenole. Restaurants à 3,5 km et 10 km. Vélos, piscine et rivière sur place. Parc. ★ Equitation, tennis, canoë-kayak à proximité. Mont Aigoual. **Accès :** à partir du village de Sumène, à 3 km à gauche sur la route de Saint-Roman.

Ancienne ferme du XVIIIe siècle, entièrement restaurée dans le style du pays. Serge et Marie-Charlotte vous recevront dans une jolie chambre personnalisée. Pour votre détente, le jardin et la piscine.

Haute Garonne

Tennis 2 km. Horse-riding centre, swimming pool, Prehistory Museum 6 km.

★ **How to get there:** *Leave N117 at Boussens for Mancioux, then D33 "Auzas/Aurignac" for 5 km. Before D52 (Saint-Martory/Aurignac), turn right and follow fence. Michelin map 82, fold 16.*

This traditional Commingeois-style residence in a vast park with a flower garden and lawn (on an enclosed property) is highly recommended for those fond of comfort, nature and seclusion. The setting is enhanced by three private lakes and a stream running through the grounds (bathing, fishing, boating and walks).

Auzas

Carte 5 **201**

Domaine de Menaut
31360 Auzas
Tél. 05 61 90 21 51 ou 06 09 60 80 13
Gabrielle Jander

1 pers 300 F - 2 pers 350 F - repas 70 F

2 chambres et 1 suite, chacune avec bains et wc privés (600 F/4 pers. pour 2 chambres avec bain et wc). Ouvert toute l'année (sur réservation). Table d'hôtes : spécialités régionales. Restaurant à 6 km. Pour la réservation, téléphonez aux heures des repas. ★ Tennis à 2 km, centre équestre, piscine, musée préhistorique à 6 km. **Accès :** quitter N117 à Boussens dir. Mancioux puis D33 "Auzas/Aurignac", faire 5 km. Avant D52 (Saint-Martory/Aurignac) tourner à droite, suivre la clôture. CM 82, pli 16.

Cette demeure typiquement commingeoise entourée d'un grand parc avec jardin fleuri, pelouse (sur propriété clôturée) est particulièrement recommandée aux amoureux du confort, de la nature et de l'isolement. 3 lacs privés et un cours d'eau traversent la propriété (baignade, pêche, barque et promenades sur place).

Haute Garonne

Lake, sailing and horse-riding 15 km.

★ **How to get there:** *From Toulouse, N20 for Foix/Auterive to Les Baccarets. Left for D35, through Cintegabelle. The château is on the left, 3 km from Calmont. Michelin map 82, fold 18.*

Just 3 km from the village of Calmont, listed Château de Terraqueuse boasts a tower, a 7.5-acre main courtyard and 17th-century outbuildings. The château is set in 50 acres of enclosed grounds with an array of lakes, by a river. Guests have the use of a dining room and large lounge (100 m2) with fireplace, TV and billiard table.

Calmont

Carte 5 **202**

Château de Terraqueuse
31560 Calmont
Tél. 05 61 08 10 04 - Fax 05 61 08 73 32
M. de Carayon Talpayrac

2 pers 500 F

2 chambres, toutes avec bains et wc privés (chambre enfants 250 F). Ouvert du 25 juin au 31 août. Piscine, tennis, pêche sur place. Restaurant à 15 km. ★ Plan d'eau, voile et équitation à 15 km. **Accès :** à Toulouse, N20 dir. Foix/Auterive jusqu'aux Baccarets, puis à gauche la D35, traverser Cintegabelle. Château à gauche, à 3 km de Calmont. CM 82, pli 18.

Situé à 3 km du village de Calmont, le château de Terraqueuse (classé ISMH), dont il subsiste une tour, la cour d'honneur de 2500 m² et les communs du XVIIe siècle, est situé dans un parc clôturé de 20 ha., avec de nombreuses pièces d'eau, en bordure d'une rivière. A votre disposition, salle à manger et grand salon avec cheminée, TV, billard.

Haute Garonne

Toulouse, Carcassonne, Albi, Castres, Cordes (an hour's drive at the most). Swimming pool, golf, horse-riding and tennis.

★ *How to get there: On "Départementale 1" (B-road). Michelin map 82, fold 19.*

This magnificent 14th and 18th-century château, surrounded by a pretty flower garden on an enclosed 26-acre park, is set in the heart of the countryside. Château du Croisillat offers prestigious accommodation and refined décor with handsome period furniture and shimmering fabrics. A memorable stay is assured in this charming setting.

Caraman

Carte 5 **203**

Château du Croisillat
31460 Caraman
Tél. 05 61 83 10 09 – Fax 05 61 83 30 11
M. Guérin

1 pers 400 F – 2 pers 500 F – 3 pers 600 F
p. sup 150 F

4 chambres et 1 suite de 2 ch. avec sanitaires privés. Ouvert du 15 mars au 1er novembre. Salon avec cheminée et TV à la disposition des hôtes. Cour, parc, jardin, salon de jardin, piscine privée. Restaurants à proximité. ★ Toulouse, Carcassonne, Albi, Castres, Cordes (à 1 h de route maximum). Piscine, golf, équitation, tennis. **Accès :** départementale 1. CM 82, pli 19.
Magnifique château des XIVe et XVIIIe siècles, en pleine nature, entouré par un beau jardin fleuri sur un parc clos et ombragé de 11 ha. avec piscine. Aménagement d'un très grand confort et décoration raffinée avec de beaux meubles anciens et des tissus aux couleurs chatoyantes. Une étape à ne pas manquer dans une demeure de charme.

Haute Garonne

Horse-riding 1.5 km, tennis 3 km, lake (bathing, water sports) 15 km. Golf course 20 km. Toulouse 27 km.

★ *How to get there: 8 km from motorway, Villefranche-de-Lauragais exit. Michelin map 82, fold 19.*

This attractive 15th-century family château, restored in the 18th century, is now a listed building. Enjoy the pleasant shaded park or take a dip in the pool. The bedrooms exude warmth and are appointed with antique furniture.

Mauremont

Carte 5 **204**

Château de Mauremont
31290 Mauremont
Tél. 05 61 81 64 38 – Fax 05 61 81 64 39
Jean et Bénédicte de Rigaud

1 pers 350 F – 2 pers 400/480 F – 3 pers 550 F
p. sup 150 F

1 chambre et 2 suites, chacune avec salle d'eau et wc privés. Ouvert toute l'année. Accès téléphone, billard, ping-pong. Piscine, vélos et pêche sur place. Parc (15 ha.). Chauffage central. Plusieurs restaurants à proximité ★ Equitation à 1,5 km, tennis à 3 km, lac de loisirs à 15 km, golf à 20 km. Toulouse à 27 km. **Accès :** à 8 km de la sortie de l'autoroute Villefranche-de-Lauragais. CM 82, pli 19.
Beau château familial du XVe siècle, restauré au XVIIIe et classé à l'inventaire des monuments historiques. Agréable parc ombragé et piscine. Les chambres, chaleureuses, sont meublées en ancien.

Haute Garonne

Toulouse 20 km. Tennis court 500 m. Swimming pool 5 km. Golf course 7 km. Horse-riding 18 km.

★ *How to get there: 20 km north of Toulouse, on N88 (heading for Albi) or on A68 (exit 3) to Montastruc. 500 m past the traffic lights, take D30 for Lavaur, and turn right for Stoupignan. Michelin map 82, fold 9.*

This handsome, Louis-XIII-style family mansion is situated in beautiful shaded and flower-filled parkland, in Toulouse country. Each room is painted in a different dominant colour, and appointed with period and family furniture. Enjoy the tranquillity of the place and the delicious breakfasts served in the shade of holm oaks. Take a refreshing stroll in the woods.

Montpitol

Carte 5 **205**

Stoupignan
31380 Montpitol
Tél. 05 61 84 22 02
Claudette Fieux

1 pers 300 F - 2 pers 500 F - 3 pers 600 F

3 ch. avec TV et sanitaires privés. Ouvert toute l'année. Copieux petit déjeuner : pain grillé, viennoiseries, confitures et patisseries maison... Salon de jardin, parc 2 ha. avec lac de plaisance, planche à voile et voilier. Restaurants à proximité. Poss. de séminaires (10 pers. maximum). ★ Toulouse 20 km. Tennis 500 m. Piscine 5 km. Golf 7 km. Equitation 18 km. **Accès :** 20 km au nord de Toulouse, par N88 (dir. Albi) ou par A68 (sortie 3) jusqu'à Montastruc. 500 m après le feu, D30 dir. Lavaur, puis à droite vers Stoupignan. CM 82, pli 9.

Dans le pays toulousain, belle maison de maître, de style Louis XIII, entourée d'un très beau parc ombragé et fleuri. Chaque chambre est personnalisée par une couleur dominante avec meubles anciens et de famille. Vous apprécierez la quiétude des lieux, le plaisir du petit déjeuner servi à l'ombre des chênes verts et le charme d'une promenade dans les bois attenants.

Haute Garonne

Tennis 800 m, 9-hole golf course 1 km. Horse-riding centre and swimming pool 10 km. Toulouse 12 km. Cordes 40 km.

★ *How to get there: From Toulouse, bypass (Rocade), exit 17 Fonsegrives/Castres. 4 km past Fonsegrives, right to St-Pierre-de-Lages. At town hall (Mairie), left for Vallesvilles, drive 800 m. Michelin map 82, fold 18.*

This pretty, pink-brick 17th-century château, on the Pastel Route, is set in woods and meadows. The château and its outbuildings form an inner courtyard. The suite is appointed with period furniture and attractive matching fabrics.

Saint-Pierre-des-Lages

Carte 5 **206**

Le Bousquet
31570 Saint-Pierre-des-Lages
Tél. 05 61 83 78 02 - Fax 05 62 18 98 29
M. de Lachedenède

1 pers 300 F - 2 pers 350 F - 3 pers 500 F
p. sup 100 F

1 suite de 2 chambres avec bains et wc privés (600 F/4 pers.). Ouvert toute l'année. Parc (15 ha.). Lac privé à 1 km. Restaurants à 2 et 3 km. ★ Tennis à 800 m, golf 9 trous à 1 km. Centre équestre et piscine à 10 km. Toulouse à 12 km, Cordes à 40 km. **Accès :** de Toulouse rocade sortie 17 vers Fonsegrives/Castres. 4 km après Fonsegrives à dr. jusqu'à St-Pierre de Lages (mairie) à gauche vers Vallesvilles faire 800 m. CM 82, pli 18.

Sur la route du Pastel, joli château du XVIIe siècle en briques roses avec communs formant une cour intérieure, situé dans un ensemble de bois et de prairies. La suite est meublée en ancien, avec de jolis tissus coordonnés.

Haute Garonne

Toulouse, the "pink city". Carcassonne and city. Cathar castles. Cordes. Albi and Toulouse-Lautrec Museum. Hiking, tennis, horse-riding, fishing, golf and sailing.

★ **How to get there:** *From Toulouse, take the bypass and exit 18 for Revel. After Labastide-Beauvoir, turn right and drive 3 km. Michelin map 82, fold 19.*

Built in the 16th century, red-brick Château des Varennes awaits your arrival in the heart of the Lauragais. Set in a park with century-old trees, the residence features four rooms which afford magnificent views of the hills. You will enjoy a relaxing stroll through the park or a dip in the pool. An ideal place for discovering the art of living in Cocagne country..

Les Varennes

Carte 5 **207**

Château des Varennes
31450 Les Varennes
Tél. 05 61 81 69 24 - Fax 05 61 81 69 24
Jacques et Béatrice Méricq

1 pers 450/650 F - 2 pers 500/700 F - repas 150 F

3 chambres et 1 suite avec sanitaires privés. Ouvert toute l'année. Petit déjeuner : pâtisseries maison et viennoiseries... Table d'hôtes : spécialités du sud-ouest et vins régionaux. Bibliothèque avec TV. Cour, jardin et parc avec piscine. Restaurant à St.Félix-Lauragais (10 km). ★ Toulouse, la ville rose. Carcassonne et sa cité. Châteaux cathares. Cordes. Albi et le musée Toulouse-Lautrec. Randonnées pédestres, tennis, équitation, pêche, golf et voile. **Accès :** de Toulouse, prendre la rocade sortie 18 direction Revel. Après Labastide-Beauvoir, prendre à droite et faire 3 km. CM 82, pli 19.

Contruit au XVIe siècle, en briques roses, le château des Varennes vous accueille au cur du Lauragais. Situé dans un parc aux arbres centenaires, il vous propose quatre chambres avec une vue superbe sur les côteaux. Promenades dans le parc, détente dans la piscine... une étape idéale pour découvrir l'art de vivre en pays de Cocagne.

Haute Garonne

Toulouse, Castelnaudary, Canal du Midi, Carcassonne, Castres, Albi. Windsurfing at St-Ferréol. Tennis and golf 20 km.

★ **How to get there:** *From Toulouse, take the bypass and exit 18 for Revel (D2). 36 km on (5 km before St-Félix), turn left onto D59 and drive 2 km to Mazière de Sers (cedar tree in front of the gate).*

This handsome time-honoured farmhouse with mullioned windows is situated in the Lauragais. The residence features two comfortable, welcoming bedrooms and a children's bedroom. Great care has been lavished on the interior décor, which boasts fine period objects. You will enjoy a relaxing dip in the attractive swimming pool.

Le Vaux

Carte 5 **208**

Mazière de Sers - 31540 Le Vaux
Tél. 05 61 83 87 77 - Fax 05 61 83 87 77
Email : sophie.de-kermel@wanadoo.fr
Alain et Sophie de Kermel

1 pers 300 F - 2 pers 380 F - p. sup 150 F

2 chambres avec sanitaires privés. Ouvert toute l'année. Petit déjeuner : jus de fruits frais, confitures, viennoiseries, laitages... TV, téléphone, mini-bar, réfrigérateur et bibliothèque. Ping-pong, baby-foot, pétanque, balançoires et piscine. Parc. Restaurants à Auriac (4 km) ou St.Félix (5 km). ★ Toulouse, Castelnaudary, canal du Midi, Carcassonne, Castres, Albi... Planche à voile à St.Ferréol. Tennis et golf à 20 km. **Accès :** de Toulouse, prendre la rocade sortie 18 vers Revel (D2). Faire 36 km (5 avant St.Félix) et prendre à gauche la D59 puis faire 2 km jusqu'à Mazière de Sers (cèdre avant portail). CM 82, pli 19.

Dans le Lauragais, cette belle ferme ancienne de caractère avec fenêtres à meneaux offre 2 chambres confortables et chaleureuses ainsi qu'une chambre d'enfants. Décoration soignée avec de beaux objets d'époque. Pour votre détente une agréable piscine.

Gers

Places of historical interest, wine-tasting cellars, spa. Museums, festivals, shows. Lakes, tennis, golf, hiking and horse-riding.

★ *How to get there: At Fleurance, head for St-Clar (D953) and drive 1 km. Turn left for Castelnau-d'Arbieu; at the entrance to the village. Michelin map 82, fold 5.*

This handsome 18th-century residence built in local stone stands at the entrance to the village. The attractively-decorated bedrooms look out onto a vast floral terrace with garden furniture. The surrounding Gers hills and the swimming pool provide the perfect setting for the farniente life away from it all.

Castelnau-d'Arbieu   Carte 5   209

rue du Barry - 32500 Castelnau-d'Arbieu
Tél. 05 62 64 07 32 - Fax 05 62 64 06 91
Claude et Maryse Cochard

1 pers 310 F - 2 pers 350 F - 3 pers 450 F
repas 100 F

2 chambres avec sanitaires privés. Ouvert du 15.01 au 30.11. Petit déjeuner : jus de fruits, yaourts, confitures maison, viennoiseries... Table d'hôtes : tarte au fromage de chèvre et menthe, cassolettes de saumon, piperade... Salon, bibliothèque et jeux de société à disposition. Ping-pong, piscine. Jardin fleuri. ★ Sites historiques, caves dégustation, centre thermal. Musées, festivals, spectacles... Lacs, tennis, golf, randonnées pédestres, équitation. **Accès :** à Fleurance, prendre dir. St.Clar (D953) et faire 1 km. Tourner à gauche dir. Castelnau-d'Arbieu; à l'entrée du village. CM 82, pli 5.

A l'entrée d'un petit village, cette belle demeure en pierre date du XVIIIe siècle. Les chambres joliment décorées, s'ouvrent sur la vaste terrasse fleurie équipée de salons de jardin. Les côteaux environnants du Gers et la piscine, invitent à la rêverie et au farniente.

Gers

Fortifications, castles, abbeys and wine cellars. Lake and spa. Golf, swimming, tennis, horse-riding and fishing.

★ *How to get there: From Eauze, head for Castelnau-d'Auzan (D43) and drive approx. 8 km. At "Le Chiro", turn left and follow sign "La Musquerie". Michelin map 79, fold 13.*

The heart of Gascony is the setting for this 18th-century family mansion which stands on a 45-acre estate surrounded by vines. The rooms are comfortable and welcoming. You will enjoy refreshing walks through the 15 acres of vineyards and on the estate. Gourmets will delight in the delicious Gascon specialities served at the table d'hôtes.

Castelnau-d'Auzan   Carte 5   210

Domaine de la Musquerie

"Le Juge" - 32440 Castelnau-d'Auzan
Tél. 05 62 29 21 73 - Fax 05 62 29 21 73
http://www.oppi-fr.com
Michel et Bernadette Denis

1 pers 240 F - 2 pers 300 F - p. sup 95 F
repas 110 F

3 chambres avec sanitaires privés. Ouvert toute l'année. Petit déjeuner : pâtisseries et confitures maison, œufs, yaourts... Table d'hôtes : confits et magrets, salades gasconnes, garbure, tartes... Bibliothèque, salon avec cheminée et TV, piano. Visite de la palombière et promenades dans le vignoble. ★ Bastides, châteaux, abbayes, caves... Plan d'eau et site thermal. Golf, piscine, tennis, équitation, pêche. **Accès :** Eauze direction Castelnau-d'Auzan (D43) puis faire 8 km environ; au lieu-dit "Le Chiro" prendre à gauche. Fléchage "La Musquerie". CM 79, pli 13.

Au cœur de la Gascogne, sur un domaine de 30 ha. maison de maître du XVIIIe siècle entourée de vignes. Les chambres sont confortables et chaleureuses. Belles promenades dans le vignoble qui s'étend sur 10 ha. et sur le domaine. Les amateurs apprécieront la table d'hôtes gourmande avec ses spécialités gasconnes.

Gers

Tours of local canning factory. Tennis, golf, lake nearby.

★ *How to get there: At Caussens, head for Lectoure. Follow signs to Château de Mons. Past château, turn right at 1st crossroads and follow signs.*

Handsome 17th-century family mansion now fully restored. The bedrooms feature attractive period furniture, creating a warm, comfortable atmosphere. Superb view of the Ténarèze hills. Relax in the swimming pool and jacuzzi.

Caussens

Carte 5 **211**

Au Vieux Pressoir

Saint-Fort – 32100 Caussens
Tél. 05 62 68 21 32 – Fax 05 62 68 21 32
Laurent et Christine Martin

1 pers 210 F – 2 pers 310 F – 3 pers 350/430 F
p. sup 70 F – repas 95 F – 1/2 p. 250 F – pens. 320 F

3 chambres avec TV et sanitaires privés. Ouvert toute l'année. Ferme-auberge : foie gras frais aux fruits sauce au floc, soufflé glacé au pousse rapière...(cuisine traditionnelle à base de produits fermiers). Parc, jardin, terrain de pétanque, volley, piscine, jaccuzi, pêche, ping-pong. ★ Conserverie avec visite sur place. Tennis, golf, lac à proximité. **Accès :** à Caussens dir. Lectoure. Suivre château de Mons. Après le château, au 1er croisement prendre à droite puis suivre les indications.

Belle demeure de maître du XVIIe siècle entièrement restaurée. Les chambres avec un joli mobilier ancien sont chaleureuses et confortables. Superbe vue sur les coteaux de la Ténarèze. Pour vous détendre, une piscine et un jaccuzi sont à votre disposition.

Gers

Tourist complex 3 km: 18-hole golf course, swimming pool, tennis court, horse-riding. Eauze, Archaeology Museum, Armagnac storehouses 5 km.

★ *How to get there: Signposted from Eauze: Ferme de Mounet, Parleboscq road 4 km. Michelin map 82, fold 3.*

Monique and Bernard extend a warm welcome at their manor house, which looks out onto a pretty flower garden, set in a shaded park in the heart of Armagnac country. Savour the delights of mouthwatering Gascon cuisine at the table d'hôtes.

Eauze

Carte 5 **212**

Ferme de Mounet

32800 Eauze
Tél. 05 62 09 82 85 – Fax 05 62 09 77 45
Monique Molas

2 pers 280/320 F – repas 120 F – 1/2 p. 260/280 F

3 ch. doubles avec sanitaires privés. Ouvert de Pâques à la Toussaint. Table d'hôtes : cuisine gasconne (canards, oies...). Conserverie à la ferme (dégustation et vente). Week-end foie gras. Jardin, parc. Vélos, ping-pong, pétanque. Cartes bancaires acceptées. ★ Complexe touristique à 3 km : golf 18 trous, piscine, tennis, équitation. Eauze, musée archéologique, chais d'Armagnac à 5 km. **Accès :** fléchage de Eauze : ferme de Mounet, route de Parleboscq à 4 km. CM 82, pli 3.

Au coeur de l'Armagnac, Monique et Bernard vous accueillent chaleureusement dans leur gentilhommière ouvrant sur un joli jardin fleuri et entourée d'un parc ombragé. Vous pourrez découvrir à la table d'hôtes toutes les saveurs de la cuisine gasconne servie avec générosité.

Gers

Fortified villages and walled towns. Flaran Abbey, Condom Cathedral. Armagnac Museum. Armagnac châteaux and storehouses. Santiago de Compostela pilgrimage route. Horse-riding.

★ *How to get there: D931 between Agen (28 km) and Condom (10 km). From Condom, leave the village of Gazaupouy on the right. Main driveway lined with plane trees, 500 m up on the left. Michelin map 79, fold 14.*

This imposing 18th-century Gascon residence with out-buildings is set in an attractive park with century-old trees, on a promontory facing a small Gers village. The bedrooms have been fully restored by your hosts, decorating and antique-furniture enthusiasts Catherine and Philippe. Enjoy a dip in the pool or a game of tennis on the premises.

Gazaupouy

Carte 5 **213**

Domaine de Polimon

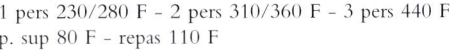

32480 Gazaupouy
Tél. 05 62 28 82 66 – Fax 05 62 28 82 88
http://www.resinfrance.com
Philippe et Catherine Bolac

1 pers 230/280 F – 2 pers 310/360 F – 3 pers 440 F
p. sup 80 F – repas 110 F

2 chambres et 1 suite de 2 chambres avec sanitaires privés. Ouvert toute l'année. Petit déjeuner gourmand à base de confitures et viennoiseries maison. Table d'hôtes (juillet/août). Jardin, parc (1,2 ha.), tennis de table, piscine et tennis privés. Restaurants à proximité. (Poss. de louer 1 gîte 6/8 pers.). ★ Villages fortifiés et bastides. Abbaye de Flaran, cathédrale de Condom. Musée de l'Armagnac. Châteaux et chais d'Armagnac. Nuits musicales en Armagnac. Sentiers de St-Jacques. Equitation. **Accès :** D931 entre Agen (28 km) et Condom (10 km). Depuis Condom, laisser le village de Gazaupouy sur la droite. Grande allée de platanes, 500 m après sur la gauche. CM 79, pli 14.

Face à un petit village fortifié du Gers et située sur un promontoire, cette grande demeure gasconne du XVIIIe siècle avec dépendances est entourée d'un beau parc aux arbres centenaires. Les chambres ont été entièrement restaurées par Catherine et Philippe passionnés par la décoration et les meubles anciens. Piscine et tennis agrémenteront votre séjour.

Gers

Castles, fortifications, museums and abbeys. Jegun is at the gateway to the Armagnacois: tours of vineyards, storehouses (where Armagnac is aged). Lake and water sports. Racecourse. Spa. Hiking and horse-riding. Tennis.

★ *How to get there: 18 km from Auch and 30 km from Condom. From Auch, head for Condom. 17 km on, turn left. At entrance to village, dir. town centre. The house is on the right: 28, Grand'Rue, with sign. Michelin map 82, fold 4.*

This handsome restored house awaits your arrival in the heart of a quiet village. The four comfortable, attractively-decorated bedrooms will offer a haven of peace after sightseeing and sporting activities. The warm welcome is matched only by the quality of the meals made from local produce.

Jegun

Carte 5 **214**

Au village

28, Grand'Rue – 32360 Jegun
Tél. 05 62 64 55 03
http://www.resinfrance.com
Rolande Mengelle

1 pers 190/200 F – 2 pers 270/300 F – 3 pers 350 F
p. sup 70 F – repas 100 F

4 chambres avec sanitaires privés dont 2 avec TV. Ouvert du 1.02 au 31.10. Petit déjeuner : jus de fruits, viennoiseries, charcuterie, œufs, fromage... Table d'hôtes : confits, magrets, foie gras, poule au pot, légumes du jardin, pâtisseries maison... Salon avec TV, bibliothèque, chaîne hi-fi, piano, jeux de société. Jardin. ★ Châteaux, bastides, musées, abbayes. Jegun est aux portes de l'Armagnacois : visites de vignobles, chais (vieillissement de l'Armagnac). Plan d'eau (activités nautiques). Hippodrome. Station thermale. Randonnées pédestres et équestres. Tennis. **Accès :** à 18 km d'Auch et 30 km de Condom. Par Auch, direction Condom. Faire 17 km et prendre à gauche. A l'entrée du village, dir. centreville. Dans la Grand'Rue, maison à droite (n° 28) avec le logo. CM 82, pli 4.

Au cœur d'un village paisible, une belle maison de maître restaurée, vous attend. Les 4 chambres agréablement décorées et confortables seront des havres de repos après vos excursions culturelles ou sportives. L'accueil est chaleureux et la qualité de la cuisine à base de produits locaux est assurée.

Gers

Tours of fortified towns and castelnaux. Hiking. Jazz Museum and Festival. Country music. Motocross. Nogaro racing circuit. Tennis, golf, swimming, health and fitness, water sports centre.

★ **How to get there:** At Marciac, head for Juillac (D255). Drive through the village and after the exit sign, take the first road (surfaced) on the left. Michelin map 82, fold 3.

The heart of the Gers is the setting for this delightful 18th-century charterhouse, which stands in extensive flower-filled parkland, overlooking the surrounding countryside. The guest bedrooms have been decorated with taste and refinement in a wing of the fully-restored house. Enjoy the gourmet breakfasts and table d'hôtes meals made with fresh produce in season.

Juillac

Carte 5 `215`

Au Château
32230 Juillac
Tél. 05 62 09 37 93 ou 06 15 90 25 31
http://www.resinfrance.com
Yves et Hélène de Resseguier

1 pers 260 F - 2 pers 280 F - p. sup 70 F
repas 100 F - 1/2 p. 240 F

3 ch. avec sanitaires privés (poss. lit d'appoint enfant ou lit bébé). Ouvert toute l'année. Table d'hôtes : produits frais selon les saisons. Coin-cuisine à disposition avec poss. de préparation pique-nique. Parc 1 ha. Espace aménagé en bord de rivière pour pêche et pique-nique. ★ Route des bastides et des castelnaux. Randonnées. Musée du Jazz et festival. Country-Music. Moto-cross. Nogaro et son circuit. Tennis, golf, piscine, remise en forme, base nautique. **Accès :** à Marciac, direction Juillac (D255). Traverser le village et après le panneau de sortie, 1ère route (goudronnée) à gauche. CM 82, pli 3.

Au coeur du Gers, cette ravissante chartreuse du XVIIIe, entourée d'un grand parc fleuri, domine la campagne alentour. Les chambres qui vous reçoivent ont été aménagées avec goût et raffinement dans une aile de la maison entièrement restaurée. Vous y apprécierez le petit déjeuner gourmand et à la table d'hôtes, les produits frais selon les saisons.

Gers

Historical Planselve Abbey, Cahuzac Chapel, tours of the "Comtesse du Barry" and "Duc de Gascogne" factories. Fishing, horse-riding, hiking (GR posted trails), tennis and golf.

★ **How to get there:** At Gimont, head for Saramon (D12). Drive 3 km, then turn right. Chemin de la Devèze is 2 km further on.

The grounds of this fine 18th-century Tuscan-style Gascon residence afford a panoramic view that encompasses the Gers hills and the Pyrenees. In the summer months, meals are served by the pool or in the garden. The comfortable rooms are luxuriously appointed. Handsome antique furniture. An ideal spot for getting to know this enticing region.

Juilles

Carte 5 `216`

Au Soulan de Laurange
chemin de la Devèze - 32200 Juilles
Tél. 05 62 67 76 62 - Fax 05 62 67 76 62
http://www.resinfrance.com
Alain Petit et Gérard Crochet

1 pers 310 F - 2 pers 350 F - 3 pers 450 F
p. sup 100 F - repas 120 F

4 chambres avec sanitaires privés. Ouvert toute l'année. Petit déjeuner gourmand : jus de fruits frais, fromages, laitages, viennoiseries, patisseries et confitures maison. Table d'hôtes : magrets au miel, tourtes aux légumes et poissons. Bibliothèque, jeux. Parc, jardin, piscine, vélos. ★ Ancienne abbaye de Planselve, chapelle de Cahuzac, visite fabrique Comtesse du Barry, Duc de Gascogne. Pêche, équitation, randonnées pédestres (GR), tennis, golf. **Accès :** à Gimont prendre la direction de Saramon (D12). Parcourir 3 km puis tourner à droite : chemin de la Devèze 2 km.

Depuis le parc de cette belle demeure gasconne du XVIIIe à l'allure toscane, la vue porte des coteaux gersois jusqu'aux Pyrénées. L'été, les repas sont servis au bord de la piscine ou dans le jardin. Les chambres sont équipées avec confort et décorées avec raffinement. Très beau mobilier antiquaire. Une adresse à ne pas manquer pour découvrir cette belle région.

Gers

Tennis court, flying club, horse-riding 10 km. 18-hole golf course 25 km. Visits to Armagnac storehouses, fortifications and châteaux, water cures (Barbotan, Eugénie-les-Bains).

★ *How to get there: From Nogaro, take D143, then turn left for D244 before the village of Laujuzan. Michelin map 82, fold 2.*

The Verdier estate stands on a sun-blessed hillside in Gascony's Armagnac country, in the heart of a kiwi plantation. The residence overlooks a harmonious landscape, which exudes relaxation. The bedrooms are handsomely appointed with period furniture. A kitchen area and lounge-cum-dining room, beside the pool, are provided for guests' use.

Laujuzan

Carte 5 **217**

Le Verdier
32110 Laujuzan
Tél. 05 62 09 06 57
Jean-Pierre et Geneviève Sandrin

1 pers 250 F - 2 pers 300 F - p. sup 50 F

3 chambres doubles avec bains et wc privés (et chambre suppl. formant 1 ch. familiale : 2/5 pers. 550 F). Ouvert du 15 juin au 15 septembre. Petit déjeuner copieux. Piscine privée. Vélos, lac et parc. Animaux admis sous conditions. ★ Tennis, aéroclub et équitation à 10 km. Golf 18 trous à 25 km. Visite de Chais d'Armagnac, bastide et châteaux, thermalisme (Barbotan, Eugénie-les-Bains). **Accès :** de Nogaro, prendre la D143, puis à gauche la D244 avant le village de Laujuzan. CM 82, pli 2.

En Gascogne, sur une colline ensoleillée de l'Armagnac, au coeur d'une plantation de kiwis, le domaine du Verdier domine un paysage harmonieux invitant à la détente. Les chambres sont joliment meublées en ancien. A côté de la piscine, coin-cuisine et salon/salle à manger à la disposition des hôtes.

Gers

Larressingle fortified village, Montréal fortress town, Séviac Gallo-Roman villa, Castelnau-de-Fourcès, Eauze, Condom Cathedral and Armagnac Museum, châteaux. Tennis 3 km. Swimming pool 5 km. Outdoor leisure centre 8 km. Golf 18 km.

★ *How to get there: A62 for Agen. D931 for Condom and Eauze until you get to Mouchan. Drive through village and keep going for 2.5 km. Turn right and follow signs. Michelin map 82, fold 4.*

Léa and Jérôme are your hosts at their handsome Gascon residence in the heart of the Armagnac vineyards. The guest rooms are each decorated in a different style and exude great charm. Ideal for exploring this region steeped in Gallo-Roman and medieval history, with visits to Montréal, Condom and Eauze.

Lauraet

Carte 5 **218**

La Bastidoun au Bernes
32330 Lauraet
Tél. 05 62 68 29 49 - Fax 05 62 68 29 49
Léa Herbinière et Jérôme Trouche

1 pers 260 F - 2 pers 310/400 F - 3 pers 450 F
repas 90 F - 1/2 p. 245 F

2 chambres et 1 ch. double avec bains et wc privés (520 F 4 pers.). Ouvert toute l'année. Table d'hôtes le soir, sur réservation : spécialités (fondue et brochettes gasconnes). Séjour, salon avec cheminée, TV, hi-fi, jeux et bibliothèque touristique à disposition. Jardin, terrasses, ping-pong, terrain de pétanque, VTT. ★ Village fortifié de Larressingle, bastide de Montréal, villa gallo-romaine de Séviac, Castelnau-de-Fourcès, Eauze, Condom (cathédrale et musée de l'Armagnac), châteaux. Tennis 3 km. Piscine 5 km. Base de loisirs 8 km. Golf 18 km. **Accès :** A62 : Agen. D931, dir. Condom puis Eauze jusqu'à Mouchan. A la sortie du village, continuer sur 2,5 km puis tourner à droite et suivre les indications. CM 82, pli 4.

Au coeur des vignobles de l'Armagnac, dans une région riche d'histoire gallo-romaine et médiévale (Montréal, Condom, Eauze), Léa et Jérôme vous accueillent dans leur belle demeure gasconne. Toutes les chambres sont personnalisées et décorées avec beaucoup de charme.

Gers

Château de Lavardens (16th century). Golf course 12 km. Horse-riding at Pauillac 15 km. Tennis court and outdoor sports centre 14 km (fishing, bathing, windsurfing, pedal boats). Mountain bike club 7 km. Railway station 15 km. Shops 10 km.

★ ***How to get there:*** *From Toulouse and Auch, head for Condom, then take D103 for Lavardens-Fleurance to Mascara 7 km. Michelin map 82, folds 4/5.*

Monique and Roger are your hosts at Mascara, a large Gascon-style house overlooking a vast flower-filled garden with swimming pool, and surrounded by the rolling hills of the Gers countryside. Guests have a choice of either traditional or gourmet cuisine.

Lavardens

Carte 5 **219**

Mascara
32360 Lavardens
Tél. 05 62 64 52 17
http://www.resinfrance.com
Roger et Monique Hugon

1 pers 300/350 F - 2 pers 350/400 F - p. sup 100 F
repas 125 F - 1/2 p. 285/310 F

4 ch., toutes avec douche ou bain et wc privés. Ouvert du 1.02 au 31.12.sur rés. Table d'hôtes le soir sauf dimanche (sur réservation uniquement) : spécialités gasconnes. Ping-pong, piscine sur place. VTT. Week-ends gastronomiques d'octobre à mai. Vente de produits régionaux. Auberge 3 km. ★ Château de Lavardens (XVIe). Golf 12 km. Equitation 15 km. Tennis et base de loisirs 14 km (pêche, baignade, planche à voile... Club VTT 7 km. Gare 15 km. Commerces 10 km. **Accès :** venant de Toulouse, depuis Auch, dir. Condom, puis D.103 dir. Lavardens-Fleurance jusqu'à Mascara (7 km). CM 82, pli 4/5.

Monique et Roger vous accueillent à Mascara dans une grande maison gasconne retirée de la route ouvrant sur un vaste jardin fleuri avec une belle piscine. Elle est entourée de coteaux et située au coeur de la campagne gersoise. Vous pourrez y savourer une cuisine traditionnelle ou gastronomique selon votre souhait.

Gers

Lectoure episcopal town and spa, Roman ruins and taurobolium, Fountain of Diana. La Romieu and cloisters. Château de Terraube. Numerous fortified villages. Tennis, horse-riding, golf and 3 Vallées outdoor activities centre.

★ ***How to get there:*** *From Lectoure, take D7 for Condom. Drive approximately 5 km and turn right for Lagarde. Drive 1.5 km and head for "Le Nauton". Michelin map 82, fold 5.*

This stately 17th and 18th-century residence stands in a vast 7.5-acre park with swimming pool, right in the heart of the countryside. Five extremely comfortable, superbly-appointed rooms await your arrival. Refined décor and period furniture. Discover and savour the delicious Gascon specialities made with local produce, served at the table d'hôtes.

Marsolan

Carte 5 **220**

Le Nauton
Saint-Jacques - 32700 Marsolan
Tél. 05 62 68 99 82 - Fax 05 62 68 99 81
http://www.resinfrance.com
Hildegarde Lotthe

1 pers 350 F - 2 pers 380 F - repas 140 F
1/2 p. 330 F

5 chambres dont 3 avec bains et 2 avec douche, wc privés. Ouvert du 1.02 au 30.11. Table d'hôtes : cuisine gasconne à base de produits du terroir. (1/2 pens. sur la base de 2 pers.). Salon avec grande cheminée et TV à la disposition des hôtes. Cour, jardin, parc, piscine, p-pong, boulodrome. ★ Ville épiscopale de Lectoure et station thermale, ruines romaines et taurobole, fontaine de Diane. La Romieu et son cloître. Château de Terraube. Nombreux villages fortifiés. Tennis, équitation, golf, centre de loisirs des 3 vallées. **Accès :** à Lectoure, prendre la D7 dir. Condom. Faire 5 km environ et tourner à droite dir. Lagarde. Faire 1,5 km et tourner vers "Nauton". CM 82, pli 5.

En pleine nature, belle demeure des XVIIe et XVIIIe siècles, entourée d'un vaste parc (3 ha.) avec piscine. 5 chambres très confortables et superbement aménagées vous attendent. Décoration raffinée et mobilier d'époque. A la table d'hôtes, vous pourrez découvrir et apprécier les savoureuses spécialités de la cuisine gasconne préparée avec les produits du terroir.

Gers

Swimming pool, outdoor leisure centre, horse-riding, golf course, thermal baths, tennis, fishing.

★ *How to get there: At St-Clar, head for Valence d'Agen. At the crossroads, make for Mauroux, straight run after "Embarthe". Keep going, and after woods, 1st road on right. Michelin map 82, folds 5/6.*

This vast, fully-restored Gascon residence is set in tree-lined, flower-decked grounds, in keeping with its typically regional style. The sunny bedrooms are appointed with both period and modern furniture. This gîte, in an outstanding setting, was chosen by TV channel France 2 for the "La Nuit des Etoiles" programme (astronomy and stargazing) in 1995 and 1996.

Mauroux

Carte 5 **221**

Le Corneillon
32380 Mauroux
Tél. 05 62 06 09 76 – Fax 05 62 06 24 99
La Ferme des Etoiles

---

1 pers 210 F – 2 pers 280 F – 3 pers 360 F
p. sup 80 F – repas 90 F – 1/2 p. 230 F

2 chambres avec sanitaires privés. Ouvert du 1.04 au 15.11. TV, tél., bibliothèque, planétarium, labo photo, vidéo, salles de projection, 3 salons. Stages, découverte du ciel. Piscine, coupoles d'observation, télescope. Randonnées. (Pens. et 1/2 pens. sur la base de 2 pers./ chambre). ★ Piscine, base de loisirs, équitation, golf, thermes, tennis, pêche. **Accès :** à St-Clar, dir. Valence d'Agen. Au croisement, dir. Mauroux, grande ligne droite après "Embarthe". Continuer tout droit, et après le bois, 1ère route à droite. CM 82, plis 5/6.

Cette vaste demeure gasconne entièrement restaurée, entourée d'un parc arboré et fleuri, a su préserver son style typiquement régional. Les chambres ensoleillées sont dotées de meubles anciens et contemporains. Ce site qui bénéficie d'une situation exceptionnelle a été retenu par France 2 pour la Nuit des Etoiles en 95 et 96.

Gers

Mielan Lake, tennis, fishing and horse-riding 1.5 km. Pyrenees mountain range 50 km. Tours of walled cities and towns. Golf course at Tillac 10 km.

★ *How to get there: At the entrance to the village of Mielan, Chemin de la Fontaine is on the right. 100 m from RN21 Auch-Tarbes. Michelin map 82, fold 14.*

Two very comfortable bedrooms await your arrival in this large, elegant 19th-century family home with a view of the Pyrenees. Antique paintings grace the staircase. Relax in the garden with terrace. Car park.

Miélan

Carte 5 **222**

La Tannerie
32170 Miélan
Tél. 05 62 67 62 62
Barry et Carol Bryson

---

2 pers 275/320 F – 3 pers 350/400 F – p. sup 80 F

2 chambres doubles avec sanitaires privés. Fermé en décembre, janvier et 15 jours en juin. Coin-salon avec TV et vidéo. Jardin. Restaurants à 2 et 6 km. ★ Lac de Miélan, tennis, pêche et équitation à 1,5 km. Golf à Tillac 10 km. Chaine des Pyrénées à 50 km. Route des bastides. **Accès :** à l'entrée du village de Miélan, chemin de la Fontaine à droite. A 100 m de la RN21 Auch-Tarbes. CM 82, pli 14.

Dans une grande maison bourgeoise du XIXe siècle avec vue sur la chaine des Pyrénées, 2 chambres très confortables vous attendent (peintures anciennes dans l'escalier). Jardin, terrasse. Parking.

Gers

Tennis court and museums in Mirande 500 m. Outdoor leisure centres at Mirande 500 m and Miélan 15 km. Horse-riding centre 2 km. Villages and fortifications in the surrounding area.

★ ***How to get there:*** *500 m from centre of Mirande, close to the river Baïse. From Auch, RN21, turn right after the bridge.*

This handsome stone, brick and half-timbered house by a lake is a 12th-century water mill. It is set in a beautiful shaded flower garden. The vast bedrooms are cosily appointed with attractive period furniture. Enjoy a dip in the heated indoor pool with spa and sauna.

Mirande

Carte 5 **223**

Moulin de Régis
32300 Mirande
Tél. 05 62 66 66 29 ou 05 62 66 51 06
Fax 05 62 66 51 06
http://www.resinfrance.com
Pierre et Gisèle Trémont

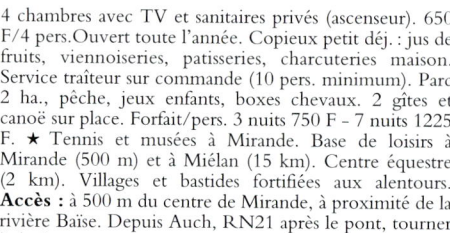

1 pers 420 F – 2 pers 450 F – 3 pers 550 F

4 chambres avec TV et sanitaires privés (ascenseur). 650 F/4 pers. Ouvert toute l'année. Copieux petit déj. : jus de fruits, viennoiseries, patisseries, charcuteries maison. Service traîteur sur commande (10 pers. minimum). Parc 2 ha., pêche, jeux enfants, boxes chevaux. 2 gîtes et canoë sur place. Forfait/pers. 3 nuits 750 F – 7 nuits 1225 F. ★ Tennis et musées à Mirande. Base de loisirs à Mirande (500 m) et à Miélan (15 km). Centre équestre (2 km). Villages et bastides fortifiées aux alentours. **Accès :** à 500 m du centre de Mirande, à proximité de la rivière Baïse. Depuis Auch, RN21 après le pont, tourner à droite.

Cette belle batisse en pierres, briques et colombages, au bord d'un plan d'eau est un ancien moulin à eau du XIIe siècle. Elle est entourée d'un beau jardin ombragé et fleuri. Les chambres sont vastes et chaleureusement aménagées avec de jolis meubles anciens. Pour vous détendre une piscine couverte chauffée, un spa et un sauna.

Gers

Historical places of interest, concerts, festivals. Mountains and skiing. Fishing, sailing, horse-riding, tennis, swimming, lake.

★ ***How to get there:*** *On RN21 Auch-Mirande, turn left at the Trouettes crossroads (6 km from Mirande) and drive along D2 for 2 km past St-Médard. Michelin map 82, fold 14.*

This handsome 18th-century residence with outbuildings is set in the heart of the countryside, in a vast 9-acre park with a private river and lake. Thoroughbred (Egyptian) Arab horses are reared on the estate.

Moncassin

Carte 5 **224**

Domaine de Sakkarah
32300 Moncassin
Tél. 05 62 66 87 47 – Fax 05 62 66 87 48
http://www.resinfrance.com
Dominique et Jacqueline Poulin

1 pers 330/380 F – 2 pers 430/480 F – repas 120 F
1/2 p. 315/340 F

4 belles chambres très confortables, avec TV, tél. (ligne directe), bains et wc privés. Ouvert toute l'année. Grand salon avec table de jeux. Terrasse. Sauna. Boulodrome. Auberge sur place (possibilité repas sur réservation). ★ Sites historiques, concerts, festivals. Montagne et ski. Pêche, voile, équitation, tennis, piscine, lac. **Accès :** sur la RN21 Auch-Mirande, tourner à gauche au carrefour des Trouettes (6 km de Mirande) et suivre la D2 jusqu'à 2 km après St-Médard. CM 82, pli 14.

En pleine campagne, cette belle demeure du XVIIIe, avec dépendances est entourée d'un vaste parc de 3,5 ha. avec rivière et étang privés. Très bel élevage de pur-sang arabe (pur arabe égyptien) sur la propriété.

Gers

Châteaux, summer festivals and concerts. Canning factories. Tennis courts 500 m. Outdoor sports centre and sandy beach 3 km. Swimming pool and golf course 10 km.

★ *How to get there:* In the village, on the market square. Michelin map 82, fold 5.

Set in the heart of the village, this 17th-century freestone family mansion with arcades looks out, on one side, onto a 13th-century listed covered market, and an attractive flower garden, on the other. The vast upstairs bedrooms and guest lounge were recently renovated with comfort and tranquillity in mind.

Saint-Clar Carte 5 225

place de la Halle - 32380 Saint-Clar
Tél. 05 62 66 47 31 - Fax 05 62 66 47 70
Email : nicole.cournot@wanadoo.fr
http://www.resinfrance.com
Jean-François et Nicole Cournot

1 pers 200 F - 2 pers 280/320 F - 3 pers 410 F
repas 90 F - 1/2 p. 230/250 F

3 chambres dont 1 familiale avec sanitaires privés. Ouvert toute l'année. Copieux petit déjeuner : jus de fruits, confitures, patisseries maison, pain frais... Table d'hôtes : spécialités régionales et cuisine familiale. Salon avec TV et bibliothèque. Jardin, ping-pong. ★ Châteaux, festivals et concerts en été. Conserveries. Tennis 500 m. Base de loisirs avec plage de sable 3 km. Piscine et golf 10 km. **Accès :** au village, place de la halle. CM 82, pli 5.

Au coeur du village, cette maison de maître à arcades, en pierre de taille du XVIIe donne d'un côté sur une halle classée du XIIIe et de l'autre sur un beau jardin fleuri. Situés à l'étage, les vastes chambres et le salon réservés aux hôtes ont été récemment rénovés dans un souci de bien-être et d'harmonie.

Gers

Flaran Abbey. Lavardens Château. Larressingle medieval city. Gallo-Roman villa at Seviac. Tennis court 100 m. Golf, canoeing, horse-riding centre, cycling and hiking.

★ *How to get there:* In Saint-Puy village, by the church. Michelin map 82, fold 4.

Fine 18th-century family mansion with wood panelling and fireplaces. The five individually-decorated guest rooms are appointed with handsome period furniture and attractive fabrics exuding considerable charm. Relax by the pool and relish the delights of traditional Gers cuisine at the table d'hôtes.

Saint-Puy Carte 5 226

La Lumiane
32310 Saint-Puy
Tél. 05 62 28 95 95 - Fax 05 62 28 59 67
Email : LA.LUMIANE@wanadoo.fr
Jean-Louis et Catherine Scarantino

1 pers 330 F - 2 pers 380 F - p. sup 120 F
repas 140 F - 1/2 p. 330 F

5 chambres avec TV, tél. et sanitaires privés. Ouvert toute l'année. Copieux petit déjeuner : salade ou compote de fruits, cake, laitage, confitures maison... Table d'hôtes : tarte gersoise, foie gras poêlé aux fruits de saison, magret grillé... Bibliothèque, jeux, vidéo. Jardin, piscine. CB acceptées. ★ Abbaye de Flaran. Château de Lavardens. Cité médiévale de Larressingle. Villa gallo-romaine de Seviac. Tennis 100 m. Golf, canoë-kayak, centre équestre, VTT, randonnées. **Accès :** Dans le village de Saint-Puy, à proximité de l'église. CM 82, pli 4.

Belle demeure de maître du XVIIIe avec boiseries et cheminées. Les chambres avec de beaux meubles anciens et de jolis tissus sont toutes personnalisées et décorées avec beaucoup de charme. Détente au bord de la piscine et gastronomie à la table d'hôtes avec sa cuisine gersoise.

Gers

Explore Termes d'Armagnac (13th-century town) 2 km. Fortified châteaux. Pyrenees, ocean, Lourdes, Pau 1 hr. Nogaro. "Jazz in Marciac" Festival. Outdoor sports centre 5 km. Madiranais and St-Mont hills.

★ *How to get there: 1.5 km from Sarragachies, heading for Termes d'Armagnac, via peaks. Michelin map 82, fold 2.*

This fine 18th-century residence overlooking the Pyrenees stands in extensive, peaceful grounds, where hosts Fabienne and Jean-Michel guarantee their guests a warm welcome. The pretty bedrooms boast refined décor and afford a magnificent view of the farming and wine-growing estate. Christmas and New Year's dinners and parties can also be arranged.

Sarragachies

Carte 5 — 227

La Buscasse
32400 Sarragachies
Tél. 05 62 69 76 07 – Fax 05 62 69 79 17
http://www.resinfrance.com
Jean-Michel et Fabienne Abadie

1 pers 250 F – 2 pers 280 F – p. sup 100 F
repas 90 F – 1/2 p. 230 F

3 chambres avec TV et sanitaires privés. Ouvert toute l'année. Salon/salle à manger avec cheminée et cuisine réservé aux hôtes. Piscine, parc, potager, chevaux et basse-cour, vélos, tir à l'arc, jeux extérieurs, petit étang, jeux de société... Table d'hôtes suivant possibilité, petit déjeuner complet. ★ Tour de Termes d'Armagnac (XIIIe) 2 km. Route des bastides. Pyrénées, océan, Lourdes et Pau 1 h. Circuit de Nogaro. Jazz in Marciac. Base de loisirs 5 km. Madiranais, côtes de St-Mont. **Accès :** à 1,5 km de Sarragachies, en dir. de Termes d'Armagnac, par la route des crêtes. CM 82, pli 2.

Sur une crête face aux Pyrénées, dans un grand parc calme, belle demeure du XVIIIe où Fabienne et Jean-Michel vous accueilleront chaleureusement. Jolies chambres au cadre raffiné et superbe vue. Domaine agricole et viticole. Vous pourrez également être accueillis pour fêter reveillons ou anniversaires.

Gironde

Tours of château wine and spirit storehouses. Entre-Deux-Mers fortifications. Châteaux: Cadillac, Malagar, etc. Abbeys, lakes with sporting and bathing facilities, fishing, tennis, microlite flying.

★ *How to get there: Between Targon and Cadillac, on D11, Route d'Escoussans.*

Château Le Vert stands in the heart of Entre-Deux-Mers country, between Targon and Cadillac, amid vines and meadowland where horses graze. This charming verdant setting is home to three handsomely-decorated bedrooms that create a cosy, comfortable atmosphere. Enjoy a quiet stroll in the 5-acre park, and on sunny days, a refreshing swim in the pool.

Arbis

Carte 5 — 228

Château le Vert
Route d'Escoussans – 33760 Arbis
Tél. 05 56 23 91 49
http://www.resinfrance.com
Claude Imhoff

2 pers 360 F – p. sup 100 F – repas 120 F

3 chambres avec sanitaires privés. Ouvert toute l'année. Petit déjeuner : jus de fruits, laitages, confitures maison, pain de campagne... Table d'hôtes : cuisine de saison. Billard et TV à disposition. Cour, jardin, parc, piscine. Restaurants à Targon et Cadillac. ★ Visite de chais dans les châteaux. Bastides de l'Entre-Deux-Mers. Château de Cadillac, de Malagar et autres... Abbayes, lacs aménagés, pêche, tennis, ULM. **Accès :** entre Targon et Cadillac, sur la D11, route d'Escoussans.

Au coeur de l'Entre-Deux-Mers, entre Targon et Cadillac, entouré de vignes et de prairies à chevaux, le château Le Vert vous ouvre ses portes. Dans ce décor de charme et de verdure, les chambres, joliment décorées ont un confort douillet. Pour la détente et le plaisir, le parc de 2 ha. pour flaner en toute tranquillité et la piscine pour les chaudes journées d'été.

Gironde

Forest walks. River, canoeing and pony club 2 km. Bazas Cathedral (13th century). Sauternes vineyards. Graves 10 min. Bordeaux 40 min. Ocean and St-Emilion 1 hr. Horse-riding, fishing, biking locally.

★ **How to get there:** From Bordeaux, A62 exit 3 (Langon), then D932 for Mont-de-Marsan: drive approx. 25 km. Right for Dousud 3 km.

A warm welcome awaits you at this handsome 18th-century Landais-style farm, on the edge of the Landes and Sauternais regions, which has now been fully restored by its owner. Accomplished painter Liliane Dujardin will be happy to introduce you to the landscape that inspires her works. Delightful property exuding peace and serenity.

Bernos–Beaulac

Carte 5 **229**

Dousud

33430 Bernos-Beaulac
Tél. 05 56 25 43 23 ou 05 56 25 45 59
Fax 05 56 25 42 75
Liliane Dujardin

1 pers 350/500 F - 2 pers 400/600 F - 3 pers. 540 F
p. sup 90 F

4 ch. et 1 suite personnalisées avec sanitaires privés, TV et tél. Ouvert toute l'année. Petits déjeuners : oranges pressées, confitures, clafoutis maison, oeufs, charcuteries. Piscine chauffée. Etang poissonneux, vélos, chevaux, poneys sur la propriété. CB et Américain Express acceptées. ★ Promenades en forêts. Rivière, canoë-kayak et poney-club 2 km. Cathédrale de Bazas (XIIIe). Vignobles de Sauternes. Graves 10 mn. Bordeaux 40 mn. Océan et St-Emilion 1 h. Equitation, pêche, VTT sur place. **Accès :** de Bordeaux A62 sortie 3 (Langon) puis D932 dir. Mont-de-Marsan sur 25 km env. A droite dir. Dousud (3 km).

A la lisière des Landes et du Sauternais, vous serez accueillis chaleureusement dans une belle ferme landaise du XVIIIe entièrement restaurée par la maîtresse de maison. Peintre réputé, elle vous proposera de découvrir à travers ses toiles le monde qui l'inspire. Belle propriété où tout respire le calme et la sérénité.

Gironde

Historical places of interest, festivals, wine cellars, wine-tasting, hiking, canoeing, horse-riding, golf.

★ **How to get there:** Between Bordeaux (30 km) and Cadillac (11 km), on the way to Langoiran. At "Le Pied du Château", head for Capian and drive approx. 4 km to Château de Grand Branet.

This 17th and 19th-century stone house stands in five acres of parkland on a wine-growing estate, in the first cultivated hills of the Garonne. The five bedrooms afford great comfort and are attractively furbished. An ideal base from which to explore the beauty of the area.

Capian

Carte 5 **230**

Château de Grand Branet

859, Branet Sud - 33550 Capian
Tél. 05 56 72 17 30 - Fax 05 56 72 36 59
Blanche Mainvielle

1 pers 200/240 F - 2 pers 295/345 F - 3 pers 425 F
p. sup 80 F - repas 85 F

4 chambres et 1 suite (poss. lit bébé) avec sanitaires privés. Ouvert toute l'année. Copieux petit déjeuner : jus de fruits, pains variés, patisseries maison... Salons avec TV à la disposition des hôtes. Point-phone. Parc, étang, ping-pong, vélos. Restaurants à Langoiran 4 km et à Créon 7 km. ★ Sites historiques, festivals, caves, dégustations, randonnées, canoë-kayak, équitation, golf. **Accès :** entre Bordeaux (30 km) et Cadillac (11 km), dir. Langoiran. Au lieu-dit "Le Pied du Château", prendre dir. Capian et faire 4 km environ jusqu'au château du Grand Branet.

Sur les premiers coteaux de Garonne, en pleine campagne, cette demeure en pierre naturelle, d'époque XVIIe-XIXe, entourée d'un parc de 2 ha. est située sur une propriété viticole. Les 5 chambres qui vous reçoivent, sont confortables et agréablement aménagées. Une étape idéale pour découvrir cette belle région.

Gironde

Lacanau and Carcan Lake 30 km. Bordeaux. Tours of Médoc châteaux. Tennis and horse-riding 2 km. Sailing, boating, beach 30 km. Golf courses 15 km and 30 km.

★ *How to get there: 28 km from Bordeaux on D1.*

The Vicomte and Vicomtesse de Baritault are your hosts at this pleasant 19th-century château bordering the Médoc vineyards. Large, comfortable rooms, in a quiet family atmosphere.

Castelnau-de-Médoc
Carte 5   **231**

Château du Foulon
33480 Castelnau-de-Médoc
Tél. 05 56 58 20 18 - Fax 05 56 58 23 43
M. et Mme de Baritault

1 pers 400 F - 2 pers 450/500 F - 3 pers 600 F
p. sup 150 F

1 suite de 2 chambres avec bains et wc privés, 3 chambres doubles, 2 avec bains et wc privés, l'autre avec bains privés et wc non attenants. Ouvert toute l'année. Restaurants à 1 km. Parc de 50 ha. ★ Lacs de Lacanau et Carcan à 30 km. Bordeaux. Circuit des châteaux du Médoc. Tennis et équitation à 2 km. Voile, plage, bateau à 30 km. Golf à 15 et 30 km. **Accès :** à 28 km de Bordeaux par D1.

Vous serez reçu par le Vicomte et la Vicomtesse de **Baritault dans cet agréable château du XIXe siècle, situé en bordure des vignobles du Médoc. Chambres vastes et confortables où vous trouverez le repos et le calme dans une atmosphère familiale.**

Gironde

Tower of historical interest, 13th-century Romanesque church. Classical Music Festival at Soulac. Wine-tasting at the Cave de Gaillan. Châteaux. Walks, cycling. Tennis, horse-riding 3 km. Ocean 8 km. Golf course 30 km.

★ *How to get there: In Lesparre, head for Le Pin Sec and at Bourgueyraud follow signs for "Les Poulards" (Chambres d'Hôtes). Turn left 4 km on.*

You will be enchanted by this handsome freestone family mansion set amid vines and pine trees. The dominant-blue bedroom with its attractive beams and stone walls is handsomely appointed, and opens onto a large shaded flower garden with a heated pool. Start the day with a generous breakfast served in this haven of peace. A charming spot in a delightful setting.

Gaillan-en-Médoc
Carte 5   **232**

Les Poulards
33340 Gaillan-en-Médoc
Tél. 05 56 41 01 96 - Fax 05 56 41 18 52
http://www.lacanau.com
Rosy Dupin

1 pers 350 F - 2 pers 400 F - 3 pers 480 F
p. sup 80/100 F

1 ch. avec TV, mini-bar, réfrigérateur, tél. portable, bains et wc privés. Ouvert du 15/5 au 15/10. Petit déjeuner gourmand : patisseries, laitages, oeufs, jambon, charcuteries, fromages... Jeux de société. Jardin, jeux enfants. Nombreux restaurants à proximité. ★ Visite de la Tour, église romane du XIIIe. Festival de musique classique à Soulac. Cave de Gaillan (dégustation). Nombreux châteaux. Promenades pédestres ou cyclistes. Tennis, équitation 3 km. Océan 8 km. Golf 30 km. **Accès :** dans Lesparre, prendre dir. Le Pin Sec jusqu'à Bourgueyraud, puis suivre le fléchage chambre d'hôtes "Les Poulards" sur 4 km et tourner à gauche.

Entre vignes et pins, cette demeure de maître en **pierre de taille vous séduira. La chambre à dominante bleue avec poutres apparentes et murs en pierre, est joliment décorée. Elle ouvre sur le grand jardin ombragé et fleuri où la piscine chauffée vous attend. De copieux petits déjeuners sont servis dans ce havre de verdure. Une étape de charme dans un cadre enchanteur.**

Gironde

La Réole. Bazas. Sauveterre. Monségur (thousand-year-old town). Saint-Macaire (medieval village). Bordeaux 50 min. Entre-Deux-Mers, St-Emilion. 18-hole golf course (10 km). Canoeing, tennis, horse-riding centre 5 km. Fishing. Hiking paths.

★ *How to get there: A62, La Réole exit. Take D668 for Monségur, then at roundabout head for Loubens-St-Sève on D21. At St-Sève, drive through the village and follow signs for "Domaine de la Charmaie" after small bridge.*

Your hosts, France and Paul, have fully restored this handsome 17th-century family mansion. This flawless achievement would not have been possible without the owners' commitment and enthusiasm. A refined atmosphere, in which every piece of furniture and object fits to perfection. The superb bedrooms are located in a separate communicating wing. A delight.

Hérault

Walled city of Carcassonne, Cathar castles, Canal du Midi, Roman Narbonne, Romanesque chapels and abbeys, tours of wine-growing estates. Fishing, hunting, canoeing, horse-riding, tennis and golf.

★ *How to get there: A9, Béziers-Ouest (25 km) or Narbonne-Nord exit (18 km). Michelin map 83, fold 14.*

This former sheepfold has been in the Delaude family for several generations and overlooks 1,200 acres of unspoilt countryside inhabited by wild birds. The recently-restored building is now a gîte offering air-conditioned bedrooms with attractive and relaxing décor. A warm, French-style family welcome is guaranteed.

Saint-Sève

Carte 5 **233**

Domaine de la Charmaie

33190 Saint-Sève
Tél. 05 56 61 10 72 - Fax 05 56 61 27 21
Paul et France Chaverou

1 pers 320 F - 2 pers 360 F - p. sup 100 F
repas 120 F

3 chambres avec sanitaires privés. Ouvert toute l'année. Table d'hôtes : rougets en papillottes aux poivrons confits, entrecôte à la moëlle... Bibliothèque, billard, salons, TV. Cour, jardin, parc 3 ha., piscine privée, croquet. Pour les amateurs de vins "La Charmaie" a reçu le label "Bacchus". ★ La Réole. Bazas. Sauveterre. Monségur (ville millénaire). St-Macaire (village médiéval). Bordeaux 50 mn. Entre-Deux-Mers, Saint-Emilion... Golf 18 trous (10 km). Canoë-kayak, tennis, centre équestre 5 km. Pêche. Pistes de randonnées. **Accès** : A62, sortie La Réole. Prendre D668 dir. Monségur, puis au rd point dir. Loubens-St-Sève sur D21. A St-Sève, traverser le bourg et suivre fléchage "Domaine de la Charmaie" après le petit pont.

Cette belle demeure de maître du XVIIe a été entièrement restaurée par France et Paul. Une parfaite réussite qui ne peut s'expliquer sans la passion des propriétaires. Atmosphère raffinée où chaque meuble, chaque objet a trouvé sa place. Les chambres toutes superbes, sont aménagées dans une aile indépendante et communiquante. Une étape de charme à ne pas manquer.

Montels

Carte 5 **234**

La Bergerie de l'Etang

34310 Montels
Tél. 04 64 93 46 94 - Fax 04 67 93 42 56
Email : delaude@mnet.fr
Marie-Claude Delaude

2 pers 400/500 F - p. sup 150 F

6 chambres climatisées (de 2 à 5 pers.) dont 2 suites, avec douche et wc privés. Ouvert toute l'année sur réservation. Petit déjeuner traditionnel. Salle de séjour, coin-salon avec cheminée. Jardin, salon de jardin. Parking. ★Cité de Carcassonne, châteaux cathares, Canal du Midi, Narbonne la romaine, chapelles et abbayes romanes, route des vins... Pêche, chasse, découverte de l'étang en canot, équitation, tennis, golf... **Accès :** A9 sortie Béziers-ouest (25 km) ou Narbonne-nord (18 km). CM 83, pli 14.

Cette ancienne bergerie, propriété de la famille Delaude depuis plusieurs générations, domine un paysage vierge de 800 hectares peuplé d'oiseaux sauvages. Récemment aménagée en maison d'hôtes, vous serez séduits par le calme et le décor doux et gai des chambres climatisées. Un accueil familial, dans la tradition française, vous sera réservé.

Hérault

Héric Gorges. La Devèze Caves. St-Pons Cathedral. Carroux Massif 15 km. La Raviège Lake 25 km. Tennis, golf, horse-riding, canoeing, fishing and hiking.

★ **How to get there:** A9, Béziers-Ouest exit and head for St-Pons (RN112). 2 km before St-Pons, take D908 and turn right for Riols. Michelin map 83, fold 13.

La Cerisaie is a vast, handsome 19th-century family mansion set in an outstanding shaded park with swimming pool. You will enjoy the cosy bedrooms appointed with country-style furniture, and the fine gouache and oil paintings that grace the walls. This delightful spot is resplendent with gentleness and charm.

Riols

Carte 5   235

La Cerisaie

1, avenue de Bédarieux - 34220 Riols
Tél. 04 67 97 03 87 - Fax 04 67 97 03 88
Email : CERISAIE@wanadoo.fr
Monique Degenaar et Renaud Weggelaar

1 pers 305 F - 2 pers 340/420 F - p. sup 95 F
repas 130 F

5 ch. avec sanitaires privés (poss. préparation thé ou café). Ouvert toute l'année (sur rés. de nov. à mai). Petit déjeuner copieux. Table d'hôtes : cuisine méditerranéenne. Biblio., TV, tél. et fax. Terrasse, salon de jardin, parc, piscine, vélos, p-pong. Visa, Mastercard, Eurocard acceptées. ★ Gorges d'Héric. Grottes de la Devèze. Cathédrale de St-Pons. Massif du Carroux (15 km). Lac de la Raviège (25 km). Tennis, golf, équitation, canoë, pêche, randonnées. **Accès** : sortie A9 Béziers-ouest et prendre la direction St-Pons (RN112). 2 km avant St-Pons prendre la D908 à droite en direction de Riols. CM 83, pli 13.

La Cerisaie est une belle et vaste demeure bourgeoise du XIXe entourée d'un magnifique parc ombragé avec piscine. Vous apprécierez le confort chaleureux des chambres dotées d'un mobilier campagnard et ornées de belles peintures à l'huile ou de gouaches. Vous ferez en ces lieux empreints de douceur, une étape pleine de charme.

Hérault

St-Guilhem-le-Désert, Cirque de Navacelles (corrie), La Couvertoirade, Romanesque churches, Grottes des Demoiselles, Bambouseraie d'Anduze, Nîmes, Montpellier. Canoeing, hang-gliding, horse-riding, mountain biking 10 km.

★ **How to get there:** From Montpellier, Ganges road, then St-Bauzille for Brissac. 5 km on St-Jean-de-Buèges road. From Nîmes, Ganges heading for Le Vigan, then Brissac, Vallée de Buèges. Michelin map 83, fold 6.

This medieval country house is set in grounds on a conserved, unspoilt site. Mas de Bombequiols will welcome you beneath its thousand-year old vaults and in its elegantly-furnished bedrooms and suites around the inner courtyard. Enjoy the table d'hôtes in the dining room under the terrace arches or by the fireplace, depending on the season.

Saint-André-de-Buèges

Carte 5   236

Bombequiols

34190 Saint-André-de-Buèges
Tél. 04 67 73 72 67 - Fax 04 67 73 72 67
Anne-Marie Bouec

1 pers 400/650 F - 2 pers 450/700 F
3 pers 750/850 F - p. sup 150 F - repas 150 F

3 chambres et 3 suites, toutes avec bains et wc privés. Ouvert toute l'année sur réservation. Table d'hôtes : produits du terroir, vin de pays. Piscine, lac collinaire sur place. Parc de 50 ha. Nombreuses randonnées. ★ St-Guilhem-le-Désert, Cirque de Navacelles, la Couvertoirade, églises, grotte des Demoiselles, Bambouseraie d'Anduze, Nîmes, Montpellier. Canoë, équitation, delta-plane, VTT 10 km. **Accès :** à Montpellier dir. rte de Ganges puis St-Bauzille dir. Brissac. A 5 km rte de St-Jean-Buèges. A Nîmes dir. Le Vigan jusqu'à Ganges, puis Brissac. CM 83 pli 6.

Bastide médiévale au milieu de ses terres, dans un site sauvage et préservé. Le Mas de Bombequiols vous accueillera sous ses voûtes millénaires. Vastes chambres et suites élégamment meublées, distribuées autour de la cour intérieure. Salle à manger sous les arches de la terrasse ou devant la cheminée, suivant les saisons.

Hérault

Montpellier. Close to Languedoc beaches and the mountains. Hiking and bicycle touring facilities.

★ *How to get there:* From Montpellier, take D986. At Saint-Gély-du-Fesc, head for Saint-Clément-de-Rivière on D112.

This appealing 18th-century family mansion is surrounded by a vast shaded park with swimming pool. The three bedrooms and suite are sumptuously decorated and exude warmth. The property, just 7 kilometres from Montpellier, is a true haven of peace.

St-Clément-de-Rivière
Carte 5 · 237

Domaine de Saint-Clément
34980 Saint-Clément-de-Rivière
Tél. 04 67 66 70 89 – Fax 04 67 84 07 96
Bernabé Calista

1 pers 400/450 F – 2 pers 450/550 F – 3 pers 650 F

3 chambres et 1 suite 4 pers., toutes avec sanitaires privés. Ouvert toute l'année. Cour, jardin, parc de 2 ha. avec piscine. Vélos. Nombreux restaurants à proximité. ★ Montpellier. Proximité des plages languedociennes et de la Montagne. Possibilité de circuits pédestres et cyclotourisme. **Accès :** de Montpellier prendre la D986. A Saint-Gély-du-Fesc prendre D112 vers Saint-Clément-de-Rivière.

Ravissante maison de maître du XVIIIe entourée d'un vaste parc ombragé avec piscine. 3 chambres et 1 suite merveilleusement décorées et chaleureuses vous attendent. Cette propriété située à 7 km de Montpellier est un véritable havre de paix.

Hérault

Tennis court locally. Swimming pool 2 km. Horse-riding 4 km. Sea 10 km. Montpellier 10 km.

★ *How to get there:* Take A9 motorway and turn off at Saint-Jean-de-Védas exit. Michelin map 83, fold 7.

Madame Gine is your hostess at this house full of character. Billiard enthusiasts will enjoy a game of their favourite sport in the lounge-mezzanine, while other guests can relax on the terrace or in the large shaded garden.

Saussan
Carte 5 · 238

6, rue des Pénitents – 34570 Saussan
Tél. 04 67 47 81 01
Ariane Gine

1 pers 200 F – 2 pers 250 F

4 chambres, toutes avec sanitaires privés. Ouvert toute l'année. Restaurants à 2 km. ★ Tennis sur place, piscine à 2 km, équitation à 4 km. Mer à 10 km. Montpellier à 10 km. **Accès :** par autoroute A 9, sortie Saint-Jean de Védas. CM 83, pli 7.

Madame Gine vous recevra dans sa jolie maison de caractère. Pour votre détente, un billard dans le salon-mezzanine, une terrasse et un grand jardin ombragé.

Hérault

Discovering Camargue (horse-riding). Roman city 2 km. Sea 20 km (La Grande Motte). River, fishing, horse-riding, canoeing 1 km. Golf course 20 km.

★ **How to get there:** *Leaving from the road to Lunel, D34, at the Villetelle roundabout, follow direction for Montpellier. Motorway 5 km on. Michelin map 83, pli 8.*

This superb estate nesling in verdant parkland a stone's throw from the Camargue and the Mediterrean Sea was built by members of France's National Association of Guilds. The domain opens onto the private pool, which has been specially designed to echo the architecture of main building. The bedrooms and suites of this vast manor house boast a pleasing and unusual decoration (antique furniture, rygs). A charming spot not to be missed.

Villetelle

Carte 5 239

Villa l'Amairadou
620, chemin de Montpellier
34400 Villetelle
Tél. 04 67 86 80 65
Tél. SR 04 67 67 62 62
Paul Scalesse

1 pers 340 F - 2 pers 390 F - p. sup 100 F
repas 120 F

2 chambres 2 pers. (1 avec bains et wc, l'autre avec terrasse, douche et wc) et 2 suites avec bains et wc (1 pour 3 pers. l'autre indépendante et de plain-pied pour 4 pers.). Ouvert toute l'année. Salon, salle de séjour, cuis. d'été, salle de remise en forme (sauna, balnéo) avec suppl. Jardin et parkin clos, terrasse. Piscine non cloturée. ★ Découverte de la Camargue (promenades à cheval...). Cité romaine à 2 km. Mer à 20 km (la Grande-Motte). Rivière, pêche, équitation, canoë à 1 km. Golf 20 km. **Accès :** à partir de la route de Lunel, D34, arriver au rond-point de Villetelle et prendre le chemin de Montpellier. Autoroute à 5 km. CM 83, pli 8.

Proche de la Camargue et de la méditerrannée, dans un parc arboré, cette superbe propriété a été construite par les Compagnons. Elle s'ouvre sur la piscine qui a été parfaitement intégrée à l'architecture de cette vaste demeure. Les chambres et suites très confortables ont été décorées avec recherche (meubles anciens, tapis...). Une étape de charme à ne pas manquer.

Ille et Vilaine

La Roche aux Fées (megalithic monument) 10 km. Vitré (château and old town) 25 km. Horse-riding 2 km, fishing 5 km. Swimming pool 15 km. 18-hole golf course 25 km.

★ **How to get there:** *Head for the Châteaux of the Loire, between Rennes and Châteaubriand on D163, then D92. Michelin map 230, fold 41.*

Enjoy dinner by candlelight in this delightful set of 17th-century buildings, or relax in the winter garden, where Claudine will be delighted to share her love of decorating and secondhand goods. For the year 2000, Claudine is opening a showroom (antiques for guests only).

La Couyère

Carte 2 240

La Tremblais
35320 La Couyère
Tél. 02 99 43 14 39
Tél. SR 02 99 78 47 57
http://www.pageszoom.com/gomis
Raymond et Claudine Gomis

1 pers 200 F - 2 pers 300/350 F - p. sup 70 F
repas 100 F

1 suite 3 pers. en mezzanine avec salon, cheminée, douche et wc et 1 ch. 3 pers. avec douche et wc. Ouvert toute l'année. Table d'hôtes sur réservation. Formule "Week-end en amoureux" avec dîner aux chandelles (780 F 2 pers. TTC). ★ A 10 km, la Roche aux Fées (monument mégalithique), Vitré à 25 km (château et vieille ville). Equitation à 2 km, pêche à 5 km, piscine à 15 km. Golf 18 trous à 25 km. **Accès :** vers les châteaux de la Loire, entre Rennes et Châteaubriand sur la D.163, prendre ensuite la D.92. CM 230, pli 41.

Dans un ensemble de bâtiments du XVIIe, vous y découvrirez le plaisir intime d'un dîner aux chandelles ou d'un moment de détente dans le jardin d'hiver où Claudine vous fera partager sa passion pour la décoration et les objets de brocante. Dès l'an 2000, Claudine ouvre un show-room (brocante réservée à ses hôtes).

Ille et Vilaine

2 km: beaches, miniature golf, golf course, tennis, swimming pool, sea water therapy centre. Airport nearby. Dinard, Saint-Malo, Dinan. Jersey and Guernsey.

★ ***How to get there:*** *From St-Malo, head for St-Brieuc, D603 for St-Briac. 1st road on left as you enter the village and follow signs. From Dinard, D786, St-Briac exit, for municipal camping site (signs).*

Manoir de la Duchée is a pretty 16th-century Breton residence set in a blaze of flowers on the Emerald Coast (numerous footpaths down to the sea). Revolving collections of antiques are displayed in the guest lounges. There is a health and fitness centre nearby. Breakfast is served in the winter garden.

Dinard

Carte 2 **241**

Manoir de la Duchée
Saint-Briac-sur-Mer – 35800 Dinard
Tél. 02 99 88 00 02 ou 02 96 27 28 96
Jean-François Stenou

2 pers 350/500 F – 3 pers 500 F

3 ch. doubles, 1 ch. en duplex 3/4 pers. et 2 suites, toutes avec TV, sèche-cheveux et sanitaires privés (550 F 4 pers.). Ouvert du 01.03 au 31.12. Petit déjeuner servi dans le jardin d'hiver. Salon à disposition (peintures, sculptures).Restaurants 3 km. VTT et chevaux sur place. Parc. ★ A 2 km : plages, mini-golf, golf, tennis, piscine, thalasso-thérapie. Aéroport à proximité. Dinard, Saint-Malo, Dinan. Accès aux îles anglo-normandes (Jersey et Guernesey). **Accès :** de St-Malo dir. St-Brieuc, D603 dir. St-Briac. 1ère à gauche en entrant dans le village et fléchage. De Dinard D786, sortie St-Briac dir. camping municipal (panneaux).

Le manoir de la Duchée est une jolie demeure bretonne fleurie datant du XVIe, située sur la côte d'Emeraude (sentiers pédestres débouchant sur la mer). Dans les salons à votre disposition, vous pourrez profiter des collections anciennes ou envisager une remise en forme à l'extérieur dans le centre de soins.

Ille et Vilaine

Mont-Saint-Michel and St-Malo nearby. Channel Islands (Jersey and Guernsey). 2 x 18-hole golf courses 4 km. Tennis court 2 km. Horse-riding 6 km, forest 10 km, beaches 15 km.

★ ***How to get there:*** *From Dol-de-Bretagne Centre, head for Dinan on D676. At last roundabout in Dol, left for Baguer-Morvan, then in village, follow signs for Manoir de Launay Blot.*

This pretty 17th-century traditional St-Malo residence is set in the heart of the countryside, between St-Malo, Mont-Saint-Michel and Dinan. Three tastefully-restored bedrooms await your arrival. Breakfast is served in the lounge. One of the bedrooms offers princely appointments ideal for a romantic stay.

Dol-de-Bretagne

Carte 2 **242**

Manoir de Launay Blot
Baguer-Morvan – 35120 Dol-de-Bretagne
Tél. 02 99 48 07 48
Bernard et Geneviève Mabile

1 pers 280 F – 2 pers 300/380 F – 3 pers 400/480 F
repas 90 F

3 chambres avec bains et wc privés (literie grande largeur). Ouvert toute l'année. Table d'hôtes sur réservation sauf le dimanche soir (vin non compris). Téléphone à carte. Restaurants à 8 km. Pêche sur place. Gare à 6 km. ★ Mont-St-Michel et St-Malo à proximité. Accès aux îles anglo-normandes (Jersey et Guernesey). 2 golfs 18 trous 4 km. Tennis 2 km. Equitation 6 km. Forêt 10 km. Plages 15 km. **Accès :** à Dol-de-Bretagne, dir. Dinan par la D676. Au dernier rond point, à gauche dir. Baguer-Morvan. Suivre le fléchage dans le bourg "Manoir de Launay Blot".

Belle malouinière du XVIIe siècle en campagne, située entre Saint-Malo, le Mont-Saint-Michel et Dinan. 3 chambres restaurées avec goût; Une des chambres est princière, et idéale pour accueillir les amoureux romantiques. Petit déjeuner servi dans le salon.

Ille et Vilaine

Car Museum. Guipry country holiday resort (outdoor pool, tennis). Hiking and riding paths. Local fêtes. Canoeing and boating. Fishing in the Vilaine.

★ *How to get there:* From the port of Guipry-Messac, head for Guipry. La Crépinière is 1.5 km along, on the right.

Yves and Christine are your hosts at their delightful residence bursting with character on the banks of the Vilaine, near the port of Guipry. The three spacious, tastefully-decorated bedrooms look out onto a leafy park ablaze with flowers. Harmony and the good life are the watchwords at this pretty manor. An ideal spot for discovering Brittany's myriad charms.

Guipry

Carte 2 **243**

La Crépinière
29, avenue du Port – 35480 Guipry
Tél. 02 99 34 24 34 ou 06 15 21 72 04
Yves et Christine Auvray

1 pers 230/300 F – 2 pers 250/380 F – p. sup 420 F
repas 60 F

3 chambres et 1 suite avec sanitaires privés. Ouvert toute l'année. Petit déjeuner : jus de fruits, pains variés, viennoiseries, crêpes, far et gâteaux bretons... Salon avec cheminée, bibliothèque, TV, piano. Terrasse. Parc boisé. Restaurants à proximité. ★ Musée de l'Automobile. Station verte de vacances de Guipry (piscine découverte, tennis...). Sentier de randonnées pédestres et équestres. Fêtes locales. Canoës et bateaux. Pêche sur la Vilaine. **Accès :** du port de Guipry-Messac, prendre la direction Guipry sur 1,5 km. La Crépinière est située sur la droite.

Sur les bords de la Vilaine, près du port de Guipry, Yves et Christine vous ouvrent les portes de leur belle demeure de caractère et proposent 3 chambres. Spacieuses et décorées avec beaucoup de goût, elles ouvrent sur le beau parc boisé et fleuri. Harmonie et douceur de vivre règnent dans ce joli manoir. Une étape pour découvrir tout le charme de la Bretagne.

Ille et Vilaine

Legendary sites. Megalithic monuments. Medieval cities. Horse-riding and footpaths, mountain biking. Water sports (Paimpont Lake). Exhibitions: Arthurian Centre.

★ *How to get there:* South of Paimpont, at the main roundabout, head for Beignon-Le Cannée and turn right, D71 for 1.5 km. Then turn left.

In the heart of the legendary Brocéliande Forest, Annie and Robert will welcome you as friends of the family to their late-19th-century farmhouse with visible stonework. You will discover this artists' house offering a harmonious blend of tapestries, paintings and painted furniture, which contribute to its charm. 2,000 m² landscape garden.

Paimpont

Carte 2 **244**

La Corne de Cerf
Le Cannée – 35380 Paimpont
Tél. 02 99 07 84 19
Annie et Robert Morvan

1 pers 250 F – 2 pers 300 F – 3 pers 370 F

3 chambres avec sanitaires privés. Ouvert toute l'année. Petit déjeuner gourmand à base de confitures et patisseries maison : crêpes, flan, gâteau et far bretons... Entrée, salon avec cheminée et bibliothèque et séjour réservés aux hôtes. Jardin. Restaurants et crêperies à 2 km. ★ Sites légendaires. Monuments mégalithiques. Cités médiévales. Circuits pédestres, équestres, VTT. Activités nautiques (lac de Paimpont). Expositions : centre arthurien. **Accès :** au sud de Paimpont, au grand rond point, prendre la direction Beignon-Le Cannée, puis à droite, la D71 sur 1,5 km. Puis, prendre à gauche.

Au cœur de la légendaire forêt de Brocéliande, Annie et Robert vous recevront en amis dans leur longère en pierres apparentes de la fin du XIXe. Vous y découvrirez une maison d'artistes où tapisseries, tableaux et meubles peints s'harmonisent avec bonheur et contribuent au charme des lieux. Jardin paysager de 2000 m².

Ille et Vilaine

Lake, sailing, horse-riding 3 km. Rennes 7 km. Cancale, Saint-Malo 70 km.

★ *How to get there: From Rennes, drive 2 km for Lorient, past the bypass (Rocade). Turn right at the traffic lights after the Elf service station.*

Superb 17th-century château set in the heart of a wooded park, with swimming pool, tennis court and 18-hole golf course. The room and suite are luxurious and feature period furniture. This magnificent property full of charm is an ideal spot for a relaxing break.

Le Rheu

Carte 2 **245**

Château de la Freslonnière
35650 Le Rheu
Tél. 02 99 14 84 09 - Fax 02 99 14 94 98
Tél. SR 02 99 78 47 57
Claude d'Alincourt

2 pers 380/460 F - 3 pers 530 F

1 chambre (avec TV) et 1 suite, avec sanitaires privés (680 F 4 pers.). Ouvert toute l'année. Piscine, tennis et pêche en étang sur place. Cour, jardin, parc. ★ Plan d'eau, voile, équitation à 3 km. Rennes à 7 km. Cancale, Saint-Malo à 70 km. **Accès :** à partir de Rennes dir. Lorient sur une distance de 2 km, après la rocade. Tourner à droite au feu situé après la station service "Elf".

Superbe château du XVIIe siècle au coeur d'un parc boisé avec piscine, tennis et golf 18 trous. 1 chambre et 1 suite de grand confort meublées d'époque vous recevront. Magnifique propriété pleine de charme où détente et repos vous seront assurés.

Ille et Vilaine

Mont-Saint-Michel Bay 9 km. Places to visit along the Emerald Coast and in Lower Normandy 10 km and 40 km: Dol, St-Malo, Dinard, Dinan, Fougères, Granville, etc.

★ *How to get there: On D797 coast road Mont-St-Michel-Pontroson-St-Malo. 9 km from Pontorson, head for La Bergerie in the village of La Poultière.*

On the Emerald Coast, between Mont-St-Michel and St-Malo, is where you will come across this vast, fully-restored 17th-century farmhouse. Each room is decorated in its own style with attractive period furniture from the region. You will enjoy the peace and quiet and appreciate Jacky and Jocelyne's hospitality. They will be happy to advise you throughout your stay.

Roz-sur-Couesnon

Carte 2 **246**

La Bergerie
35610 Roz-sur-Couesnon
Tél. 02 99 80 29 68 - Fax 02 99 80 29 68
Jacky et Jocelyne Piel

1 pers 210/230 F - 2 pers 230/250 F
3 pers 280/300 F

5 chambres avec sanitaires privés (320 à 350 F 4 pers.). Ouvert toute l'année. Copieux petit déjeuner : patisseries, oeufs, pains... Coin-cuisine, salon, TV, bar, bibliothèque à disposition. Cour, jardin, parc, vélos, terrain de boules, jeux d'enfants. Nombreux restaurants à 1 et 4 km. Plan d'eau protégé à 200 m. ★ Baie du Mont-Saint-Michel 9 km. Sites de la Côte d'Emeraude et de la Basse Normandie (10 et 40 km) : Dol, Cancale, St-Malo, Dinard, Dinan, Fougères, Granville... **Accès :** sur la route côtière D797 Mt-St-Michel-Pontorson-St-Malo. A 9 km de Pontorson, prendre direction La Bergerie au village de La Poultière.

Sur la côte d'Emeraude, entre le Mt-St-Michel et St-Malo, vaste longère du XVIIe entièrement restaurée. Chaque chambre a une décoration différente avec un joli mobilier régional ancien. Vous apprécierez le calme de cette demeure et la gentillesse de Jacky et Jocelyne qui sauront vous guider tout au long de votre séjour.

Ille et Vilaine

Emerald Coast from Saint-Malo to Cancale and main beaches. Places of interest: Anse Duguesclin, Pointe du Grouin. Cancale 10 min: oyster and mussel country. Sea 2 km, beaches 4 km. Golf course 10 km.

★ **How to get there:** From Rennes, take Paramé/Cancale motorway. At the Français-Libres roundabout, take the Cancale road via St-Coulomb. 2nd right and 1st left.

Just 10 minutes from the resort of Saint-Malo and 5 minutes from the beaches, Joëlle is your hostess at this pretty Breton house surrounded by hortensia. Enjoy the cosy atmosphere and the gorgeous, individually-styled bedrooms decorated with matching fabrics and handsome antique furniture. An umissable spot along the Emerald Coast.

Saint-Malo
Carte 2 **247**

La Petite Ville Mallet
Le Gué – 35400 Saint-Malo
Tél. 02 99 81 75 62
Joëlle Coquil

1 pers 260 F – 2 pers 300 F – 3 pers. 360 F

3 chambres (dont 1 suite familiale de 2 ch.) avec sanitaires privés. Ouvert toute l'année. Petit déjeuner : jus de fruits, confitures et pâtisseries maison... Bibliothèque (ouvrages sur Saint-Malo et ses hommes célèbres). Terrasse avec salon de jardin et petit parc animalier (moutons, chèvres noires, oies...). Restaurants à proximité. ★ Côte d'Emeraude de Saint-Malo à Cancale avec ses grandes plages. Sites touristiques : Anse Duguesclin, Pointe du Grouin... Cancale à 10 mn : pays des huitres plates et des moules. Mer 2 km, plages 4 km. Golf 10 km. **Accès :** en venant de Rennes suivre voie rapide Paramé/Cancale. Au rond-point des Français Libres, prendre route de Cancale par St.Coulomb. 2ème route à droite et 1ère à gauche.

A 10 mn de Saint-Malo (intra-murros) et 5 mn des plages, Joëlle vous reçoit dans sa jolie maison bretonne entourée d'hortensias. L'atmosphère y est très chaleureuse et les chambres, toutes personnalisées avec des tissus coordonnés et de jolis meubles anciens, sont aussi ravissantes les unes que les autres. Une étape incontournable sur la côte d'Emeraude.

Ille et Vilaine

Fougères Forest and medieval castle. Haute Bret flower garden. Mont-Saint-Michel 30 min. Saint-Malo 1 hr. Outdoor leisure centre at Chenédet. Lake, fishing, tennis court.

★ **How to get there:** From Fougères, head for Rennes on N12. As you leave Romagné, turn right for St-Sauveur-des-Landes and drive 800 m. Turn left and 2nd village on the left.

Miguel is your host at this 18th-century house full of charm set in a wooded, floral park with a vegetable garden, between Fougères and Rennes. The bedrooms offer both elegance and refinement, and boast 18th and 19th-century furniture, engravings and mirrors. Guests have the use of an attractive half-timbered lounge. An ideal spot for a relaxing break.

Saint-Sauveur-des-Landes
Carte 2 **248**

La Galofrais
35133 Saint-Sauveur-des-Landes
Tél. 02 99 98 86 27
Miguel Desprez de Gésincourt

2 pers 290 F – 3 pers 370 F – repas 85 F

3 chambres (unité familiale) avec 1 salle de bains et wc. Table d'hôtes sur réservation. Ouvert du 1er avril au 30 septembre. Petit déjeuner : jus de fruits, laitages, céréales, confitures et gâteau maison... Salon privé avec bibliothèque à disposition. Cour, jardin, parc. ★ Forêt et château médiéval de Fougères. Parc floral de Haute Bret. Mont-Saint-Michel à 1/2 h. Saint-Malo 1 h. Base de loisirs de Chenédet. Etang, pêche, tennis. **Accès :** de Fougères, dir. Rennes par la N12. A la sortie de Romagné, prendre au feu à droite, dir. St-Sauveur-des-Landes et faire 800 m. Tourner à gauche : 2e village à gauche. Ou A84, sortie St-Sauveur-des-Landes.

Entre Fougères et Rennes, Miguel vous accueille dans sa charmante maison du XVIIIe siècle entourée d'un parc boisé et fleuri et d'un jardin potager. Les chambres qui vous reçoivent, ont été décorées avec élégance et raffinement : meubles d'époque XVIIIe et XIXe, gravures, miroirs... Agréable salon à colombages à la disposition des hôtes. Une adresse de charme.

Ille et Vilaine

Tronchet golf course and Le Mesnil Forest. St-Malo and Cancale (sprawling beaches along the Emerald Coast) 15 min. Dinan 12 km. Mont-Saint-Michel 30 km. Hiking, horse-riding and tennis.

★ **How to get there:** N137, Miniac-Morvan/Le Tronchet exit. The house is in the village centre.

This imposing residence with character is set on an extensive wooded estate, close to the Tronchet golf course. Enjoy the good life in this peaceful spot, enhanced by antique furniture and warm, soft hues. The comfortable lounge with fireplace is ideal for relaxing and reading. A must for exploring the Emerald Coast.

Le Tronchet
Carte 2 **249**

Le Baillage
35540 Le Tronchet
Tél. 02 99 58 17 98 – Fax 02 99 40 17 20
Catherine Scalart

2 pers 280/310 F – 3 pers 390/420 F

3 chambres avec TV, mini-bar et sanitaires privés. Ouvert toute l'année. Petit déjeuner : viennoiseries, patisseries maison, crêpes, confitures... Salon avec cheminée et TV (chaines étrangères). Cour, terrain (7000 m²), étang, pêche. Restaurant à Le Tronchet. ★ Golf du Tronchet et site de la forêt du Mesnil. St-Malo et Cancale (grandes plages de la Côte d'Emeraude) à 15 mn. Dinan 12 km. Mont-St-Michel 30 km. Randonnées, équitation, tennis. **Accès :** sur la N137, prendre la sortie Miniac-Morvan/Le Tronchet. La maison se situe au centre du bourg.

A proximité du golf du Tronchet, cette belle demeure de caractère est située sur un grand terrain boisé. Dans cette maison où il fait bon vivre, le mobilier est ancien et les couleurs douces et chaleureuses. Vous aimerez le confortable salon avec sa cheminée qui invite à la lecture et au repos. Une adresse à ne pas manquer pour découvrir la Côte d'Emeraude.

Indre

Bird sanctuary at Brenne Regional Park. Fishing, swimming pool, tennis, canoeing, mountain bikes, microlite flying, hang-gliding, parachuting 3 km. Footpaths in the surrounding countryside.

★ **How to get there:** N151 to roundabout (swimming pool), on the Argenton-sur-Creuse road or on D27 for Le Blanc-Rosnay, 3 km from Le Blanc. Michelin map 68, fold 16.

This 17th-century family mansion boasts two bedrooms. Your hosts Annie and Alain Jubard's interests include film, photography, music, painting and the environment. They will be happy to accompany guests on walks. Special rates for stays outside school holiday periods.

Le Blanc
Carte 4 **250**

Les Chezeaux
36300 Le Blanc
Tél. 02 54 37 32 17
Alain Jubard

1 pers 250/280 F – 2 pers 270/300 F – p. sup 70 F

2 chambres avec bains et wc privés (enfant 70 F). Ouvert toute l'année. Restaurants à 1,5 et 3 km. Forfait séjour hors-vacances scolaires. ★ Centre ornithologique (Parc Régional de la Brenne). Pêche, piscine, tennis, canoë, VTT, ULM, vol à voile, parachutisme à 3 km. Sentiers pédestres aux alentours. **Accès :** N151. Au rond point de la piscine, route d'Argenton-sur-Creuse ou par la D27, Le Blanc-Rosnay, à 3 km de Le Blanc. CM 68, pli 16.

2 chambres situées dans une maison de maître du XVIIe siècle. Annie et Alain Jubard s'intéressent au cinéma, à la photo, à la musique, à la peinture ainsi qu'à la protection de l'environnement. Ils pourront éventuellement vous accompagner pour des promenades dans la région.

Indre

Château de Bouges 3 km (replica of the Petit Trianon at Versailles). Leather and Parchment Museum at Levroux 6 km.

★ *How to get there: From Châteauroux, head for Levroux (D956). At exit, right for Bouges-le-Château and drive 6 km. Turn left for "Beaulieu". Drive through farmyard, Ste-Colombe is on the right. Michelin map 68, fold 8.*

This small 15th-century château stands in a park with swimming pool, in a leafy setting. The residence offers two luxurious, superbly-decorated suites. Fine Louis XV and Louis XVI furniture. Other facilities include a summer kitchen in the outbuildings and a winter garden.

Bouges-le-Château

Carte 4 — **251**

Petit Château de Ste-Colombe
36110 Bouges-le-Château
Tél. 02 54 35 88 33 - Fax 02 54 35 15 21
Marie-Antoinette Daquembronne

1 pers 300 F - 2 pers 300 F - 3 pers 400 F
p. sup 100 F

2 suites avec téléphone (service restreint), bains et wc privés (suite 600 F- enfant 100 F). Ouvert du 1.04 au 30.11. Copieux petit déjeuner : fruits frais, fromages de la ferme, viennoiseries... Sur la propriété : piscine privée, barbecue, salon de jardin et chaises longues. Restaurant à 3 km. ★ Château de Bouges à 3 km (réplique du Petit Trianon). Musée du Cuir et du Parchemin à Levroux (6 km). **Accès :** de Châteauroux, dir. Levroux (D956). A la sortie, à droite dir. Bouges-le-Château et faire 6 km, puis à gauche vers "Beaulieu". Traverser la cour de ferme, Ste-Colombe est à droite. CM 68, pli 8.

Dans un cadre de verdure, ce petit château du XVe siècle entouré d'un parc est agrémenté d'une piscine. 2 suites de grand confort et superbement décorées vous sont réservées. Très beau mobilier d'époque Louis XV et Louis XVI. Une cuisine d'été aménagée dans les dépendances et un jardin d'hiver sont à votre disposition.

Indre

La Brenne and its 1,000 lakes. Tours of châteaux. GR46 hiking trail. Beekeeping World at Buzançais.

★ *How to get there: From Buzançais, take D926 for Vierzon and follow "Chambres d'Hôtes" signs (3 km). Michelin map 68, fold 7.*

Château de Boisrenault stands in extensive grounds with century-old trees. You will really feel at home in these extremely comfortable, elegantly-decorated bedrooms. The spacious reception rooms boast splendid wainscoting. The dining room, lounge, games room and library are all open to guests.

Buzançais

Carte 4 — **252**

Château de Boisrenault
Boisrenault – 36500 Buzançais
Tél. 02 54 84 03 01 - Fax 02 54 84 10 57
Email : Yves.DuManoir@wanadoo.fr
Yves et Sylvie Dumanoir

1 pers 350/495 F - 2 pers 395/540 F
3 pers 515/625 F

5 chambres pour 2 ou 3 pers., toutes avec bains et wc privés. Ouvert du 1.02 au 23.12. Ping-pong, vélos et piscine sur place. Restaurants à 3 km. Cartes Visa et Amex acceptées. ★ La Brenne et ses 1000 étangs. Visite des châteaux. Randonnée (GR 46). Monde vivant des abeilles à Buzançais. **Accès :** de Buzançais prendre la D926 vers Vierzon et suivre le fléchage "Chambres d'hôtes" à 3 km. CM 68, pli 7.

Le château de Boisrenault est entouré d'un vaste parc aux arbres centenaires. Toutes les chambres décorées avec raffinement sont conçues pour le confort des hôtes. Les pièces de réception avec de belles boiseries sont spacieuses. Salle à manger, salon, bibliothèque, salle de jeux à la disposition des hôtes.

Indre

La Brenne Regional Nature Park: hiking paths, hunting and ornithology. Garde-Giron Château 20 km. Mechanised Farming Museum at Prissac 10 km. Futuroscope Moving Image Museum in Poitiers 80 km.

★ *How to get there:* *Châteauroux (A20), then N151 for Poitiers-Le-Blanc. At Ciron, D44 for Bélabre D927. Le Grand Ajoux is 5 km before Bélabre. Michelin map 68, fold 16.*

This elegant 17th-century manor house is set on a vast 130-acre estate with swimming pool reserved for guests' use, and ponds. The residence boasts 2 extremely comfortable bedrooms and a suite. Fine décor and handsome period furniture. Savour the specialities served at the table d'hôtes, which include the delicious goat cheeses for which the region has become famous.

Chalais

Carte 4 **253**

Le Grand Ajoux
36370 Chalais
Tél. 02 54 37 72 92 - Fax 02 54 37 56 60
http://www.menbers.aol.com/grandajoux
Aude de la Jonquière-Ayme

1 pers 290 F - 2 pers 320 F - p. sup 100 F
repas 90 F

2 chambres et 1 suite 4 pers. avec sanitaires privés (suite 580 F). Ouvert de Pâques à la Toussaint et sur réservation. Salle à manger, salon avec cheminée, TV (satellite). Parc, prés, bois, 2 étangs, vélos, VTT, ping-pong, pêche (en étangs), chasse, chevaux. ★ Parc Naturel Régional de la Brenne : circuits de randonnées, intérêt cynégétique et ornithologique. Château de la Garde-Giron 20 km. Musée du Machinisme agricole à Prissac 10 km. Futuroscope de Poitiers 80 km. **Accès :** Chateauroux (A20) puis N151 direction Poitiers-Le Blanc. A Ciron D44 vers Bélabre D927. "Le Grand Ajoux" est situé 5 km avant Bélabre. CM 68, pli 16.

Cet élégant manoir du XVIIe est situé sur un vaste domaine (53 ha.) avec piscine à disposition et étangs. Les chambres qui vous sont réservées sont confortables. Décoration raffinée et beaux meubles anciens. A la table d'hôtes, vous goûterez des spécialités, sans oublier les célèbres fromages de chèvre.

Indre

Brenne region (Land of a Thousand Lakes): hiking (posted trails), Chérine Nature Reserve nearby.

★ *How to get there:* *N20, exit 15 and N151 for Poitiers. 28 km on, entrance to Ciron village and take first road on the left. Michelin map 68, fold 17.*

In the heart of the Brenne stands this early-19th-century château in 26 acres of wooded parkland with private tennis court. Stylish interior decoration with period furniture, an antique Italianate bed and early paintings. Delight in the joys of château life.

Ciron

Carte 4 **254**

Château de l'Epine
36300 Ciron

Tél. 02 54 28 75 29 ou 06 81 10 69 80
Fax 02 54 28 75 29
Maurice et Christine Vallin

1 pers 460 F - 2 pers 500 F

1 chambre avec bains et wc privés et 1 suite (850 F 4 pers.) avec coin-salon et sanitaires privés. Ouvert toutes les vacances scolaires. Salon avec cheminée réservée aux hôtes. TV, bibliothèque, jeux. Tennis privé, VTT, pêche. Parc de 11 ha. Restaurants à proximité. ★ Région de la Brenne (Pays des Mille Etangs) : randonnées (sentiers balisés), réserve naturelle de Chérine à proximité. **Accès :** N20 sortie n° 15 puis N151 direction Poitiers sur 28 km. A l'entrée du village de Ciron, prendre la 1ère à gauche. CM 68, pli 17.

Au cur de la Brenne, ce château du début du XIXe siècle est entouré d'un parc boisé de 11 ha. avec tennis privé. Décoration de style avec mobilier d'époque, lit napolitain, tableaux anciens... Pour découvrir le temps d'une étape "la vie de château"...

Indre

La Brenne Regional Nature Park: hiking, horse-riding, cycling from Mézières-en-Brenne. GR46 posted hiking path nearby. Fishing in lake 2 km, outdoor leisure activities centre.

★ *How to get there: On N143, Tours-Châteauroux, for Châteauroux. Turn off at Fléré-la-Rivière and take 1st or 2nd road for Cléré-du-Bois, and drive 600 m. Follow signs for "Le Clos Vincents". Michelin map 68, fold 6.*

Residence full of character with courtyard, garden and 2.5-acre grounds. Two delightful bedrooms and a first-floor suite with private bathrooms await your arrival. Matching fabrics, canopied beds, stencilled friezes and attractive objects. You will appreciate the peace, quiet and cosiness exuded by the place. Pleasant lounge with fireplace and period furniture.

Fléré-la-Rivière

Carte 4 — 255

Le Clos Vincents
36700 Fléré-la-Rivière
Tél. 02 54 39 30 98 - Fax 02 54 39 30 98
Claude Renoult

1 pers 250 F - 2 pers 330 F

2 chambres et 1 suite 4 pers. (350/550 F) à l'étage, avec sanitaires privés. Ouvert du 15 juin au 15 septembre. Salon avec cheminée et TV. Cour, jardin et parc d'1 ha., terrasse, parking. VTT. Restaurant "Le Relay du Bérry" à 1 km. ★ Parc Naturel Régional de la Brenne: randonnées pédestres, équestres, cyclistes à partir de Mézières-en-Brenne. GR46 à proximité. Pêche en étang 2 km, base de loisirs. **Accès :** par N143 Tours-Châteauroux, dir. Châteauroux. A la sortie de Fléré-la-Rivière prendre 1ère ou 2e route en dir. de Cléré-du-Bois, faire 600 m puis "Le Clos Vincents" est fléché. CM 68, pli 6.

Demeure de caractère avec jardin et parc d'1 ha. 2 chambres et 1 suite ravissantes vous sont réservées. Tissus coordonnés, ciel de lit, frises au pochoir et jolis objets. Vous apprécierez le charme des lieux et son confort douillet. Agréable salon avec cheminée et mobilier ancien.

Indre

La Brenne Nature Park ("Pays des Mille Etangs",Land of a Thousand Lakes). Saint-Savin (12th-century murals). Medieval city of Chauvigny. Swing-golf (Fontgombault), canoeing on the Anglin. Bellebouche Lake.

★ *How to get there: From Châteauroux, N151. 9 km south of Le Blanc. From Poitiers, N151. 8 km from Saint-Savin. Michelin map 68, fold 16.*

Château d'Ingrandes dates from the 11th century, but was altered in the 15th century. This luxurious castle with gardens and a private pool offers three tastefully-appointed bedrooms and a suite, all featuring antique furniture. One of the rooms, with a canopied fourposter bed, is in the keep. Upstairs, guests have the use of a large lounge with library and fireplace.

Ingrandes

Carte 4 — 256

Château d'Ingrandes
36300 Ingrandes
Tél. 02 54 37 46 01 - Fax 02 54 28 64 55
Alain Drouart

1 pers 250 F - 2 pers 300/400 F - repas 90 F

3 chambres et 1 suite en duplex (550 F)avec bains et wc privés (390 F 5 pers.). Ouvert du 1.07 au 30.09 (sur rés. de Pâques au 30.06). Petit déj. buffet : jambon de pays, confitures maison. T.d'hôtes : agneau, carpe fumée de Brenne, fromages de chèvre Pouligny-St-Pierre. Jardin, piscine, p-pong. Visa acceptée. ★ Parc Naturel de la Brenne (Pays des Mille Etangs). St-Savin (fresques murales du XIIe siècle). Cité médiévale de Chauvigny. Swin-golf (Fontgombault), canoë-kayak sur l'Anglin. Etang de Bellebouche. **Accès :** de Châteauroux. N151. A 9 km au sud de Le Blanc. De Poitiers. N151. A 8 km de Saint-Savin. CM 68, pli 16.

Château du XIe siècle, remanié au XVe avec jardin et piscine privée. D'un grand confort, les 3 chambres et la suite avec ses meubles anciens sont décorées avec goût. L'une des chambres avec lit à baldaquin a été aménagée dans le donjon. A l'étage, un vaste salon avec bibliothèque et cheminée est à votre disposition.

Indre

Vallée Noire region (George Sand country): Nohant 15 km, George Sand's residence. Saint-Chartier International Stringed Instrumentmakers and Master Bell Ringers Festival 10 km.

★ *How to get there: From Châteauroux, head for Ardentes (N143), then for Saint-Août (D38) and turn left 4 km before Saint-Août. Michelin map 68, fold 9.*

George Sand country, in the Vallée Noire, is the setting for this handsome 19th-century residence which stands on a 20-acre estate with a park and a private lake. The two bedrooms are situated on the property. Rest and relaxation are guaranteed in this haven of peace.

Château la Villette
36120 Saint-Août
Tél. 02 54 36 28 46
Karin Verburgh

1 pers 300 F - 2 pers 350 F - repas 120 F

2 chambres avec TV, radio et sanitaires privés. Ouvert toute l'année. Table d'hôtes : volailles et gibiers. Etang de 7 ha. avec barques, salon de jardin, chaises longues. Vélos. Grande salle de chasse à disposition pour réunions (tarif sur demande). ★ Région de la Vallée Noire (pays de George Sand) : Nohant 15 km, demeure de George Sand. Festival Internationnal des Luthiers et Maîtres Sonneurs de Saint-Chartry à 10 km. **Accès :** de Châteauroux, direction Ardentes (N143) puis direction Saint-Août (D38) et prendre à gauche, 4 km avant Saint-Août. CM 68, pli 9.

Au pays de George Sand, dans la Vallée Noire, belle demeure du XIXe siècle située sur une propriété de 8 ha. avec parc et étang privé. Les 2 chambres ont été aménagées dans la propriété. Détente et calme assurés dans un havre de paix.

Indre

Brenne Regional Nature Park (Land of a Thousand Lakes) nearby. Shirtmaking Museum at Argenton-sur-Creuse 10 km. Place of interest: Boucle du Pin 15 km, St-Marcel Museum and archaeological site 16 km.

★ *How to get there: From Châteauroux: A20 for Argenton-Limoges, Le Blanc-Poitiers exit and head for St-Gaultier. Turn left into street running in front of supermarket. Drive 1 km and turn right after stop sign. Michelin map 68, fold 17.*

Close to the "Land of a Thousand Lakes" stands this handsome 17th-century manor house set in a park with century-old trees. The two suites, each featuring a lounge and fireplace, have been lovingly and tastefully decorated with fine fabrics, rugs, paintings and objects. You will be won over by the charm of the place and the novel and refined cuisine served at the table d'hôtes.

Le Manoir des Remparts
14, rue des Remparts - 36800 Saint-Gaultier
Tél. 02 54 47 94 87 - Fax 02 54 47 94 87
Email : willem.prinslooc@wanadoo.fr
Renzé Rijpstra

2 pers 550 F - repas 160 F

2 suites avec salon, cheminée et sanitaires privés (dont 1 avec bains). Ouvert toute l'année. Petit déjeuner : jus de fruits, viennoiseries, confitures maison, fromage, muesli... Table d'hôtes : mille feuilles au saumon, vent pré au sabayon de sherry, rouelle de melon caramélisée... Cour, jardin et parc de 4 ha. Restaurants à 10 mn. ★ Parc naturel régional de la Brenne (Pays des Mille Etangs) à proximité. Musée de la chemiserie à Argenton-sur-Creuse (10 km). Site de la Boucle du Pin (15 km). Musée et site archéologique à St.Marcel (16 km). **Accès :** de Châteauroux A20 dir. Argenton-Limoges sortie Le Blanc-Poitiers, puis aller jusqu'à St.Gaultier. Prendre à gauche, la rue devant le supermarché ; faire 1 km puis à droite après le stop. CM 68, pli 17.

A proximité du Pays des Mille Etangs, ce beau manoir du XVIIe est entouré d'un parc aux arbres centenaires. Les 2 suites qui sont réservées aux hôtes, avec salon et cheminée ont été aménagées avec goût et passion : choix des tissus, tapis, tableaux, jolis objets... Une étape de charme que complètera une table d'hôtes originale et raffinée.

Indre

Nohant 20 km (George Sand's house). Argenton-sur-Creuse 13 km (Shirtmaking Museum, archaeological site and excavations at Saint-Marcel). La Brenne region.

★ *How to get there:* From Châteauroux or Argenton-sur-Creuse, take A20, exit 15. Drive to Velles (heading for Mosnay). From Argenton-sur-Creuse, D927 to Mosnay (heading for Velles). Michelin map 68, fold 18.

This handsome, restful residence stands in a superb setting, surrounded by a park on the banks of a river. In the heart of the Berry region, this delightful manor house is an ideal staging post for discovering the region's many charms.

Velles

Carte 4 **259**

Manoir de Villedoin
36330 Velles
Tél. 02 54 25 12 06 – Fax 02 54 24 28 29
Jean-Claude et Pierrette Limousin

1 pers 390/450 F. F – 2 pers 425/490 F
p. sup 130 F – repas 160 F

4 chambres avec sanitaires privés. Ouvert toute l'année. TV, jeux de société, vidéothèque, bibliothèque. Tennis terre battue, pêche, ping-pong, barque, pédalos sur place. Parc de 5 ha. Randonnées organisées. ★ Nohant 20 km (maison de George Sand). Argenton-sur-Creuse 13 km (musée de la chemiserie, site archéologique et chantier de fouilles à St-Marcel). Région de la Brenne. **Accès :** de Châteauroux ou Argenton/Creuse par A20, sortie n° 15. Rejoindre Velles (direction Mosnay). D'Argenton/Creuse rejoindre Mosnay par D927 (dir. Velles). CM 68, pli 18.

Belle demeure reposante située dans un cadre exceptionnel. Elle est entourée d'un parc en bordure de rivière. Au coeur du Berry, ce ravissant manoir est l'étape idéale pour découvrir cette région pleine de charme.

Indre et Loire

Amboise and Chenonceaux 12 km.

★ *How to get there:* From Tours, turn off N76, just before Bléré, and drive down, on the left, for "Vallet" and continue along the banks of the Cher. Michelin map 64, fold 15.

The banks of the Cher, upstream of Chenonceaux, have always beckoned strollers, but when it's time to bide a while, Pavillon de Vallet is the ideal place to rest. This 18th-century residence embodies harmony and relaxation, enhanced by scrumptious breakfasts and the liberal hospitality of its owners.

Athée-sur-Cher

Carte 3 **260**

Le Pavillon de Vallet
37270 Athée-sur-Cher
Tél. 02 47 50 67 83 – Fax 02 47 50 68 31
Tél. SR 02 47 48 37 13
Augustin et Denise Chaudière

2 pers 250/350 F – p. sup 100 F – repas 120 F

3 chambres dont 1 indépendante en r.d.c., chacune avec salles de bains et wc privés. Parmi elles, la chambre "Américaine" avec 1 lit king size (200 x 200) à colonnes. Ouvert toute l'année. Salon à disposition. Parking intérieur. Parc de 2 ha. en bord de rivière. ★ Amboise et Chenonceaux 12 km. **Accès :** de Tours, quitter la N76 peu avant Bléré et descendre sur la gauche, vers le hameau de Vallet et le bord du Cher. CM 64, pli 15.

Si les bords de Cher, en aval de Chenonceaux, invitent à la flanerie, "Le Pavillon de Vallet" vous incitera volontiers à y faire un arrêt. L'atmosphère de cette demeure du XVIIIe, aux lignes harmonieuses invite à la détente et s'ajoute incontestablement à l'accueil de ses hôtes et à leurs copieux petits déjeuners.

Indre et Loire

Halfway between Tours and Château de Chenonceaux 15 km. Montlouis vineyards 5 km. Château d'Amboise 16 km.

★ *How to get there: 15 km east of Tours. Motorway, St-Avertin exit, then N76, 1 km past Azay on left-hand side. Michelin map 64, fold 15.*

Overlooking the Cher Valley in a 42-acre park, Château du Côteau is an elegant Napoleon III residence, to which Frédéric Chopin was a regular visitor. The bedrooms are located in the clock house, which is separate from the château. The setting is romantic and the lounge with its grand piano keeps the tradition alive.

Azay-sur-Cher

Carte 3   261

Château du Côteau
37270 Azay-sur-Cher
Tél. 02 47 50 47 47 - Fax 02 47 50 49 60
Tél. SR 02 47 48 37 13
Mme Lemoine-Tassi

2 pers 485/780 F - p. sup 160 F

5 ch., toutes avec bains ou douches, wc privés, TV et tél., et 1 suite avec bains, wc, TV, tél., salon et cuisine. Ouvert toute l'année. Restaurants gastronomiques à 6 km. Parc animalier avec étang. Hélisurface, baptême de l'air (montgolfière). Poss. location d'un appartement sur place. ★ A mi-chemin entre Tours et le château de Chenonceaux (15 km). Vignoble de Montlouis à 5 km. Château d'Amboise à 16 km. **Accès :** à 15 km à l'est de Tours. Autoroute sortie St-Avertin puis N 76, à 1 km après Azay sur la gauche. CM 64, pli 15.

Dominant la Vallée du Cher dans un parc de 17 ha., le château du Coteau est une élégante demeure Napoléon III, fréquentée jadis par Frédéric Chopin. Les chambres sont aménagées dans le pavillon de l'horloge indépendant du château. Cadre romantique et salon avec piano à queue pour perpétuer la tradition.

Indre et Loire

Near Tours, Amboise and Chenonceaux (15-20 min).

★ *How to get there: A10, Tours-St-Avertin exit, and N76 for Vierzon. At Azay-sur-Cher, turn right onto D82 and head for Cormery. Follow signs to the priory. Michelin map 64, fold 15.*

At a historical crossroads, monks and knights built this outstanding edifice which embodies the spirit of medieval Touraine. The bed and breakfast accommodation, set back from the priory, features a tasteful, sober décor in a more recent outbuilding, which is nonetheless steeped in the warm, convivial atmosphere generted by its owners.

Azay-sur-Cher

Carte 3   262

Le Prieuré de St.Jean du Grais
37270 Azay-sur-Cher
Tél. 02 47 50 79 98 - Fax 02 47 50 79 98
Marie-Caroline Darrasse

1 pers 350 F - 2 pers 380 F - p. sup 100 F

1chambre au r.d.c. d'un bâtiment du XIXe siècle (dépendance du prieuré datant du XIIe siècle). Entrée indépendante (lit 160 x 200). Vaste salle de bains avec baignoire, douche et wc. La propriété s'étend sur 100 ha. en partie boisés. ★ Proximité immédiate de Tours, Amboise et Chenonceaux (15 à 20 mn). **Accès :** A10 sortie Tours-St.Avertin puis N76 vers Vierzon. Dans Azay-sur-Cher, prendre à droite la D82 vers Cormery et suivre les indications vers le prieuré. CM 64, pli 15.

Au carrefour de l'Histoire, moines ou chevaliers ont bâti cet édifice d'exception qui résume l'histoire de la Touraine médiévale. En retrait du prieuré, la chambre d'hôtes propose un décor sobre et de bon goût dans une dépendance plus récente mais néanmoins baignée par l'atmosphère de charme ordonnancée par ses propriétaires.

Indre et Loire

Tours 12 km. Villandry 5 km. Azay-le-Rideau and Langeais 15 km.

★ *How to get there: Motorway, Joué-les-Tours/Chinon exit, then D751 for Azay and Chinon. At Ballan-Miré exit, turn right and follow signs for "Ferme-Château du Vau". Michelin map 64, fold 14.*

Bruno Clément, heir to this handsome 18th-century family residence, has used his youthful energy to bring to life this noble building which overlooks imposing scenery. The parkland and meadows where sheep and horses graze extend over 260 acres. Warm, congenial hospitality.

Ballan-Miré

Carte 3 263

Château du Vau
37510 Ballan-Miré
Tél. 02 47 67 84 04 - Fax 02 47 67 55 77
Tél. SR 02 47 48 37 13
Bruno Clément

1 pers 480 F - 2 pers 510 F - p. sup 100 F

4 chambres avec vastes salles de bains. Petit déjeuner raffiné. Petit salon réservé aux hôtes. Parking, grand parc aux arbres séculaires. Produits fermiers (foie gras et canard) à la ferme du château. Salles de réception et séminaires. Accès par le parc au Golf de Touraine (18 trous). ★A proximité de Tours (12 km). Villandry (5 km). Azay-le-Rideau et Langeais (15 km). **Accès** : autoroute sortie Joué-les-Tours/Chinon puis D751 vers Azay et Chinon. A la sortie de Ballan-Miré, à droite et suivre la signalisation Ferme château du Vau. CM 64, pli 14.

Héritier de cette belle demeure familiale bâtie au XVIIIe siècle, Bruno Clément a mis toute l'ardeur de sa jeunesse pour faire revivre cette noble batisse qui domine un paysage grandiose. Le parc et les prés où paissent moutons et chevaux s'étendent sur 110 ha. Un accueil sympathique et sans artifice vous sera réservé.

Indre et Loire

Tours of wine cellars. Chinon 6 km. Fontevraud Abbey 13 km. Listed villages of Candes-Saint-Martin and Montsoreau 9 km. Bourgueil Abbey and vineyards 10 km. Saumur 20 km.

★ *How to get there: Between D749 Chinon-Bourgueil and Vienne, 3 km west of Beaumont-en-Véron. From Chinon, turn left either at Château de Coulaine or at the roundabout at the entrance to Avoine. Follow signs.*

When an 18th-century barn, covered in ivy and tufa, is converted into bed and breakfast accommodation, "space" and "light" spring to mind. Add a dash of decoration and guests have an ideal place for discovering Touraine and Anjou, starting with the famous Chinon vineyards which border Micheline and Guy-Marie Bach's residence.

Beaumont-en-Véron

Carte 3 264

Grézille
37420 Beaumont-en-Véron
Tél. 02 47 58 43 53 ou 06 80 30 61 00
Fax 02 47 58 43 63
Guy-Marie et Micheline Bach

2 pers 290 F

3 chambres avec bains ou douche et wc privés. Ouvert toute l'année. Cuisine équipée et pièce de séjour réservées aux hôtes. Vélos à disposition. ★ Visite de caves. Chinon à 6 km. Abbaye de Fontevraud à 13 km. Villages classés de Candes-Saint-Martin et Montsoreau à 9 km. Vignoble et abbaye de Bourgueil à 10 km. Saumur à 20 km. **Accès** : entre la D749 Chinon-Bourgueil et la Vienne, à 3 km de Beaumont-en-Véron. De Chinon, à gauche au château de Coulaine ou au rd. point à l'entrée d'Avoine. Fléchage. CM 64, pli 13.

Quand une ancienne grange du XVIIIe siècle, habillée de lierre et de tuffeau, se transforme en chambres d'hôtes, "Espace et Lumière" devien-nent, les mots clé de l'architecture. Ajoutons une touche de décoration pour offrir aux hôtes un lieu idéal pour découvrir la Touraine et l'Anjou. Le vignoble de Chinon borde la propriété.

Indre et Loire

Château du Lude (12 km), Langeais (20 km). Sept Tours 18-hole golf course (8 km).

★ **How to get there:** *A10, Château-Renault exit and D31. At Château-Renault, D766 for Angers and Château-la-Vallière. At Château-la-Vallière, D959 for Le Lude. Ignore signs for Braye/Maulne. The estate is 2.5 km up, on left. Michelin map 64, fold 13.*

Set in a bosky bower where century-old trees are reflected in a vast ornamental lake, La Bergerie will capture your imagination. Built in 1850, this romantic residence in a superb floral setting is also a haven for deer. Horticulturists Colette and Joël have restored this fine property to offer guests a warm, friendly welcome.

Braye-sur-Maulne

Carte 3 · **265**

La Bergerie
37330 Braye-sur-Maulne
Tél. 02 47 24 90 88 - Fax 02 47 24 90 88
Tél. SR 02 47 48 37 13
Email : clairedefond@gmx.net
Joël et Colette Defond

1 pers 350 F - 2 pers 380 F - 3 pers 500 F
p. sup 100 F - repas 120 F

3 chambres dont 1 suite (salon-chambre 2 pers.) avec air conditionné, bains et wc privés au 2ème étage du château. Table d'hôtes sur réservation. Sur la propriété, belle salle de réception (150 convives) et 3 gîtes ruraux. Parc de 12 ha. avec pièces d'eau dont l'une de 7 ha. ★ Château du Lude (12 km), Langeais (20 km). Golf 18 trous des Sept Tours à 8 km. **Accès :** A10 sortie Château-Renault puis D31. A Château-Renault, D766 dir. Angers et Château-la-Vallière. A Château-la-Vallière, D959 vers Le Lude. Ne pas suivre Braye/Maulne. Propriété à 2,5 km, à gauche. CM 64, pli 13.

Dans un écrin de verdure où les arbres séculaires se mirent dans une vaste pièce d'eau, la Bergerie ne saurait vous laisser indifférent : superbement fleurie, cette belle demeure romantique de 1850 est aussi un paradis pour les biches et chevreuils. Colette et Joël, horticulteurs, ont restauré cette propriété afin de faire partager en toute simplicité, leur sens de l'accueil.

Indre et Loire

Montrésor, Montpoupon, Liget Charterhouse 15 km. Chenonceaux 25 km. Amboise 30 km. Tours, Azay-le-Rideau, Chinon, Langeais, Villandry 40 km.

★ **How to get there:** *A10, exit 24 Chateauroux, then N143 for Loches. 1 km past Chambourg-sur-Indre, take the road on the right-hand side (signs). Michelin map 64, fold 16.*

If you would like to stay in the heart of the "Garden of France", Le Petit Marray, set near a vast forest, will win you over. Enjoy the peace, quiet and gentleness created by the garden's trees and flowers. After a pleasant night's rest in comfortable bedrooms, enjoy Rose-Marie and Jacques' delicious breakfasts.

Chambourg-sur-Indre

Carte 3 · **266**

Le Petit Marray
37310 Chambourg-sur-Indre
Tél. 02 47 92 50 58 - Fax 02 47 92 50 67
Tél. SR 02 47 48 37 13
Email : jacques.mesure@wanadoo.fr
Jacques et Rose-Marie Mesure

2 pers 300/390 F - 3 pers 380/470 F - repas 130 F

2 suites avec salon, bains, wc, 1 ch. avec douche, wc, 1 ch. avec bains, wc, biblio., TV. (460/490 F 4 pers.). Ouvert toute l'année. Cuisine à dispo. (l-linge, réfrigérateur). Table d'hôtes sur réservation. Parking, piscine, tennis, équitation à Loches (4 km). ★ Montrésor, Montpoupon, Chartreuse du Liget 15 km. Chenonceaux 25 km. Amboise 30 km. Tours, Azay-le-Rideau, Langeais, Villandry 40 km. **Accès :** A10, sortie 23 Chateauroux, puis N143 dir. Loches. 1 km après Chambourg-sur-Indre, prendre la route à droite (fléchage). CM 64, pli 16.

Si vous souhaitez séjourner au coeur du "Jardin de la France", le petit Marray situé près d'une immense forêt, ne pourra que vous séduire. Les arbres et fleurs du jardin vous offriront calme et douceur. Après une nuit agréable dans des chambres confortables, Rose-Marie et Jacques vous étonneront par leurs petits déjeuners.

Indre et Loire

Explore the Loire Valley. City of Richelieu, a model of 17th-century town planning 2 km.

★ *How to get there: 60 km southwest of Tours and 18 km from Chinon. A10 motorway, Ste-Maure exit, then D760. As you leave Noyant, take D58 to Richelieu. In Richelieu, head for Chinon. Michelin map 68, fold 3.*

This farmhouse, in the shade of the château, is reached by a handsome 16th-century porch which looks out onto an enclosed courtyard. A unique spot in the Loire Valley for fine, delicately-flavoured cuisine with truffles. The setting is also of cultural interest with the architectural treasures of Richelieu, a model of 17th-century town planning just 2 km away.

Champigny-sur-Veude   Carte 3   267

Ferme de la Pataudière
37120 Champigny-sur-Veude
Tél. 02 47 58 12 15 - Fax 02 47 58 12 15
Tél. SR 02 47 48 37 13
Henri et Françoise Gaulandeau

1 pers 300 F - 2 pers 330 F - repas 120 F

2 ch. 2 pers. de plain-pied, avec entrées indépendantes, bains et wc séparés privés. Petits déjeuners servis dans une vaisselle de style. Visite de la truffière de décembre à février. Table d'hôtes : dîners à thème proposant une cuisine à base de truffes. Petites terrasses avec salon de jardin. ★ Découverte du Val de Loire. Richelieu (2 km) : ville et modèle d'urbanisme au XVIIe siècle. **Accès :** à 60 km au sud-ouest de Tours et 18 km de Chinon. Autoroute A10 sortie Ste-Maure puis D760. A la sortie de Noyant, prendre la D58 vers Richelieu. Dans Richelieu, dir. Chinon. Cm 68, pli 3.

A l'ombre du château, la ferme est accessible par un beau porche du XVIe siècle donnant sur une cour fermée. Vous ferez en ces lieux une étape gourmande, unique en Val de Loire, qui vous fera découvrir une cuisine raffinée, délicatement parfumée à base de truffes. Etape culturelle également, avec le joyau architectural de Richelieu (modèle d'urbanisme au XVIIe) 2 km.

Indre et Loire

Vouvray and vineyards. Amboise 12 km. Tours 17 km. Blois 38 km. Hiking and cycling in local vineyards.

★ *How to get there: Motorway, Tours/Ste-Radegonde exit, then N152 for Vouvray. Take D46 for Vernou and Chancay. At Chancay, right for Amboise and drive for 1 km. Michelin map 64, fold 15.*

Nestled in the trough of the small Brenne Valley, in the heart of the Vouvray vineyards, is where you will find Vaumorin. This handsome, listed Renaissance residence is surrounded by the original outbuildings of the farm, which is still operational. Viviane and Rolland will introduce you to Tourangeau-style hospitality and the good life.

Chançay   Carte 3   268

Ferme Manoir de Vaumorin
37210 Chançay
Tél. 02 47 52 92 12 - Fax 02 47 52 27 78
Tél. SR 02 47 48 37 13
Rolland et Viviane Chavigny

1 pers 320 F - 2 pers 350 F - p. sup 90 F

1 chambre 3 pers. et 1 chambre familiale 3/4 pers. (70 m² chacune) avec coin-salon (TV) et sanitaires privés. Petit déjeuner servi dans une pièce réservée aux hôtes. Cuisine à disposition. Parking. Verger ombragé avec salon de jardin et jeux de plein air. ★ Vouvray et son vignoble. Amboise 12 km. Tours 17 km. Blois 38 km. Randonnées pédestres et cyclistes dans les vignes aux alentours. **Accès :** autoroute sortie Tours/Ste-Radegonde puis N152 vers Vouvray. Prendre ensuite D46 vers Vernou et Chançay. A Chancay, à droite vers Amboise sur 1 km. CM 64, pli 15.

Nichée au creux de la petite vallée de la Brenne et cernée par les vignobles de Vouvray, Vaumorin est une belle demeure Renaissance (ISMH) entourée par ses bâtiments de ferme d'époque et toujours en activité. En vous y accueillant, Viviane et Rolland souhaitent vous faire connaître l'hospitalité et le bien-vivre tourangeau.

Indre et Loire

Richelieu 4 km. Chinon 24 km. Steam train between the two towns. Azay-le-Rideau 29 km. Futuroscope 40 km. Tennis 2 km. Horse-riding 3 km. 3 golf courses within a 40-km radius. Woods. Hiking. Bikes available on the premises.

★ *How to get there: Midway between Tours and Poitiers (55 km). A10 motorway, Ste-Maure-de-Touraine exit. D760, Noyant exit. D58 for Richelieu, then D20 for Braslou. A detailed map will be supplied on request.*

In the heart of the countryside, just 4 km from Richelieu - a model of 17th-century town planning - you will find La Varenne. This noble residence is surrounded by vast storehouses in the heart of a honey and wine-producing estate. The quiet, spacious bedrooms, lounge with piano and fireplace, mirrored swimming pool and gourmet lunches exude the farniente life.

Chaveignes

Carte 3 **269**

La Varenne

37120 Chaveignes
Tél. 02 47 58 26 31 - Fax 02 47 58 27 47

Tél. SR 02 47 48 37 13
Email : dru.sauer@wanadoo.fr
Gérard et Joëlle Dru-Sauer

2 pers 450/600 F - p. sup 160 F

3 chambres, toutes avec bains et wc privés, dont 1 de plain-pied donnant sur le jardin. Ouvert toute l'année. Restaurants à 4 km. Piscine chauffée sur place. Vélos ou solex à disposition. Ping-pong. ★ Richelieu 4 km. Chinon 24 km (train à vapeur). Azay-le-Rideau 29 km. Futuroscope 40 km. Tennis 2 km. Équitation 15 km. 3 golfs dans un rayon de 40 km. Bois. Randonnées pédestres. **Accès :** entre Tours et Poitiers (55 km). A10 sortie Ste-Maure-de-Touraine. D760 jusqu'à la sortie de Noyant. D58 vers Richelieu et D20 vers Braslou. Plan sur demande. CM 68, pli 4.

En pleine campagne, à 4 km de Richelieu (modèle d'urbanisme au XVIIe), La Varenne est une demeure de charme encadrée par de vastes chais, au cœur d'un domaine consacré à la production de noix et miel. Les chambres spacieuses et calmes, le salon avec son piano et sa cheminée, la piscine-miroir et les petits déjeuners gourmands, vous inviteront à la paresse.

Indre et Loire

Château d'Azay-le-Rideau 4 km, Château d'Ussé and Manoir de Saché 10 km. Medieval city of Chinon and Château de Villandry 20 km. Chinon Forest 800 m.

★ *How to get there: 30 km west of Tours. Motorway, St-Avertin exit, then D760 to Azay-le-Rideau and D17. Michelin map 64, fold 14.*

Surrounded by orchards and vineyards, amid the châteaux and manor houses of western Touraine, this well appointed bed and breakfast accommodation at Le Vaujoint is set in an outbuilding with great character on a 19th-century rural, family property. There is also a fine lounge with beams, fireplace and bread oven.

Cheillé

Carte 3 **270**

Le Vaujoint

37190 Cheillé
Tél. 02 47 45 48 89 - Fax 02 47 58 68 11
Tél. SR 02 47 48 37 13
Bertrand Jolit

1 pers 250 F - 2 pers 280 F

3 chambres, toutes avec douche et wc privés. Ouvert toute l'année. Restaurants gastronomiques à 4 km. ★ Château d'Azay-le-Rideau 4 km, château d'Ussé et manoir de Saché 10 km. Cité médiévale de Chinon et château de Villandry à 20 km. Forêt de Chinon 800 m. **Accès :** à 30 km à l'ouest de Tours. Autoroute sortie Saint-Avertin puis D760 jusqu'à Azay-le-Rideau et D17. CM 64, pli 14.

Entourées de vergers et de vignobles, à l'épicentre des châteaux et gentilhommières de l'ouest Tou-rangeau, les chambres d'hôtes du "Vaujoint" ont été soigneusement aménagées dans une dépendance de caractère d'une propriété rurale familiale du XIXe siècle. Très beau salon avec poutres, cheminée et four à pain.

Indre et Loire

Chenonceaux and Amboise 5 km. Cher Valley (Montrichard, Saint-Aignan) nearby.

★ *How to get there:* D81 halfway between Chenonceaux and Amboise (5 km). A10 motorway, Amboise exit. Tours 35 km. Michelin map 64, fold 16.

In the early 16th century, this property, close to the forest road between Amboise and Chenonceaux, was a stopping-place for pilgrim monks known as "Les Cartes du Paradis". Guests will appreciate this haven of peace and quiet set in 4.5 acres of wooded grounds, with lake and indoor pool.

Civray-de-Touraine

Carte 3 · 271

Les Cartes
37150 Civray-de-Touraine
Tél. 02 47 57 94 94 - Fax 02 47 57 89 33
Tél. SR 02 47 48 37 13
Françoise Pinquet

1 pers 350 F - 2 pers 380/480 F - p. sup 100 F

2 chambres totalement indépendantes à chaque extrémité de la maison, avec agréables salles de bains ou douches et wc privés. TV dans chaque chambre. Piscine couverte chauffée de mai à septembre. Sauna (35 F). Salon de jardin, parking intérieur. Poss. massage de relaxation. ★ Chenonceaux et Amboise à 5 km. Vallée du Cher (Montrichard, Saint-Aignan) à proximité. **Accès :** D81 à mi-chemin entre Chenonceaux et Amboise (5 km). Autoroute A10 sortie Amboise. Tours à 35 km. CM 64, pli 16.

Au début du XVIe, cette propriété, située à proximité de la route forestière reliant Amboise à Chenonceaux, servait déjà de halte pour les moines-pelerins et s'appelait alors "Les Cartes du Paradis". Les touristes qui y font étape, apprécient ce havre de quiétude dans un parc boisé de 2 ha. avec pièce d'eau et piscine couverte.

Indre et Loire

Tennis court 2 km. Sailing, fishing 6 km. Swimming pool, horse-riding 15 km. Courcelles golf course 16 km. Château de Langeais 18 km. Chinon 33 km. Azay-le-Rideau 28 km. Rigny-Ussé 32 km.

★ *How to get there:* 45 km west of Tours, take N152 and turn right for St-Michel-sur-Loire. Take D125 to Les Essards, then D15 and D64. Michelin map 64, fold 13.

In the heart of Châteaux of the Loire country, just a stone's throw from the Bourgueil vineyards, "La Butte de l'Epine" is a spirited 17th-century residence, set in peaceful and attractive wooded countryside. The bedrooms are elegant and the dining room, adorned with Madame Bodet's superb flower arrangements, is a perfect setting for the scrumptious breakfasts.

Continvoir

Carte 3 · 272

La Butte de l'Epine
37340 Continvoir
Tél. 02 47 96 62 25 - Fax 02 47 96 07 36
Tél. SR 02 47 48 37 13
Michel et Claudette Bodet

1 pers 300 F - 2 pers 330 F - p. sup 100 F

3 chambres (non fumeurs) chacune avec douche et wc privés. Restaurants à proximité. Parking fermé. Ouvert toute l'année sauf Noël. Grand jardin fleuri. Randonnées pédestres sur place. ★ Tennis 2 km. Voile, pêche 6 km. Piscine, équitation 15 km. Golf de Courcelles 16 km. Château de Langeais 18 km. Chinon 33 km. Azay-le-Rideau 28 km. Rigny-Ussé 32 km. **Accès :** à 45 km à l'ouest de Tours, prendre N152 puis tourner à droite dir. St-Michel/Loire. D125 jusqu'aux Essards puis D15 et enfin la D64. CM 64 pli 13.

Au cœur des châteaux de la Loire et à deux pas des vignobles de Bourgueil, la butte de l'Epine est une demeure d'esprit XVIIe siècle, située au calme d'une belle campagne boisée. Les chambres sont raffinées et la salle à manger, ornée de superbes bouquets, vous accueillera pour de copieux petits déjeuners.

Indre et Loire

Remains of the Carolingian abbey. Château de Chenonceaux and medieval town of Loches 20 km. Indre Valley. Azay-le-Rideau and Villandry 30 km.

★ **How to get there:** *Cormery is halfway between Tours and Loches (20 km) on N143. "Le Logis du Sacriste" is set back in a side street next to the abbey steeple. Michelin map 64, fold 15.*

The peaceful refinement of this 15th and 19th-century house full of character contrasts sharply with the 11th-century Carolingian abbey next to it, in the centre of Cormery. The choice of fabrics, furniture and engravings and attention to minute detail reflect the personality of its Scottish owner, Susanna McGrath.

Cormery
Carte 3 273

Le Logis du Sacriste

3, rue Alcuin - 37320 Cormery
Tél. 02 47 43 08 23 - Fax 02 47 43 05 48
Tél. SR 02 47 48 37 13
Email : sacriste@creaweb.fr
Susanna Mc Grath

1 pers 280/320 F - 2 pers 310/350 F - 3 pers 450 F
p. sup 100 F - repas 150 F

4 chambres avec salle de bains ou salles d'eau et wc privés. Grand salon avec cheminée. Parking intérieur. Table d'hôtes (sauf le Samedi) sur réservation. Cartes bleues acceptées. Vélos disponibles. Restaurants à 200 m. ★ Vestige de l'abbaye carolingienne. Château de Chenonceaux et cité médiévale de Loches à 20 km. Vallée de l'Indre. Azay-le-Rideau et Villandry 30 km. **Accès :** Cormery est à mi-chemin entre Tours et Loches (20 km) sur la N143. Le Logis du Sacriste est situé à l'écart, dans une ruelle jouxtant le clocher de l'abbaye. CM 64, pli 15.

Quel contraste de trouver au centre de Cormery, jouxtant les vestiges de l'abbaye carolingienne, une maison de caractère des XVe et XIXe siècles offrant autant de calme et de raffinement. Le choix des étoffes, des meubles, des gravures et des moindres détails de décoration réflète la personnalité de sa propriétaire écossaise.

Indre et Loire

Medieval city of Chinon 8 km. Azay-le-Rideau Château 20 km. Rigné-Ussé 20 km. Fontevrault Royal Abbey 20 km. Chinon Forest 3 km.

★ **How to get there:** *Motorway, Sainte-Maure-de-Touraine exit. D760 to Ile Bouchard (8 km), then D8 via Panzoult. Michelin map 64, fold 14.*

Antique dealers Barbara and Bernard Chauveau are your hosts at their beautiful house full of character. The suite has a small private lounge where delicious breakfasts are served. The house exudes refinement, with magnificent furniture and antiques, superb bathrooms, and a large lounge with fireplace and piano.

Cravant-les-Côteaux
Carte 3 274

Pallus

Cravant-les-Côteaux - 37500 Chinon
Tél. 02 47 93 08 94 - Fax 02 47 98 43 00
Tél. SR 02 47 48 37 13
Bernard et Barbara Chauveau

2 pers 500/550 F - p. sup 150 F

2 chambres et une suite, toutes avec bains et wc. Ouvert toute l'année. Restaurants à proximité. Jardin paysager, parking. Piscine sur place. ★ Cité médiévale de Chinon (8 km), château d'Azay-le-Rideau (20 km), Rigny-Ussé (20 km), Abbaye royale de Fontevrault (20 km), forêt de Chinon (3 km). **Accès :** autoroute sortie Sainte-Maure-de-Touraine. D760 jusqu'à l'Ile Bouchard (8 km) puis D8 via Panzoult. CM 64 pli 14.

Barbara et Bernard (antiquaires), vous accueillent dans leur belle maison. La suite dispose d'un petit salon particulier où de délicieux petits déjeuners sont servis. Dans cette maison, tout respire le raffinement : les meubles superbes, les objets anciens et les magnifiques salles de bains. Grand salon avec cheminée et piano.

Indre et Loire

In the vicinity: Reignac maze (open from mid-July to mid-September) and medieval city of Loches.

★ *How to get there: A10, Tours-Sud/Chambray exit and N143 for Loches and Châteauroux. At the Reignac-Manthelan crossroads, take D58 for Manthelan, then 1 km on turn left onto D95 for Dolus, D94 for Manthelan. Michelin map 64, fold 15.*

This handsome building, tucked away in a remote corner of Touraine, is the ideal spot for early architecture lovers. You will be pampered by your hostess, who also offers table d'hôtes meals by the fire (tall, handsome fireplaces in every room). Excellent value for money and generous hospitality from your hostess, Marie-Thérèse Bruneau.

Dolus-le-Sec

Carte 3 **275**

Manoir du Puy
37310 Dolus-le-Sec
Tél. 02 47 59 38 23
Marie-Thérèse Bruneau

1 pers 350 F – 2 pers 380 F – 3 pers 500 F
p. sup 90 F – repas 120 F

1 suite de 2 chambres (1 double et 1 triple) avec salle de bains (baignoire et douche) et wc privés. La suite occupe la totalité du 1er étage de ce petit manoir des XVe et XVIIe siècles (ISMH). Ouvert d'avril à octobre. Table d'hôtes sur réservation. Animaux acceptés sous réserve. Un gîte en cours de réalisation dans les dépendances. ★ Proximité du labyrinthe de Reignac (de mi-juillet à mi-septembre) et de la cité médiévale de Loches. **Accès :** A10 sortie Tours-sud/Chambray puis N143 vers Loches et Châteauroux. Au carrefour Reignac-Manthelan, D58 vers Manthelan, puis à 1 km à gauche D95 dir. Dolus. A Dolus, D94 vers Manthelan. CM 64, pli 15.

Comme perdu au milieu des champs, ce bel édifice est l'endroit rêvé des amateurs de vieilles pierres. Vous y serez dorlotés par la propriétaire qui propose également une table d'hôtes au coin du feu (très hautes et belles cheminées dans chaque pièce). L'excellent rapport qualité-prix de cette adresse est renforcé par le charmant accueil de Marie-Thérèse Bruneau.

Indre et Loire

Loire Valley, châteaux and vineyards.

★ *How to get there: Near D29 between Chemillé-sur-Dême 2 km and La Chartre-sur-le-Loir 7 km. 30 km north of Tours. A10, Château-Renault exit and D31 for Château-Renault. D766 for Beaumont-la-Ronce and D29 for Chemillé. Michelin map 64, fold 4.*

Girardet is just a stone's throw from the Loire Valley and the Jasnières vineyards on the way to Tours from Le Mans. The round 15th-century tower, 17th-century main house and 19th-century octagonal tower all attest to the estate's eventful past. Maryse and Jacques are your hosts at this relaxing, wooded location where boar and deer run freely.

Epeigne-sur-Deme

Carte 3 **276**

Château de Girardet
37370 Epeigne-sur-Deme
Tél. 02 47 52 36 19 – Fax 02 47 52 36 90
Tél. SR 02 47 48 37 13
Jacques et Maryse Chesnaux

1 pers 260/550 F – 2 pers 290/590 F – p. sup 120 F

5 chambres dont 1 suite avec bains ou douche et wc privés. Salon à la disposition des hôtes. Parking. Promenades dans le parc de 5 ha. Ping-pong. ★ Val de Loire, châteaux et vignobles. **Accès :** à prox. de la D29 entre Chemillé-sur-Dême (2 km) et la Chartre-sur-le-Loir (7 km). 30 km au nord de Tours. A10 sortie Ch.-Renault puis D31 dir. Ch.-Renault. D766 dir. Beaumont-la-Ronce et D29 vers Chemillé. CM 64, pli 4.

Non loin du Val de Loire et du vignoble de Jasnières, "Girardet" constitue une étape vers Tours en venant du Mans. Sa tour ronde du XVe, son logis principal du XVIIe et sa tour octogonale du XIXe sont autant de témoignages du riche passé de cette propriété. Maryse et Jacques vous reçoivent dans un site reposant et boisé où passent sangliers, biches et chevreuils.

Indre et Loire

Châteaux: Chenonceaux 2 km, Amboise 15 km. Cher Valley vineyards locally. Forest and medieval town of Loches 25 km. Horse-riding, sailing and tennis nearby.

★ *How to get there: 35 km east of Tours. Motorway, Amboise exit, D31 to Bléré then N76 and turn off for Francueil. Michelin map 64, fold 16.*

Solange and Dag, a young Franco-Norwegian couple, will be pleased to share their love of fine French cooking and wines with you. Nineteenth-century Le Moulin is a haven of peace and quiet complete with park. Breakfast is served on the terrace or in the spacious winter garden which extends from the music room.

Francueil

Carte 3 **277**

Le Moulin
28, rue du Moulin Neuf - 37150 Francueil
Tél. 02 47 23 93 44 - Fax 02 47 23 94 67
Dag et Solange Naess

1 pers 350/450 F - 2 pers 420/850 F - 3 pers 590 F
repas 130 F

5 chambres (dont 2 offrent la possibilité d'être louées en suite familiale) avec bains et wc privés, aux 1er et 2ème étages. Toutes sont équipées de lits 180 ou de 2 lits 90. Table d'hôtes sur réservation. Parc paysager avec rivière, chute d'eau et étang. ★ Châteaux : Chenonceaux à 2 km, Amboise à 15 km. Vignoble du Val de Cher sur place. Forêt et cité médiévale de Loches à 25 km. Equitation, voile et tennis à proximité. **Accès** : à 35 km de chez Tours. Autoroute sortie Amboise, D31 jusqu'à Bléré puis N76 (à quitter vers Francueil). CM 64 pli 16.

Solange et Dag, jeune couple franco-norvégien, vous feront découvrir leur goût pour la bonne cuisine française et les vins. Le Moulin (XIXe siècle), est un havre de quiétude inséparable de son parc. Les petits déjeuners sont servis en terrasse ou dans le vaste jardin d'hiver prolongeant le salon de musique.

Indre et Loire

Medieval city of Loches 11 km. Montrésor listed village 10 km. Chemillé outdoor leisure centre 8 km. Chenonceaux and Cher Valley 25 km. Swimming pool and tennis court in Genillé.

★ *How to get there: A10, Château-Renault/Amboise exit, then D31 to St-Quentin/Indrois. Left onto D10 for Genillé. The mill is 1 km before Genillé. Michelin map 64, fold 16.*

In a lush green setting with water running through it, you will discover the charm of the Moulin de la Roche mill, on a reach of the Indrois. Josette Miéville offers three tastefully-appointed bedrooms, with attractive coloured fabrics and stencil decoration. A warm, comfortable atmosphere for guests' delight.

Genillé

Carte 3 **278**

Moulin de la Roche
37460 Genillé
Tél. 02 47 59 56 58 - Fax 02 47 59 59 62
Tél. SR 02 47 48 37 13
Josette Miéville

1 pers 280 F - 2 pers 340 F - 3 pers 430 F

3 chambres 2 pers. et 1 chambre 3 pers. avec sanitaires privés. Salon avec cheminée. Bibliothèque. Parking et jardin ombragé donnant sur le bief. Restaurant à Genillé. ★ Cité médiévale de Loches 11 km. Village classé de Montrésor 10 km. Base de Loisirs à Chemillé 8 km. Chenonceau et vallée du Cher 25 km. Piscine et tennis à Genillé. **Accès :** A10 sortie Château-Renault/Amboise puis D31 jusqu'à St-Quentin/Indrois. Puis à gauche D10 vers Genillé. Le moulin est à 1 km avant Genillé. CM 64, pli 16.

Dans un cadre de verdure et d'eau qui fait le charme de tous les moulins, celui de la Roche est situé sur un bief de l'Indrois. Josette Miéville vous propose 4 chambres qu'elle a aménagées avec goût : jolis tissus colorés et décor au pochoir. Atmosphère chaleureuse et confortable. Une adresse qui vous ravira.

Indre et Loire

Château de Langeais 13 km, Bourgueil Abbey and vineyards 20 km. 18-hole golf course at Courcelles 8 km. Outdoor sports centre and lake in Hommes 2 km, Rillé 5 km. Restaurants in Hommes.

★ How to get there: 40 km northwest of Tours. Motorway, Tours-Nord exit, then N152 to Langeais and D57 (500 m past Hommes). Michelin map 64, fold 13.

In the heart of the Gâtine Tourangelle, the ruins of the old Hommes Château, circled by moats, provide a superb backdrop to this old 15th-century tithe-barn. Features include a large lounge with monumental period fireplace and harmoniously-decorated bedrooms.

Hommes

Carte 3 — 279

Le Vieux Château
37340 Hommes
Tél. 02 47 24 95 13 - Fax 02 47 24 68 67
Tél. SR 02 47 48 37 13
M. Hardy

1 pers 450 F - 2 pers 505/650 F - p. sup 135 F
repas 165 F

5 chambres (4 doubles, 1 quadruple) dont 1 ch. accessible aux personnes handicapées au rez-de-chaussée, toutes avec bains, wc privés, TV et tél. Ouvert toute l'année. Piscine privée. Restaurant à 5 km. ★Château de Langeais à 13 km, abbaye et vignoble de Bourgueil à 20 km. Golf 18 trous de Courcelles 8 km. Base de loisirs et plan d'eau de Hommes 2 km et Rillé 5 km. Restaurants à Hommes. **Accès :** à 40 km au N.O de Tours. Autoroute sortie Tours Nord puis N152 jusqu'à Langeais et D57 (500 m après Hommes). CM 64 pli 13.

Au cœur de la Gâtine tourangelle, les ruines du vieux château de Hommes, cernées de douves, offrent un superbe décor dans l'ensemble où domine la grange dimière du XVe siècle. Grande salle avec cheminée monumentale d'époque et chambres harmonieusement décorées.

Indre et Loire

Chinon Forest 2 km. Medieval city of Chinon 6 km. Château d'Ussé 7 km. Fontevraux Royal Abbey 18 km. Châteaux: Azay-le-Rideau (19 km), Langeais (23 km) and Villandry (26 km).

★ How to get there: D751 for Chinon, then D16 for Huismes. Before Huismes, take D118 for Avoine. The residence is 200 m on, at the D16 and D118 crossroads. Michelin map 64, fold 13.

Marie-Christine is your hostess at this handsome 18th-century sienna residence, set in a 12.5-acre park. The oriental furniture brought back from extensive travels abroad revives the tradition of chinoiserie and adds a touch of exoticism to this classical château. Comfortable, spacious bedrooms. A refreshing change of scenery on the Anjou and Touraine borders.

Huismes

Carte 3 — 280

Château de la Poitevinière
Huismes - 37420 Avoine
Tél. 02 47 95 58 40 - Fax 02 47 95 43 43
Email : pesquet@club-internet.fr
http://www.chateauloire.com
Marie-Christine Pesquet

1 pers 550/650 F - 2 pers 600/700 F - 3 pers 750 F

4 chambres, toutes avec bains et wc privés. Ouvert toute l'année. Salon télévision réservé aux hôtes. Parc de 5 ha. Restaurants à 6 km. ★ Forêt de Chinon 2 km. Cité médiévale de Chinon 6 km. Château d'Ussé 7 km. Abbaye royale de Fontevraud 18 km. Châteaux d'Azay-le-Rideau (19 km), Langeais (23 km) et Villandry (26 km). **Accès :** D751 vers Chinon, puis D16 de Chinon vers Huismes. Avant Huismes, prendre la D118 vers Avoine. A 200 m au croisement de la D16 et de la D118. CM 64, pli 13.

Marie-Christine vous accueille dans cette belle demeure du XVIIIe couleur terre de Sienne, située dans un parc de 5 ha. Le mobilier oriental rapporté de ses nombreux séjours à l'étranger, renoue avec la tradition des chinoiseries et confère une note d'exotisme à ce très classique château. Chambres spacieuses et confortables. Dépaysement assuré à la limite de l'Anjou et de la Touraine.

Indre et Loire

Medieval city of Chinon. Vineyards.

★ **How to get there:** *A10, Joué-Chinon exit, then D751 for Chinon. At Chinon, bypass the town and head for Saumur and Loudun. Turn right at 2nd roundabout for Huismes (D16) then right some 3 km on for La Chaussée. Michelin map 64, fold 13.*

La Chaussée is a small romantic château crowning 3.75-acre grounds where the paths in the undergrowth lead to a charming stream, just 6 km from the medieval city of Chinon. Painter and sculptor Marie-José and her Dutch-born husband have used their wide experience of holidaying in gîtes throughout France to create "model" bedrooms.

Huismes

Carte 3 281

La Chaussée
37420 Huismes
Tél. 02 47 95 45 79 - Fax 02 47 95 45 79
Tél. SR 02 47 48 37 13
Marie-José Brinckman

1 pers 320 F - 2 pers 350/490 F - p. sup 120 F

3 chambres dont 2 twin avec douche et wc privés et 1 grande chambre triple avec bains et wc séparés. Petit salon à la disposition des hôtes. Parking privé. Parc. Piscine privée. ★ Cité médiévale de Chinon. Vignobles. **Accès :** A10 sortie Joué-Chinon puis D751 vers Chinon. A Chinon, contournement de la ville vers Saumur et Loudun. Prendre à dr. au 2e rd.point vers Huismes (D16) puis à dr. après 3 km environ vers La Chaussée. CM 64, pli 13.

A **6 km de la cité médiévale de Chinon, "La Chaussée" est un petit château romantique trônant dans un parc d'1,5 ha. où les allées en sous-bois mènent à un charmant ruisseau. Marie-José, peintre et sculpteur, et son mari d'origine néerlandaise y ont installé des chambres "modèles" après avoir séjourné dans moultes demeures d'hôtes de France et de Navare.**

Indre et Loire

Château and medieval city of Chinon 6 km. Château d'Ussé 8 km. Azay-le-Rideau and Fontevrault l'Abbaye 20 km.

★ **How to get there:** *45 km west of Tours. D751 to Chinon, then D16 for Huismes, La Pilleterie is 2 km before the village. Michelin map 64, fold 13.*

Halfway between the fortress of Chinon and what is known as "Sleeping Beauty's" castle, is La Pilleterie, a restored 19th-century farm which has now resumed its activities. The sheep and geese will delight toddlers, while grown-ups will enjoy the charm of the fine interior.

Huismes

Carte 3 282

La Pilleterie
37420 Huismes
Tél. 02 47 95 58 07 - Fax 02 47 95 58 07
Tél. SR 02 47 48 37 13
Marie-Claire Prunier

2 pers 290/350 F - p. sup 100 F

Dans les dépendances, 2 chambres et 1 suite avec sanitaires privés. Ouvert toute l'année. Copieux petit déjeuner. Restaurants à 6 km. Cuisine entièrement équipée et salon avec cheminée réservés aux hôtes. Poss. de louer à la semaine (5 pers.) à partir de 3500 F TTC. ★ Château et cité médiévale de Chinon à 6 km. Château d'Ussé à 8 km. Azay-le-Rideau et Fontevrault l'Abbaye à 20 km. **Accès :** 45 km à l'ouest de Tours. D751 jusqu'à Chinon, puis D16 vers Huismes, la Pilleterie est à 2 km avant le bourg. CM 64, pli 13.

A mi-chemin entre la forteresse de Chinon et le château de la Belle au Bois Dormant, La Pilleterie est une ferme du XIXe siècle restaurée et de nouveau en activité. Les moutons et les oies raviront les plus petits tandis que les plus grands savoureront le charme d'un intérieur raffiné.

Indre et Loire

Bourgueil Abbey and town 10 km. Château de Langeais 13 km. Numerous wine cellars in the area. Close to "Gatine Tourangelle" forests. Azay-le-Rideau and Chinon 25 km. Courcelles golf course 25 km.

★ *How to get there: 38 km west of Tours. Motorway, Tours-Nord exit, then N152 via Langeais (13 km), and lastly D35. Michelin map 64, fold 13.*

A large portal marks the entrance to Le Clos Saint-André, once a small farm, just a stone's throw from the village. The main house dates from the 18th century, whilst the 16th-century outbuildings recall the residence's time-honoured purpose. Michel Pinçon and his wife have kept the tradition alive with their own "Bourgueil" appellation d'origine contrôlée wine.

Ingrandes-de-Touraine
Carte 3 | 283

Le Clos Saint-André
37140 Ingrandes-de-Touraine
Tél. 02 47 96 90 81
Tél. SR 02 47 48 37 13
Michel et Michèle Pinçon

1 pers 250 F - 2 pers 280/330 F - 3 pers 405 F
repas 135/175 F

6 chambres avec bains et wc. T.d'hôtes sur rés. (1/2 bouteille de Bourgueil comprise). Jardin, terrasse et parking. Carte bleue acceptée. "W.E. gourmands" avec visites de caves (mars-avril, oct.-nov. Mini. 8 pers. Consulter pour tarifs et détails). ★ Abbaye et ville de Bourgueil 10 km, château de Langeais 13 km. Caves dans les environs. Forêts de la Gâtine tourangelle. Azay-le-Rideau et Chinon 25 km. Golf de Courcelles 25 km. **Accès :** à 38 km à l'ouest de Tours. Autoroute sortie Tours-Nord puis N152 via Langeais (13 km) puis D35. CM 64 pli 13.

Accessible par un important portail, "le Clos Saint-André" est une ancienne closerie à quelques pas du bourg. La maison de maître date du XVIIIe, tandis que les dépendances du XVIe rappellent la vocation de cette demeure. Vocation encore vivante puisque Michel Pinçon et son épouse, produisent leur vin d'appellation "Bourgueil".

Indre et Loire

Explore the Touraine region. Tours 20 min. Amboise, Langeais and Villandry 30 min.

★ *How to get there: A10, Tours-Nord exit and N10 for Monnaie. At Monnaie, D28 for Langennerie. At Langennerie, head for Beaumont-la-Ronce and La Chartre-sur-le-Loir. The château is 1 km up, on the left, in the woods (D29). Michelin map 64, fold 15.*

Château de la Chesnaye, built in the 18th and 19th centuries, was once the Archbishop of Tours's estate. The spacious bedrooms all create a different atmosphere: rustic, Louis XV, Napoleon III and Louis-Philippe. Enjoy a stroll in the vast park, lined with century-old trees, a dip in the pool or try your hand at tennis. Ardrée golf course is just 5 km away.

Langennerie
Carte 3 | 284

Château de la Chesnaye
37390 Langennerie
Tél. 02 47 55 27 85 - Fax 02 47 55 27 85
Tél. SR 02 47 48 37 13
Mme Kergoat

1 pers 400/550 F - 2 pers 450/600 F - p. sup 150 F
repas 180 F

4 chambres dont 1 suite pour 4 pers. avec bains et wc privés. Table d'hôtes sur réservation. Salon Renaissance avec boiseries "plis de serviettes". Parc, piscine et tennis sur place. ★ Découverte de la Touraine. Tours à 20 mn. Amboise, Langeais et Villandry à 30 mn. **Accès :** A10 sortie Tours-nord puis N10 vers Monnaie. A Monnaie, D28 vers Langennerie. A Langennerie dir. Beaumont-la-Ronce et La Chartre-sur-le-Loir. Le château est à 1 km à mi-côte (à gauche) dans les bois (D29). CM 64, pli 15.

Ancien domaine de l'Archevêché de Tours, le château de la Chesnaye est une demeure des XVIIIe et XIXe s. Chambres spacieuses aux atmosphères différentes : rustique, Louis XV, Napoléon III et Louis-Philippe. Un vaste parc pour la promenade, orné d'arbres séculaires, une grande piscine et un tennis constituent les loisirs. Le golf d'Ardrée à 5 km complètera ces activités.

Indre et Loire

Discover the châteaux and abbeys of Touraine. Wine-growing villages of Anjou and Chinonais. Chinon 7 km. Richelieu 12 km.

★ *How to get there: A10, Joué-les-Tours/Chinon and bypass. Exit for D751 for Chinon. Bypass Chinon and take D751 for Châtellerault, then turn right (D115) for Ligré and "Le Rouilly". Michelin map 68, fold 3.*

This charming spot is synonymous with peace and quiet and ideal for exploring Touraine and the villages of Anjou and the Chinonais. This imposing 1850 residence, originally a wine-growers' home, features spacious bedrooms, one of which is located in the old press-house, and another in the former grape storehouse. Martine, a keen traveller, will welcome you as friends of the family.

Ligré

Carte 3 · **285**

Le Clos de Ligré

22, rue du Rouilly - 37500 Ligré
Tél. 02 47 93 95 59 - Fax 02 47 93 04 61
Tél. SR 02 47 48 37 13
Martine Descamps

---

1 pers 280/380 F - 2 pers 330/450 F
p. sup 90/110 F - repas 150 F

3 chambres dont 2 indépendantes, avec TV, bains et wc privés. Réduction 10% à partir de 3 nuits d'octobre à avril. Table d'hôtes sur réservation. Salon de musique et bibliothèque réservés aux hôtes. 2 grands jardins avec piscine privée, terrasse couverte et salon de jardin. ★ Découverte des châteaux et abbayes de Touraine. Villages viticoles de l'Anjou et du Chinonais. Chinon 7 km. Richelieu 12 km. **Accès :** A10 sortie Joué-les-Tours/Chinon puis rocade. Sortie sur la D751 vers Chinon. Contourner Chinon et prendre la D751 vers Chatellerault, puis à droite (D115) vers Ligré et "Le Rouilly". CM 68, pli 3.

Tout concourt à faire de ce lieu une halte de charme et de tranquillité pour découvrir la Touraine et les villages de l'Anjou et du Chinonais. Dans cette maison bourgeoise 1850 à ancienne vocation viticole, les chambres sont spacieuses : l'une située dans l'ancien pressoir, l'autre dans le fruitier... Martine, qui a voyagé dans le monde entier, reçoit ses hôtes en amis.

Indre et Loire

Loches Château 18 km. Prehistoric places of interest in southern Touraine. Futuroscope Moving Image Museum in Poitiers.

★ *How to get there: 45 km south of Tours. A10, Ste-Maure exit then D760 for Loches and D59 for Ligueil. The residence is approximately 2 km from Ligueil on the D31 on the way to Loches. Michelin map 68, fold 5.*

Moulin de la Touche adds a "pastel" touch to the country landscape around Ligueil. A handsome "ivy-green" door, which is the residence's hallmark, stands out proudly against the splendour of the tall, pink-hued façade. Breakfast and dinner are served on a large verandah that looks out onto the garden and swimming pool.

Ligueil

Carte 3 · **286**

Moulin de la Touche

37240 Ligueil
Tél. 02 47 92 06 84 - Fax 02 47 59 96 38
Margareth Rees

---

1 pers 290/330 F - 2 pers 300/420 F
3 pers 400/520 F - p. sup 100 F - repas 140 F

3 ch. 2 pers. et 2 ch. 3 pers. (dont 1 avec terrasse privée) avec sanitaires privés. Table d'hôtes. Salon à la disposition des hôtes (TV satellite). Jardin avec piscine privée. Cartes bancaires acceptées. ★ Château de Loches 18 km. Préhistoire en sud-Touraine. Futuroscope de Poitiers. **Accès :** 45 km au sud de Tours. A10, sortie Ste-Maure puis D760 vers Loches et D59 vers Ligueil. Le moulin est à environ 2 km de Ligueil sur la D31 en dir. de Loches. CM 68, pli 5.

Le Moulin de la Touche constitue une touche "pastel" dans le paysage rural des abords de Ligueil. Emblème de la demeure, une belle porte de couleur "vert anglais" vient trancher sur la haute façade, remarquable pour son enduit rosé. Les petits déjeuners et dîners sont servis dans la grande véranda qui ouvre sur le jardin et la piscine.

Indre et Loire

Château d'Amboise and Clos Lucé 7 km. Château de Chenonceaux and Cher Valley 14 km. City of Tours and museums 20 km. Touraine Aquarium 1 km.

★ *How to get there: From Amboise, leave D751 for Tours. At Lussault, D283 for Saint-Martin-le-Beau. Michelin map 64, fold 16.*

Château de Pintray's blue shutters evoke its owners' origins: the Ile de Ré. Attractive 17th and 19th-century residence in a vast expanse of parkland, surrounded by vineyards. Montlouis wine is produced on the estate. The bedrooms are luxuriously appointed with period furniture. In the heart of the Loire Valley, ideal for visiting the châteaux or relaxing.

Lussault-sur-Loire

Carte 3 **287**

Château de Pintray

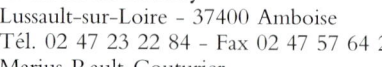

Lussault-sur-Loire – 37400 Amboise
Tél. 02 47 23 22 84 - Fax 02 47 57 64 27
Marius Rault-Couturier

1 pers 500 F – 2 pers 550 F – 3 pers 690 F

3 chambres et 2 suites familiales, toutes avec bains et wc privés (830 F 4 pers. Réduction 10% à partir de 4 nuits). Ouvert toute l'année. Billard, salon avec TV réservé aux hôtes. Parc de 1,5 ha. Dégustation de vin. Restaurants à 3 km. ★ Château d'Amboise et Clos Lucé à 7 km. Château de Chenonceaux et vallée du Cher à 14 km. Ville et musées de Tours à 20 km. Aquarium de Touraine à 1 km. **Accès :** en venant d'Amboise, quitter la D751 vers Tours. Dans Lussault suivre la D283 vers Saint-Martin-le-Beau. CM 64, pli 16.

Les volets bleus du château de Pintray rappellent l'origine de ses propriétaires : l'île de Ré. Cette belle demeure des XVIIe et XIXe avec un vaste parc est entourée de vignes. Le vin de Montlouis est produit sur la propriété. Les chambres sont luxueusement aménagées avec mobilier ancien. Etape idéale, au coeur du Val de Loire.

Indre et Loire

Discover the châteaux and many attractions of the Touraine region.

★ *How to get there: A10, Amboise-Château-Renault exit. D31 for Amboise, Bléré, St-Quentin/Indrois. Turn left for Genillé (D10) and Montrésor. Le Moulin is on the right as you enter Montrésor on the way from Chemillé. Michelin map 64, fold 16.*

Between Chenonceaux and Valençay, Moulin de Montrésor is the only mansion in this charming hamlet, dubbed the "most beautiful village in France", which won over the Polish aristocracy in its day. It is therefore quite natural for the current owner to provide the elegance and refinement worthy of one of her ancestors.

Montrésor

Carte 3 **288**

Le Moulin

37460 Montrésor
Tél. 02 47 92 68 20 - Fax 02 47 92 74 61
Tél. SR 02 47 48 37 13
Alain et Sophie Willems de Laddersous

1 pers 260/310 F - 2 pers 290/340 F - p. sup 80 F

4 chambres spacieuses dont 2 avec bains, 2 avec douche, et wc privés. Grand salon et séjour à la disposition des hôtes. Exceptionnel : à l'intérieur, un sol de verre avec vue sur le bief. Parking. Réduction 10% à partir de 4 nuits. ★ Découverte de la Touraine et de ses châteaux. **Accès :** A10 sortie Amboise-Château-Renault. D31 vers Amboise, Bléré, St-Quentin/Indrois. Tourner à gauche vers Genillé (D10) et Montrésor. Moulin à droite à l'entrée de Montrésor en venant de Chemillé. CM 64, pli 16.

Entre Chenonceaux et Valençay, le moulin de Montrésor, constitue l'unique maison d'hôtes de ce "plus beau village de France", qui conquit en son temps, l'aristocratie polonaise. On ne s'étonnera donc pas de trouver chez les propriétaires de ce lieu, le raffinement et l'élégance de l'une de leurs descendantes.

Indre et Loire

Châteaux of Amboise, Chaumont-sur-Loire 8 km, Chenonceaux 17 km. Tennis court 2.5 km. Horse-riding 3 km. Swimming pool 9 km.

★ *How to get there:* 35 km east of Tours. Take D751 for Mosnes (left bank of the Loire). In the centre of Mosnes, take D123 for Les Hauts Noyers, approx. 2 km on. 3 km from Chaumont-sur-Loire international gardens. Michelin map 64, fold 15.

Built in the 18th century on a vast plain with open fields, vineyards and woods, just 2 km from the royal river, Les Hauts Noyers was once a cluster of farm buildings. Mr and Mme Saltron have decorated their pleasant home with both taste and imagination.

Mosnes

Carte 3 **289**

Les Hauts Noyers
37530 Mosnes
Tél. 02 47 57 19 73 – Fax 02 47 57 60 46
Tél. SR 02 47 48 37 13
Simone Saltron

1 pers 290 F – 2 pers 310 F – p. sup 100 F

1 chambre double au r.d.c. avec bains et wc et 1 suite à l'étage avec salon, bains et wc. Jardin et petits déjeuners primés. Verger ombragé. Vélos à disposition. Jeux de boules. ★ Châteaux d'Amboise et Chaumont-sur-Loire à 8 km, Chenonceaux à 17 km. Tennis à 2,5 km. Equitation à 3 km. Piscine à 9 km. **Accès :** à 35 km à l'est de Tours. Prendre la D751 vers Mosnes (rive gauche de la Loire). Dans le centre de Mosnes D123 vers les Hauts Noyers sur environ 2 km. A 3 km des jardins internationaux de Chaumont-sur-Loire. CM 64, pli 15.

Bâtie au XVIIIe siècle sur un vaste plateau de champs ouverts, vignobles et bois à 2 km seulement du fleuve royal, "Les Hauts Noyers", jadis bâtiments ruraux sont aujourd'hui une demeure agréable que M. et Mme Saltron ont décorée avec goût et imagination.

Indre et Loire

Amboise. Vouvray and Touraine vineyards.

★ *How to get there:* 20 km east of Tours, on the way to Blois. A10, Amboise exit, Château-Renault and D31 for Amboise, then right for Pocé/Cisse and Nazelles. Les Ormeaux is between Nazelles and Noizay (D1). Michelin map 64, fold 16.

Château des Ormeaux is a romantic residence built on a vast Italian-style terrace overlooking the Loire Valley, at the gateway to Amboise. The bedrooms with wood panelling, in pastel shades, and period furniture afford a magnificent view of the surrounding area. Spacious, luxurious, light-filled bathrooms. A warm welcome is guaranteed at this refined staging post.

Nazelles

Carte 3 **290**

Châteaux des Ormeaux
Nazelles – 37530 Amboise
Tél. 02 47 23 26 51 – Fax 02 47 23 19 31
Xavier Merle

1 pers 500/600 F – 2 pers 550/650 F – p. sup 150 F

5 chambres avec tél., bains ou douche et wc privés. Ouvert toute l'année. Copieux petits déjeuners. Grand salon avec cheminée et TV. Parc de 25 ha. avec piscine. Restaurants 2 km. Gare TGV à 20 km. ★ Amboise. Vignobles de Vouvray et Touraine. **Accès :** 20 km à l'est de Tours, dir. Blois. A10, sortie Amboise, Château-Renault puis D31 vers Amboise et à droite vers Pocé/Cisse puis Nazelles. Les Ormeaux sont situés entre Nazelles et Noizay (D1). CM 64, pli 16.

Aux portes d'Amboise, le château des Ormeaux est une demeure romantique construite sur une vaste terrasse à l'italienne dominant la vallée de la Loire. Superbes vues pour les chambres avec boiseries aux tons pastels et meublées d'époque. Salles de bains vastes et lumineuses, dotées d'un grand confort. Une étape raffinée où vous serez chaleureusement accueillis.

Indre et Loire

Tours (historical centre and museums) 18 km. Châteaux: Amboise 9 km, and Chaumont 25 km. Vouvray vineyards. Posted hiking, walking and bicycle touring paths on site. Château de Chenonceaux 20 km.

★ **How to get there:** East of Tours, on the north bank of the Loire. Take N152 for Blois, then D1 via Vouvray and Vernou. Michelin map 64, fold 15.

On a little road crossing the villages of the Vouvray vineyards is where you will find this 18th-century farmhouse, which has since been renovated. Your Dutch hosts, Timmy and Kees, have decorated the interior with a blend of period furniture and contemporary objects to create a harmonious atmosphere.

Noizay

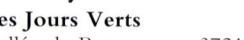 Carte 3

Les Jours Verts
Vallée de Beaumont - 37210 Noizay
Tél. 02 47 52 12 90
Tél. SR 02 47 48 37 13
Timmy Bosma

2 pers 250/320 F - 3 pers 380/400 F

3 chambres au 1er étage : 1 petite double et 1 triple avec douche et wc privés, et 1 triple avec bains, douche et wc privés. Ouvert de Pâques à fin septembre. Copieux petit déjeuner. Restaurants à 800 m. ★ Tours (musées...) 18 km. Châteaux d'Amboise 9 km et Chaumont 25 km. Vignobles de Vouvray. Randonnées pédestres et cyclotouristiques balisées sur place. Château de Chenonceaux 20 km. **Accès :** à l'est de Tours, rive nord de la Loire. Prendre la N152 vers Blois, puis la D1 via Vouvray et Vernou. CM 64, pli 15.

Sur la petite route qui traverse les villages du vignoble de Vouvray, vous trouverez une fermette bâtie au XVIIIe siècle et rénovée depuis. Timmy et Kees, d'origine hollandaise, ont harmonieusement décoré leur intérieur en mélangeant meubles anciens et objets contemporains.

Indre et Loire

Hiking locally, fishing 1 km. Tennis 2 km. Sailing 7 km. Medieval city of Chinon 12 km. Azay-le-Rideau Château 20 km. Fortress town of Richelieu 20 km. Rigny-Ussé 24 km.

★ **How to get there:** 50 km south of Tours. Motorway, Sainte-Maure-de-Touraine exit, then D760 to Ile-Bouchard - D8 and D21. Michelin map 64, fold 14.

South-facing on a hillside with a magnificent view of the Vienne Valley, between Chinon and the Ile-Bouchard, the Beauséjour property is one of the most reputed wine-growing estates in the Chinon area. The bedrooms afford splendid views of either the vineyards or the swimming pool.

Panzoult

Carte 3

Beauséjour
37500 Panzoult
Tél. 02 47 58 64 64 - Fax 02 47 95 27 13
Tél. SR 02 47 48 37 13
Marie-Claude Chauveau

2 pers 450/500 F - 3 pers 580/650 F

1 chambre double dans une tourelle et 1 suite 3 pers. dans le logis principal, toutes deux avec sanitaires privés (4 pers. 680/750 F). Piscine privée. Garage. Nombreux restaurants à proximité. ★ Randonnée sur place, pêche 1 km, tennis 2 km, voile 7 km. Cité médiévale de Chinon 12 km, château d'Azay-le-Rideau et ville fortifiée de Richelieu 20 km, Rigny-Ussé 24 km. **Accès :** à 50 km au sud de Tours. Autoroute, sortie Sainte-Maure de Touraine puis D760 jusqu'à l'Ile-Bouchard (D8 et D21). CM 64 pli 14.

Merveilleusement exposé au sud, sur le côteau embrassant tout le val de Vienne, entre Chinon et l'Ile-Bouchard, le domaine de Beauséjour est en fait un domaine viticole des plus réputés dans le Chinonais. Les chambres jouissent d'une très belle vue, tantôt sur le vignoble, tantôt sur la piscine.

Indre et Loire

Loire Valley, châteaux, vineyards. City of Richelieu: a fine example of 17th-century architecture and town planning. Futuroscope Moving Image Museum (Vienne) 35 min.

★ **How to get there:** 60 km southwest of Tours, 28 km east of Chinon and 18 km east of Châtellerault. A10, St-Maure exit for Richelieu. Then D749 for Châtellerault. Drive 7 km and turn left for the château (signs). Michelin map 68, fold 4.

Château de Chargé is quite extraordinary, with a history dating back to 1070. Alterations were made in the 14th and 17th centuries. However, the soberness and authenticity of its imposing architecture are its most salient features. The owners have made every effort to restore it to pristine splendour and offer a hospitable, courteous welcome. Highly memorable.

Razines

Carte 3 — **293**

Château de Chargé

37120 Razines
Tél. 02 47 95 60 57 - Fax 02 47 95 67 25
Tél. SR 02 47 48 37 13
Claude et Marie-Louise d'Asfeld

1 pers 400/600 F - 2 pers 450/650 F

3 chambres au 1er étage, avec bains ou douche et wc privés. Salon à la disposition des hôtes. Cour d'honneur. Parking intérieur. Parc avec piscine privée. Chapelle classée (ISMH). Réduction au-delà de 3 nuits.★ ★ Val de Loire, châteaux, vignobles. Ensemble architectural de Richelieu. Futuroscope (Vienne) à 35 mn. **Accès :** 60 km s.o de Tours, 28 km est de Chinon et 18 km est de Châtellerault. A10 sortie Ste-Maure dir. Richelieu. De là, D749 vers Châtellerault sur 7 km. Puis tourner à gauche vers le château (fléchage). CM 68, pli 4.

Chargé est un lieu extraordinaire : par son histoire, puisqu'il fut édifié en 1070 puis modifié aux XIVe et XVIIe siècles, mais surtout par son architecture imposante de sobriété et d'authenticité. Ses propriétaires n'ont cessé de le restaurer et en ont fait par leur accueil chaleureux et courtois, un lieu de séjour raffiné qui restera une étape inoubliable pour ses hôtes.

Indre et Loire

Sainte-Chapelle de Champigny-sur-Veude (chapel) 5 km. Medieval city of Chinon 19 km. Roche-du-Maine Château 12 km. Richelieu-Chinon steam train. Futuroscope 45 km. Swimming pool, fishing, tennis, forest 500 m.

★ **How to get there:** Motorway, Sainte-Maure exit (60 km southwest of Tours). D760 to Noyant, then D757. At the corner of Place des Religieuses (square) and Rue Jarry. Michelin map 68, fold 3.

Madame Leplatre's property comprises a private mansion and a number of outbuildings surrounded by small French formal gardens. A charming hostess offering guests traditional stays in comfortable, attractively-furnished rooms. The hearty breakfasts are original and served on beautiful crockery.

Richelieu

Carte 3 — **294**

1, rue Jarry - Angle place des Religieuses
37120 Richelieu
Tél. 02 47 58 10 42 - Fax 02 47 58 19 23
Tél. SR 02 47 48 37 13
Marie-Josèphe Leplatre

1 pers 260 F - 2 pers 360 F - 3 pers 500 F

4 chambres, dont une située dans une dépendance, toutes avec bains ou douche et wc. Ouvert toute l'année. Restaurants dans la ville. Jardin d'hiver réservé aux hôtes. ★ Ste-Chapelle de Champigny-sur-Veude 5 km, Chinon 19 km, château de la Roche-du-Maine 12 km. Train à vapeur (Richelieu-Chinon). Futuroscope 45 km. Piscine, pêche, tennis, forêt 500 m. **Accès :** autoroute sortie Sainte-Maure (60 km sud-ouest de Tours). D760 jusqu'à Noyant puis D757. A l'angle place des Religieuses et rue Jarry. CM 68 pli 3.

La propriété de Mme Leplatre se compose d'un hôtel particulier et de dépendances, délimités par plusieurs petits jardins dessinés à la française. Hôtesse charmante, elle propose à ses hôtes un séjour de tradition dans des chambres joliment meublées. Le petit déjeuner copieux et original est servi dans une belle vaisselle.

Indre et Loire

Close to Châtellerault and Futuroscope Moving Image Museum (Poitiers). Château de Chinon 20 km. Saumur and Azay-le-Rideau.

★ *How to get there: 55 km southwest of Tours. A10 motorway, Sainte-Maure-de-Touraine exit, then D760 and D58 for Richelieu. Michelin map 68, fold 3.*

In the architectural treasure chest of the 17th-century town of Richelieu, this early-19th-century Directoire residence is a jewel which contrasts with the town's austerity. It boasts Richelieu's largest indoor garden. Madame Couvrat-Desvergnes has recreated a sumptuous décor to achieve the peak of refinement.

Richelieu

Carte 3 **295**

6, rue Henri Proust – 37120 Richelieu
Tél. 02 47 58 29 40 - Fax 02 47 58 29 40
Tél. SR 02 47 48 37 13
Mme Couvrat-Desvergnes

1 pers 450 F - 2 pers 500 F - p. sup 100 F

4 chambres à l'étage avec vastes et luxueuses salles de bains et wc privés : 2 ch. twin + 2 ch. doubles avec grand lit (160 x 200). Possibilité lit suppl. Grand salon avec tél. et TV pour les hôtes. Parking intérieur + garage. Grand jardin clos avec mobilier de jardin. ★ A proximité de Châtellerault et du Futuroscope de Poitiers. Château de Chinon à 20 km. Saumur et Azay-le-Rideau. **Accès :** 55 km au sud-ouest de Tours. Autoroute A10 sortie Sainte-Maure-de-Touraine puis D760 et D58 vers Richelieu. CM 68, pli 3.

Dans son écrin architectural que constitue la ville de Richelieu, bâtie au XVIIe siècle, cette demeure directoire (début XIXe) est un joyau qui contraste avec l'austérité de la ville; elle possède le plus grand jardin intérieur de Richelieu. Mme Couvrat-Desvergnes a recréé un somptueux décor qui révèle un raffinement extrême.

Indre et Loire

Châteaux of Rigny-Ussé 3 km, Langeais and Azay-le-Rideau 16 km. Medieval city of Chinon 15 km. Bourgueil Abbey 19 km, Fontevrault 26 km.

★ *How to get there: 38 km west of Tours. A10 motorway, Saint-Avertin exit, then D751 for Chinon. At Azay-le-Rideau, take D17 fork to Rigny-Ussé. Michelin map 64, fold 13.*

Le Pin comprises a set of lovingly-restored buildings which look out onto a vast swimming pool. A peaceful spot where owner Jany Brousset offers her guests both sporting and leisure holidays in a family environment. Above the lounge, complete with fireplace and bar, guests can relax in the sauna or play billiards on the mezzanine.

Rigny-Ussé

Carte 3 **296**

Le Pin
37420 Rigny-Ussé
Tél. 02 47 95 52 99 - Fax 02 47 95 43 21
Tél. SR 02 47 48 37 13
Jany Brousset

1 pers 250 F - 2 pers 250/390 F - 3 pers 400/490 F

1 chambre (dans dépendance) avec douche, wc, coin-salon, TV et kitchenette et 3 chambres avec bains et wc privés. Ouvert toute l'année. Sauna, billard et ping-pong sur place. Parc et barnum en bord de piscine. Parking. (500 F/4 pers.). ★ Châteaux de Rigny-Ussé (3 km), Langeais et Azay-le-Rideau (16 km), cité médiévale de Chinon (15 km), Abbaye de Bourgueil (19 km) et Fontevrault (26 km). **Accès :** 38 km à l'ouest de Tours. Autoroute A10 sortie St-Avertin, puis D751 vers Chinon. A Azay le Rideau, bifurcation par D17 vers Rigny-Ussé. CM 64, pli 13.

"Le Pin" constitue un ensemble de bâtiments soigneusement restaurés ouvrant sur une vaste piscine. Dans ce lieu de quiétude, Jany Brousset, propose à ses hôtes un séjour à la fois sportif et décontracté, dans une ambiance familiale. Au dessus du salon avec cheminée et bar, un sauna et un billard en mezzanine sont à disposition.

Indre et Loire

Saché, Azay-le-Rideau. Villandry and Langeais Châteaux nearby.

★ ***How to get there:*** *24 km west of Tours and 25 km east of Chinon. A10, Joué-les-Tours/Chinon exit then D751 to Azay-le-Rideau and D86 for Artannes. La Basse Chevrière is the hamlet after La Sablonnière. Michelin map 64, fold 14.*

Le Moulin Vert was built on 13th-century foundations, right in the heart of the Indre, where the soothing waters and verdant setting of its banks exude peace and relaxation. The world of Balzac is all around you, but the village of Saché is also famous for the many visits paid to the mill by the sculptor Calder, whose mobile still sways in sympathy with the wind.

Saché

Carte 3 **297**

Le Moulin Vert

La Basse Chevrière – 37190 Saché
Tél. 02 47 26 86 54 – Fax 02 47 26 83 95
Gérard Letourneau

1 pers 450 F – 2 pers 500 F

4 chambres avec bains et wc privés (séparés). Vue panoramique sur la rivière. Petits déjeuners servis dans une salle réservée aux hôtes ou sur la terrasse qui domine la rivière. Grand salon avec TV (grand écran) par satellite, bibliothèque et billard. Promenade sur 4 ha. (Hébergement non fumeur). ★ Saché, Azay-le-Rideau. A proximité des châteaux de Villandry et Langeais. **Accès :** 24 km à l'ouest de Tours et 25 km à l'est de Chinon. A10, sortie Joué-les-Tours/Chinon puis D751 jusqu'à Azay-le-Rideau et D86 vers Artannes. La Basse Chevrière est le hameau qui suit la Sablonnière. CM 64, pli 14.

Le Moulin Vert construit sur une base du XIIIe siècle, au beau milieu de l'Indre, invite à se laisser bercer par l'eau et par le cadre verdoyant de ses rives. On est ici immergé dans l'univers balzacien. Mais le village de Saché n'est pas seulement célèbre par Balzac; le sculpteur Calder qui fréquentait le moulin, y a laissé un mobile qui ondule au gré du vent.

Indre et Loire

Azay-le-Rideau Château 6 km. Villandry 12 km. Langeais 16 km.

★ ***How to get there:*** *From Tours, D751 then D84 (north bank of the Indre), or N10 to Montbazon then D17. Cross the Indre at Saché and turn left onto D84 for Azay-le-Rideau. Michelin map 64, fold 14.*

Immersed in Balzac's world of the luxuriant Indre Valley, Les Tilleuls is a discreet-looking residence dating back to the 19th century. It actually conceals a fine landscape garden. Michelle Piller has done her utmost to vary the colours and styles. Outstanding comfort and refinement.

Saché

Carte 3 **298**

Les Tilleuls

La Sablonnière – 37190 Saché
Tél. 02 47 26 81 45 – Fax 02 47 26 84 00
Tél. SR 02 47 48 37 13
Michelle Piller

1 pers 300 F – 2 pers 400 F – 3 pers 500 F
p. sup 100 F

4 chambres dont 2 triples totalement indépendantes, 1 double et 1 suite 3/4 pers., toutes avec salles d'eau et wc privés. Ameublement de caractère. ★ Château d'Azay-le-Rideau 6 km. Villandry 12 km. Langeais 16 km. **Accès :** De Tours, D751 puis D84 (rive nord de l'Indre), ou N10 jusqu'à Montbazon puis D17. Traverser l'Indre à Saché, tourner à gauche sur D84 vers Azay-le-Rideau. CM 64, pli 14.

Immergé dans l'univers Balzacien de la verdoyante vallée de l'Indre, "Les Tilleuls" est une demeure d'apparence discrète (XIXe siècle). Elle dissimule en fait un jardin subtilement paysager. Dans les chambres, Michelle Piller s'est attachée à varier les couleurs et les styles. Confort extrême et raffinement.

Indre et Loire

Halfway between Tours and Loches 25 km. Chenonceaux and Cher Valley 20 km. Azay-le-Rideau 45 km.

★ *How to get there: A10, Tours-Sud/Chateauroux exit, then N143 for Loches. At Cormery exit, turn right for Tauxigny (D82), then St-Bauld. The millhouse is at the entrance to St-Bauld. Michelin map 64, fold 15.*

Le Moulin du Coudray is a long building covered in time-honoured tiling, nestled in extensive grounds in the heart of a small valley. The mill boasts an exceptionally attractive exterior with lake, vast terrace and lofty willows. Discreet, attentive hospitality. Ideal for weekend breaks.

Saint-Bauld
Carte 3 **299**

Le Moulin du Coudray
37310 Saint-Bauld
Tél. 02 47 92 82 64 ou 06 68 92 09 48
Fax 02 47 92 82 64
Mme Péria

1 pers 280 F - 2 pers 320 F - p. sup 80 F
repas 120 F

3 chambres avec bains et wc privés dont 2 avec bains et douche. Salon réservé aux hôtes. Salle de gymnastique. Parking, parc de 3 ha. avec pièces d'eau. Ouvert toute l'année. Table d'hôtes sauf le Vendredi et sur réservation uniquement. ★ A mi-chemin entre Tours et Loches (25 km). Chenonceau et val de Cher à 20 km. Azay-le-Rideau à 45 km. **Accès :** A10 sortie Tours-sud/Chateauroux puis N143 vers Loches. A la sortie de Cormery, à droite jusqu'à Tauxigny (D82) puis St-Bauld. Le moulin est juste à l'entrée. CM 64, pli 15.

Le Moulin du Coudray est une longue batisse couverte de tuiles anciennes, nichée dans un vallon que seul un vaste parc pouvait abriter. Le cadre extérieur constitue un attrait exceptionnel avec le plan d'eau, l'immense terrasse et les saules altiers. Accueil discret et attentionné. Une adresse à ne pas manquer pour vos week-ends.

Indre et Loire

Some 20 km south of Tours on the way to Loches 20 km. Ideal for getting to know the châteaux of Azay, Chinon, Villandry in the west, Amboise and Chenonceaux in the east.

★ *How to get there: A10, Chateauroux exit, then N143 for Loches. As you leave Cormery, turn right for St-Branchs (D32). La Paqueraie is 4 km up on the left at the PR3 marker. Michelin map 64, fold 15.*

Handsome contemporary residence with old-fashioned tiling, completely covered in ivy. The premises exude considerable charm due to Monique Binet's refined decoration. Cookery specialist Monique and her husband share the same passion for Touraine haute cuisine. An ideal spot for gourmet cooking enthusiasts.

Saint-Branchs/Cormery
Carte 3 **300**

La Paqueraie
37230 Saint-Branchs/Cormery
Tél. 02 47 26 31 51 - Fax 02 47 26 39 15
Tél. SR 02 47 48 37 13
Email : monique.binet@wanadoo.fr
M. et Mme Binet

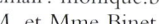

1 pers 330 F - 2 pers 365 F - 3 pers 465 F
p. sup 110 F - repas 145 F

4 chambres avec sanitaires privés. Salon réservé aux hôtes. Terrasse couverte avec grill. Grand parc ombragé et fleuri avec piscine privée. Parking ou garage. ★ A une vingtaine de km au sud de Tours en direction de Loches (20 km). Idéal pour découvrir les châteaux de l'ouest : Azay, Chinon, Villandry ou ceux de l'est : Amboise, Chenonceaux. **Accès :** A10 sortie Chateauroux puis N143 vers Loches. A la sortie de Cormery, à droite vers St-Branchs (D32). La Paqueraie est à 4 km après sur la gauche à la borne PR3. CM 64, pli 15.

Belle demeure contemporaine aux tuiles anciennes, entièrement recouverte de lierre. Beaucoup de charme, grâce à une décoration raffinée signée Monique Binet. Spécialiste des arts de la table, elle partage en outre avec son époux une connaissance certaine de la haute gastronomie tourangelle. Une bonne adresse pour les gourmets.

Indre et Loire

Loches 12 km. Chenonceaux 18 km.

★ *How to get there: A10, Amboise/Château-Renault exit and D31 for Bléré and Loches. 1 km before St-Quentin, turn left onto D80 for Luzille. La Bertinière is a little further up on the right. Michelin map 64, fold 16.*

This much-sought-after former farmhouse (17th and 18th-century "longère") is an extensive U-shaped residence built around a handsome estate dotted with charming pockets of greenery lovingly tended by Valérie and Françoise. Your hostess's hospitality is matched only by the care they have taken to ensure that your stay here is both comfortable and relaxing.

St.Quentin-sur-Indrois
Carte 3 301

La Bertinière

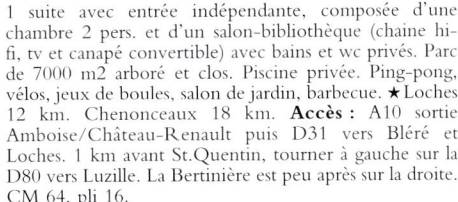

Route de Chenonceaux
37310 St.Quentin-sur-Indrois
Tél. 02 47 92 57 89 ou 06 83 54 13 63
Fax 02 47 92 56 25
Valérie Dubois et Françoise Guibray

1 pers 350 F – 2 pers 390 F – p. sup 100 F

1 suite avec entrée indépendante, composée d'une chambre 2 pers. et d'un salon-bibliothèque (chaine hi-fi, tv et canapé convertible) avec bains et wc privés. Parc de 7000 m2 arboré et clos. Piscine privée. Ping-pong, vélos, jeux de boules, salon de jardin, barbecue. ★Loches 12 km. Chenonceaux 18 km. **Accès** : A10 sortie Amboise/Château-Renault puis D31 vers Bléré et Loches. 1 km avant St.Quentin, tourner à gauche sur la D80 vers Luzille. La Bertinière est peu après sur la droite. CM 64, pli 16.

Souvent convoitée, cette ancienne ferme (longère des XVIIe et XVIIIe siècles) de vaste dimension forme un U autour d'un bel espace vert qui ne laisse en rien deviner les recoins de jardin que Valérie et Françoise ont mis en valeur. Ces 2 hotesses ont allié le sens de l'hospitalité avec le souci du confort et de la détente pour le séjour de leurs hôtes.

Indre et Loire

Châteaux: Villandry 3 km, Azay-le-Rideau and Langeais 15 km. Tours 14 km. Touraine golf course 2 km. Tennis and horse-riding nearby. Swimming pool on site.

★ *How to get there: 14 km west of Tours. Motorway, Joué-les-Tours exit. Savonnières is on the way to Villandry. Michelin map 64, fold 14.*

On the heights overlooking the village of Savonnières on the banks of the Cher, the "Prieuré des Granges" is a 17th and 19th-century residence hidden by beautiful age-old trees. Great care has been taken in furnishing and decorating the bedrooms. You will appreciate your hosts' hospitality in this peaceful setting.

Savonnières
Carte 3 302

Le Prieuré des Granges

37510 Savonnières
Tél. 02 47 50 09 67 – Fax 02 47 50 06 43
Tél. SR 02 47 48 37 13
Eric Salmon

1 pers 520 F – 2 pers 580 F – p. sup 170 F

6 chambres, toutes avec bains et douche, wc et tél. dont 1 suite 4 pers. (1000 F/nuit). Fermeture en décembre et janvier. Copieux petit déjeuner. Restaurants dans le village et aux alentours. Piscine sur place. Parc de 7 ha. (-10% d'octobre à Pâques). ★hâteaux de Villandry à 3 km, d'Azay le Rideau et de Langeais à 15 km. Tours à 14 km. Golf de Touraine à 2 km. Tennis et équitation à proximité. **Accès** : 14 km à l'ouest de Tours. Autoroute sortie Joué-les-Tours dir. Villandry jusqu'à Savonnières. CM 64, pli 14.

Dominant le village de Savonnières au bord du Cher, le Prieuré des Granges est une demeure des XVIIe, XVIIIe et XIXe siècles cachée derrière de beaux arbres séculaires. Un soin particulier est porté sur l'ameublement et la décoration des chambres. Vous y apprécierez le calme et l'accueil chaleureux des propriétaires.

Indre et Loire

Medieval city of Loches. Le Liget Charterhouse. Montrésor village.

★ **How to get there:** 45 km south of Tours. A10 motorway, Chambray-les-Tours exit and N143 for Loches. Approx. 6 km past Loches, turn right onto D41. Michelin map 68, fold 6.

Renouncing the world of music and the capital to settle in a time-honoured residence in Touraine was how the Masselots and their 3 children came to La Capitainerie. This handsome abode of outstanding charm, tastefully restored by its new owners, is a delight. Enjoy the holiday spirit in gîtes and bed and breakfast accommodation, and a dip in the pool.

Verneuil-sur-Indre

Carte 3 **303**

La Capitainerie
37600 Verneuil-sur-Indre
Tél. 02 47 94 88 15 - Fax 02 47 94 70 75
Email : captain@creaweb.fr
Malvina Masselot

1 pers 230/290 F - 2 pers 290/310 F - 3 pers 370 F
p. sup 80 F - repas 110 F

3 chambres mansardées (dont 1 pour 3 pers.) avec douche et wc privés. Table d'hôtes sur réservation. Séjour avec kitchenette à l'usage exclusif des hôtes. Tél. à carte. Lit bébé. Jardin ombragé avec salon de jardin. Piscine dans la propriété commune aux 2 gîtes ruraux. ★ Cité médiévale de Loches. Chartreuse du Liget. Village de Montrésor. **Accès :** 45 km au sud de Tours. Autoroute A10, sortie Chambray-les-Tours puis N143 vers Loches. Environ 6 km après Loches, prendre à droite sur D41. CM 68, pli 6.

Délaisser la musique et la capitale pour vivre en Touraine et s'installer dans une vieille demeure. C'est l'histoire vécue par les propriétaires de la Capitainerie et leurs 3 enfants, qui ont restauré avec goût et beaucoup de charme cette belle propriété. Avec sa piscine, ses gîtes et ses chambres d'hôtes, il y règne désormais une ambiance de vacances actives.

Indre et Loire

Château d'Amboise 16 km, Chenonceaux 32 km. Vouvray vineyards nearby. Grange de Meslay 10 km. Swimming pool and tennis courts 7 km.

★ **How to get there:** 15 km northeast of Tours. Take N152 to Vouvray, then D46 to Vernou, heading for Vallée de Cousse. Michelin map 64, fold 15.

Netty Bellanger offers a warm welcome to all visitors to this 15th-century farmhouse, situated on the edge of the Vouvray vineyards. After several years spent in the southwest of France this native of Touraine has acquired a charming regional accent.

Vernou-sur-Brenne

Carte 3 **304**

La Ferme des Landes
Vallée de la Cousse
37210 Vernou-sur-Brenne
Tél. 02 47 52 10 93 - Fax 02 47 52 08 88
Tél. SR 02 47 48 37 13
Netty Bellanger

1 pers 270 F - 2 pers 330 F - 3 pers 380 F
p. sup 70 F

6 chambres, toutes avec bains et wc privés, situées dans une dépendance (rez-de-chaussée et 1er étage). Parking. ★ Château d'Amboise (16 km). Chenonceaux (32 km). Vignoble de Vouvray à proximité. Grange de Meslay (10 km). Piscine et tennis à 7 km. **Accès :** à 15 km au nord-est de Tours. N152 jusqu'à Vouvray puis D46 jusqu'à Vernou, direction Vallée de Cousse. CM 64, pli 15.

Dans une ferme ancienne du XVe siècle, aux abords du vignoble de Vouvray, "un accueil chaleureux" est le maître mot pour caractériser la demeure de Netty Bellanger. Quelques années dans le sud-ouest ont laissé à cette tourangelle, un charmant accent régional.

Indre et Loire

Ideally situated 12 km from Tours and 15 km from Amboise. Chenonceaux and Cher Valley 25 km.

★ *How to get there:* A10, Tours-Ste-Radegonde exit, then N152 for Vouvray. Head for Vouvray-Centre, then Vernou-sur-Brenne on D46. The property is approximately 2 km up on the left. Michelin map 64, fold 15.

Set in 30 acres of terraced parkland, on a hillside, you will find elegant 18th-century Château des Bidaudières. Young owners Sylvie and Pascal have carried out extensive restoration work, bestowing prestige on a place that is unrivalled in the Touraine. Vast swimming pool and landscaped terraces. A magical setting.

Vouvray
Carte 3 **305**

Domaine des Bidaudières

Rue du Peu Morier – 37210 Vouvray
Tél. 02 47 52 66 85 – Fax 02 47 52 62 17
Tél. SR 02 47 48 37 13
Pascal et Sylvie Suzanne

1 pers 600 F – 2 pers 650/750 F – p. sup 100 F

6 chambres au 2e étage (ascenseur) avec bains, wc privés, air conditionné, tél. Salon troglodytes à disposition. Grandes salles pour mariages et réceptions. Parc avec pièce d'eau. Grandes terrasses avec piscine et salon de jardin. Parking intérieur. ★ Situation idéale à 12 km de Tours et 15 km d'Amboise. Chenonceaux, vallée du Cher 25 km. **Accès :** A10 sortie Tours-Ste Radegonde, puis N152 vers Vouvray. Prendre Vouvray-centre puis Vernou-sur-Brenne par D46. La propriété est à 2 km environ sur la gauche. CM 64, pli 15.

Dans un parc de 12 ha. suspendus en terrasses, sur un côteau, le château des Bidaudières est une élégante batisse du XVIIIe. Sylvie et Pascal, ses jeunes propriétaires y ont effectué une restauration de titan qui confère à ce lieu un prestige inégalé en Touraine : vaste piscine, ordonnancement des terrasses… Cadre magique.

Indre et Loire

Vouvray and Montlouis vineyards nearby. Amboise 15 km. Chenonceaux 25 km. Ardrée golf course 8 km.

★ *How to get there:* 10 km east of Tours. A10 motorway, Vouvray exit (n° 20) and D76 or Sainte-Radegonde exit, and N152 Nord-Loire. Michelin map 64, fold 15.

Built during the reign of Louis XI in 73 acres of wooded parkland with formal gardens, Jallanges will give you a taste of château life. This authentic setting combining luxury and elegance, enhanced by the hosts' hospitality, will make your stay a memorable one. Enjoy carriage rides on the premises and balloon trips, or relax in the pool.

Vouvray
Carte 3 **306**

Château de Jallanges

Vernou-sur-Brenne – 37210 Vouvray
Tél. 02 47 52 06 66 – Fax 02 47 52 11 18
Email : info@chateaudejallanges.fr
M. Ferry-Balin

2 pers 700/1000 F – 3 pers 900/1100 F – repas 260 F

4 chambres et 2 suites de 2 à 5 pers. avec bains et wc privés. Mini-bar. Table d'hôtes. Salon avec billard réservé aux hôtes. Piscine privée chauffée. Parc. Vélos. Dégustation de vins sur place. Cartes de crédit acceptées. ★ Vignobles de Vouvray et Montlouis à proximité. Amboise 10 km. Chenonceaux 25 km. Golf d'Ardrée 8 km. **Accès :** 10 km à l'est de Tours. Autoroute A10, sortie Vouvray (n° 20) puis D76 ou sortie Sainte-Radegonde, puis N152 nord-Loire. CM 64, pli 15.

Edifié sous Louis XI dans un parc boisé de 25 ha. avec jardins à la française, Jallanges vous fera revivre la vie de château. En ce lieu authentique où se rejoignent confort et élégance, l'accueil de ses propriétaires, attentifs et passionnés ne saurait vous laisser indifférent. Sur place, promenade en calèche, envol et excursion en montgolfière ou détente près de la piscine.

Isère

Tennis court 2 km. Bathing at Paladru 10 km.

★ *How to get there: On D592 between Les Abrets and A43 interchange. N6 Lyon/Chambéry and N175 Grenoble/Bourg-en-Bresse. Michelin map 74, fold 14.*

This renovated Dauphiné farmhouse is surrounded by lush, flower-filled parkland dotted with trees, providing the ideal setting for a peaceful and relaxing stay. The contemporary-style bedrooms are comfortable and decorated with refinement. Savour the delights of Claude's gourmet meals at the table d'hôtes.

Les Abrets

La Bruyère
38490 Les Abrets
Tél. 04 76 32 01 66 - Fax 04 76 32 06 66
Email : carbone38@aol.com
Christian et Claude Chavalle-Revenu

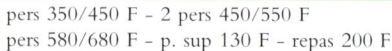

1 pers 350/450 F - 2 pers 450/550 F
3 pers 580/680 F - p. sup 130 F - repas 200 F

4 chambres et 2 suites, toutes avec bains et wc. Entrée indépendante. Salle à manger/salon. Ouvert toute l'année. Copieux petit déjeuner. Table d'hôtes : foie gras, magret, bouillabaisse, choucroute de poisson... Cartes bancaires acceptées. Piscine. ★ Tennis à 2 km. Baignade à Paladru à 10 km. **Accès :** par la D592 entre les Abrets et l'échangeur de l'A43. N6 Lyon-Chambéry et N175 Grenoble-Bourg-en-Bresse. CM 74, pli 14.

Maison fermière dauphinoise rénovée entourée d'un parc fleuri et arboré où vous pourrez vous détendre dans une ambiance sympathique. Les chambres sont confortables et raffinées, de style contemporain. Vous pourrez savourer la table gourmande de Claude dont la cuisine gastronomique vous séduira.

Isère

Vienne 5 min. Lyon 15 min. Gallo-Roman town at the foot of Pilat Regional Park and Côtes Rôties vineyards.

★ *How to get there: Before Lyon, take A46 for Marseille, "Chasse-sur-Rhône" exit. Follow signs for shopping centre. Take narrow road between centre and stadium for Trembas (minor road). Michelin map 74, fold 11.*

A warm welcome awaits you at Gorneton, an imposing 17th-century fortified house with fireplaces, gardens, a pond, fountains and an inner courtyard. The property also offers a swimming pool, table tennis, petanque and lawn-tennis facilities, in addition to the comfortable bedrooms. A pleasant stay is guaranteed. You will delight in host Jean's culinary talents.

Chasse-sur-Rhône

Hameau de Trembas
Domaine de Gorneton
38670 Chasse-sur-Rhône
Tél. 04 72 24 19 15 - Fax 04 72 24 19 15
Email : gorneton@wanadoo.fr
Jacqueline et Jean Fleitou

1 pers 350/450 F - 2 pers 480/580 F - 3 pers 680 F
p. sup 100 F - repas 170 F

2 ch. 2 pers. (1 lit 2 pers. et 2 lits 1 pers.), 1 ch./duplex (2 lits 2 pers.), toutes avec bains et wc privés, accès indép. Ouvert toute l'année. Table d'hôtes : caille sur canapé, truite aux amandes, œufs à la neige... Parking privé. Piscine, p-pong, pétanque, tennis. ★ Vienne à 5 minutes, Lyon à 15 minutes. Ville gallo-romaine au pied du parc régional du Pilat et du vignoble des Côtes Rôties. **Accès :** avant d'arriver à Lyon prendre l'A46 en dir. de Marseille sortie "Chasse-sur-Rhône". Suivre centre ccial tout droit. Passer entre le centre et le stade dir. Trembas (petite route). CM 74, pli 11.

Gorneton, maison forte du XVIIe vous accueillera avec ses cheminées, ses jardins, son étang, ses fontaines et sa cour intérieure. Sur place, piscine, ping-pong, pétanque et tennis s'ajouteront au confort de votre chambre pour vous offrir un agréable séjour ou une étape idéale. Vous vous régalerez de la cuisine gourmande de Jean.

Isère

Hiking. Small scenic railway. Cruises on Monteynard Lake. Tours of listed buildings. Horse-farm 6 km. Lake 8 km. Tennis court, swimming pool 10 km. Skiing 20 km.

★ **How to get there:** From Grenoble, A480 then N75 for Sisteron. 7 km past Vif, level crossing then left onto D110 for St-Martin-de-la-Cluze. Drive through village for "La Salle". Follow signs. 600 m down the lane.

Jacques and Hélène Rossi are your hosts at this 17th-century château, which they have tastefully restored. The five attractive bedrooms offer comfort and refinement. Delicious breakfasts and dinners are served in a vast dining hall with mullioned windows that look out onto the Matheysin Plateau. Shaded flower garden with watchtower. A prestigious destination.

Saint-Martin-de-la-Cluze   Carte 6   309

Château de Paquier
38650 Saint-Martin-de-la-Cluze
Tél. 04 76 72 77 33 – Tél. SR 04 76 40 79 40
http://hrossi@club.internet.fr
Jacques et Hélène Rossi

1 pers 250 F – 2 pers 310 F – 3 pers 390 F
p. sup 80 F – repas 90 F

5 ch. avec bains et wc privés. Ouvert toute l'année. Table d'hôtes : gigot et canard à la broche, gratin dauphinois, tarte aux noix... Parc. VTT, jeux enfants, p-pong, tir à l'arc. Salle de détente (TV, biblio.). Poney. L-linge, sèche-linge et nécessaire bébé. Cartes Mastercard et Visa acceptées. ★ Randonnées. Petit train touristique. Bateau croisière sur le lac de Monteynard. Circuit des monuments classés. Ferme-équestre 6 km. Lac 8 km. Tennis, piscine 10 km. Ski 20 km. **Accès :** de Grenoble A480 puis N75 dir. Sisteron. 7 km après Vif, pass. à niveau puis à gauche D110 dir. St-Martin-de-la-Cluze. Trav. le village et dir. "La Salle". Suivre la signalisation. Chemin sur 600 m.

Jacques et Hélène Rossi vous reçoivent dans leur château du XVIIe qu'ils ont restauré avec goût. 5 belles chambres au confort raffiné vous sont réservées. Le savoureux petit déjeuner et le dîner sont servis dans la vaste salle à manger dont les fenêtres à meneaux ouvrent sur le plateau Matheysin. Parc fleuri et ombragé avec tour de guêt. Une étape de grand confort.

Isère

Vienne: Jazz Festival and villa (archaeological site) 10 km. Views of Mont Pilat and Côtes Rôties vineyards.

★ **How to get there:** 40 km south of Lyon. Vienne exit (A7). Michelin map 74, fold 11.

Contemporary residence overlooking Roches de Condrieu Lake and yachting harbour, which hosts Martine and Maurice Briot have decorated with both country-style and modern furniture. Breakfast is served on a vast verandah with fireplace.

Saint-Prim   Carte 4   310

Le Pré Margot
Les Roches de Condrieu
38370 Saint-Prim
Tél. 04 74 56 44 27 – Fax 04 74 56 30 93
Maurice et Martine Briot

1 pers 220 F – 2 pers 250 F – 3 pers 350 F
repas 90 F

6 ch. de 2 et 3 pers. avec salle d'eau et wc privés, TV et climatisation. Ouvert toute l'année. Table d'hôtes sur réservation : gâteau de foie de volailles, gratin dauphinois... Parking fermé. Restaurants à 400 m. Billard, table de jeux de société et flipper. ★ Vienne (festival de jazz et villa archéologique) à 10 km. Vue sur le Mont Pilat et le vignoble de Côtes Rôties. **Accès :** à 40 km au sud de Lyon. Sortie Vienne (A7). CM 74, pli 11.

Demeure contemporaine surplombant le plan d'eau des Roches de Condrieu et son port de plaisance, que les Briot ont décoré avec des meubles rustiques et modernes. Les petits déjeuners sont servis dans une vaste véranda avec cheminée.

Isère

Saint-Hilaire winter sports resort 10 km. La Terrasse Lake 5 km. Walks from Le Touvet.

★ *How to get there: A41 motorway, Le Touvet exit. Michelin map 77, fold 5.*

This attractive 18th-century farmhouse in the village of Le Touvet stands in a pretty, shaded flower garden. The residence has considerable charm and boasts fine period furniture in a relaxed atmosphere. Vast lounge with fireplace and covered patio. Breakfast is served in the winter garden.

Le Touvet
Carte 4

Le Pré Carré
rue de la Charrière – 38660 Le Touvet
Tél. 04 76 08 42 30 – Fax 04 76 08 56 43
Jacqueline Fontrier

1 pers 270 F - 2 pers 320 F - 3 pers 420 F

1 ch. 2 à 4 pers. avec séparation et terrasse couverte, 1 grande ch. 2 pers. et 1 ch. 3 pers., toutes avec sanitaires privés. Ouvert toute l'année sur réservation. Petits déjeuners : patisserie et confitures maison, fruits frais... Salon avec vaste cheminée. Jardin, cour, parking privé clos et garage. ★ Station de Saint-Hilaire à 10 km. Lac de la Terrasse à 5 km. Randonnées pédestres à partir du Touvet. **Accès :** autoroute A41 sortie le Touvet. CM 77, pli 5.

Belle maison fermière du XVIIIe située dans le village et entourée d'un joli jardin fleuri et ombragé. Beaucoup de charme dans cette demeure aux beaux meubles anciens et à l'atmosphère chaleureuse. Vaste salon avec cheminée et patio couvert. Petits déjeuners servis dans la jardinerie.

Isère

15 min from Grenoble. Ideal starting-point for discovering the Belledonne Massif and the Chartreuse Regional Nature Park. Horse-riding 4 km.

★ *How to get there: A41, Brignoud exit and D523 for Grenoble. First road on right after football stadium (follow signs). Manor house is at the end of the road, on right-hand side (green gates). Michelin map 77, fold 5.*

This handsome 12th-century manor house near Grenoble is set in 3.75 acres of relaxing wooded parkland, at the foot of the Belledonne mountain range. Enjoy the congenial country atmosphere. The attractive dining room is adorned with a large fireplace. Period and contemporary furniture. Gourmet table d'hôtes with specialities baked in the bread oven. Full of charm.

Villard-Bonnot
Carte 4

Domaine du Berlioz
38190 Villard-Bonnot
Tél. 04 76 71 40 00 – Fax 04 76 13 05 98
Tél. SR 04 76 40 79 40
Martine et Robert Essa

1 pers 400 F - 2 pers 500 F - 3 pers 650 F
p. sup 150 F - repas 180 F

2 chambres et 1 suite (4 pers.) avec douche et wc privés. Ouvert du 15.04 au 30.10. Table d'hôtes : cochon de lait et agneau rôtis. Salon avec cheminée, TV, vidéothèque, bibliothèque. L-linge et sèche-linge à disposition. Mastercard, Eurocard et Visa acceptées. ★ A 15 mn de Grenoble. Point idéal de départ pour découvrir le massif de Belledonne et le Parc Naturel Régional de Chartreuse. Equitation 4 km. **Accès :** A41 sortie Brignoud puis D523 dir. Grenoble. 1ère route à droite après le stade de football (suivre la signalisation). Le manoir est au bout de la route, à droite (portail vert). CM 77, pli 5.

Au pied de la chaîne de Belledonne, près de Grenoble, ce beau manoir du XIIe siècle est entouré d'un parc boisé d'1,5 ha., propice à la détente. L'atmosphère y est campagnarde et chaleureuse. Belle salle à manger ornée d'une vaste cheminée. Mobilier ancien et contemporain. Table d'hôtes gourmande avec ses spécialités rôties dans le four à pain. Une adresse de charme.

Jura

Forests, wild valleys, high cliffs, fortified ruins and castles, old keeps, Romanesque churches. In the vicinity: posted hiking trails, horse-riding, fishing, mountain bikes and boating.

★ *How to get there: At Lons-le-Saunier, take N83 for Lyon. At Saint-Amour, head for St-Julien (D3). Drive 12 km to Andelot.*

This magnificent 12th and 14th-century château-fort, overlooking the "Petites Montagnes" of the Jura, was built by the illustrious Coligny family. Three bedrooms are in the old keep, and three more are located between the Gothic chapel and the keeper's tower. The entire château can be rented, complete with staff.

Andelot-les-St-Amour
Carte 4 313

Château Andelot
rue de l'Eglise
39320 Andelot-les-St-Amour
Tél. 03 84 85 41 49 - Fax 03 84 85 46 74
SARL Château Andelot

2 pers 950 F - p. sup 150 F - repas 220 F

5 chambres et 1 suite avec sanitaires privés (suite 2 pers. 1295 F). Ouvert toute l'année. Copieux petit déjeuner avec pâtisseries, fromage, charcuterie... Table d'hôtes sur réservation. Tennis privé. Parc de 10 ha. ★ Forêts, vallées sauvages, hautes falaises, châteaux forts, antiques donjons, églises romanes. Sentiers balisés, poss. randos équestres, VTT sur place. **Accès :** à Lons le Saunier prendre la N83, dir. Lyon. A Saint-Amour, prendre la dir. Saint-Julien (D3). Faire 12 km avant d'arriver à Andelot.

Magnifique demeure (XIIe et XIVe siècles) construite par l'illustre famille de Coligny dominant le village et la vallée du Suran. 3 chambres sont dans l'ancien donjon, les 3 autres entre la salle gothique et la porterie.

Jura

Château-Chalon vineyards. Baume-les-Messieurs nearby. Wine-growing region. Lake country.

★ *How to get there: A39, Bersaillin exit and head for Lons-le-Saunier. At St-Germain-de-Arlay, head for Domblans and La Muyre. Michelin map, fold 4.*

Château de la Muyre has been the property of the Counts de Grivel since 1624. Set in a magnificent 85-acre park, the residence stands at the foot of the Revermont hills. The rooms and suite are all appointed in their own individual style. You will enjoy the prevailing peace and quiet and the friendly, relaxed atmosphere that make this an ideal destination for a break away from it all.

Domblans
Carte 4 314

Château de la Muyre
La Muyre - 39210 Domblans
Tél. 03 84 44 66 49 ou 06 09 18 50 90
Fax 03 84 85 29 13
Florent de Grivel et Jocelyne Ferrain

1 pers 230/330 F - 2 pers 260/360 F - p. sup 80 F

3 chambres et 1 suite avec sanitaires privés. Ouvert toute l'année. Petit déjeuner : croissants, céréales, confitures variées... Cour et parc de 38 ha. Sur place, caveau de dégustation pour découvrir le caractère des meilleures Côtes du Jura produits au château. Restaurants à St.Germain-les-Arlay 3 km. ★ Vignoble de Château-Chalon. Reculée de Baume-les-Messieurs. Route des Vins. Pays des lacs. **Accès :** A39 sortie Bersaillin puis direction Lons-le-Saunier. A St.Germain-les-Arlay suivre la direction de Domblans puis la Muyre. CM 70, pli 4.

Le château de la Muyre est la propriété des Comtes de Grivel depuis 1624. Entouré d'un magnifique parc qui s'étend sur 38 hectares, il se dresse au pied des côteaux du Revermont. Les chambres et la suite qui vous reçoivent sont toutes personnalisées. Vous apprécierez la tranquillité des lieux ainsi que l'atmosphère chaleureuse et décontractée qui feront de cette halte une étape de charme.

Jura

Chaux Forest (50,000 acres) nearby. Arc et Senans Royal Spa (listed by UNESCO). Doubs and La Loue Valleys.

★ **How to get there:** *Motorway A36, Besançon-Ouest exit. At Saint-Vit, head for Salans (3 km). Michelin map 66, fold 14. Michelin map 66, fold 14.*

Charm and quiet are the two outstanding features of this delightful 18th-century residence nestling in a Directoire-style setting. The spacious bedrooms overlook the grounds. The bedrooms and lounges are adorned with elegant Directoire, Louis XVI and First Empire decoration and furnishings.

Salans

Carte 4 **315**

Château de Salans

39700 Salans
Tél. 03 84 71 16 55 – Fax 03 84 79 41 54
Claus et Béatrice Oppelt

1 pers 450 F – 2 pers 550 F – 3 pers 750 F

3 chambres avec bains et wc privés et 1 suite avec salon, bains et wc privés. Ouvert toute l'année. Restaurants à 4 km. ★ Forêt de Chaux (20000 ha.) sur place. Saline Royale à Arc et Senans (classée Patrimoine Mondial). Vallée du Doubs et de la Loue. **Accès :** autoroute A36, sortie Besançon ouest. A Saint-Vit, prendre la direction Salans (3 km). CM 66, pli 14.

Charme et tranquillité caractérisent cette ravissante demeure du XVIIIe siècle et son parc Directoire. Les vastes chambres qui ouvrent sur le parc et les salons ont été décorés avec beaucoup de raffinement. Décoration et ameublement d'époques Louis XVI, Directoire et 1er Empire.

Jura

Forests and lakes. River and fishing. Local produce and gastronomy.

★ **How to get there:** *A39, Bersaillin exit for Poligny, Champagnole and Syam 8 km. Michelin map 70, fold 5.*

At the gateway to lake country and the Upper Jura in a region abounding with forests and mountain springs, the Vieux Château estate lies in unspoilt countryside and features a set of buildings with vast multi-coloured roofs. An unmissable place to stay in an outstanding, special setting.

Syam

Carte 4 **316**

Château Bontemps

Domaine de Syam – 39600 Arbois
Tél. 03 84 51 64 87 ou 06 08 05 65 04
Fax 03 84 66 14 13
Jean-Paul et Annie Gay

1 pers 280 F – 2 pers 380 F

5 chambres (dont 2 avec kitchenette) et sanitaires privés. Ouvert toute l'année. Petit déjeuner : croissants, céréales, confitures variées... Grand salon et bibliothèque. Cour, jardin et parc avec rivière privée. Restaurants à Champagnole 8 km. ★ Forêts et lacs. Rivière et pêche. Terroir et gastronomie. **Accès :** A39 sortie Bersaillin puis direction Poligny, Champagnole et Syam à 8 km. CM 70, pli 5.

Aux portes du Pays des Lacs et du Haut-Jura, dans une région de forêts et de rivières en cascade, le domaine du Vieux Château présente dans une nature sauvage, un ensemble d'édifices aux immenses toits polychromes. Une adresse à ne pas manquer dans un site exceptionnel et privilégié.

Jura

Château-Chalon vineyards and village (listed as one of France's prettiest villages) 6 km. Hiking, fishing, tennis and golf.

★ ***How to get there:*** *A39, exit 7 for Lons-le-Saunier (RN83) and Baume-les-Messieurs. Michelin map 70, fold 4.*

This vast, handsome, mostly 14th-century residence was extended in the 17th and 18th centuries. The spacious, light-filled bedrooms exude great charm. Sumptuous drawing rooms for guests' use. The park features woodland, extensive terraces, lawns and a vegetable garden.

Voiteur

Carte 4 | **317**

Château Saint-Martin
39210 Voiteur
Tél. 03 84 44 91 87 – Fax 03 84 44 91 87
Michael et Brigitte Keller

1 pers 500 F – 2 pers 550 F – p. sup. 150 F

5 chambres avec sanitaires privés. Ouvert toute l'année. Petit déjeuner : pain et confitures maison, viennoiseries, muesli... (repas possibles uniquement sur demande). Bibliothèque, salons et salle à manger avec cheminée monumentale réservés aux hôtes. Cour, jardin, parc, vélos et VTT. Restaurants à 3 km. Cartes bancaires acceptées. ★ Vignoble et village de Château-Chalon. Abbaye et village de Baume-les-Messieurs (classé parmi les plus beaux villages de France) à 6 km. Randonnées, pêche, tennis, golf. **Accès :** A39 sortie n° 7 puis direction Lons-le-Saunier (RN83) et Baume-les-Messieurs. CM 70, pli 4.

Cette vaste et belle demeure, en grande partie du XIVe siècle a été agrandie aux XVIIe et XVIIIe siècles. Les chambres vastes et lumineuses ont beaucoup de charme. Belles pièces de jour réservées aux hôtes. Le parc se partage entre parties boisées, grandes terrasses, pelouses et potager.

Landes

Mont-de-Marsan 4 km. Horse-riding 2 km. Golf, swimming pool and tennis court 4 km.

★ ***How to get there:*** *4 km from Mont-de-Marsan on the way to Morcenx (D38). Michelin map 78, fold 6.*

This handsome family mansion stands in 30 acres of parkland by a river. Settle into one of four beautifully-decorated rooms. Vast lounges with a library and a piano. The cosy, relaxing atmosphere of the place is a sheer delight.

Campet-Lamolère

Carte 5 | **318**

La Molère
40090 Campet-Lamolère
Tél. 05 58 06 04 98 – Fax 05 58 06 04 98
Philippe et Béatrice de Monredon

2 pers 200/290 F – p. sup 80 F – repas 80 F

2 ch. avec sanitaires privés (dont 1 avec s.d.b.), 1 suite/2 ch. avec douche/wc privés. Ouvert d'avril à novembre. T. d'hôtes sur rés. sauf samedi et dimanche : truites aux amandes, magret aux pêches, soufflé et pavé au caramel. Salon, TV, biblio. et piano. Parc 12 ha. (plan d'eau), pêche, vélos. ★Mont-de-Marsan 4 km. Equitation 2 km. Golf, piscine, tennis 4 km. **Accès :** à 4 km de Mont-de-Marsan direction Morcenx D38. CM 78, pli 6.

Belle demeure de maître dans un parc de 12 ha. bordé par une rivière. 4 chambres joliment aménagées vous sont réservées. Vastes salons avec bibliothèque et piano. Atmosphère feutrée et chaleureuse.

Landes

Ocean 35 min. Mountains 1 hr. Spain 1 hr. Thermal spa 12 km. Hunting. Fishing. Horse-riding.

★ *How to get there: From Dax, take RD947. After 12 km, take CD16 and follow signs. Michelin map 78, fold 7.*

This pretty 17th-century Capcazal house, set in a flowery, wooded park enhanced by an ornamental lake, has been in the family for 14 generations. A rare, authentic edifice that offers extremely attractive bedrooms with fireplaces, canopied fourposter beds and Louis XIII furniture. Hospitable welcome, gourmet dinners and copious breakfasts. A must.

Mimbaste
Carte 5 · **319**

Capcazal de Pachiou
40350 Mimbaste
Tél. 05 58 55 30 54 - Fax 05 58 55 30 54
Colette Alberca-Dufourcet

1 pers 230/270 F – 2 pers 260/300 F – 3 pers 400 F
repas 90 F

3 chambres avec sanitaires privés. Ouvert toute l'année. Petit déjeuner : yaourts, confitures maison, viennoiseries... Table d'hôtes : foie gras, confits, gastronomie landaise. Bibliothèque régionaliste. Salle de jeux. Cour, parc de 2 ha., lac privé à 1 km, pêche. Dax 12 km. Michel Guérard 50 km. ★ Océan 35 mn. Montagne 1 h. Espagne 1 h. Station thermale 12 km. Chasse. Pêche. Equitation. **Accès :** de Dax, prendre la RD947. A 12 km, prendre CD16 selon fléchage. CM 78, pli 7.

Dans un parc arboré et fleuri, agrémenté d'une pièce d'eau, cette belle maison capcazalière du XVIIe siècle, patrimoine familial depuis 14 générations, est un rare témoin d'authenticité. Très belles chambres avec cheminée, lits à baldaquin et mobilier Louis XIII. Accueil chaleureux, dîners gastronomiques et petits déjeuners très copieux. Une étape incontournable.

Landes

Halfway between Bayonne and Dax. Arts, traditions, festivals, gastronomy, places of interest in the Basque Country and the Landes. Sea 15 km (Capbreton, Hossegor). Tennis court and wall for Basque pelota in the village (2 km). Golf 15 km.

★ *How to get there: RN10, St-Geours-de-Maremne exit, alternative route "itinéraire bis" head for Urt. In St-Martin-de-Hinx before church, left at bottom in front of tennis court and follow signs. Michelin map 78, fold 17.*

Moulin de Larribaou, surrounded by streams, lakes and woods is a haven of peace and verdant nature. The residence's two double rooms look out onto the pool; one affords a view of the fields and woods, and the other a view of the lake. Table d'hôtes meals on request. Barbecue, terrace and summer lounge for guests' use.

Saint-Martin-de-Hinx
Carte 5 · **320**

Moulin de Larribaou
40390 Saint-Martin-de-Hinx
Tél. 05 59 56 37 97
Jean-Pierre et Anne-Marie Semelin

2 pers 300 F – repas 80 F

2 chambres avec sanitaires privés. Ouvert toute l'année. Petit déjeuner gourmand : viennoiseries, patisseries et yaourts maison, fruits, céréales... Table d'hôtes : confits et foie gras de canard. Bibliothèque et TV. Piscine couverte intégrée à la maison. Barbecue. Parc, étangs, ruisseaux, pêche. ★ A mi-chemin entre Bayonne et Dax. Culture, traditions, fêtes, gastronomie, sites basques et landais. Mer à 15 km (Capbreton, Hossegor). Tennis et fronton au village (2 km). Golf à 15 km. **Accès :** N10, sortie St-Geours-de-Maremne, itinéraire bis, dir. Urt. Au village de St-Martin-de-Hinx avant l'église, tourner en bas à gauche puis devant le tennis, suivre les flèches. CM 78, pli 17.

Le Moulin de Larribaou avec ses ruisseaux, ses étangs et ses bois, vous offre son calme et sa verdure. Ses deux chambres donnent sur la piscine couverte. L'une a vue sur les champs et les bois, l'autre sur l'étang. Table d'hôtes sur demande. Barbecue équipé, terrasse et salon d'été à disposition des hôtes.

Loir et Cher

Cher Valley: river, troglodyte dwellings, archaeological sites, châteaux and manor houses. Fishing and hiking on site. Swimming pool, bikes 3 km. Horse-riding 5 km.

★ *How to get there: On D116 (scenic route) 3 km from Montrichard. A10 motorway, Blois exit. Michelin map 64, pli 17.*

This 13th-century manor house overlooks the Cher Valley. The atmosphere is warm, and the flower-filled bedrooms boast fireplaces and visible beams. Breakfast is served by the log fire. Large landscaped park with century-old trees. Rose garden.

Bourré
Carte 2 | **321**

Manoir de la Salle
41400 Bourré
Tél. 02 54 32 73 54 - Fax 02 54 32 47 09
Patricia Boussard

1 pers 400 F - 2 pers 450/700 F - 3 pers 850 F
p. sup 150 F

3 chambres (1 avec TV) dont 1 suite, toutes avec téléphone et sanitaires privés (prix variable selon la chambre). Ouvert toute l'année. Parc, tennis privé. Carte bleue acceptée. Restaurant à Pouillé 5 km. ★ Vallée du Cher : rivière, maisons troglodytes, sites archéologiques, châteaux, manoirs... Pêche et randonnées sur place. Piscine, vélos à 3 km. Equitation à 5 km. **Accès :** sur la D116 (route touristique) à 3 km de Montrichard. Autoroute A10, sortie Blois. CM 64, pli 17.

Manoir du XIIIe siècle dominant la vallée du Cher. Atmosphère chaleureuse. Les chambres sont fleuries avec poutres apparentes et cheminée. Les petits déjeuners sont servis près d'un feu de bois. Grand parc à l'anglaise avec arbres centenaires et roseraie.

Loir et Cher

Châteaux of the Loire. Golf. Tennis 5 km. Footpaths. Fishing in village pond. Bikes for hire 4 km.

★ *How to get there: From Chaumont-sur-Tharonne, take C2 for Vouzon. Drive 4 km, Domaine de la Farge is signposted on the right-hand side. Michelin map 64, fold 9.*

Pretty 16th-century Sologne farmhouse. Tea can be taken in the lounge by the fire. The suite has a kitchenette with facilities for preparing evening meals.

Chaumont-sur-Tharonne
Carte 2 | **322**

La Farge
41600 Chaumont-sur-Tharonne
Tél. 02 54 88 52 06 - Fax 02 54 88 51 36
Email : sylvie.lansier@wanadoo.fr
http://www.web-de-loire.com/c/41-1034.htm
M. de Grangeneuve-Lansier

2 pers 350/450 F - 3 pers 450/500 F - p. sup 60 F

1 chambre et 1 suite de 2 ch. toutes avec bains, douche et wc privés, et 1 studio-chambre avec salle de bains, wc privés, living, cheminée, TV, cuisine. (TV sur demande). Ouvert toute l'année. Piscine et équitation sur place. Parc de 35 ha. Réductions pour séjours. Restaurants à proximité. ★ Châteaux de la Loire. Golf. Tennis à 5 km. Sentiers pédestres. Pêche en étang communal. Location de vélos à 4 km. **Accès :** de Chaumont-sur-Tharonne, prendre C2, dir. Vouzon. Faire 4 km, le domaine de la Farge est fléché à droite. CM 64, pli 9.

Jolie ferme solognote du XVIe siècle. Possibilité de prendre le thé dans le salon avec cheminée. La suite dispose d'une kitchenette où un repas du soir pourra être cuisiné.

Loir et Cher

Châteaux of the Loire. Walks and golf course.

★ *How to get there: 19 km south of Blois on D765, then at Cheverny, head for Contres on D102. Drive 6 km and follow "Chambre d'Hôtes" signs. Michelin map 64, fold 17.*

In the heart of the Châteaux of the Loire region, 6 km from Cheverny, this attractive Sologne residence combines half-timbering and old tiling in a pretty setting, brimming with flowers. Quiet surroundings and comfortable rooms.

Contres

Carte 2 **323**

La Rabouillère
chemin de Marcon – 41700 Contres
Tél. 02 54 79 05 14 – Fax 02 54 79 59 39
Martine Thimonnier

1 pers 300 F – 2 pers 360/550 F – 3 pers 650 F

4 ch. doubles, 1 suite 2/3 pers. et dans une petite maison annexe, 1 suite de 2 ch. avec salon, cheminée et cuisine équipée, toutes avec salle de bains et wc. (800 F 4 pers). TV sur demande. Ouvert toute l'année. Copieux petit déjeuner. Parc de 7 ha. Point-phone. Restaurants à 6 km. ★ Châteaux de la Loire, promenades pédestres, golf. **Accès** : à 19 km au sud de Blois par la D 765, puis à Cheverny, prendre la D 102 dir. Contres, faire 6 km et suivre le fléchage "Chambres d'hôtes". CM 64, pli 17.

Au coeur des Châteaux de la Loire, à 6 km de Cheverny, vous serez accueillis dans cette jolie demeure solognote où s'allient colombages et vieilles tuiles, dans un cadre particulièrement bien fleuri. Le site est calme et les chambres confortables.

Loir et Cher

Sologne and lakes. Chambord National Park. Châteaux of the Loire Valley: Cheverny, Beauregard, Blois, Chaumont-sur-Loire. Seasonal theatre, music and cultural events.

★ *How to get there: 15 km from Blois on D765. Michelin map 64, fold 17.*

This handsome residence with character, close to Château de Cheverny, is set in an extensive landscape garden, by a river where fishing is permitted. Six comfortable bedrooms await your arrival. An ideal staging post for getting to know Sologne and its abundant lakes, and visit the magnificent Loire Valley.

Cour-Cheverny

Carte 2 **324**

Le Béguinage
41700 Cour-Cheverny
Tél. 02 54 79 29 92 – Fax 02 54 79 94 59
Brice Deloison

1 pers 270/320 F – 2 pers 290/360 F – 3 pers 420 F
p. sup 80 F – repas 100 F

6 chambres avec sanitaires privés dont 1 avec cheminée (480 à 500 F 4 pers.). Ouvert toute l'année. Table d'hôtes sur réservation (vins compris). Grand jardin paysager et parking privé. Rivière en limite du jardin avec possibilité de pêche. ★ La Sologne et ses étangs. Parc National de Chambord. Châteaux du Val de Loire : Cheverny, Beauregard, Blois, Chaumont-sur-Loire. Spectacles culturels et musicaux en saison. **Accès** : à 15 km de Blois, par la D765. CM 64, pli 17.

A proximité du château de Cheverny, belle demeure de caractère entourée d'un grand jardin paysager et bordée par une rivière avec possibilité de pêche. 6 chambres chaleureuses vous sont réservées. Etape idéale pour découvrir la Sologne et ses étangs et visiter cette magnifique région du Val de Loire.

Loir et Cher

Town of Vendôme (art and history). Loir Valley: Romanesque frescoes, troglodyte dwellings. The past of Ronsard, Balzac and Rochambeau. Tennis, horse-riding, microlite flying, swimming pools and golf course.

★ **How to get there:** 15 km north of Vendôme on D36 to Danzé, then D24 for Ville-aux-Clercs. Michelin map 64, fold 6.

La Borde is a pretty manor house, rebuilt during the 19th century and set in the heart of 25 acres of parkland. The bedrooms are all decorated and furnished in a different style. Guests have the use of a large lounge with fireplace and TV.

Danzé

La Borde
41160 Danzé
Tél. 02 54 80 68 42 - Fax 02 54 80 63 68
Michel Kamette

1 pers 180/260 F - 2 pers 240/320 F
3 pers 410/450 F - p. sup 70 F

3 chambres et 2 suites, toutes avec sanitaires privés (470/510 F pour 4 pers.). Ouvert toute l'année. Petit déjeuner avec pains variés, brioche, céréales... Pêche, ping-pong, piscine couverte. Tarif dégressif à partir de la 2e nuit. Carte American Express acceptée. ★ Vendôme, ville d'art et d'histoire. Vallée du Loir : fresques romanes, troglodytes, souvenirs de Ronsard, Balzac, Rochambeau... Tennis, équitation, ULM, piscines, golf. **Accès :** à 15 km au nord de Vendôme par D36 jusqu'à Danzé puis D24 vers la Ville-aux-Clercs. CM 64, pli 6.

Le joli manoir de la Borde, rebâti au XIXe siècle est au milieu d'un parc de 10 ha. Toutes les chambres ont une décoration et un mobilier différents. Un grand salon avec cheminée et TV est réservé aux hôtes.

Loir et Cher

Tennis 3 km. Swimming pool, golf course 7 km. Bathing 5 km. Horse-riding, sailing, canoeing 15 km. Loire Valley: châteaux, abbeys, museums. Arts events in the summer months (including concerts).

★ **How to get there:** At Blois, head for Châteauroux. Drive through Cormeray village. Turn right for Fougères-sur-Bièvre.

Denise and Régis extend a warm welcome at their handsome 18th-century residence, set in grounds with century-old trees. Lake with fishing nearby. You will enjoy the copious breakfasts with home-made jams. A quiet, restful stay is guaranteed.

Feings

Le Petit Bois Martin
41120 Feings
Tél. 02 54 20 27 31 - Fax 02 54 33 20 98
Régis et Denise Papineau

1 pers 250 F - 2 pers 280/300 F - 3 pers 400 F
p. sup 60 F

2 suites 4 pers. et 1 chambre 2 pers. avec TV et sanitaires privés (450 F/4 pers.). Ouvert toute l'année. Copieux petits déjeuners à base de confitures maison... Salle de jeux et coin-cuisine à disposition. Parc, étang et pêche sur place. Restaurants à 5 km. Réduct. 10% à partir de la 3e nuit. ★ Tennis 3 km. Piscine, golf 7 km. Baignade 5 km. Equitation, voile, canoë 15 km. Blois 10 km. Val de Loire : châteaux, abbayes, musées. Animations culturelles en été (concerts...). **Accès :** à Blois, prendre dir. Châteauroux. Traverser le village de Cormeray. Prendre à droite dir. Fougères-sur-Bièvre.

Denise et Régis vous accueillent chaleureusement dans leur belle demeure du XVIIIe entourée d'un parc aux arbres séculaires. Etang avec pêche à proximité. Vous apprécierez les copieux petits déjeuners avec confitures maison. Calme et repos assurés.

Loir et Cher

Loir Valley. In the vicinity of the Châteaux of the Loire. Lake and tennis court 3 km.

★ ***How to get there:*** *From Vendôme, head for Montoire on D5 and D24. 12 km on, turn right for Lunay and in Lunay head for La Vaudourière 3 km. Michelin map 64, fold 5.*

This charming 18th and 19th-century château is set in a park. The tastefully-decorated bedrooms afford refined comfort with handsome period furniture. In the winter months, relax by the fireplace in the large lounge; in the summer you will enjoy a refreshing dip in the pool in the shade of century-old trees. A romantic, secluded spot which belonged to the family of author Alfred de Musset.

Lunay

Carte 2 — **327**

Château de la Vaudourière

La Vaudourière - 41360 Lunay
Tél. 02 54 72 19 46 - Fax 02 54 72 19 46
M. Jacques Clays et M. Claude Venon

1 pers 480 F - 2 pers 580 F

2 chambres avec sanitaires privés. Ouvert toute l'année. Petit déjeuner: jus de fruits, croissants, pâtisseries maison... Salon avec cheminée, TV, jeux, livres. Parc de 4 ha. avec piscine couverte chauffée, forêt. Magasin d'antiquités sur place. Restaurants à Troo. Carte visa acceptée. ★ Vallée du Loir. Proximité des châteaux de la Loire. Plan d'eau et tennis à 3 km. **Accès :** de Vendôme dir. Montoire par la D5 puis la D24. A 12 km sur la droite, prendre la dir. de Lunay puis à Lunay dir. La Vaudourière (3 km). CM 64, pli 5.

Charmant petit château des XVIIIe et XIXe siècles entouré d'un parc. Les chambres d'un confort raffiné ont été décorées avec un goût certain (beau mobilier d'époque). L'hiver, moments de détente dans le grand salon près d'un feu de cheminée; l'été vous apprécierez la fraicheur de la piscine sous les arbres séculaires. Endroit romantique et secret ayant appartenu à la famille d'Alfred de Musset.

Loir et Cher

Hiking, swimming pool, tennis court in the village. Chambord 7 km. Bathing, canoeing 5 km. Horse-riding, golf course 12 km. Sailing 15 km. Cycling, fishing locally.

★ ***How to get there:*** *RN152 between Blois and Beaugency. Follow signs for town centre and bed and breakfast accommodation (Chambres d'Hôtes). Rue Dutems is partly pedestrian. Michelin map 64, fold 8.*

This superb 16th-century family house, on the Chambord border, exudes considerable charm with the decoration, furnishings and comfort of its bedrooms. Art lovers Claude and Joëlle arrange exhibitions for your enjoyment during your stay.

Mer

Carte 2 — **328**

Le Clos

9 rue Dutems - 41500 Mer
Tél. 02 54 81 17 36 - Fax 02 54 81 70 19
http://www.France-bonjour.com/mormiche
Claude et Joëlle Mormiche

1 pers 260 F - 2 pers 290/350 F - 3 pers 360/520 F
p. sup 70 F

5 chambres avec sanitaires privés (430 à 580 F 4 pers.). Ouvert toute l'année. Jardin, parking. Location de vélos. Jeux de boules. Cartes bancaires acceptées. Restaurants à Mer. ★ Chambord 7 km. Vélo, pêche sur place. Randonnées, piscine, tennis dans la commune. Baignade, canoë 5 km. Equitation, golf 12 km. Voile 15 km. **Accès :** RN152 entre Blois et Beaugency. Suivre centre ville et fléchage chambre d'hôtes. La rue Dutems est une rue semi-piétonnière. CM 64, pli 8.

Aux portes de Chambord, cette superbe maison bourgeoise du XVIe siècle vous séduira par le charme de sa décoration, son mobilier et le confort de ses chambres. Passionnés de peinture, Claude et Joëlle organisent des expositions que vous pourrez admirer durant votre séjour.

Loir et Cher

Châteaux of the Loire: Chambord, Blois, Cheverny, Amboise. Son et lumière displays. 18-hole golf course at Cheverny. Sologne region (hunting, fishing, gourmet restaurants).

★ *How to get there: At Blois, head for Cheverny and Romorantin. Then after 10 km, at "Clénord", turn left for Mont-près-Chambord, and drive 200 m to the estate. Michelin map 64, fold 17.*

Eighteenth-century Manoir de Clénord, set on a wooded property in the very heart of the Loire Valley, is wonderfully enticing and charming. The bedrooms are very spacious and tastefully decorated. Telephone available in rooms on request.

Mont-Prés-Chambord

Carte 2 **329**

Manoir de Clénord
route de Clénord
41250 Mont-Prés-Chambord
Tél. 02 54 70 41 62 - Fax 02 54 70 33 99
Christiane Renauld

---

1 pers 390 F - 2 pers 390/960 F - 3 pers 890/1080 F
repas 200 F

3 chambres et 2 suites (390 à 1190 F pour 2/4 pers.), toutes avec bains et wc privés. Ouvert toute l'année. Table d'hôtes sur réservation. Piscine, tennis, vélos, rivière sur place. Carte bleue acceptée. Restaurants à proximité. ★ Châteaux de la Loire (Chambord, Blois, Cheverny, Amboise...). Sons et lumières. Golf de Cheverny (18 trous). La Sologne (chasse, pêche, restaurants gastronomiques). **Accès** : à Blois, route de Cheverny, Romorantin, puis à 10 km, au lieu dit Clénord, à gauche dir. Mont-près-Chambord. Le domaine est à 200 m. CM 64, pli 17.

Au coeur de la vallée de la Loire, le Manoir de Clénord, situé dans une propriété boisée, vous invite à partager le charme d'une vieille demeure du XVIIIe siècle. Les chambres sont spacieuses et décorées avec goût (téléphone sur demande).

Loir et Cher

Châteaux of the Loire. Vineyards. Hiking. Fishing.

★ *How to get there: From Paris: A10 for Bordeaux and exit at Blois for Blois-Sud heading for Montrichard and Candé-sur-Beuvron. At Candé, take the Valaire road and drive 3 km. Michelin map 64, fold 17.*

In the heart of wine country, this 16th-century former farmhouse provides spacious, comfortable and superbly-appointed bedrooms. You will be won over by the charm of this magnificently-restored residence and its park with lake. Ideal for taking a stroll at a leisurely pace. Unmissable.

Monthou-sur-Bièvre

Carte 2 **330**

Le Chêne Vert
41120 Monthou-sur-Bièvre
Tél. 02 54 44 07 28
Marie-France Tohier

---

1 pers 300 F - 2 pers 380/450 F - 3 pers 750 F
p. sup. 90 F

2 chambres et 1 suite familiale (TV, cheminée, billard, cuisine équipée) avec sanitaires privés (750 F 3/4 pers.). Ouvert de mai à octobre. Petit déjeuner buffet : jus de fruits, viennoiseries, laitages, confitures... Jardin, terrasses et parc. Restaurants à proximité. ★ Châteaux de la Loire. Vignobles. Randonnée. Pêche. **Accès** : de Paris, A10 dir. Bordeaux sortie Blois puis suivre Blois-sud en dir. de Montrichard et Candé-sur-Beuvron. A Candé prendre la route de Valaire et faire 3 km. CM 64, pli 17.

En pleine campagne viticole, cette ancienne ferme du XVIème vous propose des chambres spacieuses, confortables et superbement aménagées. Vous serez très agréablement surpris par le charme de cette demeure magnifiquement restaurée et son parc avec étang qui invite à de belles promenades. Une étape idéale à ne pas manquer.

Loir et Cher

Châteaux of the Loire, wine cellars. Tennis 800 m. 18-hole golf course 12 km.

★ **How to get there:** *From Orléans, exit at Muides-sur-Loire, or before Muides if coming from Blois, on D951. Michelin map 64, fold 8.*

This 18th-century château boasts five guest rooms overlooking the Loire. Each room is appointed with a different style of period furniture and named accordingly. Breakfast is served in the dining room, which features frescoes of the period (booking required).

Muides-sur-Loire

Carte 2 **331**

Château des Colliers
41500 Muides-sur-Loire
Tél. 02 54 87 50 75 – Fax 02 54 87 03 64
Christian et Marie-France de Gélis

1 pers 550 F – 2 pers 600/750 F – 3 pers 850/1000 F

5 chambres toutes avec bains et wc privés (4 disposent d'une cheminée). Ouvert toute l'année. L'été, pêche et piscine Zodiac en juillet et août sur place. Restaurants moins d'un kilomètre. ★ Châteaux de la Loire, caves viticoles. Tennis à 800 m. Golf 18 trous à 12 km. **Accès :** à la Sortie de Muides-sur-Loire en venant d'Orléans, ou avant Muides en venant de Blois, sur la D951. CM 64, pli 8.

Dans ce château du XVIIIe siècle, 5 chambres, toutes avec vue sur la Loire. Chacune est meublée avec du mobilier ancien et porte un nom qui correspond à la caractéristique de la chambre. Le petit déjeuner est servi dans une salle à manger peinte de fresques d'époque.

Loir et Cher

Châteaux of the Loire, vineyards. 9-hole golf course 7 km and 18-hole golf course 30 km.

★ **How to get there:** *From Blois or Amboise, take N152. From Onzain, D58, Monteaux road. Michelin map 64, fold 16.*

Attractive 19th-century house full of character, set in a large garden. The rooms are comfortable and decorated with wall hangings. A small lounge is used as a reception area and for playing bridge. The main room features a log fire. Guests can relax in the shade of the trees in the beautifully-kept garden.

Onzain

Carte 2 **332**

46, rue de Meuves – 41150 Onzain
Tél. 02 54 20 78 82 ou 06 07 69 74 78
Fax 02 54 20 78 82
Martine Langlais

1 pers 300 F – 2 pers 350 F

5 chambres : 2 avec bains et wc privés, 3 avec douches et wc privés. Ouvert de Pâques à la Toussaint. Petit déjeuner copieux. Téléphone et fax à la disposition des hôtes. Pêche et rivière au fond de la propriété. Restaurants de 3 à 12 km. ★ Châteaux de la Loire, vignobles. Golf 9 trous à 7 km et golf 18 trous à 30 km. **Accès :** de Blois ou d'Amboise, N152. D'Onzain, D58, route de Monteaux. CM 64, pli 16.

Belle maison de caractère du XIXe siècle, dans un grand jardin. Les chambres sont confortables et tendues de tissu. Un petit salon est prévu pour l'accueil et les bridgeurs, et dans la pièce principale vous pourrez vous réchauffer autour d'un bon feu de bois. Un très joli jardin vous permettra de vous reposer sous les ombrages.

Loir et Cher

In the heart of château country, medieval city on the banks of the Cher. River cruises. Shows at Cheverny, Chambord, Blois. Bathing, swimming pool, fishing, tennis, sailing, canoeing, hiking paths.

★ *How to get there: 35 km south of Blois, in town centre.*

This elegant early-19th-century white stone family mansion ablaze with flowers offers a panoramic view of the château. The residence is set amid a pretty French-style garden. The bedrooms are attractively decorated with period furniture.

Saint-Aignan-sur-Cher

Carte 2 **333**

66, rue Maurice Berteaux
41110 Saint-Aignan-sur-Cher
Tél. 02 54 75 24 35
Geneviève Besson

1 pers 230 F – 2 pers 260/320 F – 3 pers 350/370 F
p. sup 80 F

3 chambres et 1 suite, toutes avec sanitaires privés. Ouvert toute l'année. Petit déjeuner très copieux avec confitures maison, fruits de saison, oeufs... Bibliothèque, téléphone et TV à disposition. Nombreux restaurants à proximité. ★ Au coeur des châteaux, cité médiévale au bord du Cher. Croisières fluviales. Spectacles à Cheverny, Chambord, Blois. Baignade, piscine, pêche, tennis, voile, canoë et sentiers. **Accès :** au sud de Blois, à 35 km en centre ville.

Grande demeure bourgeoise en pierres blanches du début du XIXe siècle, couverte de fleurs avec une vue panoramique sur le château. Elle est entourée d'un beau jardin à la Française. Les chambres sont joliment décorées avec un mobilier ancien de style.

Loir et Cher

Châteaux of the Loire. Historical sightseeing tours. Son et lumière displays at Blois and Chambord. In the vicinity: tennis, horse-riding, golf, ornamental lake. Hiking and cycling. Bikes for hire.

★ *How to get there: From Blois, head for Orléans on RN152 (motorway A10, Blois exit). Michelin map 64, fold 7.*

The Villa Médicis, next to Blois, owes its name to Queen Marie de Médicis who would come here with her court for the spa waters in the grounds. This grand residence is the ideal place to enjoy the peace and quiet of the Loire Valley.

Saint-Denis-sur-Loire

Carte 2 **334**

La Villa Médicis
Macé – 41000 Saint-Denis-sur-Loire
Tél. 02 54 74 46 38 – Fax 02 54 78 20 27
Cabin Saint-Marcel

1 pers 350 F – 2 pers 420 F – 3 pers 480 F
p. sup 100 F – repas 200 F

6 chambres avec bains ou douche et wc privés. Ouvert toute l'année (l'hiver sur réservation). Table d'hôtes sur réservation. Nombreux restaurants à Blois et alentours. ★ Châteaux de la Loire. Visites historiques. Son et lumière (Blois et Chambord). A proximité : tennis, équitation, golf, plan d'eau aménagé. Rand. pédestres ou cyclo. Loc. de vélos à proximité. **Accès :** à partir de Blois, direction Orléans par RN152 (autoroute A10, sortie Blois). CM 64, pli 7.

A la porte de Blois, la Villa Médicis doit son nom à la reine Marie de Médicis qui venait avec sa cour prendre ses eaux dans les sources du parc. Cette grande demeure saura vous faire apprécier le calme et la douceur du Val de Loire.

Loir et Cher

Châteaux: Chenonceaux, Montpoupon 5 km, Amboise 15 km, Chaumont 20 km. Fishing 2 km. Horse-riding 3 km.

★ *How to get there: On N76, St-Georges-sur-Cher, between Chenonceaux and Montrichard. In the village, head for La Chaise. In the centre: 8, Rue du Prieuré. Michelin map 64, fold 16.*

La Chaise is a 16th-century priory with a 12th-century chapel and wooded park, close to the Châteaux of the Loire. Peace and quiet are guaranteed on this winegrowing estate, where connoisseurs will enjoy discovering the wine produced on the property. An ideal spot for exploring this delightful region.

Saint-Georges-sur-Cher Carte 2 335

Prieuré de La Chaise
8, rue du Prieuré
41400 Saint-Georges-sur-Cher
Tél. 02 54 32 59 77 - Fax 02 54 32 59 77
Danièle Duret-Thérizols

1 pers 300 F - 2 pers 390 F - 3 pers 620 F

2 chambres avec sanitaires privés et 1 suite de 3 ch. avec sanitaires communs aux 3 ch. (suite 1000 F). Petit déjeuner : pain frais, viennoiseries, confitures maison, fruits de saison... Billard. Parc. Bicyclettes. Dégustation de vins sur place. Restaurants à Montrichard ou Chenonceaux (5 km). ★ Châteaux : Chenonceaux, Montpoupon (5 km), Amboise (15 km), Chaumont (20 km). Pêche 2 km. Equitation 3 km. **Accès** : sur N76, St-Georges-sur-Cher, est situé entre Chenonceau et Montrichard. Au centre du bourg, prendre direction La Chaise. Dans le centre : 8, rue du Prieuré. CM 64, pli 16.

A proximité des chateaux de la Loire, le prieuré de La Chaise (XVIe siècle) avec sa chapelle du XIIe siècle et son parc arboré, vous offre calme et tranquillité. Situé sur un authentique domaine viticole, les amateurs pourront découvrir et déguster les vins de la propriété. Une étape idéale pour découvrir cette belle région.

Loir et Cher

Châteaux of the Loire Valley. Chambord National Park 10 km: cultural events during the summer months (son et lumière displays, classical music concerts). Blois 12 km.

★ *How to get there: A10, Mer exit, then right for Suèvres-Diziers. 3 km after Mer. Michelin map 64, fold 7.*

This delightful 18th-century residence, originally a water mill, is set in gardens and parkland. Elegant setting and period furniture. Spacious, comfortable bedrooms. You will appreciate the warm welcome provided by the owners, and the copious breakfasts. An ideal staging post in the heart of the Loire Valley.

Suèvres Carte 2 336

Le Moulin de Choiseaux
8, rue des Choizeaux - Diziers
41500 Suèvres
Tél. 02 54 87 85 01 - Fax 02 54 87 86 44
Email : choiseaux@wanadoo.fr
André et Marie-Françoise Seguin

1 pers 280 F - 2 pers 300/450 F - 3 pers 400/550 F
p. sup 100 F

4 chambres et 1 suite avec sanitaires privés. Ouvert toute l'année. Petit déjeuner à base de produits du terroir. Jardin, parc d'1,2 ha. Cours d'eau et pièces d'eau. Vélos. Piscine privée sur place. Restaurants à 1 km. ★ Châteaux du Val de Loire. Proximité du Parc National de Chambord (10 km) : spectacles culturels estivals (Son et Lumière, musique classique...). Blois 12 km. **Accès** : A10 sortie Mer, puis prendre à droite, direction Suèvres-Diziers, 3 km après Mer. CM 64, pli 7.

Cette ravissante demeure est un ancien moulin à eau du XVIIIe siècle avec jardin et parc. Cadre raffiné et beau mobilier ancien. Chambres vastes et confortablement aménagées. Vous apprécierez l'accueil chaleureux des maîtres des lieux et les petits déjeuners servis généreusement. Etape idéale au coeur du Val de Loire.

Loir et Cher

Forests of Sologne. Hiking and horse-riding. Private tennis court on the premises. Swimming pool 25 km. Golf course 15 km. Cycling.

★ *How to get there: On D925 between La Ferté-Saint-Cyr and La Marolle-en-Sologne. Michelin map 64, fold 8.*

The beautiful region of Loire Valley châteaux, in the heart of Sologne, is the setting for this pretty 17th and 18th-century château. Built in Sologne brick, the property nestles in grounds ablaze with flowers. A quiet and restful stay awaits you in comfortable, elegantly-decorated bedrooms.

Villeny
Carte 2 **337**

Château de la Giraudière
41220 Villeny
Tél. 02 54 83 72 38
Anne Orsini

1 pers 350/380 F - 2 pers 350/380 F - p. sup 100 F

Au 1er étage : 2 chambres avec chacune bains et wc privés et 1 chambre avec salle de bains privée. Au 2e étage : 2 chambres avec salle de bains privée. Ouvert du 01.3 au 11.11. Collation sur demande ou restaurants à proximité. Tennis sur place. ★ Forêts de Sologne. Randonnées pédestres et équestres. Tennis sur place. Piscine 25 km. Golf 15 km. VTT. **Accès :** sur la D925 entre la Ferté-Saint-Cyr et la Marolle en Sologne. CM 64, pli 8.

Dans cette belle région des châteaux du Val de Loire, au coeur de la Sologne, ce joli château des XVIIe et XVIIIe siècles en briques de Sologne est situé au milieu d'un magnifique parc très fleuri. Séjour calme et reposant dans des chambres confortables et décorées avec élégance.

Loire

Lyonnais and Forez Mountains. Loire Gorges. Châteaux, museums and churches. Eagle reserve. Wine cellars. 4x4 excursions, horse-riding, cycling and 18-hole golf course. Flying. Water sports centre.

★ *How to get there: At Feurs, town centre (centre-ville). At railway station (gare), head for Lyon and Panissières (D60), and Salvinet-La Valette. Michelin map 73, fold 8.*

This time-honoured farmhouse with character is a haven of peace in the heart of the countryside. You will be welcomed as friends of the family in this rustic, congenial setting. The fully-panelled cosy bedrooms are decorated in their own individual style. Candlelight dinners are served by the fireplace in the winter months and in the flower garden in fine weather. Fifteen-acre park with river, pond, pool and paths for ramblers.

Cottance
Carte 4 **338**

Le Bois Prieur
42360 Cottance
Tél. 04 77 28 07 77 - Fax 04 77 28 00 55
Jean-Louis et Hélène Bonnard

1 pers 250 F - 2 pers 300 F - p. sup. 75 F
repas 100 F

2 chambres (TV) et 1 suite (salon et cheminée) toutes avec sanitaires privés. Ouvert toute l'année sur réservation. Table d'hôtes le soir sur réservation : cuisine du terroir. Cour, jardin et parc de 10 ha. avec piscine, tennis, ping-pong, jeux enfants, rivière et étang. ★ Monts du Lyonnais et du Forez. Gorges de la Loire. Châteaux, musées, églises... Volerie d'aigles. Caves. Balades en 4x4, à cheval, en VTT... Golf 18 trous. Baptêmes de l'air. Base nautique. **Accès :** à Feurs, centre-ville/gare direction Lyon puis Panissières (D60) et suivre Salvinet-La Valette. CM 73, pli 8.

En pleine nature, cette ancienne ferme de caractère est un havre de paix où vous serez reçus en amis dans un cadre rustique et chaleureux. Les chambres entièrement lambrissées sont douillettes et personnalisées. Diners aux chandelles auprès du feu et aux beaux jours, dans le jardin fleuri. Parc de 10 ha. avec rivière, étang, piscine et chemins de randonnées.

Loire

Madeleine Mountains (signposted trails). Wine-tasting cellars. Museums, medieval villages, weirs. Canal (boating). 1000-acre forest. Golf course, horse-riding, windsurfing, microlite flying, fishing and lake.

★ *How to get there: From Roanne: D53 for 8 km. A72 motorway (St-Etienne/Clermont), St-Germain-Laval exit and D8 for Roanne (Lentigny 20 km). Michelin map 73, fold 7.*

At the foot of the Madeleine Mountains, near the vineyards and Roanne (the home of gastronomy), you will find this handsome 19th-century mansion, which has been a family home since 1865. The three stylishly-decorated bedrooms are appointed with Napoléon III furniture. Extensive 5.5-acre grounds with picnic table and private tennis court.

Lentigny

Carte 4 **339**

Domaine de Champfleury
42155 Lentigny
Tél. 04 77 63 31 43 ou 06 80 55 46 52
Fax 04 77 63 31 43
Mme Maurice Gaume

1 pers 200/300 F – 2 pers 300/350 F – p. sup. 50 F

1 chambre avec douche et wc et 1 suite de 2 chambres avec bains et wc. Ouvert du 15.03 au 15.11 (l'hiv. sur rés.). Petit déjeuner : croissants, spécialités locales, laitages, fruits... Salon de lecture et salle de jeux. Cour et parc de 2 ha. avec tennis, pétanque, ping-pong, badminton et VTT. Restaurants à proximité. ★ Monts de la Madeleine (sentiers balisés). Caveaux de dégustation. Musées, villages médiévaux, barrages. Canal (navigation de plaisance). Forêt de 400 ha. Golf, équitation, vol à voile, ULM, pêche, plan d'eau. **Accès :** de Roanne : D53 sur 8 km. De l'autoroute A72 (St.Etienne/Clermont) sortie St.Germain-Laval puis D8 direction Roanne (Lentigny à 20 km). CM 73, pli 7.

Au pied des Monts de la Madeleine, tout près du vignoble et de Roanne (capitale gastronomique), cette belle demeure bourgeoise du XIXe, maison de famille depuis 1865, propose 3 chambres de style, avec un mobilier d'époque Napoléon III. Vaste parc de 2 ha. avec tennis privé, et table pique-nique.

Loire

Roanne Coast ("appellation contrôlée" vineyards). 18th-century church (frescoes). Troisgros Restaurant 15 km. Boating on the lake. Riding clubs 3 km. Golf course and tennis court 5 km. Hiking.

★ *How to get there: A27, St-Etienne/Clermont, St-German-Laval exit for Roanne (D8) and St-Jean-St-Maurice 15 km. From Roanne, A72 for Thiers/Clermont then Lac de Villerest (D53) and St-Jean-St-Maurice 10 km. Michelin map 73, fold 7.*

The treasures of the Middle Ages and the Renaissance are still visible at Saint-Jean-Saint-Maurice. The bedrooms in this handsome residence with character are tastefully appointed with a harmonious blend of artefacts and furniture with a contemporary touch. The superb terrace overlooks Villerest Lake and affords outstanding views of the surroundings.

St.Jean-St.Maurice

Carte 4 **340**

L'Echauguette
rue Guy de la Mure
42155 St.Jean-St.Maurice
Tél. 04 77 63 15 89
Didier et Michèle Alex

1 pers 240 F – 2 pers 280 F – 3 pers 340 F
p. sup. 50 F – repas 115 F

3 chambres avec sanitaires privés. Ouvert toute l'année. Petit déjeuner : jus de fruits, thés variés, pain brioché, confitures maison... Table d'hôtes : gâteau de crêpes au crabe, magrets de canard avec flans d'ail, filet mignon à la tapenade... Petit jardin avec vue sur le lac. Restaurants dans le village. ★ Côte roannaise (vignoble AOC). Eglise du XIIIe siècle (fresques). Restaurant Troisgros à 15 km. Navigation sur le lac. Cercles hippiques 3 km. Golf et tennis 5 km. Randonnées. **Accès :** A72 St.Etienne/Clermont sortie St.Germain-Laval puis dir. Roanne (D8) et St.Jean-St.Maurice sur 15 km. De Roanne A72 dir. Thiers/Clermont puis lac de Villerest (D53) et St.Jean-St.Maurice sur 10 km. CM 73, pli 7.

Sur le site de Saint-Jean Saint-Maurice, les richesses du Moyen-Age et de la Renaissance sont encore présentes. Dans cette belle demeure de caractère, les chambres où meubles et objets anciens s'harmonisent avec bonheur dans une décoration contemporaine, témoignent d'un goût certain. Une superbe terrasse domine le lac de Villerest et offre une vue exceptionnelle.

Loire

Paper Museum and Caesar Museum 15 km. Distillery Museum 20 km. Peaugres Animal Park 15 km. Balloon trips 15 km. 18-hole golf course 10 km. Cross-country skiing 8 km. Hiking and biking.

★ *How to get there:* Lyon (70 km), A7, then take the Condrieu exit. St-Etienne (32 km) via Le Bessat or Bourg-Argental. Valence (65 km), A7, Chanas exit. Michelin map 76, fold 9.

The heart of Pilat Park, in an artists' village, is the setting for this 19th-century château, which stands in a 4.5-acre park. Three bedrooms and two suites await your arrival. All are luxuriously appointed and feature a lounge area, a kitchenette and private bathroom. An enchanting setting, ideal for a blissful, relaxing break.

St.Julien-Molin-Molette Carte 4 `341`

Castel Guéret
42220 St.Julien-Molin-Molette
Tél. 04 77 51 56 04 - Fax 04 77 51 59 13
Daniel Coulaud

1 pers 250/320 F - 2 pers 245/500 F
3 pers 465/600 F - p. sup. 100 F - repas 70/130 F

3 chambres et 2 suites de 2 ch. (entrée indépendante) avec sanitaires privés (500 à 700 F). Ouvert toute l'année. Petit déjeuner : croissant ou pâtisseries maison, ufs ou laitage, jus de fruits... Salon TV avec bibl., billard, jeux. Tél. (ligne ext.) et fax. Parc, piscine, loc. VTT, p-pong, portique, bac à sable. ★ Musée des papeteries et musée César 15 km. Musée de l'Alambic 20 km. Parc animalier de Peaugres 15 km. Vol en montgolfière 15 km. Golf 18 trous 10 km. Ski de fond 8 km. Randonnées pédestres et VTT. **Accès :** Lyon (70 km) A7 sortie Condrieu. St.Etienne (32 km) par le Bessat ou Bourg-Argental. Valence (65 km) A7 sortie Chanas. CM 76, pli 9.

Au cur du parc du Pilat, dans un village d'artistes, château du XIXe dans un parc d'1,8 ha. avec piscine privée. 5 chambres dont 2 suites y ont été aménagées. D'un grand confort, elles disposent toutes d'un coin-salon, d'une kitchenette et de sanitaires privés. Cadre enchanteur, propice au calme et à la détente.

Loire

Fishing, lakes and horse-riding. Cycling. Walks in the surrounding countryside.

★ *How to get there:* North: A72, Montrond-les-Bains exit, 12 km on D6 for Saint-Galmier. South: A72 Andrézieux-Bouthéon exit for Saint-Galmier. Michelin map 73, fold 18.

Attractive 18th-century house, now fully restored, set in the heart of a charming flower-decked village. Michèle and Jean guarantee a warm welcome, and provide handsome, comfortable, quiet bedrooms. Enjoy the breakfasts and relish Forez specialities at the table d'hôtes. An ideal spot for a romantic weekend or family holiday.

Saint-Médard-en-Forez Carte 4 `342`

place de l'eglise
42330 Saint-Médard-en-Forez
Tél. 04 77 94 04 44 - Fax 04 77 94 13 49
Email : jean.gouillon@accesinter.com
http://www.chez.com/froumagier/index.html
Jean et Michèle Gouillon

1 pers 200 F - 2 pers 250 F - repas 80 F

5 chambres avec sanitaires privés. Ouvert toute l'année. Table d'hôtes : spécialités foreziennes et produits du terroir. Restaurant à 6 km. ★ Pêche, plan d'eau, équitation, VTT, randonnées à proximité. **Accès :** nord : A72 sortie Montrond-les-Bains, à 12 km par D6, dir. Saint-Galmier. Sud : A72 sortie Andrezieux-Bouthéon dir. Saint-Galmier. CM 73, pli 18.

Agréable maison du XVIIIe, entièrement restaurée, située au coeur d'un charmant village fleuri. Michèle et Jean vous accueilleront avec gentillesse dans de belles chambres confortables et calmes. Ils vous serviront un agréable petit déjeuner et pourront vous faire déguster les spécialités du Forez à la table d'hôtes.

Loire

Brionnais: Romanesque churches. Charlieu, medieval town 4.5 km. Saint-Christophe-en-Brionnais and famous cattle market 24 km. Troisgros restaurant 15 km. Loire and water sports 4 km. Posted hiking trails.

★ **How to get there:** *From Roanne, head for Autun on D482. From Charlieu, head for Fleury-la-Montagne. From Digoin, head for Roanne along D982.*

This splendid 18th-century property in the heart of the "Romanesque Brionnais" area is a haven of peace and tranquillity, offering a superb view of the Loire. The tastefully-appointed bedrooms are comfortable and boast regional-style furniture. An ideal destination for gourmets and nature lovers. Friendly welcome assured.

Saint-Pierre-la-Noaille   Carte 4   343

Domaine Château de Marchangy
42190 Saint-Pierre-la-Noaille
Tél. 04 77 69 96 76 - Fax 04 77 60 70 37
M.Colette Rufener

1 pers 430/530 F - 2 pers 480/580 F - p. sup 130 F
repas 70/150 F

2 chambres et 1 suite, avec tél., TV, mini-bar, bains et wc privés. Ouvert toute l'année. Copieux petit déjeuner : viennoiseries, brioche aux pralines, oeufs... Brunch (+ 30 F). Table d'hôtes : pièce de Charolais, légumes du jardin, terrine... Vélos, piscine, p-pong et baby-foot sur place. Parc. ★ Eglises romanes du Brionnais. Charlieu, ville médiévale 4,5 km. St-Christophe-en-Brionnais et son marché aux bestiaux 24 km. Troisgros 15 km. Loire et activités nautiques 4 km. Sentiers balisés. **Accès :** de Roanne, prendre dir. Autun par D482. De Charlieu, prendre dir. Fleury-la-Montagne. De Digoin, prendre dir. Roanne par la D982.

Au cœur du Brionnais Roman, très belle propriété du XVIIIe siècle, bénéficiant d'un calme absolu et d'une vue magnifique sur la Loire. Les chambres sont très confortables et meublées avec goût. Accueil très chaleureux. Une adresse qui ravira les amateurs de nature, de marche et de gastronomie.

Haute Loire

Livradois-Forez Regional Nature Park. Prestigious La Chaise-Dieu Music Festival. Abbey (tapestries). Forests. Lava flow. Fishing and bathing 2 km. Horse-riding 7 km. Swimming pool 3.7 km. Hiking locally.

★ **How to get there:** *At Puy-en-Velay, take N102 for Clermont-Ferrand, then D906 to Bellevue-la-Montagne. D1, Paulagnac is 3 km after Craponne (1st house as you enter village), for Saint-Etienne. Michelin map 76, fold 7.*

Eliane and François Champel are your hosts at this attractive stone house, set in a vast flower-filled, tree-lined garden (4,000 m²). Five spacious, tastefully-decorated bedrooms await your arrival.

Craponne-sur-Arzon   Carte 5   344

Paulagnac
43500 Craponne-sur-Arzon
Tél. 04 71 03 26 37 - Fax 04 71 03 26 37
Eliane et François Champel

1 pers 250 F - 2 pers 300 F - 3 pers 370 F
p. sup 70 F

5 chambres avec sanitaires privés (3 avec sanitaires non attenants). Salons, TV, séjour avec cheminée, bibliothèque. Petit déjeuner : jus de fruits, croissants, brioches, confitures maison... Restaurants à Craponne-sur-Arzon ou Pontempeyrat (3 km). Tarifs dégressifs à partir de 3 nuits. ★ Parc Naturel Régional du Livradois-Forez. Prestigieux festival de musique de la Chaise-Dieu. Abbaye (tapisseries). Forêts. Coulée de lave. Pêche et baignade 2 km. Equitation 7 km. Piscine 3,7 km. Randonnées sur place. **Accès :** au Puy-en-Velay N102 dir. Clermont-Ferrand puis D906 jusqu'à Bellevue-la-Montagne. Puis D1, Paulagnac est à 3 km après Craponne (1ère maison en arrivant), en dir. de St-Etienne. CM 76, pli 7.

Eliane et François Champel vous recoivent dans leur belle maison en pierre. Elle est entourée d'un vaste jardin fleuri et arboré de 4000 m². 5 chambres spacieuses et aménagées avec goût, vous attendent.

Haute Loire

La Chaise-Dieu (Abbey, 16th-century tapestries, Music Festival). Listed churches. Château de Rochelambert. Le Puy-en-Velay.

★ **How to get there:** From Le Puy-en-Velay, take N102 then D906 to Chomelix. Turn left onto D36. From Lyon, head for St-Etienne, Firminy, Monistrol, Retournac, Craponne to Jullianges. Michelin map 76, fold 6.

La Valette, a 19th-century granite-built family mansion, lies at the crossroads of Forez, the Auvergne and Velay. The setting is enchanting and offers 2.5 acres of flower-filled grounds. The comfortable bedrooms are appointed with period furniture and the lounge boasts a stately fireplace.

Jullianges

Carte 5 **345**

La Valette
43500 Jullianges
Tél. 04 71 03 23 35 ou 04 75 01 04 15
Michèle Mejean

1 pers 350 F - 2 pers 400 F - 3 pers 550 F

3 chambres et 2 suites. Bibliothèque. Petit salon, TV, téléphone. Cuisine équipée à la disposition des hôtes. Ouvert toute l'année. Restaurants à 5 et 8 km. Traiteur sur place. Parc. Abri voiture. ★ La Chaise-Dieu (abbaye, tapisseries XVIe, festival de musique). Eglises classées. Château de Rochelambert. Le Puy-en-Velay. **Accès :** du Puy-en-Velay, N102 puis D906 jusqu'à Chomelix. Prendre la D36 à gauche. De Lyon, suivre St-Etienne, Firminy, Monistrol, Retournac, Craponne puis Jullianges. CM 76, pli 6.

A l'intersection du Forez, de l'Auvergne et du Velay, la Valette, demeure de maître du XIXe siècle, ourlée de granit, vous propose un cadre enchanteur dans un parc fleuri d'1 ha. Les chambres, confortables, sont agrémentées d'un mobilier d'époque et le salon d'une grande cheminée seigneuriale.

Haute Loire

Historical Puy-en-Velay (bishops' palace). Hiking locally. Swimming 2 km. Fishing 6 km. Horse-riding 7 km.

★ **How to get there:** "Le Betz" is approx. 1 km northeast of Monistrol-sur-Loire. As you leave the town, head for Aurec and at the roundabout, head for "Le Betz". Michelin map 76, fold 8.

Michèle and Georges Boscher are your hosts at their property which is set in a vast tree-filled park with terraces. You will particularly enjoy the warm, relaxing atmosphere exuded by this handsome stone residence and its 12th-century tower. The vault-ceilinged dining room features a monumental fireplace and a coat of arms.

Monistrol-sur-Loire

Carte 5 **346**

Le Betz
43120 Monistrol-sur-Loire
Tél. 04 71 66 35 24
Georges et Michèle Boscher

1 pers 350 F - 2 pers 400 F

1 chambre avec sanitaires privés. Ouvert toute l'année. Copieux petit déjeuner : pâtisseries et confitures maison, miel, pains variés, plateau de fromages... Parc de 6 ha. Restaurants à Monistrol-sur-Loire 1 km. ★ Site touristique du Puy-en-Velay (château des évêques). Randonnées pédestres sur place. Piscine 2 km. Pêche 6 km. Equitation 7 km. **Accès :** "Le Betz" est situé à environ 1 km au nord-est de Monistrol-sur-Loire. En sortant de la ville, prendre la direction d'Aurec et au rond-point, prendre à droite, direction "Le Betz". CM 76, pli 8.

Michèle et Georges Boscher vous accueillent dans leur propriété entourée d'un vaste parc arboré avec terrasses. Vous apprécierez l'atmosphère chaleureuse et confortable de cette belle demeure en pierre avec tour hexagonale du XIIe. Cheminée monumentale et armoirie dans la salle à manger voutée.

Haute Loire

Cross-country skiing at Mezenc. Saint-Front Lake. Mountain bikes and skis for hire. Horse-riding centre. Fishing.

★ **How to get there:** *From Le Puy, head for Valence. At Les Pandreaux, follow signs to Laussonne, then take D500 for Fay and follow signs. Michelin map 76, fold 18.*

This typical mountain farm with its pretty, tiled roof is set in a little hamlet on a 136-acre estate. Nadège and Paul Coffy will welcome you as friends of the family. They offer both tourist and sports activities. Hiking and barouche rides in summer and dog and sledge rides, skiing trips and snow biking in winter.

Saint-Front

Carte 5 — 347

Les Bastides du Mézenc
43550 Saint-Front
Tél. 04 71 59 51 57 – Fax 04 71 59 51 57
Paul et Nadège Coffy

1 pers 250 F – 2 pers 400 F – repas 150 F

2 chambres et 2 suites, chacune avec douche et wc privés. Salons, TV, bibliothèque, cheminée, billard, piano, terrasse. Ouvert toute l'année. Petit déj. à base de confiture maison, fromage frais et yaourt. Table d'hôtes le soir : produits du jardin. Restaurant à 8 km. Promenades en calèche avec percheron et fjords (accueil cavaliers). ★ Domaine de ski de fond du Mezenc. Lac de Saint-Front. Locations skis, VTT. Centre équestre. Pêche. **Accès :** Le Puy, direction Valence. Aux Pandreaux, direction Laussonne puis D.500 direction Fay et fléchage. CM 76, pli 18.

Ferme typique de montagne à toit de lauze, située dans un hameau au milieu d'un domaine de 55 ha. Nadège et Paul Coffy vous y recevront en amis. Ils vous proposeront un séjour touristique et sportif : randonnée pédestre et calèches en été, conduite d'attelage de chiens de traîneau en hiver et également raquette, moto-neige...

Loire Atlantique

Nantes-Brest Canal. Blain: Museum of Arts and Traditions, Château. Gâvre Forest. 18-hole golf course, swimming pool, fishing, tennis and restaurants at Savenay 4 km.

★ **How to get there:** *Nantes-Vannes motorway (N165), Bouvron exit, 3 km and left for "Gavalais". From Blain, N171. Drive 7 km, through Bouvron, on the way to Savenay. Then turn right for "Gavalais".*

This small 17th-century manor house offers extremely comfortable bedrooms with Louis XV furniture and canopied fourposter beds. An upstairs bedroom and a suite in the tower await your arrival. The "Cathedral" lounge for guests' use communicates with the dining room on the ground floor.

Bouvron

Carte 2 — 348

Manory de Gavalais
44130 Bouvron
Tél. 02 40 56 22 32
http://www.web-de-loire.com/c/44.591052.htm
Evelyne Herburt

2 pers 400/550 F – p. sup 100 F

2 chambres à l'étage dont 1 dans la tour, chacune avec TV, bains et wc privés. Possibilité lit supplémentaire. Entrée indépendante. Ouvert toute l'année. Petit déjeuner copieux. Jardin clôturé et arboré. Restaurants 4 km. ★ Canal de Nantes à Brest. Blain (musée des arts et traditions, château). Forêt du Gâvre. Golf 18 trous, piscine, tennis, pêche et restaurants à Savenay (4 km). **Accès :** voie rapide Nantes/Vannes (N165), sortie Bouvron, sur 3 km, à gauche "Gavalais". De Blain, N171 traverser Bouvron dir. Savenay sur 7 km, puis à droite "Gavalais".

Dans ce petit manoir du XVIIe siècle, vous trouverez des chambres de grand confort, meublées Louis XV, avec lits à baldaquin. Salon cathédrale à la disposition des hôtes communiquant avec la salle à manger au rez-de-chaussée.

Loire Atlantique

Erdre Valley 100 m. Nantes and Loire Valley 15 km. Planète Sauvage safari park and marineland 30 km. La Baule 65 km. Guérande 70 km. Water-skiing and fishing 100 m. Tennis, horse-riding 1.5 km. Golf 5 km.

★ *How to get there: At La Chapelle-sur-Erdre, head for Sucé-sur-Erdre (D69). As you leave the village, turn left at the last roundabout. Cross the white bridge and drive along the avenue until you reach the private courtyard. Michelin map 63, fold 17.*

This handsome 18th-century residence stands at the gateway to Nantes in a listed setting, the beauty of which captured the imagination of François I and many others. You will appreciate the peace and quiet of the place which features terraced gardens overlooking the lake. An ideal place for discovering this magnificent region's châteaux, follies and manors bordering the river.

La Chapelle-sur-Erdre
Carte 2 — **349**

La Gandonnière
44240 La Chapelle-sur-Erdre
Tél. 02 40 72 53 45 - Fax 02 40 72 53 45
http://www.web-de-loire.com/c/44.891433.htm
Françoise Girard

1 pers 370 F - 2 pers 400/500 F - 3 pers 600 F

2 chambres et 1 suite avec sanitaires privés. Ouvert toute l'année. Petit déjeuner : jus de fruits, viennoiseries, confitures... Cour, jardin et parc (1,5 ha.). Restaurants à 500 m. ★ Vallée de l'Erdre à 100 m. Nantes et vallée de la Loire à 15 km. Planète Sauvage à 30 km. La Baule 65 km. Guérande 70 km. Ski nautique et pêche 100 m. Tennis, équitation 1,5 km. Golf 5 km. **Accès :** à la Chapelle-sur-Erdre prendre dir. Sucé-sur-Erdre (D69). A la sortie, prendre à gauche au dernier rond-point. Passer le pont blanc et descendre l'avenue jusqu'à la cour privée. CM 63, pli 17.

Aux portes de Nantes, dans un site classé dont la beauté fut reconnue par François Ier et bien d'autres ensuite, cette demeure du XVIIIe vous offre quiétude et tranquillité avec ses jardins en terrasses donnant sur le plan d'eau. Un lieu de séjour idéal, pour découvrir et admirer au fil de l'eau, les châteaux, folies et manoirs de cette magnifique région.

Loire Atlantique

Canoeing on La Martinière Canal, microlite trips. African safari 22 km. Wild deer. Bison farm. Lake and outdoor leisure centre. Fishing, water sports, footpaths. Saint-Brévin 18 km. Pornic 20 km.

★ *How to get there: Nantes-Paimboeuf on D723. Leave Frossay on right and turn left onto D78 (St-Père-en-Retz road), then first driveway on left.*

La Rousselière is an 18th-century château set in parkland on a 63-acre estate, just 3 km from La Martinière Canal. Each of the three cosy, light-filled bedrooms is decorated in a style of its own. Magnificent 19th-century dining room. Billiard table for guests' use. In fine weather, enjoy a stroll in the grounds or relax by the pool. A spot full of charm.

Frossay
Carte 2 — **350**

La Rousselière
44320 Frossay
Tél. 02 40 39 79 59 - Fax 02 40 39 77 78
Email : visite du site berteloot@csi.com
Catherine Scherer

2 pers 400 F

3 chambres avec entrée indépendante, bains et wc privés. Ouvert de mai à septembre. Petit déjeuner : viennoiseries, jus de fruits, céréales, laitages... Salon et salle à manger réservés aux hôtes. Billard à disposition. Parc de 25 ha. avec piscine. Chevaux acceptés. Restaurants 2, 8 et 15 km. ★ Canal de la Martinière avec canoë-kayak, ULM. Safari Africian 22 km. Sentiers des daims. Ferme des bisons. Etang aménagé en parc de loisirs. Pêche, activités nautiques, sentiers pédestres. Saint-Brévin 18 km. Pornic 20 km. **Accès :** Nantes-Paimbouef par la D723. Laisser Frossay sur la droite et prendre à gauche la D78 (route de St-Père-en-Retz), puis 1ère allée à gauche.

A 3 km du canal de la Martinière, château du XVIIIe entouré d'un parc très agréable sur une propriété de 25 ha. Les chambres chaleureuses et lumineuses ont toutes un décor personnalisé. Superbe salle à manger XIXe. Billard à disposition. Aux beaux jours, promenades dans le parc ou détente au bord de la piscine. Une adresse de charme.

Loire Atlantique

Discover Grande Brière Regional Nature Park, with barge trips. Fortified town and Guérande saltmarshes. Gulf of Morbihan. La Baule beach. 2 x 18-hole golf courses 14 km.

★ **How to get there:** *At Herbignac, take D47 for Saint-Nazaire for 4 km. On right after second signpost. The château stands at the end of the driveway.*

On the edge of Grande Brière, this pretty 19th-century château offers 3 quiet and very comfortable bedrooms. The property is set on a vast 500-acre estate amid floral parkland. Enjoy strolls in the grounds and savour Madame de la Monneraye's delicious regional specialities (booking required).

Herbignac
Carte 2 **351**

Château de Coëtcaret
44410 Herbignac
Tél. 02 40 91 41 20 – Fax 02 40 91 37 46
http://www.welcome.to/cœtearet.com
Cécile de la Monneraye

2 pers 500/550 F – p. sup 150 F – repas 220 F

3 chambres : 1 avec douche et wc privés, 2 avec bains et wc privés (poss. lit enfant). Ouvert toute l'année. Table d'hôtes sur réservation : crêpes fourrées aux fruits de mer, gâteau nantais. Billard français. Ping-pong et forêt sur place. Salon de jardin. Restaurants 6 km. ★ Parc naturel régional de Grande Brière, avec promenade en chaland. Ville fortifiée et marais salants de Guérande. Golfe du Morbihan, la Baule. 2 golfs 18 trous 14 km. **Accès :** à Herbignac prendre la D47 vers Saint-Nazaire. A 4 km sur la droite, au 2e fléchage, c'est au fond de l'allée.

Au bord de la Grande Brière, dans ce joli château du XIXe siècle, 3 chambres calmes et confortables vous accueilleront. Situé sur un domaine de 200 ha., vous pourrez flaner en toute quiétude dans le parc fleuri. Vous apprécierez à la table d'hôtes de Mme de La Monneraye les délicieuses spécialités de la région (sur réservation).

Loire Atlantique

Outdoor sports centre, lakes, swimming pool, tennis and fishing 1 km. Horse-riding 7 km. Noirmoutier, Nantes 39 km. Vineyards and hiking nearby.

★ **How to get there:** *In town centre, in front of the church, on the way to Touvois. 20 m before the town exit, turn left into "Richebonne" (side street). Drive to the end, 300 m.*

This fully-restored 18th-century residence on the Vendée border exudes comfort and charm. Your hostess, Christine, is an artist and she has taken great care with the interior decoration. A warm welcome is guaranteed in this haven of peace, where Christine will be happy to open up her pottery workshop for you.

Legé
Carte 3 **352**

La Mozardière
Richebonne – 44650 Legé
Tél. 02 40 04 98 51 – Fax 02 40 26 31 61
Gérard et Christine Desbrosses

1 pers 275 F – 2 pers 295 F – 3 pers 390 F
p. sup 95 F – repas 120 F

2 chambres avec bains et wc privés dont 1 avec 1 ch. attenante. Ouvert toute l'année. Table d'hôtes sur rés. Atelier-poterie. Bibliothèque et cheminée. Jeux de société. Ping-pong. Coin-cuisine l'été. Parc 1 ha. avec terrasse et salon de jardin, plan d'eau. Restaurant à proximité. (Maison non fumeur). ★ Base de Loisirs, etangs, piscine, tennis et pêche 1 km. Equitation à 7 km. Noirmoutier, Nantes à 39 km. Vignobles et randonnées à proximité. **Accès :** au centre ville, devant l'église dir. Touvois. 20 m avant la sortie de la ville, touner à gauche, la petite route "Richebonne". Aller jusqu'au bout (à 300 m).

Confort et charme dans cette demeure du XVIIIe siècle, entièrement restaurée, située aux portes de la Vendée. Christine, artiste peintre a apporté beaucoup de soins à la décoration intérieure. Elle vous accueillera chaleureusement dans ce havre de paix et vous ouvrira avec gentillesse les portes de son atelier poterie.

Loire Atlantique

Wide variety of walks, tours of the Clisson countryside and region 5 km. Fishing 300 m. Tennis, horse-riding 8 km. Golf course 25 km.

★ *How to get there: In Monnières, drive past the town hall (Mairie) and head along D76. The château is on the left, approximately 800 m on.*

This elegant 17th-century residence is set in the heart of the Nantais vineyards, in parkland. The five fully-restored bedrooms are adorned with period furniture. A delight for wine buffs, as Muscadet Sèvre and Maine-sur-Lie are produced on the estate. Tours of cellars and winetasting. A charming setting for a peaceful break.

Monnières

Carte 2 **353**

Château du Plessis Brezot
44690 Monnières
Tél. 02 40 54 63 24 - Fax 02 40 54 66 07
Didier et Annick Calonne

2 pers 470/670 F - p. sup 100 F

5 chambres avec sanitaires privés. Ouvert toute l'année. Parc, piscine. Production de Muscadet sur la propriété avec visite des caves et dégustation. Possibilité de week-end avec cheval. Restaurants à proximité. ★ Nombreuses promenades, visites dans le terroir et la région de Clisson (5 km). Pêche 300 m. Tennis, équitation 8 km. Golf 25 km. **Accès :** à Monnières, passer devant la mairie et suivre la D76. Le château est sur la gauche à 800 m environ.

Au coeur du vignoble nantais, élégante demeure du XVIIe siècle entourée d'un parc. 5 chambres entièrement rénovées avec mobilier d'époque vous seront réservées. Pour les amateurs, production de Muscadet Sèvre et Maine-sur-Lie sur la propriété avec visite des caves et dégustation. Une étape de charme en toute quiétude.

Loire Atlantique

Clisson, Italian-style town 6 km. Tours of the Nantais vineyards. The city of Nantes and its many museums. Boat trips. Restaurants at Le Pallet (100 m) and Clisson (6 km).

★ *How to get there: 20 km southeast of Nantes, RN249 Le Pallet exit. Drive through Le Pallet, 2nd road on left after the main church.*

Mireille and Alain guarantee a warm welcome at this former templars' inn. They will be pleased to help you discover this ancient residence, which they have lovingly and tastefully restored. A pleasant park with a river running through it add a romantic touch to this charming setting.

Le Pallet

Carte 2 **354**

La Cour de la Grange
2, rue des Templiers - 44330 Le Pallet
Tél. 02 40 80 46 79 - Fax 02 40 80 46 79
Mireille Clémot

1 pers 300/360 F - 2 pers 330/520 F - 3 pers 510 F
p. sup 120 F

2 chambres et 1 suite avec (ou sans) salon privé (2 à 4 pers.) et sanitaires privés. Ouvert du 1er avril à la Toussaint (hiver sur rés.). Petit déj. : pâtisseries, confiture, laitage... TV. Cour, jardin, parc 2 ha. avec rivière et plan d'eau. (réductions dès la 2e nuit). Suite nuptiale et week-end en amoureux. ★ Clisson, ville de style italien à 6 km. Circuit touristique du vignoble nantais. Nantes, ville de musées. Promenades en barque. Restaurants au Pallet (100 m) et à Clisson (6 km). **Accès :** à 20 km au sud-est de Nantes, RN249 sortie Le Pallet. Traverser Le Pallet, 2e rue à gauche après l'église principale.

Dans cet ancien relais templier, Mireille et Alain vous accueilleront très chaleureusement et vous feront découvrir leur demeure très ancienne qu'ils ont restaurée avec goût et passion. Un ravissant jardin traversé par une rivière apporte une note romantique à ce cadre plein de charme.

Loire Atlantique

Grand Lieu Lake with wildlife reserve and promontory with view of the lake. 9th-century Saint-Philbert de Grand Lieu Abbey-Church. Nantais vineyards. River and fishing 1 km. Tennis 2 km. Horse-riding 4 km. Sea 30 km.

★ *How to get there: From Nantes, head for La Roche-sur-Yon, Viais and Pont Saint-Martin. From Vannes, head for airport, Saint-Aignan and Pont Saint-Martin. Follow signs. Michelin map 67, fold 3.*

Château du Plessis will win you over with its comfortable bedrooms, period furniture, luxuriously-appointed bathrooms and exquisite meals. The property provides a superb view of the flower and rose gardens shrouded in blissful silence. Breton pride and the gentle Loire have shaped the character of this listed building.

Pont Saint-Martin — Carte 2 — 355

Château du Plessis
44860 Pont Saint-Martin
Tél. 02 40 26 81 72 - Fax 02 40 32 76 67
http://www.chateaux.france.com/~plessis
Josiane Belorde

1 pers 400/600 F - 2 pers 550/900 F
3 pers 850/1000 F - p. sup 150/200 F
repas 275/400 F - 1/2 p. 550/600 F
3 chambres avec sanitaires privés luxueux. Ouvert toute l'année. T. d'hôtes (apéritif et vin compris) : fruits de mer, filet de saumon au beurre blanc... Amex et Visa acceptées. Vélos sur place. Tarifs dégressifs : 1/2 pens. : 1/2 tarif enft.- 12 ans. Tarif spécial "Nuit de Noces" 1000 F. Restaurant 800 m. ★ Lac de Gd Lieu (réserve d'animaux et promontoir avec vue). Abbatiale St-Philbert de Gd Lieu (IXe). Vignoble nantais. Pêche 1 km. Tennis 2 km. Equitation 4 km. Mer 30 km. **Accès :** à Nantes dir. La Roche-sur-Yon, Viais et Pont St-Martin. De Vannes dir. aéroport St-Aignan et Pont St-Martin, ensuite fléché. CM 67, pli 3.

Le Plessis (classé monument historique) saura vous conquérir par ses chambres confortables aux meubles d'époque, ses salles de bains luxueuses et sa cuisine exquise. Superbe vue sur les jardins et les roseraies. Situé au calme, il tire son caractère de la fière Bretagne et son charme de la douce Loire.

Loire Atlantique

Grande Brière Regional Nature Park, barge trips. Guérande fortress town and saltmarshes. Gulf of Morbihan. La Baule. Explore the area on foot (GR posted trails), by barge or bike.

★ *How to get there: From La Chapelle-des-Marais (or Montoir Bret), take D50 to St-Malo-de-Guersac. Drive through the village and follow "Chambres d'Hôtes" signs for 3 km. Michelin map 63, fold 18.*

This authentic cottage on an island in the heart of the Brière Regional Nature Park marshland has been fully restored. The three bedrooms are all decorated in a different style with attractive furnishings. A comfortable, rustic setting bursting with charm for a relaxing break.

Saint-Malo-de-Guersac — Carte 2 — 356

25, Errand
44550 Saint-Malo-de-Guersac
Tél. 02 40 91 15 04
Hélène Le Carrer-Collard

1 pers 220 F - 2 pers 300 F - 3 pers 350 F
repas 120 F

3 chambres avec TV, mini-bar et sanitaires privés. Ouvert du 1er avril au 1er octobre. Petit déjeuner : céréales, confitures, miel, laitages, jus de fruits... Table d'hôtes sur réservation. Salon avec cheminée et billard à disposition. Jardin. Restaurant à 5 km. ★ Parc Naturel Régional de Grande Brière avec promenades en chaland. Ville fortifiée et marais salants de Guérande. Golfe du Morbihan. La Baule. Circuit découverte à pied (GR), en chaland et à vélo. **Accès :** de la Chapelle des Marais (ou Montoir Bret), prendre la D50 jusqu'à St-Malo-de-Guersac. Traverser le bourg et suivre le fléchage "Chambres d'Hôtes" sur 3 km. CM 63, pli 18.

Sur une île, au coeur du marais de Brière (Parc Naturel Régional), cette authentique chaumière a été entièrement restaurée. Les 3 chambres qui vous reçoivent sont toutes personnalisées et joliment décorées. Cadre rustique et confortable où vous ferez une étape de charme dans un environnement privilégié.

Loire Atlantique

Hiking 1 km. Water sports 8 km. Golf course 9 km. Nantes (city and museums) 17 km. Walks along the Erdre River (fishing permitted) and the Loire.

★ **How to get there:** At Carquefou, head for Chateaubriant (D178). Approx. 2 km on, turn right (D9). Longrais is 4 km on. Turn right (D89), 4th house on the left.

This handsome 18th-century residence full of charm stands in blissfully silent countryside 10 minutes from La Beaujoire, just 15 km from Nantes. The house is set in a delightful tree-lined flower garden. The large bedrooms exude warmth and are appointed with fine rustic furniture in perfect harmony with the décor.

Saint-Mars-du-Désert   Carte 2   357

Longrais
44850 Saint-Mars-du-Désert
Tél. 02 40 77 48 25 ou 06 80 62 95 63
http://www.web-de-loire.com/c/44.891152.htm
Dominique Morisseau

1 pers 220/280 F - 2 pers 260/320 F - 3 pers 360 F
p. sup 70 F

2 chambres avec sanitaires privés (1 ch. 3 pers. au r.d.c., 1 ch. 2 pers. à l'étage). Poss. lit suppl. Ouvert toute l'année. Copieux petit déjeuner. Prise TV, satellite. Barbecue couvert, salon de jardin, parking privé clos. Conditions pour séjour et hors-saison. Restaurants 4 à 8 km. ★ Randonnée 1 km. Activités nautiques 8 km. Golf 9 km. Nantes (ville de musées) 17 km. Promenades sur l'Erdre (rivière classée) et sur la Loire. **Accès :** à Carquefou, dir. Chateaubriant (D178). A 2 km environ, tourner à droite (D9). Longrais est à 4 km. Tourner à droite (D89), 4e maison à gauche.

A 15 km de Nantes, dans le calme de la campagne à 10 mn de la Beaujoire, une demeure de caractère du XVIIIe entourée d'un grand jardin fleuri et arboré. Les chambres qui vous sont réservées sont vastes, chaleureuses et dotées d'un beau mobilier rustique agréablement mis en valeur.

Loire Atlantique

Guérande 5 km: medieval city. La Turballe 5 km: fishing port, beach. La Baule 10 km: exhibitions, traditional festivals, theatre, sea water therapy. Brière Nature Park 12 km, golf, tennis, horse-riding.

★ **How to get there:** D252 (Guérande-Mesquer) 5.5 km Kervenel. D33 (Saint-Molf-La Turballe) 3 km, Kervenel on left. Michelin map 63, fold 14.

The Kervenel estate has been inhabited since time immemorial. During the Middle Ages, the land belonged to the Lords of Kervenel en Saint-Molf. The main farm building has been renovated and converted, and is now owned by Jeannine and Yvon Brasselet. Warm welcome in attractive bedrooms, each with its own décor and private entrance. Vast grounds.

Saint-Molf   Carte 2   358

Kervenel
44350 Saint-Molf
Tél. 02 40 42 50 38 - Fax 02 40 42 50 38
Jeannine Brasselet

1 pers 280 F - 2 pers 310 F - 3 pers 410/460 F
p. sup 100 F

3 chambres à l'étage avec sanitaires privés (lit supplémentaire enfant). Entrées indépendantes. Ouvert du 1er avril au 1er octobre. Salon avec TV, bibliothèque. Jardin avec salon, parking privé. Vaste parc. Restaurants à Guérande, la Turballe ou la Baule. ★ Guérande 5 km, cité médiévale. La Turballe 5 km : port de pêche, plage. La Baule 10 km : expositions, théâtre, thalasso... Parc Naturel de Brière 12 km, golf, tennis, équitation. **Accès :** D252 (Guérande - Mesquer) 5,5 km Kervenel. D33 (Saint-Molf - La Turballe) 3 km à gauche Kervenel. CM 63, pli 14.

Kervenel est habité depuis des temps très anciens. Au moyen âge, les terres appartenaient aux seigneurs de Kervenel en Saint-Molf. Le bâtiment principal du corps de ferme, rénové est aujourd'hui la propriété de Jeannine et Yvon Brasselet. Ils vous reçoivent dans de belles chambres au décor personnalisé avec entrée indépendante.

Loire Atlantique

Sports activities and walks. Bathing 2 km. Riding 6 km. Tennis court 7 km. Golf course 12 km. Nantes 20 km. In the vicinity: boat trips along the Erdre River, motorboats for hire.

★ *How to get there: Between Sucé and Nort-sur-Erdre, D69 for 5 km, then turn right. Drive right down to the riverbank (Erdre) and turn left.*

On the banks of the Erdre, said to be France's most beautiful river, nestled in a bosky bower, you will find La Gamontrie. This pleasant, comfortable, handsome residence boasts ceilings with fine stuccowork and is decorated with charm. In fine weather, enjoy the garden or take a dip in the shared indoor pool.

Sucé-sur-Erdre

Carte 2 **359**

179, rue de la Gamontrie
44240 Sucé-sur-Erdre
Tél. 02 40 77 99 61 – Fax 02 40 77 99 61
Bernard Courant

1 pers 270/370 F – 2 pers 300/400 F – p. sup 80 F

2 chambres avec sanitaires privés (possibilité de lit suppl.). Ouvert toute l'année. Cuisine commune. Terrasse avec salon de jardin. Piscine chauffée. Parking privé. Port privé. Conditions pour séjours de longue durée. ★ Activités sportives et promenades. Baignade 2 km. Equitation 6 km. Tennis 7 km. Golf 12 km. Nantes 20 km. A proximité : promenades sur l'Erdre et location de bateaux électriques. **Accès :** entre Sucé et Nort-sur-Erdre, D69, à 5 km tourner à droite. Aller jusqu'au bord de l'Erdre et tourner à gauche.

Sur le bord de l'Erdre que l'on dit la plus belle rivière de France, vous découvrirez la Gamontrie, nichée dans un écrin de verdure. Agréable et confortable cette belle demeure avec plafonds à moulures est décorée avec charme. Aux beaux jours, vous pourrez profiter du jardin et de la piscine commune couverte.

Loire Atlantique

Fishing port, saltmarshes. Brière Park. Fortress town of Guérande. La Baule. Gulf of Morbihan. Seawater therapy centre. Sea, beach, sailing, fishing, tennis, bikes for hire 2 km.

★ *How to get there: At Guérande, head for La Turballe. After "Clis", head for Piriac on D333. After the water tower and the "4 Routes" crossroads, 500 m on right. Michelin map 63, fold 14.*

A warm welcome is guaranteed by your hosts Colette and Louis at this handsome stone house full of character, 7 km from Guérande, which boasts an attractive swimming pool.

La Turballe

Carte 2 **360**

Ker-Kayenne

744 bd. de Lauvergnac – 44420 La Turballe
Tél. 02 40 62 84 30 – Fax 02 40 62 83 38
Colette et Louis Pommereuil

1 pers 210 F – 2 pers 300 F – 3 pers 400 F
p. sup 80 F

6 chambres avec entrée indép., salle d'eau et wc privés (4 dans la maison, 2 dans dépendances). Ouvert du 15.03 au 15.11. Coin-cuisine. Pelouse, salon de jardin, parking ombragé. Piscine chauffée privée (de mai à sept.). Tarifs différents l'hiver. Restaurants à proximité. ★ Port de pêche, marais salants. Parc de Brière. Ville fortifiée de Guérande. La Baule. Golfe du Morbihan. Centre de thalasso. Mer, plage, voile, pêche, tennis, loc. de vélos 2 km. **Accès :** à Guérande, prendre dir. la Turballe. Après "Clis" dir. Piriac par D333. Passer le château d'eau, puis à 500 m à dte, après les 4 Routes. CM 63, pli 14.

Colette et Louis vous accueillent dans leur maison de caractère en pierres dotée d'une agréable piscine, située à 7 km de Guérande.

Loire Atlantique

Fishing and sailing harbour. Guérande saltmarshes (medieval city). Brière Regional Park. La Baule. Le Croisic. Sea, beach, sailing, fishing, tennis, bikes for hire 1 km.

★ **How to get there:** At Guérande, head for La Turballe. After Clis, head for Piriac along the coast. Boulevard de l'Europe, 3rd crossroads on the right. Rue de Bellevue, "Les Rochasses". Michelin map 63, fold 14.

Close to La Turballe, in Southern Brittany, Colette and Michel Elain guarantee you a warm, homely welcome at their large regional-style home. The attractive swimming pool, set in expansive parkland, is the perfect way to relax. An ideal staging post for discovering this beautiful region.

La Turballe
Carte 2   361

Les Rochasses
58 rue de Bellevue - 44420 La Turballe
Tél. 02 40 23 31 29 - Fax 02 40 11 86 49
Colette Elain

2 pers 350 F - 3 pers 420 F - p. sup 100 F

5 chambres avec sanitaires privés, dont 1 en duplex (TV pour certaines). Entrées indépendantes. Ouvert toute l'année. Coin-cuisine, réfrigérateur. Piscine, salons de jardin, barbecue, parking, ping-pong. Restaurants à proximité. Taxe de séjour. ★ Port de pêche et de plaisance. Marais salants de Guérande. Parc Régional de Brière. La Baule, Le Croisic. Mer, plage, voile, pêche, tennis, loc. de vélos 1 km. **Accès :** à Guérande, dir. La Turballe. Après Clis, dir. Piriac par la côte, bd de l'Europe, 3e carrefour à droite. Rue de Bellevue "Les Rochasses". CM 63, pli 14.

A proximité de la Turballe, au sud de la Bretagne, Colette et Michel Elain vous reçoivent simplement et chaleureusement dans leur grande maison d'architecture régionale. Pour vous détendre, une belle piscine située dans un parc de 8500 m² . Etape idéale pour découvrir cette belle région (Guérande, La Baule, Le Croisic).

Loiret

Gien 4 km: Earthenware Museum and factory. Hunting Museum, swimming pool, horse-riding, tennis. Briare 4 km: Pont Canal (bridge canal), Enamel Museum, Navy Museum, trips along the canals. Châteaux close by. Fishing on site.

★ **How to get there:** Between Gien and Briare, on D952 by the nurseries. Michelin map 65, fold 2.

On the banks of the Loire, between Gien and Briare, this 18th-century, Mansart-style house offers 3 bedrooms and 1 suite near the main property, set in 8.5-acre grounds with hundred-year old trees, 300 m from the Loire. Access is by a private driveway. The cosy guest rooms boast period furniture and refined decoration. Terrace amid flowers and birdsong.

Briare
Carte 4   362

Domaine de la Thiau
45250 Briare
Tél. 02 38 38 20 92 ou 02 38 37 04 17
Fax 02 38 67 40 50
Email : lathiau@club-internet.fr
Bénédicte François-Ducluzeau

1 pers 215/320 F - 2 pers 250/320 F
3 pers 320/420 F - p. sup 70 F

1 suite avec cheminée et coin-cuisine, bains et wc privés, 3 ch. avec bains et wc privés. Salon (TV, tél. lecture, jeux). L-linge commun. Entrées indépendantes. Ping-pong, jeux enfants, tennis. Loc. 2 VTT. Suppl. animal : 20 F/jour. Restaurants à proximité. 10% de réduction à partir de 3 nuits. ★ Gien 4 km : faiencerie et musée. Musée de la chasse, piscine, équitation, tennis. Briare 4 km : pont canal, musée des émaux, musée des 2 marines, balades nautiques sur les canaux... Châteaux à proximité. Pêche sur place. **Accès :** entre Gien et Briare, sur la D952 à côté des pépinières. CM 65, pli 2.

Entre Gien et Briare, 3 ch. et 1 suite dans une maison du XVIIIe de style Mansart. Proche des propriétaires, elle est située dans un parc de 3 ha. aux arbres centenaires, à 300 m de la Loire, accessible par une allée privée. Le mobilier ancien et la décoration raffinée donnent toute leur chaleur à ces chambres d'amis. Terrasse parmi les fleurs et le chant des oiseaux.

Loiret

Cooperage Museum and church in the village. Sully-sur-Loire Festival in June. Walks along the banks of the Loire and Orléans Canal. Cycle trails. St-Benoît-sur-Loire Abbey, Sully and Chamerolles Châteaux. Canoeing. Mountain bikes. Tennis.

★ *How to get there: 10 km from Orléans on N60. Chécy exit.*

This vast 19th-century local-style residence with restored outbuildings lies in the heart of the village, overlooking the Orléans Canal and the Loire Valley. Relax in the handsome lounge adorned with a fireplace. The bedrooms are attractively decorated with period furniture and objects, paintings and pastels. Pretty landscaped garden with southfacing terrace.

Chécy

14, place Jeanne d'Arc
45430 Chécy
Tél. 02 38 91 32 02
Annie Meunier

Carte 4 **363**

1 pers 240 F – 2 pers 300 F – 3 pers 390 F

3 chambres avec sanitaires privés. Ouvert toute l'année sauf 2 semaines en janvier. Petit déjeuner gourmand : patisseries, toasts, pain frais, confitures maison, céréales, jus de fruits frais... Jardin, terrasse. Restaurants à 100 m et à 2 km. Orléans 12 km. ★ Musée de la Tonnellerie, église dans le village. Festival de Sully-sur-Loire (juin). Promenades bord de Loire et canal d'Orléans. Circuits VTT. Abbaye de St-Benoit-sur-Loire, château de Sully et Chamerolles. Canoë-kayak. VTT. Tennis. **Accès :** à 10 km d'Orléans par N60, sortie Chécy.

Au coeur du village, dominant le canal d'Orléans et la vallée de La Loire, vaste maison de bourg du XIXe dont les dépendances ont été restaurées. Belle salle de séjour agrémentée d'une cheminée. Les chambres sont toutes joliment décorées avec objets et mobilier anciens, tableaux et pastels. Beau jardin paysager et terrasse orientée plein sud.

Loiret

Châteauneuf-sur-Loire. Chamerolles and Sully-sur-Loire Châteaux. Germigny-les-Prés Oratory. St-Benoît Basilica. Regional museums. Golf, fishing in the canal, Orléans Forest, hunting, banks of the Loire.

★ *How to get there: To the right of the town hall (Mairie), Rue Adrienne Bolland. 1 km on, turn right into Rue de Vennecy, and left 200 km on for Cornella.*

Just one hour from Paris, between Orléans Forest, the Loire and rambling countryside, this restored old farmhouse is set in a handsome flower garden. The extremely inviting backdrop with rustic décor exudes peace and quiet and is ideal for exploring the architectural wonders of a region steeped in history.

Donnery

Cornella

27, rue de Vennecy – 45450 Donnery
Tél. 02 38 59 26 74 – Fax 02 38 59 29 69
Mme Jacques Avril

Carte 4 **364**

1 pers 230 F – 2 pers 280 F – p. sup. 90 F
repas 100 F

2 chambres avec TV et tél., l'une avec bains, l'autre avec douche, et wc privés. Ouvert toute l'année. Petit déjeuner : jus de fruits, confitures et pâtisseries maison... Table d'hôtes : terrine maison, poulet à l'estragon, financier maison... Cour, jardin. Vélos à disposition. ★ Châteauneuf-sur-Loire. Châteaux de Chamerolles, Sully-sur-Loire. Oratoire de Germigny-les-Prés. Basilique de St.Benoit. Musées régionaux. Golf, pêche sur le canal, forêt d'Orléans, chasse, bords de Loire. **Accès :** à droite de la mairie, rue Adrienne Bolland. A 1 km, rue de Vennecy à droite puis 200 m à gauche, Cornella.

A 1h de Paris, entre forêt d'Orléans, la Loire, et les grands espaces, cette ancienne ferme restaurée est entourée d'un beau jardin fleuri. Dans ce cadre très chaleureux au décor rustique, vous ferez une étape au calme qui vous permettra de découvrir les merveilles architecturales d'une région chargée d'Histoire.

Loiret

30 min from the Châteaux of the Loire (Chambord). Balnéades (sea water therapy centre) 10 min.

★ *How to get there: 18 km south of Orléans, along N20 as you enter the town.*

You will be enchanted by Château de la Ferté, one of Central France's most elegant examples of late-17th-century architecture. The interior is currently being renovated and some rooms are already on show in full splendour. The spacious, comfortable bedroom and suite overlooking the moat have retained their original character. Pleasant, youthful welcome.

La Ferté Saint-Aubin
Carte 4 · 365

Château de la Ferté
45240 La Ferté Saint-Aubin
Tél. 02 38 76 52 72 - Fax 02 38 64 67 43
Catherine Guyot

1 pers 900 F - 2 pers 800/1100 F
3 pers 1000/1500 F

1 ch. et 2 suites avec de belles s.d.b. comme autrefois. Ouvert du 1/5 au 30/9. Excellents petits déj. servis dans la chambre ou dans un salon réservé aux hôtes. Château privé ouvert à la visite : démonstration quotidienne dans les cuisines du XVIIe, écuries historiques, petite ferme et île enchantée pour les enfants. Restaurants à la Ferté-St-Aubin. ★ A 1/2 heure des châteaux de la Loire (Chambord). Balnéades à 10 mn (centre de balnéo-thérapie). **Accès** : à 18 km au sud d'Orléans, en bordure de la N20 à l'entrée de la ville.

Vous serez séduit par ce château fin XVIIe, l'un des plus élégants du Centre de la France. Intérieur en cours de rénovation mais déjà splendide (certaines pièces ouvertes à la visite). Surplombant les douves, la chambre et la suite ont gardé leur caractère, elles peuvent être immenses mais savent aussi se faire confortables. L'accueil est jeune, très agréable.

Loiret

Montargis and canals. Barres arboretum. Gien (earthenware) and Briare Canal. Banks of the Loire. Fontainebleau, Sully and Chamerolles Châteaux. St-Benoît-sur-Loire Abbey. Tennis, hiking, fishing.

★ *How to get there: From Paris, A6 and A77, Pannes exit for N60. At Ladon, D950, Lorcy-d'Orléans, N60 Bellegarde. D975 Pavé-de Juranville, D31 Lorcy. Michelin map 61, fold 11.*

Between Orléans Forest and Montargis, this handsome traditional 18th-century Gâtinais residence awaits your arrival. The three extremely comfortable and elegant bedrooms are set in an adjacent outbuilding. Warm, friendly welcome assured. This unmissable spot just 75 minutes from Paris is an ideal way to explore the heritage of this pretty region and enjoy a relaxing break.

Lorcy
Carte 4 · 366

15, rue de la Mairie - 45490 Lorcy
Tél. 02 38 92 20 76 - Fax 02 38 92 91 97
Email : la_petite_cour@yahoo.fr
Danielle de Mersan

1 pers 300 F - 2 pers 350/420 F - 3 pers 430/500 F
p. sup. 80 F

3 chambres (TV à la demande) avec sanitaires privés. Ouvert toute l'année. Petit déjeuner : viennoiseries, fromages, laitages, madeleines... Cour, jardin, parking. Vélos, ping-pong. Restaurant 6 km. ★ Montargis et ses canaux. Arboretum des Barres. Gien (faïencerie) et le canal de Briare. Bords de Loire. Fontainebleau. Forêt d'Orléans. Châteaux de Sully, Chamerolles. Abbaye de St.Benoit/Loire. Tennis, randonnée pédestre, pêche. **Accès** : de Paris, A6 puis A77 sortie Pannes, N60. A Ladon, D950, Lorcy-d'Orléans, N60 Bellegarde D975 Pavé-de Juranville D31 Lorcy. CM 61, pli 11.

Entre forêt d'Orléans et Montargis, belle demeure du XVIIIe, typiquement gâtinaise où 3 chambres au confort raffiné ont été aménagées dans une dépendance attenante. Accueil chaleureux et amical. A 1h15 de Paris, ne manquez pas cette étape au calme qui vous permettra de concilier repos et découverte du patrimoine de cette belle région.

Loiret

Loire Valley and châteaux. Orléans Forest. Hiking locally. Tennis, horse-riding centre 1 km. Swimming pool, fishing (in the Loire) 8 km.

★ *How to get there: 12 km from Orléans on N152. Head for Fontainebleau and exit N152 at Marigny-les-Usages. Follow signs for 2 km. Michelin map 64, fold 9.*

This restored farmhouse is set on the edge of the state-owned Orléans Forest, in the heart of the Loire Valley. The attractively-decorated bedrooms are set in a neighbouring outbuilding. An ideal spot for hiking and cycling enthusiasts (bikes available) or for visiting the Châteaux of the Loire.

Marigny-les-Usages

Carte 4 — **367**

Les Usses
145, rue de Courtasaule
45760 Marigny-les-Usages
Tél. 02 38 75 14 77 ou 02 38 75 29 40
Fax 02 38 75 90 65 - Email : kris.marin@wanadoo.fr
Jean-Claude et Kris Marin

1 pers 280 F - 2 pers 300 F - 3 pers 350 F
p. sup. 50 F

2 chambres 2 pers. et 1 suite 4 pers. avec TV, téléphone (accès direct), bains et wc privés. Ouvert toute l'année. Petit déjeuner : croissants, fruits, laitages, jus d'orange... Salle de réception avec coin-cuisine. Equipement bébé sur demande. Parc. Terrain de badminton, vélos, jeux d'enfants. Restaurants à 1 et 4 km. ★ Val de Loire et ses châteaux. Forêt domaniale d'Orléans. Randonnées sur place. Tennis, centre équestre 1 km. Piscine, pêche (en Loire) 8 km. **Accès :** à 12 km d'Orléans sur la N152. En direction de Fontainebleau, quitter la N152 à hauteur de Marigny-les-Usages et le fléchage sur 2 km. CM 64, pli 9.

Au cur du Val de Loire, cette ferme restaurée est située en bordure de la forêt domaniale d'Orléans. Les chambres qui vous reçoivent, chaleureusement décorées, sont aménagées dans une dépendance annexe. Une étape idéale pour les amateurs de randonnées pédestres ou VTT (mis à disposition) ou pour visiter les châteaux de la Loire.

Loiret

Châteaux of the Loire. Golf, hiking, horse-riding and biking.

★ *How to get there: 6 km, after Marcilly-en-Villette on D64 (on the way to Sennely) on the right.*

In a haven of peace, quiet and natural beauty in the heart of Sologne Forest, this time-honoured residence has been restored with refinement. The blend of late-19th-century French and American furniture warms this charming residence. An ideal spot in a secluded setting for discovering the splendours of Sologne.

Ménestreau-en-Villette

Carte 4 — **368**

Ferme des Foucault
45240 Ménestreau-en-Villette
Tél. 02 38 76 94 41
Rosemary Beau

2 pers 360/420 F - p. sup 100 F

2 chambres (dont 1 avec terrasse privée) et 1 suite avec bains et wc privés, chacune est vaste et lumineuse et dispose de lit 160 et TV. Copieux petits déjeuners. Ouvert toute l'année. Cour, jardin et parc de 2 ha. Restaurants à proximité. ★ Châteaux de la Loire. Golf, randonnées, cheval, VTT. **Accès :** à 6 km, après Marcilly-en-Villette sur la D64 (direction Sennely) sur la droite.

Havre de paix, de silence et de beauté, au coeur de la forêt solognote. Cette demeure ancienne restaurée avec raffinement sera pour vous une étape inoubliable. Le mélange des meubles français et américains de la fin du XIXe donne un ton chaleureux à cette demeure pleine de charme. Idéal, au calme de la nature pour découvrir les splendeurs de la Sologne.

Loiret

On the edge of Orléans Forest and 100 km from Paris. Tennis, swimming and golf.

★ *How to get there: 100 km south of Paris, on D44. 5 km from Bellegarde.*

This listed Renaissance château has been in the same family since 1384. Surrounded by a moat, it is set on a magnificent leafy 35-acre estate. The two spacious and very comfortable bedrooms feature fine period furniture. Enjoy the myriad charms of this blissful, authentic spot.

Montliard

Carte 4 — **369**

Château

5, route de Nesploy - 45340 Montliard
Tél. 02 38 33 71 40 - Fax 02 38 33 86 41
Email : a.galizia@infonie.fr
Annick Galizia

1 pers 350/400 F - 2 pers 390/500 F - p. sup. 100 F
repas 170 F - 1/2 p. 500/660 F - pens. 650/800 F

2 chambres avec sanitaires privés. Ouvert de Pâques à la Toussaint (l'hiver sur réservation). Petit déjeuner : compotes, laitages, viennoiseries... Tables d'hôtes : gibier et brochets. Bibliothèque, TV, jeux. Salon de jardin. Parc de 14 ha. Bicyclettes, pêche, tennis de table. Restaurants à proximité. ★ En lisière de la forêt d'Orléans et à 100 km de Paris. Tennis, piscine, golf. **Accès :** à 100 km au sud de Paris, sur la D44, à 5 km de Bellegarde (N60).

Ce château Renaissance qui est inscrit à l'inventaire des Monuments Historiques appartient à la même famille depuis 1384. Entouré de douves en eau il est situé sur un magnifique domaine boisé de 14ha. 2 chambres spacieuses et très confortables avec mobilier d'époque sont réservées aux hôtes. Un lieu de séjour calme et authentique qui ne manquera pas de vous séduire.

Loiret

Gien 2 km: Earthenware Museum and factory. Hunting Museum.

★ *How to get there: When you get to Gien, head for Gien-Nord and Lorris. "Sainte Barbe" is the 2nd road on the left.*

Pleasant 19th-century rural property looking out onto a garden. Handsome period furniture and refined décor await you in the bedroom. Private reception room with lounge, fireplace and television. Swimming pool and tennis court on site.

Nevoy

Carte 4 — **370**

Sainte-Barbe

45500 Nevoy
Tél. 02 38 67 59 53 - Fax 02 38 67 28 96
Annie Le Lay

1 pers 220/ 270 F - 2 pers 350 F - 3 pers 420 F
repas 150 F

2 chambres 2 pers. avec bains et wc privés et 1 chambre 1 pers. avec douche et wc privés. Ouvert toute l'année sur réservation. Jardin, parc. Tennis et piscine sur place. Restaurants à Gien (2 km). ★ A Gien (2 km) : faiencerie et musée. Musée de la chasse. **Accès :** en arrivant à Gien, prendre Gien nord et suivre la dir. de Lorris. Le lieu-dit de Sainte-Barbe se situe 2e route à gauche.

Agréable propriété rurale du XIXe siècle donnant sur le jardin. Beau mobilier ancien et décoration raffinée dans les chambres qui vous sont réservées. Salon d'accueil privé avec salon, cheminée et télévision.

Loiret

Châteaux of the Loire. Exploring Sologne. Historical monuments. Sancerre and Chablis vineyards. Golf, swimming, tennis, fishing and hunting.

★ *How to get there: From Paris, A6 motorway, Dordives exit and N7 for Montargis. Michelin map 61, fold 12.*

Montargis National Forest (12,500 acres) is home to this authentic family residence where French savoir-vivre is a fine art. The bedrooms are extremely comfortable and tastefully decorated, each in its own style. The owners will be delighted to share their love of nature and horses in this outstanding setting.

Paucourt

Carte 4   371

Bel Ebat
45200 Paucourt
Tél. 02 38 98 38 47 ou 06 81 34 68 99
Fax 02 38 85 66 43
Antoine et Emmanuelle de Jesse-Charleval

1 pers 450/550 F - 2 pers 560/700 F - 3 pers 800 F
repas 100/ 180 F

3 chambres et 1 suite avec sanitaires privés (900 F 4 pers.). Ouvert toute l'année. Petit déjeuner : jus de fruits frais, viennoiseries, confitures maison... Table d'hôtes : cuisine bougeoise (terrines, soufflés...). TV, point-phone, salle de jeux. VTT. Forêt, chevaux, attelage, pêche, chasse. Parc 3 ha. ★ Châteaux de la Loire. Découverte de la Sologne. Monuments historiques. Vignobles de Sancerre, Chablis... Golf, piscine, tennis, pêche, chasse. **Accès :** de Paris, autoroute A6 sortie Dordives, puis N7 direction Montargis. CM 61, pli 12.

Dans la forêt domaniale de Montargis (5000 ha.), vous serez reçus dans une authentique maison de famille où l'on perpétue l'art de vivre à la française. Les chambres très confortables et décorées avec goût, ont toutes un style différent. Dans cet environnement exceptionnel, les propriétaires seront heureux de vous faire partager leur passion de la nature et des chevaux.

Loiret

Orléans Forest. Banks of the Loire. Châteauneuf-sur-Loire. Germigny. Saint-Benoît-sur-Loire. Sully-sur-Loire. Hiking. Biking.

★ *How to get there: D952 for Gien. 2 km after Saint-Martin-d'Abbat, turn left for "Les Places", then 2nd road on the left.*

A warm welcome is guaranteed at this turn-of-the-century farmhouse between Sully and Châteauneuf-sur-Loire, on the edge of the splendid Orléans Forest. A charming atmosphere and rustic décor with attractive fabrics and very comfortable bedrooms. Table d'hôtes meals served (booking required).

Saint-Martin-d'Abbat

Carte 4   372

La Polonerie
45110 Saint-Martin-d'Abbat
Tél. 02 38 58 21 51
Françoise Vanalder

1 pers 220 F - 2 pers 260 F - 3 pers 320 F
p. sup 60 F - repas 110 F

2 chambres avec douche et wc privés. Ouvert toute l'année sauf du 17/08 au 3/09. Table d'hôtes sur réservation uniquement : lapin à la moutarde, tarte au chèvre, tarte au citron... Cour et parc. Nombreux restaurants à proximité. ★ Forêt d'Orléans. Bords de Loire. Châteauneuf-sur-Loire. Germigny. Saint-Benoit-sur-Loire. Sully-sur-Loire. Randonnées. Bicyclette. **Accès :** D952 direction Gien. 2 km après Saint-Martin-d'Abbat, tourner à gauche "Les Places", puis 2e route à gauche.

Entre Sully et Châteauneuf-sur-Loire, et à la lisière de la somptueuse forêt d'Orléans, vous serez accueillis avec chaleur dans cette ancienne ferme du début du siècle. Atmosphère de charme et décor rustique avec un choix de beaux tissus et chambres très confortables.

Loiret

Flying trips over the Châteaux of the Loire with the owner. Variety of hiking paths. Golf course 10 km. Riding club 2 km. Fishing 3 km. Swimming pool 7 km.

★ *How to get there: From Orléans, head for Sandillon, Jargeau on D951, after signpost, 1st right. N20 motorway, Orléans-La Source exit, then D326 for St-Cyr-en-Val.*

Château de Champvallins is a magical place where time stands still. This delightful, perfectly-proportioned 18th-century château is set in 25-acre grounds. The vast rooms are comfortable and decorated with great harmony. The bedrooms all look out onto the grounds, bursting with charm.

Sandillon
Carte 4 | **373**

Château de Champvallins
1079, rue de Champvallins
45640 Sandillon
Tél. 02 38 41 17 20 - Fax 02 38 41 17 20
Eliane Glacet

1 pers 490 F - 2 pers 550 F - 3 pers 650 F
p. sup 100 F - repas 220 F - 1/2 p. 990 F
pens. 1430 F
2 chambres et 1 suite avec bains et wc privés. Ouvert toute l'année. Copieux petit déjeuner : fromages, brioche, terrine de lapin maison... Pour votre détente : salon-bar avec cheminée, bibliothèque, salle de jeux avec billard à votre disposition. Cour, jardin, parc. Restaurants à prox. ★ Promenade en avion avec le propriétaire et survol des châteaux de la Loire. Sentiers de randonnée. Golf 10 km. Club hippique 2 km. Pêche 3 km. Piscine 7 km. **Accès :** à Orléans, dir. Sandillon, Jargeau D951, après le panneau, 1ère à droite. Autoroute sortie Orléans-La Source N20, puis D326 dir. St-Cyr-en-Val.

Le château de Champvallins est un lieu magique, hors du temps. Ce ravissant château du XVIIIe siècle aux belles proportions est situé sur un parc de 10 ha. Les pièces sont vastes, confortables et harmonieusement décorées. Toutes les chambres s'ouvrent sur le parc qui invite à la flanerie. Etape pleine de charme.

Loiret

Châteaux and museums in the vicinity. Numerous places of interest (Sully-sur-Loire, Orléans, Blois, Chambord, La Verrerie) and tours. 6 golf courses less than 30 min away. Fishing, tennis 1 km. Golf course 7 km. Sailing, waterskiing 13 km.

★ *How to get there: Take N60 Orléans-Chateauneuf-sur-Loire, and turn right for D11/D83. At Vannes-sur-Cosson, head for Isdes. 1.2 km on, turn right for the Sainte-Hélène estate.*

A warm welcome awaits you in this traditional Sologne-style residence with private swimming pool, set in 12.5 acres of parkland in a leafy haven of peace, just 15 km from Sully-sur-Loire. The radiant bedrooms, all with their own individual style, are appointed with period furniture. On-site leisure facilities include table tennis, hiking and riding. Amenities for riders and their mounts.

Vannes-sur-Cosson
Carte 4 | **374**

Domaine de Sainte-Hélène
route d'Isdes - 45510 Vannes-sur-Cosson
Tél. 02 38 58 04 55 - Fax 02 38 58 28 38
Agnès Célerier-Noulhiane

1 pers 300/400 F - 2 pers 350/500 F - p. sup 100 F
repas 150/200 F

2 ch. indépendantes de plain-pied sur jardin. 1 ch. avec douche et wc privés et 1 ch. avec salon contigu (40 m^2), bains et wc privés. Cuisine équipée à disposition. Copieux petit déjeuner servi dans de l'argenterie familiale. T. d'hôtes occasionnelle. Barbecue. Parking privé. 2 très bons restaurants à 1 km. Animaux sous réserve. Calme absolu et détente assurée. ★ Châteaux et musées à proximité. Nombreux sites (Sully-sur-Loire, Orléans, Blois, Chambord, La Verrerie) et circuits touristiques. 6 golfs à moins de 30 mn. Pêche, tennis 1 km. Golf 7 km. Voile, ski nautique 13 km. **Accès :** N60 Orléans-Chateauneuf-sur-Loire puis à droite D11/D83 jusqu'à Vannes/Cosson et prendre la dir. de Isdes; à 1,2 km sur la droite, domaine de Ste-Hélène.

A 15 km de Sully-sur-Loire, dans un havre de paix et de verdure, sur un parc de 5 ha., vous serez chaleureusement accueillis dans cette demeure typiquement solognote avec piscine privée. Lumineuses et personnalisées, les chambres sont meublées d'époque. Pour vos loisirs : piscine, p-pong, circuits de randonnée pédestre ou équestre (poss. accueil cavaliers et leurs montures).

Lot

Lot Valley and Cahors vineyards. Boat trips, fishing, riding centre, tennis. Château de Bonaguil, fortifications, numerous little villages typical of the region.

★ **How to get there:** Follow signposts from Belaye. Michelin map 79, fold 7.

This typical farmhouse, in the heart of the countryside, has been fully restored in keeping with Quercy architectural tradition. The bedrooms are warm and comfortable. The expansive 12.5-acre estate is the ideal place for peaceful walks. Comic strip enthusiasts will enjoy browsing through the 500 titles in the library.

Belaye

Carte 5 **375**

Marliac
46140 Belaye
Tél. 05 65 36 95 50
Véronique Stroobant

1 pers 300 F – 2 pers 360 F – 3 pers 500 F
p. sup 100 F – repas 110 F – 1/2 p. 290 F

3 chambres et 2 chambres en duplex avec salle d'eau et wc privés (600 F 4 pers.). Ouvert toute l'année (hors-saison sur réservation). Table d'hôtes : mousse de saumon, agneau à l'origan. Piscine, jeux pour enfants. ★ Vallée du Lot et vignoble de Cahors. Promenades en bateau, pêche, centre équestre, tennis. Château de Bonaguil, bastides, nombreux petits villages typiques. **Accès :** suivre le fléchage à partir de Belaye. CM 79, pli 7.

En pleine campagne, cette ferme typique a été entièrement restaurée dans le respect des traditions architecturales quercynoises. Les chambres sont chaleureuses. Le domaine très étendu (5 ha.) vous permettra de belles promenades en toute tranquillité… et pour les amateurs une bibliothèque avec plus de 500 bandes dessinées.

Lot

St-Cirq-Lapopie, Lot and Célé Valleys 14 km. Truffle markets. Pech-Merle Caves. Open-Air Museum in Cuzals and Popular Art Museum in Limogne. Tennis, canoeing, cycling, swimming, hiking (2 posted trails).

★ **How to get there:** 8 km from Lalbenque and 4 km from Concots, in Escamps village centre. D22, D55 or D42. Michelin map 79, fold 19.

This beautifully-preserved 18th-century priory, in a walled garden with century-old trees, is set in a pretty village. The spacious suite still features its original décor, with French-style ceilings and a large fireplace, and is superbly appointed with antique, period and 19th-century furniture, canopied fourposter bed, paintings and oriental rugs. Outstanding.

Escamps

Carte 5 **376**

46230 Escamps
Tél. 05 65 31 63 60 ou 06 86 72 20 16
Fax 05 65 31 73 48
Claude et Nicole Pélissié

1 pers 320 F – 2 pers 350 F – 3 pers 420 F
p. sup 70 F – repas 90/ 140 F

1 suite (ch.-salon et petite ch. attenante) avec bains et wc privés. Ouvert toute l'année. T. d'hôtes : truffes, foie gras, confits, magret, cassoulet, cabécou. Bibliothèque, salon (cheminées, TV). Jardin, salons de jardin, piscine, bassin, vélos. Lit enfant gratuit. Pour séjour, 7e nuit offerte. ★ St-Cirq-Lapopie, vallées du Lot et du Célé 14 km. Marchés aux truffes. Grottes de Pech-Merle. Musée de plein air à Cuzals et art populaire de Limogne. Tennis, canoë, VTT, baignade, randonnées (2 GR). **Accès :** à 8 km de Lalbenque ou 4 km de Concots, au centre du village d'Escamps par D22, D55 ou D42. CM 79, pli 19.

Ce prieuré du XVIIIe siècle intégralement conservé avec son jardin clos planté d'arbres centenaires, est situé dans le village. La vaste suite qui a conservé son décor d'origine (plafonds à la française, grande cheminée) est superbement aménagée : meubles anciens, d'époque XVIIIe et XIXe, lit à baldaquin, tapis d'orient, tableaux… Une étape d'exception.

Lot

Tennis court 3 km. Fishing in lakes 9 km. Horse-riding 12 km. Cahors 25 km. Sarlat 45 km. Rocamadour 60 km.

★ *How to get there:* RN20. Gourdon. Cazals. Gindou, then after 3 km: Maussac. RN20 Cahors, for Villeneuve. Catus. Mongesty, 3 km on: Maussac. Michelin map 79, fold 7.

This handsome, 17th-century stone-built family mansion with tower is set right in the heart of the countryside. The tastefully-decorated bedrooms are in a fully-restored out-building. In fine weather, take a stroll in the grounds or relax by the pool.

Gindou
Carte 5 **377**

Le Mély
46250 Gindou
Tél. 05 65 22 87 38
Chantal Grasso

1 pers 250 F – 2 pers 280 F – 3 pers 360 F
repas 95 F

4 chambres avec sanitaires privés (440 F 4 pers.). Ouvert toute l'année. Table d'hôtes : gigot d'agneau, pommes de terre à l'ail, truite... Salon avec TV, vidéo et bar, à l'usage exclusif des hôtes. Salle à manger voûtée. Piscine privée, barbecue, ping-pong. Parc d'1 ha. ★ Tennis à 3 km. Pêche dans lacs à 9 km. Equitation à 12 km. Cahors à 25 km. Sarlat à 45 km. Rocamadour à 60 km. **Accès :** RN20. Gourdon. Cazals. Gindou, puis 3 km : Maussac. RN20 Cahors dir. Villeneuve. Catus. Mongesty puis 3 km : Maussac. CM 79, pli 7.

En pleine campagne, cette belle demeure en pierre naturelle est une maison de maître avec tour datant du XVIIe. Les chambres décorées avec goût sont aménagées dans une dépendance entièrement restaurée. Aux beaux jours, flaneries dans le parc et détente auprès de la piscine.

Lot

Zadkine Museum at Les Arques. Saint-Cirq-Lapopie. Lot Valley. Cahors winegrowing estates. Rocamadour, Sarlat, Les Eyzies. Footpaths and hiking trails. Tennis, lake and fishing 3 km.

★ *How to get there:* N20 for Gourdon and D673 for Cazals and Cahors on D13. Drive 1 km and follow signs for 2 km. Michelin map 79, fold 7.

In the heart of the Lot, you will discover this handsome stone residence, a haven of peace for a restful and uplifting stay. The tastefully-decorated bedrooms are cosy and extremely comfortable. Enjoy the farniente life in the superb landscape garden or by the pool. An unmissable spot for exploring the Quercy region.

Gindou
Carte 5 **378**

Le Ségalard
46250 Gindou
Tél. 05 65 21 62 71 – Fax 05 65 21 62 71
Monique Delaunoit

1 pers 250 F – 2 pers 300 F – 3 pers 425 F
repas 100 F

3 chambres avec sanitaires privés. Ouvert toute l'année. Petit déjeuner : jus de fruits, confitures, fromages... Table d'hôtes : poulet fermier aux morilles, spécialités de canard, pâtisseries maison... Salon avec cheminée. Cour, jardin, piscine. Restaurants à proximité. ★ Musée Zadkine aux Arques. Saint-Cirq-Lapopie. Vallée du Lot. Route des vignobles de Cahors. Rocamadour, Sarlat, les Eyzies... Sentiers et randonnées pédestres. Tennis, plan d'eau et pêche à 3 km. **Accès :** N20 dir. Gourdon puis D673 dir. Cazals et Cahors par la D13. Faire 1 km puis suivre le fléchage sur 2 km. CM 79, pli 7.

Au cœur du Lot, vous découvrirez dans cette belle demeure en pierre naturelle, un havre de paix où bien-être et détente se conjuguent. Les chambres décorées avec goût, sont chaleureuses et très confortables. Farniente dans le superbe jardin aménagé à l'anglaise ou près de la piscine. Une étape à ne pas manquer pour découvrir le Quercy.

Lot

Rocamadour. Padirac chasm. Lacave grottoes. Saint-Cirq-Lapopie. Sarlat. Tennis, horse-riding, golf.

★ ***How to get there:*** *4 km from Gramat, on D677 heading for Cahors. Michelin map 79, fold 9.*

This handsome 18th-century traditional Quercy residence stands in a shaded park with swimming pool. The bedrooms, with their own separate entrance, are elegantly decorated with antique furniture, paintings and fine objects. One opens out onto the park, and the other is upstairs. The delightful garden and pool add a harmonious touch to the residence's natural charms.

Gramat

Carte 5 **379**

Le Cloucau – Cavagnac
46500 Gramat
Tél. 05 65 33 76 18 ou 06 12 90 03 28
Francine Bougaret

1 pers 220/270 F - 2 pers 295/345 F - p. sup. 70 F
repas 105 F

2 chambres et 1 suite avec sanitaires privés (445 F 4 pers.). Ouvert toute l'année sur réservation. Petit déjeuner : jus de fruits, pâtisseries maison... Table d'hôtes : confit de canard, cou farci en brioche, gâteau aux noix... Terrasse. Parc ombragé, piscine, vélos, ping-pong. ★ Rocamadour. Gouffre de Padirac. Grottes de Lacave. Saint-Cirq-Lapopie. Sarlat. Tennis, équitation, golf. **Accès** : à 4 km de Gramat, sur la D677 en direction de Cahors. CM 79, pli 9.

Cette belle demeure quercynoise du XVIIIe avec parc ombragé et piscine vous ouvre ses portes. Les chambres avec entrée indépendante, sont superbement aménagées et décorées avec élégance (meubles anciens, tableaux, beaux objets...); l'une s'ouvre sur le parc, l'autre est à l'étage. Le très beau jardin et la piscine complètent avec harmonie le charme de cette demeure.

Lot

Rocamadour and Padirac chasm 9 km. Lot and Dordogne valleys. Places of interest and Quercy and Périgord châteaux. Swimming pool, tennis, cycling, horse-riding 800 m, hiking along the GR6 path, canoeing.

★ ***How to get there:*** *At Gramat take N140 for Figeac, then after 500 m turn left: a narrow (300 m) leads to the mill. Michelin map 79, fold 9.*

This 17th-century Quercy water mill is the setting for a comfortable residence, where water and greenery combine in the quiet of 8 acres of grounds. Visible beams and hewn-stone add to the warmth of this charming residence. Enjoy the table d'hôtes meals with hosts Claude and Gérard.

Gramat

Carte 5 **380**

Moulin de Fresquet
46500 Gramat
Tél. 05 65 38 70 60 ou 06 08 85 09 21
Fax 05 65 38 70 60
Gérard et Claude Ramelot

1 pers 310 F - 2 pers 310/410 F - 3 pers 490 F
repas 115 F

5 chambres, toutes avec douches et wc privés, (TV disponible sur demande). Ouvert du 15/3 au 01/11. Table d'hôtes : aiguillettes de canard flambées, magret grillé, truite farcie... Cours d'eau privé, barque, pêche sur place. Restaurants à 800 m. ★ Rocamadour, gouffre de Padirac 9 km. Vallées du Lot et de la Dordogne. Sites et châteaux du Quercy et Périgord. Piscine, tennis, VTT, équitation 800 m. Randonnées GR6, canoë-kayak. **Accès** : à Gramat prendre la N140 direction Figeac, puis à 500 m, à gauche ; un petit chemin de 300 m qui se termine au moulin. CM 79, pli 9.

Ce moulin à eau quercynois du XVIIe siècle prête son caractère à une confortable demeure, où l'eau et la verdure se mêlent dans le calme d'un parc de 3 ha. C'est dans cette atmosphère chaleureuse (poutres, pierres taillées apparentes) que Claude et Gérard vous inviteront à partager leur table d'hôtes.

Lot

Lot Valley. Cahors "appellation d'origine contrôlée" vineyards. Lot River 1 km. Swimming pool, tennis and horse-riding 4 km. Bonaguil Château 15 km.

★ *How to get there: From Puy-l'Evêque and Prayssac, cross the Lot and head for Château de Grézels. The château overlooks the village. Michelin map 79, fold 7.*

This 13th-century castle - remodelled during the Renaissance - stands in a 22-acre vineyard, overlooking the Lot Valley. Superb interior decoration in the private lounges and reception room. The bedrooms with canopied beds exude charm and refinement. Inside courtyard and extensive grounds. Menus are personalised to suit every taste and vary according to the season.

Grézels

Carte 5 **381**

Château de la Coste

46700 Grézels
Tél. 05 65 21 34 18 – Fax 05 65 21 38 28
Gervais Coppe

2 pers 400/680 F - repas 160 F

4 ch. et 1 suite avec sanitaires privés. Ouvert toute l'année. Table d'hôtes de tradition et de création (repas à partir de 160 F). Dégustation de vins de Cahors. Parc 1,5 ha., cour 900 m², vignobles 9 ha. Musée du Vin, château, randonnées pédestres. Salle de gym, tir à l'arc. ★ Vallée du Lot. Vignobles de Cahors A.O.C. Rivière le Lot 1 km. Piscine, tennis et équitation à 4 km. Château de Bonaguil à 15 km. **Accès :** D911 (Cahors-Fumel). De Puy-l'Evêque, ou entre Puy-l'Evêque et Prayssac, traverser le Lot, dir. Château de Grézels. Le château domine le village. CM 79, pli 7.

Sur un vignoble de 9 ha. cet ancien château fort du XIIIe siècle remanié à la Renaissance, domine la vallée du Lot. Superbe décoration intérieure dans les salons privés et dans la salle d'accueil. Les chambres, avec ciel de lit, sont raffinées et pleines de charme. Vaste parc et cour d'honneur. Les menus sont négociés selon les goûts des hôtes et au fil des saisons.

Lot

Puy-l'Evêque. Bonaguil Château. Montcuq. Lot Valley. Tennis, hiking and cycling, horse-riding.

★ *How to get there: D911 for Puy-l'Evêque. Cross the Lot and head for Vire. At the 2nd roundabout, take 1st left. Mauroux is 11 km on. In Mauroux, drive 1 km for Montcuq/Sérignac. Michelin map 79, fold 6.*

This restored stone farmhouse offers prestigious bedrooms with their own separate entrance. Savour the hearty breakfasts and gourmet specialities served at the table d'hôtes. Take a dip in the pool or enjoy the 4x4 excursions organised by your hosts for exploring the Lot off the beaten track. An enchanting spot that will most definitely live up to your expectations.

Mauroux

Carte 5 **382**

Mas de Laure

La Borde - 46700 Mauroux
Tél. 05 65 30 67 39 – Fax 05 65 30 67 39
Laure Trebossen

1 pers 300/380 F - 2 pers 300/380 F
3 pers 360/460 F - repas 120 F

3 chambres et 1 suite (chambre en mezzanine) avec sanitaires privés (420/540 F 4 pers.). Ouvert toute l'année. Petit déjeuner : jus de fruits frais, viennoiseries, pâtisseries et confitures maison, laitages, fruits... Table d'hôtes : salade quercynoise, magret aux pêches, tourin, gigot aux figues... Salons, TV, billard, musculation, jeux de table. Boules, loc. VTT. Cour, jardin, parc, piscine. ★ Puy-l'Evêque. Château de Bonaguil. Montcuq. Vallée du Lot. Tennis, randonnées pédestres et VTT, équitation. **Accès :** D911 dir. Puy-l'Evêque. Passer le Lot, dir. Vire puis au 2ème rond-point, 1ère à gauche. Mauroux est à 11 km. A Mauroux, faire 1 km en dir. De Montcuq/Sérignac. CM 79, pli 6.

Cette ferme restaurée, en pierre, propose des chambres de grand confort, toutes avec accès indépendant. Petit déjeuner très copieux et table d'hôtes gourmande avec ses spécialités. Pour vos loisirs, une piscine, et pour les amateurs, vos hôtes organisent des randonnées en espace 4x4 pour découvrir le Lot hors des sentiers battus. Une adresse qui comblera toutes vos attentes.

Lot

Mercues Château. Cahors vineyards. Boating on the Lot. Prehistoric sites (Pech-Merle, Lascaux). Saint-Cirq-Lapopie. Rocamadour. Walled towns.

★ *How to get there: At Mercues (D911 Cahors-Puy l'Evêque), head for Caillac (D145), then right as you leave the village. Michelin map 79, fold 8.*

This 18th-century family mansion with outbuildings stands in parkland. The refined setting aglow with Tuscan colours, the period furniture and warm welcome will make your stay unforgettable. Admire the permanent exhibitions of paintings, sculptures and ceramics. Private swimming pool.

Mercuès

Carte 5 | 383

Le Mas Azemar
46090 Mercuès
Tél. 05 65 30 96 85 - Fax 05 65 30 53 82
Claude Patrolin

2 pers 390/450 F - 3 pers 540 F - p. sup 90 F
repas 150 F

6 chambres avec bains ou salle d'eau et wc privés. Ouvert toute l'année sur réservation. Table d'hôtes (à partir de 150 F) : spécialités du terroir. Parc. Piscine privée chauffée. Restaurants à Mercues et Cahors. ★ Château de Mercues. Vignobles de Cahors. Navigation sur le Lot. Sites préhistoriques (Pech-Merle, Lascaux). Saint-Cirq-Lapopie. Rocamadour. Bastides. **Accès :** à Mercues (D911 Cahors-Puy l'Evêque), dir. Caillac (D145) puis à droite à la sortie du village. CM 79, pli 8.

Maison de maître du XVIIIe siècle avec parc et dépendances. Le cadre raffiné aux couleurs de la Toscane, le mobilier ancien et l'accueil très chaleureux feront de votre séjour un moment inoubliable. Vous pourrez y admirer des expositions permanentes de peintures, céramiques et sculptures.

Lot

Châteaux, archaeological sites, landscapes. Tennis, fishing and hiking.

★ *How to get there: N20. At Pont de Rhodes, head for Gourdon. First lane on the left and 2nd on the right. Michelin map 79, fold 8.*

This handsome early-18th-century stone residence is set in the heart of La Bouriane, in a restful, serene setting. The spacious bedrooms are attractively decorated, each in a different style. Relax in the pretty landscape garden or go for a refreshing swim in the pool. An ideal spot offering hospitality and congeniality.

Saint-Chamarand

Carte 5 | 384

Les Cèdres de Lescaille
46310 Saint-Chamarand
Tél. 05 65 24 50 02 - Fax 05 65 24 50 78
André et Mina Champeau

1 pers 180 F - 2 pers 220/270 F - 3 pers 280/330 F
p. sup 60 F - repas 85/160 F

5 chambres (TV possible) avec sanitaires privés. Ouvert toute l'année (hors-saison sur rés.). Petit déjeuner gourmand et copieux. Table d'hôtes : menu gastronomique (foie gras, confits). Cour, jardin, parc 1 ha., piscine privée, p-pong, terrain de boules, volley. Tarifs dégressifs suivant la saison. ★ Châteaux, sites archéologiques, paysages... Tennis, pêche, randonnées. **Accès :** N20. Prendre pont de Rhodes direction Gourdon puis 1er chemin à gauche et 2e à droite. CM 79, pli 8.

Au cœur de la Bouriane, belle demeure en pierres début XVIIIe dans un cadre reposant empreint de sérénité. Les chambres spacieuses, sont agréablement décorées et toutes personnalisées. Le beau jardin paysager et la piscine vous apporteront détente et bien-être. Vous ferez en ces lieux, où vous serez accueillis très chaleureusement, une étape en toute convivialité.

Lot

Tennis, lakes, fishing, fitness and discovery trail. Horses for hire locally.

★ *How to get there: From the north: N20 Brive-Souillac, then D673 for Gourdon and D6 for Dégagnac. From the south: N20 for Cahors, then D911 for Espere and D6 for Catus. Michelin map 79, fold 7.*

Manoir de Surgès is a 17th-century stone manor house complete with tower. This fully-renovated residence is set on a vast 90-acre estate overlooking the valley and affords an exceptional view of the countryside. The spacious bedrooms are tastefully appointed with period furniture. A special, restful setting with swimming pool and hiking paths. A timeless spot.

Thédirac
Carte 5 **385**

Le Manoir de Surges
46150 Thédirac
Tél. 05 65 21 22 45
Joëlle Delille

1 pers 275 F - 2 pers 300 F - 3 pers 380 F
p. sup 80 F - repas 105 F - 1/2 p. 510 F

2 ch. et 1 suite avec sanitaires privés. Ouvert toute l'année. Table d'hôtes : confits, volailles maison, agneaux, foie gras maison... Menus dégustation et gastronomique sur demande. Cour, jardin, parc. Piscine privée. Propriété boisée 36 ha. : sentiers pédestres, équestres et VTT, dolmen, gariotte, animaux... (1/2 pens. sur la base de 2 pers.) ★ Tennis, lacs, pêche, parcours de santé et de découverte. **Accès :** du nord : N20 Brive-Souillac puis D673 vers Gourdon et D6 vers Degagnac. Du sud : N20 Cahors puis D911 vers Espere et D6 vers Catus. CM 79, pli 7.

Sur un vaste domaine boisé de 36 ha., le manoir de **Surgès (XVIIe), rénové, en pierres naturelles avec tour, domine les vallées et bénéficie d'un point de vue exceptionnel. Les chambres avec mobilier ancien, sont spacieuses et décorées avec goût. Dans un cadre privilégié et reposant, avec piscine et sentiers pour la randonnée, vous ferez une halte hors du temps.**

Lot

Wide choice of summer festivals: St-Céré, Cahors, Bonaguil, etc. Tours of Cahors wine estates. Tennis court in Gigouzac 3 km. Golf course in Roucous (Castelnau Montratier). Medieval villages and castles.

★ *How to get there: N20. St-Germain du Bel Air. Via Cahors, Villeneuve-sur-Lot road. Mercues. Calamane. Gourdon. Michelin map 79, fold 8.*

The castle enclosure offers four comfortable bedrooms in the sheepfold, former barn, a 14th-century tower and a small turret. Pleasant interior decoration. In fine weather, you will enjoy the superb swimming pool, garden and vast grounds surrounding this handsome residence. Ideal staging post for discovering this attractive region.

Uzech-les-Oules
Carte 5 **386**

Le Château
46310 Uzech-les-Oules
Tél. 05 65 22 75 80 - Fax 05 65 22 75 80
André Brun

1 pers 400 F - 2 pers 500 F - 3 pers 600 F
repas 120 F

3 ch. 2/3 pers. avec séjour, kitchenette, l-linge et 1 ch. 1 pers. avec réfrigérateur. TV et sanitaires privés chacune. Ouvert toute l'année. Table d'hôtes (apéritif, vin et café compris) : foie gras... Mini-bar. Terrasse, jardin, parc, piscine, barbecue, p-pong, boules. ★ Nombreux festivals en été : St-Céré, Cahors, Bonaguil... Route des vins de Cahors. Tennis à Gigouzac 3 km. Golf à Roucous (Castelnau Montratier). Châteaux et villages médiévaux. **Accès :** N20. St-Germain du Bel Air. Par Cahors, route de Villeneuve-sur-Lot. Mercues. Calamane. Gourdon. CM 79, pli 8.

Dans l'enceinte d'un château, 4 chambres confor-**tables ont été aménagées dans la bergerie, une ancienne grange, une tour du XIVe et une petite tour. Agréable décoration intérieure. Aux beaux jours vous pourrez profiter de la superbe piscine, du jardin et du vaste parc qui entoure cette belle demeure. Etape idéale pour découvrir cette belle région**

Lot

Lake and walks in the area (GR64 posted hiking trail). Tennis 200 m (2 courts). Horse-riding 3 km. Between Rocamadour and Sarlat.

★ **How to get there:** *5 km from N20 between Brive and Cahors. D673 leaving or entering the village of Le Vigan. Michelin map 79, fold 8.*

Thirteenth-century manor with listed roof and façade. The residence is set in 2.5-acre grounds and boasts a river, private lake and swimming pool. Each of the four bedrooms is decorated in a different style.

Le Vigan

Carte 5   387

Manoir la Barrière
46300 Le Vigan
Tél. 05 65 41 40 73 – Fax 05 65 41 40 20
Michel et Christiane Auffret

2 pers 350/450 F - p. sup 100 F - repas 170 F

5 chambres dont 4 avec salon, toutes avec sanitaires privés (lit suppl. 100 F/pers.). Ouvert de Pâques à la Toussaint. Table d'hôtes : aiguillettes de canard au miel d'accacia, escalope de foie gras aux pommes... Parc, étang privé, piscine. ★ Plan d'eau et randonées pédestres sur place (GR64). Tennis à 200 m (2 courts). Equitation à 3 km. Entre Rocamadour et Sarlat. **Accès :** à 5 km de la N20 entre Brive et Cahors. D673 à l'entrée ou à la sortie du village de Le Vigan. CM 79, pli 8.

Manoir du XIIIe siècle dont la toiture et la façade sont inscrites à l'inventaire des bâtiments de France. Il est situé dans un parc d'1 ha. avec rivière, étang privé et piscine. Les chambres qui vous reçoivent ont toutes un décor différent.

Lot et Garonne

Prune Museum. Robot Abbey Museum. Fishing in the Lot, microlite aerodrome, putting green. Casteljaloux Lake, Walibi Park, martial arts at Temple-sur-Lot.

★ **How to get there:** *On CD666. At Sainte-Radegonde, head for Lagarrigue-Galapian. Le Baraillot is 2.5 km on. Michelin map 79, fold 14.*

This early-19th-century brick-and-stone family mansion stands in a leafy 12.5-acre setting. The spacious bedrooms offer outstanding comfort. You will enjoy relaxing in the pool with jacuzzi and jet stream. Lunch can be taken in the pool house, and in the evening lively barbecues can be arranged. Prices are for two people half board.

Aiguillon

Carte 5   388

Le Baraillot
47190 Aiguillon
Tél. 05 53 88 29 92
Maryvonne Carlin-Menguy

2 pers 300/330 F - repas 95 F - 1/2 p. 490/520 F

4 ch. avec douche et wc privés et 1 suite avec bains et wc privés. Ouvert toute l'année. Petit déj. : paint cuit au feu de bois, pain brioché, confitures maison... Table d'hôtes : spécialités régionales (foie gras et confits sur demande). Salon avec TV. Parc, piscine, jacuzzi, vélos, ping-pong. ★Musée du pruneau. Abbaye des automates. Pêche sur le Lot, base ULM. Lac de Casteljaloux, parc Walibi, martiaux au Temple-sur-Lot. **Accès :** sur CD666. A Ste-Radegonde, prendre direction Lagarrigue-Galapian. Le Baraillot est à 2,5 km. CM 79, pli 14.

Maison de maître en pierres et briques du début du XIXe, située dans un environnement verdoyant de 5 ha. Les chambres sont spacieuses et confortables. Pour vous détendre, une piscine avec jacuzzi et contre-courant (poss. de déjeuner au pool-house). Prix 1/2 pension sur la base de 2 pers.

Lot et Garonne

Jazz and Classical Music Festival. Albret country and King Henri IV's Castle at Nérac. Buzet vineyards. Gateway to the Landes, Gers and Gironde. Walled towns. River trips (Baïse, Garonne, Lot and canal) and fishing. Hiking.

★ **How to get there:** *A62, Bordeaux-Toulouse, Aiguillon-Damazan exit. In Buzet-sur-Baïse, the property is situated between the canal and the Baïse River. Michelin map 79, fold 14.*

Charm and discretion. The bedrooms, all with their own refined décor, feature prestigious appointments. You can be sure of a restful and relaxing break by the landscaped swimming pool. The table d'hôtes offers Epicurean delights which vary according to the season, and a chance to savour southwestern cuisine at its very best. An enchanting spot.

Buzet-sur-Baïse

Carte 5 **389**

Château de Coustet
47160 Buzet-sur-Baïse
Tél. 05 53 79 26 60 - Fax 05 53 79 14 16
Alain et Ann Gélix

1 pers 450 F - 2 pers 480/650 F - 3 pers 580/850 F
p. sup 100 F - repas 150 F

4 ch. et 1 suite de 2 ch. avec sanitaires privés. Ouvert de février à décembre. Petit déjeuner copieux et personnalisé (avec suppl.). Table d'hôtes : canard, poissons, volailles... Billard, salle de gym équipée, jeux de société. Jardin, parc, piscine privée paysagère. Promenades. Loc. de salle. ★ Festival jazz et musique classique. Pays d'Albret, château du roi Henri IV à Nérac. Vignobles de Buzet. Aux portes des Landes, du Gers, de la Gironde. Bastides. Promenades fluviales (Baïse, Garonne, canal et Lot) et pêche. Randonnées. **Accès** : A62 Bordeaux-Toulouse sortie Aiguillon-Damazan. A Buzet-sur-Baïse, la propriété se situe entre le canal et la Baïse. CM 79, pli 14.

Le charme de la discrétion. Les chambres toutes différentes impriment un décor raffiné par un très grand confort. Détente assurée auprès de la piscine paysagère. Table parfumée au gré des saisons, saveurs du sud-ouest au travers de ses différentes sensibilités. Une étape de charme...

Lot et Garonne

Fortifications and old villages. Buzet, Duras, Bordeaux, Cahors vineyards. Tennis, mountain bikes, swimming pool, fishing in the village. Horse-riding centre and golf course 7 km. Fitness centre 12 km.

★ **How to get there:** *At Cancon, take the Monbahus road and turn left after 300 m. Michelin map 79, fold 5.*

Chanteclair lies practically hidden from view in a vast park with century-old trees. Half a kilometre from the village, this attractive 19th-century residence has spacious, comfortable guest rooms decorated with taste. Superb view over the valley. Small pets are allowed. Picnics can be arranged on the verandah and in the park.

Cancon

Carte 5 **390**

Chanteclair
47290 Cancon
Tél. 05 53 01 63 34 - Fax 05 53 41 13 44
Francis et Simone Larribeau

1 pers 290/320 F - 2 pers 370/400 F - 3 pers 460 F

3 ch. doubles avec douche, wc/TV sur demande, et 1 suite avec bains et wc. Ouvert toute l'année.... Restaurant 500 m. Piscine, billard, p-pong, vélos sur place. Du 15/09 au 15/06, tarifs réduits. ★ Bastides et vieux villages, vignobles de Buzet, Duras, Bordeaux, Cahors. Tennis, VTT, piscine, pêche au village. Centre équestre et golf à 7 km. Espace forme à 12 km. **Accès :** à Cancon, prendre la route de Monbahus puis à gauche à 300 m. CM 79, pli 5.

A 500 m du village, caché dans un grand parc aux magnifiques arbres séculaires, "Chanteclair" vous attend. La maison du XIXe siècle, de belle facture, propose de grandes chambres confortables, à la décoration et à l'ameublement recherchés. Belle vue sur le vallon. Les animaux de petite race sont tolérés. Il est possible de pique-niquer dans le parc et dans la véranda.

Lot et Garonne

9 and 18-hole golf course. Horse-riding centre, tennis, lake, microlite aviation. Cycling paths. Châteaux, fortifications.

★ *How to get there: RN21, 2 km south of Cancon. Michelin map 79, fold 5.*

Pretty 18th-century manor house set in vast grounds (10 acres) overlooking the Lot Valley. The bedrooms are very comfortable and boast period furniture and visible beams. Relax in the superb swimming pool with a magnificent view of the valley.

Cancon

Carte 5 **391**

Manoir de Roquegautier
47290 Cancon
Tél. 05 53 01 60 75 - Fax 05 53 40 27 75
Brigitte Vrech

1 pers 290 F - 2 pers 320/380 F - 3 pers 400/605 F
p. sup 80 F - repas 105 F

4 chambres avec sanitaires privés. 480 à 645 F/4 pers. Ouvert du 1er avril au 30 septembre. Table d'hôtes : cuisine régionale. Piano, salle de lecture et TV, salle de jeux pour enfants. Piscine, jeux pour enfants. Panier piscine : 45 F. Repas enfant : 70 F. ★ Golfs 9 trous et 18 trous. Centre équestre, tennis, lac, ULM, circuits VTT. Châteaux, bastides. **Accès :** RN21 à 2 km, au sud de Cancon. CM 79, pli 5.

Dominant la vallée du Lot, ce joli manoir du XVIIIe siècle est situé dans un vaste parc de 4 ha. Chambres très confortables, avec mobilier ancien et poutres apparentes. Pour vous détendre : une superbe piscine qui bénéficie d'une vue magnifique sur la vallée.

Lot et Garonne

Châteaux: Duras, Cazeneuve, Roquetaillade. Landes Forest. Picturesque fortifications. Fortified mills. Dovecotes and pigeon lofts typical of the region.

★ *How to get there: Motorway A62 Bordeaux, Marmande exit, and follow signs. Michelin map 79, fold 14.*

This early medieval château, set on a vast 57-acre estate, was restored in the 15th and 17th century. Your hosts, Françoise and Joël Cuvillier, will bring to life some of the great moments of history and offer guidance throughout your stay. A charming stop where time seems to stand still. Website: http://www.chateaux-france-com/malvirade

Grézet–Cavagnan

Carte 5 **392**

Château de Malvirade
47250 Grézet-Cavagnan
Tél. 05 53 20 61 31 - Fax 05 53 89 25 61
http://www.chateaux-france-com/malvirade
Joël et Françoise Cuvillier

1 pers 350 F - 2 pers 480/550 F - 3 pers 700/900 F
repas 140/180 F

4 chambres et 1 suite avec sanitaires privés. 800 à 1100 F/4 pers. Ouvert du 1/04 au l5/10. Table d'hôtes : produits de la région. Salon détente avec TV. Piscine, VTT, practice de golf, volley. Petit étang, poss. pêche enfants. ★ Châteaux de Duras, Cazeneuve, Roquetaillade. Forêt des Landes. Bastides pittoresques. Moulins fortifiés. Pigeonniers, palombiers typiques de la région. **Accès :** autoroute A62 Bordeaux, sortie Marmande puis fléchage. CM 79, pli 14.

Sur un vaste domaine de 23 ha., vous serez accueillis dans un château du Haut Moyen Age, restauré aux XVe et XVIIe siècles. Françoise et Joël Cuvillier y feront revivre pour vous quelques uns de ces grands moments d'histoire et vous guideront durant votre séjour. Une étape de charme... hors du temps.

Lot et Garonne

Châteaux and fortifications. Tennis, fishing, horse-riding, health and fitness centre 4 km. 18-hole golf course 18 km. Water sports centre. Hiking trails.

★ *How to get there: From Monflanquin, head for Montpazier (D272). After 2 km, left for Envals. C3. 3.8 km and Soubeyrac. From Villeréal, D676 and left for Envals. Michelin map 79, fold 6.*

Le Soubeyrac Manor lies in a picturesque setting on a vast estate. This superb 16th-century residence, with its inner courtyard, porches and dovecote has been restored using authentic materials. The decoration and appointments are particularly refined. There is a swimming pool with jet stream in the grounds.

Le Laussou

Carte 5 **393**

Manoir de Soubeyrac
47150 Le Laussou
Tél. 05 53 36 51 34 ou 05 53 36 35 20
Claude Rocca

1 pers 480 F - 2 pers 580/680 F - 3 pers 880 F
repas 130 F

4 ch. et 1 suite avec sanitaires privés, balnéo, jacuzzi, douche hydromassage, TV et tél. Ouvert toute l'année. T. d'hôtes : saumon Rossini aux cèpes, foie gras aux truffes, terrine de brochet aux morilles, magret aux 15 épices... Salon, bibliothèque. Piscine, vélos, tennis de table. Jardin, parc. ★ Châteaux et bastides. Tennis, pêche, équitation, centre de remise en forme à 4 km. Golf 18 trous à 18 km. Centre nautique. Sentiers de randonnée. Vignobles du sud-ouest. **Accès :** de Monflanquin prendre dir. Montpazier (D272), après 2 km prendre à gauche dir. Envals. C3. 3,8 km et Soubeyrac. De Villeréal D676 et à gauche Envals. CM 79, pli 6.

Dans un site pittoresque, sur une vaste propriété, le manoir de Soubeyrac vous ouvre ses portes. Cette belle demeure du XVIe siècle avec cour intérieure, porches et pigeonnier a été restaurée avec des matériaux anciens. La décoration des chambres est particulièrement raffinée. Dans le parc, piscine à débordement avec jet-stream.

Lot et Garonne

Old villages, châteaux, walled towns. Bordeaux, Duras, Cahors and Buzet vineyards. Forest paths. Horse-riding, tennis, lake, health and fitness centre 9 km. 18-hole golf course 25 km. Picturesque farmers' markets. Fairs and secondhand markets.

★ *How to get there: Follow signs from Monflanquin. Full details supplied on request. Michelin map 79, fold 5.*

This 17th-century manor house is set in very attractive grounds. The comfortable guest rooms look out onto the park and pine forest, whose fragrance fills the summer evenings. Each room has its own style, appointed with Louis XIII, Louis XIV and Louis XVI furnishings. The library offers a selection of over 3,000 books.

Paulhiac

Carte 5 **394**

l'Ormeraie
Paulhiac - 47150 Monflanquin
Tél. 05 53 36 45 96 - Fax 05 53 36 45 96
Michel de l'Ormeraie

1 pers 380 F - 2 pers 400/725 F - p. sup 150 F
repas 150 F

1 suite et 4 chambres, toutes avec bain ou douche et wc privés. Ouvert toute l'année. Restaurants de 7 à 15 km. Piscine chauffée sur place. Réduction de 20% dès la 3e nuit. Animal : 15 F. ★ Châteaux, Bastides, vignobles... Bergerac. Sentiers en forêt, équitation, tennis, lac. Golf 18 trous 25 km. Marchés, foires, brocantes. **Accès :** accès fléché depuis Monflanquin. Plan et documentation détaillée sur demande. CM 79, pli 5.

Ce manoir du XVIIe siècle est situé dans un parc agréable. Chaque chambre est personnalisée, confortable et donne sur le parc et la pinède où la résine embaume les soirs de grande chaleur. L'ameublement est d'époque Louis XIII, Louis XIV, Louis XVI, et la bibliothèque compte plus de 3000 livres.

Lot et Garonne

Fortifications, pigeon lofts, cloisters, museums and river trips. Gastronomy: foie gras, Armagnac, prunes. Hiking: paths leading from the estate. Fishing 300 m. Golf 12 km.

★ ***How to get there:*** *13 km from Agen on N113 dir. Toulouse to St-Jean-de-Thurac, then D114 for Caudecoste. Approx. 1 km on, in the bend, turn left before the bridge over the Garonne. Michelin map 79, fold 15.*

Enjoy a refreshing break in the heart of "bastide" and greenhouse country, at this vast residence with century-old walls, set in a shaded park with swimming pool. Breakfast is served on the terrace in fine weather, and you can savour the delights of the gourmet table d'hôtes graced with Buzet. A restful spot in a region whose reputation has long been established.

Saint-Romain-le-Noble Carte 5 `395`

La Buissonnière

Bellerive - 47270 Saint-Romain-le-Noble
Tél. 05 53 68 27 54 ou 05 53 87 46 55
Fax 05 53 87 46 55
Email : christine.canaff@wanadoo.fr
Christine Canaff

1 pers 260 F – 2 pers 320 F – 3 pers 400 F
repas 100 F

2 chambres avec bains et wc privés. Ouvert d'avril à octobre. Petit déjeuner français ou anglais. Table d'hôtes sur réservation : spécialités régionales servies avec un Buzet. Salon avec piano à disposition. Parc d'1 ha. avec piscine, banc de musculation, vélos. Restaurants à moins de 10 km. ★ Bastides, pigeonniers, cloîtres, musées et promenades fluviales. Gastronomie : foie gras, Armagnac, pruneaux... Randonnées pédestres au départ de la propriété. Pêche à 300 m. Golf à 12 km. **Accès :** à 13 km d'Agen par la N113 en dir. de Toulouse jusqu'à St-Jean-de-Thurac, puis D114 en dir. de Caudecoste. Après 1 km environ, dans le virage, à gauche avant le pont sur la Garonne. CM 79, pli 15.

Au pays des serres et des bastides, vous ferez une halte rafraîchissante dans cette vaste demeure aux murs centenaires, entourée d'un parc ombragé avec piscine. Petit déjeuner en terrasse aux beaux hours et table d'hôtes gourmande avec ses spécialités accompagnées d'un Buzet... Une étape reposante au coeur d'une région dont la réputation n'est plus à faire.

Lot et Garonne

Fortifications, medieval villages. Marmande 10 km: 9-hole golf course, tennis court. Casteljaloux 14 km: Clarens Lake, 18-hole golf course, tennis court and horse-riding club.

★ ***How to get there:*** *Full details will be sent on request at time of booking. Michelin map 79, fold 3.*

Hosts Mr and Mme de la Raitrie guarantee a warm welcome at their 18th-century family residence, set in extensive grounds. The bedrooms are attractive and boast period furniture. The owners will be delighted to help you discover their region's treasures.

Samazan Carte 5 `396`

Château de Cantet

47250 Samazan
Tél. 05 53 20 60 60 – Fax 05 53 89 63 53
Jean-Bernard de la Raitrie

1 pers 280/340 F – 2 pers 320/380 F – 3 pers 480 F
p. sup 110 F – repas 120 F

2 ch. et 1 suite avec sanitaires privés. Ouvert toute l'année sur résa. Table d'hôtes : cuisine familiale. Repas enfant - 12 ans : 60 F. Salles de TV et de jeux pour enfants. Piscine, vélos, pétanque, croquet. Billard français. Badminton. Box pour chevaux. Jardin, parc 3 ha. Restaurants 5 et 15 km. 110 F/lit suppl. ★ Bastides, villages médiévaux. Marmande à 10 km : golf 9 trous et tennis. Casteljaloux à 14 km : lac de Clarens, golf 18 trous, tennis et club hippique. **Accès :** un plan d'accès vous sera communiqué sur demande lors de la réservation. CM 79, pli 3.

M. et Mme de la Raitrie vous accueilleront chaleureusement dans leur demeure familiale du XVIIIe siècle, située dans un vaste parc. De belles chambres aux meubles anciens vous attendent. Les propriétaires se feront une joie de vous aider à découvrir les richesses de leur région.

Lot et Garonne

Tours of fortifications and vineyards. Périgord and Agenais châteaux. Horse-riding centre, golf course.

★ **How to get there:** From Bergerac: N21, then D14 to Villeréal. Take D676 for 1 km. From Agen: N21 for Villeneuve-sur-Lot, then D676 to Villeréal and D676 for 1 km. Michelin map 79, fold 5.

This elegant 19th-century residence bordered by a river and set in a hundred-year-old park, has retained the charm of the family home. The individual, refined décor is a delightful blend of period furniture and the comfort of contemporary appointments. Relax in the pool or enjoy a game of tennis on the court.

Villeréal
Carte 5 — 397

Château de Ricard
47210 Villeréal
Tél. 05 53 36 61 02 - Fax 05 53 36 61 65
Sylvia de Guilhem

1 pers 450 F - 2 pers 550/800 F - 3 pers 750/900 F
repas 170 F

3 chambres et 2 duplex avec sanitaires privés. Ouvert du 15/04 au 31/10. Table d'hôtes, le soir sur réservation : cuisine du terroir. Bibliothèque, billard, salons de jeux, TV, tél. Parc de 7 ha., lac, rivière, piscine et tennis privés. ★ Circuits des bastides et des vignobles. Châteaux du Périgord et de l'Agenais. Centre équestre, golf. **Accès :** de Bergerac N21, puis D14 jusqu'à Villeréal. Prendre la D676 sur 1 km. D'Agen, N21 Villeneuve/Lot puis D676 jusqu'à Villeréal puis D676 sur 1 km. CM 79, pli 5.

Dans un parc centenaire bordé par une rivière, cette élégante demeure du XIXe a su conserver le charme des maisons de famille. La décoration personnalisée et raffinée allie avec bonheur l'authenticité de meubles anciens et le confort d'un mobilier contemporain. Pour votre détente, une piscine et un tennis.

Lozère

Hiking, rivers, fishing and hunting close by. Tennis 1 km. Horse-riding centre 4 km. Le Gévaudan Wolf Park 10 km, Aubrac 20 km, Tarn Gorges 30 km. Canoeing 8 km. Golf course 28 km.

★ **How to get there:** N9/A75 to Marvejols. Head for "Bouldoire/Goudard". The château is at the exit from Marvejols.

The central part of this attractive château dates back to the 17th century and the towers to the 19th century. The rooms are comfortable and tastefully decorated. Lounge with TV. There is also a swimming pool for your enjoyment and a picnic area with barbecue on the river bank.

Marvejols
Carte 5 — 398

Château de Carrière
21, avenue de la Gare – 48100 Marvejols
Tél. 04 66 32 02 27 ou 04 66 32 28 14
Fax 04 66 32 49 60
Jacques et Maryse Mialanes

2 pers 320/420 F - p. sup 100 F

6 chambres avec sanitaires privés. Suite : 520 F. Ouvert de Pentecôte à septembre. Petit déjeuner copieux. Restaurant. Piscine et parc sur place. Location d'un gîte 4 pers. sur place (au fond du parc). ★ Randonnées, rivières, pêche et chasse à proximité. Tennis 1 km. Centre équestre 4 km. Parcs à loups du Gévaudan 10 km, Aubrac 20 km, Gorges du Tarn 30 km. Canoë 8 km. Golf 28 km. **Accès :** N9/A75 jusqu'à Marvejols. Prendre direction "Bouldoire/Goudard", clinique du Gévaudan. Le château est à la sortie de Marvejols.

Joli château dont la partie centrale date du XVIIe et les tours du XIXe siècle. Vous y trouverez des chambres confortables, décorées avec goût, un salon avec TV, une aire de pique-nique avec barbecue en bord de rivière et une agréable piscine.

Lozère

The Cévennes are at once a vast expanse of nature and wildlife and an area steeped in history renowned for its hospitality. The Cévennes owe their glowing reputation to their rich artistic and cultural heritage.

★ *How to get there:* On D13, 2 km from the Fontmort pass heading for St-Germain-de-Calberte. Between Barre-des-Cévennes and St-Germain-de-Calberte. Michelin map 80, fold 6.

This 14th-century château is a small Cévennes lord's domain of great architectural beauty, in an exceptional setting in the middle of the Cévennes National Park. The main building offers a fully-restored bedroom with wall hangings and a deliciously-refined English décor. A place where time seems to stand still.

Saint-Martin-de-Lansuscle Carte 5 399

Château de Cauvel
48110 Saint-Martin-de-Lansuscle
Tél. 04 66 45 92 75 – Fax 04 66 45 94 76
Anne-Sylvie Pfister

1 pers 230 F – 2 pers 460 F – repas 80 F – pens. 260 F

1 chambre (non fumeur) avec TV, bains et wc privés. Ouvert tte l'année le w.e et du 1/4 au 11/11 en semaine. Petit déjeuner : pain et confitures maison… Table d'hôtes : cuisine du terroir. Tél., TV, bibliothèque (4000 volumes) et atelier de poterie. Cour, jardin, parc, vélos, ping-pong, jeux. ★ Les Cévennes constituent tout à la fois un vaste ensemble naturel et sauvage; une terre de mémoire marquée par une grande tradition d'accueil. L'histoire des Cévennes, c'est une histoire à forte valeur culturelle. **Accès :** sur la D13 à 2 km du col de Fontmort, en direction de St-Germain-de-Calberte. Entre Barre-des-Cévennes et St-Germain-de-Calberte. CM 80, pli 6.

Ce château datant du XIVe siècle, de belle architecture est une petite seigneurerie cévenole, situé dans un environnement exceptionnel, dans la zone centrale du Parc National des Cévennes. Dans le corps de bâtiment principal, une chambre entièrement restaurée avec ses murs tendus de tissu, offre un décor raffiné délicieusement anglais.

Maine et Loire

Architectural and cultural Anjou. Fishing in the Loir. Several golf courses within a 30-min drive. Horse-riding 2 km.

★ *How to get there:* From Paris, take A11 and exit at Durtal. Head for Daumeray then Huillé and Baracé on D68. Michelin map 64, fold 2.

This fine, early-19th-century château offers three very comfortable bedrooms: La Chambre Oncle André, La Chambre du Balcon and La Chambre Bleue. On the ground floor, a dining room with a fireplace and lounge is set aside for guests' use. Reception rooms can be hired at the same time as the bedrooms or separately.

Barace Carte 3 400

Château de la Motte
49430 Barace
Tél. 02 41 76 93 75
Michel et Lucia François

1 pers 375 F – 2 pers 450/550 F – 3 pers 625 F
repas 135 F

3 chambres, deux avec bains et wc, une avec douche et wc. Ouvert toute l'année. Table d'hôtes : filet au poivre, coq au vin… Parc de 130 ha. et 2 étangs sur place. Canotage sur l'étang et vélos. Nombreux restaurants à proximité. ★ Visites architecturales et culturelles de l'Anjou. Pêche dans le Loir. Plusieurs terrains de golf à environ 1/2 heure. Equitation à 2 km. **Accès :** de Paris, sortir de l'autoroute A 11 à Durtal, direction Daumeray puis Huillé, Baracé par la D 68. CM 64, pli 2.

Ce joli château début XIXe siècle vous propose 3 chambres confortables : la chambre de l'Oncle André, la chambre du Balcon et la chambre Bleue. Au rez-de-chaussée, une salle à manger avec cheminée et un salon vous sont réservés. Possibilité de louer des salles de réception en même temps que les chambres ou séparément.

Maine et Loire

Châteaux: Serrant 8 km, Plessis Macé 10 km and Angers 20 km (approx. 15 min). Vineyards along the banks of the Loire. Fishing, table tennis, tennis, horse-riding, golf and swimming.

★ *How to get there: 20 km west of Angers. A11 (Paris-Angers), heading for Nantes. Exit 18, then D963 for Bécon-les-Granits. As you leave the village, take Route de Candé. Etangs de Bois Robert is on the right.*

This splendid, recently-restored property, situated in a superb setting with 15 acres of parkland and lakes, combines charm with a quiet, peaceful atmosphere. The cosy interior and comfortable bedrooms are a delight. A magical spot for a restful break.

Bécon-les-Granits

Domaine Etangs de Bois Robert

route de Candé – 49370 Bécon-les-Granits
Tél. 02 41 77 09 89 ou 02 41 77 32 85
Fax 02 41 77 31 00
Bernard et Marie-Claire Bompas

1 pers 300/400 F – 2 pers 350/450 F – p. sup 90 F
repas 140 F

1 chambre et 1 suite avec sanitaires privés. Ouvert toute l'année. Petit déjeuner : viennoiseries, jus de fruits... Table d'hôtes : magrets au miel, fraises au nougat glacé... Jardin d'hiver. Parc de 6 ha., étangs. Restaurants à Bécon-les-Granits. ★ Châteaux : Serrant 8 km, Plessis Macé 10 km et Angers 20 km (15 mn environ). Vignobles des bords de Loire. Pêche, ping-pong, tennis, équitation, golf, piscine. **Accès :** 20 km à l'ouest d'Angers. A11 (Paris-Angers), dir. Nantes, sortie n° 18 puis D963 vers Bécon-les-Granits. A la sortie du bourg, route de Candé, les étangs de Bois Robert se situent sur votre droite.

Dans un environnement exceptionnel avec son parc de 6 ha. et ses étangs, cette belle propriété récemment restaurée allie charme et tranquillité. Vous apprécierez le caractère intimiste de son intérieur et les chambres confortables qui vous sont réservées. Une étape à ne pas manquer dans un cadre enchanteur.

Maine et Loire

Wine-tasting in the village. Liré (Joachim de Bellay Museum). Many châteaux in the area. Swimming pool 7 km. Golf course 14 km.

★ *How to get there: A11, Ancenis exit (between Angers and Nantes). Cross the Loire (D763) and at Liré, D751, right for Drain. Then left for St-Laurent-des-Antels for 3.5 km. The property is on the left. Michelin map 63, fold 18.*

This 19th-century manor house with fireplaces and beams stands in a 15-acre park with a pond and a chapel. The 4 tastefully-decorated rustic-style bedrooms all have their own cosy bathroom. Superb park with chapel and bandstand by the pond ideal for a quiet stroll. Vintage-car enthusiasts will delight in the collection of early-20th-century models on the premises.

Drain

Le Mésangeau

49530 Drain
Tél. 02 40 98 21 57
Email : Le.Mesangeau@wanadoo.fr
Gérard et Brigitte Migon

1 pers 400/450 F – 2 pers 450/500 F – repas 120 F

4 chambres avec bains ou douche et wc privés (3 ch. avec 1 lit 160 et 1 ch. avec 2 lits 90). Ouvert toute l'année. Petit déjeuner : jus de fruits, viennoiseries, fruits... Table d'hôtes (sur rés.) : pigeons aux raisins... Salon avec piano. Billards français et américain. Parc de 6 ha. Kiosque au bord de l'étang. Petit terrain d'entrainement de golf. Vélos, ping-pong. ★ Dégustation de vins dans le village. Liré (musée Joachim du Bellay). Nombreux châteaux alentours. Piscine 7 km. Golf 14 km. **Accès :** A11 sortie Ancenis (entre Angers et Nantes). Traverser la Loire (D763) et à Liré, D751 à droite jusqu'à Drain puis à gauche vers St.Laurent des Antels sur 3,5 km. Propriété à gauche. CM 63, pli 18.

Gentilhommière du XIXe avec cheminées et poutres située dans un parc de 6 ha. avec étang et chapelle. Les 4 chambres rustiques décorées avec goût disposant chacune d'une salle de bains accueillante. Superbe parc avec sa chapelle et son kiosque au bord de l'étang où il fait bon flaner. A découvrir sur place, une collection de voitures du début du siècle.

Maine et Loire

Footpaths, horse-riding, tennis, fishing, landscaped lake, golf course and swimming pool nearby.

*★ **How to get there:** On A11, Durtal exit and head for La Flèche.*

Madame Linossier guarantees a warm welcome at her 19th-century Château de Gouis, on the Anjou border. The bedrooms are spacious and look out onto tree-lined, flowery parkland.

Durtal

Carte 3 **403**

Château de Gouis
49430 Durtal
Tél. 02 41 76 03 40 – Fax 02 41 76 03 40
Monique Linossier

---

2 pers 300/400 F – p. sup 100 F

---

3 chambres avec sanitaires privés. Ouvert toute l'année. Parc. Restaurants à moins de 3 km. ★ Sentiers pédestres, équitation, tennis, pêche, lac aménagé, golf et piscine à proximité. **Accès** : de l'A11, sortie Durtal direction la Flèche.

A la porte de l'Anjou, Madame Linossier vous accueillera chaleureusement dans son château du XIXe siècle. Les chambres sont spacieuses et donnent sur un parc arboré et fleuri.

Maine et Loire

Bathing in river on site. In the surrounding area: swimming pool, waterskiing, tennis, golf and horse-riding. Visits to the châteaux of Anjou and the Loire.

*★ **How to get there:** 2 km from trunk road RN162 (between Angers and Laval). 4 km from Le Lion d'Angers. In village centre between the church and the river. Michelin map 63, fold 20.*

This pretty 19th-century manor house is set on the banks of the Mayenne. The bedrooms are spacious and comfortable. In good weather, the flower-decked, landscaped grounds are a pleasant way to relax and the ideal spot for breakfast.

Grez-Neuville

Carte 3 **404**

La Croix d'Etain
2, rue de l'Ecluse – 49220 Grez-Neuville
Tél. 02 41 95 68 49 – Fax 02 41 18 02 72
Auguste et Jacqueline Bahuaud

---

1 pers 300 F – 2 pers 380/480 F – repas 150 F

---

4 chambres, toutes avec bains et wc (lit suppl. 100 F). Ouvert toute l'année. Table d'hôtes (vin non compris). Salon avec TV et téléphone réservé aux hôtes. Cartes de crédit acceptées. Restaurant "Le Cheval Blanc"et crê-perie à 50 m. ★ Baignade sur place en rivière. Aux alentours : tennis, piscine, ski nautique, golf, équitation. Circuit des châteaux d'Anjou et de la Loire. **Accès** : à 2 km de RN162 (entre Angers et Laval). A 4 km du Lion d'Angers. Au centre du village, entre l'église et la rivière. CM 63, pli 20.

Joli manoir du XIXe siècle, situé au bord de la Mayenne. Les chambres sont spacieuses et confor-tables. Aux beaux jours, vous profiterez d'un agréable parc paysager et fleuri, où est servi le petit déjeuner.

Maine et Loire

Château de Martigné-Briand 3 km. Saumur (National Riding School), château, wine cellars. Angers and château. Troglodyte dwellings nearby. Hiking. Restaurant at Martigné-Briand 3 km.

★ *How to get there: D761 for Brissac-Poitiers. D748 for Martigné-Briand. At Martigné-Briand, turn right for Thouarcé (D125).*

This typical 19th-century residence with slate roof and brick walls is set in 5 acres of parkland. The sundrenched bedrooms, located in the annexe, are bright and decorated with attractive fabrics. Savour the hearty breakfasts served in the winter garden. The owners guarantee a warm welcome.

Martigné-Briand

Carte 3 **405**

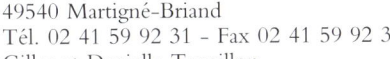

Domaine de l'Etang
49540 Martigné-Briand
Tél. 02 41 59 92 31 - Fax 02 41 59 92 30
Gilles et Danielle Tenaillon

1 pers 300 F - 2 pers 350 F - 3 pers 400 F

4 chambres avec sanitaires privés. Ouvert toute l'année. Salon de détente, jardin d'hiver. Baby-foot. Parc de 2 ha., tennis, possibilité de laisser son cheval dans le pré (20 F). Pêche dans le Layon, étang. Nombreuses randonnées. Restaurant à Martigné-Briand 3 km. ★ Château de Martigné-Briand 3 km. Saumur (école nationale d'équitation), château, caves. Angers (château). A proximité de sites troglodytiques. **Accès :** D761 dir. Brissac-Poitiers. Suivre la D748 dir. Martigné-Briand. A Martigné-Briand prendre dir. Thouarcé (D125) sur la droite.

Sur un parc de 2 ha., demeure typique du XIXe avec toit d'ardoise et mur en brique. Aménagées dans une annexe, les chambres sont gaies, lumineuses et décorées avec de jolis tissus. Vous apprécierez le copieux petit déjeuner servi dans le jardin d'hiver et l'accueil chaleureux des propriétaires.

Maine et Loire

Loir Valley. 5 golf courses within a 30-km radius.

★ *How to get there: A11 (L'Océane), Seiches-sur-le-Loir exit, 5 km from Seiches on D74.*

This pretty troubadour-style château is set in extensive wooded grounds, flanked by a river on which you can go canoeing. The rooms are appointed with period furniture, bestowing discreet charm on the place. In fine weather, relax on the terrace overlooking the Loir.

Montreuil-sur-Loir

Carte 3 **406**

Château de Montreuil
49140 Montreuil-sur-Loir
Tél. 02 41 76 21 03
Jacques et Marie Bailliou

1 pers 330 F - 2 pers 380 F - p. sup 100 F
repas 135 F

3 chambres avec sanitaires privés. Ouvert du 15/3 au 15/11. Table d'hôtes : terrine de volailles, pintade, poules à l'Angevine... Salle à manger, salon. Vue panoramique sur la vallée du Loir et la forêt de Boudré. Grand parc boisé le long de la rivière. Canotage sur place. ★ Vallée du Loir. 5 golfs dans un rayon de 30 km. **Accès :** A11 (l'Océane) sortie Seiches-sur-le-Loir, 5 km de Seiches sur D74.

Ce joli château de style troubadour est entouré d'un grand parc boisé longé par une rivière sur laquelle vous aurez la possibilité de canoter. Les chambres qui vous sont réservées sont dotées d'un mobilier ancien qui leur confère un charme discret. Aux beaux jours, vous pourrez profiter de la terrasse qui surplombe le Loir.

Maine et Loire

The Loire and châteaux. Angers (museums, gardens, tapestries) 8 km. Theatre Festival in July. Vineyards and wine-tasting. Swimming pool and golf course nearby.

★ *How to get there: At Angers, head for Cholet on N160, then Les Ponts de Cé, Murs-Erigné (Chalonnes road).*

In the land of châteaux and vineyards, Françoise Terrière invites you to stay at her romantic home on the Angers border, where she will be happy to help you discover the region. The comfortable bedrooms exude peace and quiet, and overlook the grounds, the 17th-century dovecote and small church.

Murs-Erigné

Carte 3 · 407

Le Jau
49610 Murs-Erigné
Tél. 02 41 57 70 13 ou 06 83 26 38 80
Françoise Terrière

1 pers 230/330 F - 2 pers 300/350 F
3 pers 400/450 F - p. sup 100 F - repas 130 F

3 chambres (dont 1 avec poss. de chambre annexe), avec sanitaires privés. Ouvert de Pâques à la Toussaint (hors-saison sur réservation). Table d'hôtes sur demande. Restaurants à Murs-Erigné. Parc. ★ La Loire et ses châteaux. Angers (musées, jardins, tapisseries) à 8 km. Festival théatral en juillet. Vignobles et dégustations. Piscine et golf à proximité. **Accès :** à Angers, dir. Cholet par la N160, puis les Ponts-de-Cé, Murs-Erigné (route de Chalonnes).

Sur la route des châteaux et des vignobles, aux portes d'Angers, Françoise Terrière vous ouvre sa maison romantique et se propose de vous aider à découvrir sa région. Les chambres sont calmes, confortables et donnent sur le parc, la petite église et le pigeonnier du XVIIe siècle.

Maine et Loire

Places of interest along the banks of the Loire, and nearby Touraine. Close to famous Bourgueil, Chinon and Champigny vineyards. Hiking paths and forests 500 m. 18-hole golf course 20 km. Microlite and small aircraft 10 km.

★ *How to get there: From Saumur, N147 for Paris. After the "La Ronde" roundabout, D767 for 2 km, then left on D129 for Neuillé. 2 km on Fontaine-Suzon road. Michelin map 64, fold 12.*

Your hostess Monique Calot provides a warm welcome at this fully-restored 19th-century château in the heart of the Loire Valley. The comfortable bedrooms have been given a personal touch and boast antique furniture. Enjoy the shaded grounds or take refreshing walks in the forest. A timeless spot ideal for discovering the Saumur vineyards.

Neuillé

Carte 3 · 408

Château le Goupillon
49680 Neuillé
Tél. 02 41 52 51 89 - Fax 02 41 52 51 89
Monique Calot

2 pers 350/460 F - p. sup 90 F

2 chambres et 1 suite, toutes avec sanitaires privés. Ouvert toute l'année (l'hiver sur réservation). Restaurants à Vivy-Saumur. Parc de 4 ha. Une étape hors du temps, idéale pour découvrir le vignoble saumurois et visiter les châteaux de la Loire. Chambres d'"hôtes "Panda". ★ Attraits des bords de Loire et la proche Touraine. Proximité des vins de Bourgueil, Chinon, Champigny. Circuits pédestres et forêt 500 m. Golf 18 trous 20 km. ULM, aviation 10 km. **Accès :** de Saumur N 147 dir. Paris. Après rond-point de la "Ronde" D 767 pendant 2 km, puis à gch. D 129 dir. Neuillé. A 2 km rte de Fontaine-Suzon. CM 64, pli 12.

Au coeur du Val de Loire, vous serez accueillis très chaleureusement par la maîtresse de maison qui a entièrement restauré et décoré ce château début XIXe siècle. Les chambres sont confortables, personnalisées et meublées en ancien. Vous pourrez profiter du parc ombragé ou faire de belles promenades en forêt.

Maine et Loire

Hiking paths locally. Fishing 2 km. Tennis court 3 km. Horse-riding 5 km. Golf course 18 km.

★ *How to get there: At Angers, head for Nantes on N23. At Saint-Georges/Loire, head for Chalonnes/Loire. 3.5 km before railway, left to La Possonnière, then left 1.5 km on. Michelin map 63, fold 20.*

Set in the hills of the Loire in 10 acres of parkland, La Rousselière is a handsome 18th-century residence which has retained the charm of a bygone age. On this family estate, Jeanne Charpentier will be pleased to serve you hot or cold meals, depending on the season, by the pool, on the terrace or in the dining room.

La Possonnière
Carte 3 409

La Rousselière
49170 La Possonnière
Tél. 02 41 39 13 21 - Fax 02 41 39 13 21
Jeanne Charpentier

2 pers 300/400 F - 3 pers 390/490 F - p. sup 90 F
repas 150 F

5 ch. avec sanitaires privés (2 avec tél., TV et mini-bar, 1 avec TV, terrasse et mini-bar), toutes avec vue sur le parc. Ouvert toute l'année sauf novembre. Table d'hôtes sur réservation. Billard, ping-pong. Piscine privée. Réduction séjours. Restaurants gastronomiques à proximité. ★ Sentiers pédestres sur place, pêche à 2 km, tennis à 3 km, équitation à 5 km, golf à 18 km. **Accès :** à Angers dir. Nantes N23. A St-Georges/Loire, dir. Chalonnes/Loire. A 3,5 km avant voie ferrée; à gauche vers la Possonnière, puis à gauche 1,5 km. CM 63 pli 20

Située sur les coteaux de la Loire dans un parc de 4 ha., la Rousselière, belle demeure du XVIIIe, a su conserver son charme d'antan. Dans son domaine familial, Jeanne Charpentier vous proposera des repas chauds ou froids, servis selon la saison, au bord de la piscine, sur la terrasse ou dans la salle à manger.

Maine et Loire

The Loire 500 m. Angers 15 min. Châteaux, wine cellars and gastronomy.

★ *How to get there: N23: 1 km after Saint-Georges-sur-Loire on the way to Nantes, take the first road on the left.*

This 13th-century former priory close to the Loire still has its old chapel and dwellings. Your hosts Bernard and Geneviève Gaultier will be delighted to welcome you to their home and do their utmost to help you discover the region and its treasures. Places of interest include the Apocalypse d'Angers, wine cellars and châteaux such as Serrant and Brissac.

Saint-Georges-sur-Loire
Carte 3 410

Prieuré de l'Epinay
49170 Saint-Georges-sur-Loire
Tél. 02 41 39 14 44 - Fax 02 41 39 14 44
Bernard et Geneviève Gaultier

1 pers 350 F - 2 pers 400 F - p. sup 100 F
repas 140 F

3 suites avec sanitaires privés. Ouvert du 1er mars au 30 novembre. Piscine et vélos sur place. Restaurants à 3 km. ★ La Loire (500 m) et Angers à 15 minutes. Châteaux, caves et gastronomie. **Accès :** N23, et à 1 km après Saint-Georges-sur-Loire, dir. Nantes, puis prenez la 1ère route à gauche.

Près de la Loire, cet ancien prieuré du XIIIe siècle où fut prieur Jean Racine, possède encore sa vieille chapelle et ses vieilles demeures où Bernard et Geneviève Gaultier se feront un plaisir de vous recevoir et s'efforceront de vous faire découvrir les richesses de la région. Apocalypse d'Angers, caves, châteaux : Serrant, Brissac...

Maine et Loire

The Loire: water sports. Horse-riding, swimming pool and tennis court 1 km. Visits to châteaux, vineyards, troglodyte dwellings. Golf course 9 km.

★ ***How to get there:*** *D952 (scenic route), 20 km from Angers and 25 km from Saumur. The accommodation is 1 km from the village. Michelin map 64, fold 12.*

Claudine Pinier is your hostess at this 19th-century Anjou house full of character, set on the banks of the Loire. The bedrooms are spacious and embellished with fine period furniture. Claudine's theme weekends in the low season are an excellent way to make interesting discoveries and enjoy myriad events.

St-Mathurin-sur-Loire   Carte 3   411

La Bouquetterie
118, rue du Roi René
49250 Saint-Mathurin-sur-Loire
Tél. 02 41 57 02 00 - Fax 02 41 57 31 90
Claudine Pinier

1 pers 215/275 F - 2 pers 300/350 F
3 pers 400/450 F - p. sup 50 F - repas 125 F

4 chambres toutes avec salle d'eau et wc. Ouvert toute l'année. Petit déjeuner copieux. Table d'hôtes : cuisine familiale et produits du jardin. Location de vélos. Tarifs dégressifs à partir de 3 nuits. Cartes Visa et CB acceptées. Restaurants à St-Mathurin et à La Ménitré. ★ La Loire, activités nautiques. Equitation à 1 km. Piscine et tennis 1 km. Visite de châteaux, vignobles, troglodytes. Golf 9 km. **Accès :** D952 (route touristique), à 20 km d'Angers et 25 km de Saumur. Les chambres sont à 1 km du bourg. CM 64, pli 12.

En Anjou, au bord de la Loire, Claudine Pinier vous accueille dans une maison de caractère du XIXe. Les chambres sont spacieuses et meublées en ancien. Elle propose des week-ends à thème en basse saison : découverte insolite et des dîners spectacle.

Maine et Loire

On the borders of Maine, Brittany and Anjou. Petite Couère Estate. "Mine Bleue" (former a slate mine). Golf course in Segré. Tennis court, horse-riding centre, Lion d'Angers stud farm.

★ ***How to get there:*** *Nantes-Laval motorway (N162).*

Discover the authentic charm of a time-honoured barn, the history of a 17th-century presbytery in a delightful village, just 3 km from Segré. A warm welcome is guaranteed by Janette Kronneberg who offers 4 individually-decorated rustic-style bedrooms. Enjoy the leafy 3.7-acre park with direct access to the river.

Segré-St.Aubin-du-Pavoil   Carte 3   412

La Grange du Plessis
Place de l'Eglise
49500 Segré-St.Aubin-du-Pavoil
Tél. 02 41 92 85 03 - Fax 02 41 92 85 03
Janette Kronneberg

1 pers 280 F - 2 pers 360 F - p. sup 80 F
repas 120 F

4 chambres avec TV et sanitaires privés. Ouvert de février à décembre. Petit déjeuner : fruits frais, viennoiseries... Table d'hôtes : volailles fermières... Point-phone. Parc bocager avec accès direct à la rivière. Restaurants à Segré (3 km). ★ Aux confins du Maine, de la Bretagne et de l'Anjou. Domaine de la Petite Couère. "Mine Bleue" (ancienne mine d'ardoise). Golf à Segré. Tennis, centre équestre, haras du Lion d'Angers. **Accès :** axe Nantes-Laval (N162).

A 3 km de Segré, vous découvrirez le charme d'un village, l'authenticité d'une vieille grange, l'histoire d'un presbytère du XVIIe et la simplicité d'un accueil chaleureux. Janette Kronneberg vous propose 4 chambres personnalisées au décor rustique. Parc bocagé d'1,5 ha. avec accès direct à la rivière.

Manche

*Mont-Saint-Michel Bay. Bay crossing ("Les Genêts").
Fishing in river. Mont-Saint-Michel 35 km. GR22 hiking
trail nearby. Champeaux cliffs. Paragliding, hang-gliding
500 m. Tennis court 1 km. Beach and horse-riding 2.5 km.
Golf course 18 km.*

★ *How to get there:* On the "Route de la Baie" road on
D911 and follow signs along D221 for Champeaux
village.

*A warm welcome is guaranteed at this handsome late-19th-
century residence, set in a park along a posted hiking trail, in
a unique Mont-Saint-Michel Bay setting. The bedrooms are
decorated in pastel shades and appointed with rustic and
Louis-Philippe style furniture. View over the bay.*

Champeaux

Carte 2 · **413**

La Hoguelle
50530 Champeaux
Tél. 02 33 61 90 99 – Fax 02 33 61 90 99
Daniel et Jacqueline Fourrey

1 pers 250 F – 2 pers 300/340 F – 3 pers 380/420 F
p. sup 80 F

1 chambre et 1 suite (2 ch.) avec douche et wc privés
(460/500 F 4 pers.). Ouvert toute l'année. Petit déjeuner
gourmand : spécialités normandes ("Teurgoule"), yaourts,
laitages, fruits, confitures... Cour, parc 6 ha. P-pong,
VTT. Sorties VTT/pédestres accompagnées. Restaurants
sur place. ★ Baie du Mt-St-Michel. Traversée de la baie
(Genêts). Pêche à pied. Mt-St-Michel 35 km. GR223 à
proximité (randonnées pédestres). Falaises de Champeaux. Parapente, delta-plane 500 m. Tennis 1 km.
Plage, équitation 2,5 km. Golf 18 km. **Accès :** sur la
"Route de la Baie" par la D911, suivre le fléchage sur
D221 vers le bourg de Champeaux.

Vous serez les bienvenus dans cette belle demeure
de la fin du XIXe siècle, entourée d'un parc, sur le
parcours d'un sentier de grande randonnée et dans
le cadre unique de la baie du Mont-Saint-Michel.
Dans les chambres, décoration dans des tons pastels
et mobilier rustique ou de style Louis-Philippe.
Vue sur la baie.

Manche

*Horse-riding 4 km. Beaches 20 km. Carentan yachting
harbour. Second World War landing beaches. Channel
Islands. Nature Park (Marais du Cotentin).*

★ *How to get there:* From Carentan, drive 10.5 km on
D903 for Barneville-Carteret. Then right onto D223 for
Coigny. The château is the first entrance on the left.

*This small early-17th-century château was the birthplace of
the Dukes of Coigny, Marshals of France under Louis XIV
and Louis XV. Two comfortable bedrooms (one with
fourposter bed, the other Louis XVI). Breakfast is served in
a magnificent medieval chamber with Italian Renaissance
fireplace (listed monument).*

Coigny

Carte 2 · **414**

Château de Coigny
50250 Coigny
Tél. 02 33 42 10 79 – Fax 02 33 42 10 79
Odette Ionckheere

1 pers 450 F – 2 pers 500 F – p. sup 100 F

2 chambres avec bains et wc privés. Ouvert de Pâques à la
Toussaint (hors-saison sur demande). Restaurants à
Carentan et la Haye du Puits à 12 km. ★ Equitation à
4 km, plages à 20 km. Port de plaisance de Carentan.
Plages du Débarquement. Iles anglo-normandes. Dans le
Parc Naturel des Marais du Cotentin. **Accès :** de
Carentan, D903 dir. Barneville-Carteret sur 10,5 km.
Puis à droite D223 vers Coigny, le château est à la 1ère
entrée à gauche.

Petit château du début XVIIe siècle, qui fut le
berceau des Ducs de Coigny, Maréchaux de France
sous Louis XIV et Louis XV. 2 chambres très
confortables (une avec baldaquin, l'autre Louis
XVI). Les petits-déjeuners sont servis dans une
superbe salle moyennageuse avec cheminée Renaissance Italienne, classée monument historique.

Manche

Sea and golf course 8 km. Second World War Museum and landing beaches.

★ *How to get there:* *From Sainte-Mère-Eglise, head for Valognes on N13. Exit from motorway for D269. Drive past village of Fresville, then 500 m up on the right. Michelin map 54, fold 2.*

Bernard and Rolande Brécy are your hosts at this large 18th-century residence in Fresville, set in the Marais du Cotentin et du Bessin Regional Park. The three bedrooms are comfortable and appointed with period furniture.

Fresville

Carte 2 415

Manoir de Grainville
50310 Fresville
Tél. 02 33 41 10 49 – Fax 02 33 21 07 57
Email : b.brecy@wanadoo.fr
http://www.france-bonjour.com/brecy/
Bernard et Rolande Brécy

1 pers 220 F - 2 pers 290 F - 3 pers 370 F

2 chambres avec bains et wc, 1 chambre avec douche et wc. Ouvert toute l'année. Restaurants à 6 km. ★ Mer et golf à 8 km. Plages et musée du Débarquement. **Accès :** de Sainte-Mère Eglise direction Valognes N13. Sortir de la nationale, prendre D269. Passer le village de Fresville puis à 500 m à droite. CM 54, pli 2.

A Fresville, dans l'environnement du Parc Régional des Marais du Cotentin et du Bessin, vous serez accueillis par Bernard et Rolande Brécy dans une grande demeure du XVIIIe siècle. Les trois chambres sont confortables et meublées d'époque.

Manche

Saint-Lô stud farm, swimming pool 17 km. Cerisy Forest 10 km. Bayeux 30 km and Mont-Saint-Michel 90 min away. Tennis 7 km.

★ *How to get there:* *D122, D34, then D190 for Lamberville. The château is near the church.*

Elisabeth and François de Brunville are your hosts at their ancestral home, surrounded by century-old trees in a peaceful, leafy park, between Mont-Saint-Michel and the Second World War landing beaches. The Louis XVI-style bedrooms look out onto the lake. Depending on the season, they will be pleased to accompany you on fishing or hunting expeditions.

Lamberville

Carte 2 416

Le Château
50160 Lamberville
Tél. 02 33 56 15 70 ou 06 80 40 96 02
Fax 02 33 56 35 26
François et Elisabeth de Brunville

1 pers 260 F - 2 pers 300 F - p. sup 80 F

3 chambres avec salles d'eau ou salle de bains et wc privés. Ouvert du 1er mars au 15 novembre. Pêche, étang et canotage sur place, chasse à la journée (forfait de 800 F/pers. avec repas du midi, pour un groupe de 6/7 pers.). Parc. ★ Haras de Saint-Lô, piscine à 17 km. Forêt de Cerisy à 10 km. Bayeux à 30 km. Mont-Saint-Michel à 1h30. Tennis à 7 km. **Accès :** D122, D34 puis D190 direction Lamberville, le château est près de l'église.

Entre le Mt-St-Michel et les plages du Débarquement, dans un cadre calme et verdoyant, sous les arbres séculaires du parc, François et Elisabeth de Brunville vous accueillent dans la propriété de leurs ancêtres. Les chambres, de style Louis XVI, ont vue sur la pièce d'eau. Au gré des saisons, ils se feront un plaisir de vous entraîner dans des parties de pêche ou de chasse.

Manche

Granville 5 km: seawater therapy centre, casino, point of departure for the Chausey and Channel Islands (Jersey and Guernsey). Villedieu-les-Poêles (Copper and Lace Museums, bell foundries) 28 km. Horse-riding and golf 2 km. Beaches and hiking 3 km. Sailing 5 km. Tennis 11 km.

★ ***How to get there:*** *D971, Granville-Coutances motorway. Michelin map 59, fold 7.*

This authentic 18th-century residence features a magnificent park with lakes, in a prestigious setting ideal for a restful break and for discovering local places of interest. The refined decoration in the bedrooms and suites draws its inspiration from travels far and wide, and boasts period furniture (Louis XV and Louis XVI). This outstanding address should not be missed.

Longueville

Carte 2 — **417**

Le Château
50290 Longueville
Tél. 02 33 61 76 57 – Fax 02 33 61 76 57
Narjes Sadi

---

1 pers 400/600 F – 2 pers 500/700 F
3 pers 700/750 F – p. sup 50 F

1 chambre et 2 suites (capacité totale 9 pers.) avec bains et wc privés (l'une dispose également d'un jacuzzi, sauna et hydro-massage et l'autre d'une bibliothèque, TV et hi-fi). Ouv. toute l'année. Petit déjeuner : viennoiseries, fruits frais et jus de fruits, confitures et pâtisseries maison... Parc de 5 ha. (avec paons). Plans d'eau avec pêche. Vélos. Restaurants entre 1 et 5 km. (chambres non-fumeur). ★ Granville (5 km) : thalassothérapie, casino, départ pour les Iles Chausey et les Iles anglo-normandes de Jersey et Guernesey. Villedieu-les-Poêles (musée du cuivre et de la dentelle, fonderies de cloches) 28 km. Equitation et golf 2 km. Plages et randonnées 3 km. Voile 5 km. Tennis 11 km. **Accès :** D971 axe Granville-Coutances. CM 59, pli 7.

Cette demeure authentique du XVIIIe, avec son magnifique parc et ses plans d'eau, offre un cadre prestigieux pour la détente et la découverte des sites alentours. Les chambres et suites ont fait l'objet d'une décoration raffinée, inspirée de voyages et sont meublées d'époque (Louis XV et Louis XVI). Une adresse exceptionnelle à ne pas manquer.

Manche

Coutances Cathedral 6 km, manor houses and abbeys. Travel to the Channel Islands from Granville and Carteret. Beaches and fishing.

★ ***How to get there:*** *From Pont de la Rocque, D72 for Hyenville. Turn left 200 m before the village of Montchaton.*

This attractively-restored 18th-century residence in local stone is halfway between Mont-Saint-Michel and Cap de la Hague, facing the Channel Islands, just a few kilometres from Le Cotentin's western beaches. The cosy, comfortable bedrooms are located in a separate building and boast fireplaces and rustic-style furniture.

Montchaton

Carte 2 — **418**

Le Quesnot
3, rue du Mont César – 50660 Montchaton
Tél. 02 33 45 05 88 – Fax 02 33 45 52 49
André et Fabienne Palla

---

1 pers 220 F – 2 pers 250 F

3 chambres avec salles d'eau et wc privés. Ouvert de Pâques à la Toussaint (fermé en septembre). Ping-pong sur place. Restaurants à 4 km. ★ Cathédrale de Coutances (6 km), manoirs et abbayes. A partir de Granville et Carteret, les îles anglo-normandes. Plages et pêche. **Accès :** à partir du Pont de la Rocque, D72 direction Hyenville. 200 m avant le bourg de Montchaton, tourner à gauche.

Entre le Mont-Saint-Michel et le Cap de la Hague, face aux îles anglo-normandes, à proximité des plages du Cotentin, vous serez les bienvenus dans cette demeure en pierre du XVIIIe, joliment restaurée et fleurie. Les chambres, cosy et confortables, sont situées dans un bâtiment indépendant, avec cheminée et meubles rustiques.

Manche

Sailing 1 km. Horse-riding 5 km. Yachting harbour 10 km, Ile de Tatihou (isle). Second World War landing beaches. Hague, châteaux, manor houses, museums.

★ *How to get there: From Barfleur, head for St-Vaast-la-Hougue (D1), 2nd road on the right, follow signs for "Chambre d'Hôtes".*

The past is ever-present at this splendid château, which was ransacked and razed to the ground on several occasions. The residence offers the charm of two spacious and quiet rooms where dreams may be nurtured in the prestigious company of William the Conqueror's companions or successors who would break their journey at Montfarville.

Montfarville

Carte 2 **419**

Le Manoir
50760 Montfarville
Tél. 02 33 23 14 21
Claudette Gabroy

1 pers 250 F - 2 pers 300/350 F - 3 pers 400 F
p. sup 100 F

2 chambres dont 1 avec 1 chambre annexe, avec douche et wc privés. Ouvert toute l'année. Restaurants, auberge normande à 800 m. Propriété au bord de la mer. Plage à 300 m. Restaurants gastronomiques dans un rayon de 10 km. ★ Voile à 1 km, équitation à 5 km, port de plaisance à 10 km, île de Tatihou. Plages du débarquement, Hague, châteaux, manoirs, musées. **Accès :** de Barfleur, dir. St-Vaast la Hougue (D1), 2e route à droite et suivre le fléchage "chambres d'hôtes".

Vestige du passé, ce château fut le temoin de nombreux faits historiques. Cette belle demeure vous offre le charme de 2 chambres spacieuses et calmes, où vos rêves seront peut-être bercés par les hôtes prestigieux, compagnons ou successeurs de Guillaume le Conquérant, qui firent autrefois halte à Montfarville.

Manche

Mont-Saint-Michel 30 km. Granville (sea water therapy) 15 km. Cité du Cuivre (copper and brassmaking town). Lucerne d'Outremer Abbey 10 km. Beaches 10 km.

★ *How to get there: D973-D41. Michelin map 59, fold 8.*

This 19th-century manor house with tower enjoys an exceptional setting on Mont-Saint-Michel Bay and offers an ideal opportunity to discover the joys of the sea and the area's remarkable places of interest. The superb, tastefully-decorated suites and romantic bedrooms boast canopied fourposter beds and English, Louis XV and Louis-Philippe furniture.

Montviron

Carte 2 **420**

Manoir de la Croix
Le Gros Chêne – 50530 Montviron
Tél. 02 33 60 68 30 – Fax 02 33 60 69 21
Patrice Wagner

1 pers 280/300 F - 2 pers 320/430 F - 3 pers 520 F
p. sup 80 F

2 chambres et 2 suites avec terrasses privées, bains et wc privés (lit suppl. uniquement dans les suites). Ouvert toute l'année. Petit déjeuner gourmand : far breton, gâche, yaourts, confitures maison... Salon avec bow-window et séjour réservés aux hôtes. Balançoires. Cour, parc. Chambres non fumeurs. ★ Mont-Saint-Michel 30 km. Granville (thalassothérapie) 15 km. Cité du Cuivre 20 km. Abbaye de la Lucerne d'Outremer 10 km. Plages 10 km. **Accès :** D973 - D41. CM 59, pli 8.

Dans la baie du Mt-St-Michel, la situation exceptionnelle de ce manoir du XIXe avec tour, est une étape idéale pour apprécier les plaisirs de la mer et découvrir les sites remarquables de la région. Les superbes suites et les chambres romantiques avec lits à baldaquin, mobilier anglais et de style Louis XV et Louis-Philippe, ont été décorées avec beaucoup de goût.

Manche

Sea, bathing 1.5 km. Horse-riding centre 3 km. Tennis, gliding, sand yachting, swimming pool 3 km. Botanic gardens and preserves. Les Marais Nature Park. Channel Islands.

★ ***How to get there:*** *From Carentan, D903 to Barneville-Carteret, then D904 for Les Pieux and D117 for Le Rozel.*

This château, facing the Channel Islands, originally belonged to Bertrand du Rozel, William the Conqueror's companion-in-arms. Major extension work was carried out during the 18th century and the building's architectural diversity imparts both austerity and charm. The towers afford a splendid view of the sea and islands.

Le Rozel

Le Château
50340 Le Rozel
Tél. 02 33 52 95 08
Josiane Granchamps

1 pers 420 F – 2 pers 480 F – 3 pers 680 F

1 suite de 2 ch. avec sanitaires privés. Salon à l'étage inférieur. Ouvert toute l'année. Copieux petit déjeuner : viennoiseries, jus de fruits, yaourts fermiers, confitures maison, oeufs coque... Four à pain, pressoir. Jardin, cour, parc. P-pong. Restaurant (fruits de mer) 2 km et auberge 2,5 km. ★ Mer, baignade 1,5 km. Centre équestre 3 km. Tennis, vol à voile, char à voile, piscine 3 km. Jardins et réserves botaniques. Parc Naturel des Marais. Iles anglo-normandes. **Accès :** à partir de Carentan, D903 jusqu'à Barneville-Carteret puis D904 dir. les Pieux et D117 vers le Rozel.

Face aux îles anglo-normandes, le château était à l'origine la propriété de Bertrand du Rozel, compagnon de Guillaume le Conquérant. Il a subi une extension importante au XVIIIe siècle et la diversité de son architecture lui confère à la fois austérité et charme. Belle vue sur la mer et les îles à partir des tours.

Manche

Channel Islands 30 min. 9-hole golf course. Sailing, speed sailing, tennis (Barneville-Carteret). Microlite flying at Portbail.

★ ***How to get there:*** *From Barneville-Carteret, take D903 for Coutances. At the Saint-Georges-de-la-Rivière crossroads, left for St-Maurice-en-Cotentin, and left again.*

Fine 18th-century manor house set in the heart of the Normandy countryside, close to vast beautiful beaches, ideal for long walks. Peace and quiet are guaranteed. Numerous activities in the area.

St-Georges-de-la-Rivière

Le Manoir de Caillemont
50270 Saint-Georges-de-la-Rivière
Tél. 02 33 53 81 16 – Fax 02 33 53 25 66
Eliane Coupechoux

1 pers 500 F – 2 pers 560 F – 3 pers 760 F
p. sup 100 F

2 suites avec salon et cheminée (chacune avec lit 160 pouvant être séparé) : 1 avec bains et wc, 1 avec douche et wc. 810 F 4 pers. Tél. dans chaque chambre. Ouvert de Pâques à la Toussaint (sur rés. hors sais.). Piscine chauffée sur place. P-pong. Billard. Poss. petite ch. complémentaire pour 2 pers. Restaurants 2 et 5 km. ★ Iles anglo-normandes à 1/2 heure. Golf 9 trous, voile, speed-sail, tennis à Barneville Carteret. ULM à Portbail. **Accès :** de Barneville-Carteret, D 903 dir. Coutances. Au carrefour St-Georges de la Rivière, à gauche dir. St-Maurice en Cotentin, puis à gauche.

Beau manoir du XVIIIe siècle, situé en pleine campagne normande, à proximité de belles et grandes plages qui incitent à la promenade. Vous y séjournerez en toute tranquillité et profiterez des activités alentours.

Manche

Second World War landing beaches. Cap de la Hague. Horse-riding, tennis, 18-hole golf course and sea 6 km. Swimming pool 7 km. Hiking trails locally.

★ ***How to get there:*** *7 km from Valognes, heading for Quettehou. Follow signs from Valognes. Michelin map 54, fold 2.*

Château de la Brisette is an elegant listed 18th-century property which has been in the same family for over a hundred years. The grounds are enhanced by a lake and woodlands and a strikingly beautiful chapel with its outbuildings. The château is reflected in the lake. The three guest rooms each have their own style: Empire, Gothic and Louis XVI.

St-Germain-de-Tournebut Carte 2 `423`

Château de la Brisette

50700 Saint-Germain-de-Tounebut
Tél. 02 33 41 11 79 - Fax 02 33 41 22 32
Gentien de la Hautière

1 pers 400/500 F – 2 pers 450/500 F – p. sup 100 F

3 chambres, toutes avec bains, wc, téléphone et TV par satellite. Ouvert de Pâques à la Toussaint (autres sur réservation). Possibilité salle et salon de réception. Restaurants à 7 km (Valognes) et à 9 km (St-Vaast-la-Hougue). ★ Plages du débarquement, Cap de la Hague. Equitation, tennis, golf 18 trous et mer à 6 km. Piscine à 7 km. Sentiers de randonnée sur place. **Accès :** à 7 km de Valognes, direction Quettehou (fléché depuis Valognes). CM 54, pli 2.

Le château de la Brisette est une élégante propriété du XVIIIe siècle appartenant à la même famille depuis plus de 100 ans. Très belle chapelle et communs. Le château, inscrit à l'ISMH et VM, se reflète dans l'étang et est entouré d'un parc boisé. Les trois chambres ont chacune leur style : Empire, Gothique et Louis XVI.

Manche

Granville 5 km: port, uptown, sea water therapy, full range of leisure activities. Mont-St-Michel Bay 12 km. Bay crossings arranged from Genêts 18 km.

★ ***How to get there:*** *From Saint-Pair-sur-Mer: Rue Saint-Michel, turn right into Rue Mallais. Then right again into Rue de la Hogue.*

Nicole Elie is your hostess at La Hogue, just 300 metres from the sea, in the heart of the resort. This handsome 19th-century residence is set in beautiful flower-filled, shaded parkland. The bedrooms, one of which has a sloping ceiling, boast attractive furniture and considerable charm. You will especially enjoy the copious breakfasts served on the exotic verandah.

Saint-Pair-sur-Mer Carte 2 `424`

La Hogue

152, rue de la Hogue - 50380 St-Pair-sur-Mer
Tél. 02 33 50 58 42 ou 02 33 50 64 92
Fax 02 33 50 64 92
http://wwwpageszoom.com
Nicole Elie

1 pers 240 F – 2 pers 320 F – 3 pers 470 F
p. sup 80 F

2 chambres (non fumeur) avec tél. et sanitaires privés, poss. ch. complémentaire. 550 F 4 pers. Ouvert de Pâques à la Toussaint (autres sur rés.). Copieux petit déjeuner : pains variés, confitures, brioche, patisseries maison. Véranda. P-pong. Terrasse, parc boisé, terrains de boules-croquet. Equip. bébé à dispo. Restaurants à Kairon 3 km et Granville 5 km. ★ Granville 5 km : port, haute ville, thalassothérapie, et tous loisirs. Baie du Mt-St-Michel à 12 km. Traversée de la baie organisée à partir de Genêts (18 km). **Accès :** de Saint-Pair-sur-Mer : rue Saint-Michel puis à droite, rue Mallais, enfin à droite, rue de La Hogue.

A 300 m de la mer, au coeur de la station, Nicole Elie vous accueille à La Hogue. Cette belle demeure bourgeoise du XIXe est entourée d'un beau parc fleuri et ombragé. Les chambres dont une mansardée, avec un joli mobilier, sont pleines de charme. Vous apprécierez les petits déjeuners gourmands servis dans la véranda exotique.

Manche

Barfleur bridges (2 km) and St-Vaast-la-Hougue (13 km). Ile de Tatihou (isle). Cherbourg 25 km. Valognes and private mansions 30 km.

★ **How to get there:** *From Cherbourg: D901 heading for Barfleur. After Tocqueville, turn right (D10) for Sainte-Geneviève, and follow signs.*

Marie-France Caillet is your hostess at her 16th and 17th-century manor farm. A stone staircase leads to the romantic-style bedrooms. Breakfast is served in a room adorned with a monumental granite fireplace.

Sainte-Geneviève

Carte 2 **425**

Manoir de la Fèvrerie
4, route d'Arville - 50760 Sainte-Geneviève
Tél. 02 33 54 33 53
Marie-France Caillet

1 pers 270/320 F - 2 pers 300/350 F - p. sup 100 F

3 chambres : 1 ch. (2 lits 1 pers.) avec salle de bains et wc privés et 2 ch. (1 lit 2 pers.) avec salle d'eau et wc privés. Ouvert toute l'année. Restaurants à 3 km. ★ Ports de Barfleur (2 km) et Saint-Vaast-la-Hougue (13 km). Ile de Tatihou. Cherbourg à 25 km. Valognes et ses hôtels particuliers à 30 km. **Accès :** en venant de Cherbourg, D901 direction Barfleur. Après Tocqueville à droite (D10) vers Sainte-Geneviève puis fléchage.

Marie-France Caillet vous accueille dans sa ferme-manoir des XVIe et XVIIe siècles. Les chambres, desservies par un escalier de pierre, ont été décorées dans un style romantique. Les petits déjeuners sont servis dans une salle ornée d'une cheminée monumentale en granit.

Manche

4 km from Valognes: Normandy's "Little Versailles" and its private mansions. Tennis court and swimming pool 4 km. Sea 12 km. Sainte-Mère-Eglise 20 km and Cherbourg 25 km. Golf course 15 km.

★ **How to get there:** *On D902 heading for Quettehou and Saint-Vaast-la-Hougue. After the crossroads for Tamerville, 1st entrance on the left.*

The owners guarantee a warm welcome at their attractive 15th and 16th-century manor house, built on the vestiges of a monastery ravaged by Edward III's troops who landed close to Saint-Vaast-la-Hougue in 1346. All rooms look out onto the park and reflect a different period in the residence's history: medieval, Louis XV and 19th-century Norman.

Tamerville

Carte 2 **426**

Manoir de Bellaunay
route de Quettehou - 50700 Tamerville
Tél. 02 33 40 10 62 ou 06 86 02 94 05
Jacques et Christiane Allix-Desfauteaux

1 pers 200/270 F - 2 pers 250/330 F - p. sup 60 F

3 chambres avec s. d'eau ou s.d.b. et wc privés, ouvrant sur le parc. Entrée indépendante. Ouvert de Pâques à la Toussaint (hors-saison sur réservation). Restaurants à 4 et 15 km. VTT à disposition, parc. ★ A 4 km de Valognes, le "Petit Versailles Normand", avec ses hôtels particuliers. Tennis et piscine à 4 km. Mer à 12 km. Sainte-Mère-Eglise à 20 km et Cherbourg à 25 km. Golf à 15 km. **Accès :** sur la D902 en direction de Quettehou et Saint-Vaast-la-Hougue. Après le carrefour indiquant Tamerville, 1ère entrée à gauche.

Les propriétaires vous recevront dans leur joli manoir, édifié entre les XVe et XVIe siècles, sur les vestiges d'un monastère dévasté par les troupes d'Edouard III, débarquant non loin de là à Saint-Vaast-la-Hougue en 1346. Chaque chambre vous racontera une époque de l'histoire de cette demeure : médiévale, 19e normande, Louis XV...

Manche

Mont-St-Michel 18 km. Avranches overlooking Mont-St-Michel Bay 16 km. Villedieu-les-Poêles, famous for brassmaking and bell foundries 35 km. Tennis 6 km. Lake 10 km. Horse-riding 15 km. Swimming pool 16 km. Sea 30 km.

★ *How to get there: The castle is on D308 between D40 and D998. A64 motorway, D40 exit : Mont-St-Michel/ Rennes. Michelin map 59, fold 8.*

Domaine de Boucéel dates from the 12th century. The current listed castle was built in 1763. The interior is exquisite with fine period furniture. Family portraits adorn the walls. At the far end of the landscape garden with hundred-year-old trees and ponds, there is a 13th and 15th-century chapel.

Marne

Visits to champagne cellars. Reims Cathedral. Faux de Verzy. Marne river cruises. Walks in the forest on site.

★ *How to get there: 9 km northeast of Epernay, head for Ay, then Avenay Val d'Or and Mutigny (follow signs). Michelin map 56, fold 15.*

This fine 17th-century manor house, set in 3.7 acres of land, was originally a hunting lodge for the Dukes of Gantaut-Biron. Breakfast is served in a vast 19th-century dining room. In fair weather, the garden and peaceful ornamental lake are extremely pleasant. A blissful paradise.

Vergoncey

Carte 2 **427**

Château de Boucéel
50240 Vergoncey
Tél. 02 33 48 34 61 - Fax 02 33 48 34 61
Email : chateaubouceel@siteparc.fr
http://www.siteparc.fr/chateaubouceel
Comte et Comtesse de Roquefeuil

1 pers 750/800 F - 2 pers 800/900 F - 3 pers 900 F
p. sup 100 F

1 suite 3 pers. et 2 ch. 2 pers. (poss. petite ch. compl. non communicante) avec s.d.b., wc privés et entrée indép. Ouvert juil./août et W.E. de Pâques à la Toussaint. Petit déj. : viennoiserie, pâtisseries maison, laitages, fruits frais... Billard français, bibliothèque-salon et pièce tél. réservées aux hôtes. Parc, salon de jardin, étangs. ★ Mt-St-Michel 18 km. Avranches avec vue sur la baie du Mont 16 km. Villedieu-les-Poêles, cité du Cuivre et fonderies de cloches 35 km. Tennis 6 km. Lac 10 km. Equitation 15 km. Piscine 16 km. Mer 30 km. Granville 45 km. **Accès :** le château se trouve sur la D308 entre la D40 et la D998. Autoroute A84, sortie D40 : le Mont-Saint-Michel/Rennes. CM 59, pli 8.

Le Domaine de Boucéel remonte au XIIe siècle. Le **château actuel (ISMH), demeure familiale a été construit en 1763. Il est décoré avec raffinement, meublé avec style. Des portraits de famille ornent ses murs. Au fond du parc à l'anglaise avec ses arbres séculaires et ses étangs, la chapelle des XIIIe et XV siècles.**

Mutigny

Carte 1 **428**

Manoir de Montflambert
51160 Mutigny
Tél. 03 26 52 33 21 - Fax 03 26 59 71 08
Renée Rampacek

1 pers 420/570 F - 2 pers 450/650 F - 3 pers 750 F

6 chambres, toutes avec bains et wc privés. Ouvert de Pâques au 15/11. Cartes bleues et Visa acceptées. Restaurant à 5 km. ★ Visite des caves de champagne. Cathédrale de Reims. Les faux de Verzy. Croisières sur la Marne. Promenades en forêt sur place. **Accès :** à 9 km au nord-est d'Epernay, prendre Ay puis Avenay Val d'Or et Mutigny (suivre le fléchage). CM 56, pli 15.

Beau manoir du XVIIe siècle (ancien relais de chasse des Ducs de Gantaut-Biron), situé dans un parc de 1,5 ha. Les petits déjeuners sont servis dans une vaste salle à manger XIXe siècle. Aux beaux jours, vous profiterez du jardin et de sa paisible pièce d'eau. Endroit paradisiaque très calme.

Marne

Reims (cathedral, exhibition centre, etc). Champagne country. Fort de la Pompelle.

★ *How to get there:* 800 m from RN44, 5 min from Reims on the way to Châlons and motorway exit Reims-Cormontreuil.

This handsome residence full of character, originally a hunting lodge, is set in 5.5-acre grounds. The spacious, comfortable bedrooms all have separate entrances. A dining room with rest area, TV and fridge are available for guests' use. Pleasant, fully-enclosed garden with outdoor furniture.

Prunay

Carte 1 **429**

La Bertonnerie
51360 Prunay
Tél. 03 26 49 10 02 - Fax 03 26 49 17 13
Christian et Odile Le Beuf

1 pers 270 F - 2 pers 320 F - 3 pers 470 F

1 ch. 2 pers. et 1 ch. 3 pers. avec sanitaires privés. Ouvert toute l'année. Copieux petit déjeuner : fruits frais et secs, laitage, viennoiseries... Séjour, coin-repos, TV, réfrigérateur, micro-ondes à dispo. Jardin clos, salon de jardin, jeux, portique, p-pong, vélos. Restaurant 800 m. ★ Reims (cathédrale, parc des expositions...). Route du Champagne. Fort de la Pompelle. **Accès :** à 800 m de la RN44, à 5 mn de Reims en direction de Châlons et de la sortie d'autoroute Reims-Cormontreuil.

Cette belle demeure de caractère est un ancien relais de chasse entouré d'un parc de 2,5 ha. Les chambres qui sont vastes et confortables ont toutes un accès indépendant. Une salle de séjour avec coin-repos, TV et réfrigérateur sont à votre disposition. Agréable jardin entièrement clos avec salon de jardin.

Haute Marne

Visit the churches and vineyards of Champagne. Royal crystalworks at Bayel 35 km. Der Lake, stud farm and abbey-church at Montier-en-Der 10 km. Cirey-sur-Blaise Château 20 km. Horse-riding 8 km. Tennis 2 km. Cranes migrate here (Mar-Nov).

★ *How to get there:* At Montier-en-Der, head for Troyes, then take D174 via Longeville-sur-la-Laines. Drive through the village, then left, first crossroads after the exit.

In the immediate vicinity of the great lakes of Champagne-Ardennes, Mr and Mme Viel-Cazal are pleased to welcome you to their lovely family home full of character where peace and quiet prevail. The rooms are bright and comfortable. The Boulancourt estate stands on the site of the 12th-century monastic domain that was pulled down during the 19th century.

Longeville-sur-la-Laines Carte 1 **430**

Boulancourt
Longeville-sur-la-Laines
52220 Montier-en-Der
Tél. 03 25 04 60 18 - Fax 03 25 04 60 18
Philippe et Christine Viel-Cazal

1 pers 245/305 F - 2 pers 270/330 F
3 pers 370/430 F - p. sup 100 F - repas 130 F

5 ch., douche ou bains, wc privés. Ouvert toute l'année uniquement sur rés. confirmée. Table d'hôtes sur rés. (boissons comprises) : cuisine familiale, poissons d'étangs, sanglier en période de chasse. Point-phone. Parc, rivière, pêche, sentier de petite randonnée à pied ou en VTT sur place. Restaurants 10 et 20 km ★ Eglises et vignobles champenois. Cristalleries Royales de Bayel 35 km. Lac du Der, haras et abbatiale de Montier-en-Der 10 km. Château de Cirey 20 km. Equitation 8 km. Tennis 2 km. **Accès :** à Montier-en-Der, direction Troyes, puis D 174 par Longeville-sur-la-laines. Traverser le village, à gauche 1er croisement après la sortie.

A proximité des grands lacs de Champagne-Ardennes, M. et Mme Viel-Cazal vous reçoivent dans leur maison de caractère où règnent le calme et la tranquillité. Les chambres sont gaies et confortables. Vous pourrez découvrir la migration des grues cendrées (mars-novembre). Le Domaine de Boulancourt a succédé au Domaine Monastique du XIIe disparu au XIXe.

Mayenne

Within a 5-km radius: Lassay and châteaux, large reservoir (water sports), tennis, swimming pool and riding. Golf course, forest, casino, spa and Roman temple 15 km. Boat trips on the river.

★ **How to get there:** 7 km from N12, 11 km from Mayenne, access on D34 heading for Lassay, Bagnoles de l'Orne: on D160, for Chantrigné. The presbytery is 800 m from the village.

Le Vieux Presbytère is set in a vast landscape garden with a stream running through it. The two bedrooms with beams are in a separate wing of a restored 17th-century presbytery (tithe-barn). Gourmets will delight in the copious breakfasts. Inn (auberge) in the village and gastronomic restaurants nearby.

Montreuil–Poulay

Le Vieux Presbytère
53640 Montreuil-Poulay
Tél. 02 43 00 86 32 – Fax 02 43 00 81 42
Email : 101512.245@compuserve.com
Denis et Patricia Legras-Wood

Carte 2 **431**

1 pers 280 F - 2 pers 320 F

2 chambres avec bains et wc privés. 2 salons avec poutres, cheminée, four à pain, cuisine indépendante. Fermé l'hiver. TV par satellite, vélos sur place. Barbecue, salon de jardin. Chauffage central. Gare 11 km. ★ A 5 km, Lassay et ses châteaux, plan d'eau (sports nautiques), tennis, piscine, randonnées équestres. Golf, forêt, casino, thermes et temple romain 15 km. Promenades fluviales. **Accès :** à 7 km de la N12, 11 km de Mayenne, accès par la D34 vers Lassay, Bagnoles-de-l'Orne; sur la D160, direction Chantrigné, c'est à 800 m du bourg.

En pleine campagne, dans un vaste jardin à l'anglaise parcouru par un ruisseau, 2 chambres avec poutres, dans l'aile indépendante d'un presbytère du XVIIe restauré (Grange aux dîmes). Copieux petits déjeuners. Auberge dans le bourg, restaurants gastronomiques à proximité..

Mayenne

Solesmes Abbey, Malicorne earthenware. Le Plessis Macé Château. Golf courses: Sablé, Champigné. 25 km from St-Denis d'Anjou: footpaths, tennis court. Theatre and concerts ("Nuits de la Mayenne" season).

★ **How to get there:** 9 km southwest of Sablé-sur-Sarthe, take D309, then D27 for Angers. Follow signs in the village. 75 min from Paris on TGV high-speed train. Michelin map 232, fold 20.

In one of the seven small Mayenne towns full of character, you will be given a warm welcome by hosts Martine and Jacques. Their attractive residence dating back to 1830 boasts period furniture. The breakfasts are excellent. In the summer months, the master of the house will be happy to share his love of horses by taking you on a carriage ride (trotting courses available).

Saint-Denis-d'Anjou

Le Logis du Ray
53290 Saint-Denis-d'Anjou
Tél. 02 43 70 64 10 – Fax 02 43 70 65 53
Jacques et Martine Lefebvre

Carte 2 **432**

1 pers 315/360 F - 2 pers 350/395 F - 3 pers 540 F
p. sup 150 F – repas 160 F

3 chambres avec douche et wc privés. Ouvert toute l'année. Table d'hôtes sur rés. (le samedi soir seulement, base 6 pers.). Prêt de vélos. Sur rés. : promenades à thème en attelage, week-end "anti-stress". (-10% pour 3 ou 4 nuits et 15% de 5 à 7 nuits). Visa et Mastercard acceptées. 2 restaurants 800 m ★ Abbaye de Solesmes, faïencerie de Malicorne, château du Plessis Macé.. Golfs à Sablé et Champigné. Sentiers et tennis à St-Denis d'Anjou. Nuits de la Mayenne : théâtre, concerts... **Accès :** à 9 km au sud-ouest de Sablé-sur-Sarthe, prendre la D309 puis la D27 en dir. d'Angers. Dans le village, fléchage. 1h15 de Paris en TGV. CM 232, pli 20.

Dans une des 7 petites cités de caractère de la Mayenne, Martine et Jacques ouvrent les portes de leur belle et vieille demeure, bâtie en 1830. Vous y trouverez de jolis meubles anciens et dégusterez d'excellents petits déjeuners. L'été, Jacques vous fera partager sa passion pour les chevaux, le temps d'une promenade en calèche ou d'un stage d'attelage de loisirs.

Meuse

Meuse 500 m. Near Verdun (1914-18 War). Château is 10 min from WWI battlefields. Argonne Forest. Tandems on premises. Swimming pool, tennis court. Fly fishing 6 km. Horse-riding 10 km.

*★ **How to get there:** From Paris A4 motorway, Verdun exit, for Bar-le-Duc to Lemmes, then left to Senoncourt and Ancemont. Motorway from Strasbourg, Verdun exit, drive for 8 km. At Dieue, head for Ancemont.*

This attractive 18th-century château has been tastefully restored by its current owners. Guests are guaranteed a warm welcome. Fine cuisine prepared by the lady of the house is served in the Louis XVI dining room. Guests also have the use of the Louis XV lounge. Private swimming pool with spa. Book for flying trips in 3-seater plane.

Ancemont
Carte 1 **433**

Château de la Bessière
55320 Ancemont
Tél. 03 29 85 70 21 - Fax 03 29 87 61 60
Email : rene.eichenauer@wanadoo.fr
René et Marie-Josée Eichenauer

1 pers 300 F - 2 pers 400 F - 3 pers 450 F
p. sup 60 F - repas 125 F - 1/2 p. 325 F

2 chambres avec TV, s. d'eau et wc privés et 1 suite de 2 ch. avec s.d.b. et wc communs (550 F suite). Ouvert toute l'année. Table d'hôtes (boissons comprises) : magret à la crème de brie, mousseline, bergamote. Parking intérieur couvert (cour). Parc ombragé. Piscine privée. Tél. à dispo., fax gratuit. ★ Meuse 500 m. A proximité de Verdun (Histoire 14 - 18). Château à 10 mn des champs de bataille. Forêt d'Argonne. Tandems sur place. Piscine, tennis. Circuit pêche à la mouche 6 km. Equitation 10 km. **Accès :** de Paris A4 sortie Verdun dir.Bar-le-Duc jusqu'à Lemmes. A gauche vers Senoncourt et Ancemont. Autoroute Strasbourg sortie Verdun + 8 km, à Dieue dir. Ancemont.

Dans ce joli château du XVIIIe que les propriétaires ont restauré avec goût, vous serez accueillis très chaleureusement et pourrez déguster les spécialités de la maîtresse de maison dans la salle à manger Louis XVI. Salon Louis XV à disposition. Piscine privée avec banc balnéo. Poss. balade en avion 3 pers. sur réservation.

Meuse

Bar-le-Duc and Verdun. Fly fishing 20 km. La Madine Lake (golf, sailing and tennis). Footpaths.

*★ **How to get there:** On N35 from Bar-le-Duc to Verdun, take D902 at Chaumont-sur-Aire or D101 at Neuville. Follow signs for the Château.*

Lise provides a warm welcome at her large half-timbered, stone house in a quiet, restful setting. Great care has been taken with the decoration and each of the 3 spacious bedrooms has its own personal touch (lilac, rose and cornflower). All three afford a view of the park. Lise will be delighted to help you discover the Meuse and its region.

Thillombois
Carte 1 **434**

Le Clos du Pausa
55260 Thillombois
Tél. 03 29 75 07 85 - Fax 03 29 75 00 72
Lise Tanchon

1 pers 300 F - 2 pers 350/450 F - p. sup 50 F
repas 160 F

2 chambres et 1 suite avec sanitaires privés. Ouvert toute l'année sauf du 15/9 au 15/10 et janvier. Table d'hôtes uniquement sur réservation (vin compris et pain maison). Grand parc ombragé. Barbecue dans le lavoir. Vélos disponibles sur place. Animaux admis sur demande (+ 50 F). Restaurants gastronomiques à 15 km. ★ Bar-le-Duc et Verdun. Parcours de pêche à la mouche (20 km). Lac de la Madine (golf, voile et tennis). Circuits pédestres. **Accès :** sur N35 de Bar-le-Duc à Verdun, prendre la D902 à Chaumont-sur-Aire ou la D101 à Neuville. Suivre fléchage château.

Lise vous recevra chaleureusement dans sa grande maison en pierres et colombages au décor soigné, dans un cadre calme et reposant. 3 chambres spacieuses et personnalisées (Lilas, Rose et Bleuet) vous seront réservées. Elles ont toutes vue sur le parc. Si vous le souhaitez, Lise vous guidera dans la découverte de la Meuse et sa région.

Morbihan

Carnac-Plage: seaside resort with fine sand beach (500 m), lively streets the high season, sea water therapy centre, sea water swimming pool, French Sailing School (regattas). Megaliths 1 km.

*★ **How to get there:** In Carnac-Ville, head for "Les Plages" (beaches), then drive to the end of Avenue des Druides. Turn left into Chemin de Beaumer then 500 m on, follow signs for Impasse de Beaumer.*

Marie-France and Daniel Balsan provide a warm welcome at this finely-restored farmhouse, between the sea and the menhirs. Enjoy a delicious breakfast before going walking or hiking. Other leisure activities are available for getting to know this magnificent region.

Carnac

Carte 2   **435**

L'Alcyone

Impasse de Beaumer – 56340 Carnac
Tél. 02 97 52 78 11 – Fax 02 97 52 13 02
Marie-France Balsan

---

2 pers 300/320 F - p. sup 80/100 F

5 chambres 2 pers. avec téléphone, TV (sur demande), salon et sanitaires privés. Ouvert toute l'année. Taxe de séjour (juin à sept.). Copieux petits déjeuners : confitures, spécialités de gâteaux, jus d'orange... Jardin clos privatif de 6500 m², terrasse, salon de jardin. Restaurants à la Trinité (2 km). ★ Carnac-Plage, station balnéaire 500 m, rues animées en saison, centre de thalassothérapie, piscine d'eau de mer, école française de voile (régates). Mégalithes à 1 km. **Accès :** A Carnac-Ville dir. les plages. Avenue des Druides jusqu'à l'extrémité. A gauche, chemin de Beaumer, et à 500 m, suivre le fléchage vers l'impasse de Beaumer.

Entre la mer et les menhirs, dans une longère finement restaurée, Marie-France et Daniel Balsan seront heureux de vous accueillir. Vous apprécierez les délicieux petits déjeuners. Promenades-randonnées, découvertes et autres loisirs vous seront proposés afin de mieux connaître cette belle région.

Morbihan

Seventeeth-century village at Quistinic. Hennebont, historical town (16th-century basilica, ramparts, national stud farms, etc). Lochrist: water sports centre on the Blavet, river fishing. Beaches 25 min.

*★ **How to get there:** On RN165 Vannes-Lorient or RN24 Rennes-Lorient, Inzinzac-Lochrist exit. At Lochrist, drive past the two bridges. At the 2nd bridge, turn right, drive 4 km, then turn left.*

Catherine Spence provides a warm welcome at her 18th and 19th-century manor house, set in the Blavet Valley. Superb interior decoration appointed entirely with 18th and 19th-century furniture. The residence exudes considerable charm and offers a high standard of comfort. Attractive 7.5-acre park.

Inzinzac-Lochrist

Carte 2   **436**

Le Ty-Mat

Penquesten – 56650 Inzinzac-Lochrist
Tél. 02 97 36 89 26 – Fax 02 97 36 89 26
Catherine Spence

---

2 pers 300 F - 3 pers 370 F - p. sup 70 F

2 ch. 2 pers. et 2 ch. 3 pers. avec sanitaires privés. Ouvert toute l'année. Savoureux petit déj. : viennoiseries, crêpes, far breton et tartes maison, laitage. Piano, jeux de société, TV. Parc, portique, bac à sable, chemins de rand. dans les bois de Trémelin. Restaurants de poissons à proximité. ★ Village du XVIIe à Quistinic. Hennebont, ville historique (basilique XVIe, remparts, haras nationaux...). Lochrist : base nautique sur le Blavet, pêche en rivière. Plages à 25 mn. **Accès :** de la RN165 Vannes-Lorient ou de la RN24 Rennes-Lorient, sortie Inzinzac-Lochrist. A Lochrist, passer les 2 ponts. Au 2e pont, à droite sur 4 km puis à gauche.

Situé dans la vallée du Blavet, Catherine Spence vous accueille dans son manoir des XVIIIe et XIXe siècles. Superbe décoration intérieure avec un mobilier français et anglais, exclusivement ancien, d'époque XVIIIe et XIXe. Vous trouverez à cette demeure un charme particulier et beaucoup de confort. Beau parc de 3 ha.

Morbihan

Peaceful area with superb landscape park for relaxing. Tennis 800 m. Horse-riding 2 km. Trout fishing on the Blavet 3 km.

★ *How to get there: N24, Rennes-Lorient, Languidic exit. Head for "Place de l'Eglise", and "Kergonan". 800 m on from the Languidic exit, cross over motorway. First road on the left and follow "Gîtes de France" signs.*

Yvonne Le Roux will be delighted to welcome you to her 18th-century cottages, set in a peaceful, pretty flower garden. The bedrooms are very comfortable and the interior exudes warmth (Louis Philippe, Voltaire and rustic styles). The guest lounge boasts a handsome fireplace and library. Table tennis, billiards. Winter weekends with fireside meals available.

Languidic

Carte 2 **437**

Les Chaumières de Lezorgu
56440 Languidic
Tél. 02 97 65 81 04 ou 06 10 61 76 92
Fax 02 97 65 81 04
Yvonne Le Roux

2 pers 280/350 F – p. sup 50/100 F

A l'ét. : 1 suite 2/4 pers. (2 ch.), s. d'eau et wc privés non communiquants et 1 ch. 2 pers., accès privatif, avec bains et wc privés non communiquants.Ouvert toute l'année. Petits déj. bretons servis dans la véranda. Vaste jardin aménagé et clos, salons de jardin, p-pong. Séjour/salon (cheminée, bibl., TV, hi-fi) à dispo. Baby-sitting sur demande ★ La tranquillité du site avec son superbe jardin aménagé. Tennis à 800 m. Equitation 2 km. Pêche à la truite sur le Blavet à 3 km. **Accès :** N24 Rennes/Lorient, sortie Languidic dir. place de l'église. Puis dir. "Kergonan". 800 m après Languidic, dès le passage au dessus de la voie rapide, 1ère rte à gauche (panneaux "Gîtes de France").

Madame Le Roux sera heureuse de vous accueillir dans ses chaumières du XVIIIe, entourées d'un joli jardin. Les chambres sont très confortables, la décoration intérieure chaleureuse (style Louis Philippe, Voltaire, rustique,...). En hiver, possibilité week-end avec repas au coin du feu.

Morbihan

Auray (St-Goustan Port) 6 km. Erdeven (main beaches) 8 km. Carnac 18 km. Ile de St-Cado (Belz) and Etel ria 5 km. St-Laurent 18-hole golf course 2 km (1 km on foot). Karting at Ploemel 2 km.

★ *How to get there: On N165, at d'Auray, Carnac/Quiberon exit. At 1st roundabout, D22 (Etel/Belz). Approx. 3 km on, turn left for Ploemel/Erdeven (D105). Drive through village, and right 1 km on, "Kerimel".*

Just 7 km from the beaches and 2 km from the Saint-Laurent golf course, Babeth and Pierre welcome you to a set of 17th-century cottages full of character. The interior decoration is rustic and inviting. The bedrooms, featuring old-fashioned furniture, are extremely comfortable. You will enjoy the peaceful village and pretty, leafy flower garden. A charming spot for getting to know Brittany.

Ploemel

Carte 2 **438**

Kérimel
56400 Ploemel
Tél. 02 97 56 84 72 ou 06 07 58 63 20
Fax 02 97 56 84 72
Email : elisabeth.malherbe@wanadoo.fr
Babeth et Pierre Malherbe

2 pers 290/320 F – 3 pers 410 F – p. sup 90 F

5 chambres avec TV et sanitaires privés. Ouvert toute l'année. Petit déjeuner : croissants, gâteau breton, far, crêpes, yaourts, confitures maison... Séjour-salon réservé aux hôtes avec TV, magnétoscope, bibliothèque, jeux de société. Réfrigérateur à disposition. Jardin avec salon de jardin. Crêperie à Ploemel (1 km) et restaurants à 2 et 7 km. ★ Auray (port de St.Goustan) 6 km. Erdeven (grandes plages) 8 km. Carnac 18 km. Ile de St.Cado (Belz) et ria d'Etel 5 km. Golf de St.Laurent (18 trous) 2 km (1 km à pieds). Karting de Ploëmel 2 km. **Accès :** sur la N165 au niveau d'Auray sortie Carnac/Quiberon. Au 1er rd.pt. prendre D22 (Etel/Belz). A 3 km environ, à gauche Ploemel/Erdeven (D105). Traverser le bourg, puis à droite sur 1 km, "Kerimel".

A 7 km des plages et à 2 km du golf de Saint-Laurent, Babeth et Pierre vous accueillent dans un ensemble de chaumières de caractère du XVIIe. L'intérieur au décor rustique est chaleureux et les chambres avec leur mobilier ancien, sont très confortables. Vous apprécierez le calme du village et du joli jardin boisé et fleuri. Une étape de charme pour découvrir la Bretagne.

Morbihan

Mills and old buildings. Auray 6 km with port of St-Goustan: rich artistic and historical treasures. Vannes 10 km: cathedrals, gardens, ramparts, museums, port. Ocean, beach 10 km. Tennis, horse-riding 1 km. Golf 3 km. Swimming pool 6 km.

★ **How to get there:** N165 Vannes-Lorient, Plougoumelen exit. Head for Plougoumelen, after 600 m up turn left for the Cahire road. Cahire is 1 km further on. Michelin map 63, fold 2.

Mr Trochery is your host at his cluster of 17th-century cottages, in a listed village by the sea. The four very spacious bedrooms and the sober, refined décor blends harmoniously with the contemporary and period furniture. There is a tea set in every bedroom. Attractive landscape garden and 2.5-acre grounds.

Plougoumelen

Carte 2 **439**

Cahire
56400 Plougoumelen
Tél. 02 97 57 91 18 – Fax 02 97 57 93 20
Arsène Trochery

2 pers 270/380 F – p. sup 50/100 F

4 chambres avec douches et wc privés dont 2 avec entrées indépendantes, coin-salon et cheminée. Ouvert de février à décembre. Petit déjeuner copieux et gourmand : pains spéciaux, confitures, oeufs, jambon... Parc, jardin, terrasse, salon de jardin. Restaurants à proximité. Taxe de séjour : 1 F/jour/pers. ★ Moulins et vieilles bâtisses. Auray (6 km) avec le port de St-Goustan, ville d'art et d'histoire. Vannes 10 km : cathédrales, jardins, remparts, musées, port... Océan, plage 10 km. Tennis, équitation 1 km. Golf 3 km. Piscine 6 km. **Accès :** N165 Vannes-Lorient, sortie Plougoumelen. En direction de Plougoumelen, à 600 m à gauche, route de Cahire. Cahire est à 1 km. CM 63, pli 2.

Près de la mer, M. Trochery vous accueille dans un ensemble de chaumières du XVIIe siècle, situé dans un village classé. Les 4 chambres sont très spacieuses et la décoration, sobre et raffinée, mêle avec bonheur, mobilier contemporain et meubles de style. Pour votre confort, chaque chambre dispose d'un service à thé. Parc d'1 ha. et beau jardin paysager.

Morbihan

Port-Louis 5 min: citadel, India Company Museum. Vast white-sand beaches. Carnac 25 min: menhirs and megaliths. Îles de Groix, Belle-Île. Morbihan Gulf. Tennis, sailing, diving, golf, horse-riding and hiking.

★ **How to get there:** On RN165. Turn off for Port-Louis on D781. 1 km past the Kernours roundabout, turn left for Fontaine-Galèze and keep going for 2.6 km until you get to Kervassal. Michelin map 63, fold 1.

A quiet little country village is the backdrop to this authentic fully-restored 17th-century Breton cottage. Its spacious, refined bedrooms all have their own individual style and are tastefully furnished. This residence full of charm attests to the owners' keen sense of savoir-vivre. An outstanding port of call.

Riantec

Carte 2 **440**

Kervassal
56670 Riantec
Tél. 02 97 33 58 66 – Fax 02 97 33 58 66
Email : gonzague.watine@wanadoo.fr
Gonzague et Maya Watine

1 pers 260 F – 2 pers 290 F – 3 pers 370 F
p. sup 80 F

2 ch. 3 pers. et 1 ch. 2 pers. avec sanitaires privés. Ouvert toute l'année. Petit déjeuner gourmand : céréales, laitages, pains bio (fabrication artisanale), viennoiseries, patisseries maison (cake, far, crêpes). Jardin fleuri et ombragé. Nombreux restaurants et crêperies à proximité. ★ Port-Louis à 5 mn : citadelle, musée de la Compagnie des Indes. Immenses plages de sable blond. Carnac 25 mn : menhirs et mégalithes. Iles de Groix, Belle-Ile. Golfe du Morbihan. Tennis, voile, plongée, golf, équitation, randonnées. **Accès :** sur la RN165. En dir. de Port-Louis par la D781. 1 km après le rond point de Kernours, prendre à gauche dir. Fontaine-Galèze et continuer sur 2,6 km jusqu'à Kervassal. CM 63, pli 1.

Dans le calme d'un petit village de campagne, cette authentique chaumière bretonne du XVIIe siècle a été entièrement restauré. Les chambres spacieuses et raffinées sont toutes personnalisées et meublées avec goût. Demeure de charme qui témoigne de la passion de ses propriétaires pour un certain art de vivre. Une adresse d'exception à ne pas manquer.

Morbihan

Rochefort-en-Terre (town with great character), La Gacilly village, famous for its arts and crafts 10 km. Medieval city of Malestroit 12 km. La Chapelle-Caro 20 km. Josselin (Château and Costume Museum) and Crévy Château (Costume Museum) 30 km.

★ **How to get there:** *From Paris, Rennes, Redon, dir. St-Martin/Oust. D149 exit, and drive 1.5 km for St-Congard. From Vannes, Ploërmel: at Malestroit, make for St-Congard and St-Martin.*

Hosts Mr and Mme Cossé guarantee a warm welcome at their handsome 18th-century château. The spacious, comfortable bedrooms boast period furniture (one of the rooms is listed). Relax in the garden.

Saint-Martin-sur-Oust

Carte 2 **441**

Le Château de Castellan
56200 Saint-Martin-sur-Oust
Tél. 02 99 91 51 69 ou 06 87 44 41 76
Fax 02 99 91 57 41
Email : auberge@club-internet.fr
Patrick Cosse

1 pers 350 F – 2 pers 450/600 F – 3 pers 560/710 F
p. sup 110 F

2 ch. 2 pers., 1 ch. 3 pers., 2 ch. doubles 4 pers., toutes avec sanitaires privés. Ouvert toute l'année. Parc. Jardin avec salon de jardin. Téléphone personnel des propriétaires mis à la disposition des hôtes. Possibilité de dîner sur place (auberge). ★ Rochefort-en-Terre, cité de caractère, et la Gacilly, village d'artisans d'art 10 km. Malestroit, cité médiévale 12 km. La Chapelle-Caro 20 km. Josselin (son château et son musée du costume) et château du Crévy (musée de costumes anciens) 30 km. **Accès :** De Paris, Rennes, Redon, rejoindre St-Martin/Oust. Sortie D149 sur 1,5 km vers St-Congard. De Vannes, Ploërmel : à Malestroit suivre St-Congard, puis St-Martin.

Beau château du XVIIIe, où M. et Mme Cossé vous réservent un accueil chaleureux. Les chambres sont spacieuses, confortables, et dotées d'un mobilier de style (l'une est d'ailleurs inscrite à l'inventaire des monuments historiques).

Moselle

Metz: Gothic cathedral, ramparts. Gorze, Moselle Valley.

★ **How to get there:** *From Metz, A31, exit 29 and straight on for Cuvry.*

You will be given a warm welcome by your hosts Brigitte and Jean-François in their pretty farmhouse, set in the heart of the Metz Valley.

Cuvry

Carte 1 **442**

Ferme de Haute-Rive
57420 Cuvry
Tél. 03 87 52 50 08 – Fax 03 87 52 60 20
Jean-François et Brigitte Morhain

1 pers 220 F – 2 pers 270 F – 3 pers 320 F

4 chambres, avec bains ou douche et wc privés. Ouvert du 1er avril au 1er novembre. Petit déjeuner à base de pâtisseries et confitures maison, fruits... Restaurants à Metz et au village voisin avec cuisine du terroir et produits frais. ★ Metz : cathédrale gothique, remparts. Gorze, vallée de la Moselle. **Accès :** depuis Metz, A31 sortie n° 29 puis direction Cuvry.

Au cœur du Val de Metz, Brigitte et Jean-François vous recevront chaleureusement dans leur jolie ferme.

Moselle

Pays de Bitche region. Fishing, forests, walks locally. Fitness trail. Hiking paths, swimming pool, horse-riding 5 km. Tennis court locally. Golf course 20 km.

★ *How to get there: From Metz, motorway for Strasbourg, Sarreguemines exit. Head for Sarreguemines on RN61, then for Bitche on N62 to Rohrbach-les-Bitche. At Rohrbach, D35 for Bining, then Rahling.*

This typical Lorraine mill with vane is set in an attractive flower garden. The bedrooms are comfortable and appointed with period-style furniture. Start the day with a hearty breakfast served by your hosts.

Rahling

Carte 1

2, rue du Vieux Moulin
57410 Rahling
Tél. 03 87 09 86 85
Louis et Annie Bach

1 pers 160 F - 2 pers 220 F - 3 pers 270 F

3 chambres avec TV, douche et wc privés. Ouvert toute l'année. Copieux petit déjeuner : fromages, charcuteries, viennoiseries, confitures maison, jus de fruits... Petite cuisine et salon à disposition. Cour, jardin avec salon de jardin. Vélos. ★ Pays de Bitche. Pêche, forêts, balades sur place. Parcours de santé. Sentiers de randonnée, piscine et équitation 5 km. Tennis sur place. Golf 20 km. **Accès :** de Metz, A4 dir. Strasbourg sortie Sarreguemines, puis dir. Sarreguemines (N61) puis dir. Bitche (N62) jusqu'à Rohrbach. A Rohrbach D35 dir Bining puis Rahling.

Cet ancien moulin typiquement lorrain avec sa roue à aube, est entouré d'un joli jardin fleuri. Les chambres qui vous reçoivent sont confortables avec un mobilier de style ancien. Vous apprécierez les copieux petits déjeuners servis généreusement et l'accueil chaleureux des propriétaires.

Moselle

Metz 17 km: Cour d'Or Museums, St-Etienne Cathedral. Anneville-les-Thermes (fitness centre) and Walibi Park 25 km. Verdun (World Peace Centre) 45 km. Tennis, horse-riding 3 km. Golf 25 km.

★ *How to get there: A4 Paris-Strasbourg, exit 34 (Batilly), and D135 to Malmaison (10 km). The property is 1 km up on the right. A31 Luxembourg-Nancy, exit 31 (Moulins-centre), and 12 km on N3 for Verdun. Michelin map 242, fold 1.*

Built in 1224, Domaine de Bagneux nestles in the heart of a valley. This residence with character is ideal for a relaxing break, and features parquet flooring, wainscoting, coffered ceilings and stone fireplaces. The 3 bedrooms (40-60m²) are located in the medieval tower and the bathrooms in the square keeps. Francine and François will welcome you as friends of the family.

Verneville

Carte 1

Château de Bagneux
Bagneux - 57130 Verneville
Tél. 03 87 30 25 80 - Fax 03 87 30 25 80
François et Francine Chevallier

1 pers 250 F - 2 pers 350 F - 3 pers 450 F
p. sup 70 F - repas 95 F

2 chambres et 1 suite avec TV et sanitaires privés. Ouvert toute l'année. Petit déjeuner : croissants, pâtisseries maison, œufs, fruits, laitages... Table d'hôtes : volailles fermières ou gibiers farcis, tartes aux fruits, soufflé à la mirabelle... Salon avec bibliothèque et chaine hi-fi. Propriété de 5 ha. avec étang. Restaurant à 8 km. ★ Metz (17 km) : musées de la Cour d'Or, cathédrale St.Etienne. Anneville-les-Thermes (centre de remise en forme) et parc Walibi 25 km. Verdun (centre mondial de la paix) 45 km. Tennis, équitation 3 km. Golf 25 km. **Accès :** A4 Paris/Strasbourg sortie 34 (Batilly) puis D135 jusqu'à Malmaison (10 km). Propriété à 1 km à droite. A31 Luxembourg/Nancy sortie 31 (Moulins-centre) puis N3 dir. Verdun sur 12 km. CM 242, pli 1.

Le domaine de Bagneux édifié en 1224 se niche au cœur d'un vallon. Cette demeure de caractère avec ses parquets, boiseries, plafonds à caisson et cheminées en pierre, invite à la détente. Les 3 chambres (40 à 60 m2) ont été aménagées dans la tour médiévale et les donjons carrés abritent les salle de bains. Francine et François vous accueillent comme des amis.

Nièvre

Boat trips along the Nivernais Canal 5 km, châteaux, bikes for hire, tennis court, swimming pool, fishing 5 km. Golf course 18 km. Horse-riding 3 km. Footpaths and forest. 350-acre hunting grounds on site.

★ **How to get there:** Halfway between Nevers and Château-Chinon, 1 km from D978 and 5 km before Châtillon-en-Bazois, coming from Nevers. Michelin map 69, fold 5.

Madame Lejault is your hostess at this family mansion which dates from the 17th century. The spacious bedrooms are comfortable and tastefully decorated. A fully-equipped kitchen is available for guests' use and a barbecue has been set up in the dovecote.

Alluy

Carte 4 **445**

Bouteuille
58110 Alluy
Tél. 03 86 84 06 65 – Fax 03 86 84 03 41
André Lejault

1 pers 230 F – 2 pers 270/340 F – 3 pers 330/390 F

3 ch. doubles avec s. d'eau et wc individuels, 1 ch. double + 1 ch. enfant attenante avec s.d.b. et wc individuels, toutes avec TV et téléphone à compteur (lit d'appoint 50 F). Salon. Cheminée. Parking. Ouvert toute l'année. Petit-déjeuner copieux. Restaurants 5 km. Circuit VTT sur place ★ Promenades en bâteaux (canal du Nivernais) 5 km, châteaux, loc. de vélos, tennis, piscine, pêche 5 km. Golf 18 km. Equitation 3 km. Sentiers, forêt et chasse 135 ha. sur place. **Accès :** à mi-chemin entre Nevers et Château-Chinon, à 1 km de la D 978 et à 5 km avant Châtillon en Bazois venant de Nevers. CM 69, pli 5.

Madame Lejault vous accueillera chaleureusement dans cette maison de maître du XVIIe siècle, avec parc. Les chambres sont spacieuses, confortables et meublées avec goût. Une cuisine aménagée est à la disposition des hôtes ainsi qu'un barbecue dans le pigeonnier.

Nièvre

Romanesque churches, Nivernais Canal and châteaux. Forest, lakes. Cycling, hiking, pedalos and tennis.

★ **How to get there:** D34, Clamecy-Decise. 4 km from St-Réverien and 10 km from St-Saulge. Set 800 m back from the road. Michelin map 65, fold 15.

Near the farm, you have a choice between two upstairs bedrooms in a 17th and 19th-century manor house. The pleasant soft-hued décor is a feast for the eyes. Relax in the vast leafy, landscaped park.

Crux-la-Ville

Carte 4 **446**

Domaine des Perrières
58330 Crux-la-Ville
Tél. 03 86 58 34 93 – Fax 03 86 58 26 00
Pascale Cointe

1 pers 250 F – 2 pers 300 F – 3 pers 350 F
p. sup 50 F

2 chambres dont 1 pour 3 pers. avec sanitaires privés (poss. lit supplémentaire). Ouvert toute l'année. Petit déjeuner : pain d'épices et confitures maison... Salle de séjour à disposition. TV, jeux de société et d'extérieur. Parc. Jardin avec terrain de jeux (balançoires, badminton, boules...). Restaurants à proximité. ★ Eglises romanes, châteaux et canal du Nivernais. Forêt, étangs. VTT, randonnée, voile, pédalos, tennis. **Accès :** D34, Clamecy-Decize. A 4 km de St. Réverien et 10 km de St.Saulge. A 800 m de la route. CM 65, pli 15.

A proximité de la ferme, dans un manoir des XVIIe et XIXe, 2 grandes chambres ont été aménagées à l'étage. Agréable décoration aux teintes douces. Pour votre détente, un vaste parc arboré et aménagé.

Nièvre

Forests and lakes close by. Famous Sancerre, Pouilly-sur-Loire vineyards. Châteaux. Tennis court 2 km. Fishing locally (class 1 river). Golf course 20 km. Riding, forest, hiking 5 km. Bathing 25 km.

★ **How to get there:** Leave N7 at Cosne-sur-Loire, take D33 to Donzy. In town, head for Bagnaux (lane along the Talvane). The property is 1.2 km from the "Faubourg de Bouhy" crossroads. Michelin map 65, fold 13.

At the end of a willow-lined path, you will come across Les Jardins de Belle Rive. The owners, who live in the main building, have appointed four bedrooms in a house full of character next to the property, with TV, phone, kitchen area, library and fireplace on the ground floor. The decoration exudes warmth and comfort, creating a relaxing atmosphere.

Donzy
Carte 4 **447**

Les Jardins de Belle Rive
Bagnaux - 58220 Donzy
Tél. 03 86 39 42 18
Bernard et Josette Juste

---

1 pers 240 F - 2 pers 260/320 F - 3 pers 385 F
repas 100 F

4 chambres avec sanitaires privés. Ouvert toute l'année. Petit déjeuner copieux. Table d'hôtes : produits régionaux à découvrir. Piscine privée sur place. Restaurants en ville et alentours. ★ Forêts, étangs à proximité. Vignobles de Sancerre, Pouilly-sur-Loire. Châteaux. Tennis 2 km. Pêche 1ère cat. 200 m. Golf 20 km. Equitation, forêt, randonnées 5 km. Baignade 25 km. **Accès :** quitter N7 à Cosne-sur-Loire, D33 jusqu'à Donzy. En ville dir. Bagnaux (chemin le long de la Talvane). A 1,2 km du carrefour "du Fbg de Bouhy". CM 65, pli 13.

Au bout d'un chemin bordé de saules, les Jardins de Belle Rive vous attendent... Les propriétaires, qui habitent le logis principal, ont aménagé 4 chambres dans une maison de caractère annexe, tél., coin-cuisine, salon, bibliothèque et cheminée au rez-de-chaussée. La décoration est chaleureuse et douce, l'ambiance feutrée.

Nièvre

Gallo-Roman Archaeology Museum in village. Varzy Museum (10 km). Châteaux (Ratilly, Menou, Saint-Fargeau). Sancerre, Pouilly & Chablis vineyards. Tennis, forest, hiking, swimming pool and miniature golf nearby.

★ **How to get there:** Between Saint-Amand-en-Puisaye and Clamecy. From Clamecy, take D957 to Entrains. The accommodation stands opposite the church. Michelin map 65, fold 14.

In the heart of the village, in the furthermost bounds of the Yonne, you will discover this 16th-century former Huguenot place of worship, full of character, celebrating Entrains' twinning with Saranac Lake (New York State). Noëlle Weissberg offers extremely comfortable bedrooms of the highest standard. New England-style period furniture.

Entrains-sur-Nohain
Carte 4 **448**

La Maison des Adirondacks
Place Saint-Sulpice
58410 Entrains-sur-Nohain
Tél. 03 86 29 23 23 ou 01 45 67 71 55
Fax 03 86 29 23 23
Noëlle Weissberg

1 pers 300 F - 2 pers 360 F - 3 pers 480 F
repas 95 F

4 chambres avec bains. Ouvert du 1er juin au 31 octobre. Table d'hôtes (boissons non comprises) : spécialités américaines l'été, charcuteries fines, fromages. Jardin intérieur. Visa acceptée. Restaurants à proximité. ★ Musée archéologique au village. Musée de Varzy 10 km. Châteaux de Ratlliy, Menou, St-Fargeau. Vignobles de Sancerre, Pouilly et Chablis. Tennis, forêt, piscine, mini-golf à proximité. **Accès :** entre Saint-Amand-en-Puisaye et Clamecy. De Clamecy, prendre la D957 jusqu'à Entrains. Les chambres se trouvent face à l'église. CM 65, pli 14.

Aux confins de l'Yonne, au coeur du village, ancien prêche Huguenot du XVIe siècle, dans une bâtisse de caractère, dédiée au jumelage d'Entrains avec Saranac-Lake (état de New-York), Noëlle Weissberg vous recevra dans des chambres de grand confort, au mobilier de style Nouvelle Angleterre.

Nièvre

Town of Nevers, steeped in art and history, and Magny-Cours Formula 1 racing circuit 15 km. Château-Chinon. La Charité-sur-Loire. Decize (water sports stadium). Tennis, horse-riding, karting, canoeing and golf.

★ ***How to get there:*** *From Nevers, take D978 until you reach the D18 junction (for La Machine) and drive 10 km. Michelin map 69, fold 4.*

Listed walled estate near Nevers, spanning over 425 acres with a river running through it. This haven of peace and quiet, once the property of the Queen of Poland, was built between the 17th and 19th centuries. A unique architectural ensemble, enhanced by delightful tree-lined avenues in a park designed by E. André, and sumptuous "marble" stables.

La Fermeté

Carte 4 **449**

Le Domaine de Prye
58160 La Fermeté
Tél. 03 86 58 42 64 - Fax 03 86 58 47 64
Email : domaine-prye@wanadoo.fr
Melle Poilvet et Mme Minot

2 pers 450/550 F – repas 150 F

2 ch. et 2 suites avec sanitaires privés. Ouvert du 15/4 au 15/10. Petit déj. : viennoiseries, patisseries... T. d'hôtes : charolais, légumes du jardin... TV (satellite), magnétoscope, billards (Nicolas, indien, américain), piano. Parc, vélos, pêche, chasse, badminton, p-pong. Visa, Mastercard. ★ Nevers, ville d'art et d'histoire, et Magny-Cours (circuit F1) à 15 km. Château-Chinon. La Charité-sur-Loire. Decize (stade nautique). Tennis, équitation, karting, canoë, golf. **Accès :** de Nevers, prendre la D978 jusqu'à l'embranchement de la D18 (vers La Machine) et faire 10 km. CM 69, pli 4.

Près de Nevers, ce domaine classé qui s'étend sur plus de 150 hectares, clos de murs, est parcouru par une rivière. Ce havre de paix, autrefois propriété de la reine de Pologne, a été construit entre le XVIIe et le XIXe. Ensemble architectural unique, mis en valeur par les belles allées du parc dessiné par E. André, et par ses somptueuses écuries "en marbre".

Nièvre

Bertranges and Guérigny Forests. Fishing on site. Tennis 1 km. Swimming pool, horse-riding 15 km. Lake, bathing 18 km. Vineyards 30 km.

★ ***How to get there:*** *At Nevers, take D977 for Guérigny. Then, when you enter Guérigny, follow the official "Chambre d'Hôtes" signs. Château Villemenant, heading for La Quellerie.*

Château de Villemenant is a listed 14th-century castle set in grounds alongside the Nièvre River. Three luxurious bedrooms await your arrival. Guests have the use of a fine guardroom, in which breakfast and dinner are served. The refined cuisine is enhanced by the attractive tableware. You will enjoy the warm and charming atmosphere that the château exudes.

Guérigny

Carte 4 **450**

Château de Villemenant
58130 Guérigny
Tél. 03 86 90 93 10 - Fax 03 86 90 93 19
M. et Mme Chesnais

1 pers 490 F – 2 pers 580 F – 3 pers 700 F
repas 200 F

3 ch. dont 1 suite (lits jumeaux/lits doubles) avec sanitaires privés. Ouvert toute l'année. Petit déjeuner très copieux adapté selon les origines de la clientèle. T. d'hôtes sur résa. Magnifique biblio. dans la salle de l'Ambassadeur. Jeux de société, tél. sur place. Parking. Parc 3 ha., jeux extérieurs. ★ A proximité : forêts de Bertranges et de Guérigny. Pêche sur place. Tennis 1 km. Piscine, équitation 15 km. Plan d'eau, baignade 18 km. Vignobles 30 km. **Accès :** à Nevers, prendre la D977, Guérigny, puis à l'entrée de Guérigny suivre la signalisation officielle "Chambres d'Hôtes". Château de Villemenant, dir. La Quellerie.

Entouré d'un parc bordé par la Nièvre, le château de Villemenant, est un ancien château fort du XIVe, classé (MH). 3 chambres d'un très grand confort y ont été aménagées. Belle salle de garde réservée aux hôtes, dans laquelle vous prendrez petits déjeuners et dîners. Menus raffinés. Atmosphère chaleureuse pleine de charme.

Nièvre

Gallo-Roman excavations at Compierre. Romanesque church at Vézelay. Fishing in lakes. Tennis 8 km. Water sports club (sailing boats and surfboards for hire) 9 km. Horse-riding, forest, hiking locally.

★ *How to get there: On the Corbigny road, take D5 to Brinon-sur-Beuvron. Michelin map 65, fold 15.*

This splendid 17th and 18th-century château is set in 38 acres of grounds. Both bedrooms are comfortably appointed, and one has a fourposter bed. Hikes can be organised locally.

Guipy

Carte 4 **451**

Château de Chanteloup
58420 Brinon-sur-Beuvron
Tél. 03 86 29 02 08 ou 03 86 29 67 71
Fax 03 86 29 67 71
Pierre Mainguet

1 pers 290 F - 2 pers 320 F - 3 pers 380 F

2 chambres doubles avec salle d'eau et wc privés. Ouvert du 1er mars au 1er novembre. Prise TV. Poss. cuisine, salon, salle de séjour, salle de musique. Parking. Barbecue, terrasse. Club hippique sur place. Loc. VTT sur place. Gîtes ruraux à la même adresse. Restaurants 4 km ★ Fouilles gallo-romaines de Compierre. Vézelay : église romane. Etangs de pêche, tennis 8 km, club nautique (loc. voiliers et planches) 9 km. Equitation, forêt, randonnée sur place. **Accès :** sur la route de Corbigny, à Brinon sur Beuvron D5. CM 65, pli 15.

Beau château des XVIIe et XVIIIe siècles, situé dans un vaste parc de 18 ha. Les deux chambres sont confortablement meublées (1 chambre avec lit à baldaquin). Organisation de randonnées sur place.

Nièvre

In the vicinity: lake, fishing, Formula 1 circuit, go-carting, microlite flying school, golf course, tennis and horse-riding. Hiking 8 km. Forest 12 km.

★ *How to get there: At Nevers, head for Imphy, then Chevenon and Magny-Cours racing circuit. Domaine de Fonsègré is before Saint-Parize-le-Châtel. Michelin map 69, fold 4.*

This attractive, restored farmhouse is set in the heart of the Nièvre countryside, in peaceful greenery. You will appreciate the tasteful interior décor and enjoy the on-site leisure activities. You may also choose to discover the surrounding area on horseback, by bicycle or by boat.

Magny-Cours

Carte 4 **452**

Domaine de Fonsegré
58470 Magny-Cours
Tél. 03 86 21 28 04 - Fax 03 86 21 28 05
Michelle Bellanger

1 pers 290 F - 2 pers 330 F - 3 pers 450 F

5 chambres avec douche et wc privés. Ouvert toute l'année. Copieux petit déjeuner (yaourt, fromage blanc, pain d'épice, oeufs,...). Billard, séjour, salon, cheminée, bibliothèque, point-phone, salle de conférence. Piscine sur place. CB acceptées. Restaurants à proximité. ★ A proximité, lac, pêche, circuit automobile F1, karting, école d'ULM, golf, tennis et équitation. Randonnées 8 km. Forêt 12 km. **Accès :** à Nevers, prendre direction Imphy puis Chevenon et circuit de Magny-Cours. Le Domaine se trouve avant Saint-Parize-le-Châtel. CM 69, pli 4.

Au coeur de la campagne nivernaise, belle ferme restaurée, située dans le calme et la verdure. Vous pourrez profiter d'un intérieur décoré avec goût, des loisirs sur place ou bien aller à la découverte des environs, à cheval, en bateau ou en vélo.

Nièvre

Swimming pool and tennis court 4 km. Horse-riding 5 km. Lake: sailing, fishing, bathing 10 km. Golf course 20 km. Forest 10 km. Hiking locally.

★ *How to get there: At Châtillon-en-Bazois, head for Corbigny, then 2nd road on left (D259) for Mont-et-Marré. Michelin map 69, fold 5.*

Monsieur and Madame Deltour are your hosts at this imposing 19th-century mansion, which stands in a restful, verdant setting. The interior decoration is both warm and traditional (library and fireplace in the lounge). The bedrooms are bright and filled with flowers.

Mont-et-Marre

Ferme de Semelin
58110 Mont-et-Marre
Tél. 03 86 84 13 94 – Fax 03 86 84 13 94
Paul Deltour

1 pers 210/250 F – 2 pers 230/270 F – 3 pers 320 F

1 chambre triple avec salle de bains et wc privés, 1 chambre double avec salle d'eau et wc privés et 1 chambre (lits jumeaux) avec salle d'eau privée. Ouvert toute l'année et sur réservation du 1er nov. au 31 mars. Salle de séjour avec cheminée. Jardin, parking. Restaurant à 3 km. ★ Piscine et tennis 4 km. Equitation 5 km. Pêche, baignade, plan d'eau, forêt, voile 10 km. Golf 20 km. Randonnées sur place. **Accès :** à Châtillon en Bazois, dir. Corbigny puis 2e route à gauche (D259) et dir. Mont et Marré. CM 69, pli 5.

Dans un cadre verdoyant et reposant, grande maison du XIXe où vous serez accueillis très chaleureusement par M. et Mme Deltour. La décoration intérieure est chaude et traditionnelle (bibliothèque et cheminée dans le salon), les chambres lumineuses et fleuries.

Nièvre

La Chaussade Forge Museum (former Maritime Museum) 9 km. Art and history of Nevers 15 km. Tennis, swimming pool, horse-riding, sailing, fishing 9 km. Forest, hiking locally.

★ *How to get there: Michelin map 69, fold 4.*

Delightful 18th-century residence set in vast landscaped grounds. The bedrooms exude warmth and are superbly decorated. Refined interior with handsome 18th and 19th-century furniture. Residence full of charm for a peaceful break. No smoking in the bedrooms.

Ourouer

Nyon
58130 Ourouer
Tél. 03 86 58 61 12
Catherine Henry

1 pers 260 F – 2 pers 340 F

3 ch. non fumeur (lit double) avec très belles salles de bains et wc privés. Ouvert toute l'année. Copieux petits déjeuners : confitures et patisseries maison, viennoiseries, jus de fruits... Salle à manger et salon. Téléphone. Barbecue. Cour et parc de 3 ha. Auberges à Montigny (6 km). Au-delà de 2 nuits, tarifs dégressifs (320 F 2 pers.). ★ Musée des Forges de la Chaussade (ancien musée de marine) 9 km. Nevers, ville d'art et d'histoire 15 km. Tennis, piscine, équitation, voile, pêche 9 km. Forêt, rand. sur place. **Accès :** CM 69, pli 4.

Ravissante demeure du XVIIIe entourée d'un vaste parc paysager. Les chambres qui vous reçoivent sont chaleureuses et superbement décorées. Aménagement intérieur raffiné avec un beau mobilier ancien (XVIIIe et XIXe). Beaucoup de charme dans cette demeure pour un séjour en toute tranquillité.

Nièvre

Château's dovecote (listed building). Villemolin Château 5 km. Vauban Château at Bazoches 20 km. Ste-Madeleine Basilica at Vézelay 30 km. Vaux and Baye Lakes 8 km. In the vicinity: tennis, horse-riding, fishing, sailing, bathing. Microlite flying 6 km.

★ How to get there: From Nevers, D977bis for Avallon. Before Corbigny, turn right after the bridge over the canal for La Chaise. Michelin map 65, fold 15.

Château de La Chaise (14th and 16th century) is set on a 62-acre estate. The château offers 2 spacious, luxuriously-appointed bedrooms with décor inspired by different periods in history. Guests have the use of a lounge, a library and a magnificent dining hall. An ideal spot by the Nivernais Canal and Yonne River for exploring Baye, Vézelay and Bazoches.

Pazy

Carte 4

Château de la Chaise
SARL Château de la Chaise – 58800 Pazy
Tél. 03 86 20 28 25 – Fax 03 86 20 28 25
Jean-Marc Bautista

2 pers 650 F

2 chambres avec TV, téléphone et sanitaires privés. Ouvert toute l'année. Petit déjeuner : jus de fruits, viennoiseries, céréales... Salon, bibliothèque et salle à manger. Parc, vélos, canoë, pêche et navigation de plaisance sur place. Restaurants à Corbigny 3 km. ★ Pigeonnier du château (classé monument historique). Château de Villemolin 5 km. Château de Vauban, à Bazoches 20 km. Basilique Ste.Madeleine à Vézelay 30 km. Etangs de Vaux et Baye 8 km. A proximité : tennis, équitation, pêche, voile, baignade. ULM à 6 km. **Accès :** de Nevers sur la D977bis prendre direction Avallon. Avant Corbigny, prendre à droite après le pont du canal : La Chaise. CM 65, pli 15.

Sur une propriété de 25 hectares, le château de la Chaise (XIVe et XVIe siècles), propose 2 chambres spacieuses dotées d'un grand confort et dont la décoration s'inspire de différentes époques. Un salon, une bibliothèque et une magnifique salle à manger sont à votre disposition. Une étape idéale, au bord du canal du Nivernais et de l'Yonne, pour découvrir Baye, Vézelay et Bazoches.

Nièvre

Historical abbey estate at La Charité-sur-Loire 5 km. Nevers, town steeped in art and history 30 km. Formula 1 racing at Magny-Cours 42 km. Pouilly and Sancerre vineyards. Walks in Bertranges Forest.

★ How to get there: At La Charité-sur-Loire, take N151 for Clamecy and 1st right after motorway for Raveau. Michelin map 65, fold 3.

The historical site of La Vache Forges, in the state forest of Bertranges is the backdrop for this family mansion. The residence offers 6 fine, well-appointed bedrooms, each with its own bathroom. Landscaped park and stabling facilities. A warm welcome is guaranteed in complete peace and quiet. Not to be missed.

Raveau

Carte 4

Domaine des Forges de la Vache
Raveau – 58400 La Charité-sur-Loire
Tél. 03 86 70 22 96 – Fax 03 86 70 92 66
Email : lavache@wanadoo.fr
Claudine Muller

1 pers 340 F - 2 pers 460 F - 3 pers 530 F
repas 100/150 F - 1/2 pens. 440/490 F - pens. 540/590 F

4 chambres et 2 suites avec TV, tél. et sanitaires privés. Ouvert toute l'année. Petit déjeuner : fruits, œufs, fromages, charcuteries, viennoiseries... Table d'hôtes : gibiers des Bertranges, poissons de Loire, d'étangs ou de rivière, fromages du sancerrois... Sauna à disposition. Parc paysager, vélos, box pour chevaux. ★ Grand site abbatial à La Charité-sur-Loire (5 km). Nevers, ville d'art et d'histoire (30 km). Circuit de Formule 1 à Magny-Cours (42 km). Vignobles de Pouilly et Sancerre. Randonnées dans la forêt des Bertranges. **Accès :** à La Charité-sur-Loire, prendre la N151 direction Clamecy puis 1ère à droite après l'autoroute, vers Raveau. CM 65, pli 3.

Sur le site historique des Forges de la Vache, en forêt domaniale des Bertranges, cette maison de maître du domaine, propose 6 belles chambres d'un grand confort, équipées chacune d'une salle de bains. Parc paysager et écuries pour cavaliers. Accueil très chaleureux et calme absolu. Une étape à ne pas manquer.

Nièvre

Tennis, horse-riding 2 km. Swimming pool 6 km. La Charité-sur-Loire 6 km (fortified monastic city) on Santiago de Compostela route. Vézelay. Bourges. Places & monuments. Pouilly, Sancerre vineyards. Fishing. Forest, hiking nearby.

★ How to get there: *At La Charité-sur-Loire, head for Auxerre on N151, then take D179 for Raveau. At Raveau, D138 for 3 km. Le Bois Dieu is 250 m from Peteloup. Michelin map 65, fold 13.*

Just 6 km from La Charité-sur-Loire, your hosts Dominique and Jean Mellet-Mandard offer four bedrooms close to their farm, bordering Bertranges Forest (25,000 acres). The décor is late 19th century. The area is ideal for hiking, and will also delight fishing and hunting enthusiasts.

Raveau

Carte 4 — **457**

Le Bois Dieu
58400 Raveau
Tél. 03 86 69 60 02 - Fax 03 86 70 23 91
Email : leboisdieu@wanadoo.fr
Jean et Dominique Mellet-Mandard

1 pers 260 F - 2 pers 310 F - p. sup 90 F
repas 110 F

4 chambres doubles avec sanitaires privés. Ouvert toute l'année, sur réservation du 01/11 au 31/3. Table d'hôtes sur réservation : produits de la ferme, vin de pays compris. Etangs, forêt sur place. Parc. ★ Tennis, équitation 2 km. Piscine 6 km. La Charité-sur-Loire 6 km, cité monastique fortifiée. Vignobles de Pouilly-sur-Loire et de Sancerre. Nombreux sites et monuments. **Accès :** à la Charité-sur-Loire, sur la N151 dir. Auxerre, prendre D179 dir. Raveau. A Raveau, suivre D138 sur 3 km. Le Bois Dieu est à 250 m de Peteloup. CM 65, pli 13.

A 6 km de la Charité-sur-Loire, Dominique et Jean Mellet-Mandard vous proposent 4 chambres près de leur ferme, en bordure de la forêt des Bertranges (10000 ha.), décoration fin XIXe. Randonnées, pêche et chasse sur place.

Nièvre

Nivernais Canal 1 km. St-Honoré-les-Bains spa 11 km. Morvan Regional Nature Park 20 km. Fishing, hunting and tennis.

★ How to get there: *Take D10 between Chatillon-en-Bazois and Cery-la-Tour. At the St-Gratien crossroads, follow "Chambre d'Hôtes" signs. Michelin map 69, fold 5.*

This 19th-century residence overlooking the Nivernais countryside offers 2 suites and 2 bedrooms. Guests have the use of a large dining area with kitchenette, a living room and lounge. Enjoy a refreshing swim in the pool or a game of tennis. An ideal place to stay if you're looking for a quiet, restful holiday in spacious surroundings.

Saint-Gratien-Savigny

Carte 4 — **458**

La Marquise
58340 Saint-Gratien-Savigny
Tél. 03 86 50 01 02 - Fax 03 86 50 07 14
Email : hcollot@aol.fr
Huguette Perreau

1 pers 250 F - 2 pers 300 F

2 suites de 2 chambres avec mini-bar et sanitaires privés. Ouvert toute l'année. Petit déjeuner : yaourts, viennoiseries, fromages, confitures... Grande salle aménagée avec kitchenette, séjour et salon. Cour, jardin, parc. Piscine, tennis, vélos. Box pour chevaux. Restaurants à proximité. ★ Canal du Nivernais 1 km. Station thermale de St.Honoré-les-Bains 11 km. Parc naturel régional du Morvan 20 km. Pêche, chasse et tennis. **Accès :** prendre la D10 entre Chatillon-en-Bazois et Cery-la-Tour. Au croisement de St.Gratien, suivre les indications "Chambres d'Hôtes". CM 69, pli 5.

Dans cette maison de maître du XIXe, qui domine la campagne nivernaise, 2 suites de 2 chambres vous sont proposées. Grande salle avec kitchenette, séjour et salon réservée aux hôtes. Pour votre détente, une piscine et un tennis sont à votre disposition. Une étape idéale pour des hôtes en quête de repos, de calme et d'espace.

Nièvre

Sancerre, Pouilly-sur-Loire region. Nevers: old town. Magny-Cours Formula 1 racing track. Morvan Regional Park. Hiking and mountain biking in the forests.

★ *How to get there: From Nevers, D978 for Château-Chinon, then D958 for Bona. After the St-Jean-aux-Amognes crossroads, 2nd road on right. Michelin map 69, fold 4.*

In the Amognes region, close to Nevers, you will find this 17th-century château set in 25-acre grounds. The bedrooms are prettily decorated and open onto the grounds. You will appreciate the warm welcome provided by the owners and enjoy the delicious meals served at the table d'hôtes.

St-Jean-aux-Amognes

Carte 4 **459**

Château de Sury

58270 Saint-Jean-aux-Amognes
Tél. 03 86 58 60 51 - Fax 03 86 68 90 28
Email : surry@terre-net.fr
Hubert de Faverges

1 pers 250 F - 2 pers 320 F - 3 pers 380 F
repas 150 F

3 chambres avec sanitaires privés (dont 1 avec wc privés non attenants). Ouvert toute l'année. Petit déjeuner gourmand : confitures et patisseries maison, viennoiseries, jus de fruits frais, fromages... Table d'hôtes : pièces de gibier en saison, magrets de canard... TV. Parc de 10 ha. ★ Région de Sancerre, Pouilly-sur-Loire. Visite de Nevers : vieille ville. Circuit de Magny-Cours (Formule 1). Parc Régional du Morvan. Randonnées pédestres et VTT en forêts. **Accès :** de Nevers D978 direction Château-Chinon, puis D958 direction Bona. Après le carrefour de St-Jean-aux-Amognes, 2e route à droite. CM 69, pli 4.

Dans la région des Amognes, à proximité de Nevers, château du XVIIe sur un domaine de 10 ha. Les chambres qui vous reçoivent sont joliment décorées et s'ouvrent sur le parc. L'accueil chaleureux des propriétaires et la savoureuse table d'hôtes feront de cette étape, un moment privilégié.

Nièvre

GR3 posted hiking trail in the vicinity. Swimming pool, lake, bathing 2 km. Horse-riding 3 km. Fishing 5 km. Golf, sailing 10 km. Pouilly-sur-Loire and Sancerre 15 km.

★ *How to get there: North of the Nièvre River on N7. At Cosne, head for St-Père on D14. At St-Père, head for Croquant and follow "Chambre d'Hôtes" (Bed & Breakfast) signs. Michelin map 65, fold 14.*

Marie-Noëlle Kandin, your young and dynamic hostess extends a friendly welcome with a smile at this family residence which belonged to her grandmother. She has artfully recaptured the charm of a bygone era, and tastefully decorated the five bedrooms with pretty floral fabrics. Marie-Noëlle's gourmet table d'hôtes evening meals are served on Gien tableware.

Saint-Père

Carte 4 **460**

L'Orée des Vignes

Croquant - 58200 Saint-Père
Tél. 03 86 28 12 50 - Fax 03 86 28 12 50
Marie-Noëlle Kandin

1 pers 220 F - 2 pers 280 F - 3 pers 360 F
repas 120 F

5 chambres avec sanitaires privés. Ouvert toute l'année. Table d'hôtes sur rés. : gastronomie nivernaise et vins de Pouilly et des coteaux du Giennois. Point-phone. Jeux de société. Grand terrain attenant et partiellement boisé. Parking. Loc. VTT. Produits fermiers à proximité. 7e nuit gratuite (par séjour). ★ GR3 à proximité. Piscine, plan d'eau, baignade 2 km. Equitation 3 km. Pêche 5 km. Golf, voile 10 km. Pouilly-sur-Loire et Sancerre à 15 km. **Accès :** au nord de la Nièvre par la N7. A Cosne, prendre la dir. de St-Père par la D14. A St-Père, dir. Croquant et suivre les indications "Chambres d'Hôtes". CM 65, pli 14.

Marie-Noëlle Kandin, jeune propriétaire, dynamique et souriante, vous accueillera chaleureusement dans cette belle demeure familiale, propriété de sa grand-mère. Elle a eu à cœur de lui rendre son charme d'antan et a aménagé avec goût 5 chambres décorées de jolis tissus fleuris. Vaisselle en Gien pour la table d'hôtes et dîners gourmands préparés par Marie-Noëlle.

Nièvre

St-Honoré-les-Bains (spa) 10 km. Gallo-Roman site at Mont-Beuvray (archaeological excavations) 30 min. Morvan Park. Autun 45 min. Beaune vineyards nearby. Fishing 2 km. Horse-riding 3 km. Sailing 6 km. Swimming pool, tennis court 10 km.

★ ***How to get there:*** *At Decize, Sud-Nivernais, head for Luzy. 7.5 km past Fours, at the intersection, turn left for Semelay.*

This handsome family mansion with courtyard is set in parkland. The bedrooms, appointed with country-style furniture, are comfortable and cosy. You will enjoy the peace and quiet that reign here and the warm welcome extended by your hosts. Connemara ponies are bred on the estate.

Semelay

Carte 4 **461**

Le Martray
58360 Semelay
Tél. 03 86 30 91 51 – Fax 03 86 30 93 18
Gonzague et Chantal d'Eté

1 pers 250 F – 2 pers 300 F – 3 pers 380 F

2 suites de 2 ch. (chacune avec 1 lit double, 2 lits simples) avec bains et wc privés. Ouvert toute l'année. Petit déjeuner : pains variés, brioche, patisseries maison... Séjour, salon et coin-cuisine à la disposition des hôtes. Cour, parc. Elevage de poneys sur place. Restaurants 2 km. ★ St-Honoré-les-Bains (station thermale) 10 km. Mont-Beuvray site gallo-romain (site archéologique) 30 mn. Parc du Morvan. Authun 45 mn. Vignoble de Beaune à proximité. Pêche 2 km. Equitation 3 km. Voile 6 km. Piscine, tennis 10 km. **Accès :** à Decize, sud-nivernais, prendre direction Luzy. Après Fours, à 7,5 km, au croisement à gauche vers Semelay.

Belle demeure bourgeoise avec cour et parc. Les chambres avec mobilier rustique sont confortables et chaleureuses. Vous apprécierez le charme tranquille de cette maison et l'accueil convivial de ses propriétaires. Elevage de poneys Connemara sur la propriété.

Nièvre

Pony club 5 km. Swimming pool 12 km. Forest, private lake (165 acres) on premises. Tennis, sailing, fishing, bathing and hiking.

★ ***How to get there:*** *From Rouy, 5 km from D978. Michelin map 69, fold 5.*

Hosts Mr and Mme Gueny extend a warm welcome at this handsome 19th-century residence. The bedrooms are extremely spacious and rustic in character. Your hosts are history buffs and will be happy to give you hints on getting to know the region.

Tintury

Carte 4 **462**

Fleury-la-Tour
58110 Tintury
Tél. 03 86 84 12 42 – Fax 03 86 84 12 42
Michel et Marie-France Gueny

1 pers 180/250 F – 2 pers 200/270 F
3 pers 250/300 F

1 ch. double et 2 ch. triples, avec douche et wc privés, 1 ch. triple avec salle de bains et wc privés. Ouvert toute l'année (sur réservation du 1/11 au 31/3). Cuisine à la disposition des hôtes. Cheminée. Téléphone. Jeux d'enfants et tennis sur place. Restaurants à 3 et 8 km. ★ Poney-club 5 km. Forêt, étang privé de 65 ha., tennis, voile, pêche, baignade et randonnées sur place. Piscine 12 km. **Accès :** à 5 km de la D 978 à partir de Rouy. CM 69, pli 5.

Vous serez reçus chaleureusement par M. et Mme Gueny dans cette belle maison bourgeoise du XIXe siècle. Les chambres sont très spacieuses et l'ambiance rustique. Férus d'histoire, vos hôtes sauront vous conseiller efficacement dans la découverte de leur région.

Nord

In the heart of La Fagne country, in southern Avesnes. Sailing, swimming, fishing and tennis 8 km. Chimay (Belgium) and Val Joly 8 km. Horse-riding and stables available.

★ **How to get there:** *From Lille, head for Valenciennes, then Avesnes/Helpe, Sains-du-Nord, Trelon and Baives. From Belgium, Lille, then Mons, Chimay, Macon and Baives. Michelin map 53, fold 6.*

This freestone farmhouse, in the heart of "The Little Switzerland of the North", has been fully renovated by its young owners. The time-honoured wooden beams still reign proudly in a contemporary and original setting with a mezzanine and a futuristic fireplace. An ideal place to stay for riding and regional cuisine enthusiasts.

Baives

Carte 1 **463**

Ecuries des Prés de la Fagne
2, rue Principale – 59132 Baives
Tél. 03 27 57 02 69 – Fax 03 27 57 02 69
P. Chauveau et C. Poulain

1 pers 220/320 F – 2 pers 240/340 F – repas 100 F

5 chambres indép. de l'habitation des prop., avec sanitaires privés. Ouvert toute l'année. Table d'hôtes : tarte au maroille, coq au vin, côtes de porc A'L berdouille... Salle commune avec cheminée, salon, jardin d'intérieur. ★ Au coeur du pays de la Fagne, dans le sud Avesnois. Voile, piscine, pêche et tennis à 8 km. Chimay (Belgique) et Val Joly à 8 km. Equitation et accueil de chevaux. **Accès :** de Lille, dir. Valenciennes, puis Avesnes/Helpe, Sains-du-Nord, Trelon et Baives. Par la Belgique, Lille puis Mons, Chimay, Macon et Baives. CM 53, pli 6.

Au coeur de la Petite Suisse du Nord, ferme en pierre de taille que les jeunes propriétaires ont entièrement rénovée, tout en gardant les poutres séculaires. Ils ont réalisé un ensemble contemporain et original, avec mezzanine et cheminée futuriste. Une adresse idéale pour les amateurs d'équitation et de cuisine régionale.

Nord

Haut Escaut Valley, Vaucelles Abbey. Esnes Château (archaeological site). Hiking. Boat trips, horse-riding. Aerodrome 8 km. Cambrai 10 km.

★ **How to get there:** *2 km from A26, Masnières exit 9. The farm is at the 1st main crossroads (D917 and N44), between Cambrai and Saint-Quentin, 2 km north of the village. Michelin map 53, fold 13.*

A warm welcome is guaranteed by hostess Mme Carole Delcambre, whose discerning choice of décor is a delight to behold. The residence boasts three attractive bedrooms. She will be happy to advise you on the best way to get to know the region.

Banteux

Carte 1 **464**

Ferme de Bonavis
Bonavis – 59266 Banteux
Tél. 03 27 78 55 08 – Fax 03 27 78 55 08
Carole Delcambre

1 pers 200/235 F – 2 pers 240/315 F
3 pers 345/385 F

1 chambre double, 1 chambre 3 pers. et 1 chambre familiale 6 pers., toutes avec sanitaires et TV privés (390/425 F 4 pers.– 520 F 6 pers.) Ouvert toute l'année. Copieux petit déjeuner. Parking fermé, garage sur demande. 2 restaurants à proximité. ★ Vallée du Haut Escaut. Abbaye de Vaucelles. Archéosite château d'Esnes. Randonnées pédestres. Promenades en bâteau, équitation... Aérodrome à 8 km. Cambrai à 10 km. **Accès :** à 2 km de l'A26 sortie Masnières n° 9. La ferme est au 1er carrefour de la D917 et la N44 entre Cambrai et St-Quentin, à 2 km au nord du village. CM 53 pli 13.

Vous serez accueillis chaleureusement par Madame Carole Delcambre, qui saura vous faire partager son goût pour la décoration et mettra à votre disposition de jolies chambres. Elle pourra en outre vous conseiller efficament pour la découverte de la région.

Nord

Flanders Mountains 30 km. Channel Tunnel 30 km. Dunkirk 18 km, Calais and Saint-Omer 30 km.

★ *How to get there: From the church and town hall (Mairie) square, head for Audruicq, then take first road on right-hand side (Rue du Château), for Monsieur Battais's property. Michelin map 51, fold 3.*

The owners of this 16th-century fortified farmhouse offer five comfortable upstairs bedrooms. The furniture is Louis-Philippe in the bedrooms and Regency in the lounge and dining room.

Bourbourg

Le Withof
Chemin du Château - 59630 Bourbourg
Tél. 03 28 62 32 50 - Fax 03 28 62 38 88
Bernard Battais

1 pers 250 F - 2 pers 300 F - 3 pers 350 F
repas 100 F

5 chambres avec bains et wc privés (400 F 4 pers. - 50 F enfant - de 6 ans). Ouvert toute l'année. Cartes bancaires acceptées. Pêche au blanc sur place. Parc de 3 ha., cour, jardin. ★ Monts des Flandres à 30 km. Tunnel sous la Manche à 30 km. Dunkerque (18 km), Calais et Saint-Omer (30 km). **Accès** : place de l'église et de la mairie, prendre dir. Audruicq, puis 1ère route à droite (rue du Château) où se trouvent les chambres de M. Battais. CM 51, pli 3.

A l'étage de leur ancienne ferme fortifiée du XVIe siècle, les propriétaires ont aménagé 5 chambres confortables. Mobilier Louis Philippe pour les chambres, Régence pour le salon et la salle à manger.

Nord

Museums and three châteaux within a 25-km radius. Wide range of cultural excursions, a stone's throw from Lille. Mons, Bruges, Ghent and Brussels. Belgium 12 km.

★ *How to get there: Paris-Brussels motorway, Valenciennes-Sud exit. Head for Le Quesnoy-Maubeuge. 4 km on, turn off at Le Quesnoy. Michelin map 53, fold 5.*

Your hosts Michel and Marie-Hélène have restored their 18th-century château, situated in a tiny village near the Belgian border, to pristine splendour over the last seventeen years. They will be delighted to share with you their love of old buildings, decoration and the arts. Breakfast is served in one of three dining rooms.

Jenlain

Château d'En Haut
59144 Jenlain
Tél. 03 27 49 71 80 - Fax 03 27 35 90 17
Michel et Marie-Hélène Demarcq

1 pers 250/300 F - 2 pers 290/400 F - 3 pers 420 F

6 chambres : 2 avec bains et wc, 4 avec douche et wc (450 F 4 pers.). Ouvert toute l'année. Salon à disposition. Maison non fumeurs. Parc de 2,5 ha. Valenciennes à 10 km. Restaurants à Jenlain, le Quesnoy et Sebourg. ★ Musées. 3 châteaux dans un rayon de 25 km. Nombreuses visites culturelles, à deux pas de Lille. Mons, Bruges, Gand et Bruxelles. Belgique 12 km. **Accès** : autoroute Paris-Bruxelles, sortie Valenciennes sud; prendre dir. Le Quesnoy-Maubeuge, à 4 km, sortir à le Quesnoy. CM 53, pli 5.

Dans ce petit village à proximité de la frontière belge, Michel et Marie-Hélène vous accueilleront dans ce château du XVIIIe siècle qu'ils ont remis en valeur depuis 1982, et vous feront partager leur passion des vieilles pierres, de la décoration et des arts. Petits-déjeuners servis dans l'une des 3 salles à manger.

Nord

Lille and old city, Fine Arts Museum (the second most important in France). Kinépolis ("Château du Cinéma") film complex in the vicinity. Tennis, golf, windsurfing, walks in the forest.

★ **How to get there:** *From Paris, head for Dunkerque (Dunkirk), exit 6 (Englos). At the Renault garage, turn into the lane. Michelin map 51, fold 15.*

This typical Northern French farmhouse set in an extensive garden with pond, 10 minutes from Lille, has been restored to pristine splendour. The three attractive self-contained rooms are detached from the main house. In the winter, breakfast is served by the fire, and in warm weather you will enjoy a dip in the pool or a bicycle ride (bikes available for guests' use).

Lompret

Carte 1 467

Ferme Blanche de Lassus
rue Pasteur – 59840 Lompret
Tél. 03 20 92 99 12 – Fax 03 20 92 99 12
Olivier Deleval

1 pers 260 F – 2 pers 290 F

3 chambres avec TV et sanitaires privés. Ouvert toute l'année. Petit déjeuner gourmand : viennoiseries, pain et confitures maison, jus d'orange frais, fromage blanc... Salon particulier avec cheminée. Ping-pong, jeux de société (salle annexe). Jardin, piscine, étang privé pour pêche. CB acceptées. ★ Lille et ses vieux quartiers, musée des Beaux Arts (2e de France). A proximité Kinépolis (château du Cinéma). Tennis, golf, planche à voile, promenades en forêt. **Accès :** de Paris, direction Dunkerque, sortie 6 (Englos). Au garage Renault, prendre le chemin. CM 51, pli 15.

A 10 mn de Lille, cette ferme typique du Nord entourée d'un vaste jardin avec étang, a été entièrement restaurée. Elle abrite 3 jolies chambres indépendantes de la demeure des propriétaires. L'hiver le petit déjeuner est servi au coin du feu, et aux beaux jours vous pourrez profiter de la piscine et des vélos à votre disposition.

Nord

15 min from the beach. 20 min from the Channel Tunnel. 30 min from Cap Gris-Nez. 1 hr from Bruges. 5 min from Rumingham golf course. 30 min from St-Omer.

★ **How to get there:** *A16 (Calais-Dunkerque-Lille), exit 24 for St-Ömer on D600, then Capelle-Brouck and St-Pierre-Brouck. Michelin map 51, fold 3.*

Patrick and Nathalie offer a warm welcome at their handsome residence with character, which stands in 5 acres of parkland. The 3 bedrooms are appointed with fine antique furniture, and one even boasts a fourposter bed. Relax in the pleasant lounge or on the terrace for a complete change of scenery.

Saint-Pierre-Brouck

Carte 1 468

Le Château
287, route de la Bistade
59630 Saint-Pierre-Brouck
Tél. 03 28 27 50 05 – Fax 03 28 27 50 05
Nathalie Duvivier-Alba

1 pers 260 F – 2 pers 290/340 F – 3 pers 390 F
p. sup 50 F – repas 100 F

2 chambres et 1 suite avec sanitaires privés. Ouvert toute l'année. Maison non fumeurs. Petit déjeuner gourmand : viennoiseries, yaourts et patisseries maison... Table d'hôtes sur réservation : spécialités flamandes (lapin aux pruneaux...). Salons, terrasse et jardin. Restaurants à Bourbourg 6 km. ★ A 15 mn de la plage, 20 mn du tunnel sous la Manche, 30 mn du cap Gris-Nez, 1h Bruges. A 5 mn du golf de Ruminghem. A 30 mn de Saint-Omer et des Marais. **Accès :** A16 (Calais-Dunkerque-Lille), sortie n° 24 dir. St.Omer par la D600, puis sortie Capelle-Brouck et direction St.Pierre-Brouck. CM 51, pli 3.

Accueil chaleureux de Patrick et Nathalie qui vous reçoivent dans leur belle demeure de caractère, entourée d'un parc de 2 ha. Les 3 chambres qui vous sont proposées (dont 1 avec lit à baldaquin) ont un décor raffiné et de beaux meubles anciens. Salons, terrasse et jardin sont à votre disposition pour un dépaysement assuré.

Oise

Paris 48 km. Beauvais: Cathedral and Tapestry Museum 28 km. Chantilly 36 km. Senlis 26 km. Fishing 4 km, golf course 10 km, swimming pool and tennis court 12 km.

★ *How to get there: N1 for Beauvais. Head for Anserville and left about 28 km before Beauvais.*

This 17th-century château is a listed historical monument, set in vast grounds with hundred-year-old trees and avenues lined with boxwood. Lovers of 18th-century décor will appreciate the charm and comfort of the two refined and welcoming suites, one with a bedroom featuring alcoves, beams, a fireplace and boudoir.

Anserville

Carte 1 | **469**

Château d'Anserville
8 Grande Rue - 60540 Anserville
Tél. 03 44 08 42 13
Elisabeth Hubsch

1 pers 450 F - 2 pers 650 F - repas 220 F

1 suite 2 pers. (+ poss. lit enfant) avec bains, wc, tél. 1 suite 4 pers. avec s. d'eau, wc privés, tél. (550 F à partir de la 2e nuit). Table d'hôtes sur demande devant un feu de bois ou sur la terrasse. Restaurants sur place. Restaurant (1 étoile Michelin) à 3 km. ★ Paris (48 km). Beauvais, sa cathédrale et son musée de la tapisserie (28 km). Chantilly (36 km). Senlis (26 km). Pêche à 4 km, golf à 10 km, piscine et tennis à 12 km. **Accès :** N1 dir. Beauvais. Dir. Anserville à gauche environ 28 km avant Beauvais.

Château du XVIIe inscrit à l'inventaire des monuments historiques situé dans un vaste parc (arbres centenaires et allées de buis). Si vous aimez les décors XVIIIe, vous apprécierez le charme et le confort de ces 2 suites raffinées et chaleureuses, dont 1 avec chambre à alcôve, poutres, cheminée et boudoir.

Oise

Near Pierrefonds Château, Saint-Jean-au-Bois, Morienval. Armistice Crossroads in Compiègne Forest. Pedalos 1 km. Golf course 11 km.

★ *How to get there: Via Compiègne (A1 motorway, Compiègne exit). D37 to Pierrefonds, then head for St.-Jean-au-Bois. 1 km after Pierrefonds exit.*

This magnificent family property set in the heart of Compiègne Forest spans 100 acres. The late-19th-century half-timbered manor house with neo-Gothic chapel (shortly to be listed as a "historic site") overlooks a verdant valley and has been superbly appointed to reflect the art of living of a different age.

Pierrefonds

Carte 1 | **470**

Domaine du Bois d'Aucourt
Le Bois d'Aucourt - 60350 Pierrefonds
Tél. 06 80 84 05 01 - Fax 03 44 42 80 34
Thierry et Sylvie Clément-Bayard

1 pers 380 F - 2 pers 480 F - p. sup 80 F

5 chambres avec sanitaires privés. Ouvert toute l'année. Petit déjeuner : jus de fruits, viennoiseries, confitures... Parc de 40 ha. avec étang sauvage. Court de tennis, VTT, équitation. Restaurants à Pierrefonds 1 km et Saint-Jean-aux-Bois 5 km. ★ A proximité du château de Pierrefonds, Saint-Jean-au-Bois, Morienval. Carrefour de l'Armistice en forêt de Compiègne. Pédalo 1 km. Golf 11 km. **Accès :** par Compiègne (autoroute A1, sortie Compiègne) D37 jusqu'à Pierrefonds puis direction St.Jean-au-Bois. 1 km sortie Pierrefonds.

Cette magnifique propriété familiale enchassée au cur de la forêt de Compiègne, s'étend sur 40 ha. Le manoir à colombages de la fin du XIXe avec sa chapelle néo-gothique (en cours de classement "Demeure de mémoire") qui domine une vallée verdoyante et a été superbement aménagé dans l'esprit d'un art de vivre différent.

Oise

Close to Paris, Senlis and Chantilly. Parc Astérix (amusement park) 5 km. Horse-riding, golf, biking.

★ ***How to get there:*** *Full details will be supplied at time of booking.*

Evelyne and Patrice guarantee a hospitable welcome at their handsome 18th-century family mansion. They offer 5 superbly-appointed bedrooms and a "turn-of-the-century" dining room. Fine antique and period furniture. You will enjoy the peace and quiet of the place and the charm of the vast tree-filled grounds gracing the residence.

Plailly

19, rue du Dr. Laporte
60128 Plailly
Tél. 03 44 54 72 77 ou 03 44 54 72 82
Fax 03 44 54 39 75
Patrice et Evelyne Guérin

1 pers 250 F – 2 pers 300 F – 3 pers 350 F

5 ch. avec TV et sanitaires privés. Ouvert toute l'année. Copieux petit déjeuner : jus de fruits, confitures, pains, viennoiseries... Livres régionaux et téléphone à carte à la disposition des hôtes. Jardin boisé 1/2 ha. Restaurants dans le village. ★ A proximité de Paris, Senlis et Chantilly. Parc Astérix 5 km. Equitation, golf, VTT. **Accès :** un plan d'accès vous sera communiqué lors de la réservation.

Dans cette belle maison bourgeoise du XVIIIe siècle, Evelyne et Patrice vous accueilleront très chaleureusement. Ils vous ouvrent les portes de leur demeure, où 5 chambres superbement aménagées vous sont réservées. Beau mobilier ancien et de style. Vous apprécierez le charme des lieux et profiterez du jardin à l'ombrage d'arbres centenaires.

Oise

Beauvais: Cathedral, Oise Museum, National Tapestry Gallery. Vendeuil Caply Gallo-Roman site, Hétomesnil Farming and Rural Museum.

★ ***How to get there:*** *From Beauvais, head for Amiens on RN1. At Froissy, make for Crèvecoeur-le-Grand, then turn right and follow signs to Puits-la-Vallée. From Paris: A16 motorway, Hardivillers exit.*

Handsome distinguished residence with grounds and pheasantry. The two spacious, sunblessed bedrooms afford a pretty view of the grounds. A high level of comfort is provided and each room has its own lounge and TV. Savour the table d'hôtes specialities prepared with produce from the pheasantry.

Puits–la–Vallée

8, rue du Château
60480 Puits-la-Vallée
Tél. 03 44 80 70 29 – Fax 03 44 80 55 52
Philippe et Catherine Dumetz

1 pers 200 F – 2 pers 270 F – 3 pers 350 F
repas 100 F

2 chambres avec salon, TV sur demande, bains et wc privés. Ouvert toute l'année. Petit déjeuner gourmand à base de patisseries maison. Table d'hôtes à partir de 100 F. Bar et piano à disposition. Parc, portique pour enfants, vélos. Restaurants à Crèvecoeur-le-Grand 10 km. ★ Beauvais : cathédrale, musée départemental, galerie nationale de la Tapisserie. Site gallo-romain de Vendeuil Caply, conservatoire de la vie agricole et rurale d'Hétomesnil. **Accès :** de Beauvais, prendre dir. Amiens par la RN1. A Froissy, prendre la dir. de Crèvecoeur-le-Grand, puis à droite, fléchage Puits-la-Vallée. De Paris, autoroute A16 sortie Hardivillers.

Belle demeure bourgeoise avec parc et faisanderie. 2 chambres vous seront réservées. Elles sont très spacieuses, ensoleillées avec une jolie vue sur le parc. D'un grand confort elles ont chacune, salon et TV. A la table d'hôtes, vous goûterez les spécialités préparées avec les produits de la faisanderie.

Oise

Listed village in the Vexin Français Regional Park. 60 km from Paris, 30 km from Giverny and 25 km from Beauvais. Hunting, pike fishing and horse-riding. Tennis court on the premises.

★ ***How to get there:*** *Full details will be supplied at time of booking.*

Hilary and David offer a warm welcome at their 19th-century château, set in 30 acres of tree-lined parkland. The property stands in the heart of a medieval village, which won the "my favourite village" award. The suite and bedroom are spacious and decorated with great refinement.

Reilly

Château
60240 Reilly
Tél. 03 44 49 03 05 – Fax 03 44 49 03 05
David Gautier et Hilary Person

1 pers 320 F – 2 pers 390 F – 3 pers 570 F
p. sup 80 F – repas 140 F

4 chambres dont 1 suite 4 pers. avec TV, bains et wc privés. Ouvert toute l'année. Copieux petit déjeuner : viennoiseries, patisseries, confitures... Salon avec TV à la disposition des hôtes. Parc de 12 ha. avec tennis privé. Restaurants à Gisors 5 km. Supplément animaux : 30 F/nuit. ★ Village classé dans le Vexin Français. A 60 km de Paris, 30 km de Giverny et 25 km de Beauvais. Chasse, pêche au brochet, équitation. Tennis sur place. **Accès :** un plan d'accès vous sera communiqué lors de la réservation.

Au cœur d'un village médiéval, classé "village que j'aime", Hilary et David vous accueilleront chaleureusement dans leur château du XIXe entouré d'un vaste parc boisé de 12 ha. La suite et la chambre qui vous sont réservées, sont spacieuses et la décoration raffinée.

Oise

Within a 10-km radius: hiking paths, horse-riding, tennis and swimming. Gerberoy, medieval city 12 km.

★ ***How to get there:*** *From Beauvais, take D901 to Marseille-en-Beauvaisis, then D7 to Feuquière.*

This late-15th-century Cistercian priory, nestled in the Norman area of the Oise, has been restored to pristine splendour by its owners, both art and architecture enthusiasts. The spacious upstairs bedroom boasts a fourposter bed, antique furniture, and private shower room. Breakfast is served under the weeping willow in fine weather or by the fire in the dining room.

Saint-Arnoult

11, rue principale
60220 Saint-Arnoult
Tél. 03 44 46 07 34
Nelly Alglave

1 pers 430 F – 2 pers 450 F – p. sup 90 F

1 chambre spacieuse avec lit à baldaquin, meubles anciens, salle d'eau et wc. Ouvert toute l'année. Restaurants à 2 et 8 km. ★ Sentiers de randonnée, équitation, tennis, piscine dans un rayon de 10 km. Gerberoy, cité médiévale 12 km. **Accès :** de Beauvais, prendre la D901 jusqu'à Marseille-en-Beauvaisis, puis D7 jusqu'à Feuquière.

Blotti dans un vallon de l'Oise Normande, cet ancien prieuré cistercien construit à la fin du XVe siècle (ISMH) a été restauré de manière authentique par les propriétaires dont vous partagerez la passion pour l'architecture et les arts. Le petit déjeuner est servi dans le jardin, sous le saule aux beaux jours ou près de la cheminée dans la salle à manger.

Orne

Discover Alençon, "City of the Dukes" (museums). Hiking locally. Horse-riding 300 m, swimming pool 2 km. Tennis, forest 3 km. Golf course 5 km.

★ ***How to get there:*** *From Alençon, take D26 for Argentan. Drive 2 km through Les Fourneaux (hamlet), the property is 500 m up on the right. Michelin map 231, fold 43.*

Just a stone's throw from Ecouves Forest, Claudia and Massimo Siri have tastefully restored this handsome manor set on a 15-acre estate. Two vast suites await your arrival. The warm welcome extended by the owners and the remarkable setting make this an ideal place for discovering the Alençon area.

Alençon-Valframbert   Carte 2   475

Haras de Bois Beulant
61250 Alençon-Valframbert
Tél. 02 33 28 62 33
Massimo et Claudia Siri

1 pers 180/230 F – 2 pers 240/270 F
3 pers 340/380 F – p. sup 100 F

1 suite 4 pers. et 2 enfants avec salle d'eau et wc privés et 1 suite 4 pers. avec salle d'eau et wc privés. Ouvert toute l'année. Petit déjeuner : patisseries, fruits, oeufs, céréales, jus de fruits frais. Parc de 6 ha. Poss. d'hébergement chevaux. Nombreux restaurants à Alençon 3 km. ★ Alençon, "Cité des Ducs" à decouvrir (musées). Randonnées sur place. Equitation 300 m. Piscine 2 km. Tennis et forêt 3 km. Golf 5 km. **Accès :** depuis Alençon, prendre la D26 dir. Argentan. Faire 2 km et traverser le hameau des Fourneaux, la propriété se situe à 500 m sur la droite. CM 231, pli 43.

A deux pas de la forêt d'Ecouves, Claudia et Massimo Siri ont goût ce beau manoir normand situé sur une propriété de 6 ha. 2 vastes suites vous seront reservées. L'accueil chaleureux des propriétaires et la beauté du site feront de votre séjour une étape privilégiée dans la région d'Alençon.

Orne

Le Perche region: hiking and fishing nearby, tennis court and swimming pool 1 km. Horse-riding 7 km. Golf course 10 km. Forest 20 km.

★ ***How to get there:*** *N23, from Nogent-le-Rotrou, for La Ferté-Bernard. 6 km, turn left for Ceton. At Ceton, head for Authon. 1st lane on right, as you leave the village. Signposts for "L'Aître". Michelin map 60, fold 15.*

Madame Pinoche is your hostess at this pretty, restored house in the picturesque Le Perche region, famous for its manors, forests and gastronomy. Discover the delights and secrets of her vegetarian table d'hôtes meals, made with organically-grown produce.

Ceton   Carte 2   476

L'Aître
61260 Ceton
Tél. 02 37 29 78 02
Thérèse Pinoche

1 pers 250 F – 2 pers 280/320 F – 3 pers 350/420 F
p. sup 50 F – repas 100 F

1 ch. 2 pers. et 1 suite 3 pers. dans les dépendances et 1 suite 3 pers. dans la maison, toutes avec sanitaires privés dont 1 avec salle de bains balnéo. Ouvert toute l'année. Petit déjeuner classique ou biodynamique. Table d'hôtes végétarienne. Parc. ★ Région du Perche : randonnée et pêche sur place, tennis et piscine à 1 km. Equitation à 7 km. Golf à 10 km. Forêt à 20 km. **Accès :** N23 de Nogent-le-Rotrou dir. La Ferté-Bernard. 6 km, à gauche vers Ceton. A Ceton dir. Authon. 1er chemin à droite (sortie village). Fléchage l'Aître. CM 60, pli 15.

Dans la pittoresque région du Perche, célèbre pour ses manoirs, ses forêts et sa gastronomie, Madame Pinoche vous accueille dans sa jolie maison de pays restaurée. Elle vous propose de découvrir les saveurs et les secrets de sa table d'hôtes végétarienne à base de produits biologiques.

Orne

Medieval city of Domfront in the Normandy-Maine Regional Nature Park. Fishing, tennis 1 km. Forest 2.5 km. Hiking and biking trails. Casino, golf course, horse-riding, swimming pool 19 km.

★ *How to get there: At the entrance to Domfront, head for "Centre Ancien". The house is in the immediate vicinity of the court house and post office. Michelin map 231, fold 41.*

In the medieval city of Domfront, you will be welcomed in a period residence full of charm and surprises. Beautifully decorated with paintings and stylish furniture. Your hostess will be happy to share with you her love of Lancelot du Lac country.

Domfront
Carte 2 **477**

La Demeure d'Olwenn

1, rue de Godras - 61700 Domfront

Tél. 02 33 37 10 03 - Fax 02 33 37 10 03
Sylvia Tailhandier-Jacobson

1 pers 290 F - 2 pers 290 F - 3 pers 360 F
p. sup 70 F

3 chambres avec salle d'eau et wc privés, et possibilité TV. Ouvert toute l'année. Petit déjeuner : confitures maison, jus de fruits frais, viennoiseries... Grand jardin fleuri. Nombreux restaurants à Domfront. ★ Domfront, cité médiévale dans le Parc Naturel Régional Normandie-Maine. Pêche, tennis 1 km. Forêt 2,5 km. Circuits de randonnées et de VTT. Casino, golf, équitation, piscine 19 km. **Accès :** à l'entrée de Domfront, prendre dir. "Centre Ancien". La maison est à proximité immédiate du tribunal et de la poste. CM 231, pli 41.

Dans la cité médiévale de Domfront, vous serez accueillis dans une demeure ancienne pleine de charme et de surprises. Belle décoration intérieure avec tableaux et mobilier de style. Passionnée par sa région, la maîtresse de maison saura vous faire découvrir le pays de Lancelot du Lac.

Orne

Town of Aigle and market 12 km. Fishing and forest on site. Tennis court 15 km. Swimming pool and horse-riding 12 km. Golf course 25 km.

★ *How to get there: At L'Aigle, R12 for Vimoutiers. At la Ferté-Frenel, ask for "Le Château". Michelin map 231, fold 33.*

Handsome 19th-century property with park and lake. Château life with all the modern-day creature comforts and a variety of on-site activities. A restful spot, ideal for a short break away from it all.

La Ferté-Fresnel
Carte 2 **478**

Le Château
61550 La Ferté-Fresnel
Tél. 02 33 24 23 23 - Fax 02 33 24 50 19
Soddechaff SARL

1 pers 285 F - 2 pers 395 F - 3 pers 450 F

5 chambres, toutes avec bains, wc, téléphone, TV et kitchenette. Ouvert toute l'année. Ping-pong et salle de musculation sur place. Etang privé. Parc. Restaurant à 1 km. ★ Ville et marché de l'Aigle à 12 km. Pêche et forêt sur place. Tennis à 15 km. Piscine et équitation à 12 km. Golf à 25 km. **Accès :** à l'Aigle, R.12 dir. Vimoutiers. A la Ferté-Frenel, demander le château. CM 231, pli 33.

Très belle propriété du XIXe siècle avec parc et étang. La vie de château avec tout le confort moderne et de nombreuses activités à pratiquer sur place. Halte reposante, idéale pour de courts séjours.

Orne

Gacé, famous for being the town of the Lady of the Camellias. Haras du Pin (stud farm) and Montormel Memorial nearby. Tennis, swimming pool 500 m. Horse-riding 5 km. Golf course 12 km. Sea 70 km.

★ *How to get there: On N138. At Gacé, head for Vimoutiers. The property is located at the D979/D13 intersection.*

Castel Morphée is a handsome Napoleon III residence with wooded grounds and ornamental lake. Your host, André Bayada, has worked painstakingly to restore the building to its former splendour. Warm welcome guaranteed. Facilities for cycles and horses.

Gacé

Carte 2 **479**

Castel Morphée
2, rue de Lisieux
61230 Gacé
Tél. 02 33 35 51 01 – Fax 02 33 35 20 62
André Bayada

1 pers 250/300 F – 2 pers 330/420 F
3 pers 435/ 505 F

4 chambres et 1 suite avec TV, téléphone et sanitaires privés (540/610 F 4 pers.). Ouvert du 1er avril au 30 octobre. Petit déjeuner buffet. Parc de 1 ha. avec pièce d'eau. Ping-pong, billard, vélos et appareils de musculation. Ecuries et 4 boxes (70 F). Restaurants à Gacé ★ Gacé, cité réputée pour être la ville de la Dame aux Camélias. Haras du Pin et mémorial de Montormel à proximité. Tennis, piscine 500 m. Equitation 5 km. Golf 12 km. Mer 70 km. **Accès :** par la N138. A Gacé, prendre dir. Vimoutiers. La propriété se situe à l'angle de la D979 et de la D13.

Le Castel Morphée est une belle demeure bourgeoise d'époque Napoléon III avec parc arboré et pièce d'eau. André Bayada s'est attaché à lui redonner tout son éclat. Que vous soyez à pied, à cheval ou en vélo, il vous y accueille toujours chaleureusement.

Orne

Le Perche region: manors, forests and culinary traditions. Forest 2 km, fishing and horse-riding 4 km, tennis court 6 km, swimming pool 8 km and golf courses 25 km and 40 km. Center Parcs 25 km. Haras du Pin stud farm 55 km. Chartres 65 km.

★ *How to get there: On N12, at the Sainte-Anne crossroads, between Verneuil and Mortagne, head for Longny-au-Perche, then left for Moulicent. Michelin map 231, fold 45.*

Less than two hours from Paris, in the Perche region, the charm and comfort of this family château are most appealing. The history of its construction spans the 15th, 18th and 19th centuries. Each of the three bedrooms has its own character, with period furniture. The château is set in 30 acres of beautiful parkland.

Moulicent

Carte 2 **480**

La Grande Noé
61290 Moulicent
Tél. 02 33 73 63 30 – Fax 02 33 83 62 92
Email : grandenoe@wanadoo.fr
Jacques et Pascale de Longcamp

1 pers 500/600 F – 2 pers 550/650 F – p. sup 100 F

3 chambres, toutes avec bains et wc. Ouvert de Pâques à fin novembre (réservation possible l'hiver, sur demande). Bicyclettes, ping-pong, chevaux et attelage sur place. Promenades en avion sur demande. Restaurants à 6 et 7 km. ★ Région du Perche (manoirs, forêts et gastronomie). Forêt 2 km. Pêche et équitation 4 km, tennis 6 km, piscine 8 km, golfs 25 et 40 km. Center Parcs 25 km. Haras du Pin 55 km. Chartres 65 km. **Accès :** par la N12, au carrefour de Sainte-Anne, entre Verneuil et Mortagne, prendre dir. Longny-au-Perche, puis à gauche vers Moulicent. CM 231, pli 45.

Dans la région du Perche, à moins de 2 heures de Paris, le charme et le confort d'un château familial des XVe, XVIIIe et XIXe siècles. Chaque chambre a son propre caractère, avec mobilier ancien. Beau parc de 12 hectares.

Orne

Perche "Maison du Parc" at Remelard. Popular Arts and Traditions Museum at St-Cyr-la-Rosière. Nogent-le-Rotrou Château. Hiking, fishing and forest locally. Tennis court and swimming pool 3 km. Golf 15 km.

★ **How to get there:** At Remelard, head for Longny-au-Perche on D11 and drive approx. 3 km. Domaine de Launay is on the right-hand side (yellow signs). Michelin map 231, fold 45.

Domaine de Launay, originally a Perche farm, dates from the 16th century and spans over 37 acres of woods and meadows. The extremely comfortable suites are quiet and relaxing. Nineteenth-century and Art Deco furniture. Sports enthusiasts will enjoy the putting green where keen golfers John and Toos Bakker will be happy to share their love of the game with you.

Remalard
Carte 2 **481**

Domaine de Launay
SARL Domaine de Launay
61110 Remalard
Tél. 02 33 83 61 33 - Fax 02 33 73 66 33
John Bakker

1 pers 300/425 F - 2 pers 500/850 F
3 pers 750/900 F - p. sup 250 F

3 suites avec cheminée, cuisine équipée, stéréo et sanitaires privés. Ouvert toute l'année. Petit déjeuner : viennoiseries, jambon, œufs, fromage, céréales, miel... Salon TV avec vidéo, bar, juke-box. Propriété de 15 ha. avec bois, prairies, étang et practice de golf. Carte bleue visa acceptée. Restaurants à 3 km. ★ Maison du parc du Perche à Remalard. Musée des Arts et Traditions Populaires à St.Cyr-la-Rosière. Château de Nogent-le-Rotrou. Randonnée, pêche et forêt sur place. Tennis et piscine 3 km. Golf 15 km. **Accès :** à Remalard prendre dir. Longny-au-Perche par la D11 et faire 3 km environ. Le domaine de Launay est à droite (panneaux jaunes). CM 231, pli 45.

Ancienne ferme percheronne du XVIe siècle, le domaine de Launay s'étend sur 15 ha. de bois et de prairies. Les suites avec cheminée, très confortables, sont calmes et reposantes. Mobilier du XIXe et art déco. Les sportifs apprécieront le practice de golf où John et Toos Bakker, grands amateurs, vous inviteront à partager leur passion.

Orne

Perche Popular Arts and Traditions Museum at St-Cyr-la-Rosière. Bellême Forest and town. Visits to manor houses in the Perche region. Hiking and fishing locally. Forest, tennis 2 km. Horse-riding 3 km.

★ **How to get there:** At Bellême, head for La Ferté-Bernard. At St-Germain, head for Bellou-le-Trichard and as you drive down, turn right for Haut-Buat. Michelin map 60, folds 14/15.

This fine "longère" was originally a traditional Perche farmhouse, restored to pristine splendour by its owners. Two delightful, cosily-appointed bed and breakfast rooms with country-style décor await your arrival. This enchanting bucolic and romantic setting offers peace, quiet and a complete change of scenery. Simply charming.

St.Germain-de-la-Coudre
Carte 2 **482**

Le Haut Buat
61130 Saint-Germain-de-la-Coudre
Tél. 02 33 83 36 00
Laurent et Isabelle Thiéblin

1 pers 250 F - 2 pers 310 F

2 chambres avec sanitaires privés. Ouvert toute l'année. Petit déjeuner : jus d'oranges pressées, yaourts et confitures maison, gâteaux à la peau de lait, fruits du verger... Importante bibliothèque à disposition. Vaste jardin. Restaurants à 2 km. Les chambres ont obtenu l'appellation "Gîte Panda". ★ Musée des Arts et Traditions Populaires du Perche à St.Cyr-la-Rosière. Ville de Bellême et sa forêt. Circuits des manoirs du Perche. Randonnée et pêche sur place. Forêt, tennis 2 km. Equitation 3 km. **Accès :** à Bellême prendre dir. La Ferté-Bernard. A St.Germain prendre dir. Bellou-le-Trichard puis dans la descente, à droite vers le Haut-Buat. CM 60, plis 14/15.

Cette belle longère est une ancienne ferme percheronne que ses propriétaires ont restaurée avec bonheur guidés par la recherche de l'authenticité. 2 belles chambres d'hôtes au décor campagnard et douillet ont été aménagées. Dans ce cadre bucolique et romantique, vous serez assurés de trouver un calme absolu et un dépaysement total. Une étape de charme à ne pas manquer.

Orne

Hiking on site. Tennis 1.5 km. Forest 3 km, lake 8 km. Horse-riding 10 km, bathing 12 km, swimming pool 15 km. Haras National du Pin (stud farm) 22 km.

★ **How to get there:** *At l'Aigle, take N26 for Argentan. The property is on the left, 1 km from Sainte-Gauburge village exit. Michelin map 231, fold 44.*

This large ivy-covered family home is close to Ouche and Le Perche country. A warm welcome is guaranteed by your hosts Mr and Mme Le Brethon, who offer 2 cosy bedrooms with period furniture (attractive matching fabrics and engravings).

Ste-Gauburge/Ste-Colombe Carte 2 483

La Bussière

61370 Ste-Gauburge/Ste-Colombe
Tél. 02 33 34 05 23 – Fax 02 33 34 71 47
Antoine et Nathalie Le Brethon

1 pers 230 F – 2 pers 310 F – 3 pers 420 F
p. sup 50 F – repas 145 F

1 chambre 2 pers. et 1 suite 4 pers. avec bains et wc privés. Fermé en janvier et février. Table d'hôtes sur réservation. Boxes pour chevaux. Parc. Restaurants à 1 km. ★ Randonnées sur place. Tennis à 1,5 km. Forêt à 3 km. Lac à 8 km. Equitation à 10 km. Baignade à 12 km. Piscine à 15 km. Haras National du Pin à 22 km. **Accès :** à l'Aigle, prendre la N26 vers Argentan. La propriété est à gauche. 1 km après la sortie du village de Sainte-Gauburge. CM 231, pli 44.

Grande maison familiale couverte de lierre, à proximité du pays d'Ouche et du Perche. Monsieur et Madame Le Brethon vous accueillent dans 2 chambres chaleureuses, meublées à l'ancienne (jolis tissus coordonnés, gravures...).

Orne

Le Sap Open-Air Museum. Lady of the Camellias Museum in Gacé. Villers-en-Ouche Château. Hiking and horse-riding locally. Fishing 1.5 km. Swimming pool and tennis court 8 km.

★ **How to get there:** *At Gacé, take N138 for Rouen. After 10 km, turn right for Haras du Val aux Clercs and follow signs. Michelin map 231, fold 32.*

Val aux Clercs is a handsome, traditional property set in the heart of the countryside, on the borders of the Pays d'Auge and Pays d'Ouche. This fine 13th-century Auge manor with garden and meadows features two comfortable bedrooms with period furniture. Marie-Ange and Benoist Baijot will be delighted to share their love of animal painting and the blacksmith's craft with you.

Le Sap-André Carte 2 484

Haras du Val aux Clercs

Le Val aux Clercs – 61230 Le Sap-André
Tél. 02 33 35 74 76 – Fax 02 33 35 74 76
Benoist et Marie-Ange Baijot

1 pers 250/450 F – 2 pers 350/500 F – 3 pers 450 F
p. sup 100 F – repas 120 F

1 chambre et 1 suite avec sanitaires privés. Ouvert toute l'année. Petit déjeuner : jus de fruits, pain brioché, beurre fermier, confitures maison... Table d'hôtes : lapin au cidre, canard confit, tarte normande... Jardin et prairies. Box et stalles pour chevaux. Atelier de maréchallerie. Restaurant à 2 km. ★ Eco-musée du Sap. Musée de la Dame aux Camélias à Gacé. Château de Villers-en-Ouche. Randonnée et équitation sur place. Pêche 1,5 km. Piscine, tennis 8 km. **Accès :** à Gacé prendre la N138 vers Rouen sur 10 km puis prendre à droite vers le Haras du Val aux Clercs et suivre le fléchage. CM 231, pli 32.

Aux confins du pays d'Auge et du pays d'Ouche, le Val aux Clercs est une belle propriété typique située en pleine campagne. Ce beau manoir augeron du XIIIe siècle avec jardin et prairies propose 2 chambres confortables avec mobilier de style. Marie-Ange et Benoist Baijot, se feront un plaisir de vous faire partager leur passion de peintre-animalier et de maréchal ferrand.

Orne

Montormel Memorial 5 km. Camembert 10 km. Le Pin national stud farm 15 km. Hiking locally. Fishing 500 m. Tennis and fishing 10 km.

★ *How to get there: At Gacé, head for Chambois and 10 km on, turn right for Vimoutiers (D26). Before you get to Survie village, turn right then right again. Michelin map 231, folds 31/32.*

In the heart of a picturesque region stands Manoir de Sainte-Croix, a fine family property which goes back to the 16th century and bears witness to past generations. The vast, attractively-decorated bedroom with fine traditional Norman furniture enjoys an original setting as it was once the kitchen.

Pas de Calais

20 min from Le Touquet: swimming, golf, tennis, horse-riding, windsurfing, jet-skiing. Riding centre 2 km.

★ *How to get there: 10 km from Montreuil-sur-Mer. When you reach the church, drive past the restaurant "Lignier" and on for 2 km up the hill (at the intersection on the left). First house on the left.*

Set in a bosky bower, where peace and quiet reign supreme, this recently-restored manor house was built in 1858. The residence offers five luxuriously-appointed double bedrooms. Enjoy the tranquillity of the vast park surrounding the property or visit the owner's wood sculpture studio and gallery, which will delight art lovers.

Survie

Carte 2 **485**

Manoir de Sainte-Croix

61310 Survie
Tél. 02 33 35 61 09 - Fax 02 33 34 29 35
Jacques des Courrières

1 pers 300 F - 2 pers 350 F - repas 150 F

1 chambre avec salle de bains (lave-linge) et wc privés. Ouvert toute l'année. Table d'hôtes : poulet Vallée d'Auge, escalope au pommeau, tarte tatin... Parc avec pièce d'eau et forêt sur place. Vélos à disposition. Restaurants à 10 km. ★ Mémorial de Montormel 5 km. Camembert 10 km. Haras national du Pin 15 km. Randonnée sur place. Pêche 500 m. Tennis et piscine 10 km. **Accès :** à Gacé prendre dir. Chambois sur 10 km puis tourner à droite vers Vimoutiers (D26). Avant le village de Survie, tourner à droite puis encore à droite. CM 231, plis 31/32.

Au cœur d'une région pittoresque, le manoir de Sainte-Croix est une belle propriété familiale qui remonte au XVIe siècle et qui a su conserver les témoignages des générations passées. Une vaste chambre au décor chaleureux avec un beau mobilier traditionnel normand vous est réservée. Elle bénéficie d'un cadre original car elle fut autrefois la cuisine.

Beussent

Carte 1 **486**

Le Ménage

124, route d'Hucqueliers
62170 Beussent
Tél. 03 21 90 91 92 - Fax 03 21 86 38 24
Josiane Barsby

1 pers 350 F - 2 pers 400/450 F - p. sup 50 F

5 chambres doubles avec TV, bains et wc privés. Ouvert toute l'année. Petit déjeuner gourmand : salade de fruits frais, yaourts, viennoiseries, confitures maison, oeufs... Cour, jardin, parc. Poss. de vélos. Chevaux (cavaliers confirmés), accueil chevaux, box, patures à dispo. Restaurants 1 et 8 km. ★ A 20 mn du Touquet : natation, golf, tennis, équitation, planche à voile, jet-ski... Centre équestre à 2 km. **Accès :** à 10 km de Montreuil-sur-Mer. A l'église, passer devant le restaurant "Lignier" puis monter la côte sur 2 km (à l'intersection à gauche), 1ère maison à gauche.

Dans son écrin de verdure, et dans un calme absolu, ce manoir de 1858 récemment restauré vous propose 5 chambres doubles d'un très grand confort. Vous pourrez profiter en toute quiétude du vaste parc qui entoure la propriété et pour les amateurs, visite de l'atelier de sculpture sur bois et la galerie du propriétaire.

Pas de Calais

Walks and hikes (GR hiking trail, by the sea). Wind-surfing at Wissant 7 km. Calais 10 min, Boulogne-sur-Mer 20 min, Channel Tunnel 5 min. Four restaurants within a 4-km radius.

★ How to get there: On A16, exit 11 or 10 via Peuplingues on D243. Left at Hameau de la Haute Escalles, 1st house on the left, or D940 along the coast and D243. 1 km from centre. Michelin map 51, fold 1.

La Grand'Maison is an 18th-century farmhouse full of character with a dovecote, in verdant, flowery surroundings. Its location, just one hour from the U.K. and Belgium, make it an ideal place for visiting the surrounding area.

Escalles

Carte 1 487

La Grand'Maison
Hameau de la Haute Escalles
62179 Escalles
Tél. 03 21 85 27 75 - Fax 03 21 85 27 75
Marc Boutroy

---

1 pers 200/240 F - 2 pers 240/300 F
3 pers 320/420 F - p. sup 80 F

2 ch. avec douche et wc, 1 studio avec douche, wc et jardin privés, 1 suite avec bains et wc et 2 ch. avec bains et wc. Ouvert toute l'année. Salle de jeux. TV sur demande. Petit déjeuner copieux (confitures maison). 4 restaurants à 1 km. Accueil de chevaux. Promenades en ânes. ★ Promenades et randonnées (GR, bord de mer). Planche à voile à Wissant (7 km). Calais 10 mn, Boulogne-sur-Mer 20 mn, tunnel sous la Manche 5 mn. **Accès :** de l'A16, sorties 11 ou 10 par Peuplingues sur D243. Au hameau de La Haute Escalles 1ère maison à gauche ou D940 par la côte puis D243, à 1 km du centre. CM 51, pli 1.

Dans un cadre verdoyant et fleuri, la Grand'Maison est une ferme de caractère avec un pigeonnier du XVIIIe. Sa situation, à 1 heure de l'Angleterre et de la Belgique en font un lieu idéal pour rayonner alentour.

Pas de Calais

Near St-Omer, town with rich cultural traditions and history. Azincourt (Agincourt and Hundred Years' War) 15 km. Clairmarais and Hesdin Forests. La Coupole d'Helfaut, largest World War II Museum. Tennis, fishing, hiking, golf, horse-riding.

★ How to get there: On the Saint-Omer-Hesdin road, A26, Therouanne exit.

This 19th-century family mansion with courtyard and leafy park is set in a tiny village, on the edge of Artois and Audomarois country, in a luxuriant valley. The three comfortable bedrooms are appointed with late-19th-century regional furniture. Guests also have the use of a Directoire lounge with fireplace and a delightful winter garden.

Fauquembergues

Carte 1 488

La Rêverie
19, rue Jonnart - 62560 Fauquembergues
Tél. 03 21 12 12 38 - Fax 03 21 12 18 66
Gilles et Annie Millamon

---

1 pers 260 F - 2 pers 300 F

---

3 chambres avec sanitaires privés. Ouvert toute l'année. Copieux petit déjeuner : céréales, fromage blanc, yaourts, viennoiseries, confitures, miel... TV, téléphone/fax, salon avec cheminée, jeux de société, jardin d'hiver à votre disposition. Cour, jardin et parc. Restaurants dans le village et alentours. ★Proche de St-Omer, ville d'histoire et d'art. 15 km du site d'Azincourt (guerre de 100 ans). Forêts de Clairmarais et d'Hesdin. La Coupole d'Helfaut, le plus grand musée sur la 2e guerre mondiale. Tennis, pêche, randonnée, golf, équitation. **Accès :** sur la route de Saint-Omer-Hesdin, A26, sortie Therouanne.

Dans un petit village, à la limite du haut pays d'Artois et de l'Audomarois, dans une vallée verdoyante, belle demeure de maître du XIXe avec cour et parc arboré. 3 chambres confortables, avec de beaux meubles régionaux de la fin du XIXe, vous sont réservées ainsi qu'un salon directoire avec cheminée. A votre disposition, un agréable jardin d'hiver.

Pas de Calais

Croix-en-Ternois racing track 3 km. Golf courses 18 km and 35 km. Coast 60 km. Verdant valley steeped in history: Azincourt (Agincourt), Vimy, Arras. 2 hr from London, Paris and Brussels.

★ *How to get there: From Saint-Pol-sur-Ternoise, head for Anvin-Fruges (D343). 1 km from Saint-Pol, before entrance to village, turn right. Michelin map 236, fold 3.*

Teachers Mr and Mme Vion offer four pretty bedrooms in the outbuildings of their 19th-century manor house. Relax in the lounge which boasts a monumental fireplace or take a stroll in the park. Garden. Garage.

Gauchin-Verloingt

Carte 1 **489**

550, rue des Montifaux
62130 Gauchin-Verloingt
Tél. 03 21 03 05 05
Email : McVion.Loubarre.@wanadoo.fr
Philippe Vion

1 pers 200 F - 2 pers 240 F - 3 pers 320 F

4 chambres, toutes avec sanitaires privés et TV. Kitchenette à disposition. Plusieurs restaurants à proximité. Vélos, baby-foot. Parc. Jardin, garage et parc. Gratuit pour les enfants de moins de 5 ans. ★ Circuit automobile de Croix-en-Ternois 3 km. Golf 18 et 35 km. Littoral à 60 km. Vallée verdoyante et historique (Azincourt, Vimy, Arras). Londres, Paris et Bruxelles à 2 heures. **Accès :** de St-Pol-sur-Ternoise, dir. D343 Anvin-Fruges. A 1 km de Saint-Pol, avant l'entrée du village, tourner à droite. CM 236, pli 3.

Monsieur et Madame Vion, enseignants, ont aménagé 4 jolies chambres dans les dépendances d'un manoir du XIXe siècle. Vous pourrez profiter d'un séjour avec cheminée momunentale ainsi que du parc.

Pas de Calais

Crafts Museum, "Perlé de Groseille" bird sanctuary, Maintenay Mill (with crêperie). Fishing, tennis and horse-riding (in the summer) 3 km.

★ *How to get there: On N39, head for Beaurainville and Fruges, then D130 for Loison-sur-Créquoise.*

Marie-Hélène is your hostess in her manor bordered by the Créquoise. The handsome templars' residence, which dates back to the 12th century, is steeped in history. You will enjoy the blissful quiet of the place and the cosy bedrooms with stone fireplaces. Relax in the vast leafy park with garden furniture and deckchairs or by the river.

Loison-sur-Créquoise

Carte 1 **490**

La Commanderie
3, allée des Templiers
62990 Loison-sur-Créquoise
Tél. 03 21 86 49 87
Marie-Hélène Flament

1 pers 280/350 F - 2 pers 350/400 F

2 ch. et 1 suite de 2 ch. avec sanitaires privés. 500 F/4 pers. Ouvert toute l'année (sur rés. du 1.11 au 1.03). Petit déjeuner : jus de fruits, croissants, pâtisseries et confitures maison. Bibliothèque, TV, cheminées. Salle de jeux avec p-pong, mini-billard, jeux de société. Parc boisé avec rivière, salons de jardin, transats. Brasserie 2 km, restaurants 13 km. ★ Maison de l'Artisanat, le "Perlé de Groseilles", centre ornithologique, moulin de Maintenay (avec crêperie) à 3 km. **Accès :** par la N39, prendre Beaurainville, direction Fruges, puis D130 direction Loison-sur-Créquoise.

Marie-Hélène vous accueille dans sa demeure longée par la Créquoise. Les origines de cette belle demeure templière au passé chargé d'histoire, remonte au XIIe siècle. Vous apprécierez le calme des lieux et le confort chaleureux des chambres avec leur cheminée en pierre. Détente dans le vaste parc boisé avec salons de jardin et transats ou près de la rivière.

Pas de Calais

Flying and parachuting 3 km. Horses for hire 5 km. Sea, sand-yachting 5 km. Calais 7 km. Gravelines 12 km. Swimming pool, horse-riding, hiking, sea, tennis, sailing.

★ **How to get there:** *A16, Marck-Ouest exit (19), access via D119.*

This time-honoured manor house, set in 12.5 acres of parkland, was recently restored. The five comfortable bedrooms have been tastefully furbished and boast period furniture. Guests can relax in a lounge with fireplace.

Marck

Carte 1 **491**

Manoir du Meldick
Le Fort Vert
2528, ave du Général de Gaulle
62730 Marck
Tél. 03 21 85 74 34 – Fax 03 21 85 74 34
Jean Houzet

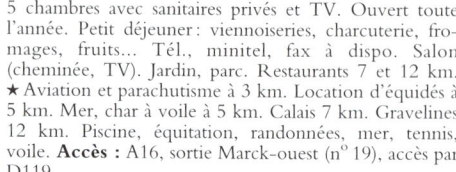

1 pers 250 F – 2 pers 300 F – p. sup 50 F

5 chambres avec sanitaires privés et TV. Ouvert toute l'année. Petit déjeuner : viennoiseries, charcuterie, fromages, fruits... Tél., minitel, fax à dispo. Salon (cheminée, TV). Jardin, parc. Restaurants 7 et 12 km. ★ Aviation et parachutisme à 3 km. Location d'équidés à 5 km. Mer, char à voile à 5 km. Calais 7 km. Gravelines 12 km. Piscine, équitation, randonnées, mer, tennis, voile. **Accès** : A16, sortie Marck-ouest (n° 19), accès par D119.

Manoir de construction ancienne, récemment restauré entouré d'un parc de 5 ha. 5 chambres confortables, avec mobilier ancien, ont été aménagées avec beaucoup de goût. Un salon avec cheminée est à la disposition des hôtes.

Pas de Calais

Walks in the forest on site. Fishing 6 km. Golf course 18 km. Arras and Amiens. L'Artois and Ternois Châteaux. Close to Vimy, Lorette and Doullens.

★ **How to get there:** *800 m from N25 (signs), between Arras and Doullens. Michelin map 53, fold 1.*

Château de Saulty stands in 110 acres of grounds, in the middle of orchards. The property was renovated in 1992 and offers 2 bedrooms with period furniture, and 3 with pine furniture. TV room and library for guests' use.

Saulty

Carte 1 **492**

82, rue de la Gare
62158 Saulty
Tél. 03 21 48 24 76 – Fax 03 21 48 18 32
Pierre Dalle

1 pers 190 F – 2 pers 290 F – 3 pers 370 F
p. sup 80 F

5 chambres avec bains et wc privés. Ouvert toute l'année sauf en janvier. Choix de 10 restaurants dans un rayon de 10 km. Table de bridge et ping-pong. Verger et parc. Parking. ★ Balades en forêt sur place. Pêche à 6 km. Golf à 18 km. Villes d'Arras et d'Amiens. Châteaux de l'Artois-Ternois. Proximité de Vimy-Lorette-Doullens. **Accès** : à 800 m de la N25 (fléchage), entre Arras et Doullens. CM 53, pli 1.

Le château de Saulty est situé dans un parc de 45 ha., au milieu des vergers. Réaménagé en 1992, vous y trouverez 2 chambres meublées en ancien et 3 avec du mobilier en pin. Salon de TV et bibliothèque à la disposition des hôtes.

Pas de Calais

Sea 12 km and 36-hole golf course 2 km. Valloire Abbey 6 km and Marquenterre Reserve 20 km.

★ *How to get there:* 2 km from N1 Paris-Calais. 200 km from Paris and 90 km from Calais. A16, exit 14 or 15.

This charming priory, tastefully restored by an antique dealer, offers four attractive, comfortable bedrooms in the outbuildings and a handsome suite in the owners' residence, in the heart of the countryside. Stays can be combined with golf lessons or courses.

Tigny-Noyelle

Carte 1 **493**

Le Prieuré
impasse de l'Eglise
62180 Tigny-Noyelle
Tél. 03 21 86 04 38 – Fax 03 21 81 39 95
Roger Delbecque

---

1 pers 250 F – 2 pers 310/380 F – 3 pers 390/460 F
p. sup 80 F – repas 140 F

5 ch. indépendantes dont 1 pour 4 pers., toutes avec bains, wc privés et TV. Suite : 380 F/2 pers. Poss. lits suppl. Ouvert toute l'année. Table d'hôtes (à partir de 140 F) sur rés. 24 h à l'avance : poissons et fruits de mer. Restaurants à 2 km. Cartes bancaires acceptées. ★ Golf à 2 km (36 trous). Mer à 12 km. Abbaye de Valloire à 6 km et réserve du Marquenterre à 20 km. **Accès :** à 2 km de la N1 Paris-Calais. A 200 km de Paris et 90 km de Calais. A16, sorties n° 14 ou n° 15.

Charmant prieuré, restauré avec goût par un antiquaire. Vous y trouverez 4 jolies et confortables chambres dans les dépendances, et 1 suite dans la maison du propriétaire, en pleine nature. Pour ceux qui le souhaitent, possibilité de combiner un séjour en chambres d'hôtes avec des cours ou un stage de golf.

Pas de Calais

Berck 4 km, vast fine sand beach, full range of water sports. Hiking in the surrounding area. Golf course 15 km. Le Touquet 15 km. Marquenterre Reserve.

★ *How to get there:* N1 to Wailly-Beaucamp, then D142 for Verton or D940 from Rue and D343. A16 (Calais, Paris), Berck exit (25).

This charming house with a thatched roof is set in a large flowery, tree-lined garden where peace prevails. Geneviève and Christian have decorated the property with considerable talent, and every bedroom reflects a different style (painted furniture, stencil decoration). An ideal setting for enjoying the countryside.

Verton

Carte 1 **494**

La Chaumière
19, rue du Bihen – 62180 Verton
Tél. 03 21 84 27 10
http://perso.wanadoo.fr/la chaumière
Christian et Geneviève Terrien

---

1 pers 240 F – 2 pers 290 F

4 chambres avec sanitaires privés et TV. Ouvert toute l'année. Restaurants à 3 km. ★ Berck (4 km), immense plage de sable fin, tous sports d'eau. Randonnées pédestres alentours. Golf à 15 km. Le Touquet à 15 km. Parc du Marquenterre. **Accès :** de la N1, aller jusqu'à Wailly-Beaucamp, puis D142 dir. Verton ou D940 de Rue et D343. A16 (Calais, Paris), sortie Berck n° 25.

Charmante maison avec toit de chaume, au milieu d'un grand jardin fleuri et arboré, au calme. Geneviève et Christian l'ont aménagée avec talent et chaque chambre est décorée différemment (meubles peints, décor au pochoir). Une adresse idéale pour se mettre au vert.

Puy de Dôme

Sioule Valley, Chatel-Guyon (thermal spa), Volvic, Riom (artistic town). Romanesque churches, châteaux, lakes, volcanoes. Hiking trails, tennis, swimming pool, horse-riding and mountain biking in the vicinity.

★ *How to get there: 2 km south of Combronde, take D122. 9 km from Riom on N144. 2.5 km after Davayat. Turn right onto D122 and head for Chaptes (follow signs). Michelin map 73, fold 4.*

Elisabeth Beaujeard is your hostess in her late-18th-century family residence, in a small, quiet hamlet, with volcanoes nearby. You will appreciate the comfortable bedrooms, decorated with care, which boast period furniture.

Beauregard–Vendon

Carte 4 **495**

Chaptes
63460 Beauregard Vendon
Tél. 04 73 63 35 62
Elisabeth Beaujeard

2 pers 300/350 F

3 chambres avec salle d'eau et wc privés. Ouvert toute l'année, sur réservation du 1er novembre au 31 mars. Petit déjeuner copieux. Parking fermé. Restaurants à 2 km. ★ Vallée de la Sioule, Chatel-Guyon (station thermale), Volvic, Riom. Eglises romanes, châteaux, lacs, volcans. Circuits de randonnée, tennis, piscine, équitation et VTT à proximité. **Accès :** à 2 km au sud de Combronde, prendre la D122. A 9 km de Riom par la N144. 2,5 km après Davayat, prendre à droite D122 jusqu'à Chaptes (suivre le fléchage). CM 73, pli 4.

Elisabeth Beaujeard vous recevra dans sa demeure familiale de la fin du XVIIIe, située tout près des premiers volcans, dans un petit hameau tranquille. Vous apprécierez le confort des chambres décorées avec soin et agrémentées de meubles d'époque.

Puy de Dôme

Lake, swimming pool, mountain bikes, canoeing, gliding at Issoire 15 km. Romanesque churches: Saint-Nectaire, Notre-Dame d'Orcival. Puys mountain range, lakes, châteaux.

★ *How to get there: A75, exit 15 "Le Broc-Saint-Germain Lembron". D141. Michelin map 239, fold 44.*

Georges and Michèle Huillet are your hosts at their 12th and 18th-century château, set in the heart of a large wooded park. The bedrooms, which feature fourposter beds, are spacious and luxurious, and breakfast is served in the neo-Gothic dining room. They will be pleased to take you for a spin in their vintage car.

Collanges

Carte 4 **496**

Château de Collanges
63340 Collanges
Tél. 04 73 96 47 30
Georges et Michèle Huillet

2 pers 480/600 F – p. sup 130 F – repas 200 F

5 ch. dont 1 suite avec sanitaires privés et téléphone (forfait suite : + 380 F). Ouvert toute l'année. Auberge à St-Gervazy. Billard, table de bridge, piano et biblio. Gratuit enfant - de 3 ans. Aire de jeux enfants. Table d'hôtes sur réservation (boissons comprises). ★ Plan d'eau, piscine, VTT, canoë, vol en planeur à Issoire à 15 km. Eglises romanes. Saint-Nectaire. Notre-Dame d'Orcival. Chaîne des Puys, lacs, châteaux. **Accès :** A 75, sortie n° 15 "Le Broc-Saint Germain Lembron". D 141. CM 239, pli 44.

Dans un grand parc arboré, Georges et Michèle Huillet vous reçoivent dans leur château des XIIe/XVIIIe. Chambres spacieuses et luxueuses avec lit à baldaquin et petit-déjeuner servi dans la salle à manger néogothique. Si vous le souhaitez, Georges et Michèle vous accompagneront pour une promenade en voiture du début du siècle.

Puy de Dôme

Romanesque churches. Riom, town with a rich cultural heritage and history. Tours of châteaux in the surrounding area. Tazenat 9 km. Tennis locally. Lake (in extinct volcano), bathing. Hikes from the village.

★ ***How to get there:*** *A71 motorway, Gannat or Riom exit. Access on RN144. Michelin map 73, fold 4.*

Monsieur and Madame Chevalier are your hosts at this charming house in the village of Combronde. They will be happy to share their love of painting and antique furniture with you. You will undoubtedly succumb to the gentle setting, the peaceful garden and the delicious gourmet breakfasts.

Combronde

Carte 4 497

105, rue Etienne Clémentel
63460 Combronde
Tél. 04 73 97 16 20 - Fax 04 73 97 16 20
André et Lise Chevalier

1 pers 200 F - 2 pers 260 F - p. sup 70 F

4 chambres avec douche et wc privés. Ouvert toute l'année. Petit déjeuner : jus de fruits frais, pains variés, patisseries et confitures maison. Cour, jardin, parking privé et fermé. Terrasse couverte, barbecue. Location de VTT sur demande. Restaurant à Combronde (sur place). ★ Eglises romanes. Riom : ville d'art et d'histoire. Visite de châteaux dans les environs. Tazenat 9 km. Tennis sur place. Lac de cratère, baignade... Randonnées au départ du village. **Accès :** autoroute A71, sortie Gannat ou Riom. Accès route nationale 144. CM 73, pli 4.

Dans leur charmante maison située dans le village de Combronde, M. et Mme Chevalier vous feront partager leur passion pour la peinture et les meubles anciens. Vous apprécierez la douceur des lieux, le calme du jardin et les petits déjeuners gourmands.

Puy de Dôme

Lake, bathing, windsurfing, fishing, tennis, horse-riding and mountain bikes in Cunlhat. Swimming pool 28 km. Numerous châteaux: Les Martinanches, Vollore, Mauzun, etc.

★ ***How to get there:*** *From Clermont-Ferrand, D997. From Thiers, D906. Michelin map 73, folds 15/16.*

Genealogy enthusiast Brigitte Laroye offers a warm welcome at her charming late-19th-century family residence in the Livradois-Forez Nature Park. The bedrooms are comfortable, each with its own style and period furniture.

Cunlhat

Carte 4 498

7, rue du 8 Mai
63590 Cunlhat
Tél. 04 73 72 20 87
Brigitte Laroye

2 pers 280/330 F - p. sup 100 F - repas 100 F

5 chambres (dont 1 classée 4 épis) : 1 chambre double avec sanitaires privés et 1 avec cheminée et terrasse. Ouvert toute l'année. Table d'hôtes sur réservation. Salon avec cheminée, bibliothèque, échiquier. Malle au trésor. Nombreux restaurants à proximité. ★ Plan d'eau, baignade, planche à voile, pêche, tennis, équitation et VTT à Cunlhat. Piscine à 28 km. Nombreux châteaux : Les Martinanches, Vollore, Mauzun,... **Accès :** de Clermont-Ferrand : D997. De Thiers : D906. CM 73, plis 15 et 16.

Dans le Parc Naturel du Livradois-Forez, Brigitte Laroye, passionnée de généalogie, vous accueillera chaleureusement dans sa charmante maison bourgeoise de la fin XIXe siècle. Les chambres sont confortables et personnalisées, dotées d'un mobilier d'époque.

Puy de Dôme

At the foot of the Puy du Sancy in the Auvergne Volcanic Park. Mont-Dore, La Bourboule 3 km. Tennis, mountain bikes, horse-riding, golf, skating rink 3.5 km. Lake Chambon 21 km.

★ *How to get there: Take D966 for Murat/La Bourboule. Michelin map 73, fold 13.*

Closerie de Manou blends the charm and refined comfort of yesteryear with the warmth of period furniture. You will appreciate your hostess's hospitality and helpful advice. This 18th-century residence's outstanding location makes it an ideal spot for visiting the Auvergne.

Le Mont-Dore

Carte 4 **499**

La Closerie de Manou
Le Genestoux - 63240 Le Mont-Dore
Tél. 04 73 65 26 81 - Fax 04 73 81 11 72
Françoise Larcher

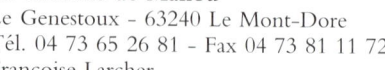

2 pers 340/440 F – p. sup 100 F

5 chambres avec TV, douches et wc privés. Ouvert du 15 février au 31 octobre. Copieux petits déjeuners : jus de fruits, pains variés, patisseries et confitures maison, fromages d'Auvergne, yaourts... Jardin, cour, terrasse, parking privé. Local pour VTT et motos. Auberge à 100 m. ★ Au pied du Puy du Sancy dans le Parc des Volcans d'Auvergne. Le Mont-Dore, la Bourboule (3 km). Tennis, VTT, équitation, golf, patinoire 3,5 km. Lac Chambon 21 km. **Accès** : prendre la D996 dir. Murat/La Bourboule. CM 73, pli 13.

A la Closerie de Manou, charme d'antan et confort raffiné se mêlent à la chaleur des meubles anciens. Vous apprécierez l'accueil chaleureux et la disponibilité de la maîtresse de maison. La situation exceptionnelle de cette demeure du XVIIIe en fait un lieu de séjour idéal pour visiter l'Auvergne.

Puy de Dôme

Romanesque heritage: churches and châteaux. Tours of lakes, valleys, Sancy mountain range. Posted hiking trails. Ballooning in neighbouring village. Horse-riding 19 km. Flying club 16 km. Golf course at Mont-Dore.

★ *How to get there: A75 motorway, exit 6: Besse-Champeix or A75, exit 8: Coudes. Michelin map 73, fold 14.*

Michel and Anita provide a warm welcome for an overnight stay or longer in the splendour of a magnificent 11th and 15th-century feudal castle, a testament to the age of medieval lords. A land of volcanoes, immune to the passing of time. The castle's lofty location, 100 metres up, affords a panoramic view of the mountains and gorges below.

Montaigut-le-Blanc

Carte 4 **500**

Le Chastel Montaigu
63320 Montaigut-le-Blanc
Tél. 04 73 96 28 49 ou 04 73 96 21 60
Fax 04 73 96 21 60
Michel et Anita Sauvadet

2 pers 550/700 F – p. sup 150 F

3 ch. avec bains et wc privés. Ouvert toute l'année (sur réservation de la Toussaint à Pâques). Petit déjeuner : yaourts, crêpes, pains variés, croissants, confitures... Mini-bar dans le grand escalier. Séjour voûté avec cheminée. Salon. Jardins en terrasses. Cour, jardin et parc. Restaurants 1 km. ★ Patrimoine roman : églises, route des châteaux. Circuits touristiques : lacs, vallées, chaîne du Sancy. Randonnées balisées. Vol en montgolfière sur la commune voisine. Equitation 19 km. Aéroclub 16 km. Golf au Mont-Dore. **Accès** : autoroute A75 sortie n° 6 : Besse-Champeix ou A75 sortie n° 8 : Coudes. CM 73, pli 14.

Michel et Anita vous accueillent chaleureusement pour une nuit ou un séjour, dans la splendeur d'un magnifique château féodal des XIe et XVe siècles, témoin du temps des seigneurs du Moyen-Age. A la croisée des routes et des volcans, vous ferez une étape hors du temps. Haut perché, le château offre une vue panoramique à 360° sur les monts et gorges, 100 m plus bas.

Puy de Dôme

Montpeyroux. Romanesque church at Issoire 14 km. Tennis locally. Swimming pool 5 km. Mountain biking, horse-riding, hang-gliding 14 km. Lake, bathing, wind-surfing, sailing at Aydat 24 km.

★ *How to get there: A75 motorway, exit 7. Coudes, Montpeyroux. Michelin Map 73, fold 14.*

A warm welcome awaits you in one of France's most beautiful villages, where you will find Chris and Marcel's handsome residence lying at the foot of the Montpeyroux Tower. The bedrooms are all decorated in a different style and you will have a hard time choosing between the warmth of the fireplace, the bliss of the sunblessed terrace and a relaxing dip in the jacuzzi.

Montpeyroux

Carte 4 **501**

rue du Donjon - 63114 Montpeyroux
Tél. 04 73 96 69 42 ou 06 08 51 81 82
Fax 04 73 96 69 96
Chris et Marcel Astruc

2 pers 280/350 F - p. sup 70 F

5 chambres avec salle de bains-wc ou salle d'eau-wc dont 1 chambre voûtée avec cheminée et 1 chambre avec baignoire-jaccuzi. Ouvert toute l'année. Cour, jardin. Restaurants sur place. ★ Montpeyroux. Eglise romane à Issoire (14 km). Tennis sur place. Piscine 5 km. VTT, équitation, vol libre 14 km. Lac, baignade, planche à voile, voile à Aydat (24 km). **Accès :** autoroute A75, sortie n° 7. Coudes. Montpeyroux. CM 73, pli 14.

Dans l'un des plus beaux villages de France, la belle demeure de Chris et Marcel située au pied de la tour de Montpeyroux, vous ouvre ses portes. Toutes les chambres ont une décoration différente et vous hésiterez entre un chaleureux feu de cheminée, la douceur ensoleillée d'une terrasse ou le plaisir relaxant d'un jaccuzi...

Puy de Dôme

Châteaux and Romanesque churches in the vicinity. Tennis locally. Biking, horse-riding 7 km. Hang-gliding 14 km. Lake for bathing, windsurfing, sailing and canoeing 24 km.

★ *How to get there: A75 motorway, exit 7: Coudes-Montpeyroux. Michelin map 73, fold 14.*

Claude and Edith are your hosts at their pretty house with discreet charm in Montpeyroux, a delightful, fully-restored medieval village. Breakfast is served in a vaulted dining room or in the flower garden which affords a superb view of the area. The warmly-decorated bedrooms boast period furniture and refinement (embroidered sheets, paintings and rugs).

Montpeyroux

Carte 4 **502**

Les Pradets
63114 Montpeyroux
Tél. 04 73 96 63 40
Email : GRENOT@maison-hôtes.com
Claude et Edith Grenot

2 pers 320/340 F - p. sup 100 F

3 chambres dont 2 avec bains et wc et 1 avec douche et wc privés. Ouvert toute l'année. Petit déjeuner : pains variés, brioches, croissants, patisseries et confitures maison... Salon avec cheminée et piano. Jardin. Restaurants sur place. ★ Eglises romanes et châteaux à proximité. Tennis sur place. VTT, équitation à 7 km. Vol libre à 14 km. Plan d'eau avec baignade, planche à voile, voile et canoë-kayak à 24 km. **Accès :** autoroute A75, sortie n° 7 : Coudes-Montpeyroux. CM 73, pli 14.

A Montpeyroux, ravissant village médiéval restauré, Claude et Edith vous accueillent dans leur jolie maison au charme discret. Le petit déjeuner est servi dans la salle à manger voûtée ou dans le jardin fleuri qui offre une superbe vue. Les chambres sont chaleureuses avec un beau mobilier d'époque, et raffinées (draps brodés, tableaux, tapis...).

Puy de Dôme

Romanesque churches: Issoire, St-Nectaire, Orcival. Dômes and Dores Mountains. Cave dwellings nearby. Lakes (Chambon, Chauvet, etc). Full range of leisure activities at Issoire. Skiing 26 km.

★ **How to get there:** *Full details will be supplied at time of booking. Michelin map 73, fold 14.*

Just 3 km from Issoire, Paul and Mireille Gébrillat will welcome you as friends of the family at their handsome 17th-century residence set in 2.5-acre grounds. The décor is colonial in inspiration with attractive rattan furniture, and hammocks for a quiet afternoon nap. In fine weather, breakfast is served on the flower-filled terrace.

Perrier

chemin de Siorac
63500 Perrier
Tél. 04 73 89 15 02 – Fax 04 73 55 08 85
Paul et Mireille Gébrillat

1 pers 250 F – 2 pers 325 F – p. sup 100 F

3 chambres dont 1 familiale avec bains et wc privés. Ouvert toute l'année. Petit déjeuner copieux et raffiné. Cuisine réservée aux hôtes et barbecue en bord de rivière, au fond du parc. Equipement d'un siège électrique pour personne à mobilité réduite. Restaurants à Perrier et à Issoire. ★ Eglises romanes : Issoire, St-Nectaire, Orcival. Monts Dômes et Dores. Habitations troglodytiques à proximité. Lacs (Chambon, Chauvet...). Tous loisirs à Issoire. Ski à 26 km. **Accès :** un plan d'accès vous sera communiqué lors de la réservation. CM 73, pli 14.

A 3 km d'Issoire, Paul et Mireille Gebrillat vous recevront comme des amis dans leur belle demeure familiale du XVIIe siècle située dans un parc d'1 ha. La décoration est d'influence coloniale avec de jolis meubles en rotin et des hamacs pour le repos. Par beau temps, le petit déjeuner sera servi sur la terrasse fleurie.

Puy de Dôme

Next to the Charade golf course and in the immediate vicinity of the Puy-de-Dôme summit. Tennis, mountain biking, riding, hang-gliding 4 km. Swimming pool 6 km. Lake, bathing, sailing, windsurfing 9 km.

★ **How to get there:** *Michelin map 73, folds 13/14.*

Marie-Christine and Marc are your hosts at their 18th-century château near Clermont-Ferrand. The residence lies at the foot of the Auvergne volcanoes, bordering the Charade golf course. The spacious bedrooms all have their own particular style of décor. Pleasant grounds for taking strolls. A charming spot in splendid surroundings.

Royat

Château de Charade
63130 Royat
Tél. 04 73 35 91 67 – Fax 04 73 29 92 09
Marc et Marie-Christine Gaba

2 pers 410/470 F – p. sup 140 F

5 chambres avec s.d.b. et wc privés (s.d.b./s. d'eau/wc pour 1 d'entre elles) dont 2 familiales. Ouvert de Pâques à la Toussaint. Savoureux petit déjeuner à base de toasts, viennoiseries, patisseries et confitures maison... Billard français à disposition. Parc de 6500 m^2. Restaurants à 4 km. ★ En bordure du golf de Charade et à proximité immédiate du sommet du Puy-de-Dôme. Tennis, VTT, équitation, vol libre 4 km. Piscine 6 km. Lac, baignade, voile, planche à voile 9 km. **Accès :** CM 73, plis 13/14.

A proximité de Clermont-Ferrand, au pied des volcans d'Auvergne et en bordure du golf de Charade, Marie-Christine et Marc vous ouvrent les portes de leur château d'époque XVIIIe. Vous serez reçus dans des chambres spacieuses au décor personnalisé. Agréable parc où il fera bon flaner. Une étape de charme dans un site privilégié.

Puy de Dôme

Livradois-Forez Park, bordering the Parc des Volcans, 8 km from Issoire, offers a swimming pool, tennis, canoeing, fishing, horse-riding, hiking and aerial sports. Romanesque churches, lakes and châteaux.

★ ***How to get there:*** *A75 motorway, exit 13 (Issoire-Parentignat), then head along D999 for Saint-Germain-l'Herm/La Chaise-Dieu. Michelin map 73, fold 15.*

You will be given a warm welcome by Mr and Mme Marchand at their 17th and 19th-century manor house with its spacious, comfortable rooms, enhanced with wood panelling, mirrors and French-style ceilings. Unwind in a beautiful setting and enjoy nature in the 5 acres of woodland.

St-Rémy-de-Chargnat

Carte 4 **505**

Château de Pasredon
63500 Saint-Rémy-de-Chargnat
Tél. 04 73 71 00 67 - Fax 04 73 71 08 72
Henriette Marchand

2 pers 385/555 F

5 chambres (de 16 à 30 m^2) : 2 ch. avec s.d.b. et wc privés attenants et 3 ch. avec s. d'eau/s.d.b. et wc privés attenants. Ouvert du 1er avril au 12 novembre. Petit-déjeuner copieux. Tennis sur place. Restaurants à 2, 4 et 8 km. ★ Parc du Livradois-Forez, en limite du Parc des Volcans, à 8 km d'Issoire (piscine, tennis, canoë, pêche, équitation, sports aériens, sentiers). Eglises Romanes, lacs, châteaux. **Accès :** autoroute A 75, sortie n° 13 (Issoire-Parentignat) sur D 999 direction Saint-Germain l'Herm-La Chaise-Dieu. CM 73, pli 15.

Dans leur demeure des XVIIe et XIXe siècles, M. et Mme Marchand vous réservent un accueil chaleureux. Les chambres sont vastes et confortables. Vous pourrez vous détendre dans ce beau cadre ancien (boiseries, glaces, pladonds à la française) et apprécier le calme et la nature dans le parc arboré de 2 ha.

Puy de Dôme

Romanesque churches: Issoire, Saint-Nectaire and Orcival. Close to Livradois-Forez and Volcans d'Auvergne Regional Nature Parks. Full range of leisure activities at Issoire: swimming, tennis, lake, skydiving.

★ ***How to get there:*** *A75 motorway, exit 13 (Issoire/Parentignat), then D996 for Sauxillanges.*

Hélène and Jacques Verdier are your hosts at this superb residence. Choose from three cosy, spacious bed and breakfast rooms, individually appointed with fine furniture bought from antique dealers and objects which the owners have brought back from their travels. Relax in one of the extremely comfortable lounges or enjoy a chat with Hélène, a keen painting and embroidery enthusiast.

Varennes-sur-Usson

Carte 4 **506**

Les Baudarts
63500 Varennes-sur-Usson
Tél. 04 73 89 05 51 - Fax 04 73 89 05 51
Jacques et Hélène Verdier

2 pers 350/380 F - p. sup 120 F

2 chambres avec bains et wc privés (dont 1 avec salon) et 1 suite familiale avec douche, wc privés et salon. Ouvert du 1er mai au 1er octobre sur réservation. Petit déjeuner : viennoiseries, pâtisseries maison aux fruits de saison, confitures maison... Jardin. Restaurants à Sarpoil 6 km et Sauxillanges 7 km. ★ Eglises romanes : Issoire, Saint-Nectaire, Orcival. A proximité des parcs naturels régionaux du Livradois-Forez et des Volcans d'Auvergne. Tous loisirs à Issoire : piscine, tennis, plan d'eau, vol libre... **Accès :** autoroute A75 sortie n° 13 (Issoire/Parentignat) puis D996 direction Sauxillanges.

Ambiance douce et raffinée dans cette superbe demeure, où Hélène et Jacques Verdier vous proposent 3 chambres d'hôtes spacieuses et chaleureusement personnalisées (mobilier ancien chiné chez les antiquaires, objets rapportés de voyages...). Vous pourrez vous détendre dans les différents salons tous aussi accueillants ou bavarder avec Hélène, passionnée de peinture et de broderie.

Puy de Dôme

Aubusson-d'Auvergne 4 km: lake, bathing, sailing, wind-surfing, mountain biking, horse-riding. Guided tours of Livradois-Forez Park.

★ *How to get there: Michelin map 73, fold 16.*

This 12th-century château, extended and restored in the 14th and 17th centuries, stands in superb grounds with a private swimming pool and tennis court. This outstanding site offers five luxury bedrooms with an extremely high level of comfort. Handsome period furniture and refined décor. Concerts and exhibitions during the summer months. Château open to the public.

Vollore-Ville

Carte 4 507

Château de Vollore
63120 Vollore-Ville
Tél. 04 73 53 71 06 – Fax 04 73 53 72 44
Michel Aubert-Lafayette

2 pers 600/1200 F

3 chambres avec bains et wc privés et 2 avec salle de bains, salle d'eau et wc privés. Ouvert toute l'année sur réservation. Billard français à disposition. Cour, parc et tennis privés. Site et vue panoramique. Restaurants à 6 km. ★ Aubusson-d'Auvergne (4 km) : plan d'eau, baignade, voile, planche à voile, VTT, équitation. Route des métiers du Parc Livradois-Forez. **Accès :** CM 73, pli 16.

Château du XIIe, remanié aux XIVe et XVIIe siècles, entouré d'un superbe parc avec piscine et tennis privés. Dans ce site exceptionnel, 5 chambres luxueuses d'un très grand confort vous seront réservées. Beau mobilier ancien et décoration raffinée. Concerts et expositions l'été. Château ouvert au public.

Pyrénées Atlantiques

At the bottom of the Pyrenean foothills, 2 km from Oloron-Ste-Marie and 30 km from Pau. The region is famous for its Béarn and Basque cuisine, and Jurançon wines. Horse-riding, ballooning, paragliding, swimming 2 km. Lake 10 km.

★ *How to get there: Full details will be supplied at time of booking.*

This 16th-century château, originally a hunting lodge, stands by a stream teeming with trout on a 17.5-acre estate. The British owners have decorated and furbished the bedrooms with exquisite taste and great care, and will be happy to give you an insight into the rich history of their residence of outstanding charm.

Agnos

Carte 5 508

Château d'Agnos
64400 Agnos
Tél. 05 59 36 12 52 – Fax 05 59 36 12 52
Desmond et Heather Nears-Crouch

1 pers 350 F – 2 pers 380/550 F – 3 pers 480/650 F

4 chambres dont 2 suites (550/650 F) avec bains et wc privés. Ouvert toute l'année. Petit déjeuner : viennoiseries, confitures, fruits... Table d'hôtes : cuisine anglaise. Grand salon avec TV. Parc, ruisseau. Badminton. Poss. vol en montgolfière. Départ de randonnées équestres. Restaurants à 2 km. ★ Au pied des contreforts des Pyrénées, à 2 km d'Oloron-Ste-Marie et à 30 km de Pau. Région renommée pour sa cuisine béarnaise et basque et ses vins de Jurançon. Equitation, montgolfière, parapente, piscine 2 km. Lac 10 km. **Accès :** un plan vous sera communiqué lors de la réservation.

Ancien pavillon de chasse du XVIe siècle, le château est situé sur un domaine de 7 ha. bordé par un ruisseau à truites. Les propriétaires, d'origine anglaise, ont aménagé avec goût et passion de belles chambres et vous conteront, si vous le souhaitez, la riche histoire de leur demeure au charme exceptionnel.

Pyrénées Atlantiques

Madiran vineyards. Footpaths. Tours of nearby châteaux. 18-hole golf course at Pau 40 km. Nogaro racing track 30 km.

★ *How to get there: Take D935 for Aire-sur-l'Adour, then D248 and D48 for Madiran, the D66 to Arroses and finally, D292.*

Sauveméa is an 18th-century farmhouse set in the heart of the Madiran vineyards. The guest rooms, set in the outbuildings, are decorated with pretty painted furniture and are very comfortable.

Arroses

Carte 5 **509**

Sauveméa
64350 Arroses
Tél. 05 59 68 16 01 – Fax 05 59 68 16 01
José Labat

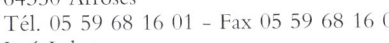

1 pers 250 F – 2 pers 280 F – 3 pers 340 F
p. sup 60 F – repas 75 F

1 suite (470 F) de 2 chambres avec salle de bains commune (baignoire, lavabo, wc) et salon et 4 chambres, toutes avec bains et wc privés. Ouvert toute l'année. Coin-cuisine à disposition. Lac et piscine privés. Parc de 4 ha. Equitation sur place. ★ Visite du vignoble de Madiran. Visite de châteaux. Circuit de Nogaro à 30 km. Sentiers pédestres. Golf de Pau (18 trous) à 40 km
Accès : D935 direction Aire-sur-l'Adour (D248) puis D48 vers Madiran, D66 jusqu'à Arroses et D292.

A Sauveméa, les chambres sont aménagées dans les dépendances d'une ferme du XVIIIe siècle, située au milieu du vignoble de Madiran. Elles disposent d'un joli mobilier en bois cérusé et sont très confortables.

Pyrénées Atlantiques

Biarritz 25 km. St-Jean-de-Luz 30 km. Explore the Basque Country (coast and mountains). Swimming pool, tennis court 3.5 km. Horse-riding 8 km. Golf 25 km.

★ *How to get there: Head for Saint-Palais. The house is opposite the Ganadería Darritchon, 3.5 km from the village.*

This handsome, blissful 17th-century Basque farmhouse was originally a hospital on the Santiago da Compostela pilgrimage route. The antique patinaed furniture, time-honoured floor tiles, waxed walls and vast fireplace add to the residence's authenticity. Breakfast is served on the terrace which looks onto the garden. You will also enjoy the gourmet table d'hôtes specialities prepared by your hostess.

La Bastide-Clairence

Carte 5 **510**

Maison la Croisade
64240 La Bastide-Clairence
Tél. 05 59 29 68 22 ou 06 62 40 77 60
Sylvianne Darritchon

1 pers 285 F – 2 pers 330 F – 3 pers 410 F
p. sup 80 F – repas 80/120 F

2 chambres à l'étage avec sanitaires privés. Ouvert toute l'année. Petit déjeuner : jus d'orange, brioche, confitures maison... Table d'hôtes : salades gourmandes, magret, poulet basquaise, boudin, confits... Salon avec cheminée et TV. Jardin paysagé avec terrasse et salon de jardin. Restaurant à Hasparren 10 km. ★ Biarritz 25 km. St.Jean-de-Luz 30 km. Découverte du pays basque (côte et montagne). Piscine, tennis 3,5 km. Equitation 8 km. Golf 25 km. **Accès** : prendre la direction Saint-Palais. La maison est située en face de la Ganadería Darritchon (à 3,5 km du village).

Cette belle ferme basque du XVIIe au charme tranquille, est un ancien relais de la route Saint-Jacques-de-Compostelle. Les vieux meubles patinés, les dallages anciens, les murs cirés et la vaste cheminée contribuent à lui conserver toute son autenticité. Petits déjeuners servis sur la terrasse face au jardin et table d'hôtes gourmande avec ses spécialités que vous proposera la maîtresse de maison.

Pyrénées Atlantiques

La Bastide-Clairence: listed fortified village. Cambo-les-Bains (writer Edmond Rostand's home) 10 km. Basque Coast (Biarritz and Saint-Jean-de-Luz) 25 min. Close to Spanish border. Swimming and tennis in village. Horse-riding 6 km. Lake 15 km.

★ *How to get there: A64 motorway, exit 4.*

Maison Marchand, the last farm in La Bastide-Clairence village, has been painstakingly restored and offers a handsome 16th-century Basque residence. In summer, breakfast is served on a covered terrace. Ideal for the farniente life, boasting a small garden with deckchairs and a swing. The bedrooms feature visible beams that stand out against the white roughcast walls.

La Bastide-Clairence   Carte 5   511

Maison Marchand
rue Notre-Dame
64240 La Bastide-Clairence
Tél. 05 59 29 18 27 – Fax 05 59 29 14 97
http://perso.wanadoo.fr/maison.marchand
Gilbert et Valérie Foix

1 pers 235/285 F – 2 pers 280/330 F – p. sup 100 F
repas 80/130 F

5 chambres avec sanitaires privés. Ouvert toute l'année. Petit déjeuner copieux. T. d'hôtes : daube, confit de canard, velouté de légumes, filet mignon farci... Grand séjour avec TV. Ch. central. Terrasse abritée et jardin avec barbecue. Visa acceptée (de juill. à sept.). Taxe de séjour 1F/pers./nuit. ★ La Bastide-Clairence : village-bastide classé. Cambo-les-Bains 10 km (maison d'Edmond Rostand). Côte basque (Biarritz et Saint-Jean-de-Luz) à 25 mn. Espagne à proximité. Piscine et tennis au village. Équitation 6 km. Lac 15 km. **Accès :** autoroute A64 sortie n° 4.

Dernière ferme du village de la Bastide Clairence, la Maison Marchand, belle demeure basque du XVIe, a été restaurée avec passion. L'été, les petits déjeuners sont servis sur la terrasse couverte et pour le farniente, un agréable petit jardin avec chaises longues et balancelle. Chambres personnalisées, habillées de crépi blanc avec poutres apparentes.

Pyrénées Atlantiques

La Bastide-Clairence lies between the ocean and the mountains, in a leafy region cut across by valleys. Coast and golf courses nearby. "Trinquet" (local pelota-style game), tennis and hiking.

★ *How to get there: A64, Urt exit, for La Bastide-Clairence. As you enter the village, the accommodation is in the red house, on the left (access for disabled people).*

This handsome 17th-century family mansion, in one of France's prettiest villages, is an ideal spot for exploring the Basque Country. The refined décor and gentle harmony of colours and materials make this a most charming and congenial place to stay. Colette will be happy to give you a hand in choosing what to do and where to go. Not to be missed.

La Bastide-Clairence   Carte 5   512

Maison Sainbois
64240 La Bastide-Clairence
Tél. 05 59 29 54 20 – Fax 05 59 29 55 42
Colette Haramboure

2 pers 450/530 F – repas 140 F

4 chambres (dont 1 accessible pers. handicapée) et 1 suite (600 F 4 pers.) avec sanitaires privés. Ouvert toute l'année. Petit déjeuner gourmand (+ 25 F selon choix) : patisseries maison, laitages, fruits frais. T. d'hôtes sur rés. : cuisine bourgeoise. Tél. fax et répondeur. Ascenseur. Jardin, piscine, terrasses (solarium et pergola). ★ La Bastide-Clairence est située entre mer et montagne, dans une région vallonnée et verdoyante. A proximité de la côte et des golfs. Trinquet, tennis, randonnées pédestres. **Accès :** A64 sortie Urt, direction La Bastide-Clairence. En arrivant dans le village, les chambres sont situées dans la maison rouge, à gauche (accès pers. hand.).

Dans l'un des plus beaux villages de France, cette belle demeure de maître du XVIIe, est un lieu idéal pour découvrir le pays basque. La décoration raffinée et la douce harmonie des couleurs et des matières confèrent à cette demeure charme et convivialité. Si vous le souhaitez Colette vous aidera à organiser le programme de vos loisirs. Une étape à ne pas manquer.

Pyrénées Atlantiques

Billère 18-hole golf course 10 km. Swimming pool, tennis courts, horse-riding nearby. Walks in the mountains.

★ *How to get there: 10 km south of Pau, on N134 to Gan, then D934.*

Maison Trille is a typical 18th-century Béarn residence just outside Pau, near the Ossau Valley. Christiane Bordes always gives her guests a warm welcome and serves excellent breakfasts.

Bosdarros-Gan

Carte 5 · 513

Maison Trille
Chemin de Labau - Route de Rebenacq
64290 Bosdarros-Gan
Tél. 05 59 21 79 51 - Fax 05 59 21 57 54
Christiane Bordes

1 pers 280 F - 2 pers 365 F - repas 100/150 F

5 chambres, toutes avec TV, bains ou douche et wc privés, entrée indépendante. Ouvert toute l'année. Petit déjeuner à base de laitages, salade de fruits, oeufs, fromage, jambon... Table d'hôtes sur réservation. Près de l'auberge "Le Tucq". ★ Golf de Billère (18 trous) à 10 km. A proximité : piscine, tennis, équitation et promenades en montagne. **Accès :** à 10 km au sud de Pau, par N134 jusqu'à Gan, puis D934.

La "Maison Trille" est une ancienne demeure béarnaise du XVIIIe siècle, située aux portes de Pau et de la vallée d'Ossau. Madame Bordes vous y recevra chaleureusement et vous préparera d'excellents petits déjeuners.

Pyrénées Atlantiques

Espelette 1.5 km. Swimming pool, tennis court 3 km. Lake 6 km. Ocean 20 km. Iraty Forest 40 km.

★ *How to get there: In the village, take the lane between the restaurant and the petrol pump. Drive for 1.5 km. Cross the 3 bridges, drive through the underwood and when you reach the top of the hill, turn left.*

Marikita is your hostess at this handsome Basque farmhouse with view, which she has lovingly and tastefully decorated. Fine antique furniture. Scrumptious breakfasts are served on the terrace which looks out onto the meadows where Pottoks (small Basque horses) come to graze. Horseback rides with qualified guides can be arranged. Absolutely charming.

Espelette

Carte 5 · 514

Irazabala
Quartier Laharketa - 64250 Espelette
Tél. 05 59 93 93 02
Marikita Toffolo

1 pers 330 F - 2 pers 350 F - p. sup 150 F

2 chambres avec sanitaires privés. Ouvert toute l'année. Petit déjeuner : jus de fruits, confitures et pâtisseries maison... TV. Cour, jardin, prairies. Ferme équestre sur place avec randonnées à cheval accompagnées. Restaurants à Espelette 1,5 km. ★ Espelette 1,5 km. Piscine, tennis 3 km. Lac 6 km.Océan 20 km. Forêt d'Iraty 40 km. **Accès :** dans le bourg, prendre le chemin entre le restaurant et la pompe à essence. Suivre la route sur 1,5 km. Passer les 3 ponts et le sous-bois et au sommet de la côte, prendre à gauche.

Dans cette belle ferme basque avec vue, Marikita vous reçoit dans un intérieur chaleureux, qu'elle a décoré avec goût et passion. Très beau mobilier ancien. Les savoureux petits déjeuners sont servis sur la terrasse qui ouvre sur la prairie où broutent les Pottoks (petits chevaux basques). La maison organise des randonnées à cheval avec guides diplômés. Une adresse de charme.

Pyrénées Atlantiques

La Bastide-Clairence and Hasparren 10 km. 20 min from Cambo-les-Bains and 30 min from Bayonne, Biarritz and Saint-Jean-Pied-de-Port. Swimming pool, tennis court 10 km. Horse-riding 15 km.

★ *How to get there: A64, Briscous exit and D21 for Hasparren. Turn left for La Bastide-Clairence (D10). 3 km on, turn right for D251 (Ayherre) and drive 7 km. At the entrance to Isturitz, 1st private driveway on the left.*

In a bosky bower of the Basque Country, you will be welcomed by Isabelle and her daughter Charlotte to their authentic Basque farmhouse, which dates back to the Middle Ages. Isabelle, a local storyteller, will be delighted to share her love of Basque culture with you and prepare delicious specialities and dishes for your delectation.

Isturitz
Carte 5 **515**

Urruti Zaharria
64240 Isturitz
Tél. 05 59 29 45 98 – Fax 05 59 29 14 53
Email : urruti.zaharria@wanadoo.fr
http://perso.wanadoo.fr/urruti.zaharria
Isabelle Airoldi

1 pers 220/270 F – 2 pers 270/310 F – p. sup 60/80 F
repas 110 F

4 chambres et 1 suite avec sanitaires privés (310/350 F). Petit déjeuner : confitures, œufs, viennoiseries (le dimanche)... Table d'hôtes : poulet basquaise, ragoût de thon, fromage accompagnée de confiture de cerises... (repas enft.- 12 ans : 90 F). Salon avec cheminée, bibliothèque et TV. Parc. Parking. ★La Bastide Clairence et Hasparren 10 km. A 20 mn de Cambo-les-Bains et 30 mn de Bayonne, Biarritz et Saint-Jean-Pied-de-Port. Piscine, tennis 10 km. Equitation 15 km. **Accès** : A64 sortie Briscous puis D21 vers Hasparren et à gauche dir. La Bastide-Clairence (D10). A 3 km à droite prendre D251 (Ayherre) et faire 7 km. A l'entrée d'Isturitz, 1er chemin privé à gauche.

Dans l'écrin verdoyant du pays Basque intérieur, Isabelle et sa fille Charlotte vous accueillent dans leur demeure, une authentique ferme basque dont l'origine remonte au Moyen-Age. Isabelle "raconteur de pays" vous fera partager sa passion pour la culture basque et vous mitonnera de goûteuses spécialités et de savoureux plats originaux.

Pyrénées Atlantiques

Jurançon vineyards nearby. Oloron 15 km. Pau 25 km. Tennis 2 km. Horse-riding 8 km. Golf 10 km.

★ *How to get there: From Pau, head south on N134. At Gan, after the pharmacy, take D24 for Lasseube and drive 9 km. Turn left (D324), then right after the white farmhouse. Up on the left after the 2 bridges.*

Handsome 18th-century Béarn farmhouse with inner courtyard and swimming pool. The residence affords breathtaking views of the Pyrenees, which you will enjoy in the shade of a walnut tree or under the blossoming arbours. Isabelle will be delighted to show you round her garden fragrant with the aromatic herbs she uses to flavour her dishes and the village winegrowers will give you a taste of their finest vintages. Unmissable.

Lasseube
Carte 5 **516**

Maison Rances
Quartier Rey – 64290 Lasseube
Tél. 05 59 04 26 37 – Fax 05 59 04 26 37
Isabelle Browne

1 pers 220 F – 2 pers 280 F – 3 pers 360 F
p. sup 80 F – repas 110 F

4 chambres avec sanitaires privés. Ouvert toute l'année. Petit déjeuner : yaourts, fromages, œufs, confitures maison... Table d'hôtes : spécialités régionales. TV. Téléphone. Cour. Jardin paysager à l'italienne. Jardin de senteurs. Piscine. Restaurants à Lasseube 2 km. ★Vignoble de Jurançon à proximité. Oloron 15 km. Pau 25 km. Tennis 2 km. Equitation 8 km. Golf 10 km. **Accès** : de Pau par la N134, vers le sud. A Gan après la pharmacie, prendre D24 dir. Lasseube et faire 9 km. Tourner à gauche (D324) et après la ferme blanche, à droite. Après les 2 ponts, en haut à gauche.

Belle ferme béarnaise du XVIIIe siècle avec cour intérieure et piscine. Elle offre une vue imprenable sur les Pyrénées dont vous profiterez, à l'ombre du noyer ou sous les tonnelles en fleurs. Isabelle vous fera découvrir son jardin de senteurs aux plantes aromatiques qui parfument sa cuisine et les vignerons du village vous feront déguster leurs meilleures cuvées... Une adresse incontournable.

Pyrénées Atlantiques

Jurançon wine estate tours, Lacommande Hospital. Fishing and hiking in the vicinity. Swimming pool and lake 6 km. Golf course 8 km. Horse-riding 10 km.

★ *How to get there: From Pau, follow signs to Saragosse and Gan, then turn right for Lasseube and right again for Lacommande-Monein. 900 m on, past Lasseube (built-up area), turn left (Dagué cross) and up the hill.*

Mélina and Jean-Pierre extend a warm welcome at their delightful 18th-century farm, set on a vast estate with its traditional square courtyard. The bedrooms, a pleasing blend of wood and stonework, have been decorated with exquisite taste and originality. Breathtaking views of the Pyrenees and the Béarn hills. Enjoy the peace and quiet of this restful setting.

Lasseube

Carte 5   517

Ferme Dagué
Chemin Croix de Dagué - 64290 Lasseube
Tél. 05 59 04 27 11 - Fax 05 59 04 27 11
Jean-Pierre et Mélina Maumus

1 pers 250 F - 2 pers 280 F - 3 pers 360 F
p. sup 80 F - repas 100 F

4 chambres (1 acces. pers. hand.) et 1 suite (440 F) avec sanitaires privés. Ouvert toute l'année. Petit déj. : pain de campagne, confitures et pâtisseries maison... Tables d'hôtes : cuisine du terroir (poule au pot, garbure). Cheminée. Parc 10 ha. Tennis privé à 800 m. ★ Route des vins de Jurançon, hôpital de Lacommande, Oloron-Sainte-Marie, église de Monein, château de Pau. A proximité : pêche, randonnées... Piscine et lac 6 km. Golf 8 km. Equitation 10 km. **Accès :** de Pau suivre Saragosse. De Gan, à droite vers Lasseube et à droite vers Lacommande-Monein. A 900 m, après la fin de l'agglomération de Lasseube, à gauche (croix de Dagué) et monter la côte.

Sur un vaste domaine, dans leur belle ferme du XVIIIe siècle avec sa tradionnelle cour carrée, Mélina et Jean-Pierre vous accueillent chaleureusement. Les chambres où se mêlent harmonieusement le bois et la pierre ont été décorées avec goût et originalité. Superbe vue sur les Pyrénées et sur les coteaux du Béarn. Vous ferez en ce lieu paisible une étape au calme.

Pyrénées Atlantiques

Hiking and horse-riding in the village. Swimming pool, tennis, paragliding and rafting 5 km. Navarrenx 5 km and Oloron 20 km.

★ *How to get there: From Navarrenx, head for Monein on D2 and take D27 at Jasses for Oloron-Sainte-Marie. In the village, turn left. 1st road on the right. 2nd house on the right.*

Attractive house with character set in the Gave d'Oloron Valley. The bedrooms are comfortable and bright, with pretty period furniture and matching fabrics. Bookbinding courses are available.

Lay-Lamidou

Carte 5   518

64190 Lay-Lamidou
Tél. 05 59 66 00 44 ou 06 86 22 02 76
Bernard et Marie-France Desbonnet

1 pers 240 F - 2 pers 270 F - p. sup 80 F - repas 90 F

2 chambres avec bains et wc privés. Ouvert toute l'année. Table d'hôtes (à partir de 90 F) : cuisine régionale. Parc. Restaurants à 5 km. ★ Randonnées pédestres et équestres au village. Piscine, tennis, parapente et rafting à 5 km. Navarrenx à 5 km et Oloron à 20 km. **Accès :** à partir de Navarrenx, prendre la dir. Monein par la D2 puis à Jasses prendre la D27, dir. Oloron-Ste-Marie. Au village tourner à gauche. 1ère rue à droite. C'est la 2e maison à droite.

Belle maison de caractère située dans la Vallée du Gave d'Oloron. Les chambres sont chaleureuses et gaies, avec de jolis meubles anciens et des tissus coordonnés. Pour ceux qui le souhaitent, possibilité de stage de reliure.

Pyrénées Atlantiques

Variety of places of interest and museums, vineyards and sports in the vicinity. Within a 30 to 80-km radius: the Pyrenees, Lourdes, Spain, beaches along the Atlantic Coast, and the Basque Country. Tennis 8 km. Lake, horse-riding 23 km.

★ *How to get there: A63, Orthez exit and Sault-de-Navailles to Morlanne. By the church, drive along the "Chemin d'Emilie". Past the house with blue shutters, turn right into drive (manor sign) and carry on to the end.*

This 17th-century house of character stands in extensive tree-lined grounds with century-old trees. The spot's many charms include radiant light and a panoramic view of the Pyrenees; you can try your hand at a wide range of arts and crafts, including painting, pottery and music.

Morlanne
Carte 5 — 519

Manoir d'Argelès
64370 Morlanne
Tél. 05 59 81 44 07 ou 05 59 81 42 47
Fax 05 59 81 42 47
Rose-Marie Jehle-Leconte

1 pers 250/300 F – 2 pers 280/340 F – p. sup 80 F
repas 100 F

3 chambres avec sanitaires privés. Ouvert toute l'année. Petit déj. : viennoiseries, charcuteries, confitures et yaourts maison... Table d'hôtes créative (lapin aux 2 moutardes, tagine de canard, saumon macéré à la suédoise...). Cheminée. Piano à queue. Parc, piscine, ping-pong. (Enft. - 7ans : 50 F) ★ Nombreux sites et musées, vignobles et activités sportives alentours. Entre 30 et 80 km : les Pyrénées, Pau, Lourdes ou l'Espagne ainsi que les plages de l'Atlantique et le pays basque. Tennis 8 km. Lac, équitation 23 km. **Accès :** A63, sortie Orthez puis Sault-de-Navailles jusqu'à Morlanne. A côté de l'église suivre le "chemin d'Emilie". Après la maison aux volets bleus, prendre à droite l'allée (panneau manoir) jusqu'au bout.

Maison de caractère du XVIIe siècle entourée d'un grand parc aux arbres centenaires. La lumière, le calme et la vue panoramique sur les Pyrénées sont les atouts de charme du site auxquels s'ajoutent les activités artistiques possibles en atelier de peinture, poterie ou de musique.

Pyrénées Atlantiques

Château d'Etchaux is a listed building affording a panoramic view of the surrounding area. Permanent and travelling exhibitions. Swimming pool, tennis court 1.5 km. Lake and horse-riding 10 km.

★ *How to get there: In the village, follow "Demeure Historique" signs.*

Château d'Etchaux, dating from the 11th and 16th centuries, is a testament to the art of both building and living. Set in a bosky bower with century-old trees, it overlooks the village of St-Etienne-de-Baigorry. The magnificent arms room, medieval staircase and outstanding roof design make this edifice a jewel in the architectural crown, well worth the visit.

St-Etienne-de-Baigorry
Carte 5 — 520

Château d'Etchaux
64430 Saint-Etienne-de-Baigorry
Tél. 05 59 37 48 58 – Fax 05 59 59 01 90
Line Pierne

2 pers 500/800 F

3 ch. et 1 suite (salon) avec sanitaires privés. Ouvert toute l'année. Petit déjeuner : viennoiseries, pain frais et brioché, confitures... Grande bibliothèque. Parc 3 ha. et vaste terrasse. Carte bleue acceptée. Restaurants à proximité. ★ Le château d'Etchaux est un site culturel classé et panoramique. Expositions permanentes et itinérantes. Piscine, tennis à 1,5 km. Lac à 10 km. Equitation à 15 km. **Accès :** dans le village, suivre le fléchage "Demeure Historique".

Témoin d'un art de bâtir, mais aussi d'un art de vivre, le château d'Etchaux (XIe et XVIe siècles) dans son écrin de verdure planté d'arbres centenaires, domine le village de St-Etienne-de-Baigorry. Une salle d'armes et son escalier médiéval superbes, ainsi que les combles extraordinaires en font un joyau de l'architecture que vous ne manquerez pas de découvrir.

Pyrénées Atlantiques

Charnégou country, the meeting point for the Basque and Béarn cultures. Horse-riding, golf 10 km. Lake and facilities 25 km.

★ ***How to get there:*** *Through Saint-Gladie village and drive 2 km: the house is in the locality known as Arrive on the Mauléon road.*

Charming, tastefully-appointed 16th-century Béarn farmhouse. The cosy interior features antique furniture, colourful paintings and pretty fabrics. The swimming pool and shaded, flower-filled park are a hymn to relaxation and the farniente life. Savour Jeanine and Jacques's delicious dishes, inspired by southwestern traditions.

Saint-Gladie

Carte 5 **521**

Lou Guit
Quartier Arrive - 64390 Saint-Gladie
Tél. 05 59 38 97 38 - Fax 05 59 38 97 38
Jacques et Jeanine Romefort

1 pers 330 F - 2 pers 380 F - repas 130 F

2 chambres et 1 suite (450/550 F) avec sanitaires privés (suite climatisée avec cheminée et chaine hi-fi). Ouvert toute l'année. Petit déjeuner : charcuteries, pâtisseries, compotes, salade de fruits... Table d'hôtes : axoa, pintades aux cèpes, canard aux figues et miel, gigot d'aubergines, tartes... TV, tél., bibliothèque et chaine hi-fi. Parc, terrasse, piscine et transats. ★ Pays Charnégou où se mêlent cultures basques et béarnaise. Equitation, golf 10 km. Lac aménagé 25 km. **Accès :** traverser le village de Saint-Gladie et faire 2 km : la maison est située dans le hameau "Arrive" sur la route qui mène à Mauléon.

Charmante maison béarnaise du XVIe aménagée avec beaucoup de goût : vieux meubles, tableaux colorés et beaux tissus décorent élégamment cet intérieur chaleureux. La piscine et le parc ombragé et fleuri invitent au farniente et à la détente. A leur table d'hôtes, Jeanine et Jacques vous inviteront à découvrir une cuisine savoureuse et généreuse qui s'inspire des traditions du sud-ouest.

Pyrénées Atlantiques

In the village: 12th-century church, 17th and 18th-century Labourd-style houses. Basque Coast: St-Jean-de-Luz, Bayonne 20 km. Biarritz 15 km. Golf courses in a 5 to 20-km radius. Basque pelota. Spain 15 km.

★ ***How to get there:*** *From St-Pée-sur-Nivelle, drive 6 km for Ustaritz-Arcangues on D3.*

Facing the Pyrenees mountain range, in the heart of a listed forest, this handsome 19th-century country house is a real gem. The spacious bedrooms with visible beams are decorated with refinement. You will enjoy this true haven of peace, ideal for getting to know the Basque Country.

Saint-Pée-sur-Nivelle

Carte 5 **522**

Bidachuna
RD 3 - 64310 Saint-Pée-sur-Nivelle
Tél. 05 59 54 56 22 - Fax 05 59 47 31 00
Isabelle Ormazabal

1 pers 500 F - 2 pers 550/600 F

3 chambres avec TV, tél., bains et wc privés, entrée indépendante. Ouvert toute l'année sur rés. Petit déjeuner copieux : céréales, fruits secs et de saison, patisseries maison, fromages... Séjour, coin-salon pour les hôtes. Parc, salon de jardin, croquet. Restaurants St-Pée 6 km. ★ Au village : église du XIIe, maisons labourdines des XVIIe et XVIIIe. Biarritz 15 km. St-Jean-de-Luz, Bayonne 20 km. Golfs dans un rayon de 5 à 20 km. Pelote basque. Espagne 15 km. **Accès :** de St-Pée-sur-Nivelle, faire 6 km dir. Ustaritz-Arcangues par la D3.

Face à la chaîne des Pyrénées et au coeur d'une forêt classée, cette belle bastide du XIXe vous accueille dans un site privilégié. Les chambres sont spacieuses avec poutres apparentes et décorées avec raffinement. Véritable havre de paix, vous appré- cierez cette halte pour découvrir le pays basque.

Pyrénées Atlantiques

Listed village near the Spanish border 3 km. Sare 2.5 km: swimming pool, tennis court. Sea, golf course at St-Jean-de-Luz 15 km. Biarritz 24 km. Caves, small train at La Rhune.

Genuine 17th-century Basque farmhouse with bread oven. Set in the heart of the countryside, this handsome house full of character and ablaze with flowers affords a superb view of the surrounding area. The three pretty, sunlit bedrooms are extremely comfortable. A peaceful spot close to the sea and Spanish border.

Sare

Carte 5   **523**

Larochoincoborda
Quartier Lehenbiscaye - 64310 Sare
Tél. 05 59 54 22 32
Jacques Berthon

2 pers 330/350 F – 3 pers 450 F – p. sup 150 F
repas 100 F

3 chambres 2 pers. avec bains et wc privés. Ouvert toute l'année sur réservation. Petit déjeuner gourmand : fromages blancs, compotes, pains variés, confitures maison... Table d'hôtes sur demande. Cour. Restaurants à Sare 2,5 km. Taxe de séjour : 1 F/jour/pers. ★ Village classé à proximité de la frontière espagnole (3 km). Sare (2,5 km) : piscine, tennis. Mer, golf à St-Jean-de-Luz (15 km). Biarritz 24 km. Grottes, petit train de la Rhune. **A**uthentique ferme basque du XVIIe siècle avec son four à pain. Située en pleine nature, cette belle maison de caractère très fleurie bénéficie d'une vue splendide. 3 jolies chambres ensoleillées et confortables vous sont réservées. Une étape en toute quiétude à proximité de la mer et de la frontière espagnole.

Pyrénées Atlantiques

Prehistoric caves, scenic railway, swimming pool, tennis, folk traditions and Basque pelota in the village. The village is situated on the Spanish border. Ocean 14 km. Riding on the premises.

★ *How to get there: From Saint-Pée-sur-Nivelle, dir. Sare via the Cherchebruit quarter. At Sainte-Catherine Chapel, follow signs on left-hand side for "Olhabidéa".*

Sare, probably one of the most typical Basque villages, is the backdrop for this beautiful Basque-style house, set in a large garden bordering a river. True to its traditions, Olhabidéa boasts regional and rustic furniture. Its proximity to the ocean (14 km) and the Spanish border (2 km) makes this an ideal spot for a relaxing break.

Sare

Carte 5   **524**

Olhabidéa
64310 Sare
Tél. 05 59 54 21 85 – Fax 05 59 47 50 41
Anne-Marie Fagoaga

1 pers 300 F – 2 pers 350/380 F – 3 pers 600 F
p. sup 70 F

3 chambres et 1 suite (3 pers. 600 F) de 2 chambres, toutes avec bains ou douche et wc privés. Salon, salle à manger réservés aux hôtes. Entrée indépendante. Ouvert de mars à novembre. Equitation sur place. Restaurants au village. Taxe de séjour : 1 F/pers./jour. ★ Grottes préhistoriques, train touristique, piscine, tennis, folklore et pelote basque au village. L'Espagne est frontalière au village. Océan à 14 km. **Accès :** de Saint-Pée-sur-Nivelle, dir. Sare par le quartier Cherchebruit. A la Chapelle Ste-Catherine, suivre le fléchage à gauche "Olhabidéa".

Sare est probablement l'un des villages les plus typiques du Pays Basque. Vous y serez accueillis dans une belle maison de style basque entourée d'un grand jardin bordé par une rivière. Mobilier rustique et régional. Un lieu idéal pour ceux souhaitant profiter à la fois de l'océan (14 km) et de l'Espagne (2 km).

Pyrénées Atlantiques

Basque coast: Hendaye and Saint-Jean-de-Luz 5 min. Biarritz and Spain nearby. Hiking trails and golf course. Tennis and horse-riding 1 km. Swimming pool 4.5 km. Lake 20 km.

★ *How to get there: A63, exit 2 for Urrugne. 1st roundabout for Col d'Ibardin. 1.5 km on, left after 2nd roundabout in front of "Signature" factory. Drive 600 m. The house is on the left after crossroads at top of hill.*

Set in the Urrugne countryside, this handsome Basque residence full of character has a terrace and flower garden which afford a superb view over the Rhune. Three sumptuously and tastefully-decorated bedrooms await your arrival. A charming spot for a break in the heart of the Basque Country.

Urrugne

Carte 5 — 525

Maison Haizean
Chemin rural d'Acharry-Ttipy
64122 Urrugne
Tél. 05 59 47 45 37 - Fax 05 59 47 45 37
Murielle Nardou

1 pers 250/280 F - 2 pers 280/330 F - 3 pers 400 F

3 chambres (terrasse et entrée indép.) dont 1 suite de 2 ch. avec sanitaires privés (wc communs). Ouvert toute l'année. Petit déjeuner : céréales, viennoiseries, patisseries, yaourts, miel... Salons d'hiver et d'été, transats. Jardin, vélos. Restaurants Urrugne 2 km. Taxe de séjour : 4,20 F/jour/pers. ★ Côte basque : Hendaye et Saint-Jean-de-Luz à 5 mn. Biarritz et Espagne à proximité. Sentiers de randonnée, golf. Tennis et équitation 1 km. Piscine 4,5 km. Lac 20 km. **Accès :** A63, sortie n° 2 dir. Urrugne. 1er rd point dir. Col d'Ibardin. A 1,5 km, 2e rd-point devant "Signature", à gauche après le rd-point. Faire 600 m, maison à gauche après le croisement (haut de colline).

Dans la campagne d'Urrugne, belle demeure basque de caractère avec terrasse et jardin fleuri offrant une superbe vue sur la Rhune. 3 chambres ravissantes décorées avec beaucoup de goût, vous sont réservées. Une étape de charme au coeur du pays basque.

Hautes Pyrénées

Tennis, horse-riding, swimming pool, flying club 1.5 km. Outdoor leisure centre 12 km. Lac aux Oiseaux Nature Reserve 10 km. Children's activities park, golf 20 km. Spa 25 km.

★ *How to get there: D929 Auch-Lannemezan. At Castelnau-Magnoac, take D632 for Boulogne, after approx. 2 km, turn right for Ariès-Espenan.*

Set in the heart of the countryside, in complete tranquillity, this vast residence is a fully-restored 14th-century mill, commanding superb views of the Pyrenees. Five comfortable bedrooms with furniture full of character await your arrival. In good weather, enjoy a stroll in the garden or along the banks of the River Gers.

Ariès-Espenan

Carte 5 — 526

Moulin d'Ariès
Ariès-Espenan - 65230 Castelnau-Magnoac
Tél. 05 62 39 81 85 - Fax 05 62 39 81 85
Dorit Weimer

1 pers 270 F - 2 pers 330 F - 3 pers 360 F
p. sup 60 F - repas 100 F

5 ch. avec sanitaires privés. Ouvert du 15/05 au 15/01 et sur résa. Petit déjeuner : viennoiseries, charcuterie, fromages. Table d'hôtes : pintade aux raisins à l'Armagnac, gigot à la lavande. Salon, cheminée, TV satellite, bibliothèque. Terrasse, cour, jardin, pré d'1 ha, vélos. ★ Tennis, promenades à cheval, piscine, aéro-club 1,5 km. Base de loisirs 12 km. Lac aux Oiseaux (rés. naturelle) 10 km. Parc de loisirs enfants, golf 20 km. Station thermale 25 km. **Accès :** D929 Auch-Lannemezan. Prendre à Castelnau-Magnoac D632 dir. Boulogne, après 2 km environ, tourner à droite vers Ariès-Espenan.

Située en pleine campagne, dans un calme absolu, cette vaste demeure avec vue sur les Pyrénées, est un moulin du XIVe siècle entièrement restauré. 5 chambres confortables avec mobilier de caractère vous sont réservées. Aux beaux jours, vous pourrez profiter du jardin et flaner au bord du Gers.

Hautes Pyrénées

Gavernie and Troumouse corries. Pont d'Espagne bridge. Lourdes. Water cures. Donjon des Aigles ruins (Beaucens). Bétharram Caves. Médous Caves. Swimming, tennis, rafting, canyoning 5 km. Golf, skiing 15 km.

★ ***How to get there:*** *At Argelès-Gazost, head for Beaucens. After the town hall (Mairie), turn left and drive for 1 km, then turn right. Michelin map 85, fold 17.*

In the heart of one of the most beautiful sites of the Pyrenees, you will come across this handsome traditional Bigorre residence, built in 1790 and restored to its former glory. The house provides three spacious bedrooms, charmingly decorated, that afford a breathtaking view of Le Lavedan.

Beaucens
Carte 5 · 527

Eth Berye Petit
15, route de Vielle – 65400 Beaucens
Tél. 05 62 97 90 02 – Fax 05 62 97 90 02
Ione et Henri Vielle

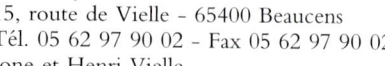

1 pers 250/300 F – 2 pers 250/300 F
3 pers 320/370 F – p. sup 70 F

3 chambres avec sanitaires privés. Ouvert de mai à octobre et le reste de l'année sur réservation. Petit déjeuner gourmand : confitures, patisseries maison, laitages... Bibliothèque, TV, réfrigérateur et micro-ondes à disposition. Terrasse, jardin, jeux d'enfants. ★ Cirques de Gavarnie et Troumouse. Pont d'Espagne. Lourdes. Thermalisme. Donjon des Aigles (Beaucens). Grottes de Betharram. Médous. Piscine, tennis, rafting, canyoning 5 km. Golf, ski 15 km. **Accès :** à Argelès-Gazost prendre dir. Beaucens. Après la mairie, tourner à gauche et continuer sur 1 km, puis prendre à droite. CM 85, pli 17.

Au coeur des plus beaux sites des Pyrénées, cette belle demeure traditionnelle de Bigorre datant de 1790 a été entièrement rénovée. Elle abrite 3 chambres spacieuses, décorées avec charme offrant une très belle vue sur le Lavedan.

Hautes Pyrénées

Marciac, Jazz Festival. Nogaro racing track 20 min.

★ ***How to get there:*** *Castelnau-Rivière Basse. Village centre. Goux road. Michelin map 82, folds 2/3.*

Pleasant château with outbuildings set in 8.5 acres of parkland. The bedrooms are spacious and decorated with refinement. Attractive furnishing fabrics and handsome period furniture. In fine weather, enjoy a dip in the superb swimming pool or take a stroll in the park.

Castelnau-Rivière-Basse
Carte 5 · 528

Château du Tail
65700 Castelnau-Rivière-Basse
Tél. 05 62 31 93 75 – Fax 05 62 31 93 75
Email : château.du.tail@libertysurf.fr
http://wwwSud.Fr.com/chateaudutail
Klaus et Marion Ongyert

1 pers 350/450 F – 2 pers 350/450 F – 3 pers 425 F
p. sup 100 F – repas 130 F

3 ch. : 1 avec lit à baldaquin 180, douche/bains/wc privés, 1 avec douche/wc privés, 1 avec lit à baldaquin 160, bains/wc privés et 1 suite 3 pers. Ouvert toute l'année sur rés. T. d'hôtes sur demande : cuisine régionale. Biblio. Cour, jardin, parc, piscine, vélos. Restaurants 7 km. ★ Marciac, festival de jazz. Nogaro (circuit automobile) 20 mn. **Accès :** Castelnau Rivière Basse. Centre village. Route de Goux. CM 82, plis 2/3.

Agréable château avec dépendances situé dans un parc de 3,5 ha. Les chambres sont spacieuses et décorées avec raffinement. Jolis tissus d'ameublement et beau mobilier ancien. Aux beaux jours vous pourrez profiter de la superbe piscine ou flaner dans le parc.

Hautes Pyrénées

Pyrenees 1 hr away: Pic du Midi, Bétharram Caves, Gavarnie, etc. Lourdes 40 min. Puydarrieux Lake (bird sanctuary) 3 km. Tennis 500 m. Golf course 15 km. Flying club 12 km. Fishing in the Baïse River. Horse-riding centre 3 km. Hiking.

★ **How to get there:** At Trie-sur-Baïse, take D939 for Auch-Mirande. Turn left 2 km on, Jouandassou is the first house on the left (signs). Michelin map 85, fold 9.

Jouandassou lies in the Baïse Valley, in southern Gascony, facing the Pyrenees. This former posthouse, dating from 1767, has been restored to pristine splendour. The delightful, tastefully-decorated bedrooms are appointed with period furniture. In the summer months, enjoy a stroll around the swimming pool or in the grounds.

Fontrailles

Carte 5 — 529

Jouandassou
65220 Fontrailles
Tél. 05 62 35 64 43 – Fax 05 62 35 66 13
Email : nickc@collinson.fr
http://www.collinson.fr
Dominique et Nick Collinson

1 pers 280 F - 2 pers 320/350 F - p. sup 60 F
repas 120 F

3 chambres avec sanitaires privés. Ouvert toute l'année. Table d'hôtes : spécialités régionales et/ou tour du monde gastronomique. Petit déjeuner copieux servi sur la terrasse. Salon. Séjour (bibliothèque, piano, jeux, TV). Cour, parc, piscine privée, ping-pong, loc. VTT. ★ Les Pyrénées à 1 h : pic du Midi, grottes de Bétharram, Gavarnie... Lourdes 40 mn. Lac de Puydarrieux (rés. ornithologique) 3 km. Tennis 500 m. Golf 15 km. Pêche dans la Baïse. Aéroclub 12 km. Randonnées équestres 3 km. Nombreux sentiers de randonnée. **Accès :** à Trie-sur-Baïse, prendre la D939 direction Auch-Mirande, après 2 km, prendre à gauche, la maison est la 1ère à gauche (panneaux). CM 85, pli 9.

En sud Gascogne, dans les coteaux pyrénéens, au milieu d'une nature particulièrement protégée, Jouandassou est un ancien relais de poste de 1767, entièrement restauré dans le style d'origine. Les chambres ravissantes, avec de beaux meubles anciens, sont décorées avec beaucoup de goût. L'été, flaneries autour de la piscine ou dans le parc.

Hautes Pyrénées

Outstanding Classical Music Festival and painting exhibition on site. Major lake 5 km. Pyrenees mountain range 70 km. Tennis 1 km. Horse-riding, swimming 2 km. Bird sanctuary 5 km. Golf course 25 km. Hiking paths.

★ **How to get there:** 25 km from Lannemezan, 30 km from Tarbes and 40 km from Auch. "Les Musardises" is 2.5 km from Trie-sur-Baïse on the Auch road. Michelin map 85, fold 9.

At the furthermost bounds of the Gers, in a peaceful Upper Pyrenean village, you will find Les Musardises. A warm welcome awaits you in this pleasant leafy setting. Enjoy a gourmet table d'hôtes meal with scrumptious southwestern specialities prepared by your hostess. A relaxing, friendly spot for a quiet break.

Fontrailles

Carte 5 — 530

Les Musardises
65220 Fontrailles
Tél. 05 62 35 51 70
Claudine Casteret

2 pers 320/350 F - 3 pers 450/570 F - p. sup 100 F
repas 100 F

1 suite (1er ét.) de 2 ch. avec s.d.b. privée, douche et wc séparés et 1 ch. (r.d.c.) avec s.d.b., douche, wc privés. Ouvert toute l'année. Petit déj. : confitures, patisseries et charcuteries maison, fruits, oeufs. T. d'hôtes : pâtés, beignets de légumes, cèpes en daube, marquise chocolat. Biblio., TV, salon musique, tél., billard. Parc, petit lac. ★ Festival de musique classique de haut niveau et exposition de peintures sur place. Grand lac 5 km. Chaîne des Pyrénées 70 km. Tennis 1 km. Equitation, piscine 2 km. Réserve ornithologique 5 km. Golf 25 km. Sentiers de randonnée. **Accès :** à 25 km de Lannemezan, 30 km de Tarbes et 40 km d'Auch. "Les Musardises" se situent à 2,5 km de Trie-sur-Baïse sur la route d'Auch. CM 85, pli 9.

Aux confins du Gers, dans un paisible village des Hautes-Pyrénées, les Musardises vous attendent. Vous y serez accueillis chaleureusement dans un agréable cadre de verdure. Table d'hôtes gourmande où vous pourrez goûter les délicieuses spécialités du sud-ouest préparées par la maîtresse de maison. Une adresse conviviale pour un séjour en toute quiétude.

Hautes Pyrénées

The Pyrenees. Tennis court in the village. Swimming pool 10 km. Golf course 15 km.

★ *How to get there: At Lannemezan, take D939. Galan is 10 km on. Michelin map 85, fold 9.*

Namasté is a typical 19th-century farmhouse situated on the edge of the village. The residence is in a region of low-lying hills, surrounded by meadows and woods. The warmly-decorated bedrooms, with parquet flooring and visible beams, look out onto the garden. In clement weather, copious breakfasts are served outside under the trees.

Galan

Carte 5 **531**

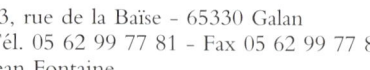

Namasté
13, rue de la Baïse – 65330 Galan
Tél. 05 62 99 77 81 – Fax 05 62 99 77 81
Jean Fontaine

1 pers 250 F – 2 pers 280 F – 3 pers 350 F
p. sup 80 F – repas 100 F

2 chambres avec sanitaires privés (lits simples ou doubles à convenir lors de la rés.). Ouvert toute l'année. Table d'hôtes sur rés. : magret aux fruits, fricassée de poulet fermier et les légumes du jardin, patisseries maison... (produits issus de l'agriculture biologique). Repas végétariens sur rés. Bibliothèque, TV, piano. Sauna. Cour et grand jardin clos. Parking couvert. ★ Les Pyrénées. Tennis au village. Piscine à 10 km. Golf à 15 km. **Accès :** à Lannemezan, prendre D939. Galan est à 10 km. CM 85, pli 9.

A la sortie du village, Namasté est une ancienne ferme typique du XIXe siècle. Située dans la région des coteaux, elle est entourée de prairies et de bois. Les chambres chaleureuses, avec parquet et poutres apparentes s'ouvrent sur le jardin. Aux beaux jours, petit déjeuner gourmand sous les arbres qui entourent la maison.

Hautes Pyrénées

Lake country (Cap de Long, Oredon, L'Oule). Mountain passes (Peyresourde, Aspin, Tourmalet). Gavarnie corrie. St-Bertrand-de-Comminges Cathedral. Esparros chasm. Golf, tennis, rock-climbing, paragliding and hiking.

★ *How to get there: A64 or RN117, Lannemezan exit, then head for St-Lary, drive 6 km and take D25. 2nd turning on the right. Michelin map 85, fold 19.*

This fully-renovated, time-honoured rustic-style Bigourdan farmhouse is set in the country, in the heart of the Pyrenees. Six comfortable bedrooms await your arrival. Gourmet table d'hôtes meals prepared by the lady of the house, who will be delighted to acquaint you with regional cuisine as well as her own delicious recipes. Ideal for exploring the majestic Pyrenees.

Labastide

Carte 5 **532**

Les Granges du Col de Coupe
route des Baronnies – 65130 Labastide
Tél. 05 62 98 80 27 ou 05 62 98 20 57
Fax 05 62 98 20 57
Alain Dasque

1 pers 300 F – 2 pers 390 F – repas 105 F
1/2 p. 300 F

4 chambres avec sanitaires privés. Ouvert toute l'année. Petit déjeuner : fruits, confitures, patisseries maison, lait de la ferme... T. d'hôtes : agneau de la ferme et haricots tarbais, poule farcie, rocher des Pyrénées... Bibliothèque, billard, TV, salle de gym, piscine chauffée. Jardin, Half-court. ★ Route des lacs (Cap de Long, Oredon, l'Oule. Route des cols (Peyresourde, Aspin, Tourmalet). Cirque de Gavarnie. Cathédrale de St-Bertrand-de-Comminges. Gouffre d'Esparros. Golf, tennis, escalade, parapente, randonnée. **Accès :** A64 ou RN117, sortie Lannemezan direction St-Lary et faire 6 km, puis prendre la D25 et la 2e à droite. CM 85, pli 19.

Au coeur des Pyrénées, en pleine nature, cette ancienne ferme bigourdane du XVIIIe de style campagnard a été entièrement réaménagée. 4 chambres confortables sont réservées aux hôtes. Table d'hôtes gourmande avec les recettes de la maîtresse de maison qui vous fera découvrir les spécialités de la région. Etape idéale pour découvrir les sites majestueux des Pyrénées.

Hautes Pyrénées

Walks in the surrounding area. Numerous lakes, mountain hikes, Pic du Midi. Lourdes 3 km. Tennis. Rafting 5 km. Golf 6 km.

★ *How to get there: Lourdes exit, head for Bétharram, Vallée de Bastsurguere. Michelin map 85, fold 17.*

This 17th-century stone house set in a typical Pyrenean village has been completely renovated. The three comfortable bedrooms, all with air conditioning, have been attractively apppointed by Murielle, a former wardrobe mistress with the Opéra de Paris. Relax by the pool and enjoy the farniente life in the garden. Welcoming atmosphere. Enjoy the gourmet specialities served at the table d'hôtes.

Omex-Lourdes
Carte 5

Les Rocailles

Cami Deth Escourets
65100 Omex-Lourdes
Tél. 05 62 94 46 19 – Fax 05 62 94 33 35
Murielle Fanlou

1 pers 250 F - 2 pers 330 F - 3 pers 400 F
p. sup 70 F - repas 100 F - 1/2 p. 265 F

3 chambres avec TV, téléphone, air conditionné, bains et wc privés. Ouvert toute l'année. Table d'hôtes : garbure, agneau, confit, gâteau à la broche... Cour, jardin, salon de jardin, piscine privée. Potager, arbres fruitiers. Restaurants à Lourdes 3 km. ★ Promenades pédestres à proximité. Nombreux lacs, randonnées en montagne, pic du Midi. Lourdes 3 km. Tennis. Rafting 5 km. Golf 6 km. **Accès :** sortie Lourdes, direction Betharram, vallée de Bastsurguere. CM 85, pli 17.

Dans un village typique des Pyrénées, cette vieille maison en pierre du XVIIe siècle a été entièrement rénovée. 3 chambres confortables, chacune avec air conditionné, joliment décorées par Murielle an- cienne costumière de l'opéra de Paris, vous sont réservées. Détente auprès de la piscine et farniente dans le jardin. Atmosphère chaleureuse et table d'hôtes gourmande avec ses spécialités.

Hautes Pyrénées

Tennis in the village, 18-hole golf course 3 km. The Pyrenees, Saint-Bertrand-de-Comminges 25 km. Lourdes 45 km.

★ *How to get there: A64, exit 16 for Toulouse. 5 km east of Lannemezan on N117. At Pinas Church, take D158 for Villeneuve. The house is 800 m up on the right (follow signs). Michelin map 85, fold 19.*

The warm welcome provided by your hostess Marie Colombier is the perfect introduction to the charm and character exuded by this attractive residence. The interior decoration is a delight and the tastefully-furnished bedrooms look out onto a shaded park. In fine weather, breakfast is served on the terrace.

Pinas
Carte 5

Domaine de Jean-Pierre

20, route de Villeneuve - 65300 Pinas
Tél. 05 62 98 15 08 - Fax 05 62 98 15 08
Email : marie.colombier@wanadoo.fr
Marie Colombier

1 pers 250 F - 2 pers 280 F - 3 pers 350 F
p. sup 70 F

3 chambres avec bains et wc privés. Ouvert toute l'année (l'hiver sur réservation). Petit déjeuner à base de pain, croissants, gâteaux maison, miel, jus de fruits... Restaurants entre 2 et 7 km. Hébergement de chevaux possible. ★ Tennis au village, golf 18 trous à 3 km. Les Pyrénées, Saint-Bertrand-de-Comminges à 25 km, Lourdes à 45 km. **Accès :** par A64 sortie 16, direction Toulouse. A 5 km à l'est de Lannemezan par la N117. A l'église de Pinas, D158 dir. Villeneuve, la maison est à droite à 800 m (fléchage). CM 85, pli 19.

L'accueil chaleureux et raffiné de la maîtresse de maison vous fera apprécier le charme et la décoration intérieure de cette belle demeure de caractère. Les chambres sont calmes, meublées avec goût et donnent sur le parc ombragé. Aux beaux jours, petit déjeuner servi sur la terrasse.

Hautes Pyrénées

Outdoor sports centre 200 m. Swimming pool, tennis, potholing, canoeing, climbing, rafting, hydrospeed, biking 200 m.

★ **How to get there:** 10 km from Lourdes, head for Pau via Bétharram. In Saint-Pé-de-Bigorre, on village square. The residence is in Rue du Barry behind the town hall (Mairie).

At the foot of the Pyrenees, in Saint-Pé-de-Bigorre stands "La Calèche", a 17th-century family mansion with private swimming pool. Three bedrooms each decorated in a different style await your arrival. Enjoy the mouth-watering table d'hôtes specialities in the converted stables or under the wisteria.

Saint-Pé-de-Bigorre   Carte 5   535

La Calèche
6, rue du Barry – 65270 Saint-Pé-de-Bigorre
Tél. 05 62 41 86 71 ou 05 62 94 60 17
Fax 05 62 94 60 50
M. L'Haridon

1 pers 250 F – 2 pers 250 F – 3 pers 325 F
p. sup 75 F – repas 125 F

4 chambres : 1 avec salle de bains, 3 avec salles d'eau. Ouvert du 1er mars au 31 octobre. Petit déjeuner à base de croissants, toast, gâteau maison, jus de fruits... Table d'hôtes : quiche aux graisserons, canard aux pêches,... Restaurants au village. Parking. ★ A 200 m, base de loisirs. Piscine, tennis, spéléologie, kayak, escalade, rafting, hydrospeed, VTT à 200 m. **Accès :** à 10 km de Lourdes, dir. Pau par Betharram. A Saint-Pé-de-Bigorre, sur la place du village, prendre la rue du Barry derrière la mairie.

Au pied des Pyrénées, à Saint-Pé-de-Bigorre, "La Calèche" maison de maître du XVIIe siècle, avec piscine privée vous propose 4 chambres de style différent et sa table généreuse et conviviale dans les écuries ou sous la glycine...

Hautes Pyrénées

Bétharram Caves 2 km. Lourdes 8 km. Gavarnie, Aubisque 1 hr. Swimming pool and tennis 300 m. Fishing in the Gave 300 m. Outdoor sports centre 500 m: rafting, canoeing, potholing. Skiing 40 km.

★ **How to get there:** 8 km from Lourdes, heading for Pau, on the scenic route (D937) along the Gave. Railway station at Lourdes. Tarbes/Lourdes airport 20 km.

In the heart of Saint-Pé-de-Bigorre, Le Grand Cèdre is a handsome 17th-century family mansion with an eventful history. The bedrooms are magnificent and appointed with attractive period furniture. Superb gardens and park with century-old trees.

Saint-Pé-de-Bigorre   Carte 5   536

Le Grand Cèdre
6, rue du Barry – 65270 Saint-Pé-de-Bigorre
Tél. 05 62 41 82 04 – Fax 05 62 41 85 89
Email : cp@grandcedre.com
http://www.grand-cedre.com
Christian Peters

1 pers 300 F – 2 pers 350 F – p. sup 80 F

4 chambres avec cheminée et sanitaires privés (entrées privées). Ouvert toute l'année. Salon de musique, TV, bibliothèque. Cour, jardin, parc, jeux, piscine enfants. Parking clos. ★ Grottes de Betharram 2 km. Lourdes 8 km. Gavarnie, Aubisque 1 h. Piscine, tennis 300 m. Pêche au Gave 300 m. Base de loisirs 500 m : rafting, canoë, spéléo. Ski 40 km. **Accès :** à 8 km de Lourdes vers Pau, par la route touristique (D937) longeant le Gave. Gare SNCF à Lourdes. Aéroport Tarbes/Lourdes à 20 km.

Au cœur de St-Pé-de-Bigorre, le Grand Cèdre est une belle maison de maître du XVIIe au passé chargé d'histoire. Superbes chambres avec un joli mobilier d'époque. Très beaux jardins et parc aux arbres multiséculaires.

Hautes Pyrénées

Mountains: hiking, climbing, canyoning, snowshoe expeditions, skiing. Tennis court 3 km. Golf course 10 km.

★ **How to get there:** *Head for Argelès, Lourdes exit. On D102, 6 km past Lourdes. Michelin map 85, fold 18.*

This handsome family mansion built in 1800 looks out onto the Luz, Cauterets and Arrens Valleys, in an outstanding setting bathed in light and shrouded in silence. The vast bedrooms, with antique furniture, waxed parquet flooring and undeniable charm, are ideal for a restful break. Enjoy a relaxing meal at the table d'hôtes on the terrace.

Salles-Argelès

Carte 5 **537**

Le Belvédère

6, rue de l'Eglise - 65400 Salles-Argelès
Tél. 05 62 97 23 68 - Fax 05 62 97 23 68
Jean-Marc Crampe

2 pers 260 F - p. sup 93 F - repas 85 F - 1/2 p. 210 F

3 chambres et 1 suite avec sanitaires privés. Ouvert toute l'année sauf nov. Petit déjeuner : fruits de saison, viennoiseries, laitages, confitures maison... Table d'hôtes : confit de canard, garbure, haricots tarbais, grillade d'agneau... Salon, bibliothèque. Cour, jardin, parc, vélo, VTT. Parking privé, terrasse. ★ Montagne : randonnées pédestres, escalade, canyoning, promenades en raquettes, ski... Tennis 3 km. Golf 10 km. **Accès :** direction Argelès, sortie Lourdes. 6 km après Lourdes par la D102. CM 85, pli 18.

S'ouvrant sur les vallées de Luz, Cauterets et Arrens, face aux Pyrénées, cette belle demeure de maître de 1800 est située dans un cadre exceptionnel baigné de lumière et de quiétude. Les vastes chambres, avec parquet ciré et meubles anciens ont un charme discret qui invite au repos. Agréables moments de détente partagés autour d'une table généreuse sur la terrasse.

Hautes Pyrénées

In the heart of the Madiranais, on the edge of the Hautes Pyrénées, Gers, Pyrénées Atlantiques and Landes. Airports: Tarbes 25 km, Pau 50 km. Marciac Jazz Festival 15 km. Tennis in village. Riding, lakes, hiking, sailing 15 km. Golf 25 km.

★ **How to get there:** *2 km from Maubourguet, for Pau and Lembeye. Turn for Sombrun, just after the railway. The residence is in the village. Michelin map 85, fold 8.*

This handsome Directoire-style house fully renovated in 1816 is situated in the Val d'Adour between Armagnac, Bigorre and Béarn. The residence stands on a vast estate with garden, park and swimming pool. The warm, refined décor of attractive period furniture and pretty, brightly-coloured fabrics bestows great charm on the place. A must.

Sombrun

Carte 5 **538**

Château de Sombrun

65700 Sombrun
Tél. 05 62 96 49 43 - Fax 05 62 96 01 89
Gilles et Josette Brunet

1 pers 300 F - 2 pers 320 F - 3 pers 400 F
p. sup 80 F - repas 120 F

5 chambres avec bains et wc privés dont 2 suites de 2 ch. avec bains et wc privés. Ouvert toute l'année sauf du 20 au 31.12. Table d'hôtes : garbure, magrets, confits, veau vert, daube de canard au madiran... Salon, billard, piano. Parc de 6 ha. avec jardin, étang et piscine. Pétanque, ping-pong, VTT. ★ Au coeur du Madiranais, à la limite des Htes-Pyrénées, du Gers, des Py. Atlantiques, des Landes. Aéroports : Tarbes 25 km et Pau 50 km. Fest. de jazz à Marciac 15 km. Tennis au village. Equitation, lacs, randonnées, voile 15 km. Golf 25 km. **Accès :** à 2 km de Maubourguet, direction Pau, Lembeye. Tourner juste après la voie ferrée, direction Sombrun. La demeure est dans le village. CM 85, pli 8.

Dans ce val d'Adour qui hésite entre Armagnac, Bigorre et Béarn, cette belle demeure rénovée en 1816, de style Directoire, est située sur une vaste propriété avec jardin, parc et piscine. La décoration chaleureuse et raffinée avec de beaux meubles anciens et de jolis tissus aux couleurs vives, confère à cet intérieur beaucoup de charme. Une étape à ne pas manquer.

Pyrénées Orientales

Medieval village of Castelnou 2 km. Swimming pool 5 km. Beaches 36 km. Perpignan 22 km. Sailing 5 km.

★ ***How to get there:*** *At the exit from Thuir, head for Ille-sur-Têt, then turn left for l'Auxineill and follow signs to Mas Félix. Michelin map 86, fold 19.*

This pleasant 18th-century country house full of character stands in a 118-acre wooded estate on a hillock, surrounded by vineyards. The warm, tastefully-decorated bedrooms are appointed with rustic furniture. The surrounding forests are ideal for invigorating hikes to get to know the area.

Camelas

Carte 6   **539**

Mas Félix

66300 Camelas
Tél. 04 68 53 46 71 – Fax 04 68 53 40 54
Tél. SR 04 68 66 61 11
Email : lucie.boulitrop@wanadoo.fr
Lucie Boulitrop

1 pers 290 F - 2 pers 330 F - 3 pers 410 F
repas 130 F

4 chambres et 1 suite (590 F) avec sanitaires privés. Ouvert du 01/4 au 15/9. Copieux petit déjeuner : œufs, charcuteries... T. d'hôtes : cuisine méditerranéenne. Biblio., cheminée. Forêt méditerranéene 48 ha., solarium, parking, 2 garages. Randonnées, p-pong, pétanque. Restaurants Thuir (7 km). ★ Village médiéval de Castelnou à 2 km. Piscine à 5 km. Plages 36 km. Perpignan à 22 km. Voile 5 km. **Accès :** à la sortie de Thuir, prendre direction Ille-sur-Têt, puis sur la gauche, direction l'Auxineill et fléchage Mas Félix. CM 86, pli 19.

Entouré de vignobles, sur un domaine boisé de 48 ha. et situé sur un tertre, cet agréable mas de caractère est d'époque XVIIIe. Les chambres chaleureuses, dotées d'un beau mobilier rustique, sont aménagées avec goût. Les forêts qui entourent cette belle demeure vous permettront de belles randonnées à la découverte du domaine.

Pyrénées Orientales

Fortified medieval village and Castelnou Château 2.5 km. Byrrh cellar (mulled wine) at Thuir 7 km. Perpignan, beaches and Cloître d'Elne (cloisters) 20 km. Dali Museum at Figueras 30 km. Museum of Modern Art at Céret 20 km.

★ ***How to get there:*** *Motorway, Perpignan-Sud exit. Head for Thuir (D23), then Castelnou, 200 m past the château, turn left, the property is 2.5 km on. Michelin map 86, fold 19.*

Majestic 12th and 16th-century Catalan mas, set on a 500-acre estate, facing the Pyrenees corrie. The décor exudes refinement and quality steeped in a warm Catalan atmosphere. Enjoy the freedom of the place. Take a dip in the large pool, or relax by it and take in the breathtaking scenery. Peace and quiet assured.

Castelnou

Carte 6   **540**

Domaine de Quérubi

66300 Castelnou
Tél. 04 68 53 19 08 – Fax 04 68 53 18 96
Email : querubi@altrenet.fr
Roland Nabet et Françoise Claverie

1 pers 380 F - 2 pers 420 F - 3 pers 480 F
repas 150 F

4 ch. et 2 suites (630 F), toutes avec bains ou douche, wc, TV et tél. Ouvert toute l'année. Petit déjeuner : confitures maison, yaourts, fromage blanc, croissanterie maison... Table d'hôtes : agneau à la coriandre, poulet aux gambas, crème catalane, tarte au chocolat. Billard, solarium, piscine, VTT, rand., tir à l'arc, ping-pong. Chasse en hiver. Oliveraies et forêts. ★ Village médiéval fortifié et château de Castelnou (2,5 km). Cave Byrrh à Thuir (7 km). Perpignan, les plages et le cloître d'Elne (20 km). Musée Dali à Figueras (30 km). Musée d'art moderne à Céret (20 km). **Accès :** sortie autoroute Perpignan sud. Prendre la dir. de Thuir (D23) puis Castelnou, 200 m après le château, tourner à gauche, le domaine est à 2,5 km. CM 86, pli 19.

Majestueux mas catalan des XIIe et XVIe siècles, sur 200 ha. Face au cirque des Pyrénées. Décoration de grande qualité, atmosphère chaleureuse empreinte de tradition Catalane, l'espace permet à chacun une grande liberté. La piscine est grande et sur le solarium qui l'entoure, le paysage est éblouissant. Calme et sérénité assurés.

Pyrénées Orientales

Palace of the Kings of Majorca and Castillet 5 km. Collioure 25 km. Lake 3 km. Swimming pool 4 km. Sea 8 km.

★ *How to get there: A9, Perpignan-Nord exit and head for Argelès. After the clinic, drive round the roundabout and take the four-lane avenue. Turn right at the end of St-Roch lane. 500 m up on left, on the hill: Mas Boluix.*

This handsome, fully-renovated 18th-century mas is situated just 5 km from Perpignan, amid the Cabestany vineyards and orchards, and affords breathtaking views of the Roussillon, the sea and the Canigou. Your hosts Huguette and Jean-Louis Ceilles offer 5 individually-decorated bedrooms and a suite. The accommodation is comfortable and spacious and every room is named after a Catalan artist. Paradise in Catalan country.

Perpignan

Carte 6 **541**

Domaine du Mas Boluix

Chemin du Pou de las Coulobres
66100 Perpignan - Fax 04 68 08 17 71
Tél. 04 68 08 17 70 ou 06 09 20 79 18
http://www.domaine-de-boluix.com
Jean-Louis et Huguette Ceilles

1 pers 290 F - 2 pers 330 F - 3 pers 430 F
repas 130 F

5 chambres et 1 suite (580 F) climatisées avec TV (satellite), bains et wc privés. Ouvert toute l'année. Petit déjeuner : confitures maison, fruits de saison, charcuteries, fromages... Table d'hôtes (sur rés.) : spécialités catalanes. Salon, salle à manger, salle et aire de jeux (ping-pong, billard, baby-foot). Terrasse avec salon de jardin. Parking. ★ Palais des rois de Majorque et Castillet 5 km. Collioure 25 km. Lac 2 km. Piscine 5 km. Mer 8 km. **Accès** : A9 sortie Perpignan-nord puis dir. Argelès. Après la clinique "Notre Dame" faire le tour du rd.pt. et prendre l'avenue à 4 voies. Au bout à droite, chemin de St.Roch. A 500 m à gauche, sur colline : mas Boluix.

A 5 km de Perpignan, au milieu des vergers et des vignobles de Cabestany, avec vue imprenable sur le Roussillon, la mer et le Canigou, Huguette et Jean-Louis Ceilles vous accueillent dans un beau mas du XVIIIe rénové. Ils proposent 5 chambres de charme et 1 suite. Chaque chambre, spacieuse, confortable et personnalisée, porte le nom d'un artiste catalan. Une étape de rêve en pays catalan.

Pyrénées Orientales

Medieval village of Castelnou 4 km. Beaches 22 km. Seventeenth-century former Capucine convent. Byrrh (mulled wine) cellar, the largest of its kind in the world.

★ *How to get there: As you leave the village of Thuir 2 km, head for Ille-sur-Têt, then turn left (2 km on) for Casa del Arte (signs). Michelin map 86, fold 19.*

Just 2 km from Thuir, this superb 11th-century country house has been restored with refinement. Five individually-styled, luxuriously-appointed bedrooms and one suite await your arrival. Extensive, enclosed grounds with swimming pool, solarium and garden furniture. Art lovers will admire the works on display in the house.

Thuir

Carte 6 **542**

Mas Petit

Casa del Arte - 66300 Thuir
Tél. 04 68 53 44 78 - Fax 04 68 53 44 78
Tél. SR 04 68 66 61 11
Email : casadelarte@wanadoo.fr
Joëlle Fourment

1 pers 380/460 F - 2 pers 420/500 F

5 chambres et 1 suite (650 F) avec TV, téléphone, minibar et sanitaires privés. Ouvert toute l'année. Petit déjeuner raffiné : brioche, pains aux raisins et au chocolat, fruits frais, miel... Parc clos, piscine privée, terrasse, solarium, salon de jardin. ★ Village médiéval de Castelnou (4 km). Plages à 22 km. Ancien couvent des capucins du XVIIe. Maison Byrrh (plus grande cave du monde). **Accès** : à la sortie du village de Thuir (2 km), direction Ille-sur-Têt, puis à gauche (à 2 km) : Casa del Arte (panneau). CM 86, pli 19.

A 2 km de Thuir, superbe mas du XIe siècle restauré avec raffinement. 5 chambres et 1 suite originales, luxueusement aménagées vous sont réservées. Grand parc clos avec piscine, solarium et salon de jardin. Les amateurs d'art pourront admirer dans cette belle demeure, les oeuvres qui y sont exposées.

Bas Rhin

Walking, horse-riding. Visits to the Châteaux of the Vosges, museums and concerts in Strasbourg. Westhoffen-Traenheim wine estates.

★ *How to get there: 28 km from Strasbourg on RN4. Michelin map 87, fold 14.*

Family mansion set at the foot of the Lower Vosges hills, affording a magnificent view of the valley and forest. Tire-Lire was once a popular meeting-place for painters. The site's reputation still makes it a favourite spot for the residents of Strasbourg on their Sunday walks. Recipient of the 1992 "Etoile de l'Initiative Alsace" award.

Cosswiller-Wasselonne
Carte 1   543

Tire-Lire
2 hameau Tire-Lire - Cosswiller
67310 Wasselonne
Tél. 03 88 87 22 49 - Fax 03 88 87 29 46
Mme Bochart

1 pers 300 F - 2 pers 400/450 F - 3 pers 600 F

4 ch., bains et wc privés, TV dans chaque ch.: 3 ch. 2 pers., 1 ch./suite 4 pers. Composée de 2 pièces communicantes (650 F). Grand salon, salle à manger privés. Ch. central. Jardin aménagé et fleuri. Parking. Forêt 100 m. Ferme-auberge à "Tire-Lire". Ouvert du 1/2 au 31/5 et du 1/9 au 22/12. ★ Randonnées pédestres, équitation. Visite des châteaux des Vosges, musées et concerts à Strasbourg. Route des vins Westhoffen-Traenheim. **Accès :** à 28 km de Strasbourg par RN 4. CM 87, pli 14.

Maison de maître située en bordure des collines sous-vosgiennes, profitant d'une belle vue sur le vallon et la forêt. Autrefois lieu de rencontre de nombreux peintres, la renommée du site en fait encore le lieu de promenade privilégiée des strasbourgeois le dimanche. "Etoile de l'Initiative Alsace 92".

Bas Rhin

Montagne des Singes. Eagle reserve. Vineyards. Riquewihr. Ribeauville. Mont Sainte-Odile. Obernai.

★ *How to get there: From Sélestat: via Châtenois, dir. Villé (D424) to St-Maurice (D697), signs to Dieffenbach on left-hand side. Michelin map 87, fold 7.*

La Romance is an attractive Alsatian-style house, well-situated between Colmar and Strasbourg, away from the village on the edge of a forest. Splendid views of the peaceful Vosges countryside and peace and quiet guaranteed. The spacious bedrooms, tastefully and comfortably decorated with attractive colours, boast lace-trimmed sheets and luxury towels.

Dieffenbach-au-Val
Carte 1   544

La Romance
17, rue de Neuve Eglise
67220 Dieffenbach-au-Val
Tél. 03 88 85 67 09 ou 06 08 63 44 88
Fax 03 88 57 61 58
Serge Geiger

2 pers 360/420 F - 3 pers 500/520 F - p. sup 100 F

4 ch. dont 1 avec salon privatif dans la tourelle et 1 en duplex pour 4 pers., toutes avec sanitaires privés et tél. direct. Entrée séparée. Salon (TV, biblio.), salle à manger (réfrigérateur, m-ondes). Pré fleuri, salon de jardin, balançoire. Accès par un chemin privé. Sur rés.: sauna, whirlpool, douche à jet avec espace détente. Ouvert toute l'année. ★ Montagne des Singes. Volerie des Aigles. Route du vin. Mont Saint-Odile. Ribeauville. Riquewihr. Obernai. **Accès :** de Sélestat: accès par Châtenois, dir. Villé (D424) jusqu'à St-Maurice (D697). Indication Dieffenbach sur la gauche. CM 87, pli 7.

Entre Colmar et Strasbourg, cette belle maison alsacienne de caractère, bien située, à l'écart du village et en lisière de forêt offre une vue agréable sur la campagne vosgienne. Les chambres sont spacieuses, décorées avec goût et confortables (jolies couleurs, draps en dentelle). Très belles vues et calme assuré.

Rhône

Beaujolais country, Lyon, Dombes. Tennis, horse-riding 1 km. Swimming pool 10 min. Golf course 20 min.

★ *How to get there: A6, Belleville exit for Lyon. 3 km after St-Georges-de-Reneins, turn right and drive through Arnas. The château is 1.5 km on. Michelin map 244, fold 2.*

Handsome 18th-century winegrowing property on the "motorway to the sun" and 30 minutes from Lyon. Château de Longsard is an ideal staging post for exploring Lyon's historical heritage, the Beaujolais vineyards and the vast expanses of the Dombes marshes. Three bedrooms and two suites, all comfortably appointed, await your arrival.

Arnas

Carte 4 — 545

Château de Longsard

69400 Arnas

Tél. 04 74 65 55 12 - Fax 04 74 65 03 17

Email : longsard@wanadoo.fr

Olivier et Alexandra du Mesnil du Buisson

2 pers 600 F - 3 pers 750 F - p. sup 80 F
repas 150 F

3 chambres et 2 suites avec sanitaires privés. Ouvert toute l'année. Petit déjeuner : croissants, fromage, charcuterie... Table d'hôtes : cuisine régionale et familiale. TV. Vélos, ping-pong, badminton, boules, balades, trampoline. Cour, jardin (2 ha.) et parc (15 ha.). Carte visa acceptée. ★ Pays Beaujolais, Lyon, les Dombes... Tennis, équitation 1 km. Piscine 10 mn. Golf 20 mn. **Accès :** A6 sortie Belleville direction Lyon puis 3 km après St.Georges-de-Reneins tourner à droite et traverser Arnas. Le château est à 1,5 km. CM 244, pli 2.

Belle propriété viticole du XVIIIe, à 10 mn de l'autoroute du Soleil et 30 mn de Lyon. Le château Longsard sera un lieu de séjour idéal pour visiter le patrimoine historique de Lyon, le vignoble du Beaujolais ou les vastes étendues marécageuses des Dombes. 3 chambres et 2 suites confortables vous sont proposées.

Rhône

Gallo-Roman site 7 km. Lyon 10 km. Horse-riding, swimming pool, tennis court and golf course 3 km. Hiking and mountain bike paths 10 km (Monts du Lyonnais).

★ *How to get there: A6, Lyon/Vaise exit for Francheville. A7, La Mulatière exit for Oullins. At Chaponost, after railway bridge, turn right and drive straight up.*

This fully-restored 19th-century farmhouse is just 10 km from the centre of Lyon. A warm welcome is guaranteed by your host Jean-Claude. The bedrooms are very comfortable and attractively furnished. In good weather, you can take advantage of the property's pleasant terraces, where breakfast is served. Table d'hôtes meals (booking required).

Chaponost

Carte 4 — 546

32, rue François Ferroussat

69630 Chaponost

Tél. 04 78 45 42 03

Jean-Claude Brun

1 pers 260 F - 2 pers 340 F - repas 90 F

3 chambres avec sanitaires privés. Ouvert toute l'année. Salon, TV et bibliothèque à disposition. Table d'hôtes sur réservation. Cour et parc entièrement clos, terrasses avec salon de jardin, barbecue. Restaurants à 2 km. Restaurant gastronomique à 10 km. ★ Site gallo-romain à 7 km. Lyon 10 km. Equitation, piscine, tennis et golf à 3 km. Circuits pédestres et VTT à 10 km (Monts du Lyonnais). **Accès :** A6 sortie Lyon/Vaise dir. Francheville. A7 sortie La Mulatière dir. Oullins. A Chaponost après le pont de chemin de fer, 1ère à dr. jusqu'en haut.

Cette ancienne ferme du XIXe entièrement rénovée est située à 10 km seulement du centre de Lyon. Jean-Claude vous y accueillera chaleureusement. Les chambres qui vous sont réservées sont très confortables et joliment meublées. Aux beaux jours, vous pourrez profiter d'agréables terrasses où le petit déjeuner vous sera servi.

Rhône

Wines can be tasted and purchased on the property. Beaujolais vineyards and their celebrated vintages. Wine village at Romanèche.

★ *How to get there:* Between Fleurie and Villié Morgon (D68), head for Chiroubles (D119) and follow signs for "Domaine de Grosse Pierre".

Winegrowers Véronique and Alain Passot guarantee a warm welcome at their vast and beautiful Beaujolais residence set in vineyards. Five extremely comfortable bedrooms with separate entrances await your arrival. You will enjoy the peace and quiet of this attractive property and the incomparable view which it affords of the vineyards. Enjoy a dip in the pool.

Chiroubles

Carte 4 **547**

La Grosse Pierre
69115 Chiroubles
Tél. 04 74 69 12 17 – Fax 04 74 69 13 52
Véronique et Alain Passot

1 pers 250 F – 2 pers 300 F

5 chambres avec sanitaires privés. Ouvert toute l'année sauf déc. et janv. Salon réservé aux hôtes et grande salle commune avec cheminée. Terrasse ombragée. Poss. garage fermé. Cour, jardin. Piscine dans la propriété. Eurocard/Mastercard acceptées. Restaurants à Chirouble 1 km et à Fleurie 2 km. ★ Dégustation et vente de vins sur la propriété. Vignoble du Beaujolais et ses célèbres crus. Hameau du Vin à Romanèche. **Accès :** entre Fleurie et Villié Morgon (D68), prendre la dir. de Chiroubles (D119) et suivre les indications privées "Domaine de Grosse Pierre".

Véronique et Alain Passot, viticulteurs, vous recevront chaleureusement dans leur belle et vaste demeure beaujolaise située au milieu des vignes. 5 chambres de grand confort avec entrée indépendante vous sont réservées. Vous apprécierez le calme de cette belle propriété et la vue imprenable sur le vignoble.

Rhône

Tennis 1 km, swimming pool, lake, river 8 km. Horseriding 4 km. Hiking trails 5 km. Mountain bikes, golf course 15 km. Discover the Beaujolais and Lyon regions.

★ *How to get there:* Take D31 from Villefranche-sur-Saône (7 km), motorway A6 exit. Michelin map 73, fold 10.

In the heart of Beaujolais country, set in woodland, this Napoleon III château offers a suite with considerable character. Wine available on the property.

Jarnioux

Carte 4 **548**

Château de Bois Franc
69640 Jarnioux
Tél. 04 74 68 20 91 – Fax 04 74 65 10 03
M. Doat

2 pers 500 F – 3 pers 600 F

1 suite avec salle de bains et wc privés. Ouvert toute l'année. 2 nuits minimum du 15 novembre au 15 mars. Restaurants de 2 à 5 km. Parc. ★ Tennis à 1 km, piscine, plan d'eau, rivière à 8 km. Equitation à 4 km. Sentiers pédestres à 5 km. VTT, golf à 15 km. Découverte du Beaujolais et de la région lyonnaise. **Accès :** D 31 depuis Villefranche sur Saône (7 km) sortie autoroute A 6. CM 73, pli 10.

En plein coeur du Beaujolais viticole, dans un grand parc arboré, une suite de caractère aménagée dans un château Napoléon III. Vin disponible à la propriété.

Rhône

Discover Beaujolais country and its superb golden-stone houses, wine-producing estates and wine-tasting cellars. Tennis court 500 m. Golf course at Lucenay.

★ *How to get there: From Villefranche, head for Lacenas. As you enter the village, head for "La Ruisselière". Michelin map 244, fold 2.*

In the heart of Beaujolais country, 30 km from Lyon, this 17th-century farmhouse, on a former wine-producing estate, has been restored with golden stones by its owners, who have striven to enhance the region's heritage. The four guest rooms are all luxuriously appointed and boast furniture of character and visible beams. A delightful place not to be missed.

Lacenas

Carte 4 **549**

La Ruisselière

chemin des Rousselles - 69640 Lacenas
Tél. 04 74 67 39 10 ou 06 09 59 46 40
Fax 04 74 60 01 84
Franck Porreca

---

2 pers 600/700 F

---

4 chambres avec TV, téléphone et sanitaires privés. Ouvert toute l'année. Petit déjeuner : viennoiseries, fruits, confitures, jus de fruits... Nombreuses pièces communes à disposition. Vaste parc aménagé. ★ Découverte du Beaujolais avec ses splendides maisons en pierres dorées, ses domaines viticoles et ses caves de dégustation. Tennis à 500 m. Golf à Lucenay. **Accès :** depuis Villefranche suivre direction Lacenas. A l'entrée du village, prendre la direction "la Ruisselière". CM 244, pli 2.

Au cœur du Beaujolais, à 30 km de Lyon, cette ancienne ferme viticole du XVIIe a été restaurée en pierres dorées par ses propriétaires, qui se sont attachés à mettre en valeur le patrimoine beaujolais. Les 4 chambres réservées aux hôtes sont toutes d'un très grand confort avec mobilier de caractère et poutres apparentes. Une étape de charme à ne pas manquer.

Rhône

Explore Beaujolais country. Tennis court 3 km. Hiking.

★ *How to get there: Drive through the Vallée d'Azergues (D485) to Lamure-sur-Azergues. At the entrance to the village, head for Pramenoux. Michelin map 244, fold 2.*

In the heart of the Beaujolais mountains in a bosky bower, this 12th-century castle enjoys both a superb setting and a breathtaking view of the surrounding area. Two comfortable, handsomely-furnished bedrooms await your arrival. The delicious local specialities served during candlelight dinners at the table d'hôtes make this an ideal spot for gourmets (booking required).

Lamure-sur-Azergues

Carte 4 **550**

Château de Pramenoux

69870 Lamure-sur-Azergues
Tél. 04 74 03 16 43 - Fax 04 74 03 16 28
Jean-Luc Plasse et Emmanuel Boudin

---

2 pers 550/750 F - repas 150 F

---

4 chambres avec sanitaires privés dont 1 chambre "royale" avec lit à baldaquin. Ouvert toute l'année. Petit déjeuner : viennoiseries, jus de fruits... T. d'hôtes : spécialités beaujolaises et lyonnaises. Piano, salon avec cheminée, TV. Parc de 5 ha. VTT. ★ Découverte du Beaujolais. Tennis 3 km. Randonnées. **Accès :** par la vallée d'Azergues (D485), aller jusqu'à Lamure-sur-Azergues. A l'entrée du bourg, face aux terrains de sport, direction Pramenoux. CM 244, pli 2.

Au cœur des monts du Beaujolais, dans un écrin de verdure, ce château du XIIe siècle bénéficie d'une vue imprenable et d'une situation exceptionnelle. Vous serez accueillis dans des chambres confortables dotées d'un beau mobilier. A la table d'hôtes sur réservation uniquement, dîner aux chandelles où vous seront servies les savoureuses spécialités locales.

Rhône

In the heart of Beaujolais country, between Bresse and Burgundy. Wine village, 10 min from the motorway. Tennis court and swimming pool on site.

★ *How to get there: Between Macon-Sud and Belleville. N6, by Romanèche, Lancié is 2 km on. The house is on Place des Pasquiers.*

A warm welcome is guaranteed in this family home, a vast Second Empire residence exuding character, set in attractive grounds full of flowers. Unwind with a game of tennis or take a dip in the pool. An ideal place to stay in the heart of Beaujolais country.

Lancie

Carte 4 551

Les Pasquiers
69220 Lancie
Tél. 04 74 69 86 33 – Fax 04 74 69 86 57
Email : GANPASQ@AOL-COM
Jacques et Laurence Gandilhon-Adèle

2 pers 400 F – p. sup 100 F – repas 120 F

4 chambres confortables avec sanitaires privés (dont 1 accessible aux pers. à mobilité réduite). Ouvert toute l'année.Beaux petits déjeuners. Table d'hôtes : cuisine du marché et vins sélectionnés. Vaste salon avec cheminée, salon de musique, biblio. Terrasse, jardin et pool-house. ★ Au coeur du Beaujolais, entre Bresse et Bourgogne. Hameau du vin à 10 mn de l'autoroute. Tennis et piscine sur place. **Accès :** entre Macon sud et Belleville. De la N6, au niveau de Romanèche, Lancie est à 2 km. La maison est place des Pasquiers.

Accueil de qualité dans une vraie maison de famille, vaste demeure du Second Empire, située dans un beau parc fleuri avec piscine et tennis à disposition; au coeur du Beaujolais.

Rhône

Museums and châteaux. Close to Burgundy, Bresse, Saône-et-Loire and Lyon. Touroparc (amusement park).

★ *How to get there: A6, Belleville-Purs exit, then D37 to Beaujeu and D26 for 2 km. Take the road on the right and drive 800 m.*

Marie-Claude and Bernard Nesme are your hosts at this residence full of character, set in the heart of a Beaujolais vineyard and featuring an attractive swimming pool. The bedrooms are comfortable and great care has been taken with the decoration. Wine lovers will enjoy visiting the cellar, where they can taste and purchase the estate's wines.

Lantignie

Carte 4 552

Domaine des Quarante Ecus
Les Vergers – 69430 Lantignie
Tél. 04 74 04 85 80 – Fax 04 74 69 27 79
Bernard et M-Claude Nesme

1 pers 200 F – 2 pers 260 F – p. sup 90 F

5 chambres au 2e étage, toutes avec douche et wc privés. Ouvert toute l'année. Piscine et jardin ombragé sur place. Pers. suppl. : 50 F/moins de 12 ans. Restaurants à 3 km. ★ Musées et châteaux. Proximité de la Bourgogne, de la Bresse, de la Saône et Loire et de Lyon. Touroparc. **Accès :** de l'A6, sortie Belleville-Purs, puis D37 jusqu'à Beaujeu, et D26 sur 2 km. Prendre une route à droite et faire 800 m.

Dans le Beaujolais viticole, au coeur du vignoble, Marie-Claude et Bernard Nesme vous reçoivent dans une demeure de caractère, dotée d'une agréable piscine. Les chambres sont confortables et décorées avec soin. Les amateurs pourront visiter la cave, déguster et acheter des vins de la propriété.

Rhône

Explore Beaujolais country and vineyards. Lyon and heritage sites. Wine Village at Romanèche-Throins. Winetasting courses.

★ *How to get there: A6, Belleville exit and Beaujeu on D37 for Lantignie. In the village, follow signs for "Les Alouettes". Michelin map 244, fold 2.*

In the heart of the Beaujolais, discover the discreet charms of this gorgeous residence set amid vines. The residence is the ideal backdrop for a relaxing weekend break or holiday away from it all. You will enjoy the gentleness of this enchanting, authentic setting and savour the scrumptious breakfasts served in the fine dining room or in the park. Simply irresistible.

Lantignie

Carte 6 **553**

Château des Alouettes
69430 Lantignie
Tél. 04 74 69 24 15 - Fax 04 74 04 89 87
Martine Simonet

2 pers 550 F

5 chambres avec TV et sanitaires privés. Ouvert du 1.04 au 30.11. Petit déjeuner : brioche praline rouge, crêpes au sucre caramélisé, fruits de saison, jambon, œufs, petits fromages... Bibliothèque, salon, séjour. Caveau de dégustation. Piscine. Parc de 25 ha. Carte bleue acceptée. ★ Découverte du pays Beaujolais et son vignoble. Lyon et son patrimoine. Hameau du vin à Romanèche-Throins. Initiation à la dégustation. **Accès :** A6 sortie Belleville puis Beaujeu par la D37 et direction Lantignie. Dans le village suivre les panneaux "Les Alouettes". CM 244, pli 2.

Au cœur du Beaujolais, découvrez le charme discret d'une ravissante demeure entourée de vignes; le temps d'un week-end ou d'un séjour, vous profiterez de l'intimité des lieux qui invitent au bien-être. Vous apprécierez la douceur d'un cadre enchanteur et authentique, et les savoureux petits déjeuners servis dans une agréable salle à manger ou dans le parc. Une étape d'exception.

Rhône

Discover Beaujolais country. Pierres Dorées (Golden Stones) tour. Lyon 15 min: old city, flea market, trips on the Saône. "Pierres Folles" Museum. Horse-riding centre, golf, tennis, cycling.

★ *How to get there: From Lyon, A6 for Paris, Limonest-le-Bourg exit, and head for Villefranche. 2km on, left for Lozanne. At Civrieux, dir. Chazay, Morance and signs for Charnay and "Le Pin". Michelin map 244, fold 2.*

Serene and gentle are how you would describe this 13th-century fortified residence, which stands in superb Beaujolais landscape, overlooking the Saône Plain. The two harmoniously-decorated suites exude refinement and a taste for perfectionism. Enjoy the farniente life both in the house and in the garden by the pool, in this authentic spot.

Morance

Carte 4 **554**

Château du Pin
600 chemin de la Ronze - 69480 Morance
Tél. 04 78 43 66 75 ou 06 81 69 78 49
Fax 04 72 54 67 51
Jean-François Gonindard

2 pers 950 F - p. sup 80 F - repas 130/150 F

2 suites avec bibliothèque, téléphone, TV, bains et wc privés + coin-cuisine. Ouvert toute l'année. Petit déjeuner : jus d'orange frais, viennoiseries, laitages... Bibliothèque. Parc de 2 ha., piscine, ping-pong, padding tennis, badminton. Restaurants à proximité. Un moment d'exception. ★ Découverte du Beaujolais. Circuit des Pierres Dorées. Lyon (15 mn) : vieille ville, marché aux puces, croisière sur la Saône... Musée des Pierres Folles. Centre équestre, golf, tennis, VTT. **Accès :** à Lyon A6 dir. Paris, sortie Limonest-le-Bourg N6 dir. Villefranche sur 2 km puis à gauche dir. Lozanne. A Civrieux dir. Chazay puis Morance et suivre Charnay puis "Le Pin". CM 244, pli 2.

Sérénité et douceur sont les attraits de cette Maison Forte du XIIIe, inscrite dans le superbe paysage beaujolais, dominant la plaine de la Saône. Fraîcheur et convivialité dans les 2 suites raffinées décorées avec harmonie et le souci des choses bien faites. Dans cette alchimie de l'authentique, vous vous y reposerez côté chambre ou jardin au bord de la piscine.

Rhône

Discover Beaujolais country: wines, gastronomy and the arts. Oenology courses and hikes can be organised.

★ **How to get there:** A6, Villefranche-sur-Saône exit, for Arnas, on D43. Blaceret-Purs, then D49 for Le Perréon. The house is in the village.

In the heart of Beaujolais country, near the famous village of Clochemerle, Fabienne and Eric welcome you to their 19th-century residence full of character, in the village of Le Perréon. The six bedrooms are tastefully decorated and boast spacious bathrooms. Relaxed atmosphere in a refined setting.

Le Perréon

Les Volets Bleus
Le Bourg – 69460 Le Perréon
Tél. 04 74 03 27 65 – Fax 04 74 03 27 65
Fabienne Dugny

Carte 4 **555**

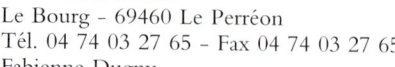

1 pers 220 F – 2 pers 280 F – 3 pers 350 F
repas 80 F

3 ch. 2/3 pers. et 3 suites de 2 ch. 4/5 pers. toutes avec sanitaires privés (435 F 4 pers. et 520 F 5 pers.). Chambres non fumeur. Ouvert toute l'année. Table d'hôtes sur rés. : cuisine régionale et familiale. Possibilité garage fermé. Restaurants à proximité. ★ Découverte du Beaujolais, de son vin, de sa gastronomie et de sa culture. Organisation de randonnées en quad, stage oenologique. **Accès :** de l'A6, sortie Villefranche-sur-Saône, dir. Arnas, par D43. Blaceret-Purs, puis D49 vers le Perreon, la maison est dans le village.

Au coeur du Beaujolais, près du fameux village de Clochemerle, Fabienne et Eric vous proposent 6 chambres situées dans une demeure de caractère du XIXe, au bourg de Perréon. Les chambres sont décorées avec goût et équipées de spacieuses salles de bains. Une ambiance décontractée dans un cadre raffiné.

Rhône

Discover Beaujolais country and its vintages. Wine cellars and museums. Mountain bikes 5 km, tennis court 3 km. Hiking, fishing, Sapins Lake nearby.

★ **How to get there:** Motorway, Belleville-sur-Saône exit. D37 for Beaujeu, D9 for Quincié, then head for Marchampt. Access to site is signposted.

Annie and Jean are your hosts at their Beaujolais farmhouse located in the heart of wine country, some 50 km from Lyon. This site has great character and offers an attractive lounge with fireplace. Leisure activities include a swimming pool in the grounds.

Quincie-en-Beaujolais

Domaine de Romarand
69430 Quincie-en-Beaujolais
Tél. 04 74 04 34 49 – Fax 04 74 04 34 49
Annie et Jean Berthelot

Carte 4 **556**

1 pers 265 F – 2 pers 295/320 F – 3 pers 370 F
repas 100/120 F

3 chambres avec sanitaires privés. Ouvert toute l'année. Petit déjeuner maison. Table d'hôtes sur rés. (vin compris) : cuisine régionale et gourmande (salade lyonnaise, saucisson chaud, volailles fermières). Parking dans une cour fermée. Piscine privée. Dégustation de vins sur place. Restaurants 2 km. ★ Découverte du Beaujolais et de ses crus. Caveaux et musées. VTT à 5 km, tennis à 3 km. Randonnées, pêche et lac des Sapins à proximité. **Accès :** sortie autoroute Belleville-sur-Saône. D37 dir. Beaujeu, D9 vers Quincié puis dir. Marchampt. Accès fléché.

A 50 km de Lyon, Annie et Jean vous recevront chaleureusement dans leur ancienne ferme beaujolaise de caractère, située au coeur des vignes. Un agréable salon avec cheminée est à votre disposition. Pour vos loisirs, une piscine dans la propriété.

Rhône

Explore Beaujolais country, wine-tasting cellars. Horse-riding centre, lake, hiking.

★ **How to get there:** *A6, Villefranche-sur-Saône exit (35 km from Lyon). At St-Vérand, turn right for Bors-d'Oingt. Drive approx. 1 km. In "Aucherand", the house is on the right. Michelin map 244, fold 2.*

In the heart of Beaujolais country, this vast family residence stands in a magnificent park with century-old trees. The five comfortable bedrooms are full of charm and refinement (Joseph is an antique dealer). The house exudes peace and quiet, and the good life. The owners extend a warm, yet unobtrusive welcome.

Saint-Vérand

Carte 4 **557**

Aucherand
69620 Saint-Vérand
Tél. 04 74 71 85 92 ou 04 78 30 41 38
Fax 07 74 71 85 92
Joëlle et Joseph Degottex

1 pers 400 F – 2 pers 450/480 F – 3 pers 560 F
p. sup 80 F – repas 100 F

4 chambres et 1 suite avec petit salon (3 pers.) et sanitaires privés. Ouvert toute l'année. Petit déjeuner gourmand : patisseries maison, salade de fruits, laitages... Table d'hôtes : cuisine familiale avec les "spécialités" de Joëlle. Salle de jeux : 2 billards, ping-pong. Parc, tennis, vélos. Piscine. ★ Découverte du Beaujolais, caves de dégustation. Centre équestre, lac, randonnées pédestres. **Accès :** A6 sortie Villefranche-sur-Saône (35 km de Lyon). A St-Vérand, prendre à droite dir. Bors-d'Oingt. Faire 1 km environ. Au lieu-dit Aucherand, la maison est située sur la droite. CM 244, pli 2.

Au cœur du Beaujolais, vaste maison familiale, dans un beau parc aux arbres centenaires. 5 chambres confortables et pleines de charme y ont été aménagées avec raffinement (Joseph est antiquaire). Empreinte de douceur et de quiétude, vous apprécierez l'atmosphère de cette demeure où il fait bon vivre ainsi que l'accueil chaleureux et discret de ses propriétaires.

Rhône

In the heart of Beaujolais country, winetasting and sightseeing (Salles Priory, Corcelles and La Chaize Châteaux, Hôtel-Dieu at Belleville). Hiking, Sapins Lake, horse-riding.

★ **How to get there:** *A6, Villefranc exit. Head for Arnas then Blaceret and turn left for Salles. The house is at the entrance to the village. Michelin map 244, fold 2.*

In the shade of a 12th-century Salles cloister, you will be greeted by the Patrigeons' vast family residence. The bedrooms and suite are appointed with Louis XV and Louis XVI furniture. Relax in this bosky bower by the pool or enjoy a game of tennis on the hard court. A restful spot in the delightful Beaujolais region.

Salles-Arbuissonnas

Carte 4 **558**

Le Breuil
69460 Salles-Arbuissonnas
Tél. 06 87 35 91 18
Famille Patrigeon

2 pers 400/550 F – 3 pers 650 F – p. sup 100 F
repas 120 F

2 chambres et 1 suite avec sanitaires privés. Ouvert de fév. à début déc. Petit déjeuner : viennoiseries, pâtisseries et confitures maison... Table d'hôtes : spécialités beaujolaises, lyonnaises, bressanes... Salon avec TV réservé aux hôtes. Jeux de société. Cour et parc arboré avec piscine et court de tennis (terre battue). ★ Au cœur du Beaujolais, étape dégustation (route des vins) et découverte (prieuré de Salles, château de Corcelles, de la Chaize, Hôtel-Dieu à Belleville...). Randonnées, lac des Sapins, équitation. **Accès :** A6 sortie Villefranche. Prendre direction Arnas puis Blaceret et tourner à gauche en direction de Salles. La maison est à l'entrée du village. CM 244, pli 2.

A l'ombre du cloître sallesien du XIIe siècle, la belle et vaste demeure de la famille Patrigeon vous accueille. Chambres et suite de style meublées d'époque Louis XV et Louis XVI. Dans cet écrin de verdure, vous pourrez vous détendre au bord de la piscine ou jouer au tennis sur le court en terre battue. Une halte reposante dans cette belle région du Beaujolais.

Haute Saône

Tennis, fishing in river, cycling and hiking 5 km. Golf course 25 km.

★ **How to get there:** *On D67. A36 motorway, exit 3, Besançon-Ouest for Gray. Alternatively A5 or A31 motorway, exit 6, Langres-Sud for Gray-Besançon. Michelin map 66, fold 14.*

You will be captivated by your hosts' hospitality and succumb to the charm of this handsome residence, a château built in 1854. The refined décor and tasteful furnishings are a delight. A haven of peace and quiet with excellent cuisine served at the table d'hôtes. A must.

Cult

Carte 4 **559**

Château de Cult
Les Egrines - 70150 Cult
Tél. 03 84 31 92 06 ou 06 84 20 64 91
Fax 03 84 31 92 06
Fabienne Lego-Deiber

---

1 pers 270/300 F - 2 pers 310/350 F - p. sup 100 F repas 110 F

---

2 suites 2 pers. avec sanitaires privés. Ouvert toute l'année. Petit déj. : viennoiseries, patisseries et confitures maison, céréales... Table d'hôtes : terrines, magret de canard aux griottines, croustillants d'escargots, charlottes. Salon, jeux de société. Parc, p-pong, vélos. Animaux admis après accord préalable du propriétaire. ★ Tennis, pêche en rivière, VTT et randonnées pédestres à 5 km. Golf 25 km. **Accès :** sur la D67. Prendre autoroute A36, sortie n° 3, Besançon-ouest direction Gray ou autoroute A5 ou A31, sortie n° 6, Langres-sud direction Gray-Besançon. CM 66, pli 14.

Vous succomberez à l'accueil chaleureux qui vous sera réservé et tomberez sous le charme de cette belle demeure (château de 1854) décorée et meublée avec goût et raffinement. Vous apprécierez l'harmonie et la quiétude des lieux ainsi que l'excellente cuisine servie à la table d'hôtes. Une étape à ne pas manquer.

Haute Saône

Tennis 500 m, horse-riding 8 km, swimming pool, fishing and windsurfing 4.5 km, golf 17 km. Cross-country skiing in the Vosges in winter (20-min drive). Ronchamp Chapel (designed by Le Corbusier). On-site cycle trail. Karting circuit 3 km.

★ **How to get there:** *At Vesoul, take D10 for Saint-Loup; the château is at the entrance to the village of Epenoux. Michelin map 66, fold 6.*

Built in the 18th century in the heart of a tiny, peaceful Franche-Comté village, Château d'Epenoux stands in 13 acres of flower-filled woodland with a 17th-century chapel. The large comfortable bedrooms are tastefully decorated. Savour the delights of the table d'hôtes.

Pusy et Epenoux

Carte 4 **560**

route de Saint-Loup - Gendarmerie
70000 Epenoux-Pusy
Tél. 03 84 75 19 60 - Fax 03 84 76 45 05
Germaine Gauthier

---

1 pers 300 F - 2 pers 370/410 F - repas 160/200 F 1/2 p. 875 F

---

5 chambres (1 avec douche et wc, 4 avec bains et wc). Ouvert toute l'année. Table d'hôtes uniquement le soir. 1/2 pension sur la base de 2 pers. Carte American Express et Eurochèques acceptés. Parking gratuit au château. ★ Tennis 500 m, équitation 8 km, piscine, pêche et planche à voile 4,5 km, golf 17 km. Ski de fond (Vosges) 20 mn en voiture. Chapelle de Ronchamp, architecture le Corbusier. Circuit VTT sur place. Karting 3 km. **Accès :** à Vesoul, prendre D 10 direction Saint-Loup; à l'entrée du village d'Epenoux. CM 66, pli 6.

Construit au XVIIIe siècle, au coeur d'un petit village comtois, le château d'Epenoux est entouré d'un beau parc fleuri et boisé de 5 hectares, sur lequel se dresse une chapelle du XVIIe siècle. Les chambres grandes, confortables sont décorées avec goût.

Haute Saône

Fishing and hiking on site: 3 private, posted trails 8, 14 and 15 km. Swimming pool, bathing and tennis 16 km. Horse-riding and sailing 30 km. Downhill and cross-country skiing 20 min. Thermal baths at Luxeuil-les-Bains.
★ How to get there: At Lure (on N19 Vesoul/Belfort), take D486. Drive through Melisey and Servance. At Servance, turn left onto D263 (Beulotte road). Michelin map 66, fold 7.
This 18th-century Vosges Sâonoises farmhouse is set on the Plateau des Mille Etangs (Plain of a Thousand Ponds), in the heart of the countryside. The house affords magnificent views of the surrounding area. Ideal for keen anglers (additional fee) with private facilities on six lakes: trout, salmon, black bass and carp.

Servance

Carte 4 · 561

Le Lodge du Monthury
70440 Servance
Tél. 03 84 20 48 55
Michèle Chevillat

1 pers 305 F - 2 pers 340 F - 3 pers 455 F
repas 110 F

6 chambres, toutes avec salle d'eau et wc privés, TV. Ouvert toute l'année. Table d'hôtes réputée : poisson d'eau douce, gibier à partir de septembre, grenouilles en mars. Terrasse d'été. Thermalisme à Luxeuil-les-Bains. ★ Randonnées sur place : 3 parcours balisés (14, 8 et 15 km), parcours d'orientation 5 km. Piscine, baignade, tennis 16 km. Equitation, voile 30 km. Ski piste/fond (20 mn). **Accès :** à Lure (sur N19 Vesoul/Belfort), prendre la D486. Traverser Melisey puis Servance. A Servance, prendre à gauche la D263 (route de Beulotte). CM 66, pli 7.

Ancienne ferme du XVIIIe des Vosges Saônoises située sur le plateau des Mille Etangs, en pleine nature, vue exceptionnelle. Une adresse idéale pour pratiquer la pêche (en supplément) : parcours de pêche privé sur 4 plans d'eau (truite, saumon de fontaine, Black Bass, carpe, brochet...).

Saône et Loire

Hiking trails and tennis locally. Fishing 1 km. Lake 10 km. Swimming pool, horse-riding 12 km.
★ How to get there: 18 km southeast of Chalon-sur-Saône (Lyon B-road), to Nassey, and D160 to Baudrières. Via Tournus, N6 to Sennecey and D18, Gigny-sur-Saône and Baudrières. Michelin map 70, fold 12.
This enchanting cottage covered in Virginia creeper and honeysuckle is set in a lush garden with swimming pool. A warm welcome is guaranteed by your dynamic hostess, who has restored her home with loving care. The superbly-decorated, romantic bedrooms are appointed with antique furniture. Admire the garden while enjoying a delicious breakfast under the arbour.

Baudrières

Carte 4 · 562

Le Bourg - 71370 Baudrières
Tél. 03 85 47 32 18 ou 06 07 49 53 46
Fax 03 85 47 41 42
Arlette Vachet

1 pers 320 F - 2 pers 350 F - 3 pers 450 F

2 chambres (dont 1 avec lit pour enfants) avec TV, bains ou douche et wc privés. Ouvert du 1er mars au 31 octobre. Copieux petit déjeuner. Jardin avec piscine privée. Parking. Vélos. ★ Sentiers de randonnée, tennis sur place. Pêche 1 km. Lac 10 km. Piscine, équitation 12 km. **Accès :** à 18 km au s.e de Chalon-sur-Saône (bis Lyon), jusqu'à Nassey, puis D160 jusqu'à Baudrières. Par Tournus, N6 jusqu'à Sennecey, puis D18, Gigny-sur-Saône et Baudrières. CM 70, pli 12.

Cette ravissante chaumière enfouie sous la vigne vierge et le chèvrefeuille, est entourée d'un luxuriant jardin avec piscine. Vous serez accueillis chaleureusement par la dynamique hôtesse qui a restauré avec bonheur et passion sa demeure. Chambres romantiques avec meubles anciens superbement décorées. Somptueux petit déjeuner sous la tonnelle en admirant le jardin.

Saône et Loire

Cluny 8 km. Lake 2.5 km. Swimming pool and tennis court 8 km.

★ *How to get there: From Mâcon or Charolles, take N79 for Cluny-Tramayes (D22) until you reach Bourgvilain. Michelin map 69, fold 18.*

Near Cluny, five comfortable bedrooms await you in the outbuildings of an 18th century windmill with shaded park. Breakfast is served in the orangery, built on the ruins of the old mill and its surviving vault. Wine lovers will delight in the regional vintages which grace a cellar ornamented with handcrafted objects.

Bourgvilain

Carte 4 **563**

Moulin des Arbillons
71250 Bourgvilain
Tél. 03 85 50 82 83 - Fax 03 85 50 86 32
Email : arbillon@club-internet.fr
Charles et Sylviane Dubois-Favre

1 pers 300/450 F - 2 pers 350/450 F - 3 pers 550 F

5 chambres (dont 1 accessible aux personnes handicapées) avec bains ou douche et wc privés. Ouvert du 1er juin au 30 septembre. Salon avec cheminée, TV et magnéto-scope à disposition. Parc ombragé. Auberge à 300 m. ★ Cluny à 8 km. Lac 2,5 km. Piscine et tennis 8 km. **Accès :** venant de Mâcon ou de Charolles, sur la N79 prendre direction Cluny-Tramayes (D22) jusqu'à Bourg-vilain. CM 69, pli 18.

A proximité de Cluny, dans les dépendances d'un ancien moulin du XVIIIe siècle avec parc om-bragé, 5 chambres confortables ont été aménagées. Les petits déjeuners sont servis dans l'orangerie, construite sur le moulin d'autrefois et son ancienne voûte. Pour les amateurs, un caveau avec des vins régionaux et objets d'artisanat.

Saône et Loire

Buxy, Cluny (Beaune-Cluny road) and Green Way in the vicinity. Horse-riding 3 km.

★ *How to get there: At Buxy, head for Cluny then left Jully-les-Buxy and "Les Chailloux". Michelin map 69, fold 19.*

In the heart of the Chalonnais winegrowing region and the Green Way (Buxy-Cluny), stands this restored 17th-century manor house set in 15.5-acres of leafy parkland. Two spacious, comfortably-appointed bedrooms await your arrival. Relax in the pool or enjoy a game of tennis in the grounds.

Jully-les-Buxy

Carte 4 **564**

Manoir des Chailloux
Les Chailloux - 71390 Jully-les-Buxy
Tél. 03 85 92 13 62 - Fax 03 85 92 12 62
Michèle Flèche

1 pers 450/550 F - 2 pers 500/650 F

2 chambres avec TV, téléphone et santaires privés. Ouvert du 1er mai au 5 sept. Petit déjeuner; confitures biologiques, viennoiseries, jus de fruits... Parc de 7 ha. Piscine, tennis et vélos sur place. Chasse au gros gibier en saison. Restaurants à 2 km. ★ Proximité de Buxy, Cluny (route de Beaune à Cluny) et Voie Verte. Equitation 3 km. **Accès :** à Buxy, direction Cluny puis sur la gauche Jully-les-Buxy et "Les Chailloux". CM 69, pli 19.

Au cœur du Chalonnais viticole et de la Voie Verte (Buxy-Cluny), manoir du XVIIe restauré et en-touré d'un parc arboré de 7 ha. 2 chambres d'hôtes, spacieuses et confortablement aménagées vous sont proposées. Pour votre détente, une piscine et un tennis sont à votre disposition.

Saône et Loire

Saint-Christophe-en-Brionnais market, Romanesque churches of Southern Burgundy. Tennis and swimming pool 500 m, golf 9 km. Numerous hikes possible. Close to Roanne.

★ **How to get there:** *North of Roanne on D482 and D982. Michelin map 73, fold 7.*

Although Les Récollets was once a convent, there is nothing austere about it. All the bedrooms and suites overlooking the countryside are furnished with taste and refinement. There is a very pretty lounge to relax in and a bright dining room with fireplace and blue hand-decorated cupboards.

Marcigny

Carte 4

Les Recollets
71110 Marcigny
Tél. 03 85 25 05 16 - Fax 03 85 25 06 91
Josette Badin

1 pers 320 F - 2 pers 450 F - 3 pers 520 F
p. sup 70 F - repas 150/200 F

6 chambres et suites avec bains et wc privatifs. Ouvert toute l'année. Petit déjeuner à base de brioches, croissants, gâteaux et confitures maison. Table d'hôtes : cuisine régionale. Carte visa acceptée. VTT sur place. Grand jardin avec salons de jardin. ★ Marché de St-Christophe en Brionnais, circuit des églises romanes de Bourgogne sud. Tennis et piscine 500 m, golf 9 km. Nombreuses possibilités de randonnées. Proximité de Roanne. **Accès :** au nord de Roanne par la D482 et la D982. CM 73, pli 7.

Ancien couvent, Les Récollets n'ont rien d'austère. Toutes les chambres donnent sur la campagne et sont aménagées avec goût et raffinement. Pour vous détendre, vous disposerez d'un très joli salon et surtout d'une salle à manger très gaie avec cheminée et armoires bleues décorées à la main.

Saône et Loire

Winegrowing estates through Beaune and Cluny. Fishing 500 m. Tennis 1 km. Horse-riding 2 km.

★ **How to get there:** *From Châlon-Nord, head for Autun. At the roundabout, Côte Chalonnaise, and head for Mellecey on D48. Michelin map 69, fold 9.*

In the heart of the Chalonnais vineyards, famed for their Rully, Mercurey and Buxy grape varieties, between the Mâconnais and the Côte de Beaune, Kate and Stephan will welcome you as friends of the family at their handsome property which they have lovingly restored. Superb fully enclosed tree-lined park with heated pool. A charming spot.

Mellecey

Carte 4

Le Clos Saint-Martin
71640 Mellecey
Tél. 03 85 45 25 93 - Fax 03 85 45 25 93
Stephan et Kate Murray-Sykes

1 pers 450 F - 2 pers 520/750 F - 3 pers 700/850 F
p. sup 100/150 F

6 chambres avec sanitaires privés (4 avec TV satellite, magnétoscope et tél.). Ouvert toute l'année. Petit déjeuner : fruits frais, viennoiseries, céréales... Salon avec TV. Parc clos avec piscine chauffée. Ventes de vins (réservation recommandée). Cartes bancaires acceptées (sauf Amex et Diners). Restaurant à 300 m. ★ Route des vins, de Beaune à Cluny. Pêche 500 m. Tennis 1 km. Equitation 2 km. **Accès :** de Châlon-nord, prendre direction Autun. Au rond-point, Côte Chalonnaise, direction Mellecey par la D48. CM 69, pli 9.

Au cœur des vignobles de la Côte chalonnaise, tels Rully, Mercurey ou Buxy, entre Mâconnais et Côte de Beaune, Kate et Stephan vous reçoivent en amis dans leur belle propriété qu'ils ont restaurée avec passion. Beau parc arboré entièrement clos avec piscine chauffée. Une adresse de charme.

Saône et Loire

Chalonnais vineyards. Romanesque art and architecture: Autun, Beaune, Cluny and Tournus. Places of interest: Brancion, Cormatin and Germolles. Tennis court 2 km. Fishing 5 km. Lake 10 km. Montchanin golf course 18 km.

★ *How to get there: A6, Chalon-Sud exit; N80 for Le Creusot; Moroges exit after 12 km. In village square turn left. L'Orangerie is on your right after 800 m. Michelin map 69, fold 9.*

A warm welcome awaits you at l'Orangerie, a comfortable mid-19th-century country house with elegant, restful décor. Secluded garden and swimming pool, set in a peaceful valley of meadows and vineyards. The perfect base from which to explore the scenic, architectural and gastronomic riches of Southern Burgundy. Ideal for visiting Romanesque Cluny and Tournus.

Moroges

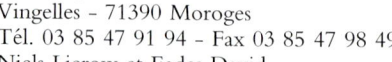

Carte 4 · **567**

L'Orangerie
Vingelles - 71390 Moroges
Tél. 03 85 47 91 94 - Fax 03 85 47 98 49
Niels Lierow et Eades David

---

1 pers 375/500 F - 2 pers 400/550 F - 3 pers 650 F
repas 170 F

5 chambres avec téléphone (TV sur demande), bains ou douche et wc privés. Ouvert de Pâques à la Toussaint. Copieux petit déjeuner. Table d'hôtes sur réservation. Belle pièce de jour réservée aux hôtes. Parc arboré clos avec piscine privée. Nombreux restaurants à proximité. ★ Visites de caves. Découverte de l'art roman : Autun, Beaune, Cluny, Tournus. Sites de Brancion, Cormatin ou Germolles. Tennis 2 km. Pêche 5 km. Lac 10 km. Golf de Montchanin 18 km. **Accès :** A6, sortie Chalon-sud, puis direction Le Creusot par N80. A 15 km, à droite Moroges. Dans le bourg, prendre direction Vingelles. CM 69, pli 9.

Vous serez accueillis chaleureusement dans cette belle demeure campagnarde du XIXe siècle, située dans une vallée paisible, au milieu de près et de vignobles, avec jardin et piscine privés. Décor élégant et cadre reposant. Vous ferez en ces lieux, une étape de charme. Idéal pour découvrir les hauts lieux de l'art roman comme Cluny ou Tournus.

Saône et Loire

Brionnais and Romanesque churches. Paray-le-Monial 12 km. Fishing and tennis 2 km.

★ *How to get there: At Charolles, take D10 for Martigny then D34. Michelin map 69, fold 17.*

Château de Martigny overlooking the Arconce Valley has been in the same family since the 18th century. Edith Dor guarantees a warm welcome at the residence. The guest rooms, which she herself has decorated, are a tribute to her exquisite taste. Enjoy strolls through the extensive leafy park or relax by the pool. A delightful genuine spot.

Poisson

Carte 4 · **568**

Château de Martigny
71600 Poisson
Tél. 03 85 81 53 21 - Fax 03 85 81 59 40
Edith Dor

---

1 pers 450 F - 2 pers 500 F - 3 pers 650 F
repas 180 F - 1/2 pens. 800 F

4 chambres avec sanitaires privés. Ouvert du 1er avril au 1er nov. Petit déjeuner : viennoiseries, jus d'orange, confitures maison... Table d'hôtes : viande charollaise, légume du jardin... Salon avec TV. Parc de 4 ha. avec piscine. Stages et théâtre au château. Restaurants à 2 km. ★ Eglises romanes du Brionnais. Paray-le-Monial 12 km. Pêche et tennis 2 km. **Accès :** à Charolles prendre la D10 vers Marcigny puis la D34. CM 69, pli 17.

Le château de Martigny qui domine la vallée de l'Arconce, appartient à la même famille depuis le XVIIIe siècle. Vous y serez accueillis chaleureusement par Edtih Dor qui a décoré avec un goût exquis les chambres qui vous sont réservées. Flaneries dans le vaste parc arboré ou détente au bord de la piscine. Une étape de charme dans un lieu authentique.

Saône et Loire

Spa and gym (Damona Centre) at Bourbon-Lancy 5 km. Swimming pool, lake and tennis 5 km.

★ *How to get there: Between Digoin and Bourbon-Lancy on D979. As you enter Saint-Aubin, turn left, the access road leads to the château. Michelin map 69, fold 16.*

On the banks of the Loire stands this handsome 18th-century residence set in a vast, shaded 7-acre park. Five comfortably-appointed bedrooms await your arrival. Louis-Philippe and Directoire furniture. Billiard room for guests' use. Fishing on the property.

Saint-Aubin-sur-Loire Carte 4 569

Château de Lambeys
71140 Saint-Aubin-sur-Loire
Tél. 03 85 53 92 76
Etienne de Bussièrre

1 pers 320/400 F - 2 pers 350/450 F - 3 pers 450 F
repas 70/140 F - p. sup. 80 F

5 chambres avec sanitaires privés. Ouvert du 1er avril au 31 décembre. Table d'hôtes : poulet au chicon, palette de porc, viande charollaise... Salle de billard réservé aux hôtes. Parc de 2,5 ha. Pêche sur place. Restaurants à 6 km. ★ Station thermale et de remise en forme (centre Damona) à Bourbon-Lancy (5 km). Piscine, plan d'eau et tennis 5 km. **Accès :** entre Digoin et Bourbon-Lancy par la D979. En entrant dans St.Aubin, prendre sur la gauche, la voie d'accès qui mène au château. CM 69, pli 16.

Au bord de la Loire, belle demeure du XVIIIe entourée d'un vaste parc ombragé de 2,5 ha. 5 chambres d'hôtes confortables y ont été aménagées. Mobilier Louis-Philippe et Directoire. Salle de billard réservée aux hôtes. Pêche sur la propriété.

Saône et Loire

Romanesque churches.

★ *How to get there: Between Clayette and Charlieu. At Chateauneuf, head for Clayette; second house on the left. Michelin map 70, fold 8.*

Fine traditional Brionnais residence, in the land of Romanesque churches. Comfortably-appointed rooms featuring antique furniture. A lounge with fireplace, TV and reading area is available for guests' use. Enclosed shaded garden and courtyard ablaze with flowers.

St.Maurice-les-Chateauneuf Carte 4 570

La Violetterie
71740 St.Maurice-les-Chateauneuf
Tél. 03 85 26 26 60 - Fax 03 85 26 26 60
Madeleine Chartier

1 pers 220/240 F - 2 pers 280 F - 3 pers 350 F
p. sup 50 F

3 chambres avec sanitaires privés. Ouvert de Pâques au 11 nov. Petit déjeuner : jus de fruits, fruits frais, fromages de pays, pâtisseries maison... Salon avec cheminée, TV, coin-lecture et téléphone. Cour et jardin clos. Restaurant à 200 m. ★ Circuit des églises romanes. **Accès :** entre La Clayette et Charlieu. A Chateauneuf prendre direction La Clayette; 2ème maison à gauche. CM 70, pli 8.

Très belle demeure traditionnelle du Brionnais, située sur le circuit des églises romanes. Chambres confortablement aménagées avec mobilier ancien. Un salon avec cheminée, TV et coin-lecture est à votre disposition. Cour et jardin clos, ombragés et fleuris.

Saône et Loire

The treasures of Southern Burgundy. Hiking trails, tennis court 500 m. Fishing 2 km. Horse-riding 7 km. Swimming pool 10 km.

★ *How to get there: 10 km north of Cluny, on D980. At Salornay-sur-Guye, head for Cormatin (D14). Michelin map 69, folds 18/19.*

This handsome residence, in Romanesque Burgundy close to Lamartine's birthplace and Château de Cormatin, is a treasure-trove of culture and good living. Music, literature, painting, architecture, gastronomy and wine are just some of your hosts' interests. They provide a warm welcome and will be happy to advise you on exploring Burgundy's rich heritage.

Salornay-sur-Guye

Carte 4 · 571

La Salamandre
Le Bourg – 71250 Salornay-sur-Guye
Tél. 03 85 59 91 56 – Fax 03 85 59 91 67
Email : info@la-salamandre.fr
Jean-Pierre Forestier

1 pers 310 F – 2 pers 430/540 F – 3 pers 540 F
p. sup 100 F – repas 120 F

5 chambres (non fumeur) avec téléphone, bains ou douche et wc privés dont 1 suite avec salon pour 3/4 pers. Ouvert toute l'année. Salon et bibliothèque à disposition. Parc clos, jardin et parking privé. Randonnées vélos. ★ Découverte de la Bourgogne du sud. Sentiers de randonnée, tennis 500 m. Pêche 2 km. Equitation 7 km. Piscine 10 km. **Accès** : à 10 km au nord de Cluny, par D980. A Salornay-sur-Guye, prendre direction Cormatin (D14). CM 69, plis 18/19.

Cette belle demeure, en Bourgogne romane, proche de la route Lamartine et du château de Cormatin est empreinte de culture et de bienvivre. Musique, littéraire, peinture, architecture... et arts de la table et du vin sont les passions des maîtres des lieux. Ils vous accueilleront chaleureusement et vous guideront dans la découverte du riche patrimoine de la Bourgogne.

Saône et Loire

Autun, Gallo-Roman city 11 km. Hiking paths locally. Horse-riding 500 m. Fishing 2 km. Lake 11 km.

★ *How to get there: From Autun, head for Château-Chinon. Drive 6 km and turn right for Sommant. Michelin map 69, fold 8.*

This 19th-century château situated in Morvan Park features a 17.5-acre park and affords panoramic views of the surrounding area. The Louis XV furniture, waxed parquet flooring and soft hues add to its charm. There is a heated pool for guests' use and a magnificent garden for peaceful walks. A timeless spot, in an exceptional, unspoilt setting.

Sommant

Carte 4 · 572

Château de Vareilles
71540 Sommant
Tél. 03 85 82 67 22 – Fax 03 85 82 67 22
Dick Willemsen

1 pers 295 F – 2 pers 385 F – p. sup 85 F
repas 110 F

3 chambres avec sanitaires privés. Ouvert toute l'année. Petit déjeuner : viennoiseries, fromages, œufs, charcuterie... Table d'hôtes : spécialités bourguignonnes, truites saumonées, escalopes de veau... Salon avec cheminée, bibliothèque, salle vidéo, TV, téléphone. Parc de 7,5 ha. Piscine chauffée. Location de vélos. ★ Autun, ville galloromaine à 11 km. Sentiers sur place. Equitation 500 m. Pêche 2 km. Lac 11 km. **Accès** : d'Autun, prendre direction Château-Chinon. Faire 6 km, puis à droite : Sommant. CM 69, pli 8.

Dans le parc du Morvan, château du XIXe avec vue panoramique et parc de 7 ha. Le mobilier d'époque Louis XV, les lustres, les parquets cirés, les douces couleurs lui confèrent un charme certain. Une piscine chauffée est à disposition ainsi que le magnifique parc qui invite à de belles balades. Une étape hors du temps, dans un cadre exceptionnel et préservé.

Saône et Loire

Tournus (city and abbey), Brancion (medieval village), Château de Cormatin, Chalonnais wines. Tennis and fishing 3 km. Horse-riding and golf 18 km.

★ *How to get there: A6 and N6 for Tournus, take D14 for Brancion then follow the signs (3 km from Tournus). Michelin map 69, fold 20.*

Hosts Mr and Mme Roggen will do their utmost to preserve the peace and quiet of this 16th-century château set in parkland. The "Chambre Bressane" and "Chambre Brune" look out onto the grounds and pool. The "Chambre Rouge" and "Chambre Bleue" overlook the grounds. Breakfast is served in the lounge. The mezzanine and maisonnette are the most spacious. In summer, breakfast is served on the terrace.

Tournus

Carte 4 · **573**

Château de Beaufer
71700 Tournus
Tél. 03 85 51 18 24 – Fax 03 85 51 25 04
Email : BEAUFER@AOL.COM
Sabine Roggen

2 pers 720/900 F – 3 pers 850 F – p. sup 150 F
repas 160/350 F

5 chambres et 1 suite, toutes avec bains ou douche et wc. Ouvert du 15/03 au 31/10 (hors-saison sur réservation). Possibilité table d'hôtes sur réservation. TV par satellite. Piscine sur place. Cartes bancaires acceptées. Nombreux restaurants à Tournus (3 km) ★ Tournus (son abbaye), Brancion (village médiéval), le château de Cormatin, les vins du Chalonnais. Tennis et pêche à 3 km. Equitation et golf à 18 km. **Accès :** A6 et N6 Tournus, prendre D 14 vers Brancion puis tourner d'après les panneaux à 3 km de Tournus. CM 69, pli 20.

Dans ce château du XVIe siècle, situé dans un parc, M. et Mme Roggen préservent la tranquillité de leurs hôtes. Les chambres bressane et brune ont vue sur le parc et la piscine. Les chambres rouge et bleue donnent sur le parc. La mezzanine et la maisonnette sont les plus spacieuses. En été, les petits déjeuners sont servis sur la terrasse.

Saône et Loire

Romanesque châteaux and churches of Southern Burgundy, Tournus Abbey-Church, built over 1,000 years ago. Discover Burgundy's winemaking traditions (some of France's finest wines) and gastronomy. Truchère Nature Reserve 5 km.

★ *How to get there: A6 and N6, head for Tournus town centre, then along Quai de Saône (riverbank). Michelin map 69, fold 20.*

Your hostess Solange Bouret offers spacious, comfortable bedrooms in this 17th and 19th-century private mansion bordering the River Saône. Superb Charles X-style billiard room. In fine weather, breakfast is served on the terrace, which affords pretty views of the Saône.

Tournus

Carte 4 · **574**

33, quai du Midi
71700 Tournus
Tél. 03 85 51 78 65 – Fax 03 85 51 78 65
Solange Bouret

1 pers 250 F – 2 pers 280/350 F – 3 pers 475 F
p. sup 125 F

1 chambre, 1 suite et 1 appartement avec cuisine, toutes avec sanitaires privés. Ouvert toute l'année. TV par satellite. Bibliothèque, salle de billard. Terrasse, garage cour close. Vélos, pêche. Animation culturelle sur place. Restaurants gastronomiques. ★ Circuit des châteaux et des églises romanes du sud de la Bourgogne (abbatiale de Tournus). Bourgogne viticole locale (une des plus réputées de France). Réserve de la Truchère 5 km. **Accès :** A6 et N6, prendre direction centre ville, puis quai de Saône. CM 69, pli 20.

Dans un hôtel particulier des XVIIe et XIXe siècles situé en bordure de Saône, Solange Bouret a aménagé avec goût de grandes et confortables chambres. Superbe billard Charles X. Aux beaux jours, le petit déjeuner sera servi sur la terrasse qui offre une jolie vue sur la Saône.

Saône et Loire

Tournus, internationally-renowned Romanesque city. Bicycles for hire 500 m. Swimming pool, tennis court 1 km. Horse-riding 6 km.

★ *How to get there: On N6 or A6 motorway, Tournus exit. Along the banks of the Saône. Michelin map 69, fold 20.*

Close to the banks of the Saône stands this handsome time-honoured stone-cutter's residence. Three superbly-appointed and decorated bedrooms await your arrival. Breakfast is served in a private room with lounge area and library. Pleasant enclosed, shaded garden.

Tournus

Carte 4 575

1, quai de Saône
71700 Tournus
Tél. 03 85 51 04 43 – Fax 03 85 51 04 43
Françoise Dourneau

1 pers 280 F – 2 pers 350 F – 3 pers 420 F
p. sup 70 F

3 chambres avec sanitaires privés. Ouvert du 15 mars au 2 novembre. Petit déjeuner : viennoiseries, jus d'orange... Bibliothèque et TV à disposition. Jardin. Restaurant à 200 m. ★ Tournus, ville romane de renomée mondiale. Location de vélos à 500 m. Piscine, tennis 1 km. Equitation 6 km. **Accès :** par la N6 ou l'autoroute A6 sortie Tournus. Sur les quais de Saône. CM 69, pli 20.

Près des bords de Saône, cette belle demeure de caractère est une ancienne maison de tailleur de pierre. 3 chambres, superbement aménagées et décorées avec goût vous sont proposées. Le petit déjeuner est servi dans une salle particulière avec coin-salon et bibilothèque. Agréable jardin clos et ombragé.

Saône et Loire

Vineyards locally. Mâcon 14 km. Hiking paths locally. Horse-riding 4 km. Tennis 5 km.

★ *How to get there: At Mâcon-Sud, head for Cluny, La Roche-Vineuse exit and head for Verzé-Igé. Michelin map 69, fold 19.*

In the heart of the Mâconnais vineyards stands this very pretty 17th-century property with leafy park. The residence boasts five extremely comfortable and cosy bedrooms. Antique furniture. Library for guests' use. Private lake in the park.

Verzé

Carte 4 576

Château d'Escolles
Escolles – 71960 Verzé
Tél. 03 85 33 44 52 – Fax 03 85 33 34 80
Yvan et Monique de Potter

1 pers 200 F – 2 pers 350 F – 3 pers 450 F
p. sup 100 F

5 chambres avec sanitaires privés. Ouvert toute l'année. Petit déjeuner : viennoiseries, fruits frais, confitures maison... Bibliothèque à disposition. Parc de 5 ha. avec étang. Restaurants à 4 km. ★ Vignoble sur place. Mâcon 14 km. Sentiers de randonnée sur place. Equitation 4 km. Tennis 5 km. **Accès :** à Mâcon-sud, direction Cluny, sortie La Roche-Vineuse puis direction Verzé-Igé. CM 69, pli 19.

Au cœur du vignoble du Mâconnais, très jolie propriété du XVIIe avec parc arboré. Elle propose 5 chambres d'hôtes très confortables et chaleureuses. Mobilier ancien. Bibliothèque à disposition. Etang privé dans le parc.

Saône et Loire

Southern Burgundy and places of interest. Cluny Abbey and stud farm. Mâconnais region. Château de Cormatin. Paray-le-Monial. Prehistoric sites: Solutré, Azé, etc. Horse-riding 2 km and 7 km. Fishing 5 km. Tennis 7 km. Lake 19 km.

★ *How to get there: A6 motorway, Mâcon-Sud exit, N79 for Cluny and D980 for Salornay. Michelin map 69, fold 18.*

You will delight in the warmth and tranquillity which this time-honoured residence exudes, and in the superb views it affords. The refined bedrooms are a perfect blend of texture and colour. Savour the full breakfasts and delicious recipes prepared by the lady of the house. Ideal for exploring this beautiful area of France. The less adventurous can relax by the pool.

La Vineuse

Carte 4

La Maitresse

Le Bourg – 71250 La Vineuse
Tél. 03 85 59 60 98 – Fax 03 85 59 65 26
Julie Serres

1 pers 270 F – 2 pers 320/450 F – 3 pers 550 F
p. sup 100 F

5 chambres (dont 1 accessible aux personnes handicapées) avec TV, bains ou douche et wc privés. Ouvert toute l'année. Salon réservé aux hôtes. Terrain clos aménagé avec piscine privée. Jeux d'enfants. Ping-pong. Vélos à disposition. ★ Découverte de la Bourgogne du sud. Cluny (abbaye, haras...). Région du Maconnais. Château de Cormatin. Paray-le-Monial. Sites préhistoriques (Solutré, Azé...). Equitation à 2 et 7 km. Pêche 5 km. Tennis 7 km. Lac 19 km. **Accès :** autoroute A6 sortie Mâcon-sud, puis N79 direction Cluny et D980 direction Salornay. CM 69, pli 18.

Vous aimerez l'atmosphère chaleureuse de cette vieille demeure qui bénéficie d'une superbe vue et la quiétude des lieux. Chambres raffinées, mêlant harmonieusement tissus et couleurs. Vous appré-cierez les copieux petits déjeuners et les savoureu-ses recettes de la maîtresse de maison. Détente au bord de la piscine. Etape idéale pour découvrir cette belle région.

Sarthe

Village of Asnières-sur-Vègre. Solesmes Abbey (Gregorian chant) 10 km. Sablé-sur-Sarthe golf course 12 km.

★ *How to get there: 10 km from A81 motorway, exit 1. Michelin map 64, fold 2.*

At the edge of Asnières-sur-Vègre, "the most beautiful village in the Maine", you will find the delightful Manoir des Claies, hidden in a bosky bower at the foot of which runs the Vègre. This 15th-century lord's manor has been restored with great care by its owner, who will be happy to share his love of old buildings in this joyful and peaceful setting.

Asnières-sur-Vègre

Carte 2

Manoir des Claies

72430 Asnières-sur-Vègre
Tél. 02 43 92 40 50 – Fax 02 43 92 65 72
Jean Anneron

1 pers 390 F – 2 pers 440 F – 3 pers 600 F
p. sup 160 F – repas 150 F

2 chambres 2 pers. et 1 suite 2 ou 4 pers. avec bains et wc privés. Ouvert toute l'année sur réservation. Table d'hôtes sur réservation. Parc, promenades en barque, pêche. Piscine privée accessible aux hôtes. ★ Village d'Asnières-sur-Vègre. Abbaye de Solesmes (chants gré-goriens) à 10 km. Golf de Sable-sur-Sarthe à 12 km. **Accès :** à 10 km de la sortie n° 1 de l'autoroute A81. CM 64, pli 2.

A l'extrémité d'Asnières-sur-Vègre (plus beau village du Maine) se trouve enchâssé dans son écrin de verdure le Manoir des Claies, au pied duquel coule tranquillement la "Vègre". Dans une de-meure seigneuriale du XVe, restaurée avec passion par son propriétaire, vous viendrez goûter le calme, et l'amour des vieilles pierres.

Sarthe

Le Mans (old town) 35 km. Château du Lude (son et lumière show). Cultural theme tours. Châteaux of the Loire 1 hr. Swimming pool and tennis court 2 km.

★ *How to get there: From Paris, A11, La Ferté-Bernard exit, and St-Calais. In village, "Moulin de l'Etang" signs (D74), and head for Ste-Cérotte. Right 25 m on. TGV to Vendôme (Loir et Cher). Michelin map 64, fold 5.*

This handsome residence in the Loir Valley is an 18th-century mill which has been painstakingly restored by its owners to create a luxurious and peaceful environment. Charm abounds in this authentic, well-preserved setting, ideal for a relaxing break. There is a 12.5-acre private lake for guests' use where only you can fish and hunt waterfowl, bathe or take boat trips.

La Chapelle-Huon

Carte 2 **579**

Le Moulin de l'Etang
72310 La Chapelle-Huon
Tél. 02 43 35 54 86 - Fax 02 43 35 22 17
http://www.citeweb.net/moulin
Claude et Jacqueline Léger

2 pers 550 F - 3 pers 600 F - p. sup 100 F

1 suite (2 ou 4 pers.) avec salon, TV, mini-bar, bains et wc privés. Ouvert toute l'année. Petit déjeuner gourmand et raffiné. Cour, jardin, étang privé de 5 ha. : pêche, chasse au gibier d'eau, barque, baignade. Restaurants à 2 km. Week-end : 1000 F/2 pers. ★ Vieux Mans à 35 km. Château du Lude (spectacle Son et Lumière). Circuits à thèmes culturels. Châteaux de la Loire à 1 h. Piscine et tennis 2 km. **Accès :** de Paris, A11 sortie La Ferté-Bernard, puis St-Calais. Dans le village, suivre "Moulin de l'Etang" sur D74, puis dir. Ste-Cérotte, à 25 m à droite. Gare TGV à Vendôme (Loir et Cher). CM 64, pli 5.

Dans la Vallée du Loir, cette belle demeure est un moulin du XVIIIe siècle. Il a été restauré avec goût et passion par ses propriétaires qui ont su lui donner confort et quiétude. Dans ce cadre préservé et authentique, vous y ferez une étape de charme. Sur la propriété, un étang privée de 5 ha. avec pêche exclusivement réservée à nos hôtes, chasse au gibier d'eau, barque, baignade.

Sarthe

Le Mans (old town) 40 km. Vintage Car Museum. Alençon: City of the Dukes 30 km. Châteaux and stud farms of the Orne. Tennis 3 km. Bellême golf course 15 km.

★ *How to get there: A11 motorway: from Paris, turn off at La Ferté-Bernard for Mamers. After St-Cosmes, left for Marolles. From Nantes, Le Mans-Nord exit, at Beaumont and right for Vivoin. Michelin map 60, fold 14.*

This little 16th and 17th-century gem, set in a bosky bower, has been in the family since 1625. The peaceful park and the warm welcome offered by the owner will make time stand still during your stay. Michel and Marie will be delighted to help you discover the region's many treasures.

Monhoudou

Carte 2 **580**

Château de Monhoudou
72260 Monhoudou
Tél. 02 43 97 40 05 - Fax 02 43 33 11 58
Michel de Monhoudou

2 pers 450/650 F - p. sup 100 F - repas 195 F

4 chambres avec sanitaires privés. Ouvert toute l'année. Table d'hôtes : poulet aux morilles, pintade au foie gras, confitures, cake et pain d'épices maison... Salons, salle à manger, piano. Parc à l'anglaise, bicyclettes. CB, Eurocard et Mastercard acceptées. ★ Le Mans à 40 km (vieille ville). Musée de l'automobile. Alençon, cité des ducs (30 km). Châteaux et haras de l'Orne. Tennis à 3 km. Golf de Bellême à 15 km. **Accès :** autoroute A11 : de Paris sortie La Ferté-Bernard dir. Mamers. Après St-Cosmes, à gauche dir. Marolles. De Nantes, sortie Le Mans nord dir. Alençon, à Beaumont à droite dir. Vivoin. CM 60, pli 14.

Petit joyau des XVIe et XVIIe siècles, dans son écrin de verdure transmis depuis 1625. Le calme de son parc et l'accueil de son propriétaire vous permettront durant votre séjour de suspendre le cours du temps. Michel et Marie vous feront découvrir les richesses de sa région.

Sarthe

In Poncé village: arts and crafts centre (17th-century Moulin de Paillard mill on the bank of the Loir), glass blowing, painted furniture. Le Mans and Tours 45 km.

★ **How to get there:** In centre of the arts and crafts village of Poncé. Michelin map 64, fold 5.

This handsome 15th and 19th-century, partly troglodyte château stands in 7.5 acres of parkland. The fine bedrooms, with evocative names such as Thousand and One Nights, Blue Beard and Romeo and Juliet, are all decorated in a different style. Beautiful period furniture. Breakfast is served in the 15th-century chapel. Small ornamental lake with waterfall and barbecue.

Poncé-sur-le-Loir

Carte 2 · **581**

Château de la Volonière
72340 Poncé-sur-le-Loir
Tél. 02 43 79 68 16 - Fax 02 43 79 68 18
Brigitte Becquelin

1 pers 340 F - 2 pers 370/480 F

4 ch. avec sanitaires privés dont 1 avec kitchenette (480 F). Ouvert toute l'année. Petits déjeuners royaux dans la chapelle du XVe. Pièce voûtée angevine à dispo. TV et tél. Cour, jardin, parc arboré 3 ha., vélos, p-pong. Jardin avec bassins, cascade, petite plage. Barbecue. Restaurant attenant. (-15% à partir de la 5e nuit + groupes et hors-saison). ★ Dans le village de Poncé : centre d'artisanat d'art (site du Moulin de Paillard XVIIe sur les bords du Loir), souffleur de verre, meubles peints. Le Mans et Tours 45 km. Châteaux Renaissance autour de Tours (45 km). **Accès** : au centre du village artisanal de Poncé. CM 64, pli 5.

En partie troglodytique, ce beau château des XVe et XIXe est situé sur un parc de 3 ha. Les chambres raffinées, aux noms évocateurs (Mille et une Nuits, Barbe Bleue, Roméo et Juliette…) ont toutes une décoration différente. Beau mobilier d'époque. Brigitte et Claude vous guideront à la découverte des curiosités de la verte vallée du Loir roman.

Savoie

Bourg-St-Maurice TGV high-speed train station 19 km. Petit-St-Bernard and Iséran passes. Italy 30 km. La Vanoise Nature Park. Skiing locally (Ste-Foy) and Tignes. Val d'Isère, Les Arcs 15 km.

★ **How to get there:** A43-A430 to Albertville, then RN90 to Seez and D902. 3 km after Ste-Foy, turn left in the hamlet of La Thuile and follow signs.

In the Haute Tarentaise, on the way to Val d'Isère and Tignes ski resorts, you will find this vast contemporary chalet, with a "lauze" tiled roof, on a rocky peak, overlooking the Isère Valley. The terraces and balconies afford magnificent views over the glacier. Outstanding hospitality in a preserved natural setting.

Sainte-Foy-Tarentaise

Carte 4 · **582**

Yellowstone Chalet
Bonconseil - 73640 Sainte-Foy-Tarentaise
Tél. 04 79 06 96 06 - Fax 04 79 06 96 05
Nancy Tabardel

1 pers 450/650 F - 2 pers 550/850 F
3 pers 700/1000 F - repas 185 F

4 chambres 2 pers. et 1 suite 4 pers. avec TV et sanitaires privés. Mini-bar commun. Ouvert de déc. à avril et du 15/6 au 15/9. Table d'hôtes : tartiflette, paupiettes savoyardes, apple crisp. (repas enfant 75 F). Salle de remise en forme, sauna, jacuzzi. Jardin. Visa et Eurocard acceptées. ★ Gare TGV Bourg-St-Maurice 19 km. Cols du Petit-St-Bernard et de l'Iseran. Italie 30 km. Parc national de la Vanoise. Ski sur place (Ste-Foy) et à Tignes. Val d'Isère, les Arcs 15 km. **Accès** : A43-A430 jusqu'à Albertville, puis N90 jusqu'à Seez et D902. 3 km après Ste-Foy, prendre à gauche dans le hameau de la Thuile et suivre fléchage.

En Tarentaise, sur la route des stations de Val d'Isère et Tignes, ce vaste chalet contemporain, au toit de lauze, superbement aménagé se dresse sur un piton rocheux surplombant la vallée de l'Isère. Face au glacier, terrasses et balcons offrent une vue superbe. Accueil d'exception dans un cadre naturel et préservé.

Haute Savoie

Annecy and Geneva 15 min. Chamonix 30 min. La Roche-sur-Foron 3 min. Esery 18 and 9-hole golf course 10 min. Tennis court 1 km.

★ ***How to get there:*** *From Annecy (A41) or Geneva (A40/A41), La Roche/Foron exit, N203 for Bonneville, rdbt for Annecy, 1st road on right, Rue Follieuse straight on and Rue de la Solitude right. Michelin map 89, fold 3.*

This handsome 19th-century Savoie residence with private heated pool lies in a magnificent setting in the heart of the countryside. The three luxurious bedrooms all have attractive showers or bathrooms. Start the day with a scrumptious gourmet breakfast served on the verandah with a beautiful view. Warm welcome assured. A charming spot between Geneva and Annecy.

Amancy

Carte 4 **583**

La Solitude

La Vernaz Ouest – 74800 Amancy
Tél. 04 50 03 00 93 ou 00 41 79 200 63 36
(Suisse)
Fax 04 50 03 00 93
Ariane Gurzeler

1 pers 400/500 F – 2 pers 550/630 F – p. sup 120 F

3 ch. (non fumeur) avec TV, douche ou bain et wc privés. Ouvert de mai à sept. (ou sur demande, min. 2 ch./3 nuits). Petit déjeuner de choix, servi dans la véranda avec vue magnifique. Tél./fax à dispo. Jardin, piscine chauffée (buse de massage). Barbecue, jeux divers, biblio. (Enfant dès 12 ans. Si 3 pers. + 120 F). ★ Annecy et Genève à 15 mn. Chamonix 30 mn. La Roche-sur-Foron 3 mn. Golf 18 et 9 trous d'Esery à 10 mn. Tennis 1 km. **Accès :** d'Annecy (A41) ou Genève (A40/A41), sortie la Roche/Foron, puis N203 dir. Bonneville, rd point dir. Annecy et 1er chemin à dr., rue Follieuse tout droit puis rue de la Solitude à dr. CM 89, pli 3.

Dans un cadre exceptionnel, en pleine nature, belle demeure savoyarde du XIXe, très fleurie dans parc ombragé. 3 chambres de grand confort dotées de ravissantes salles d'eau. Le salon avec cheminée et la véranda, décorés avec goût vous invitent à la détente. Vous apprécierez l'accueil chaleureux des propriétaires. Une étape de charme entre Genève et Annecy.

Haute Savoie

Pont de la Caille bridge and Usses Valley 5 km. Parc des Dronières (park, Olympic swimming pool) 10 km. Annecy 20 km. Geneva and Lake Léman 25 km. Downhill and cross-country skiing at Le Semmoz 35 km.

★ ***How to get there:*** *A40, Saint-Julien-en-Genevois exit, for Cruseilles (N201). A41 for Cruseilles. Follow signs to Copponex, then turn left at cemetery for "Châtillon".*

This family farmhouse, which Suzanne and André have lovingly restored, is now given over entirely to their guests. They will be delighted to help you discover their region and share their passion for ornithology and mushrooms. Lovers of fine wines are most welcome, as André is an experienced wine connoisseur.

Copponex

Carte 4 **584**

La Bécassière

Châtillon – 74350 Copponex
Tél. 04 50 44 08 94 – Fax 04 50 44 08 94
André et Suzanne Gal

1 pers 230 F – 2 pers 310 F – repas 90 F
1/2 p. 240 F

3 chambres avec salle d'eau et wc privés. Ouvert du 2/02 au 14/11. Table d'hôtes (sauf dimanche soir) : lapin à la polenta, tartiflettes, soufflé au fromage. Salon de lecture avec bibliothèque. Cour, jardin. Ping-pong, vélos. Bons restaurants à proximité. ★ Pont de la Caille et Val des Usses 5 km. Parc des Dronières 10 km (piscine olympique). Annecy 20 km. Genève et lac Léman 25 km. Ski de fond et de piste au Semmoz 35 km. **Accès :** A40 sortie Saint-Julien en Genevois dir. Cruseilles (N201). A41 dir. Cruseilles. Suivre Copponex, puis au cimetière à gauche "Châtillon".

Suzanne et André ont chaleureusement restauré cette ferme familiale entièrement réservée à leurs hôtes. Ils vous feront découvrir leur région et partager leur passion pour l'ornithologie et la mycologie. Les amateurs de bons vins seront les bienvenus car André est un oenophile averti.

Haute Savoie

Crosagny Lake: birdwatching 1 km. Annecy (city and lake) 21 km. Le Bourget Lake, Aix-les-Bains and thermal Spa 25 km. Skiing at Le Semmoz 20 km.

★ *How to get there: A41, Alby-Saint-Chéran exit for Saint-Félix on N201. In the village, turn right, then left after the cemetery. Before the statue, turn right, then left. Michelin map 89, fold 15.*

At the foot of the Alps between Annecy and Aix-les-Bains, Denyse and Bernard invite you to share the charm and tranquillity of their fully-restored 19th-century Savoyard farmhouse. This pretty residence is surrounded by a landscaped park ablaze with flowers. Enjoy afternoon tea in a romantic setting. No smoking in the bedrooms.

Saint-Félix

Carte 4 **585**

Les Bruyères

Mercy – 74540 Saint-Félix
Tél. 04 50 60 96 53 – Fax 04 50 60 94 65
Bernard et Denyse Betts

2 pers 650 F – 3 pers 750 F – repas 200 F

3 suites chacune avec salon et TV par satellite (1 avec s.d.b. et wc, les 2 autres avec s. d'eau et wc). Ouvert toute l'année. Petit déjeuner : compotes, confitures maison. Table d'hôtes sur demande. Jardin d'hiver (bibliothèque, musique). Jardin, parc, tennis, croquet. CB acceptées. ★ Observation d'oiseaux à l'étang de Crosagny à 1 km. Annecy et son lac à 21 km. Lac du Bourget, Aix-les-Bains et ses thermes à 25 km. Ski au Semmoz à 20 km. **Accès :** A41 sortie Alby-Saint-Chéran dir. Saint-Félix par N201. Dans le village à droite puis à gauche après le cimetière devant la statue à droite puis à gauche. CM 89, pli 15.

Au pied des Alpes entre Annecy et Aix-les-Bains, Denyse et Bernard vous invitent à partager le charme et le calme d'une ancienne ferme savoyarde du XIXe entièrement restaurée. Cette jolie demeure est entourée d'un parc paysager très fleuri. Cadre romantique et thé l'après-midi. (Chambres non fumeur).

Haute Savoie

Samoëns, renowned for its art and historical interest. Close to Switzerland and Italy. Near Annecy, Lake Léman and Geneva. Outdoor leisure activities centre, swimming pool, tennis court and hang-gliding. Grand Massif skiing resort.

★ *How to get there: From Lyon, A40 motorway to Cluses and Samoëns via the Chatillon Pass. Michelin map 89, fold 3.*

Maison de Fifine is a residence bursting with charm and character, just 400 m from the centre of Samoëns, facing some of the most outstanding scenery France has to offer. The four superb bedrooms, all recently renovated, feature individual décor harmoniously blended with beams and attractive fabrics. An incomparably blissful setting for a holiday.

Samoëns

Carte 4 **586**

La Maison de Fifine

Les Moulins – 74340 Samoëns
Tél. 04 50 34 10 29 – Fax 04 50 34 10 29
Jean-Yves et Liliane Bellenger

1 pers 320 F – 2 pers 390 F – 3 pers 490 F
p. sup 100 F

4 chambres (poss. TV) avec sanitaires privés. Ouvert d'avril à décembre. Petit déjeuner : lait et œufs de ferme, pâtisseries, compotes et confitures maison, fromages... Sauna. Jardin paysager entièrement clos. Vélos. (tarif dégressif à partir de 3 nuits). Restaurant à 400 m. ★ Samoëns, classé Pays d'Art et d'Histoire. Proximité de la Suisse et de l'Italie. Proche de Chamonix, d'Annecy, du lac Léman et de Genève. Base de loisirs, piscine, tennis et parapente. Domaine skiable du Grand Massif. **Accès :** en venant de Lyon, emprunter l'autoroute A40 jusqu'à Cluses puis rejoindre Samoëns par le col de Chatillon. CM 89, pli 3.

A 400 m du centre de Samoëns, face à paysage exceptionnel, la maison de Fifine est un habitat de charme et de caractère. 4 superbes chambres, fruit d'une rénovation personnalisée alliant le bois ancien, les poutres et les tissus chaleureux, offrent à leurs hôtes, un cadre et une tranquillité incomparables.

Seine Maritime

Visits to local horse farm can be arranged. Visits to the region's abbeys. Water sports and outdoor sports centre 15 km. Bikes available on loan.

★ **How to get there:** From Rouen, take N15 for Le Havre, then D22 at Bouville for Fréville. At Blacqueville, follow the "Chambres d'Hôtes" signs. Michelin map 52, fold 13.

Horse enthusiasts Annie and René Mignot and their children are your hosts at this splendid 17th-century residence, which was originally a hawk house. The bedrooms boast woodwork by craftsmen of a bygone age. Enjoy local specialities in front of a cosy log fire.

Blacqueville
Carte 2 · **587**

Domaine de la Fauconnerie
76190 Blacqueville
Tél. 02 35 92 68 08 ou 02 35 92 19 41
http://www.gites-normandie-76.com
René et Annie Mignot

1 pers 250 F - 2 pers 300 F - p. sup 75 F
repas 110 F

4 chambres doubles et une suite (non fumeur) avec sanitaires privés, au 2e étage. (500 F 4 pers.). Table d'hôtes sur réservation (sauf dimanche soir). Point-phone. Fermé la 2e quinzaine de septembre et la 2e semaine d'octobre. Prêt de VTT. Restaurant à 4 km. ★ Visite de l'élevage de chevaux sur place (selon possibilité). Route des abbayes. Activités nautiques et base de plein air à 15 km. **Accès :** à Rouen, prendre la N15 dir. Le Havre, puis la D22 à Bouville dir. Freville. A Blacqueville suivre les panneaux "Chambres d'Hôtes". CM 52, pli 13.

Dans cette ancienne fauconnerie du XVIIe, René, Annie et leurs enfants vous accueillent, et vous feront partager leur passion des chevaux. Vous pourrez admirer dans votre chambre le travail des compagnons charpentiers d'autrefois. Dans une ambiance chaleureuse, près d'un feu de bois, vous dégusterez les produits du terroir.

Seine Maritime

Tour of Sandstone Sites. France's smallest river, châteaux and manor houses, Moutiers floral gardens, maritime cemetery, exhibitions. Tennis, bathing, horse-riding, fishing, hiking and windsurfing.

★ **How to get there:** From Dieppe, take D625 for Fécamp. At Bourg-Dun, turn right after the post office.

Jean-Pierre and Monique are your hosts at their fine residence set in a landscape garden that leads down to a river, in a Caux village just 3 km from the sea. The charm of this centuries-old family mansion is eternal and the pretty bedrooms are cosy and comfortable (antique furniture, oriental rugs, collection of Norman paintings).

Le Bourg-Dun
Carte 2 · **588**

La Pommeraie
route d'Englesqueville

76740 Le Bourg-Dun
Tél. 02 35 83 58 92 - Fax 02 35 04 21 23
http://www.gites-normandie-76.com
Jean-Pierre et Monique Brault

1 pers 250 F - 2 pers 300 F - p. sup 60 F - repas 95 F

2 chambres avec TV et sanitaires privés. Ouvert toute l'année. Petit déjeuner : pâtisseries et confitures maison, viennoiseries... Table d'hôtes : lapin au cidre, poulet au Calvados, terrine de poisson, cake aux 3 herbes... Bibliothèque, chaîne hi-fi, jeux de société. Vélos, ping-pong. Verger et parc. ★ Circuit du Grès. Parcours du plus petit fleuve de France, châteaux et manoirs, parc floral des Moutiers, cimetière marin, expositions... Tennis, baignade, équitation, pêche, randonnée, planche à voile. **Accès :** de Dieppe, prendre la D625 en direction de Fécamp. Au Bourg-Dun, tourner à droite après la poste.

A 3 km de la mer, dans un village cauchois, Jean-Pierre et Monique vous accueillent dans leur belle demeure entourée d'un jardin paysager descendant vers la rivière. Cette maison de maître, centenaire a conservé tout son charme et propose des chambres chaleureuses, confortables et joliment décorées (mobilier ancien, tapis d'Orient, collection de peintres normands...).

Seine Maritime

Dieppe-Pourville golf course (100 acres) on site. Dieppe: maritime town, historical interest, Château Museum, St-Jacques Church. Sea. Varengeville (Ango Manor, Moutier and Princesse de Sturdza Parks). Tennis, beach, horse-riding, swimming.

★ *How to get there: At Dieppe, head for Veules-les-Roses (D75, follow signs) and golf course. Follow signs. Turn left for "Chemin du Golf".*

This handsome house, basking in sunlight, is a fine example of contemporary architecture in its use of space and large bay windows that look out onto the countryside. A unique setting by the sea, on the Dieppe-Pourville golf course. The quiet, spacious bedrooms - 1 with mezzanine - each have a style of their own and give onto a southfacing terrace. Flower and tree garden.

Dieppe

Carte 2 · **589**

24, chemin du Golf - 76200 Dieppe
Tél. 02 35 84 40 37 - Fax 02 35 84 32 51
http://www.gites-normandie-76.com
Danièle Noël

2 pers 320/350 F - 3 pers 420 F

3 chambres, dont 1 avec mezzanine (3 pers.) avec TV, téléphone et sanitaires privés. Ouvert toute l'année. Petit déjeuner servi dans le salon avec belle vue sur le golf. Jardin communiquant avec le golf. Nombreux restaurants à proximité. ★ Golf de Dieppe-Pourville (40 ha.) sur place. Dieppe (ville historique, musée du Château, église St-Jacques). Cité de la mer. Varengeville (manoir d'Ango, parc des Moutiers et de la Princesse Sturdza..). Tennis, plage, équitation, piscine. **Accès :** à Dieppe, prendre direction Veules-les-Roses (D75), suivre les panneaux et au golf, tourner à gauche, chemin du golf.

A proximité de la mer, dans un environnement privilégié, au golf de Dieppe-Pourville, belle maison contemporaine d'architecte (volume et grandes ouvertures sur la nature) baignée de lumière. Les chambres, toutes personnalisées, dont 1 avec mezzanine, sont spacieuses et calmes et ouvrent sur une terrasse orientée plein sud. Agréable jardin fleuri et boisé.

Seine Maritime

Eu Forest on site. Château d'Eu. 12th-century collegiate church, crypt, 17th-century hospital, Jesuit chapel. Glass Museum. Le Tréport 5 km: beaches, fishing port. Tennis, sailing, windsurfing, horse-riding, swimming pool, hiking.

★ *How to get there: At Eu, head for Ponts et Marais (D49). As you leave Eu, turn right for Route de Beaumont (2 km). Michelin map 52, fold 5.*

Mr and Mme Demarquet extend a warm welcome at Manoir de Beaumont, an 18th-century half-timbered manor house and former hunting lodge. The bedrooms are tastefully decorated and very comfortable, with handsome antique furniture. The peace and tranquillity of the place, close to Eu Forest, make this an ideal spot for a restful break.

Eu

Carte 2 · **590**

Manoir de Beaumont
76260 Eu
Tél. 02 35 50 91 91 ou 06 83 44 08 44
http://www.gites-normandie-76.com
Jean-Marie et Catherine Demarquet

1 pers 200 F - 2 pers 270 F - 3 pers 320 F
p. sup 70 F

3 ch. dont 1 suite de 2 ch. (dont 1 petite ch. d'enfants communiquante). TV dans chacune. Ouvert toute l'année. Petit déjeuner : jus de fruits, viennoiseries, confitures... Salons à disposition. Parc de 4 ha. Randonnées et jogging sur place dans la forêt. Nombreux restaurants à proximité. Vélos à disposition. ★ Forêt d'Eu sur place. Château d'Eu. Collégiale du XIIe, crypte, Hôtel-Dieu du XVIIe, chapelle des Jésuites. Musée du Verre. Le Tréport 5 km (plages, port de pêche). Tennis, voile, planche à voile, équitation, piscine, randonnées. **Accès :** à Eu, prendre direction Ponts et Marais (D49). A la sortie de Eu, prendre à droite, route de Beaumont (2 km). CM 52, pli 5.

Surplombant la vallée, dans un vaste parc, manoir à colombages et relais de chasse du XVIIIe, où M. et Mme Demarquet vous réservent un accueil chaleureux. Décorées avec beaucoup de goût, les chambres qui vous reçoivent sont très confortables avec un beau mobilier ancien. Le calme des lieux, proche de la forêt d'Eu, fera de votre séjour, une étape privilégiée.

Seine Maritime

Rouen: city steeped in history 10 min. Forest nearby. Many châteaux abbeys, parks and gardens within a 40-km radius. Sea (Dieppe) 30 min. Tennis court 1.5 km. Golf course 3 km. Horse-riding centre 4 km. Hiking and walking locally.

★ *How to get there: From Rouen, take A28 or the Neufchâtel road. At Isneauville-Centre, take La Muette road, behind the church, drive 800 m and turn left into Rue des Bosquets.*

A warm welcome awaits you at this 18th-century Norman press-house, situated near the owners' residence. The four spacious bedrooms afford views of the park and each is tastefully decorated and features a personal touch. Beams, fireplace and wood stove create a warm atmosphere in the guest lounge. You will be enchanted by the prevailing comfort and refinement.

Isneauville
Carte 2 **591**

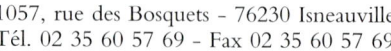

La Muette
1057, rue des Bosquets - 76230 Isneauville
Tél. 02 35 60 57 69 - Fax 02 35 60 57 69
Email : jdftmauffret@wanadoo. Fr
http://www.gites-normandie-76.com
Danielle Auffret

1 pers 230/270 F - 2 pers 300/340 F
3 pers 390/440 F - repas 120 F

4 chambres avec prise TV, tél. et sanitaires privés. Ouvert toute l'année. Petit déj. copieux et savoureux... Table d'hôtes avec produits du jardin et volailles maison. Parc 1 ha., salon de jardin. Vélos, ping-pong. ★ Rouen, ville historique à 10 mn. Forêt à proximité. Nombreux châteaux, abbayes, parcs et jardins dans un rayon de 40 km. Mer (Dieppe) à 30 mn. Tennis 1,5 km. Golf 3 km. Centre équestre 4 km. Randonnées sur place. **Accès :** de Rouen, prendre A28 ou route de Neufchatel. A Isneauville-centre, prendre route de la Muette, derrière l'église, puis 800 m à gauche, rue des Bosquets.

En pleine campagne, vous êtes accueillis dans un pressoir normand du XVIIIe, proche de l'habitation des propriétaires. Les 4 chambres spacieuses avec vue sur le parc, sont toutes personnalisées et décorées avec goût. Poutres, cheminée et cuisinière à bois créent une atmosphère chaleureuse dans le salon qui vous est réservé. Vous ne pourrez qu'être séduits par le confort et le raffinement de l'ensemble.

Seine Maritime

Paris 135 km. Le Tréport 42 km. Dieppe 52 km. Eu Forest 200 m. Horse-riding 3 km. Fishing, tennis 15 km. Golf course at Saint-Saëns. Glass Museum at Blangy. Château de Rambures.

★ *How to get there: Full details will be supplied at time of booking.*

This pretty brick château, close to Eu Forest, stands in 2.5 acres of tree-lined parkland. The bedrooms have been individually decorated in pastel hues and are appointed with family heirlooms. In spring, breakfast is served on the verandah.

Les Landes-Vieilles et Neuves
Carte 2 **592**

Château des Landes
76390 Les Landes-Vieilles et Neuves
Tél. 02 35 94 03 79
http://www.gites-normandie-76.
Jacqueline Simon-Lemettre

1 pers 260/300 F - 2 pers 300/350 F - p. sup 100 F
repas 110 F

4 chambres et 1 suite (650 F 4 pers.) avec sanitaires privés. Lit enfant à disposition. Ouvert toute l'année. Table d'hôtes : poulet au cidre, pommes normandes à la crème. Bibliothèque, vidéothèque, salons avec cheminée. Billard Nicolas, jeu de grenouille. Jeux. Jardin, parc. ★ Paris 135 km. Le Tréport 42 km. Dieppe 52 km. Forêt d'Eu 200 m. Equitation 3 km. Pêche, tennis 15 km. Golf à Saint-Saëns. Musée de la verrerie à Blangy. Château de Rambures. **Accès :** un plan d'accès vous sera communiqué lors de la réservation.

A proximité de la forêt d'Eu, ce joli château en briques est entouré d'un parc arboré de 1 ha. Les chambres qui vous sont réservées, aux couleurs pastel, sont toutes personnalisées et dotées de meubles de famille. Au printemps, le petit déjeuner vous sera servi sous la véranda.

Seine Maritime

Fécamp 12 km. Etretat 30 km. Concerts, exhibitions. In Valmont: tennis, mountain biking, abbey, river, woods, horse-riding. Sea at Les Petites Dalles. 18-hole golf course at Etretat 30 km.

★ **How to get there:** At Valmont, head for Ourville on D150, drive 1.2 km and turn right: "Chemin du Vivier" (no through road). Carry on for 100 m and 2nd right. Vehicle entrance is at no. 4 (map supplied on request).

Authentic 17th and 18th-century Norman cottage with brick and half-timbering. Set at the source of La Valmont River, the property is surrounded by the château woods. The bedrooms are appointed with period furniture and objects. The sea is barely a few minutes away. Savour the charm and peace of the countryside.

Valmont

Carte 2 **593**

Le Clos du Vivier
4, chemin du Vivier - 76540 Valmont
Tél. 02 35 29 90 95 - Fax 02 35 27 44 49
Email : le.clos.du.vivier.@wanadoo.fr
http://www.gites-normandie-76.com
Dominique Cachera et François Grèverie

2 pers 480/530 F - 3 pers 630 F - p. sup 100 F

1 ch. avec entrée, salle de bains privée, TV. 1 ch. à l'étage avec salle de bains privée. Ouvert toute l'année. Séjour et coin-cuisine réservés aux hôtes. Terrasse et jardin avec salon de jardin. Parking privé. Restaurants 1 km. ★ Fécamp à 12 km. Etretat à 30 km. Concerts, expositions. A Valmont : tennis, VTT, abbaye, rivière, bois, équitation. Mer aux Petites Dalles. Golf 18 trous à Etretat. **Accès :** à Valmont dir. Ourville D150 sur 1,2 km et tourner à dr. : chemin du Vivier-voie sans issue. Continuer sur 100 m et 2e à droite, entrée des voitures au n° 4 (plan d'accès sur demande).

Authentique chaumière normande avec briques et colombages des XVIIe et XVIIIe siècles. Située aux sources de la rivière "La Valmont", elle est entourée par les bois du château. Le mobilier des chambres est ancien ainsi que les objets qui les décorent. A quelques minutes de la mer, le calme et le charme de la campagne.

Seine Maritime

Trips along the Veules, France's smallest river. Tours of châteaux. Moutiers Park at Varengeville. Maritime cemetery. Braque Chapel. Sea, tennis court 500 m. Horse-riding 3 km. Lake 12 km. Dieppe golf course 25 km.

★ **How to get there:** Full details will be supplied at time of booking.

Veules-les-Roses, a Pays de Caux village with a rich history, is the setting for this handsome residence covered in Virginia creeper in tree-lined grounds. Charming ambience and splendid décor, with elegant furniture, Oriental rugs, paintings and beautiful objects. Refined breakfasts are served on porcelain and silverware, graced with a lace tablecloth.

Veules-les-Roses

Carte 2 **594**

La Maudière
23, rue du Docteur Girard
76980 Veules-les-Roses
Tél. 02 35 97 62 10
http://www.gites-normandie-76.com
Maud Le Roux

1 pers 350/450 F - 2 pers 350/450 F - repas 250 F

2 suites de 2 chambres avec TV et sanitaires privés (600/700 F 4 pers.). Petit déjeuner : brioches et confitures maison. Table d'hôtes sur rés. (à partir de 250 F) : crustacés, poissons, gibier, volailles. Vaste salon de musique avec TV. Parc, parking privé. Cabine de plage à la disposition des hôtes. ★ Visite et parcours du plus petit fleuve de France. Visites de châteaux. Parc des Moutiers à Varengeville. Cimetière marin. Chapelle de Braque. Mer, tennis 500 m. Equitation 3 km. Lac 12 km. Golf à Dieppe 25 km. **Accès :** un plan d'accès vous sera communiqué lors de la réservation.

A Veules-les-Roses, village chargé d'Histoire du Pays de Caux, cette belle demeure avec parc boisé est enfouie sous la vigne vierge. Atmosphère de charme et décoration élégante, avec mobilier de style, tapis d'Orient, tableaux et beaux objets. Raffinement du petit déjeuner servi sur nappe en dentelle avec porcelaine et argenterie.

Seine Maritime

Val-de-Seine and abbeys, Chaumières (thatched cottages). Fine gardens nearby. St. Valéry-en-Caux 30 min. Henry IV's Museum. Tennis court 200 m. Golf and sailing 10 km. Hiking trails.

★ *How to get there: From Rouen, head for Le Havre (A15). At the Barentin roundabout, turn left for Villers-Escalles. At the church, turn left then right after the tennis court. Third house on the right.*

Watercolourist Marie-Claire Lerevert is your hostess at this 17th-century manor house, which stands in a superb 4-acre park. She provides 3 bedrooms decorated with taste and refinement and appoitned with antique furniture, overmantels, and period wainscoting. Marie-Claire also organises framing and bookbinding courses. A charming spot for exploring the surrounding area.

Villers–Ecalles

Carte 2 — 595

Les Florimanes

850, rue Gadeau de Kerville
76360 Villers-Ecalles
Tél. 02 35 91 98 59 - Fax 02 35 91 98 59
http://www.gites-normandie-76.com
Marie-Claire Lerevert

1 pers 300 F - 2 pers 350 F - 3 pers 450 F

3 chambres avec sanitaires privés. Ouvert toute l'année. Petit déjeuner : pâtisseries, crèmes, jus de fruits, confitures, miel... Parc d'1,5 ha. avec mare (non protégée). Stage d'encadrement d'art, papier reliure. Nombreux restaurants à proximité. ★ Route des abbayes du Val-de-Seine, route des Chaumières. Très beaux jardins à proximité. St.Valéry-en-Caux à 30 mn. Maison Henri IV. Tennis à 200 m. Golf et voile à 10 km. Circuits de randonnées. **Accès :** de Rouen, prendre direction Le Havre (A15). Au rond-point de Barentin, prendre à gauche direction Villers-Ecalles. A l'église, à gauche puis à droite après le tennis. C'est la 3ème maison à droite.

Marie-Claire Lerevert, peintre aquarelliste, vous accueille dans un manoir du XVIIe situé dans un superbe parc d'1,5 ha. Elle propose 3 chambres décorées avec goût et raffinement : mobilier ancien, trumeaux, boiseries d'époque... Marie-Claire organise aussi des stages d'encadrement et de reliure. Une étape de charme et de découverte.

Seine et Marne

Milly-la-Forêt. Barbizon. Châteaux. Château d'Augerville 18-hole golf course (one of Europe's finest) 2 km. Cycling and rock-climbing.

★ *How to get there: From Paris, A6, Ury exit, then N152 for Orléans. In the hamlet of Mainbervilliers, turn left for Herbeauvilliers.*

La Perrichonnière is an old fully-restored farmhouse set in a vast landscape garden, in a pretty village near Fontainebleau, barely 75 km from Paris. A warm welcome awaits you at this delightful residence which exudes all the charm of bygone days. Enjoy a complete change of scenery for a weekend break or longer in a family atmosphere. Truly irresistible.

Buthiers

Carte 1 — 596

La Perrichonnière

55, rue Grande - Herbeauvilliers
77760 Buthiers
Tél. 01 64 24 16 26 - Fax 01 64 24 16 39
Email : perrichonnière@wanadoo.fr
Alain et Béatrice Robert

1 pers 350 F - 2 pers 390 F - 3 pers 740 F
repas 130 F

1 chambre et 1 suite familiale de 2 ch. avec mini-bar, TV et sanitaires privés. Ouvert toute l'année. Petit déjeuner : viennoiseries, pâtisseries, céréales, confitures... Table d'hôtes : cuisine traditionnelle et barbecue. Salon TV. Jardin. Nombreuses prestations (forfait golf et week-end, organisation de réceptions...). ★ Milly-la-Forêt. Barbizon. Châteaux. Golf 18 trous du château d'Augerville (l'un des plus beaux d'Europe) à 2 km. VTT, varappe. **Accès :** de Paris, A6 sortie Ury, puis N152 en direction d'Orléans. Dans le hameau de Mainbervilliers prendre à gauche vers Herbeauvilliers.

À 75 km de Paris, dans un très joli village proche de Fontainebleau, la Perrichonnière est une ancienne ferme complètement restaurée, entourée d'un vaste jardin paysagé. Vous serez accueillis en toute convivialité dans une ravissante demeure au charme d'autrefois. Ambiance familiale et dépaysement total assurés, le temps d'un week-end ou d'un séjour. Une étape à ne pas manquer.

Seine et Marne

Paris 80 km. Medieval city of Provins 15 km. Disneyland-Paris 35 min. Fontainebleau 30 km. 27-hole golf course 15 min. On request: mountain bikes, ballooning.

★ *How to get there: From Paris, A4 or A6 then the Francilienne (N104) and A5 for Troyes, Chatillon-la-Borde exit for Nangis, then Rampillon and Meigneux. 3 km up, on the right after the pond, Le Petit Cessoy.*

A warm, unaffected welcome awaits you at Clos Thibaud, which lies on the edge of Le Petit Cessoy, a tiny village in the Montois area. You will be enchanted by the vast, extremely comfortable bedrooms with pretty décor. Delight in the pleasure of a candlelight dinner. A charming spot in the heart of the countryside. Highly original quality cooking.

Cessoy-en-Montois

Carte 1 597

Clos Thibaud de Champagne

Le Petit Cessoy - 77520 Cessoy-en-Montois
Tél. 01 60 67 32 10 - Fax 01 64 01 36 50
Philippe et Sylvie Dineur

1 pers 350 F - 2 pers 450 F - p. sup 150 F
repas 150/200 F

2 chambres 2 pers. et 1 suite avec sanitaires privés. Ouvert toute l'année. Petit déj. : fruits frais, patisseries, viennoiseries, miel... Table d'hôtes (à partir de 150 F). Salon, cheminée, TV, tél., billard. Garage, jardin. Soirées thèmes. Accueil en gare. Conditions particulières à partir 3 nuits ou semaine. ★ A 80 km de Paris. Cité médiévale de Provins 15 km. Disneyland-Paris 35 mn. Fontainebleau 30 km. Golf 27 trous 15 mn. Sur demande : VTT, vol libre en montgolfière. **Accès** : de Paris, A4 ou A6 puis Francilienne (N104) et A5 vers Troyes sortie Chatillon-la-Borde vers Nangis, puis Rampillon et Meigneux. 3 km à droite après l'étang, le Petit Cessoy.

"Le Petit Cessoy" à la lisière d'un petit village du Montois, vous serez accueillis au Clos Thibaud, demeure centenaire, avec chaleur et simplicité. Vous serez séduits par ses vastes chambres d'un grand confort et joliment décorées, et goûterez le plaisir rare d'un dîner aux chandelles. Etape de charme en pleine nature. Cuisine originale et de qualité.

Seine et Marne

Historical residences and châteaux in the vicinity. Disney-land-Paris 12 km. Paris 40 km on A4. Tennis, swimming, golf and hiking.

★ *How to get there: From Paris, A4, exit 13. Take D231 for Provins then D96, and right in Villeneuve-le-Comte for Tournan. After Neufmoutiers, 1st left.*

Manoir de Beaumarchais is a listed Anglo-Norman building, set in a magnificent 30-acre park with woods and meadows for horses. Your hosts Hubert and Francine Charpentier provide a spacious, attractively-decorated suite. Breakfast is served in the dining room or on the terrace.

Les Chapelles-Bourbon

Carte 1 598

Manoir de Beaumarchais

77610 Les Chapelles-Bourbon
Tél. 01 64 07 11 08 - Fax 01 64 07 14 48
Email : Hubert.Charpentier@wanadoo.fr
http://perso-wanadoo.fr/hubert.charpentier/
Hubert et Francine Charpentier

1 pers 700 F - 2 pers 750 F

1 suite avec TV et sanitaires privés. Ouvert toute l'année. Petit déjeuner : jus de fruits, viennoiseries, pâtisseries, miel... Téléphone. Terrasse. Parc de 12 ha. composé de bois, prés, étang. Restaurant à 5 km. ★ Châteaux et demeures historiques à proximité. Disneyland-Paris 12 km. Paris à 40 km par A4. Tennis, piscine, golf et randonnées. **Accès** : de Paris, A4 sortie n° 13. Prendre la D231 vers Provins puis la D96, à droite dans Villeneuve-le-Comte, en direction de Tournan. Après Neufmoutiers, 1ère à gauche.

Le manoir de Beaumarchais, classé Monument Historique, est de style anglo-normand. Il est entouré d'un magnifique parc de 12 ha. composé de bois et de prés pour les chevaux. Hubert et Francine Charpentier vous proposent une suite, spacieuse et joliment décorée. Petit déjeuner servi dans la salle à manger ou en terrasse.

Seine et Marne

Moret-sur-Loing 10 km: medieval city, pretty village in the Orvanne Valley. Fontainebleau 20 km. Paris 80 km (1 hr). Forest 200 m. Golf, tennis 4 km. Riding 6 km. Outdoor leisure centre 8 km. "Fami-Parc" (family outings) at Nonville 15 km.

★ *How to get there: A6 from Paris, Fontainebleau exit. Take N6 for Sens. At Montereau, go over the Petit and Grand Fossard roundabouts, and 6 km from N6, turn right for Esmans-Montmachoux.*

La Maréchale is a gorgeous village house, set in a flower garden. Your hosts, Catherine and Jacques, offer true hospitality at their charming residence, which they have so tastefully restored. The bedrooms, in one of the outbuildings, are all decorated in a different style. Breakfast is served in the garden or by the fire in this welcoming and refined setting.

Montmachoux

Carte 1 — **599**

La Maréchale
7, Grande Rue - 77940 Montmachoux
Tél. 01 64 70 21 31
Email : la-marechale@infonie.fr
Jacques et Catherine Rousseau

1 pers 240 F - 2 pers 320 F - 3 pers 420 F
p. sup 100 F

3 chambres avec sanitaires privés. Ouvert toute l'année. Petit déjeuner gourmand : viennoiseries, compote de framboises du jardin, confitures maison, fruits... Pour les moments de détente, un petit salon confortable. Bibliothèque. Jeux. Jardin. Salon de jardin avec chaises longues. Restaurants 4 km. ★ Moret-sur-Loing 10 km : cité médiévale, très beau village de la vallée de l'Orvanne. Fontainebleau 20 km. Paris 80 km (1 h). Forêt 200 m. Golf, tennis 4 km. Equitation 6 km. Base de loisirs 8 km. Fami-parc à Nonville 15 km. **Accès :** de Paris A6, sortie Fontainebleau. Suivre la N6 dir. Sens. A la hauteur de Montereau, passer les carrefours du petit et grand Fossard, puis à 6 km de la N6, dir. Esmans-Montmachoux, à droite.

La Maréchale est une belle maison de village, entourée d'un jardin fleuri. Catherine et Jacques vous reçoivent dans une demeure de charme, restaurée avec beaucoup de goût. Les chambres, aménagées dans une dépendance, sont toutes personnalisées. Dans ce cadre chaleureux et raffiné, les petits déjeuners sont servis dans le jardin ou au coin de la cheminée.

Seine et Marne

45 km from Paris and 20 min from Disneyland-Paris. Close to the Châteaux of Chantilly, Ermenonville and Compiègne. Magnificent forests in the surrounding area.

★ *How to get there: From Paris: A1 for Lille then motorway link for Soissons. Exit at Othis for Ermenonville. As you leave Othis, 1st crossroads on left.*

This delightful residence with flower garden is a true haven of peace, ideal for relaxing. The luxurious bedrooms and sumptuous bathrooms are decorated with exquisite taste. Handsome period furniture graces the welcoming interior. The delicious breakfasts served in the garden are unforgettable. A charming spot.

Othis

Carte 1 — **600**

Beaumarchais
12, rue des Suisses - 77280 Othis
Tél. 01 60 03 33 98 - Fax 01 60 03 56 71
Françoise Montrozier

1 pers 650/700 F - 2 pers 690/750 F - repas 245 F

1 chambre avec salon, dressing, bains et wc privés et 1 suite avec sanitaires privés (chambres non fumeur). Ouvert toute l'année. Table d'hôtes : tartes aux fromages, poularde aux morilles, desserts et glaces maison. TV, téléphone. Abri couvert, jardin, terrasse, salon de jardin. ★ A 45 km de Paris et 20 mn de Disneyland-Paris. A proximité des châteaux de Chantilly, Ermenonville et Compiègne. Magnifiques forêts alentours. **Accès :** de Paris A1 vers Lille puis bretelle vers Soissons. Sortie Othis, vers Ermenonville. A la sortie d'Othis, 1er carrefour à gauche.

Cette ravissante demeure avec jardin fleuri est un véritable havre de paix propice à la détente. Les chambres sont luxueuses, décorées avec un goût exquis et les salles de bains, de rêve. Beaux meubles anciens et intérieur chaleureux. Le petit déjeuner, exceptionnel, servi dans le jardin vous laissera un souvenir inoubliable. Une adresse pleine de charme.

Seine et Marne

Numerous places of interest in the vicinity: Barbizon, Fontainebleau and Vaux-le-Vicomte.

★ *How to get there: From Paris, A6, Fontainebleau exit. At crossroads, turn left for Perthes.*

Viviane and Philippe are your hosts at their farm, Ferme des 2 Puits, just 47 km from Paris and 5 km from Barbizon. The comfortable, stylish bedroom, in a converted outbuilding, looks out onto a vast walled garden. Enjoy copious breakfasts at your hosts' table or out on the terrace. Fine table d'hôtes meals (booking required).

Perthes-en-Gâtinais

Carte 1 **601**

La Ferme des 2 Puits
14, rue de Melun
77930 Perthes-en-Gâtinais
Tél. 01 60 66 18 93 ou 06 09 15 67 63
Philippe et Viviane Dupuy

1 pers 310 F - 2 pers 350 F - p. sup 130 F
repas 130/180 F

1 chambre 2 pers. avec bains et wc privés. Ouvert toute l'année. Petit déjeuner : jus de fruits, viennoiseries, céréales, pâtisseries... Table d'hôtes (sur réservation) : cuisine traditionnelle. Salon avec cheminée et coin tisanerie. Terrasse. Jardin clos de murs. Verger. ★ Nombreux sites à proximité : Barbizon, Fontainebleau, Vaux-le-Vicomte. **Accès :** de Paris, A6 sortie Fontainebleau, puis au carrefour, prendre à gauche vers Perthes.

A 47 km de Paris et 5 km de Barbizon, Viviane et Philippe vous accueillent à la ferme des 2 puits. Aménagée dans un ancien corps, la chambre qui vous est réservée, confortable et personnalisée s'ouvre sur le vaste jardin clos de murs. Copieux petit déjeuner servi à la table des propriétaires ou en terrasse. Excellente table d'hôtes (sur réservation).

Seine et Marne

Disneyland-Paris. Ferrières and Guermantes Châteaux. Medieval town of Provins. Places of historical interest. Cycling, fishing, hiking in the vicinity. Horse-riding 2 km. 18-hole golf course 2 km.

★ *How to get there: From Paris, A4 Crécy-la-Chapelle exit, then N34 for Coulommiers. After Crécy golf course, right for Pommeuse (D15).*

Just 50 km from Paris and 18 km from Disneyland-Paris, Annie and Jacky offer a restful stay in a small Brie village, close to a full range of cultural and leisure activities. Your hosts extend a warm welcome at their lovingly-tended original water mill with origins dating back to the 14th century.

Pommeuse

Carte 1 **602**

Le Moulin de Pommeuse
32, avenue du Général Huerne
77515 Pommeuse
Tél. 01 64 75 29 45 - Fax 01 64 75 29 45
Jacky et Annie Thomas

1 pers 230/310 F - 2 pers 260/350 F - repas 120 F

6 chambres 2 pers. avec salle d'eau et wc privés. Bâtiments rénovés dans le respect des traditions comprenant : vaste hall d'accueil, salons surplombant le cours d'eau, salle à manger, 3 cheminées. Parc de 3 ha. aménagé et arboré, en bordure de rivière. Ile accessible dans la propriété. Jeux de plein air, barbecue, ping-pong. ★ Disneyland Paris. Châteaux de Ferrières et de Guermantes. Provins, ville médiévale. Sites historiques. VTT, pêche, randonnées à proximité. Equitation à 2 km. Golf 18 trous à 5 km **Accès** : de Paris, A4 sortie Crécy-la-Chapelle puis N34 dir. Coulommiers. Après le golf de Crécy, à droite dir. Pommeuse (D15).

A 50km de Paris et à 18 km de Disneyland Paris, dans un petit village briard, à proximité d'activités culturelles et de loisirs, Annie et Jacky proposent détente et repos dans un site champêtre et soigné. Vous serez accueillis par les propriétaires dans un authentique moulin à eau, dont les origines se situent au XIVe siècle.

Yvelines

Château de Rambouillet. Hollande Lakes. France Miniature (a scale model version of the best of France), Jean Monnet's house, Maurice Ravel Museum, Roman ruins in the vicinity. Cycle paths, horse-riding, fishing, swimming, golf and tennis.

★ *How to get there: A13-A12 for Rambouillet. Take N10 extension and exit for Le Perray-en-Yvelines. D191 for Les Mesnuls. La Grange du Bois is on the right-hand side after the restaurant.*

In an exceptional setting, just 40 km from Paris, this handsome residence lies on a vast 75-acre racehorse breeding property, which goes back to the 18th century. Luxurious interior and refined décor. The quiet, prestigious setting, on the edge of Rambouillet Forest and hunting grounds, will make your stay here a memorable one.

Les Bréviaires

Carte 1 **603**

Domaine de la Grange du Bois
78610 Les Bréviaires
Tél. 01 34 86 15 66
Mme Cornélius

2 pers 580/680 F

En rez-de-jardin : 1 chambre (2 lits 120) avec entrée privée et salle d'eau et wc privatifs. 1 suite : 1 chambre (1 lit 2 pers.) avec accès indépendant, terrasse, petit salon avec cheminée, TV, salle d'eau et wc privés. Ouvert toute l'année. Copieux petit déjeuner : viennoiseries, yaourts, fruits, confitures... Parc. Restaurants à proximité. ★ Château de Rambouillet. Etangs de Hollande. France miniature, maison de Jean Monnet, musée Maurice Ravel, vestiges romains à proximité. Pistes cyclables, équitation, pêche, piscine, golf, tennis. **Accès :** A13-A12 direction Rambouillet. Suivre la prolongation N10, sortie Le Perray-en-Yvelines, puis D191 direction Les Mesnuls. A droite, après le restaurant, La Grange du Bois.

Dans un cadre exceptionnel, à 40 km de Paris, cette belle demeure est située sur une propriété d'élevage de chevaux de courses, dans un vaste domaine de 30 ha., datant du XVIIIe siècle. Intérieur de grand confort et décoration raffinée. Ce site très calme, en bordure de la forêt de Rambouillet et des chasses à courre, sera une étape privilégiée.

Deux Sèvres

Futuroscope Moving Image Museum and Châteaux of the Loire 80 km. Puy-du-Fou 25 km (bookings can be made). Marais Poitevin marshes (protected site) 70 km. Tennis 500 m. Swimming pool 4 km. Horse-riding 8 km.

★ *How to get there: N160 bis, Bressuire-La Roche-sur-Yon. Michelin map 67, fold 16.*

In the heart of the Bressuire bocage, this attractive 19th-century château is set in wood and meadowland. Your hosts extend a warm, hospitable welcome and offer accommodation in three comfortable bedrooms. In the house, there is a lounge with billiard table, and on the estate, a lake (fishing permitted) and bikes. A peaceful break in a leafy haven.

Cirières

Carte 3 **604**

Le Château
18, rue Sainte-Radegonde - 79140 Cirières
Tél. 05 49 80 53 08
Marie-Claude Dugast

1 pers 300 F - 2 pers 350 F - 3 pers 450 F
p. sup 100 F

3 chambres avec sanitaires privés. Ouvert du 1er mai au 30 septembre. Petit déjeuner copieux : jus de fruits, viennoiseries, confitures maison... Salon avec billard. Cour, jardin, parc de 18 ha., étang, vélos. Ferme-auberge et restaurant à 300 m. ★ Futuroscope et châteaux de la Loire 80 km. Puy-du-Fou 25 km (réservation possible). Marais poitevin 70 km. Tennis 500 m. Piscine 4 km. Equitation 8 km. **Accès :** N160 bis, Bressuire-La Roche-sur-Yon. CM 67, pli 16.

Au cœur du Bocage Bressuirais, sur un domaine de 18 ha., ce beau château du XIXe est entouré de bois et de prairies. Vous y serez accueillis chaleureusement par vos hôtes qui proposent 3 chambres confortables. Dans la maison, un salon avec billard est à votre disposition et sur la propriété, un étang (possibilité de pêche) et des vélos. Une étape au calme dans un havre de verdure.

Deux Sèvres

Marais Poitevin Nature Reserve. Piers 10 km. La Rochelle, Île de Ré, Futuroscope 1 hr away. Tennis and fishing, and cycle and footpaths locally. Forest 15 km.

★ *How to get there: Motorway, exit 33 for La Rochelle. Turn left for Vallans after 5 km. Via Niort, for La Rochelle, Epannes exit, and follow signs for Vallans. Michelin map 71, fold 2.*

This vast, freestone family mansion in the Marais Poitevin Park was built in 1850. It stands in pleasant floral, tree-lined parkland. The spacious, well-appointed bedrooms all have garden furniture to enjoy the outdoor life. An ideal staging post for getting to know the region.

Vallans
Carte 3 — 605

Le Logis d'Antan

140, rue Saint-Louis - 79270 Vallans
Tél. 05 49 04 91 50 - Fax 05 49 04 86 75
Email : lelogisdantan@wanadoo.fr
Francis Guillot

1 pers 300/350 F - 2 pers 300/350 F
3 pers 400/450 F - p. sup 100 F - repas 129 F

3 chambres et 1 suite avec sanitaires privés. Ouvert toute l'année sur réservation. TV, téléphone. Salon, mini-labo cuisine, biblio. Barbecue. Parc de 1 ha. clos et fleuri. ★ Marais Poitevin. Embarcadères à 10 km. La Rochelle, Ile de Ré et Futuroscope à 1 h. Tennis, pêche, sentiers pédestres et cyclistes sur place. Forêt à 15 km. **Accès :** par autoroute sortie n° 33 dir. La Rochelle. A 5 km à gauche Vallans. Par Niort, suivre la Rochelle sortie Epannes puis suivre Vallans. CM 71, pli 2.

Dans le parc du Marais Poitevin, vaste maison de maître en pierres taillées datant de 1850. Elle est entourée d'un agréable parc fleuri, clos et arboré. Les chambres sont spacieuses et très bien équipées. Nombreux salons de jardin. Etape incontournable pour découvrir cette superbe région.

Somme

Son et lumière display at Ailly-sur-Noye 1 km from 15/8 to 15/9. Châteaux and churches in the vicinity. Amiens Cathedral and museums. Market gardens 20 km. Lake with amenities and tennis court 1 km.

★ *How to get there: A1 motorway, Roye exit for Amiens and head for Moreuil and Ailly-sur-Noye, or A16 motorway, Dury exit for Amiens the Rocade-Sud bypass, exit 32 and Ailly-sur-Noye. Michelin map 52, fold 18.*

Extensive property set in a 9-acre landscaped park with a river running through it. The bedroom and suite are in a Norman-style house adjoining the manor where the owners live. The bedrooms with wall hangings feature a rustic, relaxing décor. Table d'hôtes meals and wine cellar in keeping with the country setting.

Chaussoy-Epagny
Carte 1 — 606

Le Moulin à Papier

Hainneville - 80250 Chaussoy-Epagny
Tél. 03 22 41 06 55 - Fax 03 22 41 10 92
Christiane Porcher

1 pers 300 F - 2 pers 350 F - 3 pers 400 F
p. sup 50 F - repas 100/200 F

1 chambre et 1 suite avec TV et sanitaires privés. Ouvert toute l'année. Petit déjeuner : jus de fruits frais, viennoiseries, confiture maison... Table d'hôtes (sur rés.) : ficelle picarde, brochets, anguilles, canards, tartes maison... Vélos. Parc de 3,5 ha. avec rivière et possibilité de pêche (avec permis). ★ Son et Lumière à Ailly-sur-Noye (1 km) du 15.08 au 15.09. Châteaux et églises à proximité. Amiens (cathédrale, musées...). Hortillonnages à 20 km. Plan d'eau aménagé et tennis 1 km. **Accès :** autoroute A1 sortie Roye vers Amiens puis direction Moreuil et Ailly-sur-Noye ou autoroute A16 sortie Dury vers Amiens puis rocade-sud sortie 32 et Ailly-sur-Noye. CM 52, pli 18.

Vaste propriété située dans un parc paysager de 3,5 ha. traversé par une rivière. La chambre et la suite réservées aux hôtes, ont été aménagées dans une maison de style normand, attenante au manoir des propriétaires. Les chambres tendues de tissu ont un décor rustique et chaleureux. Table d'hôtes et cave à vin en harmonie avec le cadre bucolique.

Somme

Opal Coast, Somme Bay, Rambures Château. Beach, golf, horse-riding and fishing.

★ *How to get there: From Oisemont, CD53 for Hallencourt. Citernes for Yonville. From Hallencourt, CD53 for Citernes, then head for Yonville (signs). Michelin map 52, fold 7.*

This 19th-century château set in a park is a genuine family home. The furniture and objects are steeped in history. Three comfortable bedrooms with adjoining bathrooms await your arrival. An ideal spot along the Opal Coast.

Citernes

Carte 1 **607**

5, rue de Yonville - 80490 Citernes
Tél. 03 22 28 61 16 - Fax 03 22 28 61 16
Philippe des Forts

1 pers 300 F - 2 pers 330 F

3 chambres avec bains et wc privés. Ouvert toute l'année. Petit déjeuner copieux : pains variés, viennoiseries, confitures maison, laitages... Parc de 15 ha. avec court de tennis. Restaurants à 5 et 15 km. Tarif dégressif de 15% à partir de la 3e nuit. ★ Côte picarde, baie de Somme, château de Rambures. Plage, golf, équitation, pêche... **Accès :** depuis Oisemont CD53 direction Hallencourt. Citernes direction Yonville. Depuis Hallencourt CD53 direction Citernes puis direction Yonville (panneau). CM 52, pli 7.

Ce château du XIXe avec son parc est une vraie maison de famille où meubles et objets ont chacun leur histoire. 3 chambres confortables avec salles de bains attenantes vous sont réservées. Une étape obligée.

Somme

National Forest at Creuse. Nearby: fishing in ponds and river. Horse-riding 4 km. Golf course 7 km.

★ *How to get there: In the village, 2 km from RN29 (Amiens-Rouen). Michelin map 52, fold 18.*

This delightful 18th-century cottage is set in a pretty, English-style tree-lined garden, in the village, close to a national forest. The spacious, superbly-decorated bedrooms are located in the outbuildings and boast canopied beds, period furniture and rugs. Comfort and tranquillity guaranteed at this peaceful spot.

Creuse

Carte 1 **608**

26, rue Principale - 80480 Creuse
Tél. 03 22 38 91 50 ou 06 81 56 14 40
Monique Lemaitre

1 pers 250 F - 2 pers 300/350 F

1 chambre 3 pers. avec bains et wc privés et 1 suite de 2 ch. communicantes (500 F/4 pers.) avec salle d'eau et wc privés. Ouvert d'avril à fin octobre. Petit déjeuner gourmand à base de fruits frais de saison, pains variés, brioche... Poss. table d'hôtes sur demande. Jardin à l'anglaise, animaux de basse-cour, vélos. ★ Forêt domaniale à Creuse. A proximité : pêche en étangs et en rivière. Equitation à 4 km. Golf 7 km. **Accès :** dans le village, à 2 km de la RN29 (Amiens-Rouen). CM 52, pli 18.

Dans le village, et à proximité de la forêt domaniale, ravissante chaumière du XVIIIe entourée d'un beau jardin à l'anglaise, boisé. Les chambres aménagées dans les dépendances sont vastes et superbement décorées : ciel de lit, meubles anciens, tapis. Calme et grand confort, une étape en toute quiétude.

Somme

Somme Valley. First World War Museum at Péronne. Gothic cathedrals. Horse-riding 3 km. Fishing 10 km. Hiking 15 km.

★ **How to get there:** *Near N17, between Roye and Péronne. A1 motorway 13 km. Michelin map 236, fold 25.*

This century-old family château looks out onto a vast leafy 40-acre park. The three bedrooms and suite with fireplace and waxed parquet flooring have been fully restored to their original, individual style. Warm welcome and gourmet table d'hôtes meals (booking required).

Omiécourt

Carte 1 609

Château d'Omiécourt

80320 Omiécourt
Tél. 03 22 83 01 75 ou 06 07 28 70 85
Fax 03 22 83 21 83
Email : thezy@terre-net.fr
Dominique de Thézy

1 pers 280 F - 2 pers 330 F - p. sup 70 F
repas 80/130 F

3 chambres et 1 suite avec sanitaires privés. Ouvert du 2 janv. au 23 déc. Petit déjeuner : fruits frais, yaourts, confitures, brioche maison le week-end... Table d'hôtes (sur rés.) : canard aux pêches, velouté de maroilles, gibier en saison, fondant de châtaignes... Coin-cuisine. Salon de jardin. Jeux pour enfants. Parc de 16 ha. ★ Vallée de la Somme. Historial de la Grande Guerre à Péronne. Cathédrales gothiques. Equitation 3 km. Pêche 10 km. Randonnées pédestres 15 km. **Accès** : à proximité de la N17, entre Roye et Péronne. Autoroute A1 à 13 km. CM 236, pli 25.

Ce château de famille centenaire s'ouvre sur un vaste parc arboré de 16 ha. Les 3 chambres et la suite avec cheminée en marbre et parquet ciré, ont été entièrement restaurées dans leur style d'origine et personnalisées. Accueil chaleureux et table d'hôtes gourmande (sur réservation).

Somme

Sea, sailing and tennis 10 km. Marquenterre bird sanctuary. Golf course, horse-riding, fishing 4 km. Swimming pool and hiking on site. Forest 6 km.

★ **How to get there:** *A28. At Abbeville-Baie de Somme, head for St-Valéry-sur-Somme (D40). At entrance to Port-le-Grand 8 km, turn right and drive 2 km. A28 from Rouen, St-Valéry-le-Crotoy exit. Michelin map 236, fold 22.*

This pink-brick house full of character, built at the end of the 19th century and set in an English-style floral park, is the ideal spot for a peaceful holiday. In fine weather, enjoy a dip in the pool after discovering the range of activities available in the region: walks along the beach, visits to abbeys and châteaux, golf.

Port-le-Grand

Carte 1 610

La Maison Carrée

Bonance - Port-le-Grand - 80132 Abbeville
Tél. 03 22 24 11 97 - Fax 03 22 31 63 77
Jacques et Myriam Maillard

1 pers 300 F - 2 pers 400 F - p. sup 100 F

1 ch. au 1er ét., 1 ch. et 1 suite de 2 ch. au 2e ét., avec sanitaires privés et 1 suite de 2 ch. dans les dépendances avec sanitaires privés. 600 F/4 pers. en suite. Ouvert du 13/2 au 12/11. Salle de p-pong. Salon avec TV au 1er étage. Parc avec piscine. Visa acceptée. Animaux admis sous réserve. Restaurants 5 et 10 km. ★Mer, tennis, voile 10 km. Parc ornithologique du Marquenterre. Golf, équitation, pêche 4 km. Piscine, randonnées sur place. Forêt 6 km. **Accès** : A28. A Abbeville-baie de Somme, prendre dir. St-Valéry/Somme D40, à l'entrée de Port-le-Grand 8 km, tourner à droite et faire 2 km. A28 en venant de Rouen, sortie St-Valéry-le-Crotoy. CM 236, pli 22.

Dans une maison en brique rose construite à la fin du XIXe siècle, entourée d'un parc fleuri d'inspiration anglaise, vous séjournerez en toute tranquillité. Aux beaux jours, vous apprécierez la piscine après les nombreuses activités qu'offre la région : promenades sur les plages, visites des abbayes et des châteaux, golf...

Tarn

Tennis 1 km. Horse-riding, sailing 4 km. Golf course 15 km. Mountain hikes.

★ **How to get there:** From Toulouse, head for Mazamet-Castres (60 km). From Albi, head for Castres-Toulouse. Between Soual and Semalens. Michelin map 82, fold 10.

Château de la Serre is a 16th-century lord's domain - restored in the 19th century - set on a hill at the foot of the Montagne Noire in 310 acres of grounds. The owners guarantee a warm, hospitable welcome. The château has been in the family since the French Revolution. Table d'hôtes meals are available on request. Private swimming pool.

Cambounet-sur-le-Sor Carte 5 **611**

Château de la Serre
81580 Cambounet-sur-le-Sor
Tél. 05 63 71 75 73 - Fax 05 63 71 76 06
Email : la-serre@poste-restante.fr
http://www.la-serre.com
Chantal de Limairac-Berthoumieux

1 pers 550/700 F - 2 pers 550/700 F - 3 pers 700 F
repas 150/180 F

1 chambre double (1 lit 2 pers.) avec bains et wc, 1 chambre (2 lits) avec bains et wc et 1 suite avec bains et wc. Ouvert du 1er mai au 30 octobre. Table d'hôtes sur demande. Billard. Piscine privée. Prix dégressifs pour séjours. Restaurants à 3 et 8 km. ★ Tennis 1 km. Equitation, voile 4 km. Golf 15 km. Randonnées en montagne. **Accès :** de Toulouse, dir. Mazamet-Castres. D'Albi, dir. Castres-Toulouse. Entre Soual et Semalens. CM 82, pli 10.

Le château de la Serre est une seigneurie du XVIe siècle restaurée XIXe, situé sur une colline au pied de la Montagne Noire, dans une propriété de 125 ha. Vous y serez accueillis par les propriétaires dont la famille habite le château depuis la Révolution.

Tarn

Castelnau-de-Montmirail (4.5 km) and other Albigeois fortifications (Bruniquel, Puycelci, etc.) within a 20-km radius. Gaillac 10 km. Cordes 17 km. Swimming, tennis, horse-riding and outdoor leisure centre (lake) 8 km. Golf course 18 km.

★ **How to get there:** From Gaillac, take D964 for Castelnau-de-Montmirail. At the crossroads, take D15 for Vaour/Le Verdier. Château de Mayragues is 3 km up on the left (signs indicating wine estate).

Château de Mayragues (14th and 16th century) lies in rolling, wooded landscape in the heart of the Gaillac vineyards. The wines that have matured in the château cellars have won two awards. The two spacious, luxuriously-appointed bedrooms open out onto the covered way and afford outstanding views of the surrounding hills. (Recipient of the Best Award for Old French Houses in 1998.)

Castelnau-de-Montmiral Carte 5 **612**

Château de Mayragues
81140 Castelnau-de-Montmiral
Tél. 05 63 33 94 08 - Fax 05 63 33 98 10
Alan et Laurence Geddes

1 pers 300/330 F - 2 pers 350/380 F

2 chambres avec bains ou douche, et wc privés. Ouv. toute l'année sauf Noël et nouvel an. Petit déj. : croissants, confitures maison, miel... Salon avec piano et livres. Jardin et parc boisé (20 ha.). Ping-pong, randonnées. Dégustation-vente de vin et concerts sur place. Visa et Mastercard acceptées. Restaurants à proximité. ★ Castelnau-de-Montmiral (4,5 km) et autres bastides (Bruniquel, Puycelci...) dans un rayon de 20 km. Gaillac 10 km. Cordes 17 km. Piscine, tennis, équitation et base de loisirs (lac) 8 km. Golf 18 km. **Accès :** de Gaillac, prendre la D964 vers Castelnau-de-Montmiral. Au carrefour, prendre la D15, dir. Vaour/Le Verdier. A 3 km, le château de Mayragues est sur la gauche (signalisation viticole).

Dans un paysage boisé, encore protégé, le château de Mayragues (XIV-XVIe) est au cœur du vignoble Gaillacois. Vinifiés en cave particulière au château, les vins ont été plusieurs fois primés. 2 chambres spacieuses et de grand confort, ouvrent sur la galerie-chemin de ronde, et offrent une vue exceptionnelle sur les collines alentour. (Grand Prix des Vieilles Maisons Françaises en 1998).

Tarn

Cordes 5 min: medieval city and sightseeing.

★ *How to get there: From the centre of downtown Cordes, head for "Cité". 500 m on, turn left for "Le Bouysset" and "Aurifat", 200 m after the hairpin bend, entrance to Aurifat on a bend.*

This handsome building with 13th-century watchtower, extended in 1693 to include a brick-and-beam pigeon tower, overlooks the valley. Two bedrooms are located in the watchtower and there is a suite together with a bedroom in the pigeon tower. All have separate entrances with a balcony or flower-filled terrace for delicious, peaceful breakfasts.

Cordes-sur-Ciel

Carte 5 **613**

Aurifat
81170 Cordes-sur-Ciel
Tél. 05 63 56 07 03
Dennis et Patricia Thornley

1 pers 270 F - 2 pers 300 F - 3 pers 520 F

3 chambres et 1 suite avec bains ou douche et wc privés (poss. lit d'appoint). 550 F 4 pers. Fermé de fin septembre à début mai. Bibliothèque, tél. Parc 1 ha., piscine, terrasse, salon et cuisine d'été, barbecue. Réduct. pour séjours. 10% de remise pour 7 nuits ou plus. Restaurants à Cordes 1 km. ★ Cordes à 5 mn : cité médiévale et touristique. **Accès :** du centre de la ville basse de Cordes, dir. "Cité". Après 500 m, à gauche vers le "Bouysset" et "Aurifat". 200 m après le virage en épingle, entrée d'Aurifat dans un virage.

Cette belle bâtisse, avec tour de garde du XIIIe prolongée en 1693 par un pigeonnier en briques et colombages, domine la vallée. Chambres aménagées dans la tour de garde ; 1 suite et 1 chambre dans le pigeonnier. Elles ont une entrée indépendante avec balcon ou terrasse fleurie pour savourer en toute quiétude le petit déjeuner.

Tarn

Gaillac, starting-point for visits to vineyards, fortifications, the Tarn and its dovecotes.

★ *How to get there: Opposite Gaillac Abbey-Church, on the banks of the Tarn.*

Madame Pinon offers five bedrooms and a suite in a 17th-century private mansion, with view of the Tarn River and the roofs of the old town. The bedrooms are appointed with handsome period furniture. Breakfast is served on a covered terrace overlooking the abbey-church.

Gaillac

Carte 5 **614**

8, place Saint-Michel – 81600 Gaillac
Tél. 05 63 57 61 48 – Fax 05 63 41 06 56
Lucile Pinon

1 pers 240 F - 2 pers 260 F

6 chambres avec bains, wc et tél. Ouvert toute l'année. 7 restaurants à proximité. ★ Gaillac, point de départ des circuits de visite des vignobles, des bastides, du Tarn et de ses pigeonniers. **Accès :** face à l'abbatiale de Gaillac, au bord du Tarn.

Madame Pinon propose 5 chambres et 1 suite dans un hôtel particulier du XVIIe siècle, avec vue sur le Tarn et les toits de la vieille ville. Les chambres disposent de beaux meubles anciens, et les petits déjeuners sont servis sur une terrasse couverte qui donne sur l'abbatiale.

Tarn

Sightseeing: *Sidobre, Albi, Castres, Cordes, Montagne Noire (mountain) and Bancalié Lake. Tennis, water sports and leisure centre (swimming pool, toboggans, games, etc.) and horse-riding nearby.*

★ ***How to get there:*** *30 km from Albi, 15 km from Castres and 5 km from Lautrec.*

This handsome 16th-century château with a 15th-century tower nestles in a peaceful verdant setting, close to the charming village of Lautrec. The two bedrooms are vast, comfortable and feature period furniture.

Lautrec

Carte 5 **615**

Montcuquet
81440 Lautrec
Tél. 05 63 75 90 07
Laurent et Françoise Vene

1 pers 300 F - 2 pers 300 F - 3 pers 400 F
p. sup 100 F - repas 100 F - 1/2 p. 500 F

2 chambres, chacune avec bains et wc. Ouvert toute l'année sauf vacances de Noël. Table d'hôtes (sauf dimanche). Lac et pêche sur place. Restaurant à 5 km et ferme-auberge à 4 km. ★ Visite de Sidobre, Albi, Castres, Cordes. La Montagne Noire et le Lac de Bancalié. Tennis et équitation alentours. Base nautique et ludique à Lautrec (piscine, toboggan, jeux...). **Accès :** à 30 km d'Albi, 15 km de Castres et 5 km de Lautrec.

Beau château du XVIe siècle avec tour du XVe, dans le calme et la verdure, situé à proximité du charmant village de Lautrec. Les deux chambres sont vastes, confortables et meublées en ancien.

Tarn

In the heart of Cocagne country, Lavaur, cradle of Catharism, between Toulouse, Albi and Castres. Golf, tennis, fishing, horse-riding and microlite flying.

★ ***How to get there:*** *Between Saint-Sulpice and Lavaur, leave D630 at Pont de Camaurel (bridge), heading for Saint-Jean-de-Rives (D135).*

Handsome family mansion, complete with outbuildings, built between 1820 and 1830, set in 7.5 acres of parkland with a swimming pool. Your hosts provide a warm welcome for weekend breaks or longer. An ideal spot for history, arts and sports enthusiasts and farniente alike. Full of charm.

Lavaur

Carte 5 **616**

En Roque
81500 Lavaur
Tél. 05 63 58 04 58 - Fax 05 63 58 04 58
Tél. SR 05 63 48 83 01
Laurent et Nina d'Estiennes-d'Orves

1 pers 190/250 F - 2 pers 270/330 F
3 pers 350/410 F - repas 80 F

1 chambre et 2 suites avec TV, mini-bar, matériel bébé, bains et wc privés (430/490 F 4 pers.). Ouvert toute l'année. Poss. table d'hôtes : cuisine familiale. Cour, jardin, parc, piscine privée clôturée, espace jeux enfants (portique, bac à sable), ping-pong, vélo, boxes pour chevaux. Promenades à cheval. Service baby-sitting. ★ u coeur du pays de Cocagne, Lavaur, haut lieu du catharisme, entre Toulouse, Albi et Castres. Golf, tennis, pêche, équitation, ULM. **Accès :** Entre Saint-Sulpice et Lavaur, quitter la D630 au pont de Camaurel, direction Saint-Jean-de-Rives (D135).

Belle demeure de maître avec dépendances construite entre 1820 et 1830 entourée d'un parc de 3 ha., avec piscine. Vous serez accueillis chaleureusement par les propriétaires des lieux, qui ouvrent les portes de leur maison, pour un week-end ou un séjour, que vous aimiez l'histoire, les arts, le sport ou... le farniente. Une étape de charme.

Tarn

Montagne Noire (mountain) 7 km. Puylaurens, Revel and Saint-Férreol Lake (sailing, outdoor sports) 10 km. Horse-riding 4 km. Hiking 8 km. Potholing 10 km. Airport 15 km. 18-hole golf course 22 km.

★ *How to get there: D622 between Soual and Revel. At Lescout, take D46 for Lempaut. 2 km to La Bousquétarié. From Toulouse: Lempaut via Puylaurens or Revel. At Lempaut, take D46 for Lescout.*

Monique and Charles Sallier offer a warm welcome at their early-19th-century manor house, which stands in extensive parkland. Your hosts will be happy to advise you on the region while dining at the family table d'hôtes. The library and bedrooms afford a splendid view of the Montagne Noire.

Lempaut

Carte 5 **617**

La Bousquétarié
81700 Lempaut
Tél. 05 63 75 51 09 - Fax 05 63 75 51 09
Charles et Monique Sallier

1 pers 280/300 F - 2 pers 360/400 F - 3 pers 500 F
p. sup 100 F - repas 100/150 F - 1/2 p. 300 F
pens. 350 F
2 chambres et 2 suites avec sanitaires privés. Ouvert toute l'année. Table d'hôtes : galantine, volailles, cassoulet... Salons, bibliothèque. Parc de 5 ha. Piscine, tennis, ping-pong, vélos, lac pour la pêche. Forfait pour une semaine et plus. ★ Montagne Noire 7 km. Puylauren, Revel et St-Férreol (voile, base de loisirs) 10 km. Equitation 4 km. Randonnées 8 km. Spéléologie 10 km. Aéroport 15 km. Golf 18 trous 22 km. **Accès :** D622 entre Soual et Revel. A Lescout, D46 vers Lempaut. A 2 km La Bousquétarié. De Toulouse à Lempaut par Puylaurens ou Revel. Lempaut D46 vers Lescout.

Dans ce manoir du début du XIXe siècle entouré d'un grand parc, vous serez accueillis en toute convivialité par Monique et Charles Sallier. Ils sauront vous faire partager leur table familiale et vous conseiller sur la découverte de leur région. De la bibliothèque et des chambres, belle vue sur la Montagne Noire.

Tarn

Toulouse-Lautrec Museum at Albi. Goya and Jean Jaurès Museums at Castres and Cordes. Windsurfing and lake 12 km. Canoeing on the Tarn 15 km. 18-hole golf course 35 km.

★ *How to get there: At the entrance to Alban, coming from Albi on D999, take D86 then 3rd road on left. Follow signs. Turn off before Paulinet.*

This 17th-century farmhouse in 200 acres of grass and woodland is an exceptional setting for a peaceful and quiet stay. The bedrooms are spacious and comfortable and are appointed with rustic furniture. Riding enthusiasts will be delighted by the horses, ponies and other on-site facilities (riding school, jumping ground and walks).

Paulinet

Carte 5 **618**

Domaine des Juliannes
Paulinet - 81250 Alban
Tél. 05 63 55 94 39 - Fax 05 63 55 97 49
Email : nicholas.hudswell@wanadoo.fr
http://perso.wanadoo.fr/Juliannes/
Nick et Marie-Christine Hudswell

1 pers 280 F - 2 pers 320 F - 3 pers 410/560 F
repas 70/120 F - 1/2 p. 800 F

3 chambres doubles et 2 suites, chacune avec bains, wc. Salle à manger, salon (cheminée). Ouvert toute l'année. Table d'hôtes (tarif pour enfant). Piscine, ping-pong, VTT, centre équestre. (Séjour à la semaine en été et vacances scolaires). 1/2 pension sur la base d'une semaine : 800 F. ★ Musée Toulouse-Lautrec à Albi, musées Goya et Jean Jaurès à Castres, Cordes. Planche à voile et lac à 12 km. Canoë sur le Tarn à 15 km, golf 18 trous à 35 km. **Accès :** à l'entrée d'Alban en venant d'Albi D 999, prendre la D 86 puis la 3e route à gauche et suivre le fléchage. Ne pas prendre la direction Paulinet.

Un cadre exceptionnel de 80 ha. de prairies et de bois : vous vous reposerez en toute tranquillité dans cette ferme du XVIIe siècle. Les chambres sont spacieuses et confortables, avec des meubles rustiques. Avec ses chevaux et ses poneys, ses installations, cette adresse ravira les amateurs d'équitation.

Tarn

Cycling, horse-riding, tennis, river, GR46 hiking paths nearby. Lake with windsurfing, pedal boats, miniature golf 6 km. Canoeing on the Aveyron 12 km. Walled towns. Tours of Gallacois wine cellars. Albi, Montauban 40 km. Toulouse 70 km.

*★ **How to get there:** In the centre of Puycelsi village (on D964 between Gaillac and Caussade).*

Mr and Mme de Boyer are your hosts in this typical Albigensian-style residence, overlooking Grésigne Forest in the heart of one of France's most beautiful villages: medieval Puycelsi. The three tastefully-appointed bedrooms exude warmth and boast period furniture.

Puycelci

Carte 5　**619**

81140 Puycelci
Tél. 05 63 33 13 65 – Fax 05 63 33 20 99
Christian de Boyer-Montégut

1 pers 230 F – 2 pers 280/310 F – 3 pers 440 F

3 chambres avec sanitaires privés. TV. Ouvert toute l'année. Petit jardin clos, barbecue, salon de jardin, balançoire, piscine. Restaurants sur place. Animaux admis sous réserve. ★ VTT, équitation, tennis, rivière, GR46 sur place. Lac, planche à voile... 6 km. Canoë-kayak sur l'Aveyron 12 km. Bastides, visite de caves. Albi, Montauban 40 km. Toulouse 70 km. **Accès :** au centre du village de Puycelsi (sur la D964 entre Gaillac et Caussade).

Au coeur de la cité médiévale de Puycelsi, classée parmi les plus beaux villages de France et dominant la forêt de la Grésigne, M. et Mme de Boyer vous recevront dans leur demeure typiquement albigeoise. Aménagées avec beaucoup de goût, 3 chambres chaleureuses aux meubles anciens vous seront réservées.

Tarn

Black Mountain. The Lauragais. St-Ferreol Lake. City of Carcassonne, Albi, Castres. Tennis and horse-riding.

*★ **How to get there:** From Toulouse, N26 to Puylaurens then head for Revel. 2 km on, turn right for St-Sernin and right again for Pechaudier. Private lane for En Pinel 800 m on.*

This handsome residence is an authentic "family mansion", set in a 25-acre park with dovecote and swimming pool. The interior decoration is both inviting and refined. The bedrooms are spacious and exude great charm. Lovely views of the Lauragais Plain and the Pyrenees. Simply irresistible.

Puylaurens

Carte 5　**620**

En Pinel
81700 Puylaurens
Tél. 05 63 75 08 62 – Fax 05 63 75 08 62
Tél. SR 05 63 48 83 01
Fabrice et Christine Viguié

1 pers 400 F – 2 pers 500 F – 3 pers 550/600 F
p. sup 100 F – repas 95 F

1 chambre et 1 suite avec sanitaires privés. Ouvert de mai à octobre. Petit déjeuner : fruits, céréales, yaourts... Table d'hôtes : gratins de légumes, volailles rôties, cassoulet... Bibliothèque. TV. Piscine, terrain de badminton, ping-pong. Cour et parc de 10 ha. ★ La Montagne Noire. Le Lauragais. Lac de St.Ferreol. Cité de Carcassonne, Albi, Castres... Tennis, équitation. **Accès :** de Toulouse, N26 jusqu'à Puylaurens puis dir. Revel. Après 2 km, prendre à droite vers St.Sernin puis à droite vers Pechaudier. Faire 800 m puis à gauche, chemin privé vers En Pinel.

Cette belle demeure de maître est une authentique "maison de famille", entourée d'un parc boisé de 10 ha. avec pigeonnier et piscine. Intérieur chaleureux et décoration raffinée. Les chambres sont spacieuses et aménagées avec beaucoup de charme. Très belle vue sur la plaine du Lauragais et la chaîne des Pyrénées. Une adresse à ne pas manquer.

Tarn

Typical Lautrec village. Fortifications. Cordes, Albi, Toulouse, Castres (Goya Museum). Montauban (Ingres Museum). Hiking. Golf course nearby.

★ *How to get there: Toulouse-Albi motorway, exit 7 for Rabastens. Then right for Loupiac 3 km.*

Bernadette and Maurice will be delighted to share the charms of their country home. The house is decorated throughout with family heirlooms, period furniture and souvenirs brought back from their stays in Africa and Madagascar. The atmosphere is especially refined and welcoming.

Rabastens

Carte 5 — **621**

La Bonde
Loupiac - 81800 Rabastens
Tél. 05 63 33 82 83 - Fax 05 63 57 46 54
Maurice et Bernadette Crete

1 pers 270 F - 2 pers 290 F - p. sup 70 F
repas 95/ 120 F

2 chambres avec TV (Canal +) et sanitaires privés. Ouvert toute l'année sauf du 15 décembre au 15 janvier. Table d'hôtes (vin compris), extra sur demande : foie gras, tourtes, pistou, confits... Salon avec TV, bibliothèque. Parc de 2 ha. ★ Village typique de Lautrec. Circuit des Bastides. Cordes, Albi, Toulouse, Castres (musée Goya), Montauban (musée Ingres). Randonnées pédestres. Golf à proximité. **Accès :** voie rapide Toulouse/Albi, sortie 7 dir. Rabastens. A droite dir. Loupiac 3 km.

Bernadette et Maurice seront heureux de vous faire partager le charme de leur maison de campagne, aménagée et décorée avec des objets de famille, des meubles anciens et des souvenirs rapportés de leur séjour en Afrique et à Madagascar. Leur devise est "un hôte qui arrive est un ami qui repart". Ambiance raffinée et chaleureuse.

Tarn et Garonne

13th-century fortifications. Horse-riding 7 km. Golf course 10 km. Beaumont de Lomagne: covered market, lake, trotting horse races. Fishing, tennis, swimming pool.

★ *How to get there: On the Montauban-Auch road (D928), in the village (opposite the post office). Michelin map 82, fold 6.*

Peggy and Tony Ellard are your hosts at this family mansion which they have appointed with great care. The bedrooms are attractively furnished. Relax in the pleasant park behind the house. (A 13% discount is granted for stays exceeding 3 days.)

Beaumont-de-Lomagne

Carte 5 — **622**

L'Arbre d'Or
16, rue Despeyrous
82500 Beaumont-de-Lomagne
Tél. 05 63 65 32 34 - Fax 05 63 65 29 85
Tony et Peggy Ellard

1 pers 210/240 F - 2 pers 260/290 F - 3 pers 420 F
p. sup 100 F - repas 100/120 F - 1/2 p. 200/215 F

R.d.c. : 1 ch. 2 pers. (pers. hand.), s. d'eau/wc. Et. : 1 ch. 2 pers., s. d'eau/wc, 1 ch. double familiale (2 lits 1 pers., 1 lit 2 pers.), sanitaires privés, 1 ch. 2 pers., s.d.b./wc. Ouvert toute l'année. Table d'hôtes : lapin aux pruneaux, coq au vin, poulet à l'ail... Restaurants à proximité. ★ Bastide du XIIIe siècle. Equitation à 7 km. Golf à 10 km. Beaumont de Lomagne, sa halle typique, son plan d'eau, ses courses de trotteurs. Pêche, tennis, piscine. **Accès :** sur la route Montauban/Auch (D928), dans le village (face à la poste). CM 82, pli 6.

Peggy et Tony Ellard vous recevront dans une grande maison bourgeoise qu'ils ont aménagée avec beaucoup de soin. Les chambres sont agréablement meublées et un beau parc derrière la maison vous invite à la détente. (Pour les séjours supérieurs à 3 jours, une remise de 13% sera effectuée).

Tarn et Garonne

Lauzerte 10 km. Moissac and cloisters 17 km. Montauban (old town and museums) 24 km. Outdoor leisure centre and tennis court at Lafrançaise 8 km. Bathing 10 km. Horse-riding 19 km. Golf 25 km.

★ *How to get there:* From Lafrançaise, head for Molières. After 3 km, turn left for Martissan. Drive past the church and turn right 500 m on. Michelin map 79, fold 17.

The Maurets' family home (built in 1895) offers a warm welcome. The house stands at the end of a driveway lined with box trees, and inside a magnificent blue hallway will take you to the rooms, which are a testament to the past. Each of the upstairs bedrooms features its own décor to suggest a specific country or tradition. Relax and enjoy the gourmet specialities served at the table d'hôtes. An ideal holiday destination.

Cazes–Mondenard

Martissan
82110 Cazes-Mondenard
Tél. 05 63 95 83 71 – Fax 05 63 95 85 64
Tél. SR 05 63 66 04 42
Claude Mauret

1 pers 265/285 F – 2 pers 350/370 F
3 pers 380/400 F – repas 100 F

3 chambres dont 2 avec bains, 1 avec douche, et wc privés. Ouvert toute l'année sauf fév. Petit déjeuner : pâtisseries et confitures maison, yaourts, fromage frais... Table d'hôtes : civet, poule au pot farcie, charcuterie maison, tartes aux fruits... (1/2 pens. base 2 pers. 250/280 F). Salon avec TV et hif-fi. Jardin, salon de jardin. Piscine. Carte Bleue acceptée. ★Lauzerte 10 km. Moissac et son cloître 17 km. Montauban (vieille ville et musées) 24 km. Base de loisirs et tennis à Lafrançaise 8 km. Baignade 10 km. Equitation 19 km. Golf 25 km. **Accès :** de Lafrançaise prendre direction Molière et faire 3 km, puis prendre à gauche direction Martissan. Passer devant l'église, faire 500 m et à droite. CM 79, pli 17.

La maison natale de la famille Mauret (construite en 1895) vous ouvre ses portes. Après l'allée de buis, un magnifique couloir bleuté vous guidera dans les différentes pièces qui témoignent du passé. A l'étage, toutes les chambres ont un décor personnalisé qui évoque un pays, une tradition... Table d'hôtes très conviviale et gourmande... Une étape obligée pour apprécier le temps des vacances.

Tarn et Garonne

Swimming pool, fishing, tennis, hiking, horse-riding 3 km. Golf course 8 km. Sailing, windsurfing 10 km.

★ *How to get there:* From Valence d'Agen, RN113, head for Goudourville. The château overlooks the village. Michelin map 79, fold 16.

You will discover château life when you stay at Goudourville, a superb 12th-century edifice. You will enjoy exploring the guardroom, the prestigious Clement V room, the chapel and the guest rooms. Relish the delights of the table d'hôtes meals.

Goudourville

Château de Goudourville
82400 Goudourville
Tél. 05 63 29 09 06 – Fax 05 63 39 75 22
Tél. SR 05 63 66 04 42
http://www.resinfrance.com
M. et Mme Mifsud

1 pers 400/800 F – 2 pers 500/900 F – p. sup 120 F
repas 130/250 F

6 chambres avec TV, tél. et sanitaires privés. Ouvert toute l'année. Table d'hôtes : grillade de foie gras au potiron épicé, canard confit aux figues, gâteau du marquis des Marches... Billard, piano, bibliothèque, salon TV. Boutique produits du terroir. Parc 20 ha. CB acceptée. ★ Piscine, pêche, tennis, randonnées pédestres, équitation 3 km. Golf 8 km. Voile, planche à voile 10 km. **Accès :** à Valence d'Agen, sur la RN113, prendre la direction de Goudourville. Le château se trouve au dessus du village. CM 79, pli 16.

Vous aimerez la vie de château quand vous séjournerez à Goudourville, superbe édifice du XIIe siècle. Vous découvrirez les somptueuses pièces, la salle des gardes, le salon d'honneur Clément V, la chapelle, les chambres qui vous sont réservées et la table d'hôtes gourmande.

Tarn et Garonne

Montauban: Ingres Museum, old town. Lake at Lafrançaise. Moissac cloisters.

★ *How to get there: Montauban 12 km. Moissac 17 km. At Lafrançaise, "Les Rives" is after the bridge over the Aveyron (3rd driveway on the left-hand side). Michelin map 79, fold 17.*

You will enjoy the tranquillity and comfort afforded by this handsome 19th-century residence steeped in character. The spacious bedrooms boast attractive rustic furniture and exude warmth. The expansive, shaded park is ideal for taking strolls. The Tarn and Aveyron Rivers are close by.

Lafrançaise

Carte 5 625

Les Rives
82130 Lafrançaise
Tél. 05 63 65 87 65
Tél. SR 05 63 66 04 42
http://www.resinfrance.com
Francine Huc

1 pers 210 F – 2 pers 260 F – 3 pers 340 F
p. sup 70 F

3 chambres (1 au r.d.c.) et 1 suite avec TV et sanitaires privés. Ouvert toute l'année. Petit déjeuner : jus de fruits, viennoiseries, confitures et patisseries maison... Salon avec TV. Parc, piscine, portique, toboggan, pêche. Bambouseraie. (Réduct. 10% dès la 3e nuit). Ferme-auberge à Lafrançaise ★ Montauban : musée Ingres, vieille ville. Plan d'eau à Lafrançaise. Moissac (cloître). **Accès :** Montauban 12 km. Moissac 17 km. A Lafrançaise, "Les Rives" se situe après le pont sur l'Aveyron (3e allée à gauche). CM 79, pli 17.

Vous apprécierez la tranquillité de cette belle demeure de caractère du XIXe siècle et son confort douillet. Joli mobilier rustique dans des chambres vastes et chaleureuses et grand parc ombragé propice à la flanerie. Toutes proches, les rivières du Tarn et de l'Aveyron.

Tarn et Garonne

14th-century collegiate church on site. Caussade (millinery town) 10 km. Tennis and fishing on site. Lake 13 km.

★ *How to get there: On N20: head for Montpezat-de-Quercy, drive to the village. Michelin map 79, fold 18.*

Le Barry is a family mansion on the ramparts of the medieval city of Montpezat. The atmosphere exudes charm and the five bedrooms, recently renovated, are attractively decorated. Enjoy the garden (500 m²) and terrace with swimming pool and view of the Quercy hillside.

Montpezat de Quercy

Carte 5 626

Le Barry
Fg Saint-Roch – 82270 Montpezat de Quercy
Tél. 05 63 02 05 50 – Fax 05 63 02 03 07
Tél. SR 05 63 66 04 42
http://www.resinfrance.com
Francis Bankes et Lothar Jaross

1 pers 270/285 F – 2 pers 325/350 F
3 pers 385/400 F – p. sup 50 F – repas 125 F
1/2 p. 540/570 F
Rez-de-jardin : 1 ch. (1 lit 2 pers.), r.d.c. : 1 ch. (2 lits 1 pers.), s.d.b., wc pour chacune. 1er ét. : 2 ch. (2 lits 2 pers.), salle d'eau, wc. 2e ét. : 1 ch. (1 lit 2 pers. 1 lit 1 pers.), s.d.b., wc. Ouvert toute l'année sur réservation. Piscine. ★ Collégiale du XIVe siècle sur place. Caussade, cité du chapeau à 10 km. Tennis et pêche sur place. Plan d'eau à 13 km. **Accès :** de la N20, dir. Montpezat de Quercy et aller jusqu'au village. CM 79, pli 18.

Sur le rempart de la cité médiévale de Montpezat, le Barry est une maison de maître en pierre, où vous trouverez 5 chambres récemment rénovées. Ambiance de charme et chambres joliment décorées. Pour votre détente, terrasse, jardin de 500 m² avec piscine et vue sur les coteaux de Quercy.

Tarn et Garonne

Hiking locally. Swimming, tennis and fishing 4 km. Lake 10 km.

★ *How to get there:* From Montpezat-de-Quercy, head for Molières. 2 km on, turn left for Miobel. Domaine de Pech de Lafon is 2.5 km up on the left. Michelin map 79, fold 8.

This fine pink-hued residence stands amid vines, orchards and melon-scented fields, in the Quercy countryside. The bedrooms, lovingly decorated by the artist owner, are simply charming, and feature soft, warm tones, antique, locally-made furniture and trompe-l'œil décor. Sheer magic.

Montpezat de Quercy   Carte 5   627

Domaine de Lafon
82270 Montpezat de Quercy
Tél. 05 63 02 05 09 – Fax 05 63 02 05 09
Tél. SR 05 63 66 04 42
micheline.perrone@wanadoo.fr - http://www.resinfrance.com
Micheline Perrone

1 pers 270 F – 2 pers 350 F – 3 pers 430 F
p. sup 80 F – repas 110 F

3 ch. avec douche et wc privés. Ouvert du 1.04 au 31.10. Petit déj. : viennoiseries, fruits, confitures, yaourts… Table d'hôtes sur rés. : magrets au poivre vert, volailles à la Quercynoise, terrines maison, tartes feuilletées… (1/2 pens. base 2 pers. 285 F). Salon, TV, biblio., jeux. Expositions peintures et aquarelles (poss. stage 1 semaine sur demande). Jardin. Animaux admis sous condition. ★ Randonnées pédestres sur place. Piscine, tennis, pêche 4 km. Plan d'eau 10 km. **Accès** : de Montpezat-de-Quercy prendre direction Molières sur 2 km puis à gauche vers Miobel sur 2,5 km et à gauche Domaine de Pech de Lafon. CM 79, pli 8.

Dans la campagne quercynoise, au milieu des vignes, des vergers et des champs qui fleurent bon le melon, vous découvrirez une belle demeure de maître aux teintes roses. Les chambres décorées par la propriétaire, artiste peintre, ont autant de charme les unes que les autres : couleurs douces et chaleureuses, mobilier régional ancien, décors en trompe-l'œil… Une étape à ne pas manquer.

Tarn et Garonne

Aveyron Gorges, Château de Bruniquel 6 km, old village of Montricoux 1 km, Saint-Antonin 28 km. Fishing 1 km. Tennis and footpaths 2 km. Lake and horse-riding 3 km.

★ *How to get there:* From Montricoux, D115 for Negrepelisse, drive 500 m, right (D958) and follow signs. Michelin map 79, fold 18.

This renovated old farmhouse, close to the Aveyron Gorges, offers a bright, family atmosphere. You will appreciate the quiet and comfort of the bedrooms, and the aroma of grilled meat specialities prepared beside the pool.

Negrepelisse   Carte 5   628

Les Brunis
82800 Negrepelisse
Tél. 05 63 67 24 08 – Fax 05 63 67 24 08
Tél. SR 05 63 66 04 42
http://www.resinfrance.com
Johnny et Véronique Antony

1 pers 220/260 F – 2 pers 260/340 F
3 pers 350/400 F – p. sup 60 F – repas 100 F

5 chambres avec sanitaires privés et TV, dont 1 avec chambre pour enfants. Ouvert toute l'année. Table d'hôtes (uniquement juillet et août) : volailles de la ferme, canette farcie, foie gras, confit,… Piscine couverte. Restaurants sur place et à 1 km. ★ Gorges de l'Aveyron, château de Bruniquel 6 km. Vieux village de Montricoux 1 km. St-Antonin 28 km. Pêche 1 km. Tennis, sentiers pédestres 2 km. Plan d'eau, équitation 3 km. **Accès** : de Montricoux, D115 dir. Negrepelisse, faire 500 m à droite (D958) et fléchage. CM 79, pli 18.

Aux portes des gorges de l'Aveyron, ancienne ferme rénovée, où règne une atmosphère gaie et familiale. Vous apprécierez les chambres calmes, confortables, ainsi que le parfum des grillades préparées auprès de la piscine.

Tarn et Garonne

St-Antonin-Noble-Val (medieval village). Cas Château 10 km. Beaulieu Abbey 12 km. Fishing and hiking paths 200 m. Swimming pool, tennis court 600 m. Bathing, horse-riding 12 km.

★ ***How to get there:*** *In St-Antonin-Noble-Val village: 37, Rue Droite. Michelin map 79, fold 19.*

La Résidence, set in the delightful village of St-Antonin-Noble-Val, has been beautifully restored. The bedrooms are attractively decorated and most offer breathtaking views of the Roc d'Anglars; one has its own private terrace. The table d'hôtes comes highly recommended, as does the hospitality. Not to be missed.

St.Antonin-Noble-Val   Carte 5   629

La Résidence

37, rue Droite - 82140 St.Antonin-Noble-Val
Tél. 05 63 68 21 60 - Fax 05 63 68 21 60
Tél. SR 05 63 66 04 42
http://www.bnpages.com/busness/laresidence
Nathalie O'Shea

1 pers 350/400 F - 2 pers 350/450 F - p. sup 100 F
repas 110 F

4 chambres avec bains et wc privés dont 1 terrasse privée. Ouvert toute l'année. Petit déjeuner : viennoiseries, jus d'orange, confitures... Table d'hôtes : cassoulet... Salon et salle à manger réservée aux hôtes. Jardin. Carte Bleue et Visa acceptées de juin à septembre. Restaurants dans le village. ★ St.Antonin-Noble-Val (village médiéval). Château de Cas 10 km. Abbaye de Beaulieu 12 km. Pêche et randonnées pédestres 200 m. Piscine, tennis 600 m. Baignade, équitation 12 km. **Accès :** dans le village de St.Antonin-Noble-Val : 37, rue Droite. CM 79, pli 19.

La Résidence, située dans le merveilleux village de St.Antonin-Noble-Val a été restaurée avec beaucoup de charme. Chambres très joliment décorées dont la plupart ont une vue imprenable sur le Roc d'Anglars ; l'une dispose même d'une terrasse privée. Sympathique table d'hôtes et accueil très chaleureux. Ne manquez pas cette adresse où vous serez toujours les bienvenus.

Var

Outdoor sports centre nearby: horse-riding, walks, hanggliding, paragliding, climbing, swimming pool, etc. Music and theatre evenings. Verdon Gorges. Painting exhibitions.

★ ***How to get there:*** *On motorway, Le Muy exit for Draguignan, then Comps. Bargème is 7 km after Comps on D21.*

Your hostess Annie welcomes you to her residence atop a rock, overlooking picturesque countryside of a thousand fragrances, on the Var's highest medieval site. The bedrooms all have a private shower and toilet with Provençal décor.

Bargème   Carte 6   630

Les Roses Trémières

83840 Bargème
Tél. 04 94 84 20 86
Annie Noël

1 pers 250 F - 2 pers 350 F - repas 95 F

5 chambres 2 pers. avec douche et wc privés. Salon de jardin en terrasse privée. Ouvert du 1er avril à fin octobre. Table d'hôtes le soir (vin et café compris) : cuisine provençale avec produits du terroir. Bibliothèque, TV, téléphone. Jardin, jeu de boules, VTT. ★ Base de loisirs à proximité : équitation, randonnées pédestres, deltaplane, parapente, escalade, piscine. Soirées musicales et théâtrales. Gorges du Verdon. Expositions de peintures. **Accès :** par l'autoroute sortie Le Muy direction Draguignan puis Comps. Bargème se situe à 7 km après Comps sur la D21.

C'est dans un site médiéval, le plus haut du Var, qu'Annie vous accueille dans sa demeure accrochée à un rocher d'où elle domine une campagne pittoresque aux mille parfums. Les chambres sont équipées individuellement de salles d'eau et wc privés aux décors provençaux.

Var

Tennis court 2 km. Golf 6 km. Sea 10 km. Le Castellet racecourse is nearby. Toulon 17 km.

★ ***How to get there:*** *At Le Beausset (N8), opposite the Casino supermarket, take "Chemin de 5 Sous" and drive for 1.5 km, then turn sharp right, 100 m up on left, and follow signs.*

Charlotte is your hostess in this Provençal-style house, set in tree-filled grounds. The bedrooms boast regional furniture, and one opens out onto a private garden equipped with garden furniture.

Le Beausset

Les Cancades
83330 Le Beausset
Tél. 04 94 98 76 93 – Fax 04 94 90 24 63
Charlotte Zerbib

2 pers 400/500 F – p. sup 100 F

1 chambre et 1 suite avec bains et wc privés + 2 chambres au 1er étage, une avec salle de bains et wc privés, l'autre avec salle d'eau et wc privés. Ouvert toute l'année. Copieux petit déjeuner. Cuisine d'été à disposition. Piscine, parc. 8 restaurants à 1,5 km. ★ Tennis à 2 km. Golf à 6 km. Mer à 10 km. Circuit du Castellet à proximité. Toulon à 17 km. **Accès :** au Beausset (N8), en face du supermarché "Casino", prendre le chemin de 5 Sous et faire 1,5 km, puis virage à angle droit vers la droite, 100 m à gauche et fléchage.

Charlotte vous recevra dans sa maison provençale entourée d'un parc arboré. Les chambres disposent de mobilier régional, et l'une d'elle ouvre sur un jardin indépendant avec salon de jardin.

Var

Maures Massif, abbeys and charterhouses, beaches, summer music festivals, wine cellars and wine-tasting. 10-acre lake 200 m. Biking, hiking and horse-riding. Golf course 8 km.

★ ***How to get there:*** *Motorway, Brignoles exit and drive 14 km for Fréjus. Turn right and drive 4 km to Besse. At exit from the village (wash house), follow signs.*

Originally a chapel, 17th-century Maison St-Louis nestles in a leafy, picturesque village in the heart of Provence. Ideal for a first-class holiday in a peaceful setting. This handsome residence has been fully restored by its architect owners, who have preserved the property's inherent charm. Gastronomic cuisine with Mediterranean specialities and local produce.

Besse–sur–Issole

Maison Saint-Louis
38, rue Jean Aicard – 83890 Besse-sur-Issole
Tél. 04 94 69 82 23 – Fax 04 94 69 82 06
Henri et Ursula Thoni-Furer

1 pers 280 F – 2 pers 350/400 F – 3 pers 520 F
repas 160 F

4 chambres avec douche et wc privés. Ouvert de Pâques à la Toussaint. Petit déjeuner : jus d'orange frais, confitures maison, fromages, céréales. Table d'hôtes : produits du terroir et spécialités méditerranéennes. Salon avec cheminée, biblio., piano. Cour fleurie, terrasse, salon de jardin. Loc. VTT. ★ Massif des Maures, abbayes et chartreuses, plages, festivals de musique l'été, caves avec dégustation. Lac de 4 ha. à 200 m. VTT, randonnées pédestres et équestres. Golf à 8 km. **Accès :** autoroute, sortie Brignoles puis faire 14 km en direction de Fréjus et prendre à droite sur 4 km jusqu'à Besse. A la sortie du village (lavoir), suivre le fléchage.

Au coeur de la Provence, nichée dans le pittoresque village et entourée de verdure, la Maison St-Louis, ancienne chapelle du XVIIe vous ouvre ses portes pour des vacances de qualité. Cette belle demeure entièrement restaurée par ses propriétaires architectes, a su conserver tout son charme. Cuisine gastronomique avec spécialités méditerranéennes et produits du terroir.

Var

Typical village of Cotignac and tuff rock. Carcès Lake. Verdon Gorges, Sainte-Croix Lake (35 min).

★ *How to get there: Motorway, Brignoles exit. At 2nd traffic lights, turn left for Le Val, then Montfort-Argens and drive 5 km for Cotignac. The estate is on the left-hand side.*

Nathalie and Jean-François are your hosts at their handsome, fully-restored 19th-century country house, set in the heart of the estate's vineyards (110 acres). You will particularly enjoy the warmth exuded by this typical Provençal residence. Attractive regional furniture and bright, colourful fabrics. A charming spot.

Cotignac
Carte 6 **633**

Domaine de Nestuby

83570 Cotignac
Tél. 04 94 04 60 02 - Fax 04 94 04 79 22
Jean-François et Nathalie Roubaud

1 pers 350 F - 2 pers 350 F - 3 pers 430 F
p. sup 80 F - repas 110 F

4 chambres (dont 1 très vaste) avec sanitaires privés. Petit déjeuner savoureux. Table d'hôtes sur réservation : tomates au chèvre chaud, sauté d'agneau au rosé de Provence... Salon avec bibliothèque, TV et chaîne hi-fi. Jardin, bassin d'eau de source (baignade), salon de jardin, jeux pour enfants. ★ Village typique de Cotignac et son rocher de tuff. Lac de Carcès. Gorges du Verdon, lac de Sainte-Croix (35 mn). **Accès** : autoroute sortie Brignoles. 2e feu à gauche dir. Le Val puis Montfort-Argens puis faire 5 km en dir. de Cotignac. Le domaine se trouve sur la gauche.

Nathalie et Jean-François vous accueillent dans leur belle bastide du XIXe entièrement restaurée, située au coeur du vignoble du domaine (45 ha.). Vous aimerez l'atmosphère chaleureuse de cette demeure typique aux couleurs de la Provence. Beaux meubles régionaux et tissus ensoleillés. Une étape pleine de charme.

Var

Sainte-Baume Massif. Îles d'Or. Calanques de Cassis. Tennis, horse-riding, diving, hiking.

★ *How to get there: On the Toulon-le Luc-Nice motorway, exit 6 La Farlède-La Crau, head for La Crau and follow "Chambres d'Hôtes" signs.*

You will be enchanted by this delightful villa with arcades, terraces and swimming pool with elegant lines, set in a landscape garden in bloom. The four bedrooms are comfortable and decorated in a different style. The Provençal dishes served at the table d'hôtes will delight epicureans. An ideal staging post.

La Farlède
Carte 6 **634**

Villa Arcadie

1417, rue de la Gare - 83210 La Farlède
Tél. 04 94 33 01 79 - Fax 04 94 33 01 79
Jean-Claude Lallier

1 pers 280 F - 2 pers 320 F - 3 pers 370 F
repas 89 F

4 chambres avec sanitaires privés, toutes avec accès direct sur terrasses. Ouvert toute l'année. Table d'hôtes : cuisine provençale. Salon avec bibliothèque et TV à la disposition des hôtes. Jardin clos, piscine privée, ping-pong, pétanque. ★ Massif de la Sainte-Baume. Les Iles d'Or. Calanques de Cassis. Tennis, équitation, plongée, randonnées. **Accès :** par l'autoroute Toulon-Le Luc-Nice, sortie n° 6 La Farlède-La Crau, direction La Crau, puis fléchage "Chambres d'Hôtes".

Dans un jardin paysager et fleuri, cette belle villa avec ses arcades, ses terrasses et sa piscine aux lignes élégantes saura vous séduire. Les 4 chambres qui vous reçoivent sont confortables et ont toutes un décor personnalisé. A la table d'hôtes, les gourmands pourront découvrir la savoureuse cuisine provençale. Une étape à ne pas manquer.

Var

Verdon Gorges. Canoeing, rafting, gliding, equestrian sports, tennis. Typical Provence villages (Moustiers, La Verdière and Aix-en-Provence 30 min away).

★ **How to get there:** *From Paris: N7, Senas-Sud exit. At Pont Royal-Est, head for Meyrargues, past Jouques, Rians and Ginasservis. From Nice: motorway, Saint-Maximin exit for Manosque, past Ollières, Rians and Ginasservis.*

This handsome 14th-century Provençal farmhouse set in the heart of a superb 198-acre estate offers 3 extremely comfortable suites with attractive and stylish period furniture. Jean-Marie and Elisabeth will welcome you as friends of the family and be delighted to help you discover Giono country. Swimming pool, paddling pool and fishing lakes on the premises.

Ginasservis

Carte 6 **635**

La Rougonne
83560 Ginasservis
Tél. 04 94 80 11 31
Jean-Marie et Elisabeth Perrier

1 pers 300 F - 2 pers 340 F - 3 pers 380/420 F
p. sup 50 F - repas 120 F

3 suites avec TV, tél. et sanitaires privés. Ouvert toute l'année sauf janvier et février. Table d'hôtes (apéritif, vin, café compris) : truffes, volailles, charcuteries maison, gibier en saison. Billard, biblio., cheminées. Jardin. Chasse. Piscine + pataugeoire sur place. ★ Gorges du Verdon, canoë, rafting, vol à voile, sports équestres, tennis, villages typiques de la Provence (Moustiers, La Verdière, Aix-en-Provence à 30 mn). Lacs de pêche sur place. **Accès :** de Paris, sortie Senas sud par N7. A Pont-Royal est puis Meyrargues, Jouques, Rians et Ginasservis. De Nice par autoroute, sortie St-Maximin dir. Manosque, passer Ollières, Rians, Ginasservis.

Belle ferme provençale du XIVe siècle, au coeur d'un superbe domaine boisé de 80 ha. 3 suites de grand confort vous seront réservées. Beau mobilier ancien et de style. Jean-Marie et Elisabeth vous recevront comme des amis et se feront une joie de vous faire découvrir le pays de Giono.

Var

Villages of Provence, Thoronet Abbey. Verdon and Sainte-Croix Lake 40 min. Hiking, mountain bikes and swimming pool on site. Tennis court 3 km. Fishing and rock climbing 15 min.

★ **How to get there:** *Motorway, Saint-Maximin exit, then head for Barjols (N560). At Barjols, make for Draguignan (N560). The property is 3 km up on the left.*

Armelle and Guillaume are your hosts on this 250-acre farming and wine-producing estate, built on a hillside. The rooms are in a restored wing of the main farmhouse (18th century) and appointed with period rustic-style furniture and pretty Provençal fabrics. Large shared lounge with kitchen area for guests' use.

Pontèves

Carte 6 **636**

Domaine de Saint-Férréol
83670 Pontèves
Tél. 04 94 77 10 42 - Fax 04 94 77 19 04
Guillaume et Armelle de Jerphanion

2 pers 300/350 F - 3 pers 350/400 F - p. sup 50 F

2 chambres et 1 suite (480 F) avec sanitaires privés. Ouvert de mars à novembre. Grande salle commune avec coin-cuisine à la disposition des hôtes. Rivière et parc. Restaurants à 1,6 km et 3 km. ★ Villages provençaux, abbaye du Thoronet. Verdon et lac de Sainte-Croix à 40 minutes. Randonnées pédestres, VTT, piscine sur place. Tennis 3 km. Pêche et varappe à 15 minutes. **Accès :** de l'autoroute, sortie Saint-Maximin, puis dir. Barjols (N560). A Barjols, dir. Draguignan (N560), c'est à 3 km sur la gauche.

Armelle et Guillaume vous accueillent au sein d'un domaine agricole et viticole d'une centaine d'hectares, adossé à la colline. Les chambres se situent dans une aile restaurée du corps de ferme (XVIIIe siècle) et disposent de mobilier ancien rustique ainsi que de jolis tissus provençaux.

Var

Hyères and the Îles d'Or (beaches) 30 km. Massif des Maures 10 km. Toulon 25 km: Mont Faron, rafting. Thoronet Abbey. Tennis, horse-riding centre, golf course (Valcros).

★ *How to get there: N97. Between Cuers and Carnoules.*

Set in 7.5 acres of vines and olive groves, Mas des Oliviers awaits your arrival in a typical Provençal setting, where ochre shades blend harmoniously with terra cotta. The pretty bedrooms full of charm and refinement are a delight, as is the kind hospitality extended by the owners. A must.

Puget-Ville

Carte 6 **637**

Mas des Oliviers
chemin les Ferrières – 83390 Puget-Ville
Tél. 04 94 48 30 89 - Fax 04 94 48 30 89
Email : sapori@club-internet.fr
Guy Leroy

1 pers 270/300 F - 2 pers 320/350 F - 3 pers 450 F
repas 120 F

2 chambres avec sanitaires privés. Ouvert d'avril à octobre. Petit déjeuner : viennoiseries, yaourts, confitures maison... Table d'hôtes (sur réservation) : plats provençaux, grillades, tartes... Salon, TV, tél. et bibliothèque à disposition. Jardin, piscine, cuisine d'été, vélos, chevaux. Restaurants à prox. ★ Hyères et les îles d'Or (plages) à 30 km. Massif des Maures 10 km. Toulon (25 km) : mont Faron, rade... Abbaye du Thoronet. Tennis, centre équestre, golf (Valcros). **Accès :** N97. Entre Cuers et Carnoules.

Entouré de vignes et d'oliviers (3 ha.), le mas des Oliviers vous accueille dans un cadre typiquement provençal où les ocres se marient à la terre cuite. Vous apprécierez les jolies chambres de charme au décor raffiné et l'accueil chaleureux des propriétaires. Une étape à ne pas manquer.

Var

Saint-Tropez: citadel, museums, La Bravade (May) and Fishermen (July) Festivals, Jazz Festival, Nioulargue Regatta. Ramatuelle Jazz & Theatre Festivals and concerts. Beaches, fishing, water sports, swimming, golf course, horse-riding.

★ *How to get there: A7, Le Muy exit, for Saint-Tropez. As you enter Saint-Tropez, take D93, beach road, for Ramatuelle. 7 km on, behind the petrol station.*

Leï Souco is a handsome Provençal country house, set in 25 acres of land with olive, mimosa, eucalyptus and mulberry trees, 4 km from Ramatuelle and 2 km from the sea. The spacious bedrooms are appointed with Provençal furniture and decorated in shades of a different colour. Mr and Mme Giraud provide a warm welcome and will be happy to introduce you to Provençal rosé wine.

Ramatuelle

Carte 6 **638**

Leï Souco
Le Plan - 83350 Ramatuelle
Tél. 04 94 79 80 22 - Fax 04 94 79 88 27
Gustave Giraud

2 pers 380/610 F - 3 pers 620/720 F - p. sup 100 F

4 chambres et 1 suite avec terrasses et sanitaires privés. Ouvert de Pâques à mi-octobre. Petit déjeuner gourmand : confitures, viennoiseries, toasts, céréales, fruits (melon, figues, raisin...). TV satellite, tél., coffre-fort et réfrigérateur. Tennis privé et terrain de pétanque. Restaurants à proximité. ★ St-Tropez : citadelle, musées, fêtes de la Bravade (mai), des Pêcheurs (juillet), festival de jazz, régate de la Nioulargue... Festival de jazz et théâtre à Ramatuelle, concerts... Plages, pêche, act. nautiques, piscine, golf, équitation. **Accès :** A7, sortie Le Muy, direction Saint-Tropez. A l'entrée de Saint-Tropez, prendre la D93, route des plages direction Ramatuelle. Après 7 km, derrière la station service.

A 4 km de Ramatuelle, près des plages, Leï Souco est une belle bastide provençale sur 10 ha. de vignes, plantée d'oliviers, de mimosas, d'eucalyptus et de muriers. Les chambres spacieuses avec un mobilier provençal, ont chacune une couleur dominante déclinée dans la décoration. M. et Mme Giraud vous recevront chaleureusement, vous feront découvrir le rosé de Provence.

Var

Beaches, numerous picturesque villages, historical monuments, abbeys and charterhouses.

★ **How to get there:** At the port of Seyne-sur-Mer, head for Fort de Balaguier/Tamaris coast road. Turn right into Avenue Auguste Plane, then right into Allée des Tamaris.

Norma is your hostess at this pretty 19th-century residence built by the founder of the town of Tamaris, Michel Pacha. Magnificent view of the sea and close to beaches. You will appreciate the house's charm and enjoy the peace and quiet which reign in the garden with its hundred-year old eucalyptus and palm trees.

La Seyne-sur-Mer

Carte 6 **639**

La Lézardière

allée des Tamaris – 83500 La Seyne-sur-Mer
Tél. 04 94 30 08 89 ou 04 94 22 56 96
Norma Jouan

1 pers 400 F – 2 pers 450 F

3 chambres avec salle de bains et wc privés (accès indépendant pour chaque chambre). Ouvert toute l'année. Copieux petit déjeuner traditionnel ou à l'anglaise. Bibliothèque, salon de lecture, salon de musique, TV. 2 terrasses, jardin. Nombreux restaurants à proximité. ★ Plages, nombreux villages pittoresques, monuments historiques, abbayes, chartreuses. **Accès :** sur le port de la Seyne-sur-Mer prendre dir. Fort de Balaguier/corniche de Tamaris. Prendre à droite avenue Auguste Plane puis à droite allée des Tamaris.

Norma vous reçoit dans sa jolie demeure du XIXe siècle construite par Michel Pacha, fondateur de Tamaris. Belle vue sur la mer et proximité des plages. Vous apprécierez le charme de cette maison et le calme du jardin où poussent en toute quiétude eucalyptus et palmiers centenaires.

Var

Verdon Gorges 40 km. A8 motorway 6 min. Sainte-Maxime 20 min: sea, beach. Saint-Tropez 40 min. Cannes 35 min.

★ **How to get there:** In Trans, turn right by the church onto D47 for La Motte. 100 m after the village exit sign, another signpost indicates "chute de pierres" (falling rocks); the entrance is 40 m along on the right.

René and Marie-Camille provide a warm welcome in the peaceful magnificence of this 5-acre property, with a lake, a river, a waterfall and swans. You may also choose to play "boules" or try your hand at archery. The luxuriously-appointed ground-floor bedrooms all have private terraces with garden furniture.

Trans-en-Provence

Carte 6 **640**

Saint-Amour

986, route de la Motte
83720 Trans-en-Provence
Tél. 04 94 70 88 92 – Fax 04 94 70 88 92
Marie-Camille Wahl

2 pers 350/370 F – p. sup 100 F – repas 120 F

1 ch. bateau (1 lit 2 pers.), s.d.b., wc, TV, kitchenette et terrasse privés. Dans bastide indépendante du XVIIIe : 2 ch. (1 lit 2 pers. chacune), coin-salon, s. d'eau, wc, TV et terrasse privée. Buanderie (lave-linge et sèche-linge). Cuisine d'été. Barbecue, abri voiture. ★ Gorges du Verdon 40 km. Autoroute A8 à 6 mn. Ste-Maxime à 20 mn (mer, plage). St-Tropez à 40 mn. Cannes à 35 mn. **Accès :** à l'église de Trans, prendre à droite la D47 vers La Motte, 100 m après le panneau de sortie du village, panneau signalant 'chute de pierres", 40 m à droite.

René et Marie-Camille vous accueillent dans le calme d'une splendide propriété privée de 20000 m^2, comportant un lac aménagé, rivière, cascade, cygnes, boules, tir à l'arc, etc... Superbes chambres de grand confort, indépendantes et situées en rez-de-jardin avec terrasse privée.

Vaucluse

Roussillon ochre cliffs. Sénanque Abbey in Gordes. Colorado de Rustrel. Fontaine-de-Vaucluse. Flea markets at Isle-sur-la-Sorgue. Winetasting cellars. Horse-riding, golf, ballooning, hang-gliding, rock-climbing and tennis.

★ *How to get there: From Apt tourist office, D943 for Lourmarin. From the roundabout, drive 800 m in this direction, then turn left (power sub-station) and drive up the narrow road for 600 m.*

This handsome residence with visible stonework is a 10th-century mill, set by a stream and a waterfall in 22 acres of parkland. The charming décor features a blend of furniture from all over the world, souvenirs of your hosts' travels, and family heirlooms. The 4 bedrooms with traditional linen and 18th-century timbering are fresh and refined. Swimming pool with views of Mont Ventoux.

Vaucluse

Swimming pool, tennis court, horse-riding, mountain bikes, hiking in the Ventoux.

★ *How to get there: Drive through Bedoin. Ventoux road, left for Belezy, drive 2 km until you get to the fork, turn left. Follow signs for "Chambres d'Hôtes aux Tournillayres".*

At the foot of Mont Ventoux, surrounded by vines, you will find this attractive group of houses steeped in character. The Provençal-style rooms, with fireplaces and visible beams are all appointed with handsome period furniture, and have private entrances and gardens.

Apt
Carte 6 **641**

Le Moulin de Mauragne
Route de Marseille – 84400 Apt
Tél. 04 90 74 31 37 – Fax 04 90 74 30 14
Email : info@moulin-de-mauragne.com
http://www.moulin-de-mauragne.com
Frédéric Miot

1 pers 640/740 F - 2 pers 680/780 F - 3 pers 890 F
repas 140 F

4 chambres avec sanitaires privés. Ouvert du 1er au 31.01, du 11.03 au 31.10 et du 11 au 30.12. Copieux petit déjeuner. Table d'hôtes : cuisine du soleil avec les produits frais (bio) du marché et des producteurs alentours. Bibliothèque de livres d'art. Parc (8,5 ha.). Piscine, rivière, piste de pétanque, poney. Cartes visa et mastercard. ★ Ocres de Roussillon. Abbaye de Sénanque à Gordes. Colorado de Rustrel. Fontaine-de-Vaucluse. Brocantes à Isle-sur-la-Sorgue. Caves dégustation. Equitation, golf, montgolfière, parapente, escalade, tennis. **Accès :** à l'office de tourisme d'Apt, D943 dir. Lourmarin. Au rond-point, faire 800 m dans cette direction, puis à gauche (transformateur élect.) suivre la petite route sur 600 m.

Cette belle demeure en pierre apparente, est un moulin du Xe siècle, construit près d'un cours d'eau et d'une cascade dans un parc de 8,5 ha. Décor de charme avec un mélange de meubles du monde entier, souvenirs de voyages de vos hôtes, et de meubles de famille. Les 4 chambres avec draps anciens et boutis du XVIIIe sont fraiches et raffinées. Piscine avec vue sur le Mont Ventoux.

Bedoin
Carte 6 **642**

Les Tournillayres
84410 Bedoin
Tél. 04 90 12 80 94 – Fax 04 90 12 80 94
Marie-Claire Renaudon

1 pers 410 F - 2 pers 470 F - 3 pers 550 F
p. sup 100 F

4 chambres avec TV, coin-cuisine, cheminée, chauffage, jardin, douche et wc privés. 1 suite/2 ch. (600 F) avec séjour, TV, coin-cuisine, jardin, s. d'eau et wc privés. Ouvert du 15/3 au 15/11. Petit déjeuner copieux. Salle commune, biblio. Jardin, parking, terrain de pétanque, p-pong. ★ Piscine, tennis, équitation, VTT, randonnées dans le Ventoux. **Accès :** traverser Bedoin. Route du Ventoux, à gauche dir. Belezy, faire 2 km jusqu'à 1 fourche, à gauche. Suivre les panneaux "Chambres d'Hôtes aux Tournillayres".

Au pied du Mont-Ventoux, entouré de vignes, bel ensemble de petites maisons de caractère. Les chambres de style provençal, avec cheminée et poutres apparentes ont de beaux meubles anciens et sont toutes indépendantes avec un jardin privé.

Vaucluse

Picturesque villages. Gastronomic fare. Festivals. Hiking and cycling, tennis, rock-climbing, golf, horse-riding.

★ *How to get there: Full details will be supplied at time of booking.*

As you enter the village, you will see this handsome stone building, now fully restored. The spacious, comfortable bedrooms all have their own style and command pretty views of the countryside. When the weather turns chilly, you will enjoy the warmth of the fireplace, while in the summer you will be happy to relax in the garden or take a refreshing dip in the pool.

Bonnieux

Carte 6 **643**

Le Clos du Buis
rue Victor Hugo - 84480 Bonnieux
Tél. 04 90 75 88 48 ou 06 08 63 64 76
Fax 04 90 75 88 57
http://www.luberon-news.fr/clos-du-buis.html
Pierre et Lydia Maurin

1 pers 300/380 F - 2 pers 350/480 F - 3 pers 580 F
p. sup 100 F

6 chambres dont 1 suite de 2 ch. avec sanitaires privés. Ouvert toute l'année. Petit déj. : fruits de saison, cake, yaourts, croissants... Salon avec biblio. TV, jeux de société. P-phone. Jardin, piscine, boulodrome. Parking privé clos. Restaurants à prox. Cartes bancaires acceptées. Table d'hôtes sur demande. ★ Villages pittoresques. Gastronomie. Festivals. Randonnées pédestres et cyclistes, tennis, escalade, golf, équitation. **Accès :** un plan vous sera communiqué lors de la réservation.

Située à l'entrée du village, cette belle bâtisse en pierre a été entièrement restaurée. Les chambres avec vue, spacieuses et confortables, sont toutes personnalisées. Aux premières fraîcheurs, vous apprécierez le charme d'un bon feu dans la cheminée et par les chaudes journées d'été, vous détendre dans le jardin ou vous rafraîchir dans la piscine.

Vaucluse

Lourmarin 5 min. Aix-en-Provence 25 min. Marseille 50 min. Luberon Park. Les Baux de Provence. Mont Ventoux. Cassis.

★ *How to get there: From Cavaillon, D973 (36 km), Mérindol, Lauris, Cadenet.*

In the Luberon Park, perched on a hillside, 2 km from Cadenet, stands this handsome Provençal country house with private pool and grounds, which afford a view of the Durance Valley. Enjoy the peace and quiet and the attractive bedrooms, each tastefully decorated in its own style. In summer, dinner is served on a pretty, shaded terrace within view of the floodlit pool.

Cadenet

Carte 6 **644**

Le Colimaçon
Chemin de Desportis - 84160 Cadenet
Tél. 04 90 08 55 06 - Fax 04 90 08 54 45
Geert et Hilde Hoorens-Trenson

1 pers 360 F - 2 pers 400/535 F - 3 pers 515/635 F
p. sup 100 F - repas 95/135 F

5 chambres avec sanitaires privés. Ouvert du 15/3 au 15/11. Copieux petit déjeuner. Table d'hôtes du lundi au vendredi avec les produits frais, suivant l'offre du marché. Jardin, parc 7000 m², piscine (12 x 6), boulodrome, barbecue. Eurochèque accepté. Restaurants à Cadenet et Lourmarin. Fiche d'excursions disponibles. ★ Lourmarin à 5 mn. Aix-en-Provence à 25 mn. Marseille à 50 mn. Parc du Luberon. Les Baux de Provence. Le Mont-Ventoux. Cassis. **Accès :** à partir de Cavaillon, D973 (36 km), Mérindol, Lauris, Cadenet.

Dans le parc du Luberon, perchée sur une colline, à 2 km de Cadenet, belle bastide provençale avec parc, piscine privée et belle vue sur la Vallée de la Durance. Vous apprécierez la tranquillité des lieux et les jolies chambres personnalisées, décorées avec goût. En été, les diners sont servis sur une belle terrasse ombragée avec vue sur la piscine éclairée.

Vaucluse

Antique dealers, secondhand shops, markets. Hiking, biking, golf, wine-tasting tours, villages nestled in the mountains, gastronomy. Orange 30 km. Avignon 20 km. Carpentras 3 km.

★ *How to get there:* From Carpentras, head for Mont-Ventoux-Bedoin on RN974, then head for Caromb on D13. 300 m on, turn left, then after 200 m turn right.

Pleasantly-restored Provençal country house between Mont Ventoux and Carpentras. The garden exudes peace, quiet and serenity. In addition to the scrumptious breakfasts, you will appreciate the hospitality provided by your English-speaking hosts, who will leave you free to enjoy their home and do their utmost to ensure that your stay is nothing short of perfect.

Carpentras
Carte 6 **645**

Bastide Sainte-Agnès
84200 Carpentras
Tél. 04 90 60 03 01 - Fax 04 90 60 02 53
gerlinde@infonie.fr – http://www.avignon-et-provence.com/sainte-agnes
Jacques Apotheloz

1 pers 360/ 420 F - 2 pers 430/ 750 F
3 pers 570/ 850 F - p. sup 120 F

4 ch. avec douche ou bains/wc privés. 1 suite/2 ch. avec séjour, coin-cuisine, bains/wc séparés, TV, tél., jardin et parking privé. (fermé du 1.11 au 31.03). Salon, TV, biblio., salon lecture (cheminée), salle à manger. Patio (fontaine et treille), jardin clos, piscine privée, bar d'été. Pétanque. Parking privé. ★ Antiquaires, brocantes, marchés. Randonnées à pied ou en vélo, golf, route du vin, villages perchés, gastronomie. Orange 30 km. Avignon 20 km. Carpentras 3 km. **Accès :** de Carpentras, dir. Mt.Ventoux-Bedoin par RN974, puis dir. Caromb par D13. A 300 m, à gauche, puis à 200 m à droite.

Entre Mont Ventoux et Carpentras, belle bastide provençale agréablement restaurée. Du jardin se dégage une atmosphère de calme et de sérénité. Outre les petits déjeuners gourmands, vous apprécierez la convivialité de vos hôtes qui mettent leur confortable demeure à disposition. Soucieux de votre bien-être, ils veilleront à ce que votre séjour soit parfait.

Vaucluse

Palais des Papes (former residence of the popes) in Avignon. Roman ruins at Orange, Carpentras and Cavaillon. Hiking on Mont Ventoux. Cross-country and downhill skiing 20 km.

★ *How to get there:* At Carpentras, take D974 for Mont Ventoux for 13 km, then turn left for Crillon-le-Brave and Clos Saint-Vincent.

Just a stone's throw from Mont Ventoux, Clos Saint-Vincent offers the peace, quiet and charm of an old Provençal farmhouse. The bedrooms are bright and comfortable. Françoise serves homemade jams and pastries at the breakfast table. On certain evenings, enjoy a relaxed dinner with your hosts under the elm tree.

Crillon-le-Brave
Carte 6 **646**

Clos Saint-Vincent
84410 Crillon-le-Brave
Tél. 04 90 65 93 36 - Fax 04 90 12 81 46
Françoise Vazquez

1 pers 410/470 F - 2 pers 460/800 F
3 pers 610/910 F - p. sup 130 F - repas 150 F

6 chambres avec douche/wc. 1 suite 4 pers., s. d'eau, wc, coin-cuisine, TV, tél. (970 F/4 pers.). Ouvert toute l'année (du 15/11 au 15/2 groupe 10 pers. uniquement). Table d'hôtes sur résa. (apéritif/vin compris) : estouffade à la provençale. Restaurants 1 et 4 km. Piscine privée. Salle musculation. ★ Palais des Papes à Avignon, ruines romaines d'Orange, Carpentras, Cavaillon. Randonnées dans le Mont-Ventoux, ski de piste et de fond à 20 km. **Accès :** à Carpentras, D974 direction Mont-Ventoux, puis à 13 km, prendre à gauche direction Crillon-le-Brave et Clos Saint-Vincent.

A 2 pas du Ventoux, le clos St-Vincent vous offre le calme et le charme d'un vieux mas provençal entièrement rénové. Les chambres sont claires et confortables. Françoise vous propose confitures et pâtisseries maison qui composent le petit déjeuner. Certains soirs, on partage amicalement le repas pris sous le micocoulier.

Vaucluse

Mont Ventoux. Avignon, and Theatre and Music Festivals. Downhill and cross-country skiing 20 km. 18-hole golf course 20 km.

★ *How to get there:* At Carpentras, take D974 for 12 km. The mill is on the left-hand side, below.

Formerly a lord's domain, Moulin d'Antelon stands high on a hillside by a stream. The mill is surrounded by woodland, and the ornamental lake and lawns add a picturesque note to this classic Provençal landscape. Fine period, modern and Provençal décor.

Crillon-le-Brave

Carte 6 **647**

Moulin d'Antelon

Crillon-le-Brave - 84410 Bedoin
Tél. 04 90 62 44 89 - Fax 04 90 62 44 90
Valérie et Marie-Luce Ricquart

2 pers 290/340 F - 3 pers 440 F - repas 130 F

5 chambres toutes avec sanitaires particuliers et entrées indépendantes. Ouvert toute l'année. Table d'hôtes sur réservation (vin compris) : cuisine provençale. Nombreux restaurants à proximité. Grande piscine privée (25x12). Pièce d'eau et gîte sur place. ★ Mont Ventoux et Avignon, festivals théâtre et musique. Ski de piste, de fond à 20 km. Golf 18 trous à 20 km. **Accès :** à Carpentras, prendre D 974, le moulin est à gauche en contrebas après 12 km.

Ancienne seigneurie, le moulin d'Antelon dresse son bâtiment à flanc de coteau près d'un ruisseau. Entouré d'un parc arboré, la pièce d'eau et les gazons donnent une note insolite dans un paysage provençal classique. Décoration ancienne, moderne et provençale.

Vaucluse

Vaison-la-Romaine. Wine-tasting tours. Bicycle touring. Old villages. Horse-riding, hiking. Ideally situated for visiting Provence.

★ *How to get there:* A7, Bollène exit, then Vaison-la-Romaine, Entrechaux, near Pont Romain (bridge).

This handsome Provençal house with bright, attractive bedrooms is set in peaceful countryside. During the summer months, breakfast is served by the pool on the terrace facing Château d'Entrechaux and Mont Ventoux. Shaded park, picnic area and bowls by the river. Parking facilities.

Entrechaux

Carte 6 **648**

L'Esclériade
Route de Saint-Marcellin
84340 Entrechaux
Tél. 04 90 46 01 32
Mme Subiat

1 pers 330/370 F - 2 pers 350/390 F - 3 pers 520 F

4 chambres et 1 suite avec terrasse, TV et tél. : 3 avec bains et wc privés, 2 avec douche et wc privés. Ouvert du 1.03 au 31.10. Réfrigérateur. Parking fermé. Cartes bancaires acceptées. Auberge 800 m. Nombreux restaurants à proximité. ★ Vaison-la-Romaine. Route des vins. Circuit cyclo-touristique. Vieux villages. Promenades équestres ou pédestres. Situation idéale pour visiter la Provence. **Accès :** A7 sortie Bollène, puis Vaison-la-Romaine, Entrechaux, à proximité du pont romain.

Belle maison provençale bien au calme, en pleine campagne, où vous apprécierez les chambres gaies, lumineuses et raffinées. Le petit déjeuner est servi en été au bord de la piscine, en terrasse face au château d'Entrechaux et du Mont Ventoux. Parc ombragé, coin pique-nique, jeux de boules au bord de la rivière.

Vaucluse

Mountain bikes. Golf course 3 km. Horse-riding. Tennis. Footpaths. Fishing. Music and Theatre Festivals.

★ *How to get there: Motorway, Avignon-Sud exit, for Cavaillon, then Caumont and Isle-sur-la-Sorgue. When you reach the centre of Isle-sur-la-Sorgue, head for Apt and first road on the right after "Citroën".*

Irmy and Dominique are your hosts at this old Provençal mas (house), bordering Isle-sur-la-Sorgue. You will enjoy the charm of the spacious, comfortable bedrooms decorated with sparkling colours, the swimming pool and the peace and quiet of this enchanting spot set in 10 acres of Provençal greenery.

Isle-sur-la-Sorgue Carte 6 649

Domaine de la Fontaine
920, chemin du Bosquet
84800 Isle-sur-la-Sorgue
Tél. 04 90 38 01 44 - Fax 04 90 38 53 42
Dominique et Irmy Sundheimer

1 pers 450/540 F - 2 pers 490/580 F - 3 pers 820 F
p. sup 100 F - repas 140 F

3 chambres et 2 suites familiales avec tél., salle d'eau et wc privés. Ouvert de mars à décembre. Savoureux petit déjeuner. Table d'hôtes (3 fois/semaine) : lotte à la provençale, parfait maison... TV (sur demande). Cour, jardin, terrasse à l'ombre des platanes centenaires, parc, piscine privée. ★ VTT. Golf à 3 km. Equitation. Tennis. Sentiers pédestres. Pêche. Festivals de musique et théâtre. **Accès :** autoroute sortie Avignon-sud, direction Cavaillon, puis Caumont et Isle-sur-la-Sorgue, puis centre direction Apt et 1ère à droite après "Citroën".

En bordure de l'Isle-sur-la-Sorgue, Irmy et Dominique vous accueilleront chaleureusement dans un vieux mas provençal. Vous apprécierez le charme des chambres spacieuses et confortables aux couleurs chatoyantes, la piscine et la tranquillité de ce lieu enchanteur entouré de 4 ha. de verdure provençale.

Vaucluse

Tennis court 3 km. Horse-riding, fishing, bathing, hiking 2 km. Swimming pool on the premises.

★ *How to get there: N100 for Apt, 3.5 km from Isle-sur-la-Sorgue centre, turn left. Signs for "La Méridienne" and "Gîtes de France" on the corner of N100 and Chemin de la Lône.*

Jérôme Tarayre guarantees a warm welcome at this pretty house. The 5 bedrooms are very tastefully furnished in the Provençal style, each displaying a personal touch.

Isle-sur-la-Sorgue Carte 6 650

La Méridienne
Chemin de la Lône
84800 Isle-sur-la-Sorgue
Tél. 04 90 38 40 26 - Fax 04 90 38 58 46
Jérôme Tarayre

1 pers 250/280 F - 2 pers 280/320 F
3 pers 370/410 F - p. sup 60 F

5 chambres avec salle d'eau, wc privés et terrasse (TV sur demande). Ouvert toute l'année. Restaurants à 2 km. Coin-cuisine à la disposition des hôtes. Piscine. Parking couvert et parc. ★ Tennis à 3 km. Equitation, pêche, baignade, randonnées à 2 km. Piscine sur place. **Accès :** N100 vers Apt, à 3,5 km du centre de l'Isle-sur-la-Sorgue, à gauche. Fléchage "La Méridienne" et "Gîtes de France" au coin de la N100 et du chemin de la Lône.

Jérôme Tarayre vous accueille chaleureusement dans sa jolie maison. Les 5 chambres sont personnalisées et décorées avec beaucoup de goût dans le style provençal.

Vaucluse

High spots of the Luberon. Roman Provence, Music and Theatre Festivals. Regional Nature Park. Tennis, horse-riding, golf, hiking.

★ *How to get there:* Main entrance by the old church in Lacoste. If you are on foot, walk round behind the church.

Attractive old house in beautiful surroundings near Lacoste with a panoramic view of Mont Ventoux. The bedrooms have been designed in a fresh, contemporary style (lacquered furniture, wood and wickerwork). There is also a swimming pool for guests' enjoyment.

Lacoste

Carte 6   651

Bonne-Terre
84480 Lacoste
Tél. 04 90 75 85 53 - Fax 04 90 75 85 53
Roland Lamy

1 pers 480 F - 2 pers 570 F - p. sup 120 F

5 chambres avec douche et wc privés et 1 chambre avec bains et wc privés. Ouvert toute l'année sauf décembre. Copieux petit-déjeuner. 2 restaurants au village. Cartes bleues, visa acceptées. Parc. Piscine privée. Parking. ★ Hauts lieux du Luberon. Provence romaine, festivals : musique, théâtre. Parc Naturel Régional. Tennis, équitation, golf, randonnées pédestres. **Accès :** entrée principale avant la vieille église de Lacoste et sinon à pied derrière la même église.

Jolie maison ancienne située dans un très beau cadre avec vue panoramique sur le mont Ventoux, à proximité du village. Les chambres sont contemporaines et fraîches (laques, bois, vannerie) et vous pourrez vous détendre agréablement au bord d'une très belle piscine à débordement.

Vaucluse

Fontaine de Vaucluse, Isle-sur-la-Sorgue (antiques centre), Gordes, the Luberon and picturesque villages. Golf, horse-riding, canoeing and tennis 5 min. Hiking paths.

★ *How to get there:* Motorway, Avignon-Sud exit, for Apt, Sisteron. At Petit-Palais, continue along D22 for 2 km. Turn off before Lagnes.

This restored Provençal farmhouse, set in over 4 acres of orchards, between the Luberon and Vaucluse mountains, has kept its identity. The ground floor has visible stonework, while the ceilings are in the traditional Provençal style. All the bedrooms are different, bright and comfortable. Refined, gourmet cuisine with delicious and original specialities.

Lagnes

Carte 6   652

Mas du Grand Jonquier
84800 Lagnes
Tél. 04 90 20 90 13 - Fax 04 90 20 91 18
François et Monique Greck

1 pers 480 F - 2 pers 480 F - 3 pers 580 F
p. sup 100 F - repas 130 F

6 chambres avec douche et wc privés, TV et tél. Ouvert toute l'année (janv. et févr. sur résa. tél. uniquement). Copieux petit déj. : fruits, fromages, viennoiseries... Table d'hôtes sur réservation. Solarium. Terrain de boules, ballons. Restaurants 5 km. Cartes de crédit acceptées. Piscine privée. ★ Fontaine de Vaucluse, Isle-sur-la-Sorgue (capitale des antiquaires), Gordes, le Luberon et ses villages pittoresques. Golf, équitation, tennis, canoë à 5 mn. Sentiers pédestres. **Accès :** sortie autoroute Avignon-Sud, dir. Apt-Sisteron, arriver à Petit-Palais continuer toujours sur la D22 pendant 2 km. Ne pas monter à Lagnes.

Entre monts du Luberon et de Vaucluse, au milieu de 2 ha. de vergers, vous découvrirez dans une ambiance conviviale un mas restauré qui a su conserver son identité. Rez-de-chaussée en pierres apparentes et plafonds à la provençale. Les chambres sont toutes personnalisées, confortables et gaies. Cuisine raffinée et gourmande avec de délicieuses et originales spécialités.

Vaucluse

At the foot of a Provençal village, in the Luberon Regional Park. Isle-sur-la-Sorgue: Provence's art and antiques capital. Fontaine de Vaucluse (reappearance of river), Gordes. Tennis, golf, canoeing, horse-riding, hiking, biking.

★ **How to get there:** On D24, between N100 and D99.

In the heart of Luberon Regional Park, close to Isle-sur-la-Sorgue, four comfortable, spacious bedrooms await you at this handsome 18th-century farmhouse, now fully restored. A haven of greenery with sunshine and tranquillity for a relaxing, farniente break in the shade of a three-hundred-year-old plane tree.

Lagnes

Carte 6 653

La Pastorale
Route de Fontaine-de-Vaucluse
84800 Lagnes
Tél. 04 90 20 25 18 - Fax 04 90 20 21 86
Robert et Elisabeth Negrel

1 pers 270 F - 2 pers 330 F - 3 pers 410 F
p. sup 80 F

2 chambres et 2 suites avec bains ou douche et wc privés. Ouvert toute l'année. Petit déjeuner : confitures maison, pain typique... Téléphone à disposition. Cuisine d'été réservée aux hôtes. Cour, jardin et parc avec chaises longues. Garage fermé. Nombreux restaurants alentours. ★ Au pied d'un village provençal, dans le Parc Naturel du Luberon. Isle-sur-Sorgue : capitale provençale de l'art et des antiquités. Fontaine de Vaucluse, Gordes... Tennis, golf, canoë-kayak, équitation, randonnées pédestres, VTT. **Accès** : sur la D24, entre la N100 et la D99.

Au coeur du Parc Régional du Luberon et à proximité de l'Isle-sur-Sorgue, 4 chambres confortables et spacieuses ont été aménagées dans cette belle ferme du XVIIIe siècle entièrement restaurée. Dans ce havre de verdure, soleil et tranquillité seront au rendez-vous et pour vous détendre, farniente à l'ombre du platane tricentenaire.

Vaucluse

Nearby: lake, swimming pool, fishing, tennis, horse-riding, mountain biking and golf. Hiking paths. Châteaux tours and wines. Abbeys. Festivals. Ideally situated for exploring Provence.

★ **How to get there:** On D973 between Cavaillon and Pertuis. From Avignon, head for Cavaillon.

Between Durance and the Luberon, through reeds and fruit trees, you will come across a troglodyte dwelling which backs onto a hillside. This superb 18th-century country house, restored to pristine splendour, stands in 7.5 acres of terraced land, with ponds and streams. Tasteful and comfortable. Savour the good life and the peace and quiet.

Lauris

Carte 6 654

La Maison des Sources
Chemin des Fraisses - 84360 Lauris
Tél. 04 90 08 22 19 ou 06 08 33 06 40
Fax 04 90 08 22 19
Martine Collart-Stichelbaut

1 pers 370/380 F - 2 pers 430/450 F
3 pers 530/550 F - p. sup 100 F - repas 140 F

4 chambres : 1 avec bains, 2 avec douche, 1 (idéale pour 4 pers.) avec bains + douche, wc privés. (650 F/4 pers.). Ouv. toute l'année. Copieux petit déj. : laitages, pâtisseries, confitures, fruits. T.d'hôtes occasionnelle (apéritif/vin/café ou tisane compris). Très beau terrain en terrasses (sources, bassins). Végét. luxuriante. ★ A proximité : plan d'eau, piscine, pêche, tennis, équitation, VTT, golf. Sentiers de randonnée. Circuits des châteaux et des vins. Abbayes. Festivals. Situation idéale pour découvrir la Provence. **Accès** : sur la D973 entre Cavaillon et Pertuis. Avignon dir. Cavaillon.

Entre Durance et Luberon, à travers roseaux et arbres fruitiers, adossée à la falaise, superbe bastide du XVIIIe restaurée à l'ancienne, sur un vaste terrain de 3 ha. en restanques avec bassins et sources. Aménagée avec goût et confort, vous y apprécierez sa douceur de vivre, son calme et son atmosphère chaleureuse.

Vaucluse

Summer festivals: Les Vaudois, Les Protestants, Les Cisterciens, Giono, etc. Hiking in the Luberon. Tennis courts at Lauris. Golf course 17 km.

★ **How to get there:** Full details will be supplied at time of booking.

This handsome, elegantly-restored 17th-century stone bastide stays cool in the summer heat. The bedrooms are decorated in soothing colours and each has an atmosphere of its own. The inner courtyard is ideal for a relaxing nap and the park will beckon you to take leisurely strolls. A harmonious balance of magnificent landscape and serenity, where time stands still.

Lauris

Carte 6 655

Bastide du Piecaud
Chemin de l'Escudier – 84360 Lauris
Tél. 04 90 08 32 27 ou 06 82 86 10 30
Fax 04 90 08 32 27
M. et Mme Schlumberger-Chazelle

1 pers 280/400 F – 2 pers 280/400 F

4 chambres et 1 suite avec sanitaires privés. Ouvert toute l'année. Petit déjeuner : salade de fruits frais, pains variés, confitures maison... Bibliothèque (livres français et anglais). Cour, parc de 7 ha. Piscine. Nombreux restaurants à proximité. ★ Festivals d'été : les Vaudois, les protestants, les Cisterciens, Camus, Giono... Randonnées dans le Luberon. Tennis à Lauris. Golf 17 km. **Accès :** un plan détaillé sera remis lors de la réservation.

Cette belle bastide en pierres du XVIIe, fraîche en été, a été restaurée avec beaucoup d'élégance. Chaque chambre, aux couleurs apaisantes, a son ambiance propre. La cour intérieure invite au repos et le parc à la flânerie. Equilibre entre la splendeur du paysage et la sérénité des lieux. Une adresse hors du temps.

Vaucluse

Natural park, villages and châteaux of the Luberon. Summer Music, Theatre and Opera Festivals. Numerous art galleries in the village. Tennis, horse-riding, hiking, biking, swimming pool and golf course 20 km.

★ **How to get there:** 50 km east of Avignon on N7, then D973 for Cavaillon and Cadenet and D943, left for Lourmarin. Michelin map 84, fold 2.

Villa Saint-Louis, an 18th-century former post house, stands in wooded grounds in one of France's prettiest villages at the foot of the Luberon Massif. The owner, an interior designer, has decorated the luxurious bedrooms with elegance. Antique furniture from different periods, paintings, rugs and wall hangings are just some of the place's finest features. Charming.

Lourmarin

Carte 6 656

Villa Saint-Louis
35, rue Henri de Savournin
84160 Lourmarin
Tél. 04 90 68 39 18 – Fax 04 90 68 10 07
Bernadette Lassallette

1 pers 350/450 F – 2 pers 350/450 F

5 chambres avec tél. (ligne directe), TV (Canal +) : 4 avec douche, 1 avec bains, et wc privés. (Enfant 50 F). Ouvert toute l'année. Salon-bibliothèque réservé aux hôtes. Jardin, parking privé. Mountain-bikes. Restaurants à proximité. ★ Parc Naturel, villages et châteaux du Luberon. Festivals en été (musique, théâtre, opéra). Nombreuses galeries d'art dans le village. Tennis, équitation, circuits pédestres, vélo, piscine et golf 20 km. **Accès :** à 50 km à l'est d'Avignon, par la N7, puis D973 direction Cavaillon et Cadenet et D943, à gauche direction Lourmarin. CM 84, pli 2.

Au pied du Luberon, dans un des plus beaux villages de France, la Villa Saint-Louis est un ancien relais de poste du XVIIIe siècle, dans un grand parc boisé. Les chambres dotées du plus grand confort, ont été élégamment décorées par le propriétaire, architecte d'intérieur. Meubles anciens de différentes époques, tableaux, tapis et tentures. Une étape de charme.

Vaucluse

Châteaux of the Luberon. Walking and riding tours. 18-hole golf course 20 km. Tennis, horse-riding, fishing 2 km.

★ *How to get there: Take D973 from Aix-en-Provence, on the Apt road after Cadenet.*

Situated between the Durance and the Luberon, La Lombarde was once an outbuilding of the neigbouring Templars' residence (on a listed site). The rooms are bright, comfortable and quiet. Breakfast is served on a vast table in the arch-ceilinged dining hall or in the inner courtyard under the arbour. Guests may also relax in the swimming pool.

Lourmarin

Carte 6 **657**

La Lombarde
B.P. 32 - Puyvert - 84160 Lourmarin
Tél. 04 90 08 40 60 - Fax 04 90 08 40 64
Email : la.lombarde@wanadoo.fr
Gilbert et Eva Lebre

2 pers 380/410 F – p. sup 120 F

4 chambres, chacune avec entrée indépendante, terrasse, douche, wc, TV et réfrigérateur. Réception/salon avec TV, biblio., jeux de société. Ouvert de mars à fin octobre. 12 restaurants à Lourmarin 2 km (2 gastronomiques). Piscine sur place. Volley-ball, vélos, p-pong et espace barbecue. Pétanque. ★ Châteaux du Luberon. Circuits pédestres et équestres. Golf 18 trous à 20 km. Tennis, équitation, pêche 2 km. **Accès :** D973 depuis Aix-en-Provence, sur la route d'Apt après Cadenet.

Entre Durance et Luberon, La Lombarde est une ancienne dépendance de la Commanderie des Templiers voisine (site classé par les monuments historiques). Les chambres sont claires, confortables et calmes. Les petits déjeuners sont servis sur une immense table dans une salle voûtée ou dans la cour intérieure sous la tonnelle. Pour vous détendre, une très agréable piscine.

Vaucluse

Hiking and biking on Mont Ventoux. Dentelles de Montmirail. Toulourenc and Ouvèze Rivers. Paty Lake. Festivals. Provence markets. Wine estate tours. Wide variety of restaurants within a 400-m radius.

★ *How to get there: D938, Malaucène-Sud exit. 80 m past the church. Take the first gateway on the right and the drive lined with time-honoured lime trees.*

A handsome 5-acre property set in a flourish of greenery, with trees and meadows, at the foot of Mont Ventoux. This 16th-century château offers 5 comfortable bedrooms and boasts handsome 18th and 19th-century furniture. Breakfast is served on the terrace under the hundred-year old plane tree.

Malaucène

Carte 6 **658**

Le Château Cremessière
84340 Malaucène
Tél. 04 90 65 11 13
Michel et Elisabeth Dallaporta-Bonnel

1 pers 300 F – 2 pers 330/430 F

3 chambres avec douche et wc privés et 2 suites (300/700 F) : l'une avec terrasse, séj., cheminée, cuis., TV, bains et wc privés; l'autre avec terrasse, cuis., TV, douche et wc privés. Ouv. du 15.4 au 30.9. et à la Toussaint. Réfrigérateur à dispo. Terrasse ombragée. Salon de jardin. Tables pique-nique. Garage. Parking. (animaux admis sur demande). ★ Randonnées pédestres ou cyclistes dans le Mont Ventoux. Dentelles de Montmirail. Rivières de Toulourenc et de l'Ouvèze. Lac du Paty. Festivals. Marchés provençaux. Route du vin. **Accès :** D938 sortie sud de Malaucène. 80 m après l'église. 1er portail à droite et allée bordée de vieux tilleuls.

Dans un cadre de verdure, belle propriété de 2 ha. avec arbres et prairie, au pied du Mont Ventoux. Dans le château du XVIe siècle, 3 chambres et 2 suites vous sont réservées. Beau mobilier ancien d'époque XVIIIe et XIXe. Petit déjeuner servi sur la terrasse sous un platane centenaire.

Vaucluse

Mont Ventoux. Vaison-la-Romaine and Avignon 25 km. Hiking. Tennis court and golf course 1.5 km. Lake 6 km. 18-hole golf course 25 km.

★ *How to get there: Motorway, exit city centre. Head for Lyon-Valence on N7.*

Handsome 17th-century country house with a courtyard and garden, set in 2.5 acres of enclosed tree-filled parkland. Comfortable bedrooms with rustic décor. Provençal dishes are served at the table d'hôtes. Relax by the pool. An ideal base from which to discover this delightful region.

Orange

Carte 6 659

Domaine de la Violette
Chemin de Lauriol – 84100 Orange
Tél. 04 90 51 57 09 – Fax 04 90 34 86 15
Email : herming@avignon.pacwan.net
Olga Hermite-Nguyen Ngoc Lam

1 pers 350 F - 2 pers 400 F - p. sup 80 F - repas 95 F

3 chambres avec douche et wc privés. Ouvert du 1er mars au 30 septembre. Petit déjeuner gourmand : tartes et confitures maison, fruits, fromages... Table d'hôtes (vin compris) : cuisine provençale. Salon avec TV à disposition. Cour, jardin, piscine privée, parking et parc clos. Restaurants à proximité. ★ Mont Ventoux. Vaison-la-Romaine et Avignon à 25 km. Randonnées. Tennis et golf à 1,5 km. Plan d'eau à 6 km. Golf 18 trous à 25 km. **Accès :** sortie autoroute centre ville. Prendre direction nord Lyon-Valence par la N7.

Belle bastide du XVIIe siècle avec cour et jardin, située dans un agréable parc boisé entièrement clos, d'1 ha. Chambres confortables et décor rustique. Cuisine provençale à la table d'hôtes et détente au bord de la piscine. Une étape idéale pour découvrir cette belle région.

Vaucluse

Music and Theatre Festivals. Provence markets. Second-hand markets. Swimming pool, tennis 1 km. Golf course 10 km. Hiking.

★ *How to get there: From the tourist office: 2 km on the Mazan road, then right for "Chemin de la Roque", Saint-Barthélemy is 100 m further on.*

This superb 18th-century Provençal mas stands in large shaded grounds, in the heart of Le Comtat Venaissin. The 5 comfortable, welcoming bedrooms are furnished in the Provençal style and overlook the park or courtyard. In summer, take a refreshing dip in the private pool.

Pernes-les-Fontaines

Carte 6 660

Saint-Barthélemy
84210 Pernes-les-Fontaines
Tél. 04 90 66 47 79 – Fax 04 90 66 47 79
Jacqueline Mangeard

1 pers 240 F - 2 pers 300 F - 3 pers 400 F
p. sup 100 F

5 chambres avec sanitaires privés dont 1 avec bains et 4 avec douche. Petit déj. : jus de fruits, fruits, confitures et pâtisseries maison, viennoiseries. Buanderie, réfrig. à dispo. Parking fermé, parc ombragé. Vélos, p.pong, tennis (gratuits), badminton. Piscine privée. Restaurants à prox. Cabine tél. Cascade dans la prop. ★ Festivals de musique et théâtre. Marchés provençaux. Foires à la brocante. Piscine, tennis à 1 km. Golf à 10 km. Randonnées pédestres. **Accès :** à partir de l'Office du Tourisme : 2 km sur la route de Mazan, à droite chemin de la Roque, à 100 m St.Barthélemy.

Au cœur du Comtat Venaissin, superbe mas provençal du XVIIIe siècle, entouré d'un grand parc ombragé. Mobilier provençal dans les 5 chambres qui vous sont réservées. Elles sont confortables et chaleureuses et s'ouvrent sur le parc ou sur la cour. Pour vous détendre, vous pourrez profiter de la piscine privée (11 x 5 m).

Vaucluse

Music Festivals. Secondhand fairs. Markets of Provence. Picturesque villages. Hiking. Tennis court 1 km. Golf course 10 km.

★ **How to get there:** *Pernes-les-Fontaines centre, then drive about 1 km heading for Avignon.*

This fully-restored 16th-century stone-built mill is situated near Mont Ventoux, in the heart of Provence. The magnificent setting, with tree-lined park, terraces, pool, summer kitchen and barbecue, is bursting with charm. The elegantly-decorated bedrooms are extremely luxurious. Relax on the delightful terrace in the shade of a two-hundred-year-old plane tree.

Pernes-les-Fontaines
Carte 6 **661**

Moulin de la Baume
182, route d'Avignon
84210 Pernes-les-Fontaines
Tél. 04 90 66 58 36 - Fax 04 90 61 69 42
Eddy Le Compte-Bellon

1 pers 450 F - 2 pers 550 F - 3 pers 775 F
p. sup 125 F

4 chambres et 1 suite avec TV, sèche-cheveux et sanitaires privés. Ouvert du 15.02 au 15.11. Petit déjeuner : fruits, laitages, fromage, viennoiseries... Terrasses, cuisine d'été, barbecue. Parc clos de 5000 m^2, piscine, vélos. Parking privé. Nombreux restaurants à proximité. ★ Festivals de musique. Foires à la brocante. Marchés provençaux. Villages pittoresques. Randonnées pédestres. Tennis 1 km. Golf 10 km. **Accès :** centre de Pernes-les-Fontaines, puis direction Avignon sur 1 km environ.

Près du Mont Ventoux, en pleine Provence, ce vieux moulin en pierres, du XVIe siècle a été entièrement restauré. Dans ce cadre magnifique, avec parc arboré, terrasses, piscine, cuisine d'été et barbecue, vous ferez une étape de charme. Les chambres au décor élégant, sont d'un très grand confort. Belle terrasse à l'ombre d'un platane vieux de 200 ans.

Vaucluse

Venasque 2 km. Isle-sur-la-Sorgue 9 km. Gordes, Avignon 20 km. Roussillon, Les Baux de Provence 30 km. Horse-riding 2 km. Tennis 3 km. Fishing 6 km. Golf 15 km.

★ **How to get there:** *A7 Avignon-Nord, then Vedène-St-Saturnin-les Avignon and head for Pernes-les-Fontaines (RD28). From Pernes, drive 2 km for St-Didier. The accommodation is signposted on the right.*

Le Mas Pichony is a genuine 17th-century Provençal house, set amid vines, olive groves and cherry trees. An ideal destination for a relaxing break in peaceful, sun-drenched surroundings. The tastefully-decorated bedrooms each have their own style, in the colours of Provence, and open out onto the terrace in the shade of a century-old plane tree.

Pernes-les-Fontaines
Carte 6 **662**

Le Mas Pichony
1454, rte de St-Didier - 84210 Pernes-les-Fontaines
Tél. 04 90 61 56 11 ou 06 81 13 83 32
Fax 04 90 61 56 33
http://www.eurobandb.com/gites/pichony-f.htm
Jean-Pierre et Françoise Faure-Brac

1 pers 400 F - 2 pers 450 F - 3 pers 600 F
p. sup 120 F - repas 150 F

5 chambres avec sanitaires privés. Ouvert toute l'année. Petit déj. copieux : pâtisseries et brioche maison, fromages... T. d'hôtes : spécialités du terroir, produits du marché et fermiers. TV, tél., cheminée, bibliothèque, salon. Jardin non clos. Piscine avec solarium. Boules. VTT. Vignes. ★ Venasque 2 km. Isle-sur-la-Sorgue 9 km. Gordes, Avignon 20 km. Roussillon, les Baux 30 km. Equitation 2 km. Tennis 3 km. Pêche 6 km. Golf 15 km. **Accès :** A7 Avignon-nord, puis prendre Vedène-St-Saturnin-les-Avignon et suivre Pernes-les-Fontaines (RD28). A Pernes, suivre St-Didier sur 2 km, hébergement annoncé sur la droite par un panneau.

Dans un authentique mas provençal du XVIIe siècle, au milieu des vignes, des oliviers et des cerisiers, le mas Pichony est un lieu idéal pour un séjour de détente, calme et ensoleillé. Les chambres décorées et personnalisées avec goût aux couleurs de la Provence ouvrent sur la terrasse, à l'ombre d'un platane bicentenaire.

Vaucluse

Vaison-la-Romaine (Roman digs). Le Ventoux. Nyons and its olive groves. Les Baronnies region. Tennis 2 km. Golf, lake, horse-riding 5 km.

★ *How to get there: D538 between Vaison-la-Romaine and Nyons. At intersection (D538-D46) the house (with a tower) overlooks the intersection. Follow signs on trunk road (D538).*

Perched on a hill, facing Mont Ventoux, this superb stone mas (house) is surrounded by olive trees. Your hosts Michèle and Jean-Luc provide a warm welcome. Attractive indoor swimming pool with counter current. A must for visiting Provence.

Puyméras

Carte 6 **663**

Le Saumalier
84110 Puyméras
Tél. 04 90 46 49 61 – Fax 04 90 46 49 61
Jean-Luc et Michèle Sauvayre

1 pers 300 F – 2 pers 350/400 F – 3 pers 400/450 F
p. sup 100 F

2 chambres avec TV et sanitaires privés. Ouvert toute l'année (sauf fêtes de fin d'année). Piscine intérieure avec nage à contre courant. Jardin arboré d'oliviers et pelouse. Vélos, pétanque, randonnées. ★ Vaison-la-Romaine (fouilles romaines). Le Ventoux. Nyons et ses olives. Région des Baronnies. Tennis 2 km. Golf, lac, équitation 5 km. **Accès :** D538 entre Vaison-la-Romaine et Nyons. Au croisement (D538 et D46) la maison (avec une tour) surplombe l'intersection. Fléchage sur la départementale 538.

Perché sur une colline, face au Mont Ventoux superbe mas en pierre entouré d'oliviers. Michèle et Jean-Luc vous recevront avec chaleur. Belle piscine intérieure avec nage à contre-courant. Etape incontournable pour visiter la Provence.

Vaucluse

Luberon region. Isle-sur-la-Sorgue. Cavaillon. Fontaine de Vaucluse (reappearance of river). Gordes.

★ *How to get there: At Cavaillon, head for Robion. At traffic lights, take CD31 for Petit Palais/Isle-sur-la-Sorgue. Drive 1.2 km. At the end of the straight road, take the lane on the right-hand side and drive 200 m.*

Catherine and Michel Charvet provide a warm welcome at their time-honoured Provençal house (mas) which they have lovingly restored. The bedrooms are all decorated in a different style with great taste. Handsome 17th, 18th and 19th-century Provençal furniture. Relax in the residence's attractive swimming pool.

Robion

Carte 6 **664**

Domaine de Canfier
84440 Robion
Tél. 04 90 76 51 54 – Fax 04 90 76 67 99
Email : canfier@aol.com
Michel et Catherine Charvet

1 pers 370 F – 2 pers 420 F – repas 125 F

2 chambres avec douche au 2ème étage et 1 chambre avec bains, wc privés. Ouvert toute l'année. Petit déjeuner : pâtisseries et confitures maison, salade de fruits, compote de prunes, miel, flan... Table d'hôtes (3 à 4 soirs/semaine) : cuisine provençale familiale. Piano. Cour, parc, jardin, piscine. ★ Région du Luberon. Isle-sur-Sorgue. Cavaillon. Fontaine-de-Vaucluse. Gordes. **Accès :** à Cavaillon dir. Robion. Aux feux tricolores prendre CD31 dir. Petit Palais/Isle-sur-Sorgue. Faire 1,2 km. Au bout de la ligne droite, prendre chemin à dr. et faire 200 m.

Catherine et Michel Charvet vous accueilleront chaleureusement dans leur vieux mas qu'ils ont restauré avec passion. Les chambres sont personnalisées et décorées avec goût. Beaux meubles provençaux d'époque XVIIe, XVIIIe et XIXe. Pour vous détendre, une agréable piscine.

Vaucluse

Roussillon. Gordes. Joucas. Banon. Simiane. The Proven-çal "Colorado". Véroncle Gorges. Horse-riding, golf and hiking nearby.

★ How to get there: On D2, between Gordes and Saint-Saturnin-les-Apt. After Gordes, some 6-7 km on, turn left for Hameau de Clavaillan.

This superb Provençal mas, set in wooded garrigue, affords a view of the Luberon and the ochre-coloured village of Roussillon. The bedrooms, appointed with period furniture and paintings, are decorated with refinement and boast superb bathrooms. All have private terraces. An outstanding spot for a memorable stay.

Roussillon

Carte 6 **665**

Mas d'Azalaïs
Hameau de Clavaillan - 84220 Roussillon
Tél. 04 90 05 70 00 - Fax 04 90 05 70 00
Christine Lacombe

1 pers 600 F - 2 pers 680 F - 3 pers 670/790 F
p. sup 130 F - repas 145 F

1 chambre et 1 suite (équipée pour pers. handicapée) avec cheminée, TV, mini-bar, tél. (n° personnel) et sanitaires privés. Ouvert toute l'année. Table d'hôtes : caillettes, collier d'agneaux... TV, téléphone, mini-bar, jeux de société. Jardin, piscine privée, jeux de boules. ★ Roussillon. Gordes. Joucas. Banon. Simiane. Colorado provençal. Gorges de la Véroncle. Equitation, golf et randonnées à proximité. **Accès :** par la D2, entre Gordes et Saint-Saturnin-les-Apt. Après Gordes, à environ 6/7 km, tourner à gauche direction hameau de Clavaillan.

En pleine garrigue arborée, superbe mas provençal avec vue sur le Luberon et le village ocré de Roussillon. Les chambres avec meubles et tableaux anciens sont décorées avec raffinement et dotées de très belles salles de bains. Elles ont toutes une terrasse privée. Vous ferez en ce lieu d'exception, une étape inoubliable.

Vaucluse

Provence's Colorado. Gordes. Ochre quarries. Sénanque Abbey. Fontaine-de-Vaucluse. Posted hiking paths in the Luberon. Horse-riding, golf, windsurfing, ballooning and tennis.

★ How to get there: From Gordes, head for Roussillon. Turn right 1 km after the "Appy" garden centre. 100 m after the crossroads, take the plane tree-lined drive on the left.

This magnificently-restored 18th-century country house is located just 2 km from Roussillon. The residence features a vast landscape garden with swimming pool, and is set in 15 acres of orchards. Relaxing atmosphere with Provençal décor and fine period furniture. The self-contained bedrooms have been tastefully decorated and exude great charm. Not to be missed.

Roussillon

Carte 6 **666**

La Bastide Basse
84220 Roussillon
Tél. 04 90 05 77 76 - Fax 04 90 05 77 76
Email : jean-philippe.francin@wanadoo.fr
Jean-Philippe et Patricia Francin

1 pers 400/700 F - 2 pers 450/750 F - 3 pers 800 F

2 chambres et 1 suite (mini-bar, kitchenette et TV), toutes avec bains et wc privés. Ouvert de Pâques à la Toussaint. Petit déjeuner : fruits, fromages, charcuteries, laitage, viennoiseries... Cour, jardin, parc (6 ha.), piscine (12 x 6 m). Nombreux restaurants à proximité. ★ Colorado provençal. Gordes. Carrières d'ocre. Abbaye de Sénanque. Fontaine-de-Vaucluse. Randonnées balisées dans le Luberon. Equitation, golf, vol à voile, montgolfière, tennis. **Accès :** à Gordes suivre dir. Roussillon. Tourner à droite 1 km après horticulteur "Appy". 100 m après croisement, prendre le chemin bordé de platanes sur la gauche.

A 2 km de Roussillon, mas du XVIIIe superbe-ment restauré. Situé dans un vaste jardin paysager avec piscine, il est entouré de 6 ha. de vergers. Atmosphère chaleureuse au décor provençal et beaux meubles anciens. Les chambres, toutes indépendantes de la maison ont été aménagées avec un goût certain et beaucoup de charme. Une adresse à ne pas manquer.

Vaucluse

Villages of Roussillon, Gordes, Provence's Colorado 10 km. Tennis, horse-riding, golf and bathing.

★ *How to get there: On N100 from Avignon, take D2 below Gordes, for St-Saturnin. 500 m on, turn right after the D2 and D4 crossroads.*

This handsome country house, an 18th-century silk farm, stands amid vines and cherry trees, at the foot of the Roussillon's ochre cliffs. Five comfortable bedrooms with rustic and Provençal décor await you. Splendid landscape garden with swimming pool (non-chlorinated).

Roussillon

Carte 6 **667**

La Bastide des Grands Cyprès

Hameau des Yves - 84220 Roussillon
Tél. 04 90 05 62 10 ou 06 08 91 01 62
Fax 04 90 05 70 41
http://www.guideweb.com/provence/bb/grands-cypres
Mary-José Laval

2 pers 500/700 F - p. sup 150 F

5 chambres avec douche et wc privés. Petit déjeuner : fromages, laitage, viennoiseries, cake, confiture... Salon avec cheminée et TV, bibliothèque, jeux de société, mini-bar. Terrasse. Parking. Cour, jardin, piscine (non chlorée), vtt, ping-pong et boules. Envol en montgolfière de la propriété. ★ Villages de Roussillon, Gordes. Colorado provençal 10 km. Tennis, équitation, golf, randonnées, baignade. **Accès :** par la N100 en venant d'Avignon, prendre la D2 en bas de Gordes, direction St. Saturnin. 500 m à droite après le carrefour de la D2 et de la D4.

Au milieu des vignes et des cerisiers, cette belle bastide est une ancienne magnanerie du XVIIIe située au pied des falaises d'ocre de Roussillon. 5 chambres confortables au décor rustique et provençal vous sont réservées. Superbe jardin paysager avec piscine (non chlorée).

Vaucluse

Walks in the forest. Ochre quarries. Cheminées de Fées. Listed 12th-century chapel. Provence's "Colorado". Apt 7 km (lake). Bonnieux 19 km. Roussillon 21 km. Avignon 59 km.

★ *How to get there: As you leave Apt, head for St-Christol on D22. 7.5 km on, turn right for the forest and follow signs to "La Forge".*

This artists' house, in the Luberon Park, is the home of painter-sculptor Dominique and photographer Claude Ceccaldi-Berger. Their listed 19th-century residence was originally a foundry. The glorious interior décor boasts period furniture, paintings and Provençal fabrics. Relax in the superb swimming pool or sunbathe on the patio with arbour.

Rustrel

Carte 6 **668**

La Forge

Notre-Dame-des-Anges - 84400 Rustrel
Tél. 04 90 04 92 22 - Fax 04 90 04 95 22
Dominique et Claude Ceccaldi-Berger

2 pers 540 F - repas 160 F

2 chambres et 2 suites (860 F/4 pers.) avec sanitaires privés. Fermé du 15.11 au 30.12 et du 6.1 au 28.2. Table d'hôtes : foie gras (sur commande), cuisine à base de produits régionaux. Vaste salle commune avec cheminée à feu ouvert. Biblio. avec TV. Cour, jardin, piscine, grand barbecue, cuisine d'été. ★ Promenades en forêt. Carrières d'ocre. Cheminées de fées. Chapelle classée du XIIe. Colorado provençal. Apt 7 km (plan d'eau). Bonnieux 19 km. Roussillon 21 km. Avignon 59 km. **Accès :** à la sortie d'Apt, prendre dir. St-Christol par la D22. A 7,5 km tourner à droite en dir. de la forêt et suivre le fléchage "La Forge".

Dans le parc du Luberon, cette maison d'artistes (Dominique et Claude sont peintre-sculpteur et photographe) est une ancienne fonderie du XIXe, classée monument historique. Superbe aménagement intérieur avec meubles anciens, tissus provençaux, peintures... Pour vous détendre, une magnifique piscine avec plage pavée et tonnelle.

Vaucluse

Vaison-la-Romaine, Roman and medieval town. Village of Séguret. Walks (Ventoux, Dentelles de Montmirail mountains). Swimming and hiking locally.

★ How to get there: *Motorway A7, Orange exit, head for Vaison-la-Romaine on N977, at Séguret crossroads ("Chambres d'Hôtes" signs), right for CD88. Drive 800 metres, "Montvert l'Esclade" lane on left. 2nd house on left.*

Gisèle Augier will be delighted to welcome you to her Provençal home. The residence is full of charm, with cool, shaded parkland boasting romantic-style ponds. The bedrooms are fresh and prettily decorated. Enjoy the pool in the grounds.

Séguret

Carte 6 **669**

Saint-Jean
84110 Séguret
Tél. 04 90 46 91 76
Gisèle Augier

1 pers 410 F - 2 pers 490/570 F - 3 pers 630/680 F
p. sup 110 F

1 chambre et 2 suites avec salle d'eau et wc privés, TV, téléphone et réfrigérateur. Ouvert toute l'année. Petits déjeuners copieux, variés et raffinés. Nombreux restaurants à proximité. Piscine. Parc. ★ Ville romaine et moyennageuse de Vaison-la-Romaine. Village de Séguret. Promenades (Ventoux, Dentelles de Montmirail,...). Piscine et randonnées sur place. **Accès :** A7 sortie Orange dir. Vaison-la-Romaine N977. A Séguret panneaux chambres d'hôtes. A dr. CD88 faire 800 m. A gche chemin "Montvert l'Esclade" 2e maison à gche.

Gisèle Augier se fera un plaisir de vous accueillir dans sa maison provençale pleine de charme, disposant d'un parc frais et ombragé, agrémenté de bassins romantiques. Les chambres sont fraîches et joliment décorées. Dans le parc, une agréable piscine.

Vaucluse

Vaison-la-Romaine historical town: summer festivals. Wine-tasting tours. Mont Ventoux 30 km. Golf course 30 km. Skiing in the vicinity. Tennis court 2 km. Horse-riding 5 km. Fishing 1 km. Bathing 10 km. Hiking locally.

★ How to get there: *A6 motorway, Orange exit, for Vaison-la-Romaine.*

This 15th-century residence with crenellated towers stands in 25 acres of plantations. Swimming pool and grounds resplendent with hundred-year old trees, plane trees, antique ponds and fountains. Paleo-Roman chapel. Stone staircase, vast hall and Louis XV-style furniture. Breakfast is served on a shaded terrace. A prestigious spot in the heart of countryside.

Vaison-la-Romaine

Carte 6 **670**

Château de Taulignan
Saint-Marcellin-les-Vaison
84110 Vaison-la-Romaine
Tél. 04 90 28 71 16 - Fax 04 90 28 75 04
Rémy Daillet

1 pers 250/350 F - 2 pers 450/550 F
3 pers 500/600 F - p. sup 50 F - repas 150 F

1 chambre et 3 suites avec anti-chambre, bains et wc privés. Ouvert toute l'année. Salle de lecture, TV satellite, tél. à carte, piano, projecteur diapo., rétroprojecteur écran. Piscine, cour, jardin, parc, terrasse. Poss. de pique-nique. Nombreux restaurants à Vaison-la-Romaine. ★ Site de Vaison-la-Romaine : festivals en été. Route des vins. Mont Ventoux 30 km. Golf 30 km. Ski à proximité. Tennis 2 km. Equitation 5 km. Pêche 1 km. Baignade 10 km. Randonnée sur place. **Accès :** autoroute A6 sortie Orange, direction Vaison-la-Romaine.

Sur 10 ha. de plantations, demeure du XVe avec tours crénelées. Piscine, parc avec arbres centenaires, superbes platanes, fontaines et bassins anciens. Chapelle paléo-romaine. Escalier en pierre, vaste hall et mobilier de style Louis XV. Terrasse ombragée pour le petit déjeuner. Une adresse prestigieuse en pleine nature.

Vaucluse

Horse-riding, tennis, miniature golf. Archaeological digs and Roman theatre. Numerous galleries, festival, "Choralies", swimming pool.

★ *How to get there:* *Medieval town of Vaison-la-Romaine. Take Rue de l'Evêché.*

Your hostess Aude Verdier has created a haven of peace and quiet in this residence, originally a bishop's palace, right in the heart of the medieval city. The paintings, books, antique furniture and original features enhance the tranquillity and romanticism of the place. Breakfast is served on flower-filled terraces, which afford breathtaking views of the Roman town.

Vaison-la-Romaine
Carte 6 **671**

L'Evêché

rue de l'Evêché - 84110 Vaison-la-Romaine
Tél. 04 90 36 13 46 ou 04 90 36 38 30
Fax 04 90 36 32 43
Email : eveche@aol.com
Aude Verdier

1 pers 350/400 F - 2 pers 400/440 F

1 chambre avec bains, wc et téléphone et 3 chambres avec douche, wc et téléphone. Ouvert toute l'année. Plusieurs restaurants à proximité. Ping-pong. Mise à disposition de VTT sur place. ★ Equitation, tennis, mini-golf. Fouilles et théâtre romain. Nombreuses galeries, festival, choralies, piscine. **Accès** : ville médiévale de Vaison-la-Romaine et rue de l'Evêché.

De l'ancien Evêché, Aude a réussi à créer un havre de calme et de fraîcheur au coeur même de la cité médiévale. Les tableaux, les livres, les meubles anciens, les vieilles pierres contribuent, ici, à développer une ambiance empreinte de paix et de romantisme. Les terrasses fleuries offrent une jolie vue sur la ville, idéales pour la détente et le petit déjeuner.

Vaucluse

Châteaux. Les Baux de Provence. Mont Ventoux. Camargue. Tours of wine-producing estates. Calanques de Cassis. Les Ocres (Roussillon). Markets of Provence. Horse-riding, tennis 3 km. Lake, river 5 km. Golf course 15 km. Sea 30 km.

★ *How to get there: A7, Cavaillon exit, and D973 dir. Pertuis to Cadenet. Take D943 to Lourmarin, then D27 for 3 km, and D45 for Vaugines (1 km).*

This handsome Provençal mas, at the foot of the Luberon, is set in 25 acres of vines and cherry trees. The refined bedrooms are decorated in the warm colours of Provence. You will savour this tranquil setting from your private terrace or by the magnificent swimming pool. A delightful spot for a break away from it all.

Vaugines
Carte 6 **672**

Les Grandes Garrigues

Route de Cadenet - 84160 Vaugines
Tél. 04 90 77 10 71 ou 06 09 06 09 96
Fax 04 90 77 10 71
Michel et Paule Mattei

1 pers 400/500 F - 2 pers 450/600 F - 3 pers 650 F
p. sup 100 F - repas 130 F

5 chambres avec entrée indépendante, TV, sanitaires privés (2 avec salon indép. et 1 avec salon attenant). Ouvert toute l'année. Petit déj. : viennoiseries et confitures maison... Table d'hôtes : aïoli, agneau de Sisteron, soupe au pistou, bouillabaisse... Jeux de société, bar, cheminée, bibliothèque. Parc, piscine. ★ Châteaux. Les Baux de Provence. Le Mont Ventoux. La Camargue. Route des vins. Gorges du Verdon. Calanques de Cassis. Les Ocres (Roussillon). Marchés de Provence. Equitation, tennis 3 km. Plan d'eau, rivière 5 km. Golf 15 km. Mer 30 km. **Accès** : A7 sortie Cavaillon, puis D973 dir. Pertuis jusqu'à Cadenet. Prendre D943 jusqu'au Lourmarin, puis D27 sur 3 km et D45 dir. Vaugines sur 1 km.

Ce beau mas provençal, au pied du Luberon est situé sur 10 ha. de vignes et de cerisiers. Vous serez reçus dans des chambres raffinées, aux tons chauds de la Provence. Vous apprécierez la douceur des lieux sur votre terrasse privée ou au bord de la superbe piscine. Une adresse de charme.

Vaucluse

Avignon, Gordes, Fontaine de Vaucluse, Isle-sur-la-Sorgue, Les Baux de Provence, Saint-Rémy. Luberon, Ventoux. Golf, bikes for hire, horse-riding, canoeing.

★ **How to get there:** A7, Avignon-Nord exit. D942 Monteux. D31 Velleron. Place de la Poste (post office).

Villa Velleron is a former olive mill which has now been entirely renovated. A very comfortable stay is guaranteed in the 6 tastefully-decorated bedrooms, which each have their own individual style. The walled garden is a haven of peace and quiet where you can relax by the pool. Dinner is served on the terrace in this romantic setting.

Carte 6 · 673

Velleron

Villa Velleron

rue Roquette - 84740 Velleron
Tél. 04 90 20 12 31 - Fax 04 90 20 10 34
Email : villa.velleron@wanadoo.fr
Simone Sanders et Wim Wisser

2 pers 500/650 F - repas 160 F

6 chambres dont 1 avec cheminée avec sanitaires privés. Ouvert de Pâques au 1er nov. Table d'hôtes : menu différent chaque jour selon les produits frais de la région. Cour, jardin, piscine, jeu de boules. Salon avec TV, tél., bibliothèque et cheminée. ★ Avignon, Gordes, Fontaine de Vaucluse, Isle-sur-Sorgue, Les Baux de Provence, Saint-Rémy, Luberon, Ventoux. Golf, location de vélos, promenades à cheval, canoë. **Accès :** A7 sortie Avignon-nord. D942 Monteux. D31 Velleron. Place de la Poste.

La Villa Velleron, ancien moulin à huile, a été entièrement restaurée. 6 chambres décorées avec goût et personnalisées vous accueilleront. Dans le jardin enclos de vieux murs, vous profiterez du calme et d'agréables moments de détente auprès de la piscine. Le dîner sera servi sur la terrasse dans une atmosphère romantique.

Vaucluse

Gordes, Vaison-la-Romaine, Avignon, Orange. Municipal tennis court. Hiking trails. Lake 8 km. Swimming pool and golf course 10 km.

★ **How to get there:** At Carpentras, take D4 for 10 km. In the village, the house is 20 m to the left of Place de la Fontaine. Michelin map 81, fold 13.

In a side street in Venasque, a medieval village set astride a hilltop, you will come across a trompe-l'oeil doorway. It opens onto a four-bedroomed stone house with an unrivalled view of the Vaucluse mountains and Mont Ventoux in the distance. The rooms are superbly decorated, and the lounge features flower arrangements and antique furniture.

Carte 6 · 674

Venasque

La Maison aux Volets Bleus

Place des Bouviers - Le Village
84210 Venasque
Tél. 04 90 66 03 04 - Fax 04 90 66 16 14
Email : voletbleu@aol.com
Jérôme et Martine Maret

2 pers 420/500 F - 3 pers 540/600 F - p. sup 120 F
repas 135 F

4 chambres avec bains et wc. Ouvert du 1.03 au 1.11. Table d'hôtes le soir, les lundi, mercredi et samedi : daube provençale, gratin de courgettes à la menthe fraîche, clafoutis... 3 restaurants dans le village. Buanderie accessible aux hôtes. ★ Gordes, Vaison-la-Romaine, Avignon, Orange. Tennis municipal, sentiers de randonnées, plan d'eau à 8 km. Piscine et golf à 10 km. **Accès :** à Carpentras, D4 et tout droit pendant 10 km. Dans le village, à 20 m à gauche de la place de La Fontaine. CM 81 pli 13.

A u détour d'une ruelle de Venasque, village médiéval perché au faîte d'une colline, on tombe sur un portail en trompe l'oeil. La porte poussée, on découvre une maison toute en pierre qui abrite 4 chambres, décorées avec goût et dont la vue sur les monts du Vaucluse et plus loin le Ventoux est unique.

Vaucluse

Archaelogical digs and Roman theatre 5 km. Vaison-la-Romaine and Orange Festivals. Mont Ventoux. Horse-riding 3 km.

★ **How to get there:** 5 km north of Vaison-la-Romaine.

Perched on a hill, this 13th-century castle with towers and inner courtyard is surrounded by hundred-year-old trees. The bedrooms are decorated in the Provençal style, and are both warm and comfortable. Sample the local cuisine at the table d'hôtes. An ideal staging post for visiting this superb region.

Villedieu

Carte 6 **675**

Château la Baude
84110 Villedieu
Tél. 04 90 28 95 18 – Fax 04 90 28 91 05
http://www.guideweb.com
Gérard et Chantal Monnin

1 pers 480 F – 2 pers 580 F – p. sup 100 F
repas 150 F

4 chambres et 2 suites avec sanitaires privés et TV. (duplex 4 pers. 880 F). Ouvert 15/3 au 15/11, sur résa. hors saison. Table d'hôtes (sauf mercredi et dimanche). Billard, biblio., salon, cheminée. Piscine, vélos, p-pong. Parc 3 ha. Tennis sur place. (de nov. à fin mars remise de 20% pour 2 nuits minimum). ★ Fouilles et théâtre romain à 5 km. Festivals de Vaison la Romaine et Orange. Mont Ventoux. Equitation à 3 km. **Accès :** à 5 km au nord de Vaison-la-Romaine.

Situé sur une colline, ce château fortifié du XIIIe siècle avec tours et cour intérieure est entouré d'arbres centenaires. Les chambres au décor provençal sont chaleureuses et confortables. Cuisine provençale à la table d'hôtes. Etape idéale pour visiter cette superbe région.

Vendée

Medieval village of Vouvant 3 km. Mervent-Vouvant Forest 6 km. Mervent Lake 15 km. Tennis, horse-riding, pedal boats on lake 4 km. Hiking and riding paths on premises. La Tranche-sur-Mer and La Rochelle 60 km. Le Puy-du-Fou 40 km.

★ **How to get there:** 15 km north of Fontenay-le-Comte (alongside D938). 4 km south of La Châtaigneraie. Michelin map 67, fold 16.

Château de la Cressonnière, built in the 16th century, has been decorated both tastefully and with great refinement: lounge with beams, monumental fireplace, armour, tapestries and period furniture. The two-bedroom suite boasts fourposter beds. Apply for dates in July and August.

Cezais

Carte 3 **676**

Château de la Cressonnière
85410 Cezais
Tél. 05 49 41 42 78 ou 02 51 00 88 38
Jean-Pierre et Françoise Delhoume

1 pers 350 F – 2 pers 400 F – 3 pers 550 F

1 suite avec bains et wc. Ouvert du 1er avril au 1er novembre (pour juillet et août, se renseigner concernant l'ouverture). Vélos. Jeux de croquet sur place. Restaurant gastronomique à 3 km. Ferme-auberge 8 km. ★ Vouvant (village médiéval) 3 km. Forêts de Mervent 6 km. Plan d'eau 15 km. Tennis, équitation, plan d'eau 4 km. Sentiers pédestres, équestres sur place. La Tranche/Mer et La Rochelle 60 km. Le Puy-du-Fou 40 km. **Accès :** à 15 km au nord de Fontenay le Comte (en bordure de la D 938). A 4 km au sud de la Châtaigneraie. CM 67, pli 16.

Le château de la Cressonnière (XVIe siècle) a été aménagé avec goût et raffinement : salon avec poutres, cheminée monumentale, armure, tapisseries et meubles anciens.... La suite de 2 chambres dispose de lits à baldaquin.

Vendée

Marais Poitevin (boat trips). Fishing on site. Hiking and bicycle touring. Maillezais 12 km. La Rochelle 35 km.

★ *How to get there: From Nantes, take A83 motorway, Fontenay-le-Comte exit. At Fontenay-le-Comte, take D938ter for La Rochelle and D25 for Le Gué de Velluire.*

Large elegant residence surrounded by an extensive and pleasant flower garden, on the banks of the Vendée River where you have the use of a small boat. Guests may choose between five sunlit bedrooms with Vendée furniture. An ideal staging post for discovering the Marais Poitevin Nature Reserve and its protected species.

Le Gué de Velluire
Carte 3   677

5, rue de la Rivière
85770 Le Gué de Velluire
Tél. 02 51 52 59 10 - Fax 02 51 52 57 21
Christiane Ribert

1 pers 220 F - 2 pers 280 F - 3 pers 350 F
p. sup 70 F - repas 100 F

5 chambres avec sanitaires privés. Ouvert du 1er février au 15 novembre. Table d'hôtes : anguilles, escargots, jambon mojette... Salon et bibliothèque. Jardin, vélos, rivière avec barque. ★ Marais Poitevin (promenades en barque). Pêche sur place. Randonnées pédestres et cyclotouristiques. Maillezais à 12 km. La Rochelle à 35 km. **Accès** : de Nantes prendre autoroute A83, sortie Fontenay-le-Comte. A Fontenay-le-Comte, D938ter vers La Rochelle puis D25 vers le Gué de Velluire.

Grande demeure bourgeoise entourée d'un agréable et vaste jardin fleuri. Elle est située en bordure de la rivière "Vendée" où une barque est à votre disposition. 5 jolies chambres ensoleillée dotées de meubles vendéens vous attendent. Etape incontournable pour découvrir le Marais Poitevin.

Vendée

Swimming pool 1 km. Lake, bathing and outdoor leisure centre 2 km. La Tranche-sur-Mer (beach) 20 km.

★ *How to get there: In the centre of Luçon, near the Bishop's Palace.*

At Luçon, close to the Bishop's Palace, stands this handsome 18th-century home with 2.5 acres of enclosed tree-lined grounds. The four comfortable, upstairs bedrooms are appointed with rustic furniture. A true oasis of peace and quiet, in the town centre, with charm of a bygone age enhanced by your hosts' hospitality.

Luçon
Carte 3   678

1, rue des Chanoines - 85400 Luçon
Tél. 02 51 56 34 97 ou 02 51 56 08 97
Elisabeth Lugand

1 pers 200 F - 2 pers 260/300 F - 3 pers 360 F

3 chambres 2 pers. avec salle d'eau et wc privés et 1 chambre 3 pers. avec bains et wc privés. Ouvert toute l'année. Salon-bibliothèque à disposition. Parc 1 ha. clos, terrasse, salon de jardin. Restaurants à proximité. ★ Piscine 1 km. Lac, baignade et base de loisirs 2 km. La Tranche-sur-Mer (plage) 20 km. **Accès** : au centre de Luçon, à proximité de l'Evêché.

A Luçon, à proximité de l'Evêché, beau logis du XVIIIe avec parc arboré et clos d'1 ha. A l'étage, 4 chambres confortables, avec un mobilier rustique, vous sont réservées. Véritable oasis de calme, en centre ville, vous apprécierez le charme suranné de cette belle demeure et l'accueil chaleureux de vos hôtes.

Vendée

Marais Poitevin protected marshland on site. Maillezais Abbey 150 m. Nieul-sur-Autize Romanesque Abbey and cloisters 7 km. Futuroscope Moving Image Museum. Horse-riding, boat trips, windsurfing, swimming.

★ *How to get there: 10 km from A83 motorway (Oulmes exit). At Maillezais, follow signs for the "Abbaye". The house is 150 m from the abbey, no 69. Michelin map 71, fold 1.*

Handsome family mansion built in 1837, set in a park. The bedrooms, some of which give onto the park, are appointed with local antique furniture. The kitchen with fireplace is a delight, and still features its original stone flooring. Relax in the fully-enclosed park, which exudes rare and ancient essences, overlooking the peaceful, discreet Marais Poitevin.

Maillezais

Carte 3 **679**

69, rue de l'Abbaye – 85420 Maillezais
Tél. 02 51 87 23 00 – Fax 02 51 00 72 44
Liliane Bonnet

1 pers 320 F – 2 pers 350/370 F – 3 pers 410 F
p. sup 60 F

5 chambres avec sanitaires privés. Ouvert toute l'année. Copieux petit déjeuner : confitures, miel, fromages de chèvre, laitages, brioche... Salon-bibliothèque avec TV, salon-détente, et orangerie avec collection d'outils anciens. Parc, tennis, barques, coin-pêche et parking privés. ★ Marais Poitevin sur place. Abbaye de Maillezais à 150 m. Cloître et abbaye romane de Nieul-sur-Autize à 7 km. Futuroscope. Equitation, promenades en bateau, planche à voile, piscine. **Accès :** à 10 km de l'autoroute A83 (sortie Oulmes). A Maillezais, suivre le fléchage "Abbaye", la maison se situe à 150 m de l'abbaye, n° 69. CM 71, pli 1.

Belle demeure bourgeoise datant de 1837 entourée d'un parc. Les chambres, dont certaines ouvrent sur le parc, sont dotées d'un mobilier régional ancien. La cuisine, très chaleureuse, avec sa cheminée a conservé son dallage en pierre. Pour votre détente, le beau parc, entièrement clos, recèle des essences rares et anciennes et donne sur le marais silencieux et discret.

Vendée

Nieul-sur-l'Autise and Maillezais Abbeys. Marais Poitevin. Hiking and cycling. Mervent Forest. Vouvant. La Rochelle and Ile de Ré. Tennis, river, lake, bathing 6 km. Riding, swimming pool 11 km. Fishing 15 km. Sea, beach 60 km.

★ *How to get there: 18 km northwest of Niort, on D148 for Fontenay-le-Comte and take the B-road (route départementale) for "Abbaye Royale" in Nieul-sur-l'Autise. Michelin map 71, fold 11.*

Le Rosier Sauvage, a vast 18th-century residence full of character, stands at the gateway to the Marais Poitevin, facing the royal abbey. Four cosy bedrooms, each with its own style, are decorated in light, welcoming hues. The superbly-restored stable has been converted into a dining room. Pleasant tree-filled garden.

Nieul–sur–l'Autise

Carte 3 **680**

Le Rosier Sauvage

1, rue de l'Abbaye
85240 Nieul-sur-l'Autise
Tél. 02 51 52 49 39 – Fax 02 51 52 49 46
Christine Chastain

1 pers 210/230 F – 2 pers 270/290 F
3 pers 330/350 F – repas 85 F

4 chambres avec douche et wc privés. Ouvert d'avril à octobre. Table d'hôtes sur réservation (fermée le dimanche soir) : terrines maison, blanquette de veau, desserts maison... Bibliothèque et salon avec TV et cheminée à disposition. Entrée indép. Jardin 1000 m². Poss. lit bébé. ★ Abbayes de Nieul/l'Autise et Maillezais. Marais Poitevin. Randonnées pédestres et cyclo. Forêt de Mervent. Vouvant. La Rochelle et Ile de Ré. Tennis, rivière, lac, baignade 6 km. Equitation, piscine 11 km. Pêche 15 km. Mer, plage 60 km. **Accès :** à 18 km au nord-ouest de Niort, par la N148 direction Fontenay-le-Comte et prendre la départementale, en direction de l'Abbaye Royale de Nieul-sur-l'Autise. CM 71, pli 11.

Aux portes du Marais Poitevin, face à l'abbaye royale, le Rosier Sauvage, vaste demeure de caractère du XVIIIe siècle, vous ouvre ses portes. 4 chambres personnalisées, aux tonalités claires, douillettes et confortables y ont été aménagées. L'ancienne écurie, superbement restaurée a été transformée en salle à manger. Agréable jardin boisé.

Vendée

Logis de la Chabotterie. Lucs/Boulogne Memorial 10 km. Tiffauges: Gilles de Rais' Château 35 km. Le Puy-du-Fou son et lumière show 30 km. Hunting. Tennis 500 m. Fishing 5 km. Hiking 6 km. Riding 10 km. Swimming pool 12 km. Sea, beach 45 km.

★ **How to get there:** On D763 and Nantes-La Roche-sur-Yon motorway. On D6 (Cholet B-road). On A83-E03, Niort-Bordeaux (Les Essarts exit). Michelin map 67, fold 14.

Château du Breuil was rebuilt in the 19th century on the ruins of a medieval manor house. You will be enchanted by the spacious, comfortable bedrooms which are the perfect setting for reverie and relaxation. Elegant Louis XV and Napoleon III period furniture, oak wood panelling and stained glass. The occasional painting exhibition will delight art lovers.

Saint-Denis-la-Chevasse Carte 3 681

Château du Breuil
85170 Saint-Denis-la-Chevasse
Tél. 02 51 41 40 14 - Fax 02 51 41 40 14
Pierre et Monique Maestre

1 pers 350 F - 2 pers 540 F - 3 pers 685 F
p. sup 145 F - repas 180/ 250 F

2 chambres et 1 suite avec bains et wc privés. Ouvert de Pâques à la Toussaint. Table d'hôtes sur réservation : lotte à l'armoricaine, estouffade de coquilles au Noilly... Salons de lecture, musique, TV. Billard. Parc 3 ha. avec piscine chauffée, écuries, VTT. 1 gîte rural et 1 gîte de séjour à proximité. ★ Logis de la Chabotterie. Mémorial Lucs/Boulogne 10 km. Château de Gilles de Rais (Tiffauges) 35 km. Spectacle du Puy-du-Fou 30 km. Chasse. Tennis 500 m. Pêche 5 km. Randonnées 6 km. Equitation 10 km. Piscine 12 km. Mer, plage 45 km. **Accès :** par la D763 et autoroute Nantes-La Roche-sur-Yon. Par la D6 (Cholet bis). Par la A83-E03, Niort-Bordeaux (sortie les Essarts). CM 67, pli 14.

Sur les ruines d'un manoir du Moyen Age, le château du Breuil a été reconstruit au XIXe siècle. Vous serez séduits par les chambres, spacieuses et confortables qui invitent à la rêverie et à la détente. Elégant mobilier d'époque Louis XV et Napoléon III, boiseries en chêne et vitraux. Pour les amateurs de peinture, des tableaux sont exposés ponctuellement.

Vendée

Coastline, beaches and Sables d'Olonne port. Pierre Levée 18-hole golf course 4 km.

★ **How to get there:** On N160, 1 km before Saint-Mathurin village entrance, coming from La Roche-sur-Yon. Michelin map 67, fold 12.

The Atlantic Coast and the seaside resort of Les Sables d'Olonne are only 8 km from Château de la Millière, an elegant 19th-century residence boasting a superb swimming pool. Guests can walk for hours along the bridle paths that wend their way through the 45 acres of grounds.

Saint-Mathurin Carte 3 682

Château de la Millière
85150 Saint-Mathurin
Tél. 02 51 22 73 29 ou 02 51 36 13 08
Fax 02 51 22 73 29
Claude et Danielle Huneault

1 pers 540 F - 2 pers 580 F - 3 pers 680 F
p. sup 100 F

4 chambres et 1 suite, chacune avec bains et wc privés. Ouvert du 1er mai au 30 septembre. Mini-bar, billard, bibliothèque. Piscine privée. Etang sur place. Vélos. Barbecue. Réduction hors juillet/août. Gîte rural à proximité. Carte bleue acceptée. Nombreux restaurants à proximité. ★ Le littoral, les plages et le port des Sables d'Olonne. Le golf (18 trous) de Pierre Levée à 4 km. **Accès :** par N 160, 1 km avant l'entrée du bourg de Saint-Mathurin, en venant de La Roche-sur-Yon. CM 67, pli 12.

A 8 km du littoral atlantique et de la station balnéaire des Sables d'Olonne, le château de la Millière est une vieille et élégante demeure du XIXe siècle dotée d'une très belle piscine. Vous pourrez faire d'agréables promenades dans le parc vallonné de 18 ha., sillonné d'allées cavalières.

Vienne

Chinon, Saumur, Loudun and Richelieu. Touraine, châteaux, Poitiers and Romanesque churches. Tennis court in the village. 18-hole golf course 8 km. Futuroscope Moving Image Museum 45 min.

★ **How to get there:** From Poitiers, head for Loudun on N147 and carry on for Roiffé. Between Loudun and Roiffé, take D39 for Bournand.

Château de Bournand is a fine tufa residence (12th, 17th and 19th centuries), set in an extensive 12.5-acre leafy, floral park. The spacious well-appointed suites and the quality of the interior decoration are a fine match for the hospitable welcome.

Bournand

Carte 3 — 683

Château de Bournand

86120 Bournand
Tél. 05 49 98 77 82 – Fax 05 49 98 97 30
Christian Laurens

2 pers 640/1120 F

2 grandes suites avec bains et wc privés. Ouvert de Pâques à la Toussaint. Petit déjeuner : confitures maison, fruits, laitages, fromages... Garage, parking. Parc de 5 ha. (2 gîtes ruraux dans une aile du château). ★ Chinon, Saumur, Fontevraud, Loudun et Richelieu. Entre la Tourraine et ses châteaux et Poitiers et ses églises romanes. Tennis dans le village. Golf 18 trous 8 km. Futuroscope 45 mn. **Accès :** de Poitiers prendre direction Loudun par la N147 puis continuer vers Roiffé et entre Loudun et Roiffé, prendre la D39 en direction de Bournand.

Le château de Bournand est une belle propriété de tuffeau (XIIe, XVIIe et XIXe siècles) située dans un grand parc arboré et fleuri de 5 hectares. Vous y serez accueillis chaleureusement et apprécierez autant le confort des suites spacieuses, que la qualité de la décoration intérieure.

Vienne

Futuroscope Moving Image Museum 10 min. Nearby: full range of sports activities, horse-riding, two 27-hole golf courses, lake. Roman Poitou, Vienne, Clain and Creuse Valleys.

★ **How to get there:** On N10 or motorway, take Rocade-Est (bypass) for Limoges-Châteauroux around Poitiers (5 km), then D3 and left for Montamisé (3 km), and D18 on the right for Sèvres. The entrance is 2.5 km up on D18.

The wing of this listed 17th-century château, set in 37 acres of lush greenery, offers three bedrooms with considerable charm. An ideal location for a quiet stay close to Poitiers (town centre 8 km) and the Futuroscope Moving Image Museum (10 km).

Poitiers

Carte 3 — 684

Château de Vaumoret

rue du Breuil Mingot – 86000 Poitiers
Tél. 05 49 61 32 11 – Fax 05 49 01 04 54
Daniel et Agnès Vaucamp

1 pers 300/370 F – 2 pers 350/430 F – 3 pers 520 F

3 chambres avec bains et wc privés, tél. avec carte pastel et TV sur demande. 590 F/4 pers. Ouvert toute l'année. Cuisine à disposition des hôtes. TV, radio FM, livres, salon. Vélos et ping-pong sur place. Restaurants à 3 km ★ Futuroscope à 10 minutes. A proximité : toutes activités sportives, équitation, 2 golfs 27 trous, plan d'eau. Poitou roman, vallées de la Vienne, du Clain et de la Creuse. **Accès :** par N10 ou l'autoroute, prendre la Rocade est dir. Limoges-Châteauroux autour de Poitiers (5 km), puis D3 à gauche dir. Montamisé (3 km), puis D18 à droite dir. Sèvres. L'entrée est à 2,5 km sur D18.

Trois chambres de charme dans l'aile d'un château du XVIIe siècle (ISMH), situé dans un cadre de verdure de 15 hectares. Vous pourrez y séjourner dans le calme tout en profitant de la proximité de Poitiers (centre ville à 8 km) et du Futuroscope (10 km).

Vienne

Poitiers, city steeped in art and history. Chauvigny, famous for its medieval city, summer festival and falconry show 15 km. Tennis 2 km. Golf 5 km. Bathing 15 km. Futuroscope 22 km.

★ **How to get there:** From Poitiers, head for Limoges on N147. At Mignaloux lights, turn left then right (D39) 500 m on. Carry on for Savigny-l'Evescault and turn right as you enter the village. Signs. Michelin map 68, fold 14.

Comfort and elegance are the hallmarks of this fine residence located at the gateway to Poitiers. Monique and Michel Tabau, your hosts at this outstanding address, offer warm, thoughtful yet unintrusive hospitality. The vast air-conditioned rooms offer charm and refinement. A château steeped in history offering a break in the lap of luxury.

Savigny-l'Evescault

Carte 3 — **685**

Château de la Touche
86800 Savigny-l'Evescault
Tél. 05 49 01 10 38 - Fax 05 49 56 47 82
Tél. SR 05 49 49 59 12
http://www.oudormir.com/chateaudelatouche
Michel Tabau

1 pers 370/530 F - 2 pers 500/700 F - p. sup 100 F

3 chambres climatisées avec sanitaires privés. Ouvert toute l'année. Petit déjeuner : jus d'orange pressé, croissants, madeleines, crêpes, œufs, bacon... Parc de 12 ha. Restaurants à Poitiers 15 km. ★ Poitiers "ville d'Art et d'Histoire" et Chauvigny, célèbre pour sa cité médiévale, son festival d'été et son spectacle de fauconnerie à 15 km. Tennis 2 km. Golf 5 km. Baignade 15 km. Futuroscope 22 km. **Accès** : de Poitiers, dir. Limoges par N147. Aux feux de Mignaloux, à gauche puis 500 m après, à droite (D39). Suivre cette route jusqu'à Savigny-l'Evescault et tourner à droite en arrivant. Fléchage. CM 68, pli 14.

Confort et élégance caractérisent cette belle demeure située aux portes de Poitiers. Dans ce lieu d'exception, Monique et Michel Tabau, attentifs et discrets, vous accueillent en hôtes privilégiés. Vous logerez dans de vastes chambres climatisées au charme raffiné. Une étape de grand confort dans un château au passé chargé d'Histoire.

Vienne

Futuroscope Moving Image Museum 12 km. Poitiers 4 km: town steeped in art and history. Chauvigny and medieval city (Summer Festival) 25 km. Fishing 1 km. Horse-riding 2 km. Tennis, canoeing 3 km. Golf 6 km.

★ **How to get there:** Full details will be supplied at time of booking. Michelin map 68, fold 13.

At the gateway to Poitiers, Le Grand Mazais is a handsome Mansart-style residence. The charming atmosphere and refined décor are most appealing. Your host, a talented cook and gourmet, will delight your palate with gastronomic dinners (booking required). Relax by the pool or go for a stroll in the park.

Vouneuil-sous-Biard

Carte 3 — **686**

Le Grand Mazais
86580 Vouneuil-sous-Biard
Tél. 05 49 53 40 31 - Fax 05 49 43 69 94
Jean-Pierre Carcel

1 pers 380 F - 2 pers 450 F - 3 pers 550 F
p. sup 100 F - repas 250 F

1 chambre et 1 suite familiale avec sanitaires privés. Ouvert toute l'année. Table d'hôtes : terrine de langoustines aux avocats et coulis de tomates épicées, magret de canard aux pêches avec sauce aigre-douce, nougat glacé avec coulis de fruits rouges... Salon. Jardin, terrasse, piscine. ★ Futuroscope 12 km. Poitiers (4 km) : ville d'art et d'histoire. Chauvigny et sa cité médiévale (festival d'été) 25 km. Pêche 1 km. Equitation 2 km. Tennis, canoë 3 km. Golf 6 km. **Accès** : un plan d'accès vous sera communiqué lors de la réservation. CM 68, pli 13.

Aux portes de Poitiers, le Grand Mazais est une belle demeure de style Mansart. L'atmosphère de charme et le décor raffiné vous séduiront. Fin gourmet et cuisinier de talent, votre hôte saura vous faire apprécier ses dîners gastronomiques (sur réservation). Moments de détente au bord de la piscine ou flaneries dans le parc.

Haute Vienne

In the heart of the Ambazac Mountains, granite massif ideal for hiking. Lake, bathing, tennis 3 km. Limoges 30 km.

★ ***How to get there:*** *A20, exit 24, for Bersac-sur-Rivalier. Drive through Bersac, then head for Laurière and follow signs for "Château du Chambon". Turn left after the railway bridge. Michelin map 72, fold 8.*

Nestled in gentle hills, Château du Chambon offers a warm welcome to its guests. The accommodation is in the oldest part of the château, where Henri IV would stay when he went wolf hunting. A Renaissance staircase leads to the vast bedrooms. The lounges, appointed with period furniture, embody the beauty of aristocratic residences where time stands still.

Bersac-sur-Rivalier Carte 3 687

Château du Chambon

87370 Bersac-sur-Rivalier
Tél. 05 55 71 47 04 ou 05 55 71 42 90
Fax 05 55 71 51 41
Eric et Annie Perrin des Marais

1 pers 300 F - 2 pers 350 F - 3 pers 420 F
repas 100 F

3 chambres avec s. d'eau et wc privés et 1 suite (650 F) avec bains. Ouvert du 1er avril à la Toussaint et vacances scolaires. Table d'hôtes : volaille de la propriété, gâteau creusois, clafoutis, beurre et fromage fermiers. Bibliothèque, TV. Cour, jardin, parc de 1 ha. ★ Au coeur des Monts d'Ambazac, massif granitique propice aux activités de randonnée. Lac, baignade, tennis 3 km. Limoges à 30 km. **Accès :** A20 sortie n° 24, dir. Bersac-sur-Rivalier. Traverser Bersac puis dir. Laurière et suivre le flèchage "Château du Chambon", à gauche après le pont SNCF. CM 72, pli 8.

Enchassé dans de douces collines, le château du Chambon vous accueillera dans sa partie la plus ancienne où Henri IV séjourna pour chasser le loup. L'escalier Renaissance vous conduira aux vastes chambres, les salons avec mobilier d'époque vous feront apprécier la beauté des demeures aristocratiques où le temps ne compte pas.

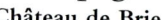

Haute Vienne

Romanesque churches. Porcelain. Richard the Lionheart route. Woods, forests, lakes. Horse-riding nearby.

★ ***How to get there:*** *From Chalus (N21 Limoges-Périgueux), head for Nontron. As you leave Chalus after the railway bridge, take D42 for Cussac. Michelin map 72, fold 16.*

This 15th-century château stands in flower-filled grounds on the border of Périgord Vert. The 1,000 acres of forest around the château are ideal for ramblers. The bedrooms are beautifully decorated. Your hosts will be happy to give you advice on discovering the "Richard the Lionheart" historical route.

Champagnac-la-Rivière Carte 3 688

Château de Brie

87150 Champagnac-la-Rivière
Tél. 05 55 78 17 52 - Fax 05 55 78 14 02
Comte et Comtesse du Manoir de Juaye

2 pers 550/600 F

4 chambres dont une suite, toutes avec bains et wc. Ouvert toute l'année sur réservation. Piscine, tennis et vélos dans la propriété. Restaurants sur place. ★ Eglises romanes, porcelaines, route Richard Coeur de Lion, bois, forêts, lacs. Equitation à proximité. **Accès :** de Chalus (N21 Limoges-Périgueux) prendre dir. Nontron. A la sortie de Chalus après le pont de chemin de fer direction Cussac D42. CM 72, pli 16.

Situé aux confins du Périgord Vert, ce château du XVe siècle est entouré d'un parc fleuri. Autour du château, un domaine forestier de 400 hectares propice à la randonnée. Les chambres sont joliment décorées, et vos hôtes vous donneront de précieux conseils pour découvrir la route historique "Richard Coeur de Lion".

Haute Vienne

Vassivière Lake (2,500 acres) 20 km: sailing, bathing. Tennis, swimming pool at Eymoutiers 8 km. Mountain bikes for hire locally.

★ *How to get there: At Eymoutiers (45 km southeast of Limoges on D979), head for Chamberet, then Domps-Uzerche until you get to La Roche (8 km southeast of Eymoutiers on D30). Michelin map 72, fold 19.*

Hosts Josette and Michel have restored this former farmhouse, once a coaching inn, in a Limousin mountain hamlet. Painter and sculptor Michel will be happy to share his love of art and vintage cars with you, and you can take beginner's or advanced courses in painting or sculpture.

Eymoutiers

Carte 3   **689**

La Roche
87120 Eymoutiers
Tél. 05 55 69 61 88
Michel et Josette Jaubert

1 pers 230 F - 2 pers 290 F - 3 pers 360 F
p. sup 80 F - repas 85 F

3 chambres avec salle d'eau et wc privés. Ouvert toute l'année. Salon avec cheminée dans un corps de bâtiments indépendant réservé aux hôtes. Cour, parc de 1 ha. Circuit randonnée pédestre sur 2 ou 3 jours (acheminement des bagages assuré). Restaurants 8 km ★ Lac de Vassivière (1000 ha.) à 20 km : voile, baignade... Tennis, piscine à Eymoutiers 8 km. Location VTT sur place. **Accès :** à Eymoutiers (45 km au sud/est de Limoges par D979) prendre dir. Chamberet puis Domps-Uzerche jusqu'à la Roche (8 km au sud/est d'Eymoutiers par D30). CM 72, pli 19.

Dans un hameau de la Montagne Limousine, **Josette et Michel ont restauré une ancienne ferme,** autrefois relais de diligence. **Michel, peintre et sculpteur vous fera partager sa passion pour l'art et les voitures anciennes et vous pourrez participer à des stages d'initiation ou de perfectionnement à la peinture ou à la sculpture.**

Haute Vienne

Limoges 8 km: Porcelain and Enamel Museums. 18-hole golf course, tennis court 3 km, Acrobat School 8 km, hiking on premises.

★ *How to get there: At Limoges, take N21 for Périgueux for 8 km, then after "Bas-Verthamont", turn right: the house is 600 m on. Michelin map 72, fold 17.*

Your hosts Edith and Jean-François will welcome you as friends to their contemporary residence, which affords a panoramic view of the Vienne Valley. Peace and quiet guaranteed. The bedrooms are bright and comfortable. Breakfast is served either by the pool or in front of the fire, depending on the season.

Isle

Carte 3   **690**

Verthamont
Pic de l'Aiguille - 87170 Isle
Tél. 05 55 36 12 89
Edith Brunier

1 pers 180 F - 2 pers 230 F - 3 pers 280 F
repas 80 F

3 chambres, toutes avec douche, wc, terrasse et entrée indépendante. Ouvert toute l'année. Table d'hôtes à base de produits biologiques du jardin : rôti de veau crème de champignons, tartes et gâteau au chocolat. Repas végétarien possible. Piscine sur place. Restaurants 4 km. ★ A Limoges à 8 km : musées de la porcelaine, émaux d'art. Golf 18 trous, tennis à 3 km, école de voltige à 8 km, randonnées pédestres sur place. **Accès :** à Limoges, N 21 direction Périgueux. Faire 8 km et après le lieu-dit "Bas-Verthamont", à droite ; la maison est à 600 m. CM 72, pli 17.

Dans leur demeure contemporaine avec vue **panoramique sur la vallée de la Vienne, au calme, Edith et Jean-François vous recevront en amis. Les chambres sont claires, gaies et confortables. Selon la saison, vous prendrez votre petit déjeuner au bord de la piscine ou devant un feu de bois.**

Haute Vienne

Richard the Lionheart country. Reynou Animal Park. Limoges Aquarium. Nexon Circus School. Bathing, tennis, horse-riding, fishing and golfing in Nexon 2 km.

★ ***How to get there:*** *At Nexon, head for Jourgnac-Royer (CD11). The entrance to the estate is on the right, 100 m past the sign indicating that you have left Nexon. Michelin map 72, fold 17.*

This late-19th-century château was once the Baron de Nexon's residence. Set on a 30-acre estate, it is surrounded by meadows dominating the village of Nexon. The rather austere architecture contrasts with the ornate interior decoration. Bright, spacious bedrooms. Handsome period furniture in a variety of styles. Pure enchantment.

Nexon

Carte 3 691

Château de la Garde
87800 Nexon
Tél. 05 55 58 18 66
Christian et Fabienne Gimenez

1 pers 350/500 F - 2 pers 385/550 F - p. sup 80 F
repas 160 F

3 chambres avec sanitaires privés, salon TV. Ouvert de mai à octobre. Petit déjeuner : jus de fruits, céréales, viennoiseries, confitures... Table d'hôtes : terrine de saumon. Jardin, parc de 12 ha. Restaurant à Nexon 2 km. ★ Circuit Richard Coeur de Lion. Parc animalier du Reynou. Aquarium de Limoges. Ecole du cirque de Nexon. Baignade, tennis, équitation, pêche, golf à Nexon (2 km). **Accès :** à Nexon, prendre dir. Jourgnac-Royer (CD11). 100 m après le panneau de sortie Nexon, l'entrée de la propriété est à droite. CM 72, pli 17.

Ancienne demeure du Baron de Nexon, ce château de la fin du XIXe sur un domaine de 12 ha., est entouré de prairies qui dominent le petit bourg de Nexon. Son architecture austère contraste avec la richesse de la décoration intérieure. Chambres vastes et lumineuses. Beau mobilier d'époque et de style différents. Une adresse de charme qui vous séduira.

Haute Vienne

Vassivière Lake (2,500 acres) 15 min: sailing, water sports, bathing. Millevaches Plain (source of the Vienne River), granite churches, ruins. Horse-riding, golf and hiking.

★ ***How to get there:*** *From Limoges, head for Eymoutiers on D979 (45 km), then D992 to Nedde (10 km). Head for Gentioux, drive 2 km and follow signs for La Villeneuve on the right (3 km).*

This elegant 19th-century residence lies in the foothills of the Millevaches Plain, and is set in a 12.5-acre park crowning the Vienne Valley. The house once belonged to a captain in the dragoons. "No kill" fishing policy on the estate. Applied arts workshops with Madame Aen and "foie gras" courses with Monsieur Aen.

Rempnat

Carte 3 692

Château de la Villeneuve
87120 Rempnat
Tél. 05 55 69 99 28 - Fax 05 55 69 99 26
Email : jean-claude.aen@wanadoo.fr
Jean-Claude Aen

1 pers 300 F - 2 pers 380 F - 3 pers 480 F
p. sup 100 F - repas 100/150 F

2 chambres et 1 suite avec TV et sanitaires privés. Ouvert toute l'année. Petit déjeuner : viennoiseries, confitures, jus de fruits, œufs bacon... Table d'hôtes : anguilles au vert, magret au vinaigre balsamique, bœuf limousin, desserts du maître de maison... Piscine intérieure dans annexe. Cour, jardin et parc 5 ha. ★ Lac de Vassivière (1000 ha.) à 15 mn : voile, sports nautiques, baignade... Plateau de Millevaches (source de la Vienne), églises en granit, ruines... Equitation, golf et randonnées pédestres. **Accès :** de Limoges direction Eymoutiers D979 (45 km) puis D992 jusqu'à Nedde (10 km) puis direction Gentioux, faire 2 km et suivre le fléchage La Villeneuve à droite (3 km).

Sur les contreforts du plateau de Millevaches, au cur du Limousin, cette belle demeure du début du XIXe, entouré d'un parc de 5 ha. qui surplombe la vallée de la Vienne fut jadis la résidence d'un capitaine des dragons. Pêche "no kill" sur la propriété. Ateliers d'arts appliqués avec Mme Aen et stage "foie gras" avec M. Aen.

Haute Vienne

St-Eutrope Chapel: place of annual pilgrimage on Ascension Day. Monts-de-Blond Mountains: nature conservation area, 100 km of paths for discovering legendary stones and megalithic sites.

★ *How to get there: A20 motorway, exit 23.1, Châteauponsac D711 then Rancon D1 for Bellac, 1500 m after Rancon exit. Then D72 for St-Junien-les-Combes. Sannat is 4 km up on the right. Michelin map 72, fold 7.*

Brousseau-style Château de Sannat dates from the 18th century. This handsome residence is renowned for its outstanding setting, which affords a panoramic view over and beyond its vast grounds with French-style hanging garden. The refined décor of the vast bedrooms, which look out onto the 12.5-acre grounds with swimming pool and tennis court, is a feast for the eyes.

St-Junien-les-Combes Carte 3 693

Château de Sannat
87300 Saint-Junien-les-Combes
Tél. 05 55 68 13 52 – Fax 05 55 68 13 52
Email : labelette@aol.com
Comte et Comtesse Jacques de Sainte-Croix

2 pers 600 F – repas 150 F

3 chambres avec sanitaires privés. Ouvert de juillet à oct. (autres sur rés.). Petit déjeuner gourmand. Table d'hôtes : potages variés aux légumes de saison, agneau de Bellac, tourtes limousines... Salon Louis XVI, salle à manger troubadour. Excellent court de tennis privé. Piscine privée. Promenades sur le domaine. ★ Chapelle St-Eutrope, lieu de pèlerinage annuel, le jour de l'Ascension. Mts-de-Blond : nature protégée, 100 km de sentiers pour découvrir pierres à légende et sites mégalithiques. **Accès :** autoroute A20, sortie 23.1, Châteauponsac D711, puis Rancon D1 dir. Bellac à 1500 m, après sortie autoroute Rancon, prendre D72 dir. St-Junien-les-Combes. Sannat se trouve à 4 km sur la droite. CM 72, pli 7.

Le château de Sannat, dans le style Brousseau, est d'époque XVIIIe. Cette belle demeure est réputée pour son site exceptionnel qui offre un large panorama au-delà de son vaste parc avec jardin suspendu à la française. Vous apprécierez la décoration raffinée des vastes chambres qui ouvrent sur un parc de 5 hectares, avec piscine et tennis.

Haute Vienne

Brenne Regional Nature Park 5 km. Ancient city of Dorat 25 km. Hiking in the Brenne region. Bathing 12 km.

★ *How to get there: A20 (Paris-Toulouse), exit 22 and head for St-Sulpice-les-Feuilles, Lussac-les-Eglises and St-Martin-le-Mault. Michelin map 68, fold 16.*

This early-15th-century Marchois residence is set in a little village on the Limousin, Berry and Poitou borders. Your host, conductor Wim, organises the annual Haut-Limousin Music Festival. A keen gourmet and cook, he needs little persuasion to hit gastronomic high notes with some of his refined specialities.

Saint-Martin-le-Mault Carte 3 694

Le Vieux Logis
87360 Saint-Martin-le-Mault
Tél. 05 55 68 28 48
Wim et Véronique Baarens de Grandry

1 pers 250/450 F – 2 pers 280/500 F – 3 pers 400 F
repas 125 F

Dans le manoir : 1 ch. au r.d.c. avec salle d'eau (accessible pers. hand.) et 1 à l'étage avec salle de bains. Dans maison annexe : 1 suite de 2 ch. salle d'eau. Ouvert toute l'année. Table d'hôtes : gibiers, poissons, desserts maison d'après d'anciennes recettes familiales... (cuis. végétarienne sur demande). Cour et jardin. Pêche sur la propriété. ★ Parc naturel régional de la Brenne à 5 km. Ancienne cité du Dorat à 25 km. Randonnées pédestres dans la Brenne. Baignade 12 km. **Accès :** A20 (Paris-Toulouse) sortie n° 22 puis direction St.Sulpice-les-Feuilles, Lussac-les-Eglises et S.Martin-le-Mault. CM 68, pli 16.

Ce logis marchois du début du XVe siècle est situé dans un petit village, aux confins du Limousin, du Berry et du Poitou. Wim, chef d'orchestre, organise chaque été, le festival musical du Haut-Limousin. Fin gastronome, il se met volontiers au "piano" pour vous mitonner quelques unes de ses spécialités gourmandes.

Haute Vienne

Saint-Pardoux Lake (825 acres) 3 km: bathing, sailing, waterskiing, windsurfing, tennis and cycling.

★ *How to get there: Motorway, exit 24 or 25, then D27 for Saint-Symphorien-sur-Couze, or D44 for Saint-Pardoux. Michelin map 72, fold 7.*

A driveway lined with century-old oaks leads to the château. The heated indoor pool looks out onto the countryside through vast bay windows. At Marick and Alain's comfortable residence, the emphasis is firmly on relaxation and fitness, with aquagym, yoga and jogging facilities. In the evening, savour Marick's well-balanced gourmet cuisine.

Saint-Pardoux

Château de Vauguenige
87250 Saint-Pardoux
Tél. 05 55 76 58 55 – Fax 05 55 76 58 55
Alain et Marick Claude

Carte 3 **695**

---

1 pers 290 F - 2 pers 380 F - 3 pers 450 F
repas 120 F

5 chambres avec sanitaires privés. Ouvert du 1er avril au 31 oct. et vac. Noël. Table d'hôtes : mignon de porc aux pruneaux, salade limousine, gâteau au chocolat... TV, piano, biblio. Piscine couverte, jaccuzi, sauna, ping-pong, volley, équitation. Parc 7 ha. ★ A 3 km, lac de Saint-Pardoux (330 ha.) : baignade, voile, ski nautique, planche à voile, tennis. VTT. **Accès :** autoroute sortie 24 ou 25, puis D27 direction Saint-Symphorien-sur-Couze ou D44 direction Saint-Pardoux. CM 72, pli 7.

Une allée bordée de chênes centenaires mène au château. La piscine couverte et chauffée ouvre sur la campagne par de vastes baies vitrées. Au sein de leur demeure confortable, Marick et Alain privilégient la forme, et la détente : aquagym, yoga, relaxation, footing... Le soir, Marick vous proposera sa cuisine où gourmandise et équilibre diététique font bon ménage.

Haute Vienne

Saint-Victurnien village and Monts-de-Blond nearby. Oradour-sur-Glane World War II Memorial Centre 5 km. Canoeing, tennis, golf, swimming, horse-riding and hiking.

★ *How to get there: From Limoges, head for Angoulême on RN141 and drive 16 km. Exit at "La Barre" and drive through village until you get to the N141-D3 crossroads. Drive 200 m along the "no through road". Michelin map 72, fold 6.*

The heart of the Vienne Valley is the setting for this fine 19th-century residence full of charm which stands in 5 acres of grounds with century-old trees. The three spacious and comfortable upstairs bedrooms are furnished with character. There is also a southfacing family suite on the ground floor. Ideal for nature lovers seeking a quiet break away from it all.

Saint-Victurnien

Le Loubier
87420 Saint-Victurnien
Tél. 05 55 03 29 22
Michel Dauriac

Carte 3 **696**

---

1 pers 200 F - 2 pers 270 F - 3 pers 320 F
repas 100 F

3 chambres et 1 suite avec sanitaires privés. Ouvert toute l'année. Table d'hôtes : grillades de viande limousine. Bibliothèque. Parc de 2 ha. Vélos, badminton, balançoire, ping-pong, pétanque. ★ Village de Saint-Victurnien et Monts de Blond à proximité. A 5 km, Centre de la Mémoire d'Oradour-sur-Glane. Canoë, tennis, golf, piscine, équitation, randonnées. **Accès :** à Limoges, dir. Angoulême par la RN141 et faire 16 km. Prendre la sortie "La Barre". Traverser le village, poursuivre jusqu'au carrefour N141-D3 et prendre la voie sans issue sur 200 m. CM 72, pli 6.

Au cœur de la vallée de la Vienne, cette belle demeure de charme du XIXe, est entourée d'un parc de 2 ha. aux arbres centenaires. A l'étage, 3 chambres spacieuses et confortables dotées d'un mobilier de caractère. Au rez-de-chaussée, une suite familiale orientée plein sud. Un adresse pour les amoureux de nature et de tranquillité.

Vosges

Contrexéville 8 km: lake, swimming pool, fishing. Vittel 14 km. Spas.

★ *How to get there: 2 km from motorway, Bulgnéville exit. Michelin map 62, fold 14.*

Vast 19th-century residence set in a park with hundred-year-old trees. The spacious, renovated bedrooms are pleasant and boast attractive matching fabrics. In fine weather, relax by the pool or take a stroll in the extensive grounds. A very special spot in the heart of natural spring country (Vittel and Contrexéville).

Vaudoncourt

3, rue Barbazan - 88140 Vaudoncourt
Tél. 03 29 09 11 03 - Fax 03 29 09 16 62
Michèle et Jean Boudot

2 pers 350/400 F - 3 pers 500 F - p. sup 100 F

3 chambres (non fumeurs) : 1 ch. familiale, 1 suite avec salon/TV et 1 ch. 2 pers., toutes avec sanitaires privés. Fermé du 11/11 au 31/01. Salle à manger, salon, bibliothèque à disposition. Parc, piscine, badminton. Lit bébé à disposition. Location VTT sur place. Restaurant à proximité. ★ Contrexéville 8 km : lac, piscine, pêche. Vittel 14 km. Pays thermal. **Accès** : à 2 km de la sortie de l'autoroute Bulgnéville. CM 62, pli 14.

Vaste demeure du XIXe siècle entourée d'un parc aux arbres séculiers. Les chambres rénovées, sont spacieuses et agréables avec de jolis tissus coordonnés. Aux beaux jours, vous pourrez vous détendre auprès de la piscine ou flaner dans le vaste parc. Situation privilégiée au coeur du pays thermal (Vittel et Contrexéville).

Yonne

Auxerre. Vineyards. Châteaux. Tennis court 800 m. Swimming pool locally. Horse-riding centres 2 km and 7 km. Bowling alley 7 km.

★ *How to get there: A6 motorway, Auxerre-Nord exit, St-Georges-Chevannes. N6 for St-Georges-Chevannes. Michelin map 65, fold 5.*

Five comfortable bedrooms await you in the outbuildings of this 16th-century château with dovecote, right in the heart of the countryside. All are decorated in a different style and appointed with period furniture. You will be enchanted by the peace and quiet which bless this residence and the delicious breakfasts served by your hosts.

Chevannes

Château de Ribourdin

89240 Chevannes
Tél. 03 86 41 23 16 - Fax 03 86 41 23 16
Claude et Marie-Claude Brodard

1 pers 300/350 F - 2 pers 350/400 F - 3 pers 470 F

5 chambres avec sanitaires privés dont 1 accessible aux personnes handicapées. Ouvert toute l'année. Copieux petit déjeuner : viennoiseries, pâtisseries et confitures maison, miel du pays... Cour, jardin, vélos. Restaurants à 500 m. ★ Auxerre. Vignobles. Châteaux. Tennis 800 m. Piscine sur place. Centres équestres à 2 et 7 km. Bowling 7 km. **Accès** : A6 sortie Auxerre nord, dir. St-Georges-Chevannes. N6 dir. St-Georges-Chevannes. CM 65, pli 5.

En pleine campagne, dans les dépendances d'un château du XVIe siècle avec pigeonnier, 5 chambres confortables ont été aménagées. Elles sont toutes personnalisées et meublées en ancien. Vous apprécierez le calme de cette demeure et les savoureux petits déjeuners servis généreusement.

Yonne

Vézelay 10 km. Avallon 5 km. Morvan National Park. Burgundy vineyards and cuisine. Canoeing, rafting, ballooning, hiking and horse-riding.

★ *How to get there: N6, A6, Avallon exit and head for Vézelay. Michelin map 65, fold 16.*

This breathtakingly-elegant 15th-century château is set in a 20-acre park with centuries-old trees in Morvan Natural Park. Refined décor and superbly-appointed bedrooms. Period furniture. Your stay here will be a memorable one.

Island

Carte 4 **699**

Château d'Island
89200 Island
Tél. 03 86 34 22 03 – Fax 03 86 34 22 03
Marie Claverie

2 pers 350/400 F – 3 pers 500 F - repas 150/250 F

3 chambres et 2 suites (800/1000 F) avec sanitaires privés. Ouvert toute l'année. Petit déjeuner : continental à base de produits maison ou anglais (sur demande). Table d'hôtes : cuisine française et vietnamienne raffinée. Salon bibliothèque, billard, TV, téléphone et mini-bar à disposition. Parc de 8 ha. Restaurants à proximité. ★ Vézelay 10 km. Avallon 5 km. Parc naturel du Morvan. Vignobles et tables bourguignonnes. Canoë, rafting, montgolfière, randonnée, équitation. **Accès :** N6, A6 sortie Avallon et prendre direction Vézelay. CM 65, pli 16.

Dans le parc naturel du Morvan et à proximité de Vézelay, ce très beau château du XVe siècle est situé dans un parc de 8 ha. aux arbres centenaires. Décoration raffinée et chambres superbement aménagées. Mobilier ancien d'époque. Vous ferez en ces lieux une halte inoubliable.

Yonne

Puisaye châteaux, potters and ceramists, ochre murals. Wild forests and lakes. Canals and locks. St-Fargeau Festival. Writer Colette's village. Sancerrois and Grennois wines.

★ *How to get there: A6, Dordives exit and head for Nevers on N7. When you get to Bonny-sur-Loire, take D965 for Auxerre until you reach Lavau. Follow "Domaine des Beaurois" signs. Michelin map 65, fold 3.*

In the heart of the wooded countryside, this handsome residence is set on a winegrowing estate. A specially-prepared guidebook will introduce you to the surrounding area and help you explore Colette country, where the abundant places of interest vie with the joys of Mother Nature.

Lavau

Carte 4 **700**

Domaine des Beaurois
89170 Lavau
Tél. 03 86 74 16 09 – Fax 03 86 74 16 09
Bernard et Anne-Marie Marty

2 pers 280 F

1 chambre et 1 suite de 2 chambres avec sanitaires privés (470 F 4 pers.). Ouvert toute l'année sauf Noël et nouvel an. Petit déjeuner : jus de fruits, fruits, yaourts, pains variés... Réfrigérateur. Table pique-nique. Lavage du linge pour séjour. Parc de 1,5 ha. avec piscine. Réduction à partir de la 2e nuit. Restaurant à proximité. ★ Châteaux de Puisaye, potiers et céramistes, ocres murales... Forêts et étangs sauvages. Canaux et écluses. Spectacle de St.Fargeau. Village de Colette. Vins du Sancerrois et du Giennois. **Accès :** A6 sortie Dordives puis direction Nevers par la N7 jusqu'à Bonny-sur-Loire et D965 direction Auxerre jusqu'à Lavau. Suivre le fléchage "Domaine des Beaurois". CM 65, pli 3.

En pleine nature, dominée par la forêt, cette belle demeure est située sur une exploitation viticole. Vous pourrez, grâce à l'aide d'un guide spécialement élaboré pour vous, rayonner dans les environs et découvrir le pays de Colette où la variété des sites rivalise avec la nature souveraine.

Yonne

Noyers-sur-Serein: medieval village. Vézelay. Fontenay Abbey. Hiking, biking.

★ *How to get there: A6 motorway, Nitry exit. 1.5 km from Noyers-sur-Serein. Michelin map 65, fold 6.*

Elegant 19th-century family mansion set in a tree-filled park, near the medieval village of Noyers-sur-Serein. The five bright, spacious bedrooms offer refined appointments. Cosy and serene. A charming stop in Burgundy.

Noyers-sur-Serein

Carte 4 · 701

Château d'Archambault
Cours - 89310 Noyers-sur-Serein
Tél. 03 86 82 67 55 - Fax 03 86 82 67 87
M. Claude Marie

2 pers 380 F

5 chambres avec sanitaires privés. Ouvert toute l'année. Salle pour le petit déjeuner. Salon avec cheminée. Salon de jardin. Parc de 4 ha. Restaurant à Noyers. ★ Noyers : village médiéval. Vézelay. Abbaye de Fontenay. Randonnées pédestres, VTT. **Accès :** autoroute A6, sortie Nitry. A 1,5 km de Noyers-sur-Serein. CM 65, pli 6.

Tout proche du village médiéval de Noyers-sur-Serein, élégante demeure de maître du XIXe siècle, entourée d'un parc arboré. 5 chambres, vastes et lumineuses, d'un confort raffiné ont été aménagées. Atmosphère feutrée et sérénité des lieux. Une étape de charme en Bourgogne.

Yonne

St-Fargeau Château 28 km. Walks in the surrounding forest. Tennis 2 km. Horse-riding and 18-hole golf course at Roncenay 8 km.

★ *How to get there: A6, Sépeaux-Joigny exit, for Montargis and D3 for Toucy. At Sommecaise, D57 for Perreux. Le Coudre is 1 km before the village. Michelin map 65, fold 3.*

This restored old farmhouse, set in a 7.5-acre park, affords pretty views of the valley. This charming spot near Puisaye and Burgundy is a feast for the eyes. You will adore the 18th and 19th-century furniture and the cosy finely-appointed bedrooms.

Perreux

Carte 4 · 702

La Coudre
89120 Perreux
Tél. 03 86 91 61 42
Patrice Lusardi

2 pers 490/580 F - repas 180 F

3 chambres avec salle de bains et wc privés. Ouvert toute l'année sur réservation. Petit déjeuner : croissants, confitures artisanales, fromage (à la demande)... Table d'hôtes : gibelote de lapin à la polenta... Parc de 3 ha. Atelier de poterie. Restaurants à Perreux 1 km ou Mézilles 15 km. ★ Château de St.Fargeau à 28 km. Promenades en forêt alentours. Tennis 2 km. Equitation et golf de Roncenay (18 trous) à 8 km. **Accès :** A6 sortie Sépeaux-Joigny, direction Montargis puis D3 vers Toucy. A Sommecaise D57 vers Perreux. La Coudre est à 1 km avant le village. CM 65, pli 3.

Cette ancienne ferme restaurée avec vue sur un joli vallon est située sur un parc de 3 ha. Elle sera une halte de charme, aux portes de la Bourgogne et de la Puisaye. Vous apprécierez le beau mobilier d'époque XVIIIe et XIXe et l'ambiance feutrée des chambres décorées avec raffinement.

Yonne

Hiking trails. Visits to Chablis and Irancy vineyards. Excursions to Coulanges, Tonnerre, Noyers. Tanlay and Ancy-le-Franc Châteaux. Fishing, horse-riding 2 km.

★ *How to get there:* 20 km from Auxerre-Sud exit or 15 km from Nitry exit. 10 km from Chablis. 12 km from Noyers on D45. Large building at entrance to village over the bridge. Michelin map 65, fold 6.

This 19th-century mill is set in 5 acres of grounds at the edge of the village, in the Serein Valley. The five bedrooms with private entrances have been decorated with great taste. Discover the Chablis wine and ceramics made at Le Moulin.

Poilly-sur-Serein

Carte 4 703

Le Moulin
89310 Poilly-sur-Serein
Tél. 03 86 75 92 46 – Fax 03 86 75 95 21
Pascal et Hester Moreau

1 pers 310 F – 2 pers 360/450 F – 3 pers 420/540 F
p. sup 120 F

5 chambres avec sanitaires privés. Ouvert du 1er avril au 31 octobre. Bibliothèque, salon. Jardin, parc. Rivière, baignade, canoë, vélos. Expositions de peintures, céramiques. Dégustation de vins de Chablis. ★ Circuits de randonnées. Visites de vignobles de Chablis et Irancy. Excursions : Coulanges, Tonnerre, Noyers. Châteaux de Tanlay et Ancy le Franc. Pêche et équitation à 2 km. **Accès :** à 20 km sortie Auxerre sud ou 15 km sortie Nitry. 10 km de Chablis. 12 km de Noyers sur la D45. Grand bâtiment à l'entrée du village sur le pont. CM 65, pli 6.

Dans un parc de 2 ha., le moulin de Poilly-sur-Serein (XIXe siècle) est situé à l'orée du village, dans la vallée du Serein. 5 chambres avec entrée privée ont été aménagées et décorées avec beaucoup de goût. Vous pourrez découvrir les produits du Moulin : le vin de Chablis et les céramiques.

Yonne

In the heart of Burgundy, ideally situated for enthusiasts of old châteaux, buildings and villages. Local gastronomy.

★ *How to get there:* Between Avallon and Saulieu on N6. Michelin map 65, fold 17.

Château Jaquot is a listed fortified residence dating from 1156. Time appears to have stood still inside, where the décor has been preserved in pristine condition. Excellent meals are served at the table d'hôtes in the shared lounge. Handsome medieval fireplaces.

Sainte-Magnance

Carte 4 704

Château Jaquot
89420 Sainte-Magnance
Tél. 03 86 33 00 22
Martine Costaille

2 pers 500 F – 3 pers 700 F – repas 150/360 F

1 suite avec sanitaires privés. Ouvert toute l'année. Petit déjeuner à base de patisseries et confitures maison (citron vert aux airelles, fleur de pissenlit safrané). Table d'hôtes : cuisine diététique ou médiévale à base de produits issus de cultures biologiques, fabrication du pain. ★ Au centre de la Bourgogne, découverte d'une multitude de châteaux et de villages pour les amoureux des vieilles pierres. Gastronomie. **Accès :** entre Avallon et Saulieu par la N6. CM 65, pli 17.

Au Château Jaquot, monument historique édifié en 1156, maison forte au décor intact, vous serez accueillis dans une ambiance du temps passé. Vous apprécierez les repas à la table d'hôtes, servis dans la salle commune. Très belles cheminées médiévales.

Yonne

Chablis vineyards. Medieval city of Noyers. Pontigny Abbey. Tanlay Château. Arcy Cave. Flying club, gliding, parachuting, horse-riding, river boating.

★ *How to get there:* A5, Vulaines exit, head for Saint-Florentin then Soumaintrain. Michelin map 61, fold 16.

This 18th-century half-timbered water mill stands on an extensive estate with swimming pool, lake, forest and river. Lovingly restored and decorated, the property exudes charm and refinement. The suites are spacious and well-appointed. Park with swimming pool. Fishing permitted in river and horses on the premises.

Soumaintrain
Moulin de Beaupré
1, rue de Beaupré – 89570 Soumaintrain
Tél. 03 86 56 32 51 – Fax 03 86 56 32 51
Email : evebriat@club-internet.fr
http://perso.club-internet.fr/evebriat
Michel Gérardin

Carte 4 — 705

2 pers 480/680 F – p. sup 150 F – repas 200/300 F

2 suites (1 avec balnéo) avec TV, tél., fontaine d'eau chaude et sanitaires privés (780/880 F 4 pers.). Ouv. toute l'année. Petit déj.: confitures, yaourts et fromage blanc maison... T. d'hôtes : cuisine à la cheminée ou au four à pain, brochet au traité fumés... TV salle. Tables de jeux (bridge, échecs). Bibliothèque. Sauna. Piscine, vélos, pêche, chevaux. Parc de 3 ha. Cartes bancaires acceptées. ★ Vignobles chablisien. Cité médiévale de Noyers. Abbaye de Pontigny. Château de Tanlay. Grotte d'Arcy. Aéro-club, vol à voile, parachutisme, équitation, navigation fluviale... **Accès :** A5 sortie Vulaines direction Saint-Florentin puis Soumaintrain. CM 61, pli 16.

Sur une vaste propriété avec piscine, étang, forêt et rivière, ce moulin à eau du XVIIIe à colombages a été restauré et décoré avec beaucoup de charme et de raffinement. Les suites qui vous sont proposées sont spacieuses et dotées d'un très grand confort. Parc avec piscine. Rivière avec possibilité de pêche et chevaux sur la propriété.

Yonne

Princes of Condé's Château (7.5-acre gardens) 200 m. Sens (museums, cathedral) 15 km. Golf course, tennis court 4 km. Horse-riding 6 km. Microlite training courses for beginners and more seasoned fliers 10 km. Swimming pool 15 km.

★ *How to get there:* A6 motorway, Nemours exit for Cheroy or A5, St-Valérien exit. Michelin map 61, fold 3.

Handsome 17th-century residence, now fully restored. The interior decoration is comfortable and the bedrooms are spacious and attractively appointed. Beautiful red, hexagonal floor tiling and fireplace with baker's oven. Savour your hostess's delicious specialities at the table d'hôtes in a warm, friendly atmosphere.

Vallery
La Margottière
89150 Vallery
Tél. 03 86 97 70 77 – Fax 03 86 97 53 80
Colette et Didier Deligand

Carte 4 — 706

1 pers 300 F – 2 pers 350 F – 3 pers 450 F
repas 80/120 F

6 chambres avec TV, tél., bains et wc privés dont 1 accessible aux personnes handicapées. Ouvert toute l'année. Table d'hôtes : bavarois de saumon, tarte aux poireaux, volaille, tarte à la rhubarbe... Salle de séjour avec cheminée. Cour, jardin, jeux d'enfants, vélos, ping-pong. ★Château des princes de Condé 200 m et ses 3 ha. de jardin. Sens (musées, cathédrale) 15 km. Golf, tennis 4 km. Equitation 6 km. Stage ou baptême ULM 10 km. Piscine 15 km. **Accès :** A6 sortie Nemours direction Cheroy ou A5 sortie Saint-Valerien. CM 61, pli 3.

Belle demeure du XVIIe siècle entièrement restaurée. L'aménagement intérieur est confortable et les chambres sont spacieuses et joliment décorées. Belles tommettes anciennes et cheminée avec four à pain. A la table d'hôtes, vous découvrirez dans une atmosphère chaleureuse les délicieuses spécialités de la maîtresse de maison.

Yonne

Places of historical interest. Chablis 12 km: estates and wine-tasting. Shows, concerts, walks along the banks of the Yonne. Tennis court in the village. Swimming. Biking. Canoeing. Fishing.

★ **How to get there:** *A6 motorway, Auxerre-Sud, then head for Chablis and 2nd road on the left (5 min from motorway exit). Michelin map 65, fold 5.*

Set in wooded parkland, this 18th-century château with family mansion and adjoining wings has been restored in the original style. The bedrooms, decorated with a personal touch by your hostess, command lovely views of the countryside, park and stream, which attracts wild ducks. An idyllic setting in the heart of the country. Delicious breakfasts.

Venoy

Carte 4 — **707**

Domaine de Sainte-Anne
Soleines le Haut - 89290 Venoy
Tél. 03 86 94 10 16 - Fax 03 86 94 10 12
Nicole Genest

2 pers 330/410 F - 3 pers 490 F - p. sup 80 F

3 chambres avec téléphone, dont 2 avec bains et 1 avec douche, et wc privés. Ouvert du 01/03 au 15/01. Petit déjeuner : patisseries maison, laitages, confitures, céréales, pains variés... Salon privé avec TV, bibliothèque. Jardin, salon de jardin. Parc de 7 ha. Restaurant à 800 m. ★ Sites historiques. Musées. Chablis 12 km : visites de caves et dégustation. Spectacles, concerts, promenades sur les quais de l'Yonne. Randonnées. Tennis au village. Piscine. Vélo. Canoë. Pêche. **Accès** : autoroute A6, sortie Auxerre-sud, puis direction Chablis et 2e route à gauche (à 5 mn de la sortie autoroute). CM 65, pli 5.

Dans un parc boisé, ce château du XVIIIe siècle avec maison de maître et ailes attenantes, a été restauré dans le style de l'époque. Les chambres décorées et personnalisées par votre hôtesse bénéficient d'une superbe vue sur la campagne, le parc et le cours d'eau où passent les canards sauvages. Petits déjeuners gourmands. Une étape idyllique en pleine nature.

Yonne

Wine estates: Chablis, Coulanges, Irancy. Château de Saint-Fargeau. Pontigny Abbey. Arcy Caves. Walks in the forest. Hiking paths. Riding 3 km. Swimming pool, tennis court 6 km.

★ **How to get there:** *A6 motorway, Auxerre-Nord exit, and head for Perrigny, Saint-Georges and Alliant, and turn left for Lindry. Michelin map 65, fold 4.*

Les Bruyères is a small manor with a superb Burgundy-style glazed-tile roof, set in a tree and flower-filled park. The bedrooms are decorated with refinement and all have their own luxurious bathrooms. Nature lovers will enjoy the sunny terraces and garden furniture. An outstanding spot.

Villefargeau

Carte 4 — **708**

Le Petit Manoir des Bruyères
5, allée de Charbuy - 89240 Villefargeau
Tél. 03 86 41 32 82 - Fax 03 86 41 28 57
M. et Mme Joullie

2 pers 600/1000 F - repas 250/300 F

3 ch. avec TV, tél., bains et wc privés, dont 1 suite avec salon, cheminée et coffre-fort. Ouvert toute l'année. Petit déjeuner français ou anglais. Table d'hôtes sur réservation : spécialités bourguignonnes. Salon. Bibliothèque. CB (Visa et Américan Express) acceptées. ★ Caveaux : Chablis, Coulanges, Irancy. Château de Saint-Fargeau. Abbaye de Pontigny. Grottes d'Arcy. Promenades en forêt. Sentier de randonnée. Equitation 3 km. Piscine, tennis 6 km. **Accès :** autoroute A6, sortie Auxerre-nord, puis direction Perrigny, Saint-Georges et Aillant, puis prendre à gauche vers Lindry. CM 65, pli 4.

En pleine nature, le petit manoir des Bruyères avec son superbe toit bourguignon en tuiles vernissées est entouré d'un parc boisé et fleuri. Les chambres sont décorées avec raffinement et disposent chacune d'une salle de bains d'un grand confort. Pour les amateurs de nature, terrasses et salons de jardin. Une adresse d'exception.

Essonne

Etampes: historical centre, outdoor leisure centre (swimming pool with waves) 10 km. Chartres 15 km. Paris 60 km.

★ *How to get there: From Paris, A6 (Lyon) then A10 (Bordeaux) and N20 for Etampes. Exit at Guinette and take D191 for Chartres. After 3 km, turn left for Chalo-Saint-Mars and Boinville hamlet.*

Monsieur and Madame Le Morvan Chaptal welcome you to their superb residence set in a landscaped park, lying between Paris and Chartres. The comfortably-appointed suite with lounge and fireplace awaits your arrival. Tasteful, refined décor looking out onto the dazzling garden.

Chalo-Saint-Mars

Carte 1 · **709**

4, hameau de Boinville
91780 Chalo-Saint-Mars
Tél. 01 64 95 49 76 – Fax 01 64 95 49 76
Alain et Christine Le Morvan Chaptal

1 pers 300 F – 2 pers 400 F – 3 pers 500 F
p. sup 100 F

1 suite avec salon, cheminée et sanitaires privés. Ouvert toute l'année. Jardin paysager, rivière en bordure de propriété, et bois privés. Restaurants à Etampes 7 km. ★ Etampes : centre historique et base de loisirs (piscine à vagues) à 10 km. Chartres 45 km. Paris 60 km. **Accès :** de Paris, A6 (Lyon) puis A10 (Bordeaux) et N20 direction Etampes. Sortir à Guinette puis N191 direction Chartres. Faire 3 km puis à gauche vers Chalo-Saint-Mars puis hameau de Boinville.

Entre Paris et Chartres, dans la très belle vallée de la Chalouette, M. et Mme Le Morvan Chaptal vous accueillent dans leur superbe demeure entourée d'un parc paysager. 1 suite très confortable, avec salon et cheminée vous sera réservée. Décorée avec goût et raffinement, elle ouvre sur le magnifique jardin.

Essonne

Châteaux: Fontainebleau, Courances, Ballancourt. Milly-la-Forêt: 15th-century covered market, St-Blaise Chapel. La Ferté-Alais Whitsun Aviation Festival. Golf 600 m. Rock-climbing 1 km. Mennecy 4 km: Olympic pool, tennis. Forest 800 m.

★ *How to get there: From Paris, A6 for Lyon, exit 11 (Auvernaux). D948 for Milly-la-Forêt. At Auverneaux: 2nd traffic lights on right and follow signs. 1st farm on left as you enter village. Michelin map 237, fold 42.*

This 18th-century typical Île-de-France farm is just 40 km from Paris, close to Fontainebleau and Disneyland. Two charming self-contained bedrooms await your arrival. Refined décor, antique and contemporary furniture and visible beams. Guests can relax in the garden or go cycling (bikes available). The 18-hole golf course in the village will delight golfers.

Chevannes

Carte 1 · **710**

Ferme de la Joie

14, rue Saint-Martin – 91750 Chevannes
Tél. 01 64 99 70 70 – Fax 01 64 99 74 74
Martine Pouteau

1 pers 350 F – 2 pers 430 F – 3 pers 480 F

2 chambres avec TV, téléphone (téléséjour) et sanitaires privés. Ouvert toute l'année. Petit déjeuner gourmand : viennoiseries, patisseries et confitures maison, fruits de saison... Cour, jardin. Vélos à disposition. Tarif dégressif à partir de plusieurs nuits. Restaurants à proximité. ★ Châteaux de Fontainebleau, Courances, Ballancourt. Milly-la-Forêt : halle du XVe, chapelle St-Blaise. Fête de l'Aviation (Pentecôte) à la Ferté-Alais. Golf 600 m. Varappe 1 km. A Mennecy 4 km : piscine olympique, tennis. Forêt 800 m. **Accès :** de Paris, A6 dir. Lyon, sortie n° 11 (Auvernaux). Prendre la D948 dir. Milly-la-Forêt. A Auvernaux : 2e feu à droite et suivre fléchage. 1ère ferme à gauche à l'entrée du village. CM 237, pli 42.

A 40 km de Paris, près de Fontainebleau et de Disneyland, ferme du XVIIIe siècle, typique de l'Ile de France. 2 chambres de charme, indépendantes de la demeure des propriétaires ont été aménagées. Décoration raffinée, mobilier ancien et contemporain et poutres apparentes. Jardin et vélos à disposition. Pour les amateurs, un golf 18 trous est situé dans le village.

Essonne

GR11 hiking path. Milly-la-Forêt: old covered market, Saint-Blaise Chapel decorated by Jean Cocteau. Château de Courances. Fontainebleau Forest.

★ **How to get there:** *48 km from Paris and 3 km from Milly-la-Forêt. A6 (Lyon), Auvernaux exit. D948 for Milly-la-Forêt. In Moigny, follow signs.*

This pretty village, characteristic of the Gatinais region, is the setting for 3 comfortable bedrooms in the outbuilding of an old farmhouse. The rooms boast rustic-style furniture, elegant décor and visible beams. An ideal place for a weekend away not far from Paris, with peace and quiet assured. The bedrooms are self-contained and separate from the owner's house.

Moigny-sur-Ecole

Carte 1 **711**

9, rue du Souvenir
91490 Moigny-sur-Ecole
Tél. 01 64 98 47 84 - Fax 01 64 57 22 50
M. Lenoir

1 pers 210 F - 2 pers 280/320 F - p. sup 60 F
repas 80 F

3 chambres avec TV et sanitaires privés. Ouvert toute l'année. Table d'hôtes (vin non compris) : légumes et fruits de saison du potager, salade au cresson, gibiers, volailles... Jardin paysager, vélos. ★ Sentier de randonnée GR11. Milly-la-Forêt : vieille halle, chapelle Saint-Blaise décorée par Cocteau. Château de Courances. Forêt de Fontainebleau. **Accès :** à 48 km de Paris et à 3 km de Milly-la-Forêt. A6 (Lyon) sortie Auvernaux. D948 dir. Milly-la-Forêt. Dans Moigny suivre le fléchage.

Dans un joli village typique du Gatinais, 3 chambres confortables ont été aménagées dans la dépendance d'une ancienne fermette. Mobilier rustique, décoration raffinée, poutres apparentes. Idéal pour un week-end près de Paris où le calme et la détente vous sont assurés. (chambres indépendantes de la maison du propriétaire).

Essonne

Walks in the Juine Valley. In the village: tennis and landscaped park with lake for fishing. Outdoor sports centre (swimming pool with waves) 10 km.

★ **How to get there:** *58 km from Paris and 10 km from Etampes. A6. RN20, Guilleval exit. Mondésir, then follow "Chambres d'Hôtes" signs in Saclas.*

This handsome residence set in a pretty flower garden is a former farmhouse dating back to the 15th century. Three finely-decorated, self-contained bedrooms await your arrival. A haven of peace and quiet enhanced by your hosts' generous hospitality. An ideal setting for a weekend break or holiday close to Paris.

Saclas

Carte 1 **712**

Ferme des Prés de la Cure
17, rue Jean Moulin - 91690 Saclas
Tél. 01 60 80 92 28
Françoise et André Souchard

1 pers 230 F - 2 pers 280 F - p. sup 70 F

3 chambres indépendantes avec douche et wc privés. Fermé en décembre, janvier, février. Petit déjeuner copieux. Cour, jardin, vélos. Restaurants dans le village. ★ Promenades dans la vallée de la Juine. Dans le village, tennis et parc paysager avec plan d'eau (pêche). Base de loisirs (piscine à vagues) 10 km. **Accès :** à 58 km de Paris et à 10 km d'Etampes. A6. RN20 sortie Guilleval. Mondésir puis suivre fléchage "Chambres d'Hôtes" Saclas.

Cette belle demeure entourée d'un beau jardin fleuri est une ancienne ferme datant du XVe siècle. 3 chambres indépendantes au décor raffiné vous sont réservées. Vous y trouverez calme et tranquillité et apprécierez l'accueil chaleureux des maîtres de maison. Etape idéale pour un week-end ou un séjour à proximité de Paris.

Essonne

Close to Marais and Courson Châteaux. Dourdan historic centre. GR111 posted hiking path. Tennis court, swimming pool, golf course, horse-riding. Rambouillet 25 km. Chartres 35 km.

★ *How to get there: From Paris, A10 for Chartres, Dourdan exit. Then turn right for D149. 200 m on, take D27 for St-Cyr and follow signs for "Le Logis d'Arnière".*

This extremely attractive millstone manor is set in 17 acres of parkland on the banks of a river (listed site). Hosts Taë and Claude provide a warm welcome. The residence features two finely-decorated suites appointed with handsome, rustic furniture. Angling enthusiasts will be delighted. Hammocks by the river. Ideal for a relaxing or sporting weekend.

Saint-Cyr-sous-Dourdan Carte 1 **713**

Le Logis d'Arnière

1, rue du Pont Rué
91410 Saint-Cyr-sous-Dourdan
Tél. 01 64 59 14 89 - Fax 01 64 59 07 46
Claude et Taë Dabasse

1 pers 360 F - 2 pers 420 F - 3 pers 560 F

2 suites de 2 chambres avec bains, douche et wc privés (620 F suite pour 4 pers.). Ouvert toute l'année. Petit déjeuner : viennoiseries, jus d'orange, confitures maison. Cour, jardin, parc 7 ha. avec rivière, pêche, vélos, aire de jeux. Restaurants à 200 m et à 3 km. ★ A prox. châteaux du Marais et de Courson. Centre historique de Dourdan. GR111. Tennis, piscine, golf, équitation. Rambouillet 25 km. Chartres 35 km. **Accès :** de Paris A10 direction Chartres sortie Dourdan. Puis prendre à droite la D149. A 200 m prendre la D27 direction St-Cyr et fléchage Le Logis d'Arnière.

Dans un parc (7 ha.) en bord de rivière (site classé), très beau manoir en pierre meulière. Taë et Claude vous y accueilleront chaleureusement et vous proposeront 2 suites au décor raffiné dotées d'un beau mobilier rustique. Pour les amateurs, pêche et hamacs en bord de rivière. Cadre idéal pour un week-end de détente ou sportif.

Val d'Oise

Château d'Hazeville: tourist information. Vexin Nature Park. Villarceaux, Ambleville and La Roche-Guyon Châteaux. Giverny.

★ *How to get there: A15, then N14 for Magny-Vexin and Guiry-en-Vexin. At Wy-Dit-Joli-Village, head for hamlet of Enfer, then Hazeville on D81.*

This listed building boasts a magnificent French-style dovecote, in an enclosed square courtyard, in the heart of Vexin country. The residence has a rich past and offers superbly-decorated bedrooms, named after famous figures such as the Duchesse de Villars and Gabrielle d'Estrées. Handsome period furniture and fabrics. Tiling hand-painted by the owner.

Wy Dit Joli Village Carte 1 **714**

Château d'Hazeville

95420 Wy Dit Joli Village
Tél. 01 34 67 06 17 ou 01 42 88 67 00
Fax 01 34 67 17 82
Guy Deneck

1 pers 540 F - 2 pers 650 F

2 chambres avec TV et sanitaires privés. Ouvert toute l'année sur réservation. Salle de documentation, bibliothèque, billard, cheminée, salle de gym. Parc, jardin, garages fermés. ★ Château d'Hazeville : point d'information touristique. Parc naturel régional du Vexin. Châteaux de Villarceaux, Ambleville, la Roche-Guyon. Giverny. **Accès :** A15 puis N14 dir. Magny-Vexin, puis Guiry-en-Vexin. A Wy-Dit-Joli-Village, prendre la dir. hameau d'Enfer puis Hazeville D81.

Dans un lieu classé monument historique, magnifique pigeonnier dans une ferme à cour carrée du Vexin français. Dans cette demeure chargée d'histoire, les chambres superbement décorées répondent aux noms de Duchesse de Villars et Gabrielle d'Estrées. Beaux meubles anciens, tissus et carrelage peint à la main par le propriétaire.

NOS FORMULES

Gîte Rural

Aménagé dans le respect du style local, le gîte rural est une maison ou un logement indépendant situé à la campagne, à la mer, à la montagne. On peut le louer pour un week-end, une ou plusieurs semaines, en toutes saisons. A l'arrivée, les propriétaires vous réserveront le meilleur accueil.

Chambre d'Hôtes

La chambre d'hôtes ou le "bed and breakfast" à la française : une autre façon de découvrir les mille visages de la France. Vous êtes reçus "en amis" chez des particuliers qui ouvrent leur maison pour une ou plusieurs nuits, à l'occasion d'un déplacement ou d'un séjour. C'est redécouvrir convivialité, bien-vivre et aussi la cuisine régionale avec la table d'hôtes.

Gîte d'Enfants

Pendant les vacances scolaires, vos enfants sont accueillis au sein d'une famille agréée "Gîtes de France" et contrôlée par l'administration compétente. Ils partageront avec d'autres enfants (11 maximum) la vie à la campagne et profiteront de loisirs au grand air.

Camping à la Ferme

Situé généralement près d'une ferme, le terrain où vous installez votre tente ou votre caravane est aménagé pour l'accueil d'une vingtaine de personnes ; vous pourrez y séjourner en profitant de la tranquillité, de l'espace et de la nature.

Gîte d'Etape

Le gîte d'étape est destiné à accueillir des randonneurs (pédestres, équestres, cyclistes…) qui souhaitent faire une courte halte avant de continuer leur itinéraire ; il est souvent situé à proximité d'un sentier de randonnée.

Gîte de Séjour

Les gîtes de séjour sont prévus pour accueillir des familles ou des groupes à toute occasion : week-end, vacances, réception, classe de découvertes, séminaire…

Chalets-Loisirs

Dans un environnement de pleine nature, 3 à 25 chalets loisirs sont aménagés pour 6 personnes maximum. Des activités de loisirs (pêche, VTT, pédalo, tir à l'arc…) sont proposées sur place.

POUR VOS VACANCES, SUIVEZ LE GUIDE

Parce que vos vacances sont uniques, nous vous proposons 10 guides nationaux et 95 guides départementaux pour vous accompagner partout en France. Pour une nuit, un week-end ou plusieurs semaines, à la montagne, à la mer ou à la campagne , les Gîtes de France ont sélectionné 55.000 adresses hors des sentiers battus. Retrouvez les 10 guides nationaux dans votre librairie ou renvoyez ce coupon réponse.

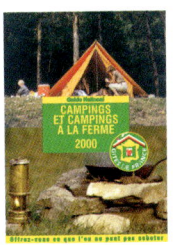

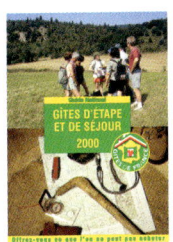

Découvrez aussi nos 95 guides départementaux, disponibles dans les relais départementaux ou à la Maison des Gîtes de France et du Tourisme Vert.

Renvoyez ce bon à découper ou une copie à l'adresse suivante

Frais d'emballage et de port inclus

MAISON DES GÎTES DE FRANCE ET DU TOURISME VERT
59, RUE SAINT-LAZARE - 75439 PARIS CEDEX 09
Tél. : 01 49 70 75 75 Fax : 01 42 81 28 53
http://www.gites-de-france.fr - 3615 Gîtes de France

☐ Gîtes de neige : 70F   ☐ Gîtes Panda : 70F   ☐ Nouveaux gîtes ruraux : 140F
☐ Séjours équestres : 70F   ☐ Chambres et tables d'hôtes : 140F
☐ Chambres d'hôtes prestige et gîtes de charme : 140F   ☐ Campings & campings à la ferme : 70F
☐ Gîtes et Logis de Pêche : 70F   ☐ Gîtes d'étape & de Séjour : 70F   ☐ Gîtes d'Enfants : 70F

Ci-joint mon règlement :   ☐ **par chèque bancaire ou par eurochèque en F.F. à l'ordre de Gîtes de France Services.**

☐ **par carte bancaire** : ☐ Carte Bleue ☐ carte Visa ☐ Eurocard ☐ Mastercard

N° de carte Bleue ☐☐☐☐ ☐☐☐☐ ☐☐☐☐ ☐☐☐☐ date d'expiration ☐☐ ☐☐

GN0700

Nom .... Prénom ....

Adresse : ....
.... Pays.. Tél. : ....

Conformément à la loi " Informatique et Liberté ", vos droits d'accès et de rectifications pourront être exercés à la FNGF et sauf refus express de votre part, ces informations pourront être commercialisées.

Ain

Explore the Beaujolais and Mâconnais wine-growing regions. Horse-riding centre 1 km. Thoissey 2 km: swimming pool, tennis court. On the Saône 3 km: lake, windsurfing, sailing, fishing.

★ *How to get there: A6, Belleville exit and cross the Saône. Take D933 for St-Didier, and turn right onto D100 to Peyzieux. The residence stands in front of the church.*

This handsomely-renovated residence, in a former 13th-century chapel, is set in a small Saône Valley village, close to the Mâconnais and Beaujolais wine-growing regions. You will enjoy this radiant, colourful house, where peace and quiet prevail. A charming and comfortable spot for a restful break.

Peyzieux-sur-Saône
Carte 4 — **715**

21, place Bernard - 01000 Bourg-en-Bresse
Tél. 04 74 23 82 66 - Fax 04 74 22 65 86
Gîtes de France - Service Réservation

vac. noël/fév./print. 3600 F - print. 3600 F
juil./aout 3600 F - juin/sept. 2900 F - h. s. 2900 F

Gîte 6 pers. : 3 ch. 2 pers., 2 salles d'eau, 1 salle de bains, 2 wc. Séjour/coin-cuisine (l-vaiss.). Salon avec cheminée (TV). Buanderie (l-linge). Terrasse, salon de jardin, abri couvert, barbecue, jeux enfants. Terain clos, parking. Draps et linge de maison fournis. Ménage en option. ★ Découverte des régions du Beaujolais et du Mâconnais. Centre équestre 1 km. Thoissey 2 km : piscine, tennis. Sur la Saône à 3 km : lac, planche à voile, voile, pêche. **Accès :** A6, sortie Belleville puis traverser la Saône. Prendre la D933 direction St-Didier, tourner à droite et prendre la D100 jusqu'à Peyzieux, devant l'église.

Aménagée dans une ancienne chapelle du XIIIᵉ siècle, cette belle demeure rénovée est située dans un petit village du Val de Saône, à proximité de Mâcon et du Beaujolais. Vous aimerez cette maison lumineuse, pleine de gaieté et de couleurs où règnent douceur et tranquillité. Une adresse de grand confort et pleine de charme.

Aude

Cathar castles and Cistercian abbeys. Corbières wine estate tours. Walled city of Carcassonne. Lagrasse 15 km. Hiking. Sea 60 km. Tennis, horse-riding, hiking, motocross and fishing in the vicinity.

★ *How to get there: 23 km from Carcassonne, via Trebes or Capendu (N113). Michelin map 86, fold 8.*

In the heart of Cathar country, a 17th-century Languedoc country house is the setting for this charming gîte that looks out directly onto a shaded 5-acre flower garden. Holidays to match your every requirement in a prestigious setting; a quiet, leafy oasis next to a tiny Corbières village, just a stone's throw from the winegrowing estates and Cathar castles.

Montlaur
Carte 5 — **716**

Château de Montlaur
11220 Montlaur
Tél. 01 43 06 17 24 ou 04 68 24 04 84
Fax 01 49 27 92 31
M. Cailleres

juin/sept. 3300 F - juil. 4550 F - aout 4550 F
h. s. 2800 F - w.e 1600 F

Gîte 2 pers. 1 ch. (2 lits + 1 lit enft.) avec salle de bains, wc. Salon avec cheminée et 1 conv. 2 pers., TV et téléphone. Cuisine, lave-linge, lave-vaisselle. Draps et linge de maison fournis (changés 1 fois/semaine). Lits faits à l'arrivée. Poss. service ménage. Piscine, vélos et ping-pong sur place. ★ Circuit des châteaux cathares et des abbayes cisterciennes, route des vins des Corbières, cité de Carcassonne. Lagrasse 15 km. Randonnées pédestres. Mer 60 km. Tennis, équitation, randonnée trial, pêche à proximité. **Accès :** à 23 km de Carcassonne, par Trebes ou Capendu (N113). CM 86, pli 8.

Au cœur du pays Cathare, dans une ancienne bastide languedocienne du XVIIIᵉ, gîte de charme donnant de plain-pied sur un parc ombragé et fleuri de 2 ha. Des vacances sur mesure dans un cadre prestigieux; une oasis de calme et de verdure aux portes d'un petit village des Corbières, à deux pas de la route des vins et des châteaux cathares.

Aveyron

Le Viaur River locally (fishing): canoeing and small boats for hire. Tennis court, swimming pool and horse-riding 12 km. Two 18-hole golf courses 40 km.

★ How to get there: On the Albi/Rodez road (N88), past Tanus and cross the bridge over the Viaur, drive 500 m and take 1st road on right for La Bastide. The gîte is 800 m on, under the viaduct.

Moulin du Go is a luxury gîte in the heart of the Viaduc du Viaur listed site, the railway viaduct built by Eiffel's pupil Bodin. The superb interior is in keeping with the place's history and includes original components from the mill. Novel decoration, exuding warmth and refinement (late 19th-century "Eiffel" ironwork lounge, Laura Ashley bedrooms, cane furniture).

Tauriac-de-Naucelle

Carte 5   717

Le Moulin du Go
M.D.T. 6 place Jean Jaurès - BP 831
12008 Rodez cédex
Tél. 05 65 75 55 55 - Fax 05 65 75 55 89
Gîtes de France - Service Réservation

hte sais. 7700 F - moy. sais. 5390 F - b. sais. 3850 F

Gîte 10 pers. (290 m^2) : 5 ch. dont 2 avec sanitaires privés et 2 avec cheminées, cuisine (mezzanine), séjour (125 m^2) avec grande cheminée, s.d.b./wc, 2 wc indép., tél. Téléséjour, TV satellite, l-linge, l-vaiss., chaîne Hifi. Four à pain du XIXe. Draps fournis. Commerces et gare 12 km. Fermé du 15 au 22.04, 17 au 24.06, 19.08 au 16.09, du 28.10 au 4.11 et du 23 au 30.12. ★ Rivière le Viaur sur place (cours d'eau 1ère catégorie), location de barque en été, possibilité canotage et kayak. Tennis, piscine et équitation à 12 km. 2 golfs 18 trous à 40 km. **Accès :** route Albi/Rodez (N88), passer Tanus, puis le pont sur le Viaur, remonter 500 m puis la 1ère route à droite, dir. La Bastide. Gîte à 800 m sous le viaduc.

Le Moulin du Go est un gîte luxueux au cœur du site classé du Viaduc du Viaur (viaduc ferroviaire) réalisé par Bodin, élève de Gustave Eiffel. L'aménagement intérieur respecte ce qu'a été la vie de ce lieu : éléments du moulin maintenus et mis en valeur. Décoration originale et raffinée (salon en fer "Eiffel" fin XIXe, chambres Laura Ashley...).

Calvados

In the heart of the Pays d'Auge, 2 km from Crèvecœur-en-Auge. Tennis 4 km. Golf 9 km. Swimming pool, horse-riding, canoeing 12 km. Sea 25 km.

★ How to get there: Full details will be supplied at time of booking.

Set in the heart of the Pays d'Auge, this 18th-century presbytery has been converted into an extremely comfortable gîte, which boasts two splendid period fireplaces. Nearby, a little river wends its way through the peaceful, verdant countryside. Restaurants 2 km and 7 km.

Biéville-Quetieville

Carte 2   718

Les Gravillons
6 promenade Madame de Sévigné
14050 Caen Cédex 4
Tél. 02 31 82 71 65 - Fax 02 31 83 57 64
http://www.gites-de-france-calvados.fr
Gîtes de France - Service Réservation

hte sais. 2950 F - moy. sais. 2050 F - b. sais. 1650 F
w.e 1150 F

Gîte 6 pers. (n° 616) : 3 chambres doubles à l'étage, salle de bains, salle d'eau, wc. Salle à manger, salon, cuisine, vestiaire, wc au rez-de-chaussée. Lave-linge, lave-vaisselle, TV, téléphone. Barbecue, ping-pong. Ouvert toute l'année. Ménage proposé. ★ Au cœur de Pays d'Auge, à 2 km de Crevecœur en Auge. Tennis à 4 km. Practice de golf à 9 km. Piscine, équitation, canoë-kayak à 12 km. Mer à 25 km. **Accès :** le plan d'accès vous sera communiqué lors de votre réservation.

Au cœur du Pays d'Auge, cet ancien presbytère du XVIIIe siècle a été aménagé en un gîte très confortable, où trônent deux belles cheminées d'époque. A proximité, une petite rivière serpente dans un environnement calme et verdoyant. Restaurants à 2 et 7 km.

Calvados

Tennis court 7 km. Horse-riding 10 km. Sea, sailing, sailing school, beach club, indoor swimming pool and golf course 15 km.

★ *How to get there:* N13 from Lisieux to Caen, at Saint-Jean crossroads, D16 for Bonnebosq. After 1 km, turn left (D49) for Beuvron. After 4 km, left onto D78, then left again 4 km on.

Situated in the heart of the Pays d'Auge, close to the preserved village of Beuvron-en-Auge, you will discover this charming 18th-century thatched cottage with half-timbering, which offers a magnificent view over the valley. The walled garden is a haven of tranquillity. Restaurants 4 km.

Brocottes

Carte 2 **719**

Le Lieu Hachet
rue de la Paix - 14370 Méry-Corbon
Tél. 02 31 23 65 62 - Fax 02 31 23 65 62
Daniel Isabel

hte sais. 3500 F - moy. sais. 2500 F - b. sais. 2000 F
w.e 1500 F

Gîte 6 pers. : 3 ch., salle de bains, cabinet de toilette, 2 wc. Cuisine (congélateur, micro-ondes), séjour avec cheminée, salon. L-linge, l-vaisselle, TV, tél. Loc. de linge de maison. Lit bébé. Barbecue, jeux enfants, salon de jardin. Ouvert toute l'année. Poss. femme de ménage. ★ Tennis à 7 km, équitation à 10 km. Mer, voile, école de voile, club de plage, piscine couverte et golf à 15 km. **Accès :** N13 de Lisieux à Caen, au carr. St-Jean, D.16 dir. Bonnebosq. A 1 km, à gauche D.49 vers Beuvron. 4 km, à gauche D.78 puis à gauche à 4 km.

Au cœur du pays d'Auge, tout proche du village sauvegardé de Beuvron-en-Auge, vous découvrirez cette charmante chaumière à colombages du XVIIIᵉ siècle disposant d'une magnifique vue sur la vallée. L'environnement est calme et le jardin clos. Restaurants 4 km.

Calvados

Honfleur 5 km (narrow streets, picturesque harbour, now a meeting place for artists). Wide variety of walks in the Pays d'Auge. 18-hole golf course 5 km.

★ *How to get there:* Full details will be supplied at time of booking.

Between Deauville and Honfleur, a warm welcome is assured by your hosts Monique and Claude in this Auge-style gîte. A fine double fireplace enhances the appeal of this warm, half-timbered house.

Le Theil-en-Auge

Carte 2 **720**

L'Armandine
14130 Saint-Gatien-des-Bois
Tél. 02 31 98 85 60 - Fax 02 31 98 84 98
Email : gites.jardin@wanadoo.fr
Claude et Monique Jardin

hte sais. 3550 F - moy. sais. 2650 F - b. sais. 1900 F
w.e 1650 F

Gîte 7 pers : 3 ch., s.d.b. et s. d'eau, 2 wc. Séjour, salon, cheminée centrale, cuisine. L-linge, l-vaisselle, téléphone, TV. Poss. femme de ménage. Equipement pour bébé sur demande. Barbecue, salon de jardin, portique. Ouvert toute l'année. Poss. location de linge. ★ Honfleur à 5 km (ruelles étroites, vieux bassin pittoresque devenu le rendez-vous des peintres). Nombreux circuits pédestres dans le pays d'Auge. Golf 18 trous à 5 km. **Accès :** il vous sera communiqué lors de la réservation.

Entre Deauville et Honfleur, Monique et Claude vous accueilleront pour un séjour dans un gîte de caractère augeron. Au cœur de la maison, une belle cheminée à double ouverture donne vie à cette chaleureuse maison à colombages.

Cantal

Fishing, hiking, cross-country skiing, riding, squash. Art Museum at Massiac.

★ ***How to get there:*** *Full details will be supplied at time of booking.*

This vast stone residence full of character is an old farmhouse that has now been fully restored. Set right in the heart of the countryside, the house affords a magnificent view of the surrounding landscape. Comfortable accommodation set in 7.5-acre grounds with a garden and a swimming pool.

Bonnac

Pouzol
50 Ave Pupilles de la Nation - B.P. 631
15006 Aurillac Cédex
Tél. 04 71 48 64 20 - Fax 04 71 48 64 21
Gites de France-Service Réservation

vac. scol. 5750 F - juil. 6900 F - aout 6900 F
autres mois 4600 F - juin/sept. 5750 F

Gîte 9 pers. : 5 chambres, 2 salles d'eau, 2 wc. Séjour/cuisine. L-vaisselle, l-linge, sèche-linge, TV, tél., cheminée avec insert. Draps et linge de maison fournis, lits faits à l'arrivée. Garage, terrasse, terrain non clos, piscine. Equipement accueil bébé. ★ Pêche, randonnée, ski de fond, tennis, équitation, squash et musée de peinture à Massiac. **Accès :** un plan d'accès vous sera adressé lors de la réservation.

Cette vaste maison de caractère toute en pierre, est une ancienne ferme entièrement restaurée. Située en pleine nature, elle bénéficie d'une vue exceptionnelle sur la campagne environnante. Confortablement aménagée, elle est entourée d'un parc de 3 ha. et d'un jardin avec piscine.

Cantal

Hang-gliding, tennis, fishing, hunting, cross-country and downhill skiing. GR400 hiking path. Volcanic Park. Puy Mary. Cirque du Falgoux (corrie). Salers 13 km.

★ ***How to get there:*** *Detailed directions will be supplied at time of booking along with a brochure on your accommodation and stay. Michelin map 76, fold 2.*

This former farmhouse in 60 acres of grounds, at the foot of the Puy Mary, overlooking the valley, has been renovated to provide 300 m² of luxury accommodation. Superb private pool shared with another gîte and panoramic views of the surroundings. Hiking paths, river (trout) and hunting on site. Linen provided and beds already made on arrival.

Le Falgoux

Domaine des Coustounes
11, av. Georges Pompidou
91370 Verrieres-le-Buisson
Tél. 01 69 30 71 00
Jean-François Aubert

vac. scol. 4850 F - juil. 7500 F - aout 8500 F
autres mois 3600 F - juin/sept. 4250 F

 4 ch., 2 salles de bains, 2 wc, séjour avec cuisine et cheminée, salle de jeux et terrasse. Lave-linge, lave-vaisselle, TV couleur, tél., minitel. Bois de chauffage et ménage fin de séjour offerts. Linge fourni. Ch. élect. Ouvert toute l'année. ★Deltaplane, tennis, pêche, chasse, ski alpin et de fond, GR400. Parc des volcans. Puy-Mary. Cirque du Falgoux. Salers à 13 km. **Accès :** un plan d'accès vous sera communiqué lors de la réservation, ainsi qu'une brochure complète sur votre hébergement et votre séjour.

Au pied du Puy Mary, dans un parc de 24 ha., surplombant la vallée, ancienne maison de ferme rénovée en gîte luxueux de 300 m² habitables. Superbe piscine panoramique commune à un autre gîte. Sentiers de randonnée, rivière à truites et chasse sur place. Linge fourni, lits faits à l'arrivée.

Cantal

Chaudes-Aigues Spa 15 km. Medieval city of Saint-Flour 18 km. Château des Ternes. Grandval Barrier. Garabit.

★ **How to get there:** From Saint-Flour, take D921 for Chaudes-Aigues. At Les Ternes, take D990 and drive 8 km, then turn right onto D56 for Tagenac. Michelin map 76, fold 13.

This handsome 19th-century farmhouse full of character has been restored in the local tradition. Attractive country-style furniture and décor. Enjoy the luxury which the house affords and the comfortable atmosphere which prevails. A charming spot.

Neuvéglise

Carte 5 **723**

Tagenac
203, rue Saint-Honoré – 75001 Paris
Tél. 01 47 03 05 24
Jean-Pierre Dival-Barre

vac. scol. 2500 F – juil. 3000 F – aout 3000 F
autres mois 2000 F – juin/sept. 2500 F

Gîte 5 pers. : 3 chambres (1 lit 2 pers. 2 lits 1 pers. 1 lit 80), séjour avec cheminée (bois gratuit), coin-cuisine, salle de bains, salle d'eau, 2 wc indép. Chauffage central. L-linge, l-vaisselle, TV, tél. Téléséjour. Jardin. Draps et linge de maison fournis. ★ Station thermale de Chaudes-Aigues 15 km. Cité médiévale de Saint-Flour 18 km. Château des Ternes. Barrage de Grandval. Garabit. **Accès :** de Saint-Flour prendre la D921 dir. Chaudes-Aigues. Aux Ternes prendre la D990 sur 8 km, puis à droite D56 Tagenac. CM 76, pli 13.

Cette belle demeure de caractère restaurée dans le style local est une ancienne ferme du XIXe siècle. Beau mobilier de style campagnard et décoration rustique. Vous apprécierez le grand confort de cette maison et l'atmosphère très chaleureuse qui y règne. Une adresse de charme.

Cantal

River, waterfalls, forest. Château de Pesteils. Fishing, tennis, swing golf, horse-riding centre 1 km. Swimming pool 5 km. Golf 10 km. "Espace Nordique" (winter sports) 12 km. Auvergne Volcanic Park. Vic-sur-Cère 5 km. Aurillac 15 km.

★ **How to get there:** Full details will be supplied at time of booking. Michelin map 76, fold 12.

This large family mansion set in the heart of the Cère Valley boasts a walled flower garden. Mr and Mme Moulier have decorated their Auvergne-style residence with period furniture, artefacts and souvenirs of a bygone age. A warm welcome is guaranteed. Shops 1 km.

Polminhac

Carte 5 **724**

Toursac
18 rue des Iris – 15000 Aurillac
Tél. 04 71 63 58 27 ou 06 81 88 53 40
Fax 04 71 63 58 27
André et Marie-Noëlle Moulier

vac. scol. 3200 F – juil. 4000 F – aout 4000 F
autres mois 2200 F – juin/sept. 2600 F

4 ch., s.d.b., s. d'eau, 2 wc. Salon, salle à manger, cheminée auvergnate. L-linge, l-vaiss., TV coul., m-ondes, tél. Téléséjour. Draps, linge de maison et service de ménage sur demande. Buanderie. Garage 2 voitures. Jeux pour enfants. Poss. femme de ménage. Baby-sitter. Printemps : 3200 F. ★ Cascades, forêt. Château de Pesteils. Pêche, tennis, swin-golf, centre équestre 1 km. Piscine 5 km. Golf 10 km. Espace nordique 12 km. Parc des volcans d'Auvergne. Aurillac 15 km. **Accès :** un plan d'accès vous sera communiqué lors de votre réservation. CM 76, pli 12.

Au cœur de la vallée de la Cère, M. et Mme Moulier mettent à votre disposition une grande maison de maître dans un jardin clos et fleuri. Vous apprécierez l'accueil et le confort de son intérieur auvergnat où meubles, objets et souvenirs évoquent la vie d'autrefois. Commerces 1 km.

Cantal

Biking and hiking on site. Climbing 5 km. Horse-riding 10 km. Cross-country skiing 15 km. Paragliding 25 km. Golf course 18 km.

★ *How to get there: Full details will be sent at time of booking. Michelin map 76, fold 2.*

This 6-person semi-detached gîte is a restored barn, set in 3 acres of parkland with swimming pool, tennis court, lake, volleyball and petanque grounds. In Auvergne Volcanic Park, close to the medieval city of Salers. Open all year round. A fishing gîte and a gîte for four are also available.

Saint-Bonnet-de-Salers

Carte 5 **725**

Les Planches
15140 Saint-Bonnet-de-Salers
Tél. 04 71 40 77 03 ou 06 80 22 98 27
Georges Rolland

vac. scol. 2800 F - juil. 5300 F - aout 5800 F
autres mois 2000 F - juin/sept. 3200 F

Gîte 6 pers. avec entrée indép. : 3 ch. (1 lit 2 pers. 4 lits 1 pers.), salle de bains. Coin-cuisine, séjour, l-linge et l-vaisselle. TV, téléphone Téléséjour commun, cheminée. Draps, linge de maison et service de ménage sur demande. Salle de jeux. Bois payant. ★ VTT et randonnées sur place. Escalade à 5 km. Equitation à 10 km. Ski de fond à 15 km. Parapente à 25 km. Golf à 18 km. **Accès** : un plan d'accès vous sera communiqué lors de la réservation. CM 76, pli 2.

Il est aménagé dans une ancienne grange restaurée située dans un parc de 20000 m² avec piscine, tennis, étangs, terrains de volley et de pétanque. A proximité de Salers, cité médiévale et dans le Parc des Volcans d'Auvergne. Egalement gîte de pêche. Possibilité de location d'un autre gîte pour 4 pers.

Cantal

At an altitude of 1,000 metres between Aubrac and the Cantal Mountains, facing the Truyère Valley. Chaudes-Aigues 12 km. Saint-Flour 30 km. Château d'Alleuze. Garabit Viaduct.

★ *How to get there: Full details will be supplied at time of booking. Michelin map 76, fold 13.*

This pretty stone farmhouse built in 1790, now fully restored, affords a panoramic view of the Truyère Valley and Aubrac Mountains. Luxurious décor and rustic furniture. Extensive garden (1,500 m²). Enjoy a refreshing swim in the private indoor pool or an invigorating mountain-bike ride. French billiards.

Sainte-Marie

Carte 5 **726**

La Fage
15230 Paulhenc
Tél. 04 71 23 36 01
Etienne Barthélémy

vac. scol. 3300 F - juil. 5700 F - aout 6500 F
autres mois 2450 F - juin/sept. 2700 F

Gîte 8 pers. : 4 ch. (2 lits 2 pers. 4 lits 1 pers.), séjour, salle de billard, cuisine, s.d.b. et s.d'eau, 3 wc (2 indép.). Ch. central. L-linge, sèche-linge, l-vaiss., micro-ondes, congèl., TV et tél. Téléséjour. Cheminée avec insert (bois payant). Garage, terrasse. Draps et linge de maison sur demande. Pour réserver, tél. après 20 h. ★ A 1000 m d'altitude entre l'Aubrac et les Monts du Cantal face à la vallée de la Truyère. Chaudes-Aigues 12 km. Saint-Flour 30 km. Château d'Alleuze. Viaduc de Garabit. **Accès** : un plan d'accès sera communiqué lors de la réservation. CM 76, pli 13.

Jolie ferme en pierre de 1790 entièrement rénovée avec vue panoramique sur la vallée de la Truyère et les Monts d'Aubrac. Grand confort et mobilier rustique. Jardin de 1500 m². Pour un séjour de remise en forme avec piscine privée couverte et VTT. Billard français.

Cantal

Altitude 1,050 m. Talizat 4 km. St-Flour, medieval city 12 km. Places of interest: châteaux, churches, La Margeride Regional Heritage Museum (Écomusée), Garabit Viaduct. Cross-country skiing 10 km.

★ *How to get there: Full details will be sent at time of booking. 8 km from A75 motorway, exit 25.*

This fully restored, late-19th-century stone residence full of character was originally a farmhouse. Auvergne-style furniture and décor. Vast lounge with fireplace and stone walls. Games room in the loft. 1,500 m² grounds with petanque area and climbing frame.

Talizat

Carte 5 727

Frugères
Fraisse Haut - 15300 Laveissiere
Tél. 04 71 20 00 72
Roger et Jeanine Armand

vac. scol. 3600 F – h. vac. hiv. 3400 F – juil. 4800 F aout 4800 F – autres mois 2500 F – juin/sept. 3100 F

Gîte 6 pers. : 4 ch. dont 1 enfant (2 lits 2 pers., 2 lits 1 pers.), s. d'eau, cab. de toilette. Cuisine intégrée, salon/séjour avec cheminée, le tout donnant sur terrasse. Ch. central au fuel. L-linge, l-vaisselle, TV, tél. Télés. Salles de jeux. Garage, jardin. Lits faits à l'arrivée. ★ Altitude : 1050 m. Talizat 4 km. St-Flour, cité médiévale 12 km. Circuits touristiques : châteaux, églises, écomusée de la Margeride, viaduc de Garabit. Ski de fond 10 km. **Accès :** communiqué lors de la réservation. Autoroute A75 à 8 km (sortie n° 25).

Cette demeure de caractère en pierre de la fin du XIXe est une ancienne ferme entièrement restaurée. Mobilier et décoration de style auvergnat. Vaste séjour avec murs en pierre et cheminée. Salle de jeux au grenier. Terrain de 1500 m² avec terrain de pétanque et portique.

Charente

Aubeterre (one of France's most beautiful villages) 2 km: underground church, a former Minim convent, Saint-Jacques Church, narrow streets. Beach along the Dronne 2.5 km. Dordogne 500 m.

★ *How to get there: From Angoulême, CD674 for Libourne. At Chalais, CD2 for Ribérac to Aubeterre. Turn right onto CD17 and head for Bonnes. The gîte is 2 km down, on the left. Michelin map 75, fold 3.*

This residence, with origins going back to the 13th century, looks out over the Dronne River (small boat available). The interior decoration is a harmonious blend of comfortable contemporary furniture and "olde worlde" charm. Handsome wooden staircase in the spacious lounge with visible beams.

Bonnes

Carte 3 728

Nadelin
27, place Bouillaud
16021 Angoulême cédex
Tél. 05 45 69 48 64 - Fax 05 45 69 48 60
Gîtes de France-Loisirs Accueil

hte sais. 4950 F – moy. sais. 3600 F – b. sais. 3250 F
w.e 2200 F

Gîte 6 pers. : 2 chambres, 2 salles de bains, 1 salle d'eau, 3 wc. Séjour/coin-cuisine, salon avec cheminée, mezzanine. Chauffage central. L-linge, l-vaisselle, TV, tél. Télésjour. Terrasse, jardin, piscine (commune au propriétaire). Draps et linge de maison fournis. ★ Aubeterre (classé l'un des plus beaux villages de France) 2 km : église monolite, ancien couvent des minimes, église Saint-Jacques, ruelles. Plage sur la Dronne 2,5 km. Département de la Dordogne 500 m. **Accès :** d'Angoulème, CD674 dir. Libourne. A Chalais le CD2 dir. Ribérac jusqu'à Aubeterre. Prendre à droite le CD17 dir. Bonnes. Gîte à 2 km sur la gauche. CM 75, pli 3.

Cette demeure dont les orgines remontent au XIIIe siècle, surplombe la rivière de la Dronne (barque à disposition). La décoration intérieure mêle avec harmonie le confort d'un mobilier contemporain et le charme de l'ancien. Bel escalier en bois dans le vaste séjour aux poutres apparentes.

Charente

Confolens 9 km: International Folk Festival in August, picturesque village, old bridge across the Vienne. Limoges 39 km. Vienne Valley sightseeing. 11th-century abbey-church 1 km. Futuroscope Moving Image Museum 1 hr by car.

★ ***How to get there:*** *From Confolens, CD30 for Lesterps. As you enter the village, turn left for CD82. The gîte is 1.3 km up on the right. Michelin map 72, folds 5/6.*

Just 9 km from Confolens, this Limousin farmhouse dating back to 1830 is set on a fully enclosed 2.5-acre estate. The gîte has been furbished with considerable taste and offers prestigious accommodation. Attractive décor and contemporary furniture. In fine weather, enjoy the extensive garden surrounding the house.

Lerterps

La Croix Rouge
16420 Lerterps
Tél. 05 45 71 01 93 - Fax 05 45 71 00 49
Annette Larboullet

hte sais. 4800 F - moy. sais. 4000 F - b. sais. 3100 F
w.e 1500 F - w.-e. detente 1900 F

Gîte 6 pers.: 4 ch., s.d.b., s. d'eau, 3 wc. Cuisine américaine/salle à manger, séjour (cheminée), salon lecture/musique sur terrasse. Ch. central. L-linge, l-vaiss., TV satellite, magnéto., hi-fi, tél. (répondeur) Jardin, terrasse avec salon de jardin, barbecue. Linge maison fourni, lits faits. ★ Confolens 9 km: festival international de folklore en août, village pittoresque, vieux pont sur la Vienne. Limoges 39 km. Circuit de la vallée de la Vienne. Abbatiale du XIᵉ 1 km. Futuroscope (1 h en voiture). **Accès :** de Confolens, CD30 dir. Lesterps. A l'entrée du village prendre le CD82 à gauche. Le gîte est situé à 1,3 km sur la droite. CM 72, pli 5/6.

A 9 km de Confolens, ancienne ferme limousine de 1830 située sur une propriété d'1 ha. entièrement close. Le gîte, aménagé avec beaucoup de soin est très confortable. Agréable décoration intérieure et mobilier contemporain. Aux beaux jours, vous pourrez profiter du vaste jardin qui entoure la maison.

Côtes d'Armor

Sea 35 km. Mont-Saint-Michel and Saint-Malo 1 hr. Dinan 15 min. Jugon Lake and ponds 100 m (fishing with permit). Hiking. Saint-Igneuc 2 km. Jugon water sports centre 4 km. Horse-riding 4 km. Golf course 10 km.

★ ***How to get there:*** *N12, Rennes-St-Brieuc, Plénée-Jugon-les-Lacs bypass, St-Ygneuc. In village, head for Pleven. Drive 2 km then turn right at Moulin de Lorgeril. Gîte 1 km (white gates). Michelin map 59, folds 14/15.*

The verdant, wooded 23-acre Château de Lorgeril estate is the setting for this handsome, typical 18th-century Breton residence. This self-contained gîte offers superior accommodation, including a vast 45 m² lounge with a traditional granite fireplace, refined décor and antique furniture. A private tennis court is available for guests' use.

Jugon-les-Lacs

Château de Lorgeril
Saint-Igneuc - 22270 Jugon-les-Lacs
Tél. 02 96 31 74 16 ou 02 96 31 61 85
Fax 02 96 31 63 76
André Heurtault

moy. sais. 3900 F - tres hte sais. 4400 F
hte sais. 4400 F - b. sais. 3500 F - vac. scol. 3900 F

Gîte 7 pers.: 3 chambres dont 1 avec salle d'eau et wc privés, cuisine, séjour avec cheminée, salon, s.d.b. avec wc. L-linge, l-vaiss., m-ondes, sèche-linge. Verger clos, jardin, salon de jardin. Tennis privé. Tél. service restreint. Draps et linge de maison à la demande. ★ Mer 35 km. Mont-Saint-Michel et Saint-Malo 1 h. Plan d'eau et étangs de Jugon à 100 m (pêche avec permis), randonnées pédestres. Saint-Igneuc 2 km. Base nautique de Jugon 4 km. Equitation 4 km. Golf 10 km. Dinan 15 km. **Accès :** N12, Rennes-St.Brieuc, bretelle Plénée-Jugon-les-Lacs, St.Ygneuc. Au bourg, dir. Pleven. Faire 2 km puis à droite vers le Moulin de Lorgeril. Gîte à 1 km (barrières blanches). CM 59, plis 14/15.

Sur le joli domaine (9 ha.) du château de Lorgeril, dans un cadre vert et boisé, belle demeure typiquement bretonne du XVIIIe, complètement indépendante. Aménagement de grand confort, décoration raffinée, meubles anciens, vaste séjour de 45 m² avec cheminée en granit.

Eure

Deauville, beach and golf course 30 km. Honfleur 25 km. Pont-Audemer 11 km. Brotonne and Montfort Forests 25 km.

★ *How to get there: Full details will be supplied at time of booking.*

This authentic Pays d'Auge manor house, situated in a garden bordered by a quickset hedge, has been superbly restored. Everything has been done with guests' comfort in mind at this gîte, which features refined décor and traditional Norman furniture. Mr and Mme Poulingue are gardening and Norman rural architecture enthusiasts.

Epaignes
Carte 2   **731**

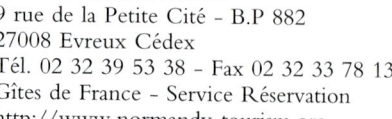

Le Clos Saint-Antoine
9 rue de la Petite Cité - B.P 882
27008 Evreux Cédex
Tél. 02 32 39 53 38 – Fax 02 32 33 78 13
Gîtes de France – Service Réservation
http://www.normandy-tourism.org

mai/juin/sept./ vac. scol. 3600 F - juil./aout 4200 F
h. s. 3000 F - w.e 2100 F

Gîte 9 pers. (+ 1 bébé) : 5 chambres et 4 sanitaires. Cuisine, salon, TV couleur, lave-linge et lave-vaisselle. Salon de jardin, barbecue. Ouvert toute l'année. Restaurants dans le village. Cartes bancaires acceptées. 1er prix week-end : 1800 F. ★ Deauville, plage et golf à 30 km. Honfleur à 25 km. Pont-Audemer à 11 km. Forêt de Brotonne et Montfort à 25 km. **Accès :** un plan d'accès vous sera communiqué lors de votre réservation.

Superbe restauration d'un authentique manoir du pays d'Auge dans un jardin entouré d'une haie vive. Dans ce gîte où tout a été pensé pour votre confort, la décoration est raffinée et le mobilier normand traditionnel. M. et Mme Poulingue sont passionnés de jardinage et d'architecture rurale normande.

Gard

Trails of Provence, Avignon, Pont du Gard (bridge), Uzès, Arles, Orange, Les Baux de Provence, Nîmes and wine-growing estates. Nearby: horse-riding, 18-hole golf course, hunting, fishing and tennis.

★ *How to get there: 12 km west of Avignon, on D126 (between D2 and N100), 3 km from the village of Aramon.*

Annie and André Malek extend a warm welcome at their pretty, converted sheepfold, in the heart of Provence, nestling in the hills close to Avignon. Relax by the superb pool (shared with bed & breakfast guests), which affords panoramic views of the surrounding countryside. Discover the treasures of this beautiful region of France.

Aramon
Carte 6   **732**

Le Rocher Pointu
Plan de Dève - 30390 Aramon
Tél. 04 66 61 17 98 – Fax 04 66 61 24 46
André et Annie Malek

hte sais. 5110 F

Gîte 2/3 pers. : 1 ch. avec s. d'eau et wc. Cuisine, salon, séjour. Buanderie avec l-linge. Draps/linge de maison fournis et changés 1 fois/sem. Ménage assuré 1 fois/sem. Ouvert l'été. TV, tél. Piscine, terrasse, salon de jardin, p-pong. ★ Sentiers de Provence, Avignon, le Pont du Gard, Uzès, Arles, Orange, les Baux de Provence, Nîmes et la route des vins. A proximité : équitation, golf 18 trous, chasse, pêche et tennis. **Accès :** à 12 km à l'ouest d'Avignon, sur la D126 entre la D2 et la N100 à 3 km du village d'Aramon.

Au coeur de la Provence, près d'Avignon, Annie et André Malek vous accueillent dans leur jolie bergerie nichée dans les collines. Dans cet oasis de calme. Vous pourrez vous détendre auprès de la superbe piscine avec vue panoramique (commune avec les chambres d'hôtes) et découvrir toutes les richesses de cette belle région.

Gard

Cévennes National Park 1 km. Medieval châteaux and churches. Lake, horse-riding, tennis 10 km. Golf course 15 km.

★ *How to get there: A7, Privas exit, for Villefort. N106 Nîmes-Alès-Génolhac (map and information supplied on request). Michelin map 80, fold 17.*

Nestled in the heart of a Cévennes valley, Château de Chambonnet opens its doors to you. Painter Heini and farmer Jean-Paul offer a vast, comfortable gîte with handsome arch-ceilinged rooms and a granite fireplace. All open out onto the terrace and garden in the shade of a lime tree. Bed and breakfast accommodation at the same address.

Ponteils et Bresis
Carte 6 **733**

Château du Chambonnet
30450 Genolhac
Tél. 04 66 61 17 98 – Fax 04 66 61 24 46
Jean-Paul et Heini Delafont

hte sais. 3600 F – b. sais. 2300 F – moy. sais. 2700 F
w.e 1000 F

Gîte 6 pers. : 2 ch. 2 pers. et 1 coin-repos, salle de bains, wc. Séjour, salon, cuisine (l-vaisselle, l-linge). Terrasse, jardin privé. Galerie de peinture. Draps et linge de maison fournis. ★ Parc National des Cévennes 1 km. Eglises et châteaux médiévaux. Lac, équitation, tennis 10 km. Golf 15 km. **Accès :** A7 sortie Privas dir. Villefort. N106 Nîmes-Alès-Génolhac (plan et documentation sur demande). CM 80, pli 17.

Blotti au coeur d'un vallon cévenol, le château du Chambonnet vous ouvre ses portes. Heini et Jean-Paul, artiste-peintre et agriculteur vous proposent un gîte vaste et confortable aux belles pièces voûtées avec cheminée en granit. Elles ouvrent sur la terrasse et le jardin à l'ombre du tilleul. Ch. d'hôtes à la même adresse.

Hérault

Outstanding Cathar site. La Cesse and Le Brian Canyons. Minervois wine-tasting. Dolmens. Romanesque churches. Canal du Midi. Carcassonne.

★ *How to get there: 30 km from Narbonne, Carcassonne and Béziers. Full details will be supplied at time of booking. Michelin map 83.*

This superb 17th-century country house, facing the Pyrenees, is ideal for a break in a charming setting. The gîtes are decorated and appointed with considerable refinement, boasting both period and modern furniture, paintings, sculptures and a fireplace. Shared lounge, with library and piano. Special events and conferences can be organised.

Minerve
Carte 5 **734**

Bastide les Aliberts
34210 Minerve
Tél. 04 68 91 81 72 – Fax 04 68 91 22 95
Email : aliberts@wanadoo.fr
M. Bourgogne

juil./aout 6200 F – juin/sept. 4000 F – h. s. 3000 F
autres mois 3500 F – w.e 1300 F

5 gîtes : 3 avec 2 ch., 1 avec 3 ch. et 1 avec 4 ch. Pour chaque gîte : salle de bains, cuisine, salon/séjour, l-vaisselle, l-linge. Linge de maison fourni, lits faits à l'arrivée. Ouvert toute l'année. Piscine, jardin, parc. Prix selon capacité, tarifs communiqués gîte 4 pers. : 2 ch. Poss. table d'hôtes sur demande. ★ Haut lieu Cathare. Canyons de la Cesse et du Brian. Dégustation des vins du Minervois. Dolmens. Eglises romanes. Canal du Midi. Carcassonne. **Accès :** à 30 km de Narbonne, Carcassonne au départ de Béziers. Un plan d'accès vous sera remis lors de la réservation. CM 83.

Superbe bastide du XVIIe face aux Pyrénées pour un séjour plein de charme. La décoration et l'aménagement des gîtes sont particulièrement soignés : mobilier ancien et moderne, tableaux, sculptures… et cheminée. Salle commune, bibliothèque, piano. Animations personnalisées. Possibilité organisation séminaires.

Hérault

Pic Saint-Loup (outdoor activities: hiking, climbing, wind-surfing). Beaches 30 km (La Grande Motte). Ponds (pink flamingoes). Montpellier 20 km.

★ **How to get there:** *A9 motorway, Nîmes-Ouest exit, for Sommières, then head for Galargues. St-Beauzille, Montaud.*

This imposing residence, on two levels, was originally a farmhouse dating from the 19th century. The extremely comfortable appointments include a capacious lounge, a relaxation area with stone fireplace and a fully-fitted open-plan kitchen. Period and contemporary furniture. Terraces and pleasant shaded, flower-filled garden with private swimming pool.

Montaud
Carte 5 **735**

Les Mazes
route de Fourgues – 30800 Saint-Gilles
Tél. 04 66 87 17 99 – Fax 04 66 87 17 99
Bernadette Fare

juil./aout 9500 F – juin/sept. 6000 F – h. s. 4800 F
autres mois 4800 F

Gîte 6 pers. : 3 chambres 2 pers. 2 salles de bains, wc. Séjour, salon avec cheminée, cuisine équipée (lave-linge, lave-vaisselle). TV à chaque niveau, magnétoscope, téléphone. Terrasses, jardin, piscine privée, ping-pong. Draps et linge de maison fournis, lits faits à l'arrivée. ★ Pic Saint-Loup (activités de nature : randonnées, escalade, vol à voile). Plages à 30 km (La Grande Motte). Etangs (flamands roses). Montpellier 20 km. **Accès :** autoroute A9, sortie Nîmes-ouest direction Sommières puis direction Galargues. St-Beauzille. Montaud.

Cette grande demeure, sur 2 niveaux, est une ancienne ferme du XIXe siècle. Aménagement de grand confort avec vaste salle de séjour, coin-détente avec cheminée en pierre et cuisine américaine entièrement équipée. Mobilier ancien et contemporain. Terrasses et agréable jardin ombragé et fleuri avec piscine privée.

Indre et Loire

Fishing on the property. Châteaux of the Loire, vineyards. Tennis, horse-riding 3 km. Balloon trips. Shops and restaurants. Futuroscope Moving Image Museum 45 min.

★ **How to get there:** *20 km southwest of Tours. A10 motorway, Tours-Sud exit. N10 to Montbazon, then D17 for Azay-le-Rideau. Michelin map 64, fold 14.*

La Mothe Manor, once the Archbishop of Tours and General Maginot's residence, is the ideal spot for a relaxing break in a setting steeped in history and culture. The attractive, leafy park, amid islands, with the Indre running through it, is a haven for anglers.

Artannes-sur-Indre
Carte 3 **736**

Le Château de la Mothe
38, rue Augustin Fresnel – B.P. 139
37171 Chambray-les-Tours Cédex
Tél. 02 47 27 56 10 – Fax 02 47 48 13 39
Email : info@loire-valley-holidays.com
Gîtes de France – Service Réservation

hte sais. 12000 F – moy. sais. 9630 F – w.e 6020 F

Gîte 6/14 pers. : entrée, salon de musique, s.à manger, bar, cuis.(équipée), 3 s.d.b., 3 s.d'eau, 7 wc, 3 TV, 6 ch. dont 1 suite (3 lits 2 pers., 8 lits 1 pers.), bibliothèque, billard, terrasse, abri voiture. Parc clos (3 ha.). Loc.draps et vélos. P.pong. Terrain foot. Badminton. Poss. Séminaires.(tarif selon capacité). Suppl. ménage fin de séjour : 500 F). ★ Pêche dans la propriété. Châteaux de la Loire, vignobles. Tennis, équitation 3 km. Golf 7 km. Baptême montgolfière sur place. Commerces et restaurants à proximité. Futuroscope 3/4 h. **Accès :** à 20 km au sud-ouest de Tours. Autoroute A10 sortie Tours-sud. N10 jusqu'à Montbazon puis D17 vers Azay-le-Rideau. CM 64, pli 14.

Le manoir de la Mothe, ancienne demeure de l'archevêché de Tours et du général Maginot, est le cadre choisi d'un séjour reposant et culturel. Dans un parc joliment arboré, au milieu de ses îles et traversé par l'Indre, c'est un endroit rêvé pour les pêcheurs.

Indre et Loire

GR3 posted hiking trail runs past the gîte. Châteaux: Azay-le-Rideau 6 km, Langeais 12 km and Villandry 18 km.

★ **How to get there:** 30 km west of Tours. A10, Joué-les-Tours/Chinon exit, and D751 to Azay-le-Rideau. In Chapelle-St-Blaise, D17 for Rigny-Ussé 4 km. Michelin map 64, fold 14.

This eastfacing gîte's modest façade gives no clue to the refined originality of the interior: the handsome furniture and careful choice of fabrics create a harmonious kaleidoscope of light and colour. The décor, different in every room, is a joy. The terrace by the water's edge is ideal for relaxing, and affords a picturesque view of the 16th-century village church.

Cheillé
Carte 3 · 737

Le Gîte du Passant
38, rue Augustin Fresnel - B.P. 139
37171 Chambray-les-Tours Cédex
Tél. 02 47 27 56 10 - Fax 02 47 48 13 39
Email : info@loire-valley-holidays.com
Gîtes de France - Service Réservation

hte sais. 2900 F - moy. sais. 2250 F - b. sais. 1800 F
w.-e. detente 1100 F

Gîte 5 pers. (+ bébé) : séj.-salon, coin-cuis. (tél., l-vaiss., m-ondes). 1 ch. (1 lit 2 pers., biblio.), s. d'eau (l-linge). Wc. Et. : 2 ch. (3 lits 1 pers.), s. d'eau. (wc). Lit, chaise bébé. Ch. central (30/60 F/j). TV. Jardin clos avec ruisseau (protégé), barbecue. Draps fournis, service ménage. ★ entier de grande randonnée GR3 devant le gîte. Châteaux d'Azay-le-Rideau (6 km), Langeais (12 km) et Villandry (18 km). **Accès :** 30 km ouest de Tours. A10, sortie Joué-les-Tours/Chinon puis D751 jusqu'à Azay-le-Rideau. Dans La Chapelle-St-Blaise, D17 sur 4 km vers Rigny-Ussé. CM 64, pli 14.

Exposé au soleil levant, ce gîte ne laisse en rien deviner le raffinement et l'originalité de sa décoration intérieure : harmonie de couleurs et de la lumière dans le choix des meubles, des tissus… Chaque pièce surprend par son décor différent. Au bord de l'eau, la terrasse, offre un lieu de détente d'où l'on aperçoit la pittoresque église (XVIe) du village.

Indre et Loire

Hiking locally. Fishing and tennis 2 km.

★ **How to get there:** A10 motorway, Sainte-Maure-de-Touraine exit. Take D59 for Ligueil. After Ligueil, take D50 until you get to Ferrière-Larçon. The gîte is 2 km from the village. Michelin map 68, fold 5.

Villa Robespierre rises majestically over the surrounding countryside. Françoise Chenoffe and her husband have completed the restoration work on this turn-of-the-century house, which is part of the family heritage. The décor is unaffected, both rustic and contemporary, the owners have sought to create the ideal atmosphere for guests to spend their holidays.

Ferrière-Larçon
Carte 3 · 738

La Villa Robespierre
38, rue Augustin Fresnel - B.P. 139
37171 Chambray-les-Tours Cédex
Tél. 02 47 27 56 10 - Fax 02 47 48 13 39
Email : info@loire-valley-holidays.com
Gîtes de France - Service Réservation

hte sais. 4100 F - moy. sais. 2700 F - b. sais. 2100 F
w.-e. detente 1800 F

Gîte 6 pers. (à prox. de l'habitation des propr.): 3 ch., s.d.b., 2 wc. Cuisine (cheminée, l-linge, l-vaiss., réfrig./ congél./m.ondes), salon (TV sur demande, biblio., tél. téléséjour). Ch. élect. Jardin, salon de jardin, piscine clôturée chauffée (avec suppl.), portique, bac à sable, barbecue. Linge/draps fournis. Ouvert toute l'année. Lit, t. à langer et chaise bébé. ★ Randonnées sur place. Pêche et tennis à 2 km. **Accès :** A10 sortie Ste-Maure de Touraine. Prendre la D59 dir. Ligueil. Après Ligueil, prendre la D50 jusqu'à Ferrière-Larçon. Gîte à 2 km du bourg. CM 68 pli 5.

En pleine campagne, la villa Robespierre se dresse majestueuse, patinée par le temps. Françoise Chenoffe et son mari ont achevé la restauration de ce patrimoine familial du début du siècle. Dans un décor simple, rustique ou contemporain, ils ont cherché à rendre une atmosphère pour que vos vacances soient un moment privilégié.

Indre et Loire

Châteaux of the Loire, vineyards. Fishing and tennis less than 1 km away. Swimming pool 3 km. Horse-riding 4 km. Ardrée golf course 12 km. Railway station and shops less than 1 km away.

★ ***How to get there:*** *7 km west of Tours. A10, Tours-Ste-Radegonde exit and N152 for Langeais, Saumur. Do not follow 1st signs for Fondettes: leave N152 at P. Vallières on right (D76) and right (500 m) for Rue des Pivottières.*

Les Pivottières enjoys an outstanding setting on a hillside overlooking the Loire, just a quarter of an hour from Tours. The gîte could well be a meeting place for poets. The owners, literature, art and music lovers (the composer G. Migot lived here), have created a cosy nest with everything you need, in an atmosphere that exudes culture and good taste.

Fondettes

Les Pivottières

38, rue Augustin Fresnel - B.P. 139
37171 Chambray-les-Tours Cédex
Tél. 02 47 27 56 10 - Fax 02 47 48 13 39
Email : info@loire-valley-holidays.com
Gîtes de France - Service Réservation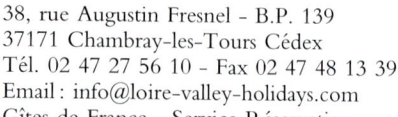

hte sais. 2590 F - moy. sais. 2070 F - b. sais. 1760 F
w.-e. detente 1030 F

Gîte 3/4 pers. : 1 ch. (1 lit 2 pers. 1 lit 1 pers. 1 lit bébé). Bains, wc. Cuisine/séjour (1 conv. 2 pers.) avec cheminée, TV, tél. (téléséjour), l-linge, l-vaisselle. Ch. central (30 F/jour). Draps et linge de maison fournis. Cour close. Gîte semi-indépendant sur une propriété de 5 ha. ★ Châteaux de La Loire, vignobles. Pêche et tennis à moins d'1 km. Piscine 3 km. Equitation 4 km. Golf d'Ardrée 12 km. Gare et commerces à moins d'1 km. **Accès :** Tours 7 km ouest. A10 sortie Tours-Ste Radegonde et N152 dir. Langeais, Saumur. Ne pas suivre la 1ère dir. Fondettes, quitter la N152 à P.Vallières à dr. (D76) puis à dr. (500 m) rue des Pivottières.

Jouissant d'une situation exceptionnelle sur un coteau dominant la Loire, à 1/4 h. de Tours, le gîte des "Pivottières" pourrait être le rendez-vous des poètes. Epris de littérature, de peinture et de musique (le compositeur G. Migot y résida), ses propriétaires en ont fait un nid douillet où rien ne manque et dont l'atmosphère est imprégnée de culture et de bon goût.

Indre et Loire

City of Tours 9 km.

★ ***How to get there:*** *9 km east of Tours. A10, Tours/Ste-Radegonde exit, N152 for Vouvray. Left in Rochecorbon on D77 for Monnaie. Right at Corona. The hamlet is on the left (1 km). Michelin map 64, fold 15.*

On the north bank of the Loire, on the way to Vouvray, famous for its vineyards, you will find "Hameau de la Vallée Poëllon". The property is one of the few remaining preserved Touraine hamlets, just 9 km from the lively city of Tours. This fully-restored gîte combines outstanding comfort with the charm of a bygone age.

Rochecorbon

La Vallée Poëllon

38, rue Augustin Fresnel - B.P. 139
37171 Chambray-les-Tours Cédex
Tél. 02 47 27 56 10 - Fax 02 47 48 13 39
Email : info@loire-valley-holidays.com
Gîtes de France - Service Réservation

hte sais. 3400 F - moy. sais. 2880 F - b. sais. 2400 F
w.e 1600 F

Gîte 4 pers. : salon 30 m^2 avec cheminée, tél. en service restreint, TV par satellite et magnétoscope. Cuisine/coin-repas (l-vaiss.). S.d.b. avec wc, l-linge. A l'ét. : 2 ch. (1 lit 2 pers. 2 lits 1 pers.). Ch. élect. Salon de jardin, piscine commune aux prop. Draps et serviettes compris. ★ Tours 9 km. **Accès :** 9 km à l'est de Tours. A10 sortie Tours/Ste-Radegonde, N152 vers Vouvray. A gche dans Rochecorbon sur D77 vers Monnaie. A dr. à Corona. Hameau à gauche (1 km). CM 64, pli 15.

Sur la rive nord de la Loire, en direction de Vouvray, célèbre pour son vignoble, le "Hameau de la Vallée Poëllon" constitue l'un de ces hameaux encore préservés en Touraine et pourtant si proche de la vivante cité tourangelle (9 km). Ce gîte entièrement restauré combine le top du confort moderne avec le charme d'Antan.

Indre et Loire

★ **How to get there:** *A10, Loches-Chateauroux exit, then N143 for Loches. At Cormery, turn right for Tauxigny. In the village, head for St-Branchs then at the roadside cross, turn left and drive for 1.5 km. Michelin map 64, fold 15.*

La Neuraie is an 18th-century rural property. The restoration work carried out by the current owners, both people of letters with a passion for old buildings, is an example of architectural mastery. The interior boasts a personal touch blended with beautiful rustic materials. A haven of peace in the heart of Touraine.

Tauxigny

Carte 3 **741**

La Neuraie

38, rue Augustin Fresnel - B.P. 139
37171 Chambray-les-Tours Cédex
Tél. 02 47 27 56 10 - Fax 02 47 48 13 39
Email : info@loire-valley-holidays.com
Gîtes de France - Service Réservation

hte sais. 3050 F - moy. sais. 2455 F - b. sais. 1995 F
w.-e. detente 1230 F

Gîte 6 pers. : 3 ch. 2 pers., s. d'eau, s.d.b., 2 wc. Entrée, grand séjour, salon (cheminée, TV et tél.) avec cuisine intégrée semi-indépendante (l-linge, l-vaiss.), palier aménagé en coin-lecture/détente. Ch. élect. Jardin clos privatif. Abri couvert. Draps fournis. Poss. service ménage. ★ **Accès :** A10 sortie Loches-Chateauroux puis N143 vers Loches. A Cormery, à droite vers Tauxigny. Dans le village, dir. St-Branchs puis au calvaire, à gauche sur 1,5 km. CM 64, pli 15.

La Neuraie est une propriété rurale du XVIIIe siècle. La restauration entreprise par ses propriétaires actuels, gens de lettres amateurs de vieilles pierres est un exemple d'architecture. A l'intérieur, une touche personnelle alliée à de beaux matériaux rustiques. Un havre de paix au coeur de la Touraine.

Indre et Loire

Vouvray vineyards. Châteaux. Hiking locally. Swimming pool and tennis court 300 m. Fishing 700 m. Horse-riding 10 km. 18-hole golf course 12 km.

★ **How to get there:** *Northeast of Tours. N152 to Vouvray. Michelin map 64, fold 15.*

Attached to a former winegrowing estate, this pleasant residence has kept the richness of its past with splendid stone façades, opening out onto a vast southfacing terrace and pretty garden. The interior has kept its charm with period fireplaces, terra cotta, and a subtle blend of rustic-style furniture and watercolours.

Vouvray

Carte 3 **742**

La Closerie

38, rue Augustin Fresnel - B.P. 139
37171 Chambray-les-Tours Cédex
Tél. 02 47 27 56 10 - Fax 02 47 48 13 39
Email : info@loire-valley-holidays.com
Gîtes de France - Service Réservation

hte sais. 2900 F - moy. sais. 2250 F - b. sais. 1850 F

Gîte 4 pers. : 2 chambres, salle d'eau, wc. Séjour/cuisine avec salon, cheminée, TV, tél. en service restreint, lave-linge, lave-vaisselle, micro-ondes. Mobilier de jardin, barbecue, ping-pong, portique. Draps fournis. Chauffage électrique. Ouvert toute l'année. Charges non comprises. ★Vignoble de Vouvray. Châteaux. Randonnée sur place. Piscine et tennis à 300 m. Pêche à 700 m. Equitation à 10 km. Golf 18 trous à 12 km. **Accès :** au nord-est de Tours. N152 jusqu'à Vouvray. CM 64 pli 15.

Rattaché à un ancien domaine viticole, cette agréable demeure conserve de son riche passé de belles façades en pierres de taille. Une vaste terrasse plein sud et un joli jardin. L'intérieur a conservé tout son charme avec ses cheminées anciennes, ses terres cuites et avec un choix subtil de meubles rustiques et d'aquarelles.

Lot et Garonne

Fortifications, Bonaguil Château. Listed sites and buildings. Tennis, fishing, horse-riding, health and fitness centre 4 km. Golf course 18 km.

★ **How to get there:** *From Monflanquin, head for Montpazier on D272. 2 km on, turn left for Envals C3. 3.8 km, Soubeyrac. From Villeréal D676, on left. Michelin map 79, fold 6.*

Pretty farmhouse restored in the local style, affording a view of the surrounding countryside. Visible beams and stone-work, and handsome rustic furniture. Pleasant garden with swimming pool, deck chairs, lilos and solar-powered shower. Ideal for getting to know this beautiful region's châteaux and walled towns at a quiet, leisurely pace.

Le Laussou

Carte 5 **743**

Manoir de Soubeyrac
47150 Le Laussou
Tél. 05 53 36 51 34 – Fax 05 53 36 35 20
Claude Rocca

juil. 6500 F – aout 7500 F – juin/sept. 3800 F
autres mois 2500 F

Gîte 5 pers. : cuisine (l-vaiss., l-linge, congélateur, m-ondes), salon, salle à manger, TV et tél. 2 ch. (1 lit 2 pers. 3 lits 1 pers.). S.d.b. avec douche (hydromassage) et wc. Jardin clos de 3500 m², piscine, salon de jardin, barbecue, p-pong. Draps/linge maison fournis. Lits faits à l'arrivée. ★ Circuits des bastides, château de Bonaguil. Sites classés. Tennis, pêche, équitation, centre de remise en forme 4 km. Golf 18 km. **Accès :** de Monflanquin prendre dir. Montpazier D272. Après 2 km prendre à gauche dir. Envals C3. 3,8 km et Soubeyrac. De Villeréal D676 et à gauche. CM 79, pli 6.

Jolie ferme restaurée dans le style de la région avec vue sur la campagne environnante. Pierres et poutres apparentes et beaux meubles rustiques. Agréable jardin avec piscine à débordement, chaises longues, matelas et douche solaire. Pour découvrir en toute quiétude les châteaux et bastides de cette belle région.

Lot et Garonne

Tennis 3 km. Health and Fitness centre 10 km. 9 and 18-hole golf course 18 km. Horse-riding centre and canoeing 10 km. Along the Lot: fortifications tours. Biron and Bonaguil Châteaux. Music Festival.

★ **How to get there:** *D124, Monflanquin-Fumel, for Saint-Aubin, then follow signs. Michelin map 79, fold 5.*

An attractive farmhouse built in local stone in the Haut Périgord Agenais, with swimming pool, garden, shower and gym. The setting is florid all year round, and activities include fishing in a private lake (5,000 m²). Restaurants within a 5 to 10-km radius. Leisure activities include table tennis and biking. Volleyball and badminton grounds. Solar-heated swimming pool, barbecue, Subbuteo, garden furniture.

Saint-Aubin

Carte 5 **744**

Crozefond
47150 Saint-Aubin
Tél. 05 53 41 66 06 – Fax 05 53 41 63 71
http://www.FLV.fr
Jean-Claude et Jeanine Gardes

juil. 6200 F – aout 6200 F – juin/sept. 3800 F
autres mois 2600 F

Gîte 6 pers. : 3 ch. doubles dont 1 indép. avec s. d'eau et wc, s.d.b., wc. Cuisine/salle à manger, salon (table de jeux, TV coul., tél.). L-linge, sèche-linge, l-vaisselle, m-ondes, cheminée (bois fourni). Linge maison, toilette, draps de bain fournis. Lits faits à l'arrivée. Ouvert toute l'année. ★ Tennis 3 km. Centre de remise en forme 10 km. Golf 9 et 18 trous 18 km. Centre équestre, canoë 10 km. Sur le Lot circuit bastides. Châteaux : Biron, Bonaguil. Festival de musique. **Accès :** D124, Mon-flanquin-Fumel, dir. Saint-Aubin, puis suivre le fléchage. CM 79, pli 5.

Dans une ferme située en Haut Périgord Agenais, belle maison en pierre du pays avec jardin et piscine avec douche et salle de gym. Le cadre est fleuri toute l'année, et pêche à proximité (lac privé 5000 m²). Abri, baby-foot, mobilier de jardin, barbecue. Restaurants à 5 et 10 km. Ping-pong, VTT. Terrain de volley et badminton. Piscine (chauffage solaire).

Lozère

Tennis 1 km. Lake, bathing, mountain bikes 4 km. Fishing, hiking and cross-country skiing 18 km. Mende 18 km.

★ How to get there: *RN106 to Rieutort-de-Randon.*

This self-contained mill dating from the 15th century is set in vast shaded grounds cut across by a stream. The rustic décor of this residence, typical of the region, with wood panelling, granite walls and furnishing fabrics, creates a relaxing, welcoming atmosphere. Enjoy the long summer evenings in the floodlit park, in this haven of tranquillity.

Rieutort-de-Randon

Carte 5

Le Mazelet
48700 Rieutort-de-Randon
Tél. 04 66 47 33 65 - Fax 04 66 47 33 65
Antoine et Simone Bourcier

juin/sept./ vac. scol. 2600 F - juil./aout 5800 F
h. s. 2000 F

Gîte 7 pers. : 3 ch., s. d'eau, s.d.b., 2 wc. Poss. lit bébé. Ouvert toute l'année + w.e (120 F/pers./nuit + charges). Séjour, coin-cuisine. L-linge, sèche-linge, l-vaiss. Garage, parking, parc. Linge de maison fourni. TV, tél. Ch. élect. Cheminée (bois gratuit). Barbecue, salon de jardin. Lits faits à l'arrivée. Charges en suppl. (EDF - tél.). Chèques vacances acceptés. ★ Tennis à 1 km. Lac, baignade, VTT à 4 km. Pêche, randonnées pédestres et ski de fond à 18 km. Mende 18 km. **Accès :** RN106 jusqu'à Rieutort-de-Randon.

Dans un parc ombragé où court un ruisseau, cet ancien moulin indépendant date du XVe siècle. Le décor rustique de cette demeure typiquement régionale avec ses boiseries, ses murs en granit et ses tissus d'ameublement crée une ambiance très chaleureuse et confortable. Dans cette oasis de calme, vous profiterez des soirées d'été dans le parc illuminé.

Marne

Three scenic routes through Champagne country. Wide variety of walks in the forest. 5 km from Epernay. Reims and Chalons-en-Champagne 28 km.

★ How to get there: *5 km from Epernay, take D51 for Moussy (A26 and A4 25 km on).*

This southfacing gîte is set in a wing of an 18th-century Champagne residence. The accommodation boasts rustic-style furniture, visible beams and a fireplace. In fine weather, you will enjoy the sunblessed terrace. Complimentary breakfasts of fresh bread and croissants are served every morning.

Moussy

Carte 1

Le Chartil
Chambre d'Agriculture - Route de Suippes
B.P 525
51009 Chalons-en-Champagne Cédex
Tél. 03 26 64 95 05 - Fax 03 26 64 95 06
Gîtes de France - Service Réservation

juil./aout 2800 F - juin/sept. 2800 F
vac. scol. 2800 F - autres mois 2000 F - w.e 1300 F

Gîte 6 pers. : 3 ch. 2 pers., 2 s.d.b., 2 wc. Salon/salle à manger, cuisine (l-vaiss., l-linge, m-ondes). TV, tél. (03.26.54.37.27), cheminée, jeux de société. Barbecue, salon de jardin, jeux enfants, parking. Linge de maison sur demande. Lits faits à l'arrivée. Chauffage en suppl. ★3 circuits de la route touristique du Champagne. Nombreuses promenades en forêt. A 5 km d'Epernay. Reims et Chalons-en-Champagne à 28 km. **Accès :** à 5 km d'Epernay prendre la D51 dir. Moussy (A26 et A4 à 25 km).

Gîte aménagé plein sud dans l'aile d'une vieille demeure champenoise du XVIIIe siècle. Mobilier rustique, poutres apparentes et cheminée. Aux beaux jours, vous profiterez de la terrasse très ensoleillée où vous pourrez prendre votre petit déjeuner (pains frais et croissants vous seront apportés chaque matin).

Rhône

Gastronomy: Beaujolais, Dombes and Lyonnais regions. Leisure park and hiking nearby. Museums. Tennis court 2 km. Horse-riding 3 km. Golf course 7 km.

★ ***How to get there:*** *A6, Villefranche exit, for Limas, Lachassagne, Charnay and Bayère. A6, Limonest exit for Lozanne, Belmont, Bayère.*

This handsome residence full of character, now fully restored, is set in Pierres Dorées (golden stones) country. The self-contained house is representative of the Beaujolais area and offers a high standard of comfort. Discover the charm of one of France's most famous winegrowing regions.

Charnay

Carte 4 — 747

Bayère
1, rue Général Plessier - 69002 Lyon
Tél. 04 72 77 17 50 - Fax 04 78 38 21 15
Gîtes de France - Service Réservation

vac. scol. 2900 F - h. s. 2600 F - juin/sept. 2900 F juil./aout 3200 F

Gîte 6 pers. : cuisine équipée, buanderie avec l-linge, séjour, salons, TV, téléphone. 3 chambres. Vaste salle de bains, 3 douches, 4 wc. Grande cave voûtée. Grand parc clos, cour arborée, jardin, terrasse, salon de jardin, barbecue. Draps et linge de maison fournis. ★ Gastronomie de la région beaujolaise, des Dombes et du Lyonnais. Parc de loisirs et randonnées pédestres à proximité. Musées. Tennis 2 km. Equitation 3 km. Golf 7 km. **Accès :** A6 sortie Villefranche dir. Limas, Lachassagne, Charnay, Bayère. A6 sortie Limonest dir. Lozanne, Belmont, Bayère.

Belle demeure de caractère entièrement rénovée située dans le pays des Pierres Dorées. Typiquement beaujolaise et complétement indépendante, cette maison dont l'aménagement intérieur est très confortable vous permettra de découvrir les charmes d'une région empreinte de son vignoble.

Rhône

Romanesque abbeys (Cluny, Tournus). Archaeological sites (Solutré, Autun, Vienne, etc.). Tennis 5 km. Water sports 15 km. Horse-riding 11 km. Numerous footpaths. Wine-tasting sessions.

★ ***How to get there:*** *From A6, take the Mâcon Sud or Belleville exit, then N6 to Pontanevaux and D95 for Julienas and Emeringes.*

A gîte full of character (100 m²) set in a 19th-century château in the heart of Beaujolais country, on the edge of the Burgundy region. The grounds are full of trees, some very rare (sequoia, Himalayan cedars), others over a hundred years old. The terrace is the perfect spot to spend long, relaxing summer evenings.

Emeringes

Carte 4 — 748

Château d'Emeringes
1, rue Général Plessier - 69002 Lyon
Tél. 04 72 77 17 50 - Fax 04 78 38 21 15
Gîtes de France - Service Réservation

vac. scol. 2550 F - h. s. 2550 F - juin/sept. 2750 F juil./aout 3250 F

2 chambres doubles (poss. 1 ch. suppl. extérieur au logement), 2 salles de bains et 2 wc. Cuisine/salon, terrasse. TV, téléphone, lave-linge, cheminée, linge de maison fourni. Ouvert toute l'année. Nombreux restaurants à proximité. Parc de 4 ha. avec lac. ★ Abbayes romanes (Cluny, Tournus). Sites archéologiques (Solutré, Autun, Vienne...). Tennis 5 km, sports nautiques 15 km, équitation 11 km. Sentiers sur place. Dégustation de vins. **Accès :** A6, sortie Mâcon Sud ou Belleville, Puis N6 jusqu'à Pontanevaux, D95 direction Julienas et Emeringes.

Gîte de 100 m² situé dans un château de caractère du XIXe siècle, aux limites de la Bourgogne, en plein Beaujolais. Dans le parc, vous pourrez admirer la majesté d'arbres plus que centenaires et des essences rares (Sequoïa, cèdres de l'Himalaya). Vous profiterez des longues soirées d'été sur la terrasse.

Yvelines

Local forest (wide choice of walking routes and cycle paths). Horse-riding nearby. Hiking path with Louis XIV markers and Roman remains nearby. 4 km from the historical village of Montfort-l'Amaury.

★ **How to get there:** *A13-A12 for Rambouillet. N10 extension, Le Perray-en-Yvelines exit. D191 for Les Mesnuls. On the right, after the restaurant, La Grange du Bois.*

In an outstanding setting, just 40 km from Paris, this handsome residence lies on a racehorse-breeding property on a vast 18th-century estate. High level of comfort and sophisticated decoration. The quietness of the place, on the edge of Rambouillet Forest and hunting grounds, will make your stay a very special one indeed.

Deux Sèvres

Marais Poitevin Nature Reserve and Puy du Fou 30 min. Saumur, Angers, Poitiers (Futuroscope), Nantes, Niort, Vendée Coast, Châteaux of the Loire (Villandry, Azay-le-Rideau, Chinon, Fontevreau) 1 hr away. La Rochelle 1 hr 15 min.

★ **How to get there:** *Instructions on how to get there will be sent at time of booking. The gîte is 12 km west of Bressuire. Michelin map 67, fold 16.*

This very comfortable gîte is set in a typical old farmhouse dating back to the French Revolution, on the edge of a lake teeming with fish (fishing 20 m), in bocage landscape with open paths through the fields. Peace and relaxation are the watchwords for your stay here.

Les Bréviaires

Carte 1 **749**

Domaine de la Grange du Bois

Hôtel du Département
2, place André Mignot
78012 Versailles Cédex
Tél. 01 30 21 36 73 - Fax 01 39 07 88 56
Gîtes de France - Service Réservation

juil./aout 4100 F – vac. scol. 3650 F – b. sais. 2950 F
w.e 1770 F – w.e. detente 2625 F

Gîte 5 pers. : 3 ch. avec tél., 2 s.d.b., 3 wc. Cuisine, lingerie (l-linge, sèche-linge, l-vaisselle). Salon, salle à manger, TV, biblio., cheminée. Parc 30 ha. dont 3000 m² privatifs. CB acceptées. Draps, linge de maison fournis. Charges comprises. Forêt et pistes cyclables sur place (nombreuses promenades). ★ Equitation à proximité. ★ Bornes Louis XIV et vestiges romains à proximité. Montfort-l'Amaury 4 km. **Accès :** A13-A12 dir. Rambouillet. Prolongation N10 sortie Le Perray-en-Yvelines. D191 dir. Les Mesnuls. A dr. après le restaurant, la Grange du Bois.

Dans un cadre exceptionnel, à 40 km de Paris, cette belle demeure est située sur une propriété d'élevage de chevaux de course dans un vaste domaine datant du XVIIIe siècle. Grand confort et décoration raffinée. Ce site très calme, en bordure de la forêt de Rambouillet et des chasses à courre, fera de votre séjour un moment privilégié.

Montigny

Carte 3 **750**

La Vérardière

Le Plessis Bastard - 79380 Montigny
Tél. 05 49 80 55 86
Robert des Dorides

juil./aout 3500 F – mai/juin/sept./ vac. scol. 2500 F
h. s. 2000 F

Gîte 8 pers. (+ 1 bébé) : 4 chambres, 2 salles de bains, 2 wc. Cuisine, salle à manger, salon (35 m²). Lave-linge, lave-vaisselle, TV, téléphone. Draps fournis. Ouvert été/hiver. Etang privé (pêche). Restaurants à 4 km ★ Marais Poitevin, Puy du fou à 1/2 h. Saumur, Angers, Futuroscope, Nantes, Niort, Côte Vendéenne, châteaux de la Loire (Villandry, Azay le Rideau, Chinon) à 1h. La Rochelle à 1h15. **Accès :** un plan d'accès vous sera communiqué lors de la réservation. Le gîte se situe à 12 km à l'ouest de Bressuire. CM 67, pli 16.

Dans un paysage bocager avec ses chemins creux au milieu des champs, ce gîte confortable est aménagé dans une ancienne ferme typique datant de la Révolution. La maison est située en bordure d'étang poissonneux (pêche à 20 mètres). Quiétude et relaxation seront au rendez-vous de votre séjour.

Deux Sèvres

Marais Poitevin: boat trips, posted walking and biking trails. Horse-riding, swimming, miniature golf locally. Bikes for hire at Coulon 3 km. La Rochelle 48 km. Vendée beaches 75 km. Puy-du-Fou, Futuroscope Moving Image Museum 90 km.

★ *How to get there: A10 motorway, exit 33 and head for La Rochelle, Sansais and La Garette 17 km. From Niort, head for Coulon and La Garette 12 km. Michelin map 71, fold 2.*

Traditional house in a Marais Poitevin village, renovated in the local style. The house backs onto a river. Luxurious interior and refined décor with handsome antique furniture and attractive fabrics. Welcoming, congenial atmosphere. The owner will be happy to offer advice on exploring local places of interest and sightseeing.

Sansais-la-Garette
Carte 3 **751**

15, rue Thiers - B.P. 8524
79025 Niort Cédex 09
Tél. 05 49 77 15 90 - Fax 05 49 77 15 94
Gîtes de France - Service Réservation

juil./aout 3500 F - mai/juin/sept./ vac. scol. 3000 F
h. s. 3000 F

Gîte 8 pers. : 3 ch. dont 2 pour 3 pers. et 1 mezzanine. Cuisine aménagée, séjour (TV, Hi-fi), salon, salle de bains, 2 wc. Jardin d'intérieur avec salon (1 lit 120) et s. d'eau. Garage. Jardin en espaliers permettant l'accès à la rivière, barque. Terrasse, barbecue. Préau (vivier). l-linge, l-vaisselle. ★ Marais Poitevin sur place : promenades barque, circuits pédestres et cyclo. balisés, équitation, piscine, mini-golf. Loc. vélos. La Rochelle 48 km. Plages de Vendée 75 km. Puy-du-Fou/Futuroscope 90 km. **Accès :** autoroute A10, sortie n° 33 et suivre dir. La Rochelle, Sansais, La Garette 17 km. De Niort, suivre Coulon puis La Garette 12 km. CM 71, pli 2.

Dans un village du marais Poitevin, maison typique, rénovée dans le style du pays (l'arrière de la maison donne sur la rivière). Aménagement intérieur de grand confort et décoration raffinée avec un beau mobilier ancien et de jolis tissus. Accueil convivial et chaleureux. Le propriétaire saura vous conseiller sur toutes les possibilités touristiques de sa région.

Tarn et Garonne

Septfonds and dolmens 6 km. Caussade (millinery town) 7 km. Montpezat de Quercy 15 km. Fishing on site, horse-riding 4 km. Tennis in the village.

★ *How to get there: At Caussade, take D926 for Villefranche and at Septfonds, take D9 to Cayriech. Michelin map 82, fold 18.*

Extremely comfortable gîte surrounded by a flower-filled, landscaped park (1.2 acres). The setting is rustic and beautifully, the décor refined (antique furniture). Relax in the landscaped swimming pool or the built-in spa. An ideal spot for visiting the region.

Cayriech
Carte 5 **752**

Le Clos des Charmilles

2, Bd. Midi-Pyrénées - B.P. 534
82005 Montauban Cédex
Tél. 05 63 66 04 42 - Fax 05 63 66 80 36
cdt82@wanadoo.fr - http://www.resinfrance.com
Gîtes de France - Service Réservation

juil./aout 4600 F - juin/sept. 3800 F - h. s. 2800 F
w.e. detente 1500 F - vac. scol. 3000 F

Gîte 6 pers. : 3 ch. dont 1 avec s. d'eau, s.d.b. et wc. Fermé Noël et jour de l'An. Séjour, salon, coin-cuisine intégré, TV couleur, l-linge, l-vaisselle, tél., fax, cheminée. Abri voiture, barbecue, ping-pong, vélos. Gîte accessible aux personnes handicapées. ★ Dolmens et Septfonds à 6 km. Caussade (cité du chapeau) à 7 km. Montpezat de Quercy à 15 km. Pêche sur place, équitation à 4 km. Tennis au village. **Accès :** à Caussade, prendre la D926 dir. Villefranche et à Septfonds, la D9 jusqu'à Cayriech. CM 82, pli 18.

Gîte extrêmement confortable, entouré d'un parc de 5000 m^2 paysager et fleuri. Le cadre est rustique et très bien restauré, la décoration soignée (mobilier d'antiquaire). Une excellente adresse pour rayonner dans la région, et profiter de la piscine paysagère et du spa intégré.

Tarn et Garonne

Tennis in the village. Horse-riding 4 km. Lake and bathing 15 km.

★ *How to get there: From Caussade, head for Septfonds. In the village, turn left for Cayriech. The gîte is in the village. Michelin map 82, fold 18.*

Attractive house full of character set in 3,000 m² of a landscaped park with a stream. The spacious rooms are decorated with refinement and handsome antique furniture. Luxury interior appointments. Relax in the jacuzzi and sauna, in a rest lounge which affords a view of the garden. Alternatively, bikes are available for guests' use. Outstanding.

Cayriech

Carte 5 **753**

La Closerie de la Lère
2, Bd. Midi-Pyrénées - B.P. 534
82005 Montauban Cédex
Tél. 05 63 66 04 42 - Fax 05 63 66 80 36
cdt82@wanadoo.fr - http://www.resinfrance.com
Gîtes de France - Service Réservation

juil./aout 5600 F - juin/sept. 4800 F - h. s. 3800 F
w.-e. detente 2600 F - vac. scol. 4000 F

Gîte 6 pers. : 3 ch., cuisine entièrement équipée, séjour, salle d'eau et salle de bains, 2 wc. L-linge, l-vaisselle, tél. Téléséjour, fax, TV, magnétoscope, chaîne hi-fi, jaccuzi, sauna. Jardin, ruisseau, pêche, vélos, p-pong, VTT, portique. Piscine (9 x 4). Draps et linge de maison fournis. Electricité en suppl. ★ Tennis au village. Equitation 4 km. Plan d'eau avec baignade 15 km. **Accès :** depuis Caussade, prendre direction Septfonds. Dans le village, prendre à gauche direction Cayriech. Le gîte est situé dans le village. CM 82, pli 18.

Belle maison de caractère entourée d'un parc paysager de 3000 m² avec ruisseau. Les pièces spacieuses, sont décorées avec raffinement avec un beau mobilier antiquaire. Aménagements intérieurs d'un très grand confort. Pour vous détendre, un jaccuzi et un sauna et pour les balades, des vélos sont à votre disposition. Une adresse d'exception.

Vendée

Puy-du-Fou show and medieval village 7 km. Churches, châteaux, Futuroscope Moving Image Museum 75 km. Hiking trails locally. Canoeing 20 km. La Rochelle, Ile de Ré, Noirmoutier within a 75 to 100-km radius.

★ *How to get there: From Paris: Paris-Angers motorway, then Cholet. La Flocellière is 25 km on, in the town hall square (Place de la Mairie).*

This Louis XIII-period residence is close to Château de la Flocellière. The comfortable house with original paving has a distinguishing mark: the small round window in the dining room was built for cannons in the 14th century. Peaceful and pleasant garden. Dinners by candlelight can be arranged at the château.

La Flocellière

Carte 3 **754**

Château de la Flocellière
85700 La Flocellière
Tél. 02 51 57 22 03 - Fax 02 51 62 15 19
Tél. SR 02 51 37 87 87
Vignal Erika

tres hte sais. 7000 F - hte sais. 5500 F
moy. sais. 4000 F - b. sais. 4000 F

Gîte 7 pers. : 4 ch., s. d'eau, s.d.b., 2 wc. Salle à manger, cheminée, TV. Cuisine (l-vaiss., congélateur, l-linge). Laverie commune (l-linge, sèche-linge). Parc de 15 ha. piscine commune, barbecue. Ecuries chevaux/poneys. Lits faits, linge maison/toilette fournis. ★ Spectacle du Puy-du-Fou et village médiéval animé 7 km. Eglises, châteaux, Futuroscope 75 km. Sentiers sur place. Canoë 20 km. La Rochelle, Ile de Ré, Noirmoutier entre 75 et 100 km. **Accès :** de Paris, autoroute Paris-Angers puis Cholet, La Flocellière se situe à 25 km, place de la mairie.

Demeure d'époque Louis XIII à proximité du château de la Flocellière. Confortablement aménagée cette maison au dallage ancien a une particularité, l'ouverture de la fenêtre de la salle à manger appelée boulite et qui date du XIVe. Jardin agéable. Possibilité de dîner aux chandelles au château.

Vendée

Fontenay-le-Comte: Renaissance town 10 km. Mervent Forest 15 km. Marais Poitevin conservation area 20 km. Fitness circuit, tennis 2 km. Mountain bike trail 3 km. Horse-riding 10 km. La Rochelle, Puy-du-Fou, Futuroscope Moving Image Museum.

★ How to get there: At Fontenay-le-Comte, take D938 for Bressuire and at Pissotte, take D23 for l'Hermenault. At l'Hermenault, head for St-Martin-des-Fontaines. Garreau is 2 km up on the right. Michelin map 67, fold 15.

This southern Vendée farmhouse, built in 1930, has been restored with perfect harmony. The property is located near the Marais Poitevin marshlands conservation area. The interior is refined and the period furniture is set off by the personalised décor. In fine weather, enjoy a dip in the pool in the garden.

St-Martin-des-Fontaines Carte 3 `755`

Garreau
85570 Saint-Martin-des-Fontaines
Tél. 02 51 00 12 62 - Fax 02 51 62 15 19
Tél. SR 02 51 37 87 87
Porcher Jean et Roselyne

tres hte sais. 5500 F - hte sais. 5000 F
moy. sais. 2500 F - b. sais. 2000 F

Gîte mitoyen : 2 ch., s. d'eau (sauna), wc. Séjour/coin-cuisine, salon (cheminée). Entrée et terrain clos indép. TV, tél. L-linge, sèche-linge, l-vaiss. Terrasse avec barbecue, salon de jardin. Piscine privée. Abri voiture. Linge maison/toilette fournis, lits faits. Peignoirs fournis. Equipement bébé. ★ Fontenay-le-Comte : ville Renaissance 10 km. Massif forestier de Mervent 15 km. Marais Poitevin 20 km. Parcours de gym et tennis 2 km. Circuit VTT 3 km. Promenades équestres 10 km. La Rochelle, le Puy-du-fou, le Futuroscope. **Accès :** à Fontenay-le-Comte, prendre D938 dir. Bressuire, puis à Pissotte, prendre D23 dir. l'Hermenault. A l'Hermenault, prendre St-Martin-des-Fontaines. Garreau est à 2 km sur la droite. CM 67, pli 15.

Construite en 1930, cette maison de ferme située en sud-vendéen, à proximité du Marais Poitevin, a été harmonieusement restaurée. L'aménagement intérieur est soigné et le mobilier ancien mis en valeur par une décoration personnalisée. Aux beaux jours, vous pourrez profiter de la piscine, située dans le jardin.

Yonne

Châteaux, abbeys, Buffon Forges, Bourgogne Canal. Medieval villages.

★ How to get there: Directions will be supplied at time of booking. Local SNCF railway station. TGV high-speed train station 18 km. Michelin map 65, fold 7.

This handsome family mansion offers very comfortable gîte accommodation, and boasts an inner courtyard with outbuildings, a terrace, garage and enclosed garden. The three bedrooms are spacious and one has a private lounge. Shops and services are just 2 km away, restaurants 2 km and 9 km.

Nuits-sur-Armançon Carte 4 `756`

1-2 quai de la République
89000 Auxerre
Tél. 03 86 72 92 15 - Fax 03 86 72 92 14
Loisirs Accueil - Service Réservation

hte sais. 4800 F - moy. sais. 4300 F - b. sais. 3800 F

Gîte 6 pers. (+ 1 bébé) : 3 ch., chacune avec s.d.b. et wc. 1 lit bébé à disposition. Cuisine. Séjour/salon avec cheminée et mobilier style Louis XIII. TV, téléphone, l-linge, l-vaisselle. Salons de jardin, barbecue, ping-pong, bac à sable, barque. Ouvert du 1er avril au 15 novembre. ★ Châteaux, abbayes, Forges de Buffon. Canal de Bourgogne. Villages médiévaux. **Accès :** un plan d'accès vous sera communiqué lors de la réservation. Gare SNCF sur place. TGV à 18 km. CM 65, pli 7.

Belle maison bourgeoise aménagée en gîte de grand confort, disposant d'une cour intérieure avec dépendances, terrasse, garage et jardin clos. Les 3 chambres sont spacieuses (l'une dispose d'un salon). Tous commerces et services à 2 km. Restaurants à 2 et 9 km.

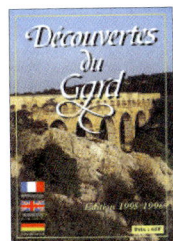

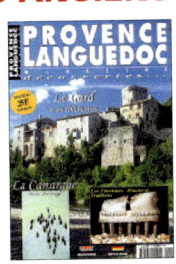

Bed & Breakfast Accommodation

Bed & Breakfast accommodation is set in privately-owned French homes (farms, manor houses or châteaux) and run by families, who will welcome you as old friends and be only too pleased to help you get to know their region. Each property reflects the owner's taste and personality. They may be decorated with period, contemporary or rustic country-style furniture. The services and leisure activities available are also very varied. Your stay could well be an opportunity to get to know the history of an interesting French family, make new friends or become acquainted with extremely different lifestyles. You can choose to stay for one or several nights in a warm, peaceful atmosphere, which can be relaxing and friendly, or refined and sophisticated, depending on your hosts and their lifestyle.

Breakfast

Breakfast is always included in the price of an overnight stay. It will give you the chance to taste the various local specialities. Depending on your host's culinary inspiration, there will be a choice of home-made jams, fresh farmhouse bread, Viennese or home-baked cakes, cheese and dairy products or local charcuterie.

The "Table d'Hôtes"

Certain hosts offer the possibility of sharing their - often gourmet - meals with the family. The table d'hôtes is a very flexible arrangement whereby you can opt for one meal only, or half- or full-board. If your hosts do not provide a table d'hôtes, they will be able to recommend the addresses of the best local inns and restaurants where you can taste regional or traditional French cooking.

TOUS LES DEUX MOIS RECEVEZ :

Village MAGAZINE
CONSTRUIRE SA VIE À LA CAMPAGNE

Vous vivez ou avez envie de vivre à la campagne, d'associer qualité de vie et vie professionnelle.

Vous abonner au magazine Village, c'est :

- partager les expériences de ceux qui y vivent au quotidien (propriétaire de chambres d'hôtes, télétravailleur, artisan, producteur...)
- découvrir des savoir-faire spécifiques au milieu rural
- s'imprégner des modes de vie des différentes régions pour mieux les habiter
- participer aux grandes mutations du milieu rural
- utiliser gratuitement les petites annonces pour trouver un commerce, un local, un corps de ferme...

68 pages en couleurs tous les deux mois pour vivre et construire son avenir à la campagne

Tarif découverte 80 F pour 6 mois

Le magazine Village a ouvert à la Carneille (Orne) un centre de ressources documentaire spécialisé sur la vie rurale. Consultation à distance ou sur place. Un gîte 4/5 personnes, labellisé Gîtes de France, réalisé en matériaux traditionnels et écologiques, est à votre disposition pour conjuguer vacances et réflexion.

Pour tous renseignements : Corinne Legrand : 02 33 65 34 91

Egalement disponible chez votre marchand de journaux

BULLETIN D'ABONNEMENT
À RETOURNER À : SERVICE ABONNEMENT - L'ACTEUR RURAL - BP 5 - 14410 VASSY

OUI je m'abonne au magazine *Village*

❑ Au tarif préférentiel de 80 F pour 6 mois (3 numéros)

Nom : .... Prénom : ....

Signature obligatoire

Organisme : ....

Adresse : ....

Code Postal : .... Ville : .... Tél. : ....

❑ Je règle ci-joint par chèque bancaire à l'ordre de l'Acteur Rural   ❑ Je désire une facture
❑ Je paierai à réception de facture (pour les structures uniquement)

GÎTES DE FRANCE

Self-catering gîtes

A number of gîtes cater to visitors seeking a self-contained house where they can stay with the whole family or among friends. Self-catering gîtes usually have a garden, several bedrooms, a sitting room, a dining room, a kitchen and a bathroom. Other creature comforts can include a colour television, a telephone (restricted dialling), a washing machine and a dishwasher.

Der «Gîte Rural», Wohnen auf dem Land

Denjenigen, die ein freistehendes Haus zu mieten suchen, um sich im Familienkreise oder mit Freunden, für ein Wochenende, für eine oder mehrere Wochen treffen, stehen eine Reihe von Unterkünften zur Verfügung. Von einem Garten umgeben, bestehen die Unterkünfte aus einem oder mehreren Schlafzimmern, Wohnzimmer, Eßzimmer, Küche und sanitären Einrichtungen. Um Ihnen Ihren Aufenthalt so angenehm wie möglich zu gestalten, verfügen Sie über einen Farbfernseher, Telefon - mit begrenzter Kapazität -, Wasch-Geschirrspülmaschinen usw...

ABONNEZ VOUS

CHEVAL pratique
le mensuel de tous les cavaliers

Reportage - Compétition - Rando
Infos - Club Junior - Trucs & astuces

OFFRE SPÉCIALE
FAITES-VOUS PLAISIR
OFFREZ OU
OFFREZ-VOUS

12 mois / 24 N° = 275 F *seulement au lieu 365 F* *

BULLETIN D'ABONNEMENT

À photocopier et à retourner à : CHEVAL PRATIQUE - Service Abonnements - 12, rue Mozart 92587 Clichy CEDEX

❏ **OUI**, je m'abonne à Cheval pratique pour 1 ans - 12 numéros, **275 F** seulement au lieu de 365 F (*prix de vente au numéro).

❏ **Je joins mon règlement à l'ordre des EDITIONS LARIVIERE par :** ❏ **chèque bancaire** ❏ **ccp Paris N° 1 159 15A** ❏ **Mandat Cash** ❏ **Carte bancaire**

Nom et prénom du titulaire : ....

N° de carte
⬜⬜⬜⬜ ⬜⬜⬜⬜ ⬜⬜⬜⬜ ⬜⬜⬜⬜

Expire le ⬜⬜ ⬜⬜

Date............................ **Signature** (obligatoire)

❏ Mme ❏ M / Date de naissance : ....

NOM ....

PRENOM ....

ADRESSE ....

CP ⬜⬜⬜⬜⬜

VILLE/PAYS ....

P9GF

Conformément à la loi informatique et libertés du 6.01.78. vous disposez d'un droit d'accès et de rectification aux données vous concernant. Sauf opposition formulée par écrit, ces données sont susceptibles d'être communiquées à des organismes tiers.

How to use this guide

The bed and breakfast accommodation and self-catering gîtes appear
in two separate parts of the guide and are classified within their *département*
(administrative area) in alphabetical order.
A number appears in the top right-hand corner of each entry :
a yellow shield for bed and breakfast, a green shield for self-catering gîtes

Information

The foreign languages spoken by your hosts are indicated by national flags.

A pictogram indicates whether or not pets are allowed.

The Gîtes de France map number at the top of the description refers to the maps situated in the front of the guide.

SR stands for Reservation Service.
CM, pli... means Michelin map, fold...

Prices

Bed and breakfast rates are generally given for 2 people (per night, breakfast included).
Ask for prices for other adults or children.
Self-catering gîtes indicate a weekly rate with additional costs stipulated in the contract.

How to book

Each description in the guide includes the telephone number of the owner or the reservation service so that you can either telephone in advance or apply in writing.

Bed and breakfast rooms can be booked for one or several nights.

It is always best to book in advance, as certain owners only have a few rooms available. For long stays, ask for a contract which will stipulate the deposit to be paid in advance. Self-catering gîtes are rented for the weekend (during off-peak seasons only), or for a week at a time. Booking in advance is essential. You will receive a contract setting out the terms and conditions of payment.

Gîtes de France :
Quand 38 000 hommes
et femmes s'engagent

Convivialité

Des propriétaires attachés à leur maison et heureux de pouvoir vous y accueillir et vous la confier.

Détente

Tout est fait, pour que vous profitiez pleinement de chaque instant de vos vacances.

Découverte

Des propriétaires qui ont la passion de leurs régions et fiers de pouvoir vous faire découvrir toute la richesse de leurs terroirs

Information

Tout est clair précis et rassurant pour que le déroulement de votre séjour soit conforme à vos attentes.

Les propriétaires des Gîtes de France vous assurent d'être toujours plus attentifs à vos suggestions.

Participons ensemble à la réussite de votre séjour

Useful tips

Never forget that you are staying in someone else's home.

Don't forget to warn you hosts if you are going to arrive later than the expected time.

Always warn your hosts if you intend to bring any pets with you.

The table d'hôtes is not a restaurant. Many hosts offer this service subject to advance bookings only, so do say if you intend to take meals on the premises.

A wide range of activities (swimming, tennis, billiards, horse-riding, etc.) is available on the premises. Certain holiday homes offer leisure activities, and your hosts will often accompany you if you so wish. Ask them for detailed information.

FÉDÉRATION EUROPÉENNE POUR L'ACCUEIL TOURISTIQUE CHEZ L'HABITANT À LA CAMPAGNE, À LA FERME ET AU VILLAGE

Allemagne

Lettonie

Autriche

Luxembourg

Belgique

Pologne

Espagne

Portugal

Finlande

Roumanie

France

Slovaquie

Hongrie

Suède

Irlande

Italie

Suisse

Partez à la découverte de l'Europe, en choisissant une formule d'accueil chez l'habitant

**EUROGÎTES - 7 Place des Meuniers
67000 SRASBOURG
Tél : 03 88 75 60 19 - Fax : 03 88 75 37 96
Réseau EUROGÎTES "affilié à EUROTER"
Internet : http ://www.eurogites.com
E-mail : eurogites@sdv.fr.**

Das Gästezimmer

Privatleute stellen Ihnen ihr Haus (Landhaus, Herrenhaus, Schloß...) zur Verfügung um Sie dort als Freunde aufzunehmen und Sie mit der Umgebung bekannt zu machen. Jeder Wohnsitz entspricht ganz dem Geschmack seines Besitzers und ist entweder mit ländlichen Möbeln, im antiken oder modernen Stil ausgestattet. Die Dekoration wird von der persönlichen Note des Gastgebers bestimmt: es werden zahlreiche Freizeitbeschäftigungen und Dienste angeboten. Ihr Aufenthalt kann zur geschichtlichen Ahnenforschung, zu abenteuerlichen Begegnungen und zum Kennenlernen neuer, anderer Lebensarten und-weisen werden. In einer ruhigen Umgebung, einer schmeichelnden Atmosphäre, schick oder einfach, leuteselig, je nach Wunsch, können Sie für eine oder mehrere Nächte aufgenommen werden.

Das Frühstück

Stets im Übernachtungspreis inbegriffen wird das Frühstück für Sie die Möglichkeit sein, die verschiedenen örtlichen Spezialitäten zu kosten. Von der Gastgeberin abhängig können Sie hausgemachte Marmeladen, selbstgebackenes frisches Brot oder Gebäck, aber auch Käse und Milchprodukte oder regionale Wurstwaren probieren.

Die Gästetafel

Mancher Gastgeber wird Ihnen die Möglichkeit anbieten, an der häuslichen Tafel mitzuessen. Diese sehr anpassungsfähige Lösung (einfaches Mahl, Halbpension oder Vollpension) wird Ihnen Gelegenheit geben, je nach Geschmack, ein häusliches oder gastronomisches Mahl einzunehmen. Sollte keine Gästetafel angeboten werden, geben Ihnen Ihre Gastgeber gerne die besten in der Nähe liegenden Adressen, die Ihnen erlauben werden, die reiche traditionnelle und regionale Küche kennenzulernen.

Gebrauchsanweisung des Führers

Die Gästezimmer und die Wohnungen auf dem Land sind in zwei verschiedene
Teile aufgeteilt und in der alphabetischen Reihenfolge der Departements
(sh. Inhaltsverzeichnis vor den Landkarten).
Jede Adresse ist oben rechts mit einer Nummer versehen,
die Sie auf den Karten wiederfinden.
Gelbes Schild für die Gästezimmer, Grünes Schild für die Landzimmer.

Informationen

Die von Ihren Gastgebern gesprochenen Fremdsprachen werden durch eine Flagge gekennzeichnet.

Ein Piktogramm bedeutet; Haustiere sind nicht zugelassen.

CM, pli... Michelinkarte...pli

Was müssen Sie bezahlen?

Die Preise werden generell für 2 Personen angegeben (Übernachtung mit Frühstück) in Gästezimmern. Preise für mehrere Personen oder spezielle Preise für Kinder sind bitte nachzufragen.

Bei Landwohnungen handelt es sich um Wochenpreise; die Zusatzkosten werden im Vertrag angegeben.

Wie reservieren Sie Ihr Zimmer?

In jeder in diesem Führer befindlichen Beschreibung finden Sie die Adresse des Besitzers oder des Reservierungsdienstes, an den Sie sich per Telefon oder per Post wenden können.

Die Gästezimmer werden für eine oder mehrere Nächte gebucht. Es ist auf jeden Fall immer vorteilhafter, rechtzeitig zu reservieren, da die Gastgeber zum Teil nur wenige Zimmer vermieten. Bei längeren Aufenthalten wird empfohlen, einen Vertrag mit Angabe des Anzahlungsbetrages anzufordern.

Wohnungen auf dem Land werden für ein Wochenende (nur außerhalb der Saison) oder für eine ganze Woche vermietet. Es ist unbedingt erforderlich, lange im voraus zu reservieren. Ein Mietvertrag wird Ihnen mit den Zahlungsbedingungen zugeschickt.

Einige Ratschläge

Bitte vergessen Sie nie, daß Sie bei Privatleuten aufgenommen werden, die Ihnen ihr Haus zur Verfügung stellen.

Sollten Sie am Anreisetag mit Verspätung rechnen müssen, benachrichtigen Sie bitte den Gastgeber.

Denken Sie immer daran anzugeben, wenn Sie Haustiere mitbringen möchten.

Die Gästetafel ist kein Restaurant. Viele Gastgeber bieten Ihnen diese Dienstleistung nur auf vorherige Reservierung hin an. Teilen Sie bitte bereits vorzeitig mit wenn Sie diesen Dienst in Anspruch nehmen wollen.

Zahlreiche Freizeitbeschäftigungen (Schwimmen, Tennis, Billard, Reiten...) werden an Ort und Stelle angeboten; zusätzliche Angebote können Sie bei den Gastgebern erfragen.

POUR LES VACANCES DE VOS ENFANTS

Savez vous qu'avec les Gîtes de France pendant les vacances scolaires, vous pouvez également faire partir vos enfants, sans vous, en toute tranquillité ?

Pour les vacances des enfants et des jeunes de 4 à 16 ans, des séjours au grand air, pleins de rire, de jeux, d'activités et de découvertes au sein d'une famille.

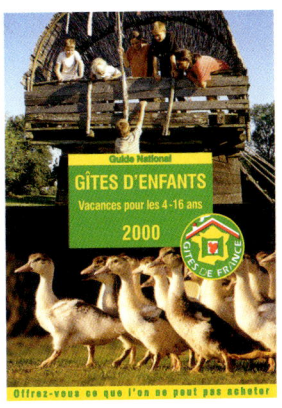

Dans ce guide, 500 familles agréées (DDASS, Jeunesse et Sports, ...) réparties dans toute la France, accueillent vos enfants de 4 à 16 ans dans une ambiance familiale et conviviale, et leur font partager les opportunités offertes par l'espace rural.

Renvoyez ce bon à découper ou une copie à l'adresse suivante

✂ -

MAISON DES GÎTES DE FRANCE ET DU TOURISME VERT
59, RUE SAINT-LAZARE - 75439 PARIS CEDEX 09
Tél : 01 49 70 75 75 Fax : 01 42 81 28 53
http ://www.gites-de-france.fr
3615 Gîtes de France (1,29 F/mn)
Je souhaite recevoir le guide national des Vacances en Gîtes
d'Enfants au prix de 70 F

Ci-joint mon règlement :　☐ par chèque bancaire ou par eurochèque en F.F. à l'ordre de Gîtes de France Services.

☐ **par carte bancaire** : ☐ Carte Bleue ☐ carte Visa ☐ Eurocard ☐ Mastercard

GN 1000

N° de carte Bleue ⎢ ⎢ ⎢ ⎢⎢ ⎢ ⎢ ⎢⎢ ⎢ ⎢ ⎢⎢ ⎢ ⎢ ⎢ date d'expiration ⎢ ⎢ ⎢⎢ ⎢ ⎢

Nom ....Prénom ....

Adresse : ....
....Pays...................................Tél :...........................

Glossaire
Glossary - Inhalt

The French entries for each gîte include details on the number of rooms, opening dates, bathroom facilities, services and leisures activities on the premises and locally. The glossary will help you understand the most important information.

Bei jeder Adresse werden Ihnen in der französichen Beschreibung Angaben gemacht über die Anzahl der Zimmer, die Öffnungfszeiten, die sanitären Einrichtungen, die Speisegelegenheiten, die verschiedenen Dienstleistungen oder Freizeitbeschäftigungsmöglichkeiten.

cartes bancaires acceptées	credit cards accepted	*Kreditkarten werden angenommen*
chambre	bedroom	*Zimmer*
charges non comprises	not including charges	*Zusatzleistungen nicht inbegriffen*
chauffage	heating	*Heizung*
cheminée	fireplace	*Kamin*
cuisine - coin cuisine	kitchen - kitchen area	*Küche - Küchenecke*
étangs - lacs	ponds - lakes	*Weiher - Seen*
fermé	closed	*Geschlossen*
gîte - gîte rural	gîte - self-catering gîte	*Unterkunft*
jardin	garden	*Garten*
lave-linge	washing machine	*Washmaschine*
lave-vaisselle	dishwasher	*Geschirrspülmachine*
linge de maison fourni	household linen provided	*Tisch-Bettwäsche gestellt*
Ouvert toute l'année	open all year round	*ganzjährig geöffnet*
Ouvert du... au...	open from...to...	*geöffnet vom...bis...*
parc	park	*Park*
petit déjeuner	breakfast	*Frühstück*
piscine	swimming pool	*Schimmbad*
restaurant-auberge	restaurant-inn	*Restaurant-Gaststätte*
salle à manger	dining room	*Esszimmer*
salle d'eau - douche	shower-room	*Dusche*
salle de bains	bathroom	*Badezimmer*
salon	lounge	*Wohnzimmer*
sanitaires privés - privatifs	private bathroom	*Eigene private sanitäre Einrichtungen*
suite	suite	*Suite*
sur place	on the premises, locally	*am Ort*
sur réservation	booking required	*Auf Reservierung hin*
table d'hôtes	meals with owners	*Gästetafel*
terrasse	terrace	*Terrasse*
vélos - loc. de vélos	bikes - bike rental	*Fahrräder - Verleih von Rädern*
VTT	mountain bikes	*MTB*
wc privés - privatifs	private WC	*eigene private Toiletten*

NOS FORMULES

Gîte Rural

Aménagé dans le respect du style local, le gîte rural est une maison ou un logement indépendant situé à la campagne, à la mer, à la montagne. On peut le louer pour un week-end, une ou plusieurs semaines, en toutes saisons. A l'arrivée, les propriétaires vous réserveront le meilleur accueil.

Chambre d'Hôtes

La chambre d'hôtes ou le "bed and breakfast" à la française : une autre façon de découvrir les mille visages de la France. Vous êtes reçus "en amis" chez des particuliers qui ouvrent leur maison pour une ou plusieurs nuits, à l'occasion d'un déplacement ou d'un séjour. C'est redécouvrir convivialité, bien-vivre et aussi la cuisine régionale avec la table d'hôtes.

Gîte d'Enfants

Pendant les vacances scolaires, vos enfants sont accueillis au sein d'une famille agréée "Gîtes de France" et contrôlée par l'administration compétente. Ils partageront avec d'autres enfants (11 maximum) la vie à la campagne et profiteront de loisirs au grand air.

Camping à la Ferme

Situé généralement près d'une ferme, le terrain où vous installez votre tente ou votre caravane est aménagé pour l'accueil d'une vingtaine de personnes ; vous pourrez y séjourner en profitant de la tranquillité, de l'espace et de la nature.

Gîte d'Etape

Le gîte d'étape est destiné à accueillir des randonneurs (pédestres, équestres, cyclistes…) qui souhaitent faire une courte halte avant de continuer leur itinéraire ; il est souvent situé à proximité d'un sentier de randonnée.

Gîte de Séjour

Les gîtes de séjour sont prévus pour accueillir des familles ou des groupes à toute occasion : week-end, vacances, réception, classe de découvertes, séminaire…

Chalets-Loisirs

Dans un environnement de pleine nature, 3 à 25 chalets loisirs sont aménagés pour 6 personnes maximum. Des activités de loisirs (pêche, VTT, pédalo, tir à l'arc…) sont proposées sur place.

POUR VOS VACANCES, SUIVEZ LE GUIDE

Parce que vos vacances sont uniques, nous vous proposons 10 guides nationaux et 95 guides départementaux pour vous accompagner partout en France. Pour une nuit, un week-end ou plusieurs semaines, à la montagne, à la mer ou à la campagne , les Gîtes de France ont sélectionné 55.000 adresses hors des sentiers battus. Retrouvez les 10 guides nationaux dans votre librairie ou renvoyez ce coupon réponse.

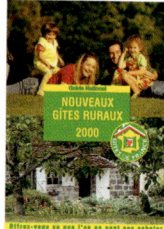
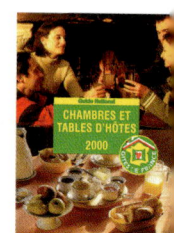

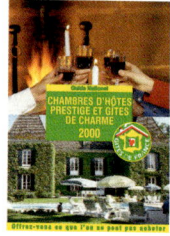

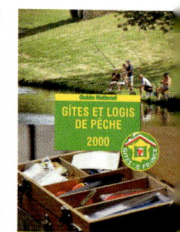

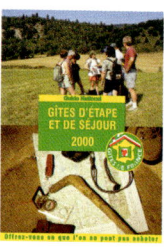

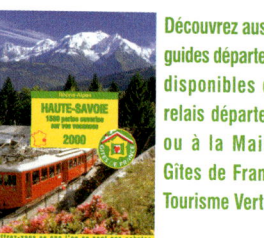

Découvrez aussi nos 95 guides départementaux, disponibles dans les relais départementaux ou à la Maison des Gîtes de France et du Tourisme Vert.

Renvoyez ce bon à découper ou une copie à l'adresse suivante

Numéro d'Écusson	Nom de la Commune « Lieu-dit »	Table d'Hôtes	Ferme Auberge	Numéro Carte
34	Saint-Andéol-de-Fourchades, «La Calmeraie»	•		6
35	Saint-Désirat, «La Désirade»	•		6
36	Saint-Lager-Bressac, «Château de Fontblachère»			6
37	Saint-Montan, «La Pacha»	•		6
38	Saint-Pierreville, «Le Moulinage-Chabriol»			6
39	Saint-Pierreville, «Pont d'Aleyrac»			6
40	Saint-Sauveur-de-Cruzières, «Le Bourdet»	•		6
41	Vals-les-Bains, «Domaine de Combelle»	•		6
42	Vernoux-en-Vivarais, «Ferme de Premaure»	•		6
43	Villeneuve-de-Berg, «Le Mas de Fournery»	•		6
	09 - Ariège			
44	Bastide-de-Sérou (La), «Fittès»	•		5
45	Foix, «Château de Benac»	•		5
46	Mazères	•		5
	10 - Aube			
47	Nogent-sur-Seine, «Péniche La Quiétude»	•		1
48	Plancy-l'Abbaye			1
	11 - Aude			
49	Aragon, «Le Château d'Aragon»	•		5
50	Bouisse, «Domaine des Goudis»	•		5
51	Boutenac, «La Bastide des Corbières»	•		5
52	Cazilhac-Palaja, «Ferme de la Sauzette»	•		5
53	Fabrezan, «Lou Castelet»	•		5
54	Peyrefitte-du-Razès, «Domaine de Couchet»	•		5
	12 - Aveyron			
55	Alpuech, «La Violette»	•		5
56	Ambeyrac, «Château de Camboulan»			5
57	Compeyre, «Quiers»		•	5
58	Lacroix-Barrez, «Vilherols»			5
59	Saint-Rémy, «Mas-de-Jouas»	•		5
	13 - Bouches-du-Rhône			
60	Aix-en-Provence, «La Ferme»			6
61	Eyguières, «La Demeure»			6
62	Grans, «Château de Couloubriers»			6
63	Grans, «Domaine du Bois Vert»			6
64	Lambesc, «Le Gallatras»			6
65	Saint-Étienne-du-Grès, «Aux Deux Sœurs»			6
66	Saint-Martin-de-Crau, «Château de Vergières»	•		6
67	Ventabren, «Domaine-Val-Lourdes»			6
68	Verquières, «Mas de Castellan»			6
	14 - Calvados			
69	Bretteville-sur-Laize, «Château des Riffets»	•		2
70	Bures-sur-Dives, «Manoir des Tourpes»			2
71	Cambremer, «Manoir de Cantepie»			2
72	Clinchamps-sur-Orne, «Le Courtillage»			2

Numéro d'Écusson	Nom de la Commune « Lieu-dit »	Table d'Hôtes	Ferme Auberge	Numéro Carte
73	Crépon, «Le Haras de Crépon»	•		2
74	Crépon, «Manoir de Crépon»			2
75	Géfosse-Fontenay, «L'Hermerel»			2
76	Longueville, «Le Roulage»			2
77	Manvieux, «Les Jardins»			2
78	Monts-en-Bessin, «La Varinière - La Vallée»			2
79	Pertheville-Ners, «Le Chêne Sec»			2
80	Planquery, «Le Moulin Bacon»			2
81	Vieux-Pont-en-Auge, «Manoir Le Lieu Rocher»			2
82	Vouilly, «Le Château»			2

15 - Cantal

83	Saint-Étienne-de-Carlat, «Caizac»	•		5

16 - Charente

84	Lésignac-Durand, «Château-de-la-Redortière»	•		3
85	Saint-Palais-du-Né	•		3

17 - Charente-Maritime

86	Antezant-la-Chapelle, «Les Moulins»	•		3
87	Clotte (La), «Le Grand Moulin»	•		3
88	Jarnac-Champagne, «Domaine des Tonneaux»	•		3
89	Mirambeau, «Le Parc-Casamène»	•		3
90	Orignolles, «La Font Betou»	•		3
91	Pouillac, «La Galèze»	•		3
92	Puyravault, «Le Clos de la Garenne	•		3
93	Saint-Christophe, «Le Château»			3
94	Saint-Just-Luzac, «Château de Feusse»			3
95	Saint-Sornin, «La Caussolière»	•		3
96	Tugéras-Saint-Maurice, «Beaudricourt»			3

18 - Cher

97	Arçay, «Château de Belair»			4
98	Ardenais, «Vilotte»	•		4
99	Berry-Bouy, «L'Hermitage»			4
100	Blancafort, «La Renardière»	•		4
101	Blet, «Château de Blet»			4
102	Chapelle-d'Angillon (La), «Les Aulnains»			4
103	Charenton-Laugère, «La Serre»			4
104	Châtelet (Le), «Les Estiveaux»	•		4
105	Clémont, «Ferme des Givrys»	•		4
106	Foëcy, «Le Petit Prieuré»			4
107	Herry			4
108	Ivoy-le-Pré, «Château d'Ivoy»	•		4
109	Lunery, «La Vergne»			4
110	Montigny, «Domaine de la Reculée»	•		4
111	Quantilly, «Château de Champgrand»			4
112	Rians, «La Chaume»	•		4
113	Saint-Éloy-de-Gy, «La Rongère»			4
114	Subligny, «La Chenevière»			4

Numéro d'Écusson	Nom de la Commune « Lieu-dit »	Table d'Hôtes	Ferme Auberge	Numéro Carte
115	Vignoux-sur-Barangeon, «Villemenard»			4
	19 - Corrèze			
116	Beaulieu-sur-Dordogne			5
117	Meyssac, «Bellerade»			5
118	Saint-Cernin-de-Larche, «Le Moulin de Laroche»	•		5
119	Tudeils, «Château de la Salvanie»			5
	20 - Corse			
120	San-Martino-Di-Lota, «Château-Cagninacci»			6
	21 - Côte-d'Or			
121	Beaune, «La Terre d'Or»			4
122	Bussy-le-Grand, «Entre Cour et Jardin»			4
123	Chambœuf, «Le Relais de Chasse»			4
124	Chorey-les-Beaune, «Le Château»			4
125	Corberon, «L'Ormeraie»			4
126	Écutigny	•		4
127	Flagey-Échézeaux, «Le Petit Paris»			4
128	Foissy, «La Cure»			4
129	Marsannay-la-Côte			4
130	Nuits-Saint-Georges, «Les Hêtres Rouges»			4
131	Santenay-en-Bourgogne, «Le Château de la Crée»	•		4
132	Vandenesse-en-Auxois, «Péniche Lady A»	•		4
133	Vosne-Romanée, «La Closerie des Ormes»			4
	22 - Côtes-d'Armor			
134	Erquy, «Les Bruyères»			2
135	Louannec, «Le Colombier de Coat Gourhant»			2
136	Plélo, «Au Char à Bancs»			2
137	Pleudihen-sur-Rance, «Le Manoir de la Pépinière»			2
138	Plouer-sur-Rance, «La Renardais / Le Repos»	•		2
139	Prat, «Manoir de Coadelan»			2
140	Quintin, «Le Clos du Prince»	•		2
141	Tonquédec, «Le Queffiou»			2
	23 - Creuse			
142	Bétête, «Château de Moisse»			4
143	Chapelle-Saint-Martial (La)			4
144	Fresselines, «Confolent»	•		4
145	Gentioux, «La Commanderie»	•		4
146	Lussat, «Puy-Haut»	•		4
147	Saint-Bard, «Château de Chazepaud»	•		4
148	Saint-Hilaire-le-Château, «La Chassagne»			4
	24 - Dordogne			
149	Bayac, «La Vergne»	•		5
150	Coux-et-Bigaroque (Le), «La Brunie»			5
151	Monbazillac, «La Rouquette»			5
152	Saint-Crépin-et-Carlucet, «Les Granges Hautes»			5

Numéro d'Écusson	Nom de la Commune « Lieu-dit »	Table d'Hôtes	Ferme Auberge	Numéro Carte
26 - Drôme				
153	Chantemerle-les-Grignan, «Le Parfum Bleu»	•		6
154	Colonzelle, «Le Moulin de l'Aulière»	•		6
155	Comps, «Le Château»			6
27 - Eure				
156	Bourgthéroulde, «Château de Boscherville»			2
157	Courteilles, «Le Moulin Foulon»	•		2
158	Croix-Saint-Leufroy (La), «La Boissière»	•		2
159	Fleury-la-Forêt, «Château de Fleury-la-Forêt»			2
160	Fontaine-sous-Jouy, «L'Aulnaie»			2
161	Giverny, «La Réserve»			2
162	Heudreville-sur-Eure			2
163	Manthelon, «Le Nuisement»			2
164	Préaux (Les), «Prieuré des Fontaines»	•		2
165	Reuilly, «Clair Matin»			2
166	Saint-Clair-d'Arcey, «Domaine du Plessis»	•		2
167	Saint-Éloi-de-Fourques, «Manoir d'Hermos»			2
28 - Eure-et-Loir				
168	Cherisy			2
169	Ferté-Vidame (La), «Manoir de la Motte»			2
170	Mancelière-Montmureau (La), «La Musardière»			2
29 - Finistère				
171	Arzano, «Château de Kerlarec»			2
172	Carantec, «Kervezec»			2
173	Carhaix, «Manoir de Prevasy»			2
174	Cast, «Manoir de Tréouret»			2
175	Cléder, «Coz-Milin»			2
176	Douarnenez, «Manoir de Kervent»			2
177	Guipavas, «La Châtaigneraie»			2
178	Île-de-Batz			2
179	Plomeur, «Keraluic»	•		2
180	Plouescat, «Penkear»			2
181	Plouigneau, «Manoir de Lanleya»			2
182	Plourin-les-Morlaix, «Lestrezec»			2
183	Saint-Thégonnec, «Ar Presbital Coz»	•		2
184	Saint-Yvi, «Kervren»			2
30 - Gard				
185	Aigaliers, «La Buissonnière»			6
186	Alzon, «Château du Mazel»	•		6
187	Anduze-Thoiras, «Mas de Prades»	•		6
188	Aramon, «Le Rocher Pointu»			6
189	Barjac, «La Sérénité»			6
190	Barjac			6
191	Castillon-du-Gard, «Mas du Raffin»			6
192	Lasalle			6
193	Laudun, «Château de Lascours»			6

Numéro d'Écusson	Nom de la Commune « Lieu-dit »	Table d'Hôtes	Ferme Auberge	Numéro Carte
194	Lussan, «Mas de James»			6
195	Ponteils-et-Brésis, «Château de Chambonnet»	•		6
196	Remoulins, «La Terre des Lauriers»			6
197	Revens-Trèves, «Ermitage Saint-Pierre»	•		6
198	Roque-sur-Cèze (La), «La Tonnelle»			6
199	Sauve, «Mas de la Fauguière»			6
200	Sumène, «Nissole»	•		6
	31 - Haute-Garonne			
201	Auzas, «Domaine de Menaut»	•		5
202	Calmont, «Château de Terraqueuse»			5
203	Caraman, «Château du Croisillat»			5
204	Mauremont, «Château de Mauremont»			5
205	Montpitol, «Stoupignan»			5
206	Saint-Pierre-des-Lages, «Le Bousquet»			5
207	Varennes (Les), «Château des Varennes»			5
208	Vaux (Le)	•		5
	32 - Gers			
209	Castelnau-d'Arbieu	•		5
210	Castelnau-d'Auzan, «Domaine de la Musquerie»	•		5
211	Caussens, «Au Vieux Pressoir»		•	5
212	Eauze, «Ferme de Mounet»	•	•	5
213	Gazaupouy, «Domaine de Polimon»	•		5
214	Jegun, «Au Village»	•		5
215	Juillac, «Au Château»	•		5
216	Juilles, «Au Soulan de Laurange»	•		5
217	Laujuzan, «Le Verdier»			5
218	Lauraët, «La Bastidoun au Bernes»			5
219	Lavardens, «Mascara»	•		5
220	Marsolan, «Le Nauton»	•		5
221	Mauroux, «Le Corneillon»	•		5
222	Miélan, «La Tannerie»			5
223	Mirande, «Moulin de Régis»			5
224	Moncassin, «Domaine de Sakkarah»	•	•	5
225	Saint-Clar	•		5
226	Saint-Puy, «La Lumiane»	•		5
227	Sarragachies, «La Buscasse»	•		5
	33 - Gironde			
228	Arbis, «Château le Vert»	•		5
229	Bernos-Beaulac, «Dousud»			5
230	Capian, «Château de Grand Branet»	•		5
231	Castelnau-de-Médoc, «Château du Foulon»			5
232	Gaillan-en-Médoc, «Les Poulards»			3 et 5
233	Saint-Sève, «Domaine de la Charmaie»	•		5
	34 - Hérault			
234	Montels, «La Bergerie de l'Étang»			5
235	Riols, «La Cerisaie»	•		5

Numéro d'Écusson	Nom de la Commune « Lieu-dit »	Table d'Hôtes	Ferme Auberge	Numéro Carte
236	Saint-André-de-Buèges, «Bombequiols»	•		5
237	Saint-Clément-de-Rivière, «Domaine de Saint-Clément»			5
238	Saussan			5
239	Villetelle, «Villa l'Amairadou»	•		5

35 - Ille-et-Vilaine

240	Couyère (La), «La Tremblais»	•		2
241	Dinard, «Manoir de la Duchée»			2
242	Dol-de-Bretagne, «Manoir de Launay Blot»	•		2
243	Guipry, «La Crépinière»			2
244	Paimpont, «La Corne de Cerf»			2
245	Rheu (Le), «Château de la Freslonnière»			2
246	Roz-sur-Couesnon, «La Bergerie»			2
247	Saint-Malo, «La Petite Ville Mallet»			2
248	Saint-Sauveur-des-Landes, «La Galofrais»	•		2
249	Tronchet (Le), «Le Baillage»			2

36 - Indre

250	Blanc (Le), «Les Chezeaux»			4
251	Bouges-le-Château, «Petit-Château de Ste-Colombe»			4
252	Buzançais, «Boisrenault»			4
253	Chalais, «Le Grand Ajoux»	•		4
254	Ciron, «Château de l'Épine»			4
255	Fléré-la-Rivière, «Le Clos-Vincents»			4
256	Ingrandes, «Château d'Ingrandes»	•		4
257	Saint-Août, «Château La Villette»	•		4
258	Saint-Gaultier, «Le Manoir des Remparts»	•		4
259	Velles, «Manoir de Villedoin»	•		4

37 - Indre-et-Loire

260	Athée-sur-Cher, «Le Pavillon de Vallet»	•		3
261	Azay-sur-Cher, «Château du Coteau»			3
262	Azay-sur-Cher, «Le Prieuré de St-Jean du Grais»			3
263	Ballan-Miré, «Château du Vau»			3
264	Beaumont-en-Véron, «Grézille»			3
265	Braye-sur-Maulne, «La Bergerie»	•		3
266	Chambourg-sur-Indre, «Le Petit Marray»	•		3
267	Champigny-sur-Veude, «Ferme de la Pataudière»	•		3
268	Chançay, «Ferme-Manoir dE Vaumorin»			3
269	Chaveignes, «La Varenne»			3
270	Cheillé, «Le Vaujoint»			3
271	Civray-de-Touraine, «Les Cartes»			3
272	Continvoir, «La Butte de l'Épine»			3
273	Cormery, «Le Logis du Sacriste»	•		3
274	Cravant-les-Côteaux, «Pallus»			3
275	Dolus-le-Sec, «Manoir du Puy»	•		3
276	Épeigné-sur-Dême, «Château de Girardet»			3
277	Francueil, «Le Moulin»	•		3
278	Genillé, «Moulin de la Roche»			3
279	Hommes, «Le Vieux Château»	•		3

Numéro d'Écusson	Nom de la Commune « Lieu-dit »	Table d'Hôtes	Ferme Auberge	Numéro Carte
280	Huismes, «Château de la Poitevinière»			3
281	Huismes, «La Chaussée»			3
282	Huismes, «La Pilleterie»			3
283	Ingrandes-de-Touraine, «Le Clos-St-André»	•		3
284	Langennerie, «Château de la Chesnaye»	•		3
285	Ligré, «Le Clos de Ligré»	•		3
286	Ligueil, «Moulin de la Touche»	•		3
287	Lussault-sur-Loire, «Château de Pintray»			3
288	Montrésor, «Le Moulin»			• 3
289	Mosnes, «Les Hauts Noyers»			3
290	Nazelles, «Château des Ormeaux»			3
291	Noizay, «Les Jours Verts»			3
292	Panzoult, «Beauséjour»			3
293	Razines, «Château-de-Chargé»			3
294	Richelieu			3
295	Richelieu			3
296	Rigny-Ussé, «Le Pin»			3
297	Saché, «Le Moulin Vert»			3
298	Saché, «Les Tilleuls»			3
299	Saint-Bauld, «Le Moulin du Coudray»	•		3
300	Saint-Branchs / Cormery, «La Pasqueraie»	•		3
301	Saint-Quentin-sur-Indrois, «La Bertinière»			3
302	Savonnières, «Le Prieuré des Granges»			3
303	Verneuil-sur-Indre, «La Capitainerie»	•		3
304	Vernou-sur-Brenne, «La Ferme des Landes»			3
305	Vouvray, «Domaine des Bidaudières»			3
306	Vouvray, «Château de Jallanges»	•		3
	38 - Isère			
307	Abrets (Les), «La Bruyère»	•		4
308	Chasse-sur-Rhône, «Hameau de Trembas»	•		4
309	Saint-Martin-de-la-Cluze, «Château de Paquier»	•		6
310	Saint-Prim, «Le Pré Margot»	•		4
311	Touvet (Le), «Le Pré Carré»			4
312	Villard-Bonnot, «Domaine du Berlioz»	•		4
	39 - Jura			
313	Andelot-lès-St-Amour, «Château Andelot»	•		4
314	Domblans, «Château de la Muyre»			4
315	Salans, «Château de Salans»			4
316	Syam, «Château Bontemps»			4
317	Voiteur, «Château Saint-Martin»			4
	40 - Landes			
318	Campet-Lamolère, «La Molère»	•		5
319	Mimbaste, «Capcazal de Pachiou»	•		5
320	Saint-Martin-de-Hinx, «Moulin de Larribaou»	•		5
	41 - Loir-et-Cher			
321	Bourré, «Manoir de la Salle»			2

Numéro d'Écusson	Nom de la Commune « Lieu-dit »	Table d'Hôtes	Ferme Auberge	Numéro Carte
322	Chaumont-sur-Tharonne, «La Farge»			2
323	Contres, «La Rabouillère»			2
324	Cour-Cheverny, «Le Béguinage»	•		2
325	Danzé, «La Borde»			2
326	Feings, «Le Petit Bois Martin»			2
327	Lunay, «Château de la Vaudourière»			2
328	Mer, «Le Clos»			2
329	Mont-près-Chambord, «Manoir de Clenord»	•		2
330	Monthou-sur-Bièvre, «Le Chêne Vert»			2
331	Muides-sur-Loire, «Château des Colliers»	•		2
332	Onzain			2
333	Saint-Aignan-sur-Cher			2
334	Saint-Denis-sur-Loire, «La Villa Médicis»	•		2
335	Saint-Georges-sur-Cher, «Prieuré de la Chaise»			2
336	Suèvres, «Le Moulin de Choiseaux»			2
337	Villeny, «Château de la Giraudière»			2

42 - Loire

338	Cottance, «Le Bois Prieur»	•		4
339	Lentigny, «Domaine de Champfleury»			4
340	Saint-Jean-Saint-Maurice, «L'Échauguette»	•		4
341	Saint-Julien-Molin-Molette, «Castel Guéret»	•		4
342	Saint-Médard-en-Forez	•		4
343	Saint-Pierre-la-Noaille, «Domaine Château de Marchangy»	•		4

43 - Haute-Loire

344	Craponne-sur-Arzon, «Paulagnac»			5
345	Jullianges, «La Valette»			5
346	Monistrol-sur-Loire, «Le Betz»			5
347	Saint-Front, «Les Bastides du Mezenc»	•		5

44 - Loire-Atlantique

348	Bouvron, «Manory de Gavalais»			2
349	Chapelle-sur-Erdre (La), «La Gandonnière»			2
350	Frossay, «La Rousselière»			2
351	Herbignac, «Château de Coetcaret»	•		2
352	Legé, «La Mozardière»	•		3
353	Monnières, «Château Plessis Brezot»			2
354	Pallet (Le), «La Cour de la Grange»			2
355	Pont-Saint-Martin, «Château du Plessis»	•		2
356	Saint-Malo-de-Guersac, «25, Errand»	•		2
357	Saint-Mars-du-Désert, «Longrais»			2
358	Saint-Molf, «Kervenel»			2
359	Sucé-sur-Erdre			2
360	Turballe (La), «Ker Kayenne»			2
361	Turballe (La), «Les Rochasses»			2

45 - Loiret

362	Briare, «Domaine de la Thiau»			4
363	Chécy			4

Numéro d'Écusson	Nom de la Commune « Lieu-dit »	Table d'Hôtes	Ferme Auberge	Numéro Carte
364	Donnery, «Cornella»	•		4
365	Ferté-Saint-Aubin (La), «Château de la Ferté»			4
366	Lorcy			4
367	Marigny-les-Usages, «Les Usses»			4
368	Menestreau-en-Villette, «Ferme des Foucault»			4
369	Montliard, «Château»	•		4
370	Nevoy, «Sainte-Barbe»	•		4
371	Paucourt, «Bel-Ébat»	•		4
372	Saint-Martin-d'Abbat, «La Polonerie»	•		4
373	Sandillon, «Château de Champvallins»	•		4
374	Vannes-sur-Cosson, «Domaine de Sainte-Hélène»	•		4
	46 - Lot			
375	Bélaye, «Marliac»	•		5
376	Escamps	•		5
377	Gindou, «Le Mély»	•		5
378	Gindou, «Le Ségalard»	•		5
379	Gramat, «Le Cloucau - Cavagnac»	•		5
380	Gramat, «Moulin de Fresquet»	•		5
381	Grézels, «Château de la Coste»	•		5
382	Mauroux, «Mas de Laure»	•		5
383	Mercuès, «Le Mas Azemar»	•		5
384	Saint-Chamarand, «Les Cèdres de Lescaille»	•		5
385	Thédirac, «Le Manoir de Surges»	•		5
386	Uzech-les-Oules, «Le Château»	•		5
387	Vigan (Le), «Manoir la Barrière»	•		5
	47 - Lot-et-Garonne			
388	Aiguillon, «Le Baraillot»	•		5
389	Buzet-sur-Baïse, «Château de Coustet»	•		5
390	Cancon, «Chanteclair»			5
391	Cancon, «Manoir de Roquegautier»	•		5
392	Grézet-Cavagnan, «Château de Malvirade»	•		5
393	Laussou (Le), «Manoir de Soubeyrac»	•		5
394	Paulhiac, «l'Ormeraie»	•		5
395	Saint-Romain-le-Noble, «La Buissonière»	•		5
396	Samazan, «Château de Cantet»	•		5
397	Villeréal, «Château de Ricard»	•		5
	48 - Lozère			
398	Marvejols, «Château de Carrière»			5
399	Saint-Martin-de-Lansuscle, «Château de Cauvel»	•		5
	49 - Maine-et-Loire			
400	Baracé, «Château de la Motte»	•		3
401	Bécon-les-Granits, «Domaine Étangs de Bois Robert»	•		3
402	Drain, «Le Mésangeau»	•		3
403	Durtal, «Château de Gouis»			3
404	Grez-Neuville, «La Croix d'Étain»	•		3
405	Martigné-Briand, «Domaine de l'Étang»			3

Numéro d'Écusson	Nom de la Commune « Lieu-dit »	Table d'Hôtes	Ferme Auberge	Numéro Carte
406	Montreuil-sur-Loir, «Château de Montreuil»	•		3
407	Mûrs-Érigné, «Le Jau»	•		3
408	Neuillé, «Château Le Goupillon»			3
409	Possonnière (La), «La Rousselière»	•		3
410	Saint-Georges-sur-Loire, «Prieuré de l'Épinay»	•		3
411	Saint-Mathurin-sur-Loire, «La Bouquetterie»	•		3
412	Segré-St-Aubin-du-Pavoil, «La Grange du Plessis»	•		3

50 - Manche

Numéro d'Écusson	Nom de la Commune « Lieu-dit »	Table d'Hôtes	Ferme Auberge	Numéro Carte
413	Champeaux, «La Hoguelle»			2
414	Coigny, «Château de Coigny»			2
415	Fresville, «Manoir de Grainville»			2
416	Lamberville, «Le Château»			2
417	Longueville, «Le Château»			2
418	Montchaton, «Le Quesnot»			2
419	Montfarville, «Le Manoir»			2
420	Montviron, «Manoir de la Croix»			2
421	Rozel (Le), «Le Château»			2
422	St-Georges-de la Rivière, «Le Manoir de Caillemont»			2
423	St-Germain-de-Tournebut, «Château de la Brisette»			2
424	Saint-Pair-sur-Mer, «La Hogue»			2
425	Sainte-Geneviève, «Manoir de la Fèvrerie»			2
426	Tamerville, «Manoir de Bellaunay»			2
427	Vergoncey, «Château de Boucéel»			2

51 - Marne

Numéro d'Écusson	Nom de la Commune « Lieu-dit »	Table d'Hôtes	Ferme Auberge	Numéro Carte
428	Mutigny, «Manoir de Montflambert»			1
429	Prunay, «La Bertonnerie»			1

52 - Haute-Marne

Numéro d'Écusson	Nom de la Commune « Lieu-dit »	Table d'Hôtes	Ferme Auberge	Numéro Carte
430	Longeville-sur-la-Laines, «Boulancourt»	•		1

53 - Mayenne

Numéro d'Écusson	Nom de la Commune « Lieu-dit »	Table d'Hôtes	Ferme Auberge	Numéro Carte
431	Montreuil-Poulay, «Le Vieux Presbytère»			2
432	Saint-Denis-d'Anjou, «Le Logis du Ray»	•		2

55 - Meuse

Numéro d'Écusson	Nom de la Commune « Lieu-dit »	Table d'Hôtes	Ferme Auberge	Numéro Carte
433	Ancemont, «Château de la Bessière»	•		1
434	Thillombois, «Le Clos du Pausa»	•		1

56 - Morbihan

Numéro d'Écusson	Nom de la Commune « Lieu-dit »	Table d'Hôtes	Ferme Auberge	Numéro Carte
435	Carnac, «L'Alcyone»			2
436	Inzinzac-Lochrist, «Le Ty-Mat»			2
437	Languidic, «Les Chaumières de Lezorgu»			2
438	Ploemel, «Kérimel»			2
439	Plougoumelen, «Cahire»			2
440	Riantec, «Kervassal»			2
441	Saint-Martin-sur-Oust, «Le Château de Castellan»			2

57 - Moselle

Numéro d'Écusson	Nom de la Commune « Lieu-dit »	Table d'Hôtes	Ferme Auberge	Numéro Carte
442	Cuvry, «Ferme de Haute Rive»			1

Numéro d'Écusson	Nom de la Commune « Lieu-dit »	Table d'Hôtes	Ferme Auberge	Numéro Carte
443	Rahling			1
444	Vernéville, «Château de Bagneux»	•		1
	58 - Nièvre			
445	Alluy, «Bouteuille»			4
446	Crux-la-Ville, «Domaine des Perrières»			4
447	Donzy, «Les Jardins de Belle-Rive»	•		4
448	Entrains-sur-Nohain, «La Maison des Adirondacks»	•		4
449	Fermeté (La), «Le Domaine de Prye»	•		4
450	Guérigny, «Château de Villemenant»	•		4
451	Guipy, «Château de Chanteloup»			4
452	Magny-Cours, «Domaine de Fonsegre»			4
453	Mont-et-Marré, «Ferme de Semelin»			4
454	Ourouër, «Nyon»			4
455	Pazy, «Château de la Chaise»			4
456	Raveau, «Domaine des Forges de la Vache»	•		4
457	Raveau, «Le Bois Dieu»	•		4
458	Saint-Gratien-Savigny, «La Marquise»			4
459	Saint-Jean-aux-Amognes, «Château de Sury»	•		4
460	Saint-Père, «L'Orée des Vignes»	•		4
461	Sémelay, «Le Martray»			4
462	Tintury, «Fleury-la-Tour»			4
	59 - Nord			
463	Baives, «Écurie des Prés de la Fagne»	•		1
464	Banteux, «Ferme de Bonavis»			1
465	Bourbourg, «Le Withof»	•		1
466	Jenlain, «Château d'en Haut»			1
467	Lompret, «Ferme Blanche de Lassus»			1
468	Saint-Pierre-Brouck, «Le Château»	•		1
	60 - Oise			
469	Anserville, «Château d'Anserville»	•		1
470	Pierrefonds, «Domaine du Bois d'Aucourt»			1
471	Plailly			1
472	Puits-la-Vallée	•		1
473	Reilly, «Château»	•		1
474	Saint-Arnoult			1
	61 - Orne			
475	Alençon-Valframbert, «Haras du Bois Beulant»			2
476	Ceton, «l'Aître»	•		2
477	Domfront, «La Demeure d'Olwenn»			2
478	Ferté-Fresnel (La), «Le Château»			2
479	Gacé, «Castel-Morphée»			2
480	Moulicent, «La Grande Noë»			2
481	Rémalard, «Domaine de Launay»			2
482	Saint-Germain-de-la-Coudre, «Le Haut Buat»			2
483	Sainte-Gauburge/Sainte-Colombe, «La Bussière»	•		2
484	Sap-André (Le), «Haras du Val aux Clercs»	•		2

Numéro d'Écusson	Nom de la Commune « Lieu-dit »	Table d'Hôtes	Ferme Auberge	Numéro Carte
485	Survie, «Manoir de Sainte-Croix»	•		2
	62 - Pas-de-Calais			
486	Beussent, «Le Ménage»			1
487	Escalles, «La Grand'Maison»			1
488	Fauquembergues, «La Rêverie»			1
489	Gauchin-Verloingt			1
490	Loison-sur-Créquoise, «La Commanderie»			1
491	Marck, «Manoir du Meldick»			1
492	Saulty			1
493	Tigny-Noyelle, «Le Prieuré»	•		1
494	Verton, «La Chaumière»			1
	63 - Puy-de-Dôme			
495	Beauregard-Vendon, «Chaptes»			4
496	Collanges, «Château de Collanges»	•		4
497	Combronde			4
498	Cunlhat	•		4
499	Mont-Dore (Le), «La Closerie de Manou»			4
500	Montaigut-le-Blanc, «Le Chastel-Montaigu»			4
501	Montpeyroux			4
502	Montpeyroux, «Les Pradets»			4
503	Perrier			4
504	Royat, «Château de Charade»			4
505	Saint-Rémy-de-Chargnat, «Château de Pasredon»			4
506	Varennes-sur-Usson, «Les Baudarts»			4
507	Vollore-Ville, «Château de Vollore»			4
	64 - Pyrénées-Atlantiques			
508	Agnos, «Château d'Agnos»	•		5
509	Arrosès, «Sauvemea»	•	•	5
510	Bastide-Clairence (La), «Maison la Croisade»	•		5
511	Bastide-Clairence (La), «Maison Marchand»	•		5
512	Bastide-Clairence (La), «Maison Sainbois»	•		5
513	Bosdarros-Gan, «Maison Trille»	•		5
514	Espelette, «Irazabala»			5
515	Isturits, «Urruti Zaharria»	•		5
516	Lasseube, «Maison Rances»	•		5
517	Lasseube, «Ferme Dague»	•		5
518	Lay-Lamidou	•		5
519	Morlanne, «Manoir d'Argelès»	•		5
520	Saint-Étienne-de-Baigorry, «Château d'Etchaux»			5
521	Saint-Gladie, «Lou Guit»			5
522	Saint-Pée-sur-Nivelle, «Bidachuna»			5
523	Sare, «Larochoincoborda»	•		5
524	Sare, «Olhabidéa»			5
525	Urrugne, «Maison Haizean»			5
	65 - Hautes-Pyrénées			
526	Aries-Espénan, «Moulin-d'Aries»	•		5

Numéro d'Écusson	Nom de la Commune « Lieu-dit »	Table d'Hôtes	Ferme Auberge	Numéro Carte
527	Beaucens, «Eth Berye Petit»			5
528	Castelnau-Rivière-Basse, «Château du Tail»	•		5
529	Fontrailles, «Jouandassou»	•		5
530	Fontrailles, «Les Musardises»	•		5
531	Galan, «Namaste»	•		5
532	Labastide, «Les Granges du Col de Coupe»	•		5
533	Omex-Lourdes, «Les Rocailles»	•		5
534	Pinas, «Domaine de Jean-Pierre»			5
535	Saint-Pé-de-Bigorre, «La Calèche»	•		5
536	Saint-Pé-de-Bigorre, «Le Grand Cèdre»			5
537	Salles-Argelès, «Le Belvédère»	•		5
538	Sombrun, «Château de Sombrun»	•		5

66 - Pyrénées-Orientales

539	Camelas, «Mas Félix»	•		6
540	Castelnou, «Domaine de Querubi»	•		6
541	Perpignan, «Domaine du Mas Boluix»	•		6
542	Thuir, «Mas Petit»			6

67 - Bas-Rhin

543	Cosswiller-Wasselonne, «Tire-lire»			1
544	Dieffenbach-au-Val, «La Romance»			1

69 - Rhône

545	Arnas, «Château de Longsard»	•		4
546	Chaponost	•		4
547	Chiroubles, «La Grosse Pierre»			4
548	Jarnioux, «Château de Bois Franc»			4
549	Lacenas, «La Ruisselière»			4
550	Lamure-sur-Azergues, «Château de Pramenoux»	•		4
551	Lancié, «Les Pasquiers»	•		4
552	Lantignié, «Domaine des Quarante Écus»			4
553	Lantignié, «Château des Alouettes»			4
554	Morancé, «Château du Pin»	•		4
555	Perréon (Le), «Les Volets Bleus»	•		4
556	Quincié-en-Beaujolais, «Domaine de Romarand»	•		4
557	Saint-Vérand, «Aucherand»	•		4
558	Salles-Arbuissonnas, «Le Breuil»	•		4

70 - Haute-Saône

559	Cult, «Château de Cult»	•		4
560	Pusy-et-Épenoux	•		4
561	Servance, «Le Lodge du Monthury»	•		4

71 - Saône-et-Loire

562	Baudrières			4
563	Bourgvilain, «Moulin des Arbillons»			4
564	Jully-lès-Buxy, «Manoir des Chailloux»			4
565	Marcigny, «Les Récollets»	•		4
566	Mellecey, «Le Clos Saint-Martin»			4
567	Moroges, «L'Orangerie»	•		4

Numéro d'Écusson	Nom de la Commune « Lieu-dit »	Table d'Hôtes	Ferme Auberge	Numéro Carte
568	Poisson, «Château de Martigny»	•		4
569	Saint-Aubin-sur-Loire, «Château de Lambeys»	•		4
570	Saint-Maurice-lès-Châteauneuf, «La Violetterie»			4
571	Salornay-sur-Guye, «La Salamandre»	•		4
572	Sommant, «Château de Vareilles»			4
573	Tournus, «Château de Beaufer»			4
574	Tournus			4
575	Tournus			4
576	Verzé, «Château d'Escolles»			4
577	Vineuse (La), «La Maîtresse»	•		4

72 - Sarthe

578	Asnières-sur-Vègre, «Manoir des Claies»	•		2
579	Chapelle-Huon (La), «Le Moulin de l'Étang»			2
580	Monhoudou, «Château de Monhoudou»	•		2
581	Poncé-sur-le-Loir, «Château de la Volonière»			2

73 - Savoie

582	Sainte-Foy-Tarentaise, «Yellowstone-Chalet»	•		4

74 - Haute-Savoie

583	Amancy, «La Solitude»			4
584	Copponex, «La Bécassière»	•		4
585	Saint-Félix, «Les Bruyères»	•		4
586	Samoëns, «La Maison de Fifine»			4

76 - Seine-Maritime

587	Blacqueville, «Domaine de la Fauconnerie»	•		2
588	Bourg-Dun (Le), «La Pommeraie»	•		2
589	Dieppe			2
590	Eu, «Manoir de Beaumont»			2
591	Isneauville, «La Muette»	•		2
592	Landes-Vieilles-et-Neuves (Les), «Château des Landes»	•		2
593	Valmont, «Le Clos du Vivier»			2
594	Veules-les-Roses, «La Maudière»	•		2
595	Villers-Écalles, «Les Florimanes»			2

77 - Seine-et-Marne

596	Buthiers, «La Perrichonnière»	•		1
597	Cessoy-en-Montois, «Clos Thibaud de Champagne»	•		1
598	Chapelles-Bourbon (Les), «Manoir de Beaumarchais»			1
599	Montmachoux, «La Maréchale»			1
600	Othis, «Beaumarchais»	•		1
601	Perthes-en-Gâtinais, «La Ferme des 2 Puits»	•		1
602	Pommeuse, «Le Moulin de Pommeuse»	•		1

78 - Yvelines

603	Bréviaires (Les), «Domaine de la Grange du Bois»			1

79 - Deux-Sèvres

604	Cirières, «Le Château»			3

Numéro d'Écusson	Nom de la Commune « Lieu-dit »	Table d'Hôtes	Ferme Auberge	Numéro Carte
605	Vallans, «Le Logis d'Antan»	•		3
	80 - Somme			
606	Chaussoy-Épagny, «Le Moulin à Papier»	•		1
607	Citernes			1
608	Creuse			1
609	Omiécourt, «Château d'Omiécourt»	•		1
610	Port-le-Grand, «La Maison Carrée»			1
	81 - Tarn			
611	Cambounet-sur-le-Sor, «Château de la Serre»	•		5
612	Castelnau-de-Montmiral, «Château de Mayragues»			5
613	Cordes-sur-Ciel, «Aurifat»			5
614	Gaillac			5
615	Lautrec, «Montcuquet»	•		5
616	Lavaur, «En Roque»	•		5
617	Lempaut, «La Bousquetarié»	•		5
618	Paulinet, «Domaine des Juliannes»	•		5
619	Puycelci			5
620	Puylaurens, «En Pinel»	•		5
621	Rabastens, «La Bonde»	•		5
	82 - Tarn-et-Garonne			
622	Beaumont-de-Lomagne, «L'Arbre d'Or»	•		5
623	Cazes-Mondenard, «Martissan»	•		5
624	Goudourville, «Château de Goudourville»	•		5
625	Lafrançaise, «Les Rives»			5
626	Montpezat-de-Quercy, «Le Barry»	•		5
627	Montpezat-de-Quercy, «Domaine de Pech de Lafon»	•		5
628	Nègrepelisse, «Les Brunis»	•		5
629	Saint-Antonin-Noble-Val, «La Résidence»	•		5
	83 - Var			
630	Bargème, «Les Roses Trémières»	•		6
631	Beausset (Le), «Les Cancades»			6
632	Besse-sur-Issole, «Maison Saint-Louis»	•		6
633	Cotignac, «Domaine de Nestuby»	•		6
634	Farlède (La), «Villa Arcadie»	•		6
635	Ginasservis, «La Rougonne»	•		6
636	Pontevès, «Domaine de St-Ferréol»			6
637	Puget-Ville, «Mas des Oliviers»	•		6
638	Ramatuelle, «Lei-Souco»			6
639	Seyne-sur-Mer (La), «La Lézardière»			6
640	Trans-en-Provence, «Saint-Amour»	•		6
	84 - Vaucluse			
641	Apt, «Le Moulin de Mauragne»	•		6
642	Bédoin, «Les Tournillayres»			6
643	Bonnieux, «Le Clos du Buis»			6
644	Cadenet, «Le Colimaçon»	•		6
645	Carpentras, «Bastide Sainte-Agnès»			6

Numéro d'Écusson	Nom de la Commune « Lieu-dit »	Table d'Hôtes	Ferme Auberge	Numéro Carte
646	Crillon-le-Brave, «Clos-Saint-Vincent»	•		6
647	Crillon-le-Brave, «Moulin d'Antelon»			6
648	Entrechaux, «l'Esclériade»	•		6
649	Isle-sur-la-Sorgue, «Domaine de la Fontaine»			6
650	Isle-sur-la-Sorgue, «La Méridienne»			6
651	Lacoste, «Bonne Terre»			6
652	Lagnes, «Mas du Grand Jonquier»	•		6
653	Lagnes, «La Pastorale»			6
654	Lauris, «La Maison des Sources»	•		6
655	Lauris, «Bastide-du-Piécaud»			6
656	Lourmarin, «Villa Saint-Louis»			6
657	Lourmarin, «La Lombarde»			6
658	Malaucène, «Le Château-Crémessière»	•		6
659	Orange, «Domaine de la Violette»			6
660	Pernes-les-Fontaines, «St-Barthélémy»			6
661	Pernes-les-Fontaines, «Moulin de la Baume»			6
662	Pernes-les-Fontaines, «Le Mas Pichony»			6
663	Puyméras, «Le Saumalier»	•		6
664	Robion, «Domaine de Canfier»	•		6
665	Roussillon, «Mas-d'Azalaïs»			6
666	Roussillon, «La Bastide Basse»			6
667	Roussillon, «La Bastide des Grands Cyprès»	•		6
668	Rustrel, «La Forge»			6
669	Séguret, «Saint-Jean»	•		6
670	Vaison-la-Romaine, «Château de Taulignan»			6
671	Vaison-la-Romaine, «l'Évêché»	•		6
672	Vaugines, «Les Grandes Garrigues»	•		6
673	Velleron, «Villa Velleron»	•		6
674	Venasque, «La Maison aux Volets Bleus»	•		6
675	Villedieu, «Château La Baude»			6

85 - Vendée

Numéro d'Écusson	Nom de la Commune « Lieu-dit »	Table d'Hôtes	Ferme Auberge	Numéro Carte
676	Cezais, «Château de la Cressonnière»			3
677	Gué-de-Velluire (Le)			3
678	Luçon			3
679	Maillezais			3
680	Nieul-sur-l'Autise, «Le Rosier Sauvage»	•		3
681	Saint-Denis-la-Chevasse, «Château du Breuil»	•		3
682	Saint-Mathurin, «Château de la Millière»			3

86 - Vienne

Numéro d'Écusson	Nom de la Commune « Lieu-dit »	Table d'Hôtes	Ferme Auberge	Numéro Carte
683	Bournand, «Château de Bournand»			3
684	Poitiers, «Château de Vaumoret»			3
685	Savigny-Lévescault, «Château de la Touche»			3
686	Vouneuil-sous-Biard, «Le Grand Mazais»	•		3

87 - Haute-Vienne

Numéro d'Écusson	Nom de la Commune « Lieu-dit »	Table d'Hôtes	Ferme Auberge	Numéro Carte
687	Bersac-sur-Rivalier, «Château du Chambon»	•		3
688	Champagnac-la-Rivière, «Château de Brie»			3
689	Eymoutiers, «La Roche»	•		

Numéro d'Écusson	Nom de la Commune « Lieu-dit »	Table d'Hôtes	Ferme Auberge	Numéro Carte
690	Isle, «Verthamont»	•		3
691	Nexon «Château de la Garde»	•		3
692	Rempnat, «Château de la Villeneuve»	•		3
693	Saint-Junien-les-Combes, «Château de Sannat»	•		3
694	Saint-Martin-le-Mault, «Le Vieux Logis»	•		3
695	Saint-Pardoux, «Château de Vauguenige»	•		3
696	Saint-Victurnien, «Le Loubier»	•		3
	88 - Vosges			
697	Vaudoncourt			1
	89 - Yonne			
698	Chevannes, «Château de Ribourdin»			4
699	Island, «Château d'Island»	•		4
700	Lavau, «Domaine des Beaurois»			4
701	Noyers-sur-Serein, «Château d'Archambault»			4
702	Perreux, «La Coudre»	•		4
703	Poilly-sur-Serein, «Le Moulin»			4
704	Sainte-Magnance, «Château Jaquot»	•		4
705	Soumaintrain, «Moulin de Beaupré»	•		4
706	Vallery, «La Margottière»	•		4
707	Venoy, «Domaine de Ste-Anne»			4
708	Villefargeau, «Le Petit Manoir des Bruyères»	•		4
	91 - Essonne			
709	Chalo-Saint-Mars			1
710	Chevannes, «Ferme de la Joie»			1
711	Moigny-sur-École	•		1
712	Saclas, «Ferme des Prés de la Cure»			1
713	Saint-Cyr-sous-Dourdan, «Le Logis d'Arnière»			1
	95 - Val-d'Oise			
714	Wy-Dit-Joli-Village, «Château d'Hazeville»			1

INDEX DES GÎTES DE CHARME

Numéro d'Écusson	Nom de la Commune « Lieu-dit »	Table d'Hôtes	Ferme Auberge	Numéro Carte
741	Tauxigny, «La Neuraie»			3
742	Vouvray, «La Closerie»			3
	47 - Lot-et-Garonne			
743	Laussou (Le), «Manoir de Soubeyrac»			5
744	Saint-Aubin, «Crozefonds»			5
	48 - Lozère			
745	Rieutort-de-Randon, «Le Mazelet»			5
	51 - Marne			
746	Moussy, «Le Chartil»			1
	69 - Rhône			
747	Charnay, «Bayère»			4
748	Émeringes, «Château d'Émeringes»			4
	78 - Yvelines			
749	Bréviaires (Les), «Domaine de la Grange du Bois»			1
	79 - Deux-Sèvres			
750	Montigny, «La Verardière»			3
751	Sansais-la-Garette			3
	82 - Tarn-et-Garonne			
752	Cayriech, «Le Clos des Charmilles»			5
753	Cayriech, «La Closerie de la Lère»			5
	85 - Vendée			
754	Flocellière (La), «Château de la Flocellière»			3
755	Saint-Martin-des-Fontaines, «Garreau»			3
	89 - Yonne			
756	Nuits-sur-Armançon			4

3615
GITES DE FRANCE

Avec les GITES DE FRANCE, ce sont des milliers d'adresses pour vos vacances, à la mer, à la montagne ou à la campagne, partout en France et dans les départements d'Outre-Mer disponibles sur le 3615 GITES DE FRANCE. Rapide et pratique, le 3615 Gîtes de France est à votre disposition 24h sur 24, pour :

- **Obtenir** *les adresses utiles et des informations pratiques,*

- **Consulter** *les descriptifs des hébergements Gîtes de France,*

- **Commander** *tous les guides,*

- **Réserver** *dans de nombreux départements.*

http://www.gites-de-france.fr

Préparez vos vacances en vous connectant sur internet ! Le site des Gîtes de France vous permettra de

- **Vous informer** *sur nos différents produits et nos différents guides,*

- **Voyager** *au travers de tous les départements de France et d'outre-mer,*

- **Consulter** *la totalité des descriptifs des chambres et tables d'hôtes, des Gîtes panda et des Gîtes accessibles aux personnes handicapées,*

- **Commander** *le guide de votre choix parmi 10 guides nationaux et 95 guides départementaux,*

- **Pré-réserver** *votre séjour dans certains départements.*

Liste des
Centres départementaux
d'information-réservation

01 • AIN
21, place Bernard - B.P. 198
01005 BOURG-EN-BRESSE CEDEX
Tél. 04 74 23 82 66/Fax 04 74 22 65 86
e.mail : service-de-reservation@wanadoo.fr

02 • AISNE
24/28 avenue Charles de Gaulle
02007 LAON CEDEX
Tél. 03 23 27 76 80/Fax 03 23 27 76 88
e.mail : cdt@aisne.com

03 • ALLIER
Pavillon des Marronniers
Parc de Bellevue - B.P 65
03402 YZEURE CEDEX
Tél. 04 70 46 81 50/04 70 46 81 60
Fax 04 70 46 00 22

04 • ALPES-DE-HAUTE PROVENCE (B)
Maison du Tourisme
Rond-Point du 11 Novembre - B.P. 201
04001 DIGNE LES BAINS CEDEX
Tél. 04 92 31 30 40/Fax 04 92 32 32 63

05 • HAUTES-ALPES
1, place du Champsaur - B.P. 55
05002 GAP CEDEX
Tél. 04 92 52 52 92/Rés. 04 92 52 52 94
Fax 04 92 52 52 90

06 • ALPES-MARITIMES
C.R.T. - 55-57 promenade des Anglais
B.P. 1602
06011 NICE CEDEX 1
Tél. 04 92 15 21 30/Fax 04 93 37 48 00
e.mail : gites06@crt-riviera.fr

07 • ARDECHE
4, Cours du Palais - B.P. 402
07004 PRIVAS CEDEX
Tél. 04 75 64 70 70/Fax 04 75 64 75 40
e.mail : gites-de-france-ardeche@wanadoo.fr

08 • ARDENNES
6 rue Noël- B.P. 370
08106 CHARLEVILLE-MEZIERES CEDEX
Tél. 03 24 56 89 65/Fax 03 24 56 89 66
e.mail : gitardennes@wanadoo.fr

09 • ARIEGE
31 bis, avenue du Général de Gaulle
B.P. 143
09004 FOIX CEDEX
Tél. 05 61 02 30 89/Fax 05 61 65 17 34
e.mail : gites-de-France.ariege@wanadoo.fr

10 • AUBE
Chambre d'Agriculture
2 bis, rue Jeanne-d'Arc - B.P. 4080
10014 TROYES CEDEX
Tél. 03 25 73 00 11/Fax 03 25 73 94 85

11 • AUDE
78 ter rue Barbacane
11000 CARCASSONNE
Tél. 04 68 11 40 70/Fax 04 68 11 40 72
e.mail : gitesdefrance.aude@wanadoo.fr

12 • AVEYRON
APATAR - Maison du Tourisme
6, place Jean Jaurès - B.P. 831
12008 RODEZ CEDEX
Tél. 05 65 75 55 60/Rés. 05 65 75 55 55
Fax 05 65 75 55 61

13 • BOUCHES-DU-RHONE
Domaine du Vergon
13370 MALLEMORT
Tél. 04 90 59 49 39/Fax 04 90 59 16 75
e.mail : gitesdefrance@visitprovence.com

14 • CALVADOS
6, promenade Madame-de-Sévigné
14050 CAEN CEDEX 4
Tél. 02 31 82 71 65/Fax 02 31 83 57 64
e.mail : info@gites-de-france-calvados.fr

15 • CANTAL
50, avenue des Pupilles de la Nation
BP 631
15006 AURILLAC CEDEX
Tél. 04 71 48 64 20/Fax 04 71 48 64 21

16 • CHARENTE
27, Place Bouillaud
16021 ANGOULEME CEDEX
Tél. 05 45 69 79 09/Fax 05 45 69 48 60

17 • CHARENTE-MARITIME
Résidence Le Platin
1, perspective de l'Océan - Les Minimes
B.P.32 - 17002 LA ROCHELLE CEDEX 1
Tél. 05 46 50 63 63/Fax 05 46 50 54 46

18 • CHER
5, rue de Séraucourt - 18000 BOURGES
Tél. 02 48 48 00 13/Fax 02 48 48 00 20
e.mail : tourisme.berry@wanadoo.fr

19 • CORREZE
Immeuble Consulaire Tulle Est
Puy Pinçon - B.P.30 -19001 TULLE CEDEX
Tél. 05 55 21 55 61/Fax 05 55 21 55 88
e.mail : gites.de.france.correze@wanadoo.fr

20 • CORSE
1, rue Général Fiorella -BP 10
20181 AJACCIO CEDEX 01
Tél. 04 95 51 72 82/Fax 04 95 51 72 89
e.mail : corsica.gites.de.france@wanadoo.fr

21 • COTE-D'OR (B)
15, rue de L'Arquebuse - B.P.90452
21004 DIJON CEDEX
Tél. 03 80 45 97 15/Fax 03 80 45 97 16

22 • COTES-D'ARMOR
21-23, rue des Promenades - B.P. 4536
22045 SAINT-BRIEUC CEDEX 2
Tél. 02 96 62 21 73/Fax 02 96 61 20 16
e.mail : gites-de-france-22@armornet.tm.fr

23 • CREUSE
Maison de l'Agriculture - 1, rue Martinet
B.P. 89 - 23011 GUERET CEDEX
Tél. 05 55 61 50 15/Fax 05 55 41 02 73

24 • DORDOGNE
25, rue Wilson - BP 2063
24002 PERIGUEUX CEDEX
Tél. 05 53 35 50 24/Fax 05 53 09 51 41
e.mail : dordogne.perigord.tourisme@wanadoo.fr

25 • DOUBS
4 ter, Faubourg Rivotte
25000 BESANÇON
Tél. 03 81 82 80 48/Fax 03 81 82 38 72

26 • DROME
95, av. Georges Brassens
26500 BOURG-LES-VALENCE
Tél. 04 75 83 90 20/Rés. 04 75 83 01 70/1
Fax 04 75 82 90 57

27 • EURE
9, rue de la Petite-Cité - B.P. 882
27008 EVREUX CEDEX
Tél. 02 32 39 53 38/Fax 02 32 33 78 13

28 • EURE-ET-LOIR
Maison de l'Agriculture
10, rue Dieudonné-Costes
28024 CHARTRES
Tél. 02 37 24 45 45/Fax 02 37 24 45 90

29 • FINISTERE
5, allée Sully - 29322 QUIMPER CEDEX
Tél. 02 98 52 48 00/Fax 02 98 52 48 44
e.mail: info@gites-de-france-finistere.fr

30 • GARD
3, place des Arènes - B.P.59
30007 NIMES CEDEX 4
Tél. 04 66 27 94 94/Fax 04 66 27 94 95
e.mail : gites.de.france.gard@wanadoo.fr

31 • HAUTE-GARONNE
14, rue Bayard - B.P.845
31015 TOULOUSE CEDEX 06
Tél. 05 61 99 70 60/Fax 05 61 99 41 22

32 • GERS
Maison de l'Agriculture   BP 161
Route de Tarbes - 32003 AUCH CEDEX
Tél. 05 62 61 79 00
Fax 05 62 61 79 09
e.mail : loisirs.accueil.gers@wanadoo.fr

33 • GIRONDE
21, cours de l'Intendance
33000 BORDEAUX
Tél. 05 56 81 54 23/Fax 05 56 51 67 13

34 • HERAULT
Maison du Tourisme
1977, av. des Moulins - B.P. 3070
34034 MONTPELLIER CEDEX 1
Tél. 04 67 67 62 62/Fax 04 67 67 71 69

35 • ILLE-ET-VILAINE (B)
8, rue de Coëtquen - B.P. 5093
35061 RENNES CEDEX 3
Tél. 02 99 78 47 57/Fax 02 99 78 47 53
e.mail : sla.gitesdeFrance35@wanadoo.fr

36 • INDRE
1, rue Saint-Martin - B.P. 141
36003 CHATEAUROUX CEDEX
Tél. 02 54 22 58 61 fax 02 54 27 60 00

37 • INDRE-ET-LOIRE
38, rue Augustin-Fresnel BP 139
37171 CHAMBRAY-LES-TOURS-CEDEX
Tél. 02 47 48 37 13/Fax 02 47 48 13 39
e.mail : info@loire-valley-holidays.com

38 • ISERE
40, avenue Marcelin-Berthelot
BP 2641
38036 GRENOBLE CEDEX 2
Tél. 04 76 40 79 40/Fax 04 76 40 79 99
e-mail : gites38@wanadoo.fr

39 • JURA
8, rue Louis Rousseau
39000 LONS-LE-SAUNIER
Tél. 03 84 87 08 88/Fax 03 84 24 88 70

40 • LANDES
Chambre d'Agriculture
Cité Galliane - B.P.279
40005 MONT-DE-MARSAN CEDEX
Tél. 05 58 85 44 44/Fax 05 58 85 44 45

41 • LOIR-ET-CHER
Association Vacances Vertes
5, rue de la Voûte-du-Château - BP 249
41001 BLOIS CEDEX
Tél. 02 54 58 81 63/Fax 02 54 56 04 13
e-mail : GITES41@wanadoo.fr

42 • LOIRE (B)
Cité de l'Agriculture
43, av. Albert-Raimond - B.P. 50
42272 SAINT-PRIEST-EN-JAREZ
Tél. 04 77 79 18 49/Fax 04 77 93 93 66
e.mail : gites.de.france.42@wanadoo.fr

43 • HAUTE-LOIRE
Relais du Tourisme
12, bd Philippe-Jourde - B.P. 332
43012 LE-PUY-EN-VELAY CEDEX
Tél. 04 71 09 91 46/Fax 04 71 09 54 85

44 • LOIRE ATLANTIQUE (B)
1, allée Baco - B.P. 93218
44032 NANTES CEDEX 1
Tél. 02 51 72 95 65/Fax 02 40 35 17 05

45 • LOIRET
8, rue d'Escures - 45000 ORLEANS
Tél. 02 38 78 04 00/Fax 02 38 62 98 37

46 • LOT
Maison du Tourisme
B.P. 162
46003 CAHORS CEDEX 9
Tél. 05 65 53 20 75/Fax 05 65 53 20 79
e.mail : gites.de.france.lot@wanadoo.fr

47 • LOT-ET-GARONNE
4, rue André Chénier
47000 AGEN
Tél. 05 53 47 80 87/Fax 05 53 66 88 29

(B) : Boutique avec vente de guides nationaux et départementaux

Réservation par
3615 code "Gîtes de France"
1,29 F/mn

48 • LOZERE
14, bd Henri-Bourillon
48001 MENDE CEDEX
Tél. 04 66 65 60 00/Fax 04 66 49 27 96
SR-Tél . 04 66 48 48 48/Fax 04 66 65 03 55
e.mail : cdt.lozere@france48.com

49 • MAINE-ET-LOIRE
Maison du Tourisme
Place Kennedy - B.P. 2147
49021 ANGERS CEDEX 02
Tél. 02 41 23 51 23 (SR)/02 41 23 51 42
Fax 02 41 88 36 77

50 • MANCHE
Rond-Point de la Liberté
Maison du Département
50008 SAINT-LO CEDEX
Tél. 02 33 56 28 80/Fax 02 33 56 07 03
e.mail : info@manchetourisme.com

51 • MARNE
Chambre d'Agriculture
Route de Suippes - B.P. 525
51009 CHALONS-EN-CHAMPAGNE CEDEX
Tél. 03 26 64 95 05
Fax 03 26 64 95 06

52 • HAUTE-MARNE
40 bis, avenue Foch
52000 CHAUMONT
Tél. 03 25 30 39 00/Fax 03 25 30 39 09
e.mail : tourisme.hautemarne@wanadoo.fr

53 • MAYENNE
84, avenue Robert Buron - B.P.2254
53022 LAVAL CEDEX 9
Tél. 02 43 53 58 78/Fax 02 43 53 58 79

54 • MEURTHE-ET-MOSELLE
5, rue de la Vologne
Centre Agricole - Chambre d'Agriculture
54524 LAXOU CEDEX
Tél. 03 83 93 34 91/Fax 03 83 93 34 90

55 • MEUSE
5 place de la République
55120 CLERMONT EN ARGONNE
Tél. 03 29 87 44 12/Fax 03 29 87 40 01

56 • MORBIHAN
42 avenue Wilson - BP 318
56403 AURAY CEDEX
Tél. 02 97 56 48 12/Fax 02 97 50 70 07

57 • MOSELLE
1, rue de Coëtlosquet - 57000 METZ
Tél. 03 87 69 04 71/Fax 03 87 01 19 44

58 • NIEVRE
3, rue du Sort
58000 NEVERS
Tél. 03 86 36 42 39/Fax 03 86 36 36 63

59 • NORD (B)
89, Bd. de la Liberté
59800 LILLE
Tél. 03 20 14 93 93/Tél. 03 20 14 93 94
Fax 03 20 14 93 99
e.mail : gites.de.france.nord@wanadoo.fr

60 • OISE
8, bis rue Delaherche - B.P.80822
60008 BEAUVAIS CEDEX
Tél. 03 44 06 25 85/Fax 03 44 06 25 80

61 • ORNE
C.D.T. , 88, rue Saint-Blaise
B.P. 50 - 61002 ALENÇON CEDEX
Tél. 02 33 28 07 00/Fax 02 33 29 01 01
e.mail : orne.tourisme@wanadoo.fr

62 • PAS-DE-CALAIS
C.D.T.
La Trésorerie - Wimille - BP 79
62930 WIMEREUX
Tél. 03 21 10 34 80/Fax 03 21 30 04 81

63 • PUY-DE-DOME
Place de la Bourse
63038 CLERMONT-FERRAND CEDEX 1
Tél. 04 73 90 00 15/Fax 04 73 92 83 75

64 • PYRENEES ATLANTIQUES (B)
124, bd Tourasse
64078 PAU CEDEX
Tél. 05 59 80 19 13/Fax 05 59 80 04 20
e.mail : gites.de.france64@wanadoo.fr

65 • HAUTES-PYRENEES
22, place du Foirail
65000 TARBES
Tél. 05 62 34 31 50/05 62 34 64 37
Fax 05 62 34 37 95

66 • PYRENEES ORIENTALES
30, rue Pierre Bretonneau
66017 PERPIGNAN CEDEX
Tél. 04 68 55 60 95/Fax 04 68 55 60 94

67 • BAS-RHIN (B)
7, place des Meuniers
67000 STRASBOURG
Tél. 03 88 75 56 50/Fax 03 88 23 00 97
e.mail : alsace-gites@adec.fr

68 • HAUT-RHIN
Maison du Tourisme
1, rue Schlumberger - BP 371
68007 COLMAR
Tél. 03 89 20 10 60/Fax 03 89 23 33 91
e.mail : adtgitesdefrance68@rmcnet.fr

69 • RHONE A.D.T.R.
1, rue Général Plessier
69002 LYON
Tél. 04 72 77 17 50/Fax 04 78 38 21 15
e.mail : gites69.adtr@wanadoo.fr

RHONE-ALPES (B)
1, rue Général Plessier - 69002 LYON
Tél. 04 72 77 17 55/Fax 04 78 38 21 15
e.mail : gites.rhone.alpes@wanadoo.fr

70 • HAUTE-SAONE
Maison du Tourisme
6, rue des Bains - B.P. 117
70002 VESOUL CEDEX
Tél. 03 84 97 10 70/Fax 03 84 97 10 71

71 • SAONE-ET-LOIRE
Chambre d'Agriculture - BP 522
Esplanade du Breuil - 71010 MACON
Tél. 03 85 29 55 60/Fax 03 85 38 61 98

72 • SARTHE
78, Avenue du Général Leclerc
72000 LE MANS
Tél. 02 43 23.84.61/Fax 02 43 23 84 63

73 • SAVOIE
24, bd de la Colonne
73024 CHAMBERY CEDEX
Tél. 04 79 33 22 56/Fax 04 79 85 71 32
e.mail : gites.france.savoie@wanadoo.fr

74 • HAUTE-SAVOIE
16, rue Guillaume Fichet
74000 ANNECY
Tél. 04 50 10 10 10/Fax 04 50 10 10 12

76 • SEINE-MARITIME
Immeuble de la Chambre d'Agriculture
Chemin de la Bretèque - B.P. 59
76232 BOIS-GUILLAUME CEDEX
Tél. 02 35 60 73 34/Fax 02 35 61 69 20

77 • SEINE-ET-MARNE
Maison Départementale du Tourisme
9-11 rue Royale
77300 FONTAINEBLEAU
Tél. 01 60 39 60 39/Fax 01 60 39 60 40
e.mail : mdt@tourisme77.net

78 • YVELINES
Hôtel du Département
2, place André Mignot
78012 VERSAILLES CEDEX
Tél. 01 30 21 36 73/Fax 01 39 07 88 56

79 • DEUX-SEVRES
15, rue Thiers - B.P. 8524
79025 NIORT CEDEX 9
Tél. 05 49 24 00 42/Fax 05 49 77 15 94

80 • SOMME
21, rue Ernest Cauvin
80000 AMIENS
Tél. 03 22 71 22 71/Fax 03 22 71 22 69
e.mail : tourisme.somme@wanadoo.fr

81 • TARN
Maison des Agriculteurs La Milliasolle
B.P. 89 - 81003 ALBI CEDEX
Tél. 05 63 48 83 01/Fax 05 63 48 83 12

82 • TARN-ET-GARONNE
C.D.T. - Place du Maréchal Foch
B.P. 534
82005 MONTAUBAN CEDEX
Tél. 05 63 66 04 42/Fax 05 63 66 80 36
e.mail : cdt82@wanadoo.fr

83 • VAR (B)
Conseil Général
Rond-Point du 4.12.74 - B.P. 215
83006 DRAGUIGNAN CEDEX
Tél. 04 94 50 93 93/Fax 04 94 50 93 90

84 • VAUCLUSE
B.P. 164
84008 AVIGNON CEDEX 1
Tél. 04 90 85 45 00/Fax 04 90 85 88 49

85 • VENDEE
124, bd Aristide Briand - B.P. 735
85018 LA ROCHE-SUR-YON CEDEX
Tél. 02 51 37 87 87/Fax 02 51 62 15 19

86 • VIENNE
15, rue Carnot - B.P. 287
86007 POITIERS CEDEX
Tél. 05 49 37 48 54/05 49 49 59 11 (SR)
Fax 05 49 37 48 49/05 49 49 59 17 (SR)

87 • HAUTE-VIENNE
32, avenue du Général-Leclerc
87065 LIMOGES CEDEX
Tél. 05 55 77 09 57/Fax 05 55 10 92 29

88 • VOSGES
13, rue Aristide Briand - B.P. 405
88010 EPINAL CEDEX
Tél. 03 29 35 50 34/Fax 03 29 35 68 11

89 • YONNE
Chambre d'Agriculture
14 bis, rue Guynemer
89015 AUXERRE CEDEX
Tél. 03 86 94 22 22/03 86 72 92 15 (SR)
Fax 03 86 94 22 23/03 86 72 92 14 (SR)

90 • TERRITOIRE DE BELFORT
2 bis, rue Clémenceau
90000 BELFORT
Tél. 03 84 21 27 95/Fax 03 84 55 90 99

91 • ESSONNE
2, cours Monseigneur Roméro
91025 EVRY CEDEX
Tél. 01 64 97 23 81/Fax 01 64 97 23 70

95 • VAL D'OISE
Château de la Motte
Rue François de Ganay
95270 LUZARCHES
Tél. 01 30 29 51 00/Fax. 01 30 29 30 86

97.1 • GUADELOUPE
5, square de la Banque
Place de la Victoire - BP 759
97171 POINTE-A-PITRE CEDEX
Tél. 0 590 91 64 33/Fax 0 590 91 45 40

97.2 • MARTINIQUE
9, bd du Général de Gaulle - B.P. 1122
97248 FORT-DE-FRANCE CEDEX
Tél. 0 596 73 74 74/Fax 0 596 63 55 92

97.3 • GUYANE
12, rue Lalouette - B.P. 801
97300 CAYENNE
Tél. 0 594 29 65 16/Fax 0 594 29 65 01

97.4 • ILE-DE-LA-REUNION
10, place Sarda Garriga
97400 SAINT-DENIS
Tél. 0 262 90 78 90/Fax 0 262 41 84 29

Fiche d'appréciation

Soucieux de la qualité de votre séjour, nous serons heureux de recevoir vos impressions par le biais de cette fiche d'appréciation. Nous serons également attentifs à toute suggestion quant à la présentation et l'utilisation de ce guide.

Cette fiche est à retourner à :

MAISON DES GÎTES DE FRANCE ET DU TOURISME VERT
59 rue Saint-Lazare - 75439 PARIS Cédex 09

Nom du propriétaire : _____

Commune : _____ Département : _____

AVEZ-VOUS ÉTÉ SATISFAIT DE VOTRE SÉJOUR ?

	Satisfaisant	Moyen	Insuffisant
Accueil	❏	❏	❏
Confort	❏	❏	❏
Equipement	❏	❏	❏
Cadre, environnement, loisirs	❏	❏	❏
Respect des tarifs	❏	❏	❏

Impression générale :

_____

_____

_____

_____

Vos coordonnées :

_____

_____

_____

PR2000

Fiche d'appréciation

Soucieux de la qualité de votre séjour, nous serons heureux de recevoir vos impressions par le biais de cette fiche d'appréciation. Nous serons également attentifs à toute suggestion quant à la présentation et l'utilisation de ce guide.

Cette fiche est à retourner à :

MAISON DES GÎTES DE FRANCE ET DU TOURISME VERT
59 rue Saint-Lazare - 75439 PARIS Cédex 09

Nom du propriétaire : _____

Commune : _____ Département : _____

AVEZ-VOUS ÉTÉ SATISFAIT DE VOTRE SÉJOUR ?

	Satisfaisant	Moyen	Insuffisant
Accueil	❏	❏	❏
Confort	❏	❏	❏
Equipement	❏	❏	❏
Cadre, environnement, loisirs	❏	❏	❏
Respect des tarifs	❏	❏	❏

Impression générale :

_____

_____

_____

_____

Vos coordonnées :

_____

_____

_____

PR2000

Notes

Notes

Notes

Notes

Notes

Notes

Notes

Notes

Notes

Notes

Notes

Notes

Notes

Notes

Routard ?

© Laurent Parrault

Guides du Routard : plus de 90 titres de 45 F à 89 F

Les Guides du Routard France : Alpes, Alsace/Vosges, Auvergne/Limousin, Bourgogne/ Franche-Comté, Bretagne, Châteaux de la Loire, Corse, Côte d'Azur, Languedoc-Roussillon, Midi-Pyrénées, Normandie, Paris, Banlieues de Paris, Week-ends autour de Paris, Pays de la Loire, Poitou-Charentes, Provence, Sud-Ouest... et aussi : Hôtels et Restos de France et Tables et Chambres à la campagne.

Hachette Tourisme
l'esprit Vacances!